高等学校精品规划教材

# 土力学与地基基础

张伯平 党进谦 编著

中国水利水电出版社
www.waterpub.com.cn

## 内 容 提 要

本书是根据高等学校"土力学与地基基础"课程教学大纲编写的，共分十二章：土的物理性质和工程分类，土的渗透性与渗透变形，地基土中的应力计算，土的压缩性与基础的沉降计算，土的抗剪强度，土压力，土坡稳定分析，地基承载力，土的压实性和地基处理，建筑场地的工程地质勘察，天然地基上浅基础的设计，桩基础及其他深基础。第一～第六章着重介绍了土力学的基本原理和计算方法，第七～第十二章主要介绍了应用这些原理和方法解决工程问题及地基基础勘察、设计和施工的技术。各章末附有复习思考题和习题，书末附有地质年代表及书中主要单位换算表。

本书可作高等学校水利水电、土木工程、工业与民用建筑、道路工程、地下工程、桥涵基础工程、港口码头工程和水土保持工程等专业学生教材，亦可供函授大学、电视大学、职业大学等同类专业选用，也可作为相关专业工程技术人员的参考书。

### 图书在版编目（CIP）数据

土力学与地基基础/张伯平，党进谦编著．—北京：中国水利水电出版社，2006（2017.1重印）
高等学校精品规划教材
ISBN 978-7-5084-3970-9

Ⅰ．土… Ⅱ．①张…②党… Ⅲ．①土力学-高等学校-教材②地基-基础（工程）-高等学校-教材 Ⅳ．TU4

中国版本图书馆 CIP 数据核字（2006）第 086272 号

| 书　　名 | 高等学校精品规划教材<br>**土力学与地基基础** |
|---|---|
| 作　　者 | 张伯平　党进谦　编著 |
| 出版发行 | 中国水利水电出版社<br>（北京市海淀区玉渊潭南路1号D座　100038）<br>网址：www.waterpub.com.cn<br>E-mail：sales@waterpub.com.cn<br>电话：（010）68367658（营销中心） |
| 经　　售 | 北京科水图书销售中心（零售）<br>电话：（010）88383994、63202643、68545874<br>全国各地新华书店和相关出版物销售网点 |
| 排　　版 | 中国水利水电出版社微机排版中心 |
| 印　　刷 | 北京嘉恒彩色印刷有限责任公司 |
| 规　　格 | 184mm×260mm　16开本　20.5印张　486千字 |
| 版　　次 | 2006年8月第1版　2017年1月第5次印刷 |
| 印　　数 | 12001—14000册 |
| 定　　价 | **35.00元** |

**凡购买我社图书，如有缺页、倒页、脱页的，本社营销中心负责调换**
**版权所有·侵权必究**

# 前 言

《土力学与地基基础》是水利水电工程、土木建筑工程、道路工程、市政工程、人防工程、桥涵基础工程、港口码头工程、地下工程及水土保持工程等各有关专业的一门重要课程,随着世界科学技术的发展和我国基础工程设施建设的加快,土力学理论和地基基础技术更显得重要。据统计,国内外发生的工程事故中,以地基基础事故为最多,而且由于地基基础往往是隐蔽工程,事故维修补救非常困难,所以本课程是各有关专业学生和工程技术人员必须很好掌握的一门科学。

本书是作者几十年从事该学科教学、科研和工程实践的理论总结和实际经验体会。同时吸收了本学科近年来国内外的重要研究成果和国家颁布实施的最新有关技术规范的重要内容。本书内容新颖,取材适宜,理论联系实际,在加强基本概念和基本原理论述的同时,特别注重基本理论在工程实践中的应用,加强了实用性和可操作性;力求概念清晰,层次分明,结构严谨,系统性强,用词规范准确,文字简洁,语言流畅,文图配合恰当,便于学生学习和自学。

本书内容共分十二章:土的物理性质和工程分类,土的渗透性与渗透变形,地基土中的应力计算,土的压缩性与基础的沉降计算,土的抗剪强度,土压力,土坡稳定分析,地基承载力,土的压实性和地基处理,建筑场地的工程地质勘察,天然地基浅基础的设计,桩基础及其他深基础。第一~第六章着重介绍了土力学的基本原理和计算方法,第七~第十二章主要介绍了应用这些原理和方法解决工程问题及地基基础勘察、设计和施工的技术。各章末附有复习思考题和习题,书末附有地质年代表和书中主要单位换算表。

书中内容标题上角标有"*"号的章节,表示可以根据专业特点和学时的多寡予以选授。

本书适用于60~90学时讲授。

本书由西北农林科技大学水利与建筑工程学院张伯平教授构思统稿,由数位同志参加讨论、编写、绘图、审定和校对工作,其中:张伯平同志编写了绪论和第五~第八、第十一、第十二章内容;党进谦教授(西北农林科技大学）编写了第一～第四章内容；李鹏副教授（西北农林科技大学）编写了第九、第十章内容；代亚丽副教授（西北农林科技大学）编写了各章复习思考题和习题；段存莲副教授（西北农林科技大学）和李荼清副教授（浙江水利水电专科学校）绘制了全书插图。李靖教授（西北农林科技大学博士生导师）和郭增玉教授（西安理工大学水电学院教授、博士生导师）对全书进行审定。

　　本书是根据全国统编教材编写大纲结合各有关院校专业实际情况编写的，在编写过程中主要参考了河海大学钱家欢教授主编的《土力学》，武汉水利电力大学冯国栋教授主编的《土力学》，清华大学陈希哲教授编著的《土力学地基与基础》，华南理工大学等四院校编的《地基及基础》，清华大学黄文熙教授主编的《土的工程性质》，西安理工大学谢定义教授编的《土动力学》，西安理工大学刘祖典教授编著的《黄土力学与工程》等教材和专著。本书在编著过程中得到各级领导和有关人员的大力支持和积极协助，很多同志为本书中有关章节提出了宝贵意见和建议。在此，对关心支持本书编写工作的同志及参考文献的作者，一并谨表示衷心的感谢。

　　由于作者水平有限，加之一些内容为近年科技新成果，书中不当之处，恳请各位专家和广大读者釜正。

张伯平

2006 年 6 月于西北农林科技大学

# 主要符号及单位

$A$ —— 基础底面面积($m^2$)
$a$ —— 压缩系数($MPa^{-1}$ 或 $m^2/MN$)
$b$ —— 基础底面宽度(m)
$C_c$ —— 压缩指数;曲率系数
$C_u$ —— 不均匀系数
$c$ —— 黏聚力(kPa 或 $kN/m^2$)
$c'$ —— 有效应力黏聚力(kPa 或 $kN/m^2$)
$c_v$ —— 竖向固结系数($m^2/a$)
$d$ —— 土粒粒径(mm)或直径或基础埋置深度(m)
$d_{10}$ —— 土的有效粒径(mm)
$d_{60}$ —— 土的控制粒径(mm)
$Dr$ —— 粗粒土相对密度
$E$ —— 变形模量(MPa)
$E_s$ —— 压缩模量(MPa)
$e$ —— 孔隙比
$F$ —— 竖向力(kN)
$f$ —— 地基承载力设计值(kPa 或 $kN/m^2$)或称容许承载力
$f_k$ —— 地基承载力标准值(kPa 或 $kN/m^2$)
$f_0$ —— 地基承载力基本值(kPa 或 $kN/m^2$)
$G$ —— 基础及其台阶上土的恒荷载(kN 或 kN/m)
$G_s$ —— 土粒比重(或称土粒相对密度)
$h$ —— 高度(m)
$I_L$ —— 液性指数(或称相对稠度)
$I_P$ —— 塑性指数
$K$ —— 渗透系数或地基土附加应力系数
$K_a$ —— 主动土压力系数
$K_0$ —— 土的侧压力系数或静止土压力系数
$K_P$ —— 被动土压力系数
$K_s$ —— 安全系数

$l$ —— 长度(m)
$M_z$ —— 作用于基础底面的力矩(kN·m)
$m$ —— 质量(kg 或 t)
$N_{10}$ —— 轻便触探试验锤击数
$N_{63.5}$ —— 标准贯入试验锤击数
$n$ —— 孔隙率(%)
$p$ —— 基底平均压力(kPa 或 $kN/m^2$)
$p_0$ —— 基底附加压力(kPa 或 $kN/m^2$)、静止土压力强度($kN/m^2$)
$p_{sh}$ —— 黄土湿陷起始压力(kPa 或 $kN/m^2$)
$p_a$ —— 主动土压力强度(kPa 或 $kN/m^2$)
$p_p$ —— 被动土压力强度(kPa 或 $kN/m^2$)
$P_a$ —— 主动土压力(kN/m)
$P_0$ —— 静止土压力(kN/m)
$P_p$ —— 被动土压力(kN/m)
$P_u$ —— 地基极限荷载(kPa 或 $kN/m^2$)
$P_{cr}$ —— 地基临塑荷载(kPa 或 $kN/m^2$)
$[p]$ —— 地基容许承载力(kPa 或 $kN/m^2$)
$P$ —— 基础上竖直荷载(kN)
$Q$ —— 单桩轴向垂直力(kN)
$q_s$ —— 桩周土的摩擦力(kPa)
$q_p$ —— 桩端承载力(kPa)
$q_u$ —— 无侧限抗压强度(kPa)
$R$ —— 单桩垂直承载力设计值(kN)
$r$ —— 半径(m)
$S_r$ —— 饱和度
$S$ —— 沉降量(mm)
$T_v$ —— 时间因数
$[T]$ —— 单桩抗拔力(kN)
$t$ —— 重量(t 或 kN)
$U$ —— 固结度
$u$ —— 孔隙水压力(kPa 或 $kN/m^2$)
$u_p$ —— 桩身周边长度(m)

$V$ —— 体积($m^3$)
$v$ —— 渗透速度($mm/s$)
$W$ —— 截面抗抵矩($m^3$)
$w$ —— 含水率(%)
$w_L$ —— 液限含水率(%)
$w_p$ —— 塑限含水率(%)
$z_u$ —— 地基沉降计算深度($m$)
$z$ —— 深度($m$)
$\beta$ —— 填土表面倾角(°)
$\gamma$ —— 土的重度或容重($kN/m^3$)
$\gamma_d$ —— 干土重度或干容重($kN/m^3$)
$\gamma_m$、$\gamma_{sat}$ —— 饱和土重度或容重($kN/m^3$)
$\gamma_w$ —— 水的浮重度或有效重度或容重($kN/m^3$)
$\gamma'$ —— 土的浮重度或有效重度或浮容重($kN/m^3$)
$\delta$ —— 土对挡土墙背的摩擦角或称外摩擦角(°)
$\delta_s$ —— 黄土地基湿陷系数
$e_p$ —— 土的膨胀率
$e_{ps}$ —— 土的自由膨胀率(%)

$\eta_b$ —— 基础宽度的承载力修正系数
$\eta_d$ —— 基础埋深的承载力修正系数
$\theta$ —— 地基的压力扩散角(°)
$\mu$ —— 泊松比
$\rho$ —— 土的密度($t/m^3$),挡土墙位移($mm$),圆弧曲率半径($mm$)
$\rho_d$ —— 干土密度($t/m^3$)
$\rho_m$、$\rho_{sat}$ —— 饱和土密度($t/m^3$)
$\rho_w$ —— 水的密度($t/m^3$)
$\sigma$ —— 正应力($kPa$ 或 $kN/m^2$)
$\sigma_1$、$\sigma_3$ —— 大、小主应力($kPa$ 或 $kN/m^2$)
$\sigma_s$ —— 自重应力($kPa$ 或 $kN/m^2$)
$\sigma_z$ —— 土中附加应力($kPa$ 或 $kN/m^2$)
$\sigma'$ —— 有效应力($kPa$ 或 $kN/m^2$)
$\tau$ —— 剪应力($kPa$ 或 $kN/m^2$)
$\tau_f$ —— 抗剪强度($kPa$ 或 $kN/m^2$)
$\varphi$ —— 土的内摩擦角(°)
$\varphi'$ —— 有效应力内摩擦角
$\psi$ —— 沉降计算经验系数或称回归修正数
$\psi_t$ —— 采暖对冻深的影响系数

# 目 录

前言
主要符号及单位

**绪论** ····················································································································· 1
  1 本课程的任务、性质和特点 ············································································· 1
  2 本学科的发展情况 ·························································································· 1

**第一章 土的物理性质和工程分类** ········································································· 3
  1 土的形成 ········································································································ 3
  2 土的三相组成和结构 ······················································································ 4
  3 土的物理性质指标 ·························································································· 12
  4 土的物理状态指标 ·························································································· 19
  5 土的工程分类 ································································································· 22
  复习思考题 ········································································································ 26
  习题 ···················································································································· 26

**第二章 土的渗透性与渗透变形** ············································································ 28
  1 概述 ················································································································ 28
  2 达西定律及其适用范围 ··················································································· 29
  3 渗透系数及其确定方法 ··················································································· 30
  4* 在静水和有渗流情况下的孔隙水应力和有效应力 ······································· 35
  5 渗透变形 ········································································································· 39
  6* 流网在渗透稳定计算中的应用 ····································································· 44
  复习思考题 ········································································································ 46
  习题 ···················································································································· 46

**第三章 地基土中的应力计算** ················································································ 48
  1 概述 ················································································································ 48
  2 地基中的自重应力 ·························································································· 49
  3 基底压力的计算 ······························································································ 51
  4 地基中的附加应力 ·························································································· 55
  5* 感应图法求附加应力 ···················································································· 70
  6 讨论 ················································································································ 72

| 复习思考题 | 73 |
| 习题 | 73 |

## 第四章 土的压缩性与基础的沉降计算 … 75
  1 概述 … 75
  2 土的压缩性 … 75
  3 无侧向变形条件下的压缩量公式 … 78
  4 基础的沉降计算 … 80
  5 基础沉降计算的 $e-\lg p$ 曲线法 … 86
  6 土的单向固结理论 … 94
  复习思考题 … 103
  习题 … 103

## 第五章 土的抗剪强度 … 105
  1 概述 … 105
  2 土的抗剪强度规律和极限平衡条件 … 106
  3 土的剪切试验 … 110
  4 总应力强度指标与有效应力强度指标 … 115
  5* 剪切试验中土的性状 … 119
  6* 三轴压缩试验中的孔隙应力系数 … 128
  7 三轴试验中试样的应力路径 … 131
  复习思考题 … 135
  习题 … 136

## 第六章 土压力 … 138
  1 土压力产生条件 … 138
  2 朗肯土压力理论 … 140
  3 库仑土压力理论 … 145
  4 影响土压力计算值的一些因素 … 151
  5 朗肯理论和库仑理论的比较 … 152
  6* 减小主动土压力的措施 … 153
  7* 板桩墙的土压力计算 … 155
  复习思考题 … 159
  习题 … 159

## 第七章 土坡稳定分析 … 161
  1 概述 … 161
  2 无黏性土土坡稳定分析 … 162
  3 黏性土土坡的整体圆弧滑动 … 164
  4 瑞典条分法 … 166
  5 毕肖普法 … 168

  6 泰勒图表法 ··· 171
  7* 工程中的土坡稳定计算 ··· 174
  8* 孔隙应力的估算 ··· 178
  9* 复合滑动面土坡稳定分析 ··· 181
  10*讨论 ··· 183
  复习思考题 ··· 186
  习题 ··· 186

## 第八章 地基承载力 ··· 188
  1 概述 ··· 188
  2 按原位试验确定地基的承载力 ··· 189
  3 按塑性区开展深度确定地基的容许承载力 ··· 194
  4 确定地基极限承载力的理论公式 ··· 198
  5 按国家标准确定地基的容许承载力 ··· 209
  6* 影响地基承载力的因素 ··· 212
  复习思考题 ··· 214
  习题 ··· 214

## 第九章 土的压实性和地基处理 ··· 216
  1 概述 ··· 216
  2 土的压实性与机械压实法 ··· 218
  3 地基处理一般方法简述 ··· 222
  4 黄土地基 ··· 229
  5 膨胀土地基 ··· 237
  6* 红黏土地基 ··· 242
  复习思考题 ··· 243
  习题 ··· 243

## 第十章 建筑场地的工程地质勘察 ··· 244
  1 工程地质概述 ··· 244
  2 第四纪沉积层 ··· 244
  3 不良地质条件 ··· 246
  4 地下水 ··· 247
  5 工程地质勘察的任务和内容 ··· 250
  6 工程地质勘察的方法 ··· 255
  7* 地基土的野外鉴别与描述 ··· 259
  复习思考题 ··· 261
  习题 ··· 261

## 第十一章 天然地基上浅基础的设计 ··· 263
  1 概述 ··· 263

 2 浅基础的类型 ……………………………………………………………… 264
 3 基础的埋置深度 …………………………………………………………… 269
 4 地基承载力的确定 ………………………………………………………… 272
 5 基础尺寸的设计 …………………………………………………………… 273
 6 地基的验算 ………………………………………………………………… 276
 7 地基基础与上部结构共同工作的概念 …………………………………… 278
 8 钢筋混凝土梁板式基础的简化计算 ……………………………………… 280
 9* 地基基础设计方案比较与有关措施 …………………………………… 283
 复习思考题 …………………………………………………………………… 287
 习题 …………………………………………………………………………… 288

## 第十二章　桩基础及其他深基础 ……………………………………………… 290
 1 概述 ………………………………………………………………………… 290
 2 桩及桩基础的分类 ………………………………………………………… 290
 3 桩的承载力 ………………………………………………………………… 294
 4 桩基设计 …………………………………………………………………… 299
 5 沉井基础 …………………………………………………………………… 302
 6 沉箱基础 …………………………………………………………………… 306
 7* 地下连续墙 ……………………………………………………………… 308
 8* 高层建筑深基础 ………………………………………………………… 309
 复习思考题 …………………………………………………………………… 311
 习题 …………………………………………………………………………… 311

**附录 1　地质年代表** ……………………………………………………………… 313

**附录 2　主要计量单位换算关系** ………………………………………………… 314

## 参考文献 ……………………………………………………………………………… 315

# 绪 论

## 1 本课程的任务、性质和特点

本课程是由《土力学》和《地基与基础》两门课程合并起来的新兴科学,其任务是学习掌握土力学的基本理论知识和土工实验技能并能应用于解决工程实际问题,及对建筑物的地基与基础进行勘察、设计和施工。

土是地球上第四纪沉积物,土与工程建筑的关系十分密切。归纳起来对于工程土有三种用途:第一类是把土体作为建筑物的地基,在土层上修建厂房、住宅、公路、水利工程等建筑物,由地基土承受上部建筑物荷载;第二类是用土作为材料,修筑堤坝、路基、空间填料等,这种情况下土就成为建筑材料;第三类是作为场地,为了建筑物的安全和正常使用,必须论证建筑场地的土力学环境和土体的稳定性。

建筑物的地基与基础是建筑物的根基,又属于地下隐蔽工程。它的勘察、设计和施工质量,不仅影响到工程的投资和进度,而且直接关系到建筑物的安全。

学习本课程,必须从研究土的物理与力学特性开始。土与钢材、木材等建筑材料有本质的区别,钢材、木材等都是连续介质,而土则是由矿物颗粒、液体水和空气三部分组成的不连续松散介质。土中固体颗粒之间存在大量孔隙,这些孔隙一般由水和空气充填,土中固体颗粒之间的联结强度远远小于颗粒本身的强度,土体的破坏往往不是土粒本身的破坏,而是土粒之间联结的破坏。所以,土为多孔(即存在孔隙)、多相(即孔隙中有水和空气)的松散体,这是土的基本特性。因此,土体具有碎散性、压缩性、固体颗粒间相对位移性和透水性等特点,这是研究土性的切入点。

由于自然界是千变万化的,作为自然界综合因素产物的土的性状变化是很复杂的。因此,土力学理论很多是依靠简化和假设而推导的,在处理工程中的土力学问题和地基基础设计及施工时,不能单凭数学和力学的方法,同时需要配合室内外的测试试验、实际观察、相似比较和经验判断。学生在学习本课程时不但要着重于基本概念的理解,掌握其计算原理和方法,而且应结合工程实际,学会分析问题和解决问题的方法,提高其能力,如识别土样,掌握常规室内试验方法,了解野外测试手段和方法,以及各种计算方法的基本假设和条件及可能引起的误差情况等,培养工程意识和从事工程及创新能力。

## 2 本学科的发展情况

早在几千年以前,人类就已经利用土进行建设。西安半坡村新石器时代遗址,发现土台和石器,就是古代的地基基础。公元前3世纪后期修建的万里长城,后来修建的南北大运河、黄河大堤，以及无数宏伟的宫殿、寺院、宝塔等，都有坚固的地基和基础，经历了几百年或几千年的风雨沧桑和若干次地震的考验，留存至今。隋朝修建的河北赵州安济石拱桥，由一孔石拱横跨洨河，净跨 37.02 m，主拱肩部设置四个小拱、节省材料，又减轻了桥身自重，且造型美观，拱桥采用纵向并列砌筑法，28 道拱圈自成一体，桥宽达 8.4 m，桥上可以行车，桥台坐落在粉土天然地基上，基底压力约 500～600 kPa，经历 1300 多年，沉降与位移甚微，至今安然无恙。公元 989 年建造河南开封开宝寺木塔时，预计塔基土质不均匀会引起不均匀沉降，施工时特意做成倾斜，待沉降稳定后，塔身正好垂直。另外，四川各地古代至今采用的泥浆扩壁钻探法打盐井，西北地区在黄土中建窑洞，以及在建筑中用料石基垫、灰土地基等，都说明我国人民在长期生产生活实践中，积累了有关土力学及地基基础的极其宝贵的知识和经验。

18 世纪欧洲产业革命，极大地推动了土力学和基础工程的发展。1773 年，法国工程师库仑根据试验，创立了著名的土抗剪强度公式和土压力理论；1857 年，英国朗肯通过不同假定，提出了另一种土压力理论；1885 年，法国布辛尼斯克推导求得了半无限弹性体在垂直集中力作用下应力和变形的理论解答；1922 年，瑞典科学家费伦纽斯为解决铁路塌方，研究出了土坡稳定分析方法，这些理论和方法至今仍在广泛应用。1925 年，美国土力学专家太沙基总结了前人的试验研究成果，撰写了《土力学》专著，使土力学成为一门独立的学科进行研究和发展。1936 年以来，每 4 年召开一届国际土力学与基础工程专门会议，先后提出了大量论文、研究报告和技术资料。很多国家定期出版土工期刊，世界各地区也都经常召开类似的专业会议，不断总结和交流本学科的研究成果。

中华人民共和国诞生 50 多年来，为适应我国国民经济建设的需要，土力学与基础工程学科也有了迅速的发展。全国各地有关生产、科研和高等院校不断总结经验，开展室内外测试试验和理论研究。自 1958 年全国第一届土力学及基础工程学术会议至今，全国已交流土力学与地基基础工程学术论文数千篇，不少专家学者对土力学理论作出了巨大的贡献。如全国土力学及基础工程学会前理事长，清华大学黄文熙教授，早在 1957 年就研究提出了非均质地基考虑土侧向变形影响的沉降计算方法，并于 20 世纪 60 年代初期研制成功我国第一台振动三轴仪，提出了砂土液化的理论。

近年来，我国高土石坝（坝高大于 200 m）、高层建筑、高速公路、大型机场、港口工程、地下工程、核电站等巨型工程的兴建和多次强烈地震的发生，促使土力学和基础工程更进一步发展，有关单位积极研究土的本构关系、土的弹塑性与黏弹性理论及土的动力特性。同时，很多单位分别研制成功各种各样的勘察、试验及地基处理的设备与技术，为土力学理论的研究和地基加固工程提供了良好的条件。随着电子计算机在岩土工程分析中的普遍应用和实验测试技术自动化程度的提高，标志着本学科进入一个新时代。可以预料，随着我国现代化建设步伐的加快和世界科学技术的发展，土力学与基础工程学科必将得到新的、更大的发展。

# 第一章 土的物理性质和工程分类

## 1 土 的 形 成

土是地壳表层母岩经受强烈风化（包括物理的、化学的和生物的）的产物，是各种矿物颗粒（土粒）的集合体。在自然界，土的形成过程是十分复杂的，可概括为风化、脱落、搬运和堆积四个过程。

风化包括物理风化、化学风化和生物风化。物理风化只能引起岩块的机械破碎，其产物基本上保持与母岩相同的成分，称为原生矿物，如石英、长石和云母等。砂、砾石和其他的粗粒土，主要是物理风化的产物。化学风化则是岩石发生质变，改变其原来岩石矿物成分，形成了次生矿物。各种组成黏性土的黏土矿物（蒙脱石、伊里石和高岭石等）都属次生矿物。生物风化则系动物和植物的活动对岩石的破坏。这三种风化作用往往是同时或相互交替进行的。

岩石风化后的产物堆积在原处，或经流水、风、冰川等地质作用搬运离开产地而堆积在其他任何可能的地方。岩石风化后仍留在原处的堆积物称为残积土；经搬运离开产地的堆积物称为运积土。残积土的深度和风化程度主要取决于气候条件和暴露时间。气候变化剧烈，残积土深度愈深；愈近地表，风化也愈厉害。残积土的明显特征是颗粒粗细不均，且多为角粒。母岩的种类对残积土的性质有显著影响。母岩质地优良，由物理风化生成的残积土，通常是坚硬和稳定的。如果母岩质地不良，残积土又是化学风化的产物，那么，它们往往比较松软，性质易变。

运积土的特征随搬运动力而异。大多数运积土是由水流冲积的，称为河流冲积土。流水所能带走的颗粒大小取决于流速，因此，大小不同的颗粒随着河流流速的改变可堆积在不同的地方，这就引起一定程度的颗粒分选。一般在河流上游或洪水期间沉积下来的颗粒较粗，下游或洪水过后沉积下来的颗粒较细，所以，在河流上游修建水工建筑物，常要考虑由于地基土的强透水性引起的渗漏和渗透变形问题。而在下游修建水工建筑物，常要考虑由于地基土的高压缩性和低强度引起的基础沉降和稳定问题，有时也得考虑渗透变形问题。尽管河流冲积土的颗粒组成和性质变化很大，但它们的共同特征是粗颗粒浑圆，表面光滑，同时层理分明。

由风力搬移形成的堆积物称为风积土。这种堆积物常在干旱和半干旱地区遇到，它的特征是没有层理，颗粒以细砂粒或粉粒为主，十分均匀。黄土被认为是一种风积土。典型黄土具有肉眼可见的竖直根孔，颗粒组成以带角的粉粒为主，常占总土量的60%~70%，并含有少量黏粒和盐类胶结物。当它未曾受过水浸泡时，含水率低，一般10%左右，即使很疏松，仍能维持陡壁或承受较大的建筑物荷载。可是，一经遇水，随着胶结强度的迅速降低，会在自重或建筑物荷载下剧烈下沉，黄土的这种性质称为湿陷性。荷载过大，破坏了粒间胶结力，也会引起黄土结构崩解。因此，在黄土地基上修建水工建筑物，应谨慎从事。

由冰川搬运直接沉积下来的堆积物称为冰碛土。它们的主要特征是没有层理，颗粒变化范围很宽，从无塑性的石粉到巨大的漂石。粗颗粒的形状是亚圆的或略带棱角，有时还有磨光面。冰碛土的性质一般是不均一的，可用作土石坝的不透水填料。化学胶结的冰碛土，特别是经过冰荷载作用的冰碛土，具有很高的密实度，常是极好的建筑物地基。由冰川融化水冲积而成的堆积物，具有与河流冲积土类似的特征。

地壳表层的岩石经过风化及搬运后形成大小、形状、成分都不相同的松散颗粒集合体——土。土的形成经过漫长的地质历史，并在各种复杂的自然因素和地质作用下形成。随着时间、地点、存在环境及堆积方式的不同，形成土的种类也不同，其工程性质亦有很大区别，而且同一种土的工程性质又随它的存在状态和外界条件的变化而有很大的变化。因此，对土的工程性质评价时，必须重视土的形成历史、环境及存在条件。

大部分土都是岩石风化的产物，通常称为无机土。但在自然界中常有动植物残骸等有机质混入土中，由于有机质易于分解变质，故土中含有过量的有机质时，对土的物理力学性质将起不利影响。因此在工程中，常对所用土料的有机质含量提出一定的限制。

# 2　土的三相组成和结构

土是一种松散的颗粒堆积物，它由固相、液相和气相三部分组成。固相部分主要是土粒，有时还有粒间胶结物和有机质，它们构成土的骨架；液相部分为水及其溶解物；气相部分为空气和其他气体。

当土骨架的孔隙全部被水占满时，这种土称为饱和土；而当骨架的孔隙仅含空气时，就称为干土；当土骨架的孔隙中同时存在水和空气时，就称为湿土。饱和土和干土都属二相系，湿土属三相系。土的三相组成部分的相互作用和它们在数量上的比例关系，将决定土的物理力学性质。

## 2.1　土的固相

土的固相是由土粒构成的骨架部分，土粒的尺寸、形状、矿物成分及大小搭配情况对土的工程性质有明显的影响。

### 2.1.1　土粒粒组

土粒的大小与成土矿物之间存在着一定的相互关系。大小不同的土粒，其矿物成分不同，它们的性质也有很大的差异。因此，颗粒大小和矿物成分的不同，可使土具有不同的性质。例如，颗粒粗大的卵石、砾石和砂，大都为浑圆和棱角状的石英颗粒，具有较大的透水性，不具黏性。颗粒细小的黏粒，则是针状或片状的黏土矿物，具有黏性，透水性较低。

土是由无数大小不同的土粒所组成，逐个地测量土粒的大小是不可能的，通常是把大小相近的土粒合并为一组，称为粒组。划分粒组的依据是分界粒径——使土在性质上表现出明显差异的粒径。不同的粒组赋予土不同的性质。我国现用的粒组分界见表1-1（各国对分界粒径的划分不尽相同）。表中给出了各粒组的范围和相应的特征。其中把大于60mm的土粒统称为巨粒组，不大于0.075mm的土粒统称为细粒组，0.075~60mm的土粒称为粗粒组。

表 1-1　　　　　　　　　　　粒 组 划 分

| 粒 组 名 称 | | | 分界粒径<br>（mm） | 主 要 特 征 |
|---|---|---|---|---|
| 巨粒组 | 漂石（块石）组 | | $d>200$ | |
| | 卵石（碎石）组 | | $200\geq d>60$ | |
| 粗粒组 | 砾（角砾）粒 | 粗砾 | $60\geq d>20$ | 透水性大，无黏性，毛细管水上升高度很小，不能保持水分 |
| | | 中砾 | $20\geq d>5$ | |
| | | 细砾 | $5\geq d>2$ | |
| | 砂粒 | 粗砂 | $2\geq d>0.5$ | 无黏性，易透水，毛细管水上升高度不大，无可塑性 |
| | | 中砂 | $0.5\geq d>0.25$ | |
| | | 细砂 | $0.25\geq d>0.075$ | |
| 细粒组 | 粉粒 | | $0.075\geq d>0.005$ | 透水性很小，湿润时有微黏性，毛细管水上升高度较大，在水中易悬浮 |
| | 黏粒 | | $d\leq 0.005$ | 透水性极微，有可塑性和黏性，其性质随含水率有很大变化 |

## 2.1.2 土粒分析方法

实际上土常常是多种不同粒组的混合物，显然，土的性质取决于各不同粒组的相对含量。为了确定各粒组相对含量，必须用试验方法（称颗粒分析试验）将各粒组区分开来。在工程实践中，最常用的颗粒分析试验方法有筛析法和密度计法两种。

筛析法适用于粒径大于 0.075mm 的土。它用一套孔径不同的筛子，从上到下，筛孔逐渐减小。将事先称过重量的干土样过筛，称出留存在各筛上的土粒重，然后标出这些土粒重占总土粒重的百分数。密度计法适用于粒径小于 0.075mm 的土。方法是将少量细粒土放入水中，大小不同的土粒在水中下沉的速度各不相同，大粒下沉快而小粒下沉慢，利用密度计测定不同时间土粒和水混合悬液的密度，就可以计算出某一粒径的土粒对总土粒重的百分数。如土中同时含有粒径大于和小于 0.075mm 的土粒时，则须联合使用上述两种方法。这时的试验结果，如图 1-1 所示。颗粒分析试验的具体作法可参阅《土力学实验指导书》。

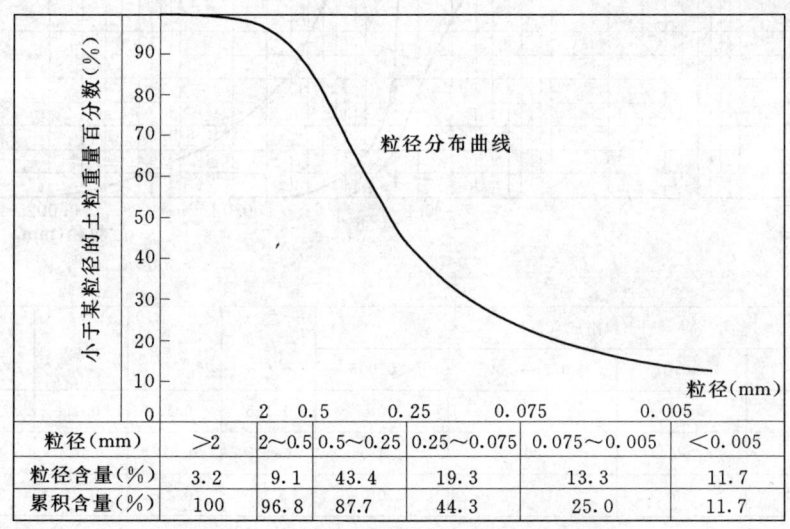

图 1-1　土的粒组含量及颗粒级配曲线

### 2.1.3 土的级配

土中各粒组的相对含量,用土粒总重的百分数表示,称为土的级配。土的级配好坏将直接影响土的性质。级配良好的土,压实时能达到较高的密实度,透水性小,强度高,压缩性低;反之,级配不良的土,往往压实密度小,强度低,渗透稳定性差。

图 1-1 的表中最下两行就是表示土的级配,但为了直观起见,常将颗粒分析试验结果绘在半对数坐标纸中,用粒径分布曲线表示土的级配。曲线的纵坐标为小于某粒径土粒的累积重量,横坐标用对数尺度表示土粒的粒径。

必须指出,实际土粒的形状是各式各样的,很少呈球形,这里所说的土粒粒径是名义粒径。在筛析法中它是以筛孔径代表的,而在密度计法中是以与实际土粒在水中沉降速度相同的同样物质的球的直径代表的。

从土的粒径分布曲线上可以看出:

(1) 粒组范围及各粒组含量。如图 1-1 所示的曲线上,可以得到各粒组占总土粒含量分别为:砾粒 3.2%、砂粒 71.8%、粉粒 13.3%、黏粒 11.7%。

(2) 土粒分布情况。如图 1-2 所示曲线 A、B 及 C 分别代表三种土的颗粒大小分布情况。曲线 A 及 B 的坡度是渐变的,表示所代表的两种土的颗粒大小分布是连续的,颗粒大小搭配好。曲线 C 出现水平段,表示该土的颗粒大小分布不连续,缺乏某些中间粒径的土粒,颗粒大小搭配不好。通常用曲率系数 $C_c$ 判别土中颗粒搭配的好坏。

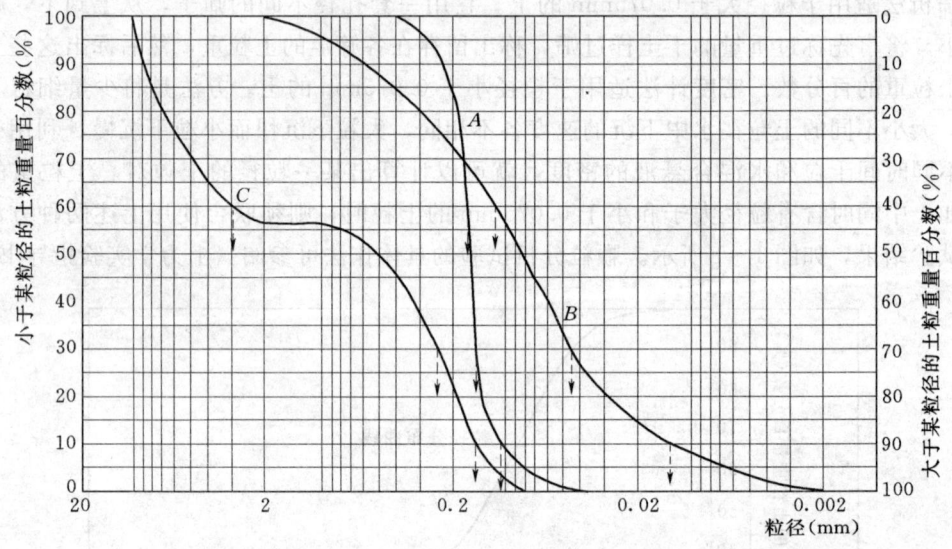

单位:mm

| 土样编号 | 土粒组成(%) | | | | $d_{60}$ | $d_{10}$ | $d_{30}$ | $C_u$ | $C_c$ |
| --- | --- | --- | --- | --- | --- | --- | --- | --- | --- |
| | 10~2 | 2~0.075 | 0.075~0.005 | <0.005 | | | | | |
| A | 0 | 99 | 1 | 0 | 0.165 | 0.11 | 0.15 | 1.5 | 1.24 |
| B | 0 | 66 | 30 | 4 | 0.115 | 0.012 | 0.044 | 9.6 | 1.49 |
| C | 44 | 56 | 0 | 0 | 3.00 | 0.15 | 0.25 | 20.0 | 0.14 |

图 1-2 几种土的颗粒级配曲线

$$C_c = \frac{(d_{30})^2}{d_{60} d_{10}} \qquad (1-1)$$

式中 $d_{60}$、$d_{30}$、$d_{10}$——粒径曲线纵坐标上小于某粒径含量60%、30%、10%时所对应的粒径，$d_{60}$称为控制粒径，$d_{10}$称为有效粒径。

若曲率系数过大，表示粒径分布曲线的水平段出现在$d_{10}$与$d_{30}$之间；反之，若曲率系数过小，表示粒径分布曲线的水平段出现在$d_{30}$与$d_{60}$之间。因此，只有当曲率系数在某一范围取值时，土的颗粒大小分布才是连续的。当$C_c=1\sim 3$时，表明土粒大小的连续性较好，或土粒大小之间有一定的变化规律。

比较曲线$A$与$B$，曲线$B$形状平缓，土粒大小分布范围广，表示土粒大小不均匀；曲线$A$形状较陡，土粒大小分布范围窄，表示土粒大小均匀。土粒大小的不均匀程度用不均匀系数$C_u$表示：

$$C_u = \frac{d_{60}}{d_{10}} \qquad (1-2)$$

不均匀系数$C_u$值越大，表明粒径分布曲线的坡度越缓，土粒大小越不均匀；反之，$C_u$值越小，表明曲线越陡，土粒大小越均匀。$C_u \leq 5$的土称匀粒土；$C_u > 5$的土则称非匀粒土。

当土的颗粒大小分布范围广，且颗粒从大到小连续分布，土就有足够的细颗粒去填充粗颗粒间的孔隙。它压实时就能得到较高的密实度。这种土是级配良好的土。当土的颗粒大小分布范围广，但缺乏某些中间粒径，或土的颗粒连续分布，而颗粒分布范围窄，压实后密度较低，渗透稳定性差，这种土是级配不良的土。所以，工程上对土的级配是否良好的判定规定如下：

1）级配良好的土。这种土一般来说粒径分布曲线主段呈光滑凹面向上的型式，坡度较缓，土粒大小连续，曲线平顺，且粒径之间有一定的变化规律，能同时满足$C_u>5$及$C_c=1\sim 3$的条件。

2）级配不良的土。土粒大小比较均匀，曲线坡度较陡，或虽然土粒大小不均匀，但土粒大小不连续，这类土都属级配不良的土，即级配不良的土不能同时满足$C_u>5$及$C_c=1\sim 3$两个条件。

**【例题1-1】** 如图1-2所示$A$、$B$、$C$表示三种不同粒径组成的土。试求每种土中的砾粒、砂粒、粉粒及黏粒等粒组的含量各为多少？它们的不均匀系数$C_u$及曲率系数$C_c$又各为多少？并对各曲线所反映的土的级配特性加以分析。

**解** （1）按曲线$A$得知：

砂粒占$100-1=99(\%)$ 黏粒占$1(\%)$

$$C_u = \frac{d_{60}}{d_{10}} = \frac{0.165}{0.110} = 1.5 < 5 \qquad \text{土粒大小级配均匀}$$

$$C_c = \frac{(d_{30})^2}{d_{60} d_{10}} = \frac{(0.15)^2}{0.165 \times 0.11} = 1.24 \qquad \text{在}1\sim 3\text{之间}$$

虽然$C_c$在$1\sim 3$之间，但曲线坡度$C_u<5$，故为级配不良的土。

（2）按曲线$B$得知：

砂粒占$100-34=66$（%）

粉粒占 $34-4=30$（%）

黏粒占 4（%）

$$C_u = \frac{d_{60}}{d_{10}} = \frac{0.115}{0.012} = 9.6 > 5 \qquad \text{土粒大小不均匀}$$

$$C_c = \frac{(d_{30})^2}{d_{60}d_{10}} = \frac{(0.044)^2}{0.115 \times 0.012} = 1.4 \qquad \text{在 1～3 之间}$$

由于 $C_u$ 及 $C_c$ 都同时满足条件，故为级配良好的土。

（3）按曲线 C 得知：

砾粒占 $100-56=44$（%）

砂粒占 56（%）

$$C_u = \frac{d_{60}}{d_{10}} = \frac{3}{0.15} = 20 > 5 \qquad \text{土粒大小不均匀}$$

$$C_c = \frac{(d_{30})^2}{d_{60}d_{10}} = \frac{(0.25)^2}{3 \times 0.15} = 0.14 \qquad \text{不在 1～3 之间}$$

虽然 $C_u>5$，但因缺乏中间粒径，$C_c$ 不在 1～3 之间，故也为级配不良的土。

## 2.2 土的液相

土的液相是水及各种离子的溶液，其含量及性质明显地影响土（尤其是黏性土）的性质，如增加黏性土的水分，可使土的状态由坚硬变为可塑，直至成为流动状态的土浆。

土中水通常在不同的作用力之下而处于不同的状态，所以，它们也具有相异的性质。在工程上，土中的水可分为下列各类：

$$\text{土中水} \begin{cases} \text{结晶水——土粒矿物内部的水} \\ \text{吸着水——与土粒表面结合的水} \begin{cases} \text{强吸着水} \\ \text{弱吸着水} \end{cases} \\ \text{自由水} \begin{cases} \text{毛细管水} \\ \text{重力水} \end{cases} \end{cases}$$

### 2.2.1 结晶水

存在于矿物结晶中的水，只有在高温（>105℃）下才能使之从矿物中析出，故可把它视作矿物本身的一部分。

### 2.2.2 吸着水

黏粒表面带有负电荷，电荷的多少直接与土粒表面积大小有关。常用比表面（单位体积土的土粒总表面积）来表示电荷对土粒性能的相对影响。比表面越大，电荷的作用就越强。土粒表面的负电荷在其周围产生了一定强度的电场，处于该电场范围内的水分子会被极化，极化了的水分子和水溶液中的阳离子在电荷引力作用下，吸附在土粒周围形成了薄膜状的水——吸着水。吸着水受土粒表面电荷引力的作用而不服从静水力学的规律，没有溶解能力，不能传递静水压力，冰点低于 0℃，密度大于 1.0g/cm³。

吸着水根据所受电荷引力的大小可分为强吸着水和弱吸着水。如图 1-3 所示，土粒表面附近的电荷引力最大，随离开土粒表面距离的增大电荷引力迅速降低。因而，紧靠土粒表面的水分子和阳离子被牢牢的吸引在土粒表面附近，排列的十分紧密，失去了常见水的某些特征，其性质近似于固体。通常把最靠近土颗粒表面的一层水称为强吸着水。距土粒表面稍远的地方，水分子与阳离子受到的电荷引力很小，水分子虽然仍呈定向排列，但它与土粒表面结合不如强吸着水那么紧密和严格。因此，这种水有可能由水膜较厚处缓慢地迁移到水膜较薄的地方；也就是有可能从一个土粒迁移到另一个土粒上去，这种运动与重力无关。这层水不能传递静水压力，称为弱吸着水。

弱吸着水膜的厚度，与黏性土的物理力学性质有很大关系。当两黏粒之间存在有弱吸着水时，由于土粒相互受到土粒表面引力的作用，因而在土粒间表现出一定的联结能力，这就是黏性土具有黏性和塑性的物理本质。弱吸着水膜愈薄，土粒间距离愈小，土粒间的引力愈大、联结强度愈高，土粒间就愈不容易发生相对移动，土的工程性质愈好；反之，当土粒间弱吸着水膜的厚度大，土粒之间的相互吸引力小，粒间的联结强度低，土粒就易于发生相对移动，土的工程性质差。

### 2.2.3 自由水

自由水是指在土粒表面电荷引力作用范围以外的水。它的性质和普通水一样，受重力支配，能传递静水压力并具有溶解能力。自由水包括毛细管水和重力水两种。

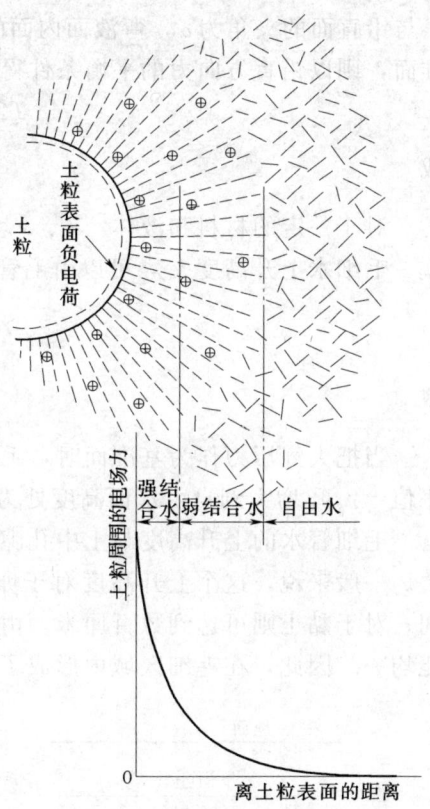

图 1-3 土粒与水分子相互作用的模拟图
⊖—极性水分子；⊕—阳离子

（1）毛细管水。土中存在许多大小不同的相互连通的弯曲通道（毛细管）。由于水和空气分界处弯液面上产生的表面张力作用，土中自由水从地下水位面通过土的细小通道逐渐上升，在地下水位面以上形成一定高度的毛细水带（毛细管水），这一上升高度称为毛细管水上升高度。

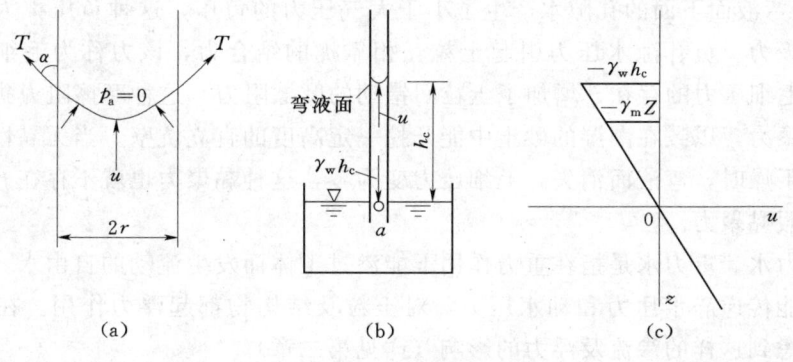

图 1-4 毛细作用

毛细作用的原理如图 1-4 所示。由于表面张力的作用，水将沿着细小管壁的内侧上升，并在表面形成弯液面，这一现象称为毛细作用。设细管的内径为 $2r$，表面张力为 $T$，

$T$ 与铅直面的夹角为 $\alpha$，弯液面内面的水压力为 $u$，如图 1-4 所示，若以大气压力作为基准面，则以铅直方向力的平衡条件得：

$$T2\pi r\cos\alpha + u\pi r^2 = 0$$

或
$$u = -\frac{2T\cos\alpha}{r} \tag{1-3}$$

对于一定的材料和液体，$T$、$\alpha$ 均为定值，所以弯液面下面水中的压力为负压。

毛细水上升高度 $h_c$，可以由毛管水的平衡条件求得，如图 1-4（b）所示，即：

$$\gamma_w h_c - \frac{2T\cos\alpha}{r} = 0$$

或
$$h_c = \frac{2T\cos\alpha}{\gamma_w r} \tag{1-4}$$

当把大气压力作为基准面时，毛细水压力即按静水压力的规律分布，从弯液面处的最小值 $-\gamma_w h_c$ 增大到自由水面高度处为零，如图 1-4（c）所示。

毛细管水的上升高度与土中孔隙的大小和形状、土粒的矿物成分、水的性质等因素有关。一般来说，这个上升高度对于卵石由零增至几厘米；对于砂和粉土则在数十厘米之间；对于黏土则可达到数百厘米。由于上述诸因素的影响，土中毛细管水上升的高度不可能均一。因此，在毛细区域内形成了毛细饱和区和非饱和区两个部分，如图 1-5 所示。

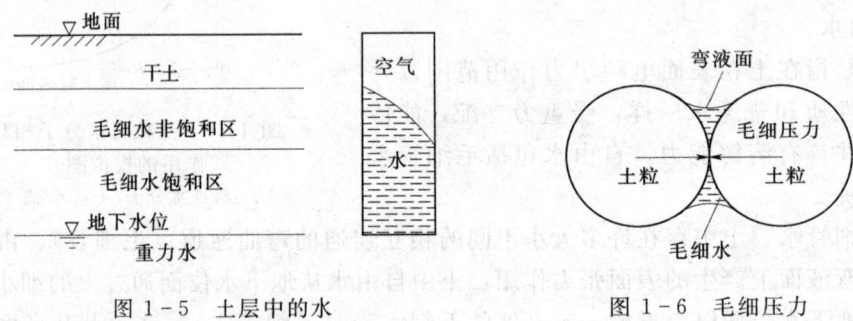

图 1-5  土层中的水　　　　　　图 1-6  毛细压力

在非饱和区的湿土中，孔隙中的水仅存在于土粒接触点周围，彼此是不连续的。由式 (1-3) 知，弯液面下面的孔隙水产生了小于大气压力的负压，这种负压称为负孔隙水压力或孔隙水吸力。负孔隙水压力引起土粒互相靠拢的结合力，该力称为毛细压力，如图 1-6 所示。毛细压力的存在，增加了土粒间错动的摩擦阻力。这种摩擦阻力犹如给无黏性土以某些黏聚力，以致在潮湿的砂土中能开挖一定高度的直立坑壁。当无黏性土被水完全浸没或完全干燥时，弯液面消失，毛细压力变为零，这种黏聚力也就不存在。因而把这种黏聚力称为假黏聚力。

（2）重力水。重力水是指在重力作用下能渗过土体而发生流动的自由水。重力水具有溶解能力，能传递静水压力和动水压力，对土粒及结构物都起浮力作用。在土力学计算中，应当考虑到这样的渗流及浮力的影响（详见第二章）。

## 2.3  土的气相

土中的气体可分为两种基本类型：一种是与大气连通的气体；一种是与大气不连通的以气泡形式出现的封闭气体。

与大气连通的气体，其成分与空气相似，受外荷作用时，易被挤出土外，对土的工程性质没有多大影响。封闭气体的成分可能是空气、水汽或天然气等，在压力作用下可能被压缩或溶解于水中，压力减小时能有所复原。因此，土中封闭气体的存在将使土的弹性增加，拖延土的压缩和膨胀随时间的发展过程，减小土的渗透性，对土的工程性质影响较大。

## 2.4 土的结构

土的结构是指土粒的相互排列及粒间的联结能力。土的结构是在成土的过程中逐渐形成的。它与土的矿物成分、颗粒形状、沉积条件等因素有关。土的结构通常可归纳为三种基本类型：单粒结构、蜂窝结构和絮状结构。

### 2.4.1 单粒结构

单粒结构多见于砂、砾等粗粒土中。在沉积过程中，较粗的矿物颗粒在其自重作用下沉落，一旦与已沉稳的土粒相接触，就滚落到平稳位置，各土粒相互依靠重叠，如图1-7（a）所示。这种结构的特点是土粒之间以点与点接触为主。单粒结构随着它的形成条件以及存在环境不同，可形成密实的或疏松的状态。疏松状态的单粒结构在荷载作用下，特别是在振动荷载作用下，会使土粒向更稳定的位置移动而变得密实，同时产生较大变形。密实状态的单粒结构则比较稳定，力学性能较好。

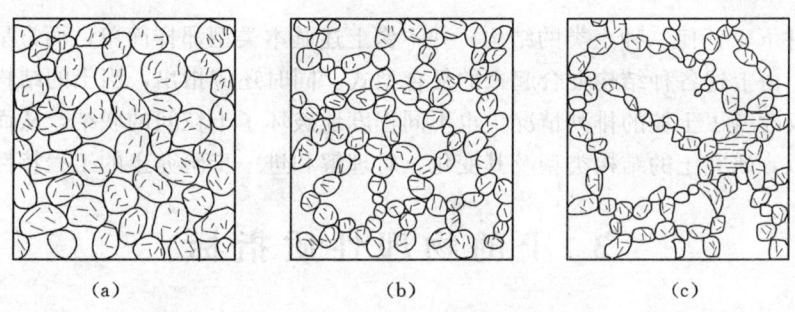

图1-7 土的结构
(a) 单粒结构；(b) 蜂窝结构；(c) 絮凝结构

### 2.4.2 蜂窝结构

蜂窝结构多见于由粉粒为主所组成的细粒土中。细小的粉粒在自重作用下沉落时，碰到别的正在下沉或已下沉稳定的土粒，由于土粒细而轻，粒间接触点处的引力大于下沉土粒的重量，土粒就被吸引着不再改变它们的相对位置，逐渐形成链环状单元。很多这样的链环联结起来，便形成孔隙较大的蜂窝状结构，如图1-7（b）所示。蜂窝状结构较不稳定，在外力作用下易引起较大的压缩变形或下沉。

### 2.4.3 絮状结构

絮状结构多见于由黏土颗粒为主所组成的黏性土中。微小的黏粒多呈片状或针状，土粒的尺寸极小，重量极轻，靠其自重在水中下沉极为缓慢，而且有些土粒粒径小于0.002mm，具有胶粒特征，土粒表面常常带有同号电荷，因而悬浮于水中作分子热运动，不能互相碰撞结成粒团下沉。在悬液介质发生变化时（如河流入海时因海水中的离子浓度比较大），土粒表面的弱吸着水厚度减薄，运动着的黏粒互相聚合，以面对边或面对角的接触，并凝聚成絮状物下沉，形成具有很大孔隙的絮状结构，如图1-7（c）所示。

絮状结构的形式变化对黏性土特别重要。对黏土颗粒的成分、形状和粒间的联结研究表明，黏粒大多呈片状或针状。在片的板面上带有负电荷，而在片的断口处局部带有正电荷，如图1-8所示。由于黏粒中这种不平衡的电荷存在，土粒互相聚合时，常以面—边、面—角或面—面方式接触，如图1-9所示。当以面—边（或角）接触时，粒间将以引力为主，而以面—面接触时，粒间则以斥力为主。海水中沉积的土，由于盐类的离子浓度很大，粒间斥力小而多以面—边（或角）接触。淡水中沉积的土，由于盐类的离子浓度很小，粒间的引力小而多以面—面接触。

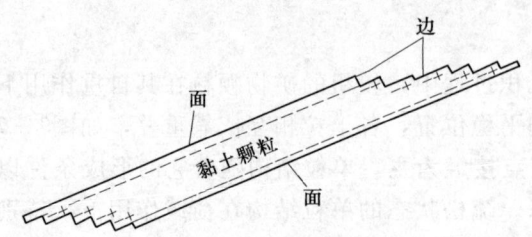
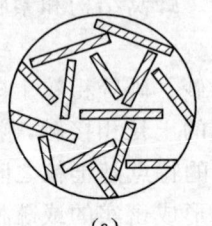
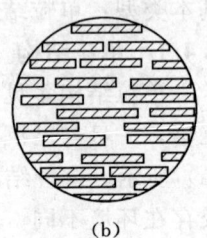

图1-8 黏土颗粒的电学性质
—负电荷；＋正电荷

图1-9 黏粒的接触方式
(a) 面—边或角；(b) 面—面

天然条件下，任何一种土类的结构，并不像上述基本类型那样简单，而常呈现为以某种结构为主的，由上述各种结构混合起来的复合型式。同时还应指出，当土的结构受到破坏或扰动时，不仅改变了土粒的排列情况，也不同程度地破坏了土粒间的联结，从而影响土的工程性能。所以，研究土的结构类型及其变化，对理解和进一步研究土的工程特性很有意义。

## 3 土的物理性质指标

土是由固体、液体和气体三相所组成的三相系。由前面的研究可知，土的三相组成部分在重量上和体积上的比例关系随着各种条件的变化而变化，这些比例关系不仅可以描述土的物理性质和它所处的状态，而且，在一定程度上还可以用来反映土的力学性质。土力学中使用各相之间在体积上和重量上的比例关系，作为反映土的物理性质的指标，这类指标统称为土的物理性质指标。

为了研究方便，假想地把土的各相聚集在一起，画出如图1-10所示的三相图。图的右边标明体积（$V$），左边标明质量（$m$）或重量（$W$），下角标 s 表示土粒，w 表示水，a 表示气体，$V_v$ 表示孔隙所占的体积。由于空气的质量很小，在研究时常假定为零，即假定 $m_a=0$ 或 $W_a=0$。

### 3.1 物理性质指标的定义

土的物理性质指标很多，常用的有九种，从不同方面（如湿度、密度等）反映了土的物理性质。

#### 3.1.1 反映土的含水程度的指标

##### 3.1.1.1 含水率

土的含水率是试样在105～110℃下烘到恒量时所失

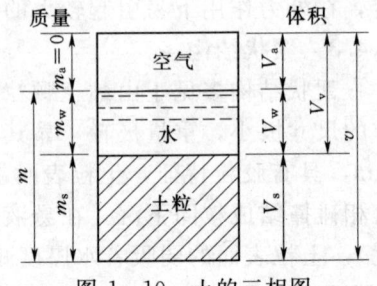

图1-10 土的三相图

去的水质量和干土质量的比值，用 $w$ 表示，常以百分数计。即：

$$w = \frac{m_w}{m_s} \times 100\% \tag{1-5}$$

土的含水率是表示土的干湿程度的指标。在天然状态下，土的含水率变化幅度很大，这与土的种类、埋藏条件等因素有关。一般砂土的含水率从 0 到 40%，黏土的含水率从 3% 到 100%，淤泥或泥炭其含水率可高达 100%～300%。土的含水率越大，土质越松软，其压缩性高，强度低。

#### 3.1.1.2 饱和度

土的饱和度是指土中所含水分的体积与孔隙体积之比，用 $S_r$ 表示，以百分数计。即：

$$S_r = \frac{V_w}{V_v} \times 100\% \tag{1-6}$$

饱和度表示土孔隙被水充满的程度。干土 $S_r=0$；饱和土 $S_r=100\%$；湿土 $S_r$ 在 0～100% 之间。饱和度也是反映土的干湿程度的指标。工程应用时，砂土与粉土以饱和度作为湿度划分标准，分为稍湿、很湿与饱和三种湿度状态，即：

$S_r \leqslant 50\%$ 　　　　　　　　为稍湿的

$50\% < S_r \leqslant 80\%$ 　　　　　　为很湿的

$S_r > 80\%$ 　　　　　　　　为饱和的

### 3.1.2 反映土的松密程度的指标

#### 3.1.2.1 孔隙比

土中孔隙的体积与土粒体积之比称为土的孔隙比，用 $e$ 表示，以小数计。即：

$$e = \frac{V_v}{V_s} \tag{1-7}$$

土的孔隙比主要与土粒大小、形状及排列松密程度有关，例如，砂土的孔隙比为 0.4～0.8；黏土的孔隙比为 0.6～1.5 或 2.0；黏土若含有大量有机质，孔隙比可达到 4 或 5。同一类土的孔隙比越大，说明土越松，压缩性越高，强度越低；孔隙比越小，说明土越密实。工程中有用 $e$ 来评价同一类土在天然状态下的松密程度，或者通过孔隙比的变化来反映土所受到的压密程度。

#### 3.1.2.2 孔隙率

土中孔隙的体积与土的总体积之比称为土的孔隙率，用 $n$ 表示，常以百分数计。即：

$$n = \frac{V_v}{V} \times 100\% \tag{1-8}$$

土的孔隙率也是表示土的松密程度的指标，孔隙率大，说明土疏松；孔隙率小，说明土密实。

### 3.1.3 反映土的重度的指标

#### 3.1.3.1 土粒相对密度

土粒的质量与同体积 4℃ 时纯水的质量之比称为土粒相对密度，用 $G_s$ 表示。即：

$$G_s = \frac{m_s}{V_s \rho_{w4℃}} = \frac{\rho_s}{\rho_{w4℃}} \tag{1-9}$$

式中　$\rho_s$——土粒的密度，即土粒单位体积的质量；

$\rho_{w4℃}$——4℃时蒸馏水的密度。

土粒相对密度的大小与土粒矿物成分有直接关系。自然界中的土常含有不同矿物成分的土粒，这些土粒的相对密度一般是不同的，由试验测定的相对密度值为整个试样内所有土粒的平均相对密度值。砂粒的平均相对密度为 2.65；黏粒的相对密度介于 2.67～2.74 之间，平均相对密度为 2.70。土中含有机质时，其相对密度可降到 2.4 以下。实际中，各类土相对密度的变幅不大。

**3.1.3.2 土的密度($\rho$)与土的重度($\gamma$)**

土的密度定义为土单位体积的质量，以 g/cm³ 计。土的重度定义为土单位体积的重量，以 kN/m³ 计。土的密度和重度之间有如下关系：

$$\gamma = \rho \times 9.81 \tag{1-10}$$

式中　$\rho$——以 Mg/m³ 计；
　　　$\gamma$——以 kN/m³ 计。

按照土所处的状态，土的密度（或重度）有下列四种：

（1）湿密度($\rho$)与湿重度($\gamma$)。土的湿密度（湿重度）也就是土的密度（重度），此时土为三相系。即：

$$\rho = \frac{m}{V} = \frac{m_s + m_w}{V_s + V_w + V_a} \tag{1-11}$$

$$\gamma = \frac{W}{V} = \frac{W_s + W_w}{V_s + V_w + V_a} \tag{1-12}$$

土在天然状态下的湿密度（湿重度）的变化很大，它随着土的密实程度和孔隙中水的含量而变。一般黏土的 $\rho = 1.7～2.0 \text{g/cm}^3$；砂土的 $\rho = 1.6～2.0 \text{g/cm}^3$；腐殖土的 $\rho = 1.5～1.7 \text{g/cm}^3$。

（2）饱和密度 ($\rho_m$) 与饱和重度 ($\gamma_m$)。土的饱和密度（饱和重度）是指土中的孔隙完全被水充满时的密度（重度）。此时土为饱和土。即：

$$\rho_m = \frac{m}{V} = \frac{m_s + V_v \rho_w}{V_s + V_v} \tag{1-13}$$

$$\gamma_m = \frac{W}{V} = \frac{W_s + V_v \gamma_w}{V_s + V_v} \tag{1-14}$$

式中　$\gamma_w$——水的重度，近似取为 9.81kN/m³ 或 10kN/m³。

（3）浮密度($\rho'$)与有效重度($\gamma'$)。土的浮密度（有效重度）是指土被水淹没时，考虑了水对土体的浮力作用后的密度（重度），也称为有效密度（有效重度），表达式为：

$$\rho' = \frac{m_s - V_s \rho_w}{V} \tag{1-15}$$

$$\gamma' = \frac{W_s - V_s \gamma_w}{V} \tag{1-16}$$

（4）干密度($\rho_d$)与干重度($\gamma_d$)。土的干密度（干重度）是指土在完全干燥时的密度（重度），即土单位体积中土粒的质量（重量）。

$$\rho_d = \frac{m_s}{V} \tag{1-17}$$

$$\gamma_d = \frac{W_s}{V} \tag{1-18}$$

事实上，自然界中土的孔隙中总含有一定的水分，故在自然界中干密度（干重度）是不存在的。但这一指标可以反映出单位体积内土粒数量的多少，也就是反映出土的松密程度。因此在填土工程中，常把土的干密度（干重度）作为填土密实程度的控制标准。

从上述四种密度（重度）的定义可知，同一种土的各种密度（重度）在数值上有如下关系：

$$\rho_m > \rho > \rho_d > \rho' \tag{1-19}$$
$$\gamma_m > \gamma > \gamma_d > \gamma' \tag{1-20}$$

## 3.2 土的物理性质指标的确定

土的九种物理性质指标可分为两类：一类是必须通过试验测定的；另一类是根据试验测定的指标换算的。

### 3.2.1 试验测定的指标

#### 3.2.1.1 含水率

土的含水率通常用烘干法测定。其原理是将天然土样的质量（$m$）称出，然后放入烘箱中加热，并保持在温度 105~110℃ 下将土样烘干，称得干土质量（$m_s$）；由于烘干而失去的质量（$m - m_s$）即为土中水的质量 $m_w$；然后用含水率定义式即可求得含水率。

#### 3.2.1.2 土的密度与土的重度

测定土的密度（重度）的方法是用已知内腔体积 $V$ 的环刀切取试样，称出试样的质量 $m$（重量 $W$），便可按密度（重度）的定义式求得土的密度（重度）。

#### 3.2.1.3 土粒相对密度

土粒相对密度常用相对密度瓶法测定。事先将相对密度瓶注满蒸馏水，称出瓶加水的质量 $m_1$，并测定瓶内水的温度 $T$，然后把质量为 $m_s$ 的烘干土装入该比重瓶内，再加蒸馏水至满，称量瓶加土加水的质量 $m_2$。注意，此时应保证瓶内水的温度与前面测的温度相同，并应将土粒间的气体全部排出。按下式计算土粒的相对密度：

$$G_s = \frac{m_s}{m_1 + m_s - m_2} G_{wT} \tag{1-21}$$

式中 $G_{wT}$——温度 $T$ 时纯水的比重，精确至 0.001。

### 3.2.2 换算的指标

通过试验测定得出 $G_s$、$w$、$\rho(r)$ 后，就可根据各物理性质指标的定义，利用三相图求得其余六种指标与实验室测定的三种指标之间的关系式。

如图 1-11 所示的三相图，设土粒的体积 $V_s = 1$，则土粒的质量 $m_s = \rho_s \times 1 = G_s \rho_{w4℃}$；根据含水率的定义可得水的质量 $m_w = w m_s = w G_s \rho_{w4℃}$；则土的总质量 $m = m_s + m_w = (1+w) G_s \rho_{w4℃}$；由密度的定义知土的总体积 $V = m/\rho = (1+w) G_s \rho_{w4℃}/\rho$；则土中孔隙的体积 $V_v = V - V_s = (1+w) G_s \rho_{w4℃}/\rho - 1$；土中水的体积 $V_w = m_w/\rho_w = $

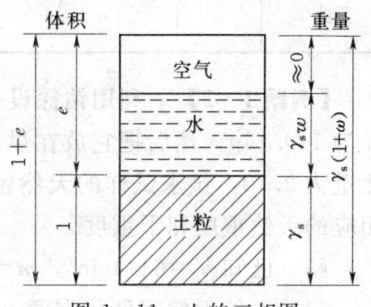

图 1-11 土的三相图

$wG_s$。到此，土的三相组成部分的质量及体积全部用已知的三种指标 $G_s$，$w$，$\rho(\gamma)$ 表示出来，根据各指标的定义可得到其余六种指标与实验室测定的三种指标之间的关系式：

孔隙比
$$e = \frac{V_v}{V_s} = \frac{G_s(1+w)\rho_w}{\rho} - 1 \qquad (1-22)$$

孔隙率
$$n = \frac{V_v}{V} = 1 - \frac{\rho}{G_s(1+w)\rho_w} \qquad (1-23)$$

饱和度
$$S_r = \frac{V_w}{V_v} = \frac{wG_s\rho}{G_s(1+w)\rho_w - \rho} \qquad (1-24)$$

干密度
$$\rho_d = \frac{m_s}{V} = \frac{\rho}{1+w} \qquad (1-25)$$

饱和密度
$$\rho_m = \frac{m_s + V_v\rho_w}{V} = \frac{(G_s-1)\rho}{G_s(1+w)} + \rho_w \qquad (1-26)$$

浮密度
$$\rho' = \frac{m_s - V_s\rho_w}{V} = \frac{(G_s-1)\rho}{G_s(1+w)} \qquad (1-27)$$

土的这九种物理性质指标之间还有其他换算关系，表 1-2 列出了常用的换算关系式。

表 1-2 常用的物理性质指标换算公式

| 指标 | 符号 | 表达式 | 用直接测定指标换算的公式 | 用其他指标换算的公式 |
| --- | --- | --- | --- | --- |
| 孔隙比 | $e$ | $e = \frac{V_v}{V_s}$ | $e = \frac{G_s\gamma_w(1+w)}{\gamma} - 1$ | $e = \frac{G_s\gamma_w}{\gamma_d} - 1$, $e = \frac{wG_s}{S_r}$, $e = \frac{n}{1-n}$ |
| 干重度 | $\gamma_d$ | $\gamma_d = \frac{W_s}{V}$ | $\gamma_d = \frac{\gamma}{1+w}$ | $\gamma_d = \frac{G_s\gamma_w}{1+e}$, $\gamma_d = \frac{nS_r}{w}\gamma_w$ |
| 饱和重度 | $\gamma_m$ | $\gamma_m = \frac{W_s + V_v\gamma_w}{V}$ | $\gamma_m = \frac{(G_s-1)\gamma}{G_s(1+w)} + \gamma_w$ | $\gamma_m = \frac{(G_s+e)\gamma_w}{1+e}$, $\gamma_m = \gamma' + \gamma_w$, $\gamma_m = G_s\gamma_w(1-n) + n\gamma_w$ |
| 有效重度 | $\gamma'$ | $\gamma' = \frac{W_s - V_s\gamma_w}{V}$ | $\gamma' = \frac{(G_s-1)\gamma}{G_s(1+w)}$ | $\gamma' = \frac{(G_s-1)\gamma_w}{1+e}$, $\gamma' = \gamma_m - \gamma_w$, $\gamma' = (G_s-1)(1-n)\gamma_w$ |
| 饱和度 | $S_r$ | $S_r = \frac{V_w}{V_v}$ | $S_r = \frac{wG_s\gamma}{G_s\gamma_w(1+w) - \gamma}$ | $S_r = \frac{wG_s}{e}$, $S_r = \frac{wG_s\gamma_d}{G_s\gamma_w - \gamma_d}$, $S_r = \frac{\gamma(1+e) - G_s\gamma_w}{e\gamma_w}$ |
| 孔隙率 | $n$ | $n = \frac{V_v}{V}$ | $n = 1 - \frac{\gamma}{G_s\gamma_w(1+w)}$ | $n = \frac{G_s\gamma_w - \gamma_d}{G_s\gamma_w} = 1 - \frac{\gamma}{G_s\gamma_w(1+w)}$ |

【例题 1-2】 利用钻探设备从地基中取出土样做试验，测得其体积为 64.4cm³，质量为 119.14g，然后把它放在烘箱中烘干，待其冷却后再测得其质量为 99.82g。如该土的比重为 2.70，试求试样的天然密度、干密度、含水率、孔隙比、孔隙率和饱和度并换算相应的天然重度和干重度。

**解** 已知 $V = 64.4\text{cm}^3$，$m = 119.14\text{g}$，$m_s = 99.82\text{g}$，$G_s = 2.70$。

（1）土的天然密度和重度。由式（1-11）、式（1-12）可得土的天然密度为：

$$\rho = \frac{m}{V} = \frac{119.14}{64.4} = 1.85 (\text{g/cm}^3)$$

由式（1-10）的关系可得土的天然重度为：

$$\gamma = \rho g = 1.85 \times 10 = 18.5 (\text{kN/m}^3)$$

（2）土的干密度和干重度。由式（1-17）、式（1-18）可得土的干密度为：

$$\rho_d = \frac{m_s}{V} = \frac{99.82}{64.4} = 1.55 (\text{g/cm}^3)$$

由式（1-10）的关系可得土的干重度为：

$$\gamma_d = \rho_d g = 1.55 \times 10 = 15.5 (\text{kN/m}^3)$$

（3）土的含水率。由式（1-5）可得土的含水率为：

$$w = \frac{m_w}{m_s} = \frac{m - m_s}{m_s} = \frac{119.14 - 99.82}{99.82} = \frac{19.32}{99.82} = 19.40\%$$

（4）土的孔隙比。由式（1-7）可知孔隙比为：

$$e = \frac{V_v}{V_s}$$

其中，$V_s = \frac{m_s}{G_s \rho_w} = \frac{99.82}{2.70 \times 1} = 36.97$（cm³）；$V_v = V - V_s = 64.4 - 36.97 = 27.43$（cm³）。

将其代入上式即可求出土的孔隙比为：

$$e = \frac{27.43}{36.97} = 0.74$$

或由表（1-2）中的公式得出：

$$e = \frac{G_s \rho_w}{\rho_d} - 1 = \frac{2.7 \times 1}{1.55} - 1 = 1.74 - 1 = 0.74$$

或

$$e = \frac{G_s(1+w)}{\rho} \rho_w - 1 = \frac{2.70 \times (1+0.194) \times 1}{1.85} - 1 = 0.74$$

（5）土的孔隙率。由式（1-8）可以求得土的孔隙率为：

$$n = \frac{V_v}{V} = \frac{27.43}{64.4} = 42.6\%$$

或由表（1-2）中的公式得到：

$$n = \frac{e}{1+e} = \frac{0.74}{1+0.74} = 42.6\%$$

（6）土的饱和度。由式（1-6）可知土的饱和度为：

$$S_r = \frac{V_w}{V_v}$$

其中，$V_w = \frac{m_w}{\rho_w} = \frac{m - m_s}{\rho_w} = \frac{119.14 - 99.82}{1.0} = 19.32$（cm³）；由前已知 $V_v = 27.43 \text{cm}^3$。将其代入上式即可得到土的饱和度为：

$$S_r = \frac{19.32}{27.34} = 70.4\%$$

或由表（1-2）中公式得到

$$S_r = \frac{G_s w}{e} = \frac{2.70 \times 0.194}{0.74} = 70.8\%$$

两者稍有不同是由于后者在计算过程中误差累积的结果。

【例题1-3】 某土的含水率为12%，密度为1.87g/cm³，若设土的孔隙比保持恒量，为使含水率增加到22%，试问1m³的土需要加入多少质量的水？

**解** 已知 $w_1=12\%$，$\rho_1=1.87\text{g/cm}^3$，$w_2=22\%$，$e_1=e_2$。

解法之一：

（1）由式（1-25）可知，原来土的干密度为 $\rho_{d1}=\dfrac{\rho_1}{1+w_1}$；加水后土的干密度为 $\rho_{d2}=\dfrac{\rho_2}{1+w_2}$。

（2）由式（1-22）并根据题意 $e_1=e_2$ 的条件，可得：

$$\frac{G_s\rho_w}{\rho_{d1}}-1=\frac{G_s\rho_w}{\rho_{d2}}-1$$

故得出

$$\rho_{d_1}=\rho_{d_2}$$

（3）把 $\rho_{d1}$ 和 $\rho_{d2}$ 的表达式代入上式，即得：

$$\frac{\rho_1}{1+w_1}=\frac{\rho_2}{1+w_2}$$

从而得到加水后土的密度为：

$$\rho_2=\frac{1+w_2}{1+w_1}\rho_1=\frac{1+0.22}{1+0.12}\times1.87=2.037(\text{g/cm}^3)$$

（4）1m³ 土所需增加的水量为：

$$\Delta m_w=(\rho_2-\rho_1)\times1000=(2.037-1.87)\times1000=167(\text{kg})$$

解法之二：

设土体的总体积 $V=1.0$，则土粒的质量 $m_s=\rho_d$，水的质量 $m_w=w\rho_d$。

（1）由式（1-25）求得原来的干密度为：

$$\rho_{d1}=\frac{\rho_1}{1+w_1}=\frac{1.87}{1+0.12}=1.67(\text{g/cm}^3)$$

而原来 1m³ 土中的水量为：

$$m_{w1}=w_1\rho_{d1}\times1000=0.12\times1.67\times1000=200(\text{kg})$$

（2）根据题意 $e_1=e_2$，并由式（1-22）可得 $\rho_{d1}=\rho_{d2}=1.67\text{g/cm}^3$，因而含水率增加到22%时，1m³ 土中的水量为：

$$m_{w2}=w_2\rho_{d2}\times1000=0.22\times1.67\times1000=367(\text{kg})$$

（3）每 1m³ 土所需增加的水量为：

$$\Delta m_w=m_{w2}-m_{w1}=367-200=167(\text{kg})$$

【例题1-4】 试证明：$S_r=\dfrac{G_sw}{e}$；$n=\dfrac{e}{1+e}$；$\rho_d=\dfrac{\rho}{1+w}$。

在证明指标相互关系时，一般假定土粒的体积 $V_s=1.0$，此时，土的三相图可以简化成图1-12所示的形式来表示，然后根据指标的定义加以证明。

**解** （1）证明 $S_r=\dfrac{G_sw}{e}$。

从图1-12可知，当 $V_s=1.0$ 时，则孔隙的体积 $V_v=e$，土粒的质量 $m_s=G_s\rho_w$，孔隙

中水的质量 $m_w = G_s w \rho_w$，孔隙中水的体积 $V_w = G_s w$。按照饱和度的定义即可得到：

$$S_r = \frac{V_w}{V_v} = \frac{G_s w}{e}$$

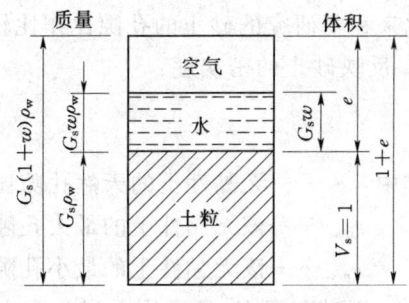

图 1-12　土的三相指标换算图

（2）证明 $n = \dfrac{e}{1+e}$。

设土粒的体积 $V_s = 1.0$，则孔隙的体积 $V_v = e$，土的总体积 $V = V_s + V_v = 1 + e$。按照孔隙率的定义即可得到：

$$n = \frac{V_v}{V} = \frac{e}{1+e}$$

（3）证明 $\rho_d = \dfrac{\rho}{1+w}$。

此时可设总体积 $V = 1.0$，则土粒的质量 $m_s = \rho_d$，水的质量 $m_w = w \rho_d$，土的总质量 $m = m_s + m_w = (1+w) \rho_d$。按照密度的定义可以得到：

$$\rho = \frac{m}{V} = (1+w) \rho_d$$

于是，土的干密度为：

$$\rho_d = \frac{\rho}{1+w}$$

# 4　土的物理状态指标

自然界中土的种类很多，各种类型的土由于其矿物成分、土粒大小和形状、沉积条件和存在环境不同，它们在自然界的存在形式也不相同。土在自然界的存在形式称为土的物理状态，反映土在自然界存在形式的指标称为土的物理状态指标。

## 4.1　砂土的密实状态

### 4.1.1　砂土的状态

砂土的组成颗粒较粗，其结构以单粒结构为主，天然条件下砂土可处于从疏松到密实的不同状态，孔隙比的变动范围大致在 0.33～1.0 之间。试验表明，一般粗粒砂土多处于密实状态，而细粒砂特别是含片状云母颗粒的砂则多处于疏松状态。从沉积环境来讲，一般静水中沉积的砂土要比流水中的疏松，新近沉积的砂土要比沉积年代较久的疏松。

砂土的密实状态与其工程性质有着密切的关系。呈密实状态时，结构稳定，强度大，压缩变形小，是良好的天然地基；反之，呈疏松状态时，特别是饱和的细砂，结构常处于不稳定状态，对工程建筑不利。

### 4.1.2　砂土密实状态的指标

砂土的密实程度在一定程度上可以用其孔隙比来反映。但砂土的孔隙比受颗粒的形状及级配影响较大。即使两种砂土具有相同的孔隙比，但它们在自然界的存在状态也不一定相同。故孔隙比不能表明某一砂土的松密。只有拿同一种砂土处于最松与最密状态的孔隙

比来和要研究的砂土的孔隙比作比较,才能判定砂土的松密。工程上常用砂土的相对密度 $D_r$ 反映砂土的密实度:

$$D_r = \frac{e_{max} - e_0}{e_{max} - e_{min}} \tag{1-28}$$

式中　$e_0$——无黏性土的天然孔隙比或无黏性填土的填筑孔隙比;
　　　$e_{max}$——该无黏性土的最大孔隙比,由它的最小干密度换算;
　　　$e_{min}$——该无黏性土的最小孔隙比,由它的最大干密度换算。

相对密度 $D_r$ 还可用下列关系式表明:

$$D_r = \frac{(\rho_d - \rho_{dmin})\rho_{dmax}}{(\rho_{dmax} - \rho_{dmin})\rho_d} \tag{1-29}$$

式中　$\rho_d$——无黏性土的天然干密度或无黏性填土的填筑干密度;
　　　$\rho_{dmax}$——该无黏性土的最大干密度;
　　　$\rho_{dmin}$——该无黏性土的最小干密度。

无黏性土的最大和最小干密度可直接由试验测定。最小干密度是把烘干土料以约 25mm 的自由落高,散落在一定容积的容器内求得;最大干密度是把烘干土料装入容器,在施加一定的压重下,放在振动台上振密,测出振密的体积后求得。

显然,若砂土的天然孔隙比 $e = e_{max}$,则 $D_r = 0$,表示砂土处于最松状态;若 $e = e_{min}$,则 $D_r = 1$,表示砂土处于最密状态。工程上常以下列标准来判别砂土所处的状态:

$D_r < 0.33$ 时,砂土是疏松的;
$D_r = 0.33 \sim 0.67$ 时,砂土是中密的;
$D_r > 0.67$ 时,砂土是密实的。

用相对密度 $D_r$ 表示砂土密实度时,可综合反映土粒级配、土粒形状和结构等因素。但由于天然状态的 $e$ 值不易确定,测定 $e_{max}$ 和 $e_{min}$ 时引入的人为误差也较大,因此,工程部门常用砂土的天然孔隙比或采用原位测试方法来判定砂土的密实度。

**【例题 1-5】** 从天然土层中取出砂样做试验,测得其天然密度 $\rho = 1.78\text{g/cm}^3$,含水率 $w = 28\%$,土粒的相对密度 $G_s = 2.65$,最大孔隙比 $e_{max} = 1.10$,最小孔隙比 $e_{min} = 0.72$,试问该砂土处于何种状态?

**解**　已知 $\rho = 1.78\text{g/cm}^3$,$w = 28\%$,$G_s = 2.65$,$e_{max} = 1.10$,$e_{min} = 0.72$。

(1) 砂土的天然孔隙比为:

$$e = \frac{G_s(1+w)\rho_w}{\rho} - 1 = \frac{2.65 \times (1+0.28) \times 1}{1.78} - 1 = 0.91$$

(2) 砂土的相对密度为:

$$D_r = \frac{e_{max} - e_0}{e_{max} - e_{min}} = \frac{1.10 - 0.91}{1.10 - 0.72} = \frac{0.19}{0.38} = 0.50$$

(3) 判别该砂土所处的状态。因为该砂土的相对密实度为 0.50,介于 $\frac{1}{3} \sim \frac{2}{3}$ 之间,所以处于中等密实状态。

## 4.2　黏性土的稠度

黏性土的稠度是指黏性土在某一含水率下对外力引起的变形或破坏的抵抗能力,其实质是土粒间的联结强弱或土粒相对移动的难易程度。

### 4.2.1 黏性土的稠度状态

黏性土的含水率发生变化时，它的稠度亦随之而改变，这是一个复杂的物理化学过程，其实质是与黏粒周围吸着水膜的厚度变化有直接关系。当土的含水率很大时，土粒被自由水隔开，粒间联结能力消失，土可在自重作用下流动，呈现流动状态；当水分减少到多数土粒为弱吸着水隔开时，土粒在外力作用下相互错动时而颗粒间的联结能力并不丧失，土处于可塑态，此时土被认为具有可塑性。所谓可塑性是指土体在一定条件（含水率等）下，受外力作用时形状可以

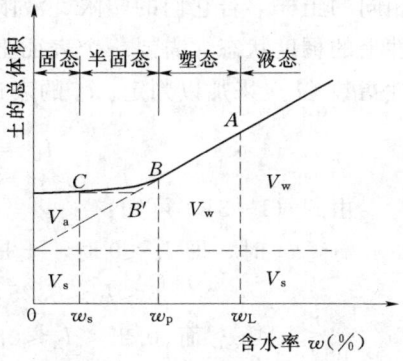

图 1-13 土体积与含水率之间的关系

发生变化，但不产生裂缝，外力移去后仍能保持既得的形状的特性。当水分再减少，弱吸着水膜变薄，黏滞性增大，土即向半固态转化；当土中主要含强吸着水时，则处于固态，如图 1-13 所示。

### 4.2.2 黏性土的界限含水率

黏性土由某一状态过渡到另一状态的分界含水率称为黏性土的界限含水率。可塑态与流动状态的界限含水率叫液限，用 $w_L$ 表示；可塑态与半固态的界限含水率叫塑限，用 $w_p$ 表示；半固态与固态的界限含水率叫缩限，用 $w_s$ 表示。瑞典科学家阿特堡（Atterberg A，1911）首先进行这方面的研究。因此，这些界限含水率也称为阿特堡界限。

必须指出，黏性土从一种状态转变为另一种状态是逐渐过渡的，无明显的界限。目前，只能根据某些通用的试验方法所测定的含水率来代表这些界限含水率。测定黏性土的界限含水率的试验方法，请参阅《土力学试验指导书》。

可塑性是区分黏性土和砂土的重要特征之一，黏性土可塑性大小，是以土处在可塑状态的界限含水率变化范围来衡量的。这个范围就是液限和塑限的差值，称为塑性指数（$I_p$），即：

$$I_p = (w_L - w_p) \times 100 \tag{1-30}$$

图 1-14 是我国积累的资料。土的塑性指数与黏粒含量（<0.005mm）之间成近似直线关系。其他资料表明：如果土含有多种黏土矿物成分时，则随着蒙脱石含量的增加，塑性指数急剧地增大。这都说明黏性土的可塑性，是与黏粒的表面引力有关的一个现象。黏粒含量越多，土的比表面积越大，塑性指数就越大。亲水性大的矿物（如蒙脱石）的含量增加，塑性指数也就相应地增大。所以，塑性指数能综合地反映土的矿物成分和颗粒大小的影响。因此，在工程上经常用塑性指数对黏性土进行分类。

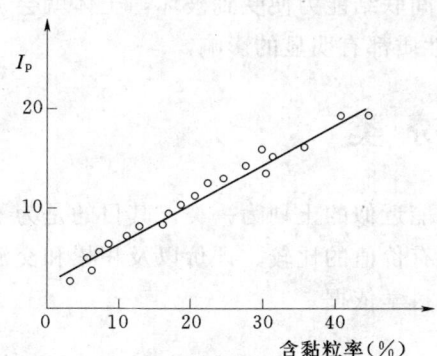

图 1-14 塑性指数与含黏粒率的关系

土的天然含水率在一定程度上也说明黏性土的软硬与干湿状况。但是，仅有含水率的绝对数值，却不能说明土处在什么状态。例如，有几个含水率

相同的土样，若它们的塑限、液限不同，则这些土样所处的状态就可能不一样。因此，黏性土的稠度状态，需要一个表征土的天然含水率与界限含水率之间相对关系的指标，即液性指数（$I_L$）来加以判定。$I_L$ 的表达式为：

$$I_L = \frac{w - w_p}{w_L - w_p} = \frac{w - w_p}{I_p} \times 100 \tag{1-31}$$

由式（1-31）可知：

$w < w_p$ 时，即 $I_L < 0$ 时，土是坚硬的；

$w_p \leqslant w \leqslant w_L$ 而 $\begin{cases} 0 \leqslant I_L \leqslant 0.25 \text{ 时，土是硬塑的；} \\ 0.25 < I_L \leqslant 0.75 \text{ 时，土是可塑的；} \\ 0.75 < I_L \leqslant 1.0 \text{ 时，土是软塑的；} \end{cases}$

$w > w_L$，即 $I_L > 1.0$ 时，土是流态的。

由于 $w_L$、$w_p$ 是由扰动土样确定的指标，所以用 $I_L$ 来判别黏性土软硬程度的缺点，就是没有考虑土的原有结构的影响。在含水率相同时，原状土要比扰动土坚硬。因此，用上述标准判别扰动土的软硬状态是合适的，但对原状土就偏于保守。

**【例题 1-6】** 某土样的液限为 37.4%，塑限为 23.0%，天然含水率为 26.0%，问该土处于何种状态？

**解** 已知：$w_L = 37.4\%$，$w_p = 23.0\%$，$w = 26.0\%$。

$$I_p = (w_L - w_p) \times 100 = (37.4\% - 23.0\%) \times 100 = 14.4$$

$$I_L = \frac{(w - w_p) \times 100}{I_p} = \frac{26 - 23}{14.4} = 0.21$$

所以，该土处于硬塑状态。

当饱和黏性土中含水率发生变化时，土的状态不但随之而异，其体积也会发生变化，如图 1-13 中 ABC 所示。如果土的含水率由多变少（A 点开始）时，包围着土粒的弱吸着水厚度因而变薄，土粒互相移近，土的体积因而变小；这时土的体积的变化等于减少的水的体积，土仍然是饱和的。含水率减少到比塑限小（B 点）时，空气便会进入土中，土的体积也不再减小。必须注意，在收缩过程中，可能因土体各部分收缩不一致，从而产生不均匀应力，导致土体产生裂缝；反之，当土的含水率由少变多时，水分子楔入使水膜变厚，推开相邻土粒，土体因而发生体积膨胀，使土的强度降低。有时土体在水中发生膨胀时，使相邻土粒的距离超过粒间的引力范围，这时粒间联结能力便受到破坏，土体就会发生崩解（称为湿化）。收缩、膨胀、湿化对土的工程性质都有明显的影响。

# 5 土 的 工 程 分 类

土的工程分类就是根据工程实践经验，把工程性能近似的土划为一类。其目的是为了提供一种通用的鉴别标准，以便在不同土类之间可作有价值的比较、评价以及积累和交流经验。为土工建筑物的设计、施工及土料的选择提供科学依据。

## 5.1 分类的基本原则

土的分类定名在原则上应满足下列要求：

(1) 应以能反映土性的指标作为分类的依据,因而必须选用对土的工程性质最有影响、最能反映土的基本性质、便于测定的指标。

(2) 应能反映土在不同工作条件下的特性。例如,地质工作者从地质学观点出发,按土的成因进行分类;农业工作者按土的肥力对土分类;工程人员则按土的工程性质进行分类。

(3) 要有一定的科学逻辑性,对土分类不仅要成体系,使其纲目分明,而且还要求简单易记,便于应用。

## 5.2 分类方法

目前,土的分类方法各国尚不统一,就是在一个国家的各个部门对土的分类也没有统一的方法。本节主要介绍《土工试验规程》(SL 237—1999)所列的分类方法。

### 5.2.1 分类依据及符号

土的工程分类,应以下列土的特性指标作为依据:

(1) 土颗粒组成及其特性。

(2) 土的塑性指标:液限($w_L$)、塑限($w_p$)和塑性指数($I_p$)。

(3) 土中有机质含量。

SL 237—1999将工程用土分为一般土和特殊土两大类。一般土按不同粒组的相对含量可分为:巨粒土、粗粒土和细粒土。特殊土包括黄土、膨胀土、红黏土。

土类基本代号应符合表1-3的规定。

表1-3　　　　　　　土类基本代号表

| | 巨 粒 土 | 粗 粒 土 | 细 粒 土 | 特 殊 土 |
|---|---|---|---|---|
| 成分 | B—漂石(块石)<br>$C_b$—卵石(碎石) | G—砾<br>S—砂 | F—细粒土<br>(C和M的合称)<br>C—黏土<br>M—粉土<br>O—有机质土 | Y—黄土<br>E—膨胀土<br>R—红黏土<br>$S_t$—盐渍土 |
| 级配或性质 | SI—混合土(粗、细粒土合称) | W—级配良好<br>P—级配不良 | H—高液限<br>L—低液限 | |

表示土类的代号按下列规定构成:

(1) 1个代号即表示土的名称。如:$C_b$—卵石、碎石;M—粉土。

(2) 由2个基本代号构成时,第1个基本代号表示土的主成分,第2个基本代号表示土的特性指标(土的液限或土的级配)。如:GP—不良级配砾;CL—低液限黏土。

(3) 由3个基本代号构成时,第1个基本代号表示土的主成分,第2个基本代号表示液限的高低(或级配的好坏),第3个基本代号表示土中所含次要成分。如CHG—含砾高液限黏土。

### 5.2.2 分类方法

对土进行分类时,首先根据土中未完全分解的动植物残骸和无定形物质判定土是有机土还是无机土。有机质呈黑色、青黑色或暗色,有臭味,手触有弹性和海绵感。当不能判定时,可将土放在105~110℃的烘箱中烘焙24h,焙烘后土的液限降低到未焙烘试样液限的3/4时,则该土为有机土。对于无机土,根据土颗粒组成划分为巨粒土、粗粒土和细粒土。若粒径大于 60mm 的巨粒组质量不小于干土总质量 15% 的土，为巨粒土和含巨粒土；反之，可扣除巨粒，判断粒径大于 0.075mm 的粗粒组质量在扣除巨粒组后的总质量中的百分含量，大于 50% 的土为粗粒类土，不大于 50% 的土为细粒类土。

**5.2.2.1 巨粒土和含巨粒土的分类和定名**

粒径大于 60mm 的巨粒组质量大于总质量 50% 的土称为巨粒类土；巨粒组质量为总质量的 15%～50% 的土为巨粒混合土；巨粒组质量小于总质量 15% 的土，可扣除巨粒，按粗粒土或细粒土的相应规定分类、定名。巨粒土和含巨粒土的分类、定名，应符合表 1-4 的规定。

表 1-4　　　　　　　　　巨粒土和含巨粒土的分类

| 土类 | 粒组含量 | | 土代号 | 土名称 |
|---|---|---|---|---|
| 巨粒土 | 巨粒含量<br>=75%～100% | 漂石粒含量>50% | B | 漂石 |
| | | 漂石粒含量≤50% | $C_b$ | 卵石 |
| 混合巨粒土 | 50%<巨粒含量<75% | 漂石粒含量>50% | BSl | 混合土漂石 |
| | | 漂石粒含量≤50% | $C_b$Sl | 混合土卵石 |
| 巨粒混合土 | 巨粒含量<br>15%～50% | 漂石含量>卵石含量 | SlB | 漂石混合土 |
| | | 漂石含量≤卵石含量 | Sl$C_b$ | 卵石混合土 |

**5.2.2.2 粗粒土的分类和定名**

粒径大于 0.075mm 的粗粒组质量大于总质量 50% 的土称粗粒类土。粗粒类土中砾粒组质量大于总质量 50% 的土称为砾类土；砾粒组质量不大于总质量 50% 的土称为砂类土。当确定了砾类土（或砂类土）后，再按粒径不大于 0.075mm 的细粒质量含量进一步细分。

若细粒组含量小于 5%，则认为细粒组对粗粒土的性质无影响，按级配指标分为两种：当土的不均匀系数 $C_u \geq 5$，曲率系数 $C_c = 1 \sim 3$，则定名为级配良好砾（或砂），代号为 GW（或 SW）；当不能同时满足上列两个条件时，则定名为级配不良砾（或砂），代号为 GP（或 SP）。

若细粒组含量在 5%～15% 之间，则细粒组对粗粒土的性质有一定的影响，该土的名称应定为含细粒土砾（或砂），代号为 GF（或 SF）。

若细粒组的含量大于 15% 而小于 50%，则细粒组对粗粒土的性质有较大的影响，土的名称应定为细粒土砾（或砂），再根据细粒土在塑性图中的位置定名。若塑性指数 $I_p \geq 0.73(W_L \times 100 - 20)$ 和 $I_p \geq 10$，则定名为含黏土质砾（或砂），代号为 GC（或 SC）；若塑性指数 $I_p < 0.73(W_L \times 100 - 20)$ 和 $I_p < 10$，则定名为含粉土质砾（或砂），代号为 GM（或 SM）。见表 1-5。

**5.2.2.3 细粒土的分类和定名**

粒径小于 0.075mm 的细粒组质量不小于总质量 50% 的土称为细粒类土。细粒类土又划分为细粒土、含粗粒的细粒土和有机质细粒土，细粒类土中粗粒组质量小于总质量 25% 的土称细粒土；细粒类土中粗粒组质量为总质量 25%～50% 的土称含粗粒的细粒土；细粒类土中有机质含量 5%～10% 的土称有机质细粒土。

表 1-5    粗 粒 土 分 类 表

| 土 类 | | 粒 组 含 量 | | 土代号 | 土 名 称 |
|---|---|---|---|---|---|
| 砾类土（粒径大于 2mm 砾粒组质量大于总质量 50% 的土） | 砾 | 细粒含量＜5% | 级配：$C_u \geq 5$，$C_c=1\sim3$ | GW | 级配良好砾 |
| | | | 级配：不同时满足上述要求 | GP | 级配不良砾 |
| | 含细粒土砾 | 细粒含量＝5%～15% | | GF | 含细粒土砾 |
| | 细粒土质砾 | 15%＜细粒含量≤50% | 细粒为黏土 | GC | 黏土质砾 |
| | | | 细粒为粉土 | GM | 粉土质砾 |
| 砂类土（粒径大于 2mm 砾粒组质量不大于总质量 50% 的土） | 砂 | 细粒含量＜5% | 级配：$C_u \geq 5$；$C_c=1\sim3$ | SW | 级配良好砂 |
| | | | 级配：不同时满足上述要求 | SP | 级配不良砂 |
| | 含细粒砂 | 细粒含量＝5%～15% | | SF | 含细粒土砂 |
| | 细粒土质砂 | 15%＜细粒含量≤50% | 细粒为黏土 | SC | 黏土质砂 |
| | | | 细粒为粉土 | SM | 粉土质砂 |

细粒土根据塑性图分类。塑性图的横坐标为土的液限（$w_L$），纵坐标为塑性指数（$I_p$）。塑性图中有 A、B 两条界限线。A 线方程为 $I_p=0.73(w_L \times 100-20)$，B 线方程为 $w_L=50\%$，各类土的名称及定名区域见表 1-6 及图 1-15。

表 1-6    细 粒 土 分 类 表

| 土的塑性指标在塑性图中的位置 | | 土代号 | 土 名 称 |
|---|---|---|---|
| 塑性指数 $I_p$ | 液限 $w_L$（%） | | |
| $I_p \geq 0.73(w_L \times 100-20)$ 和 $I_p \geq 10$ | $w_L \geq 50$ | CH | 高液限黏土 |
| | $w_L < 50$ | CL | 低液限黏土 |
| $I_p < 0.73(w_L \times 100-20)$ 和 $I_p < 10$ | $w_L \geq 50$ | MH | 高液限粉土 |
| | $w_L < 50$ | ML | 低液限粉土 |

含粗粒的细粒土先按表 1-6 规定确定细粒土名称，再按粗粒组中砾粒和砂粒含量的优劣定名。粗粒组中砾粒占优势，称含砾细粒土，在细粒土名代号后缀以代号 G，如 CHG——含砾高液限黏土；粗粒组中砂粒占优势，称含砂细粒土，在细粒土名代号后缀以代号 S，如 MLS——含砂低液限粉土。

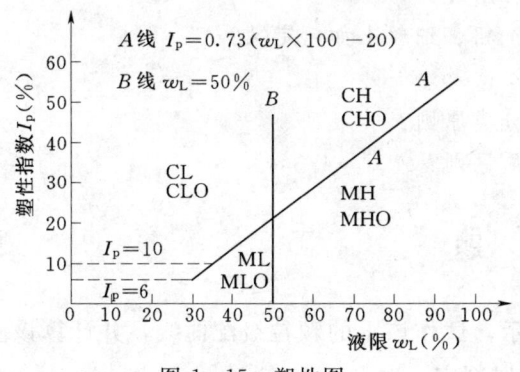

图 1-15 塑性图

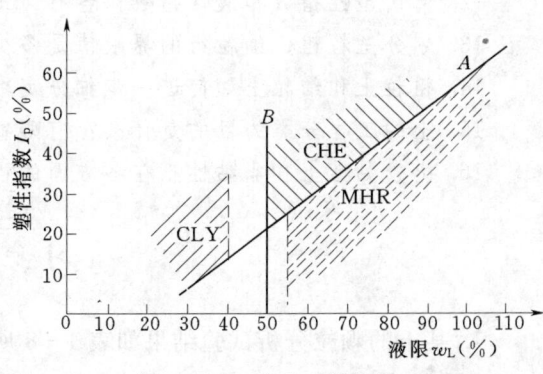

图 1-16 特殊土塑性图

有机质细粒土按表1-6规定划分定名，在细粒土名称前冠以"有机质"三字，在相应土类代号后缀以代号O，如CHO——有机质高液限黏土，MLO——有机质低液限粉土。

#### 5.2.2.4 特殊土分类

黄土、膨胀土、红黏土等特殊土类在塑性图中的基本位置见图1-16，相应的初步判断见表1-7。

表1-7　　　　　　　　　黄土、膨胀土和红黏土的判别

| 土的塑性指标在塑性图中的位置 | | 土代号 | 土名称 |
|---|---|---|---|
| 塑性指数 $I_p$ | 液限 $w_L$（%） | | |
| $\geqslant 0.73(w_L \times 100-20)$ | <40 | CLY | 低液限黏土（黄土） |
| | >50 | CHE | 高液限黏土（膨胀土） |
| $<0.73(w_L \times 100-20)$ | >55 | MHR | 高液限粉土（红黏土） |

黄土、膨胀土、红黏土等特殊土的最终分类和定名尚应遵照相应的标准。

## 复习思考题

1. 什么叫工程土？土是怎样形成的？它有哪些基本特性？
2. 土由哪几部分组成的？土中三相比例的变化对土的性质有什么影响？
3. 何谓土的结构？土的结构有哪三种基本类型？各有什么特征？
4. 何谓土的颗粒级配？何谓土的级配曲线？其特征可用哪两个指标来表示？
5. 如何利用土的级配曲线评价土的级配是否良好？
6. 什么叫吸着水？吸着水具有哪些特征？
7. 什么叫自由水？自由水又可分为哪两种？各有何特性？
8. 土中的气体有哪两种存在形式？它们对土的工程性质有何影响？
9. 土的物理性质指标有哪些？它们是怎样定义的？这些指标怎样确定？
10. 什么叫砂土的相对密度？有何工程用途？
11. 什么叫液限、塑限、缩限？液限和塑限怎样测定？
12. 何谓塑性指数和液性指数？各有何工程用途？
13. 划分土粒粗、细粒组的界限值是多少？粗、细粒土如何定义？
14. 粗粒土和细粒土如何进一步细分定名？
15. 土的工程分类的目的是什么？有哪些分类原则？
16. 比较黏性土和非黏性土在各方面的性质区别？

## 习　　题

1. 某土的颗粒分析试验结果如表1-8所示，试作该土的颗粒级配曲线，并计算该土的 $C_u$ 及 $C_c$ 值，同时对该土的级配良好与否加以判定。

表 1-8　　　　　　　　　　　　　　颗粒分析试验成果表

| 粒径（mm） | 20~5 | 5~2 | 2~0.5 | 0.5~0.25 | 0.25~0.075 | 0.075~0.005 | 0.005~0.002 |
|---|---|---|---|---|---|---|---|
| 粒组含量（%） | 4 | 5 | 27 | 28 | 19 | 15 | 2 |

2. 某软黏土的干重度 $r_d=10.8\text{kN/m}^3$，含水率 $w=50\%$，土粒比重 $G_s=2.70$，求在 $1\text{m}^3$ 土体中土颗粒、水与空气所占的体积和重量，并按比例表示在三相示意图中。

3. 在某土层中用体积为 $72\text{cm}^3$ 环刀取样，经测定，土样重 1.266N，烘干后重 1.192N，土粒比重 2.70。问该土样的含水率、湿重度、饱和重度、有效重度、干重度各是多少？按上述计算结果，试比较该土各种重度值有何区别？

4. 某土样的含水率 6%，密度 $1.60\text{g/cm}^3$，土粒比重 2.70，若设孔隙比不变，为使土样完全饱和，问 $100\text{cm}^3$ 土样中应加多少水？

5. 试按三相图推证下列两个关系式：

$$S_r = \frac{G_s w}{e}$$

$$\gamma_d = \frac{G_s \gamma_w}{1+e} = G_s \gamma_w (1-n)$$

6. 在地下水位下某黏土层中取出一块试样，质量 15.3g，烘干后质量 10.58g，土粒比重 2.70。求试样的含水率、孔隙比、孔隙率、饱和密度、浮密度和干密度。

7. 已知甲、乙两地土样的物理性质试验结果见表 1-9。

表 1-9　　　　　　　　　　　　　　土样的物理性质

| 土　样 | $w_L$（%） | $w_p$（%） | $w$（%） | $G_s$ | $S_r$（%） |
|---|---|---|---|---|---|
| 甲 | 30 | 12 | 15 | 2.70 | 100 |
| 乙 | 9 | 6 | 6 | 2.68 | 100 |

问下列结论中哪几个是正确的？为什么？

(1) 甲比乙含有更多的黏粒（$d<0.005\text{mm}$ 的颗粒）；

(2) 甲的天然硬度大于乙；

(3) 甲的干重度大于乙；

(4) 甲的天然孔隙比大于乙。

8. 经测定得知，某中砂层在地下水位以下的饱和重度 $\gamma_m=19.9\text{kN/m}^3$，$G_s=2.65$。问该砂层的天然孔隙比为多少？又如经试验测得该砂层的最松和最密的孔隙比分别为 0.70 和 0.56，求其相对密度 $D_r$ 是多少？并按相对密度 $D_r$ 确定它所处的物理状态如何？

9. 从甲、乙两地的黏性土层各取土样进行试验，两地土样的液限和塑限都相同，$w_L=40\%$，$w_p=25\%$。但甲地的天然含水率 $w=45\%$，而乙地的 $w=20\%$。问两地的土的液性指数 $I_L$ 各为多少？属何种状态？

10. 如图 1-2 所示，若其中 A 土的 $w_L=21\%$，$I_p=0$；B 土的 $w_L=22\%$，$w_p=14\%$，$I_p=8$；C 土无塑性，试对三种土分类定名。

# 第二章 土的渗透性与渗透变形

## 1 概　　述

土是具有连续孔隙的介质，水在重力作用下可以穿过土的孔隙发生运动。如图 2-1 所示。当水闸和土坝挡水后，上游的水就会通过坝体或坝基土体的孔隙渗到下游。水在压力坡降作用下穿过土中连通孔隙发生流动的现象，称为水的渗透。地下水的补给与排泄条件，以及在土中的渗透速度与土的渗透性有关。在计算地基沉降的速率和地下水涌水量时，都需要土的渗透性指标。土体被水透过的性能，称为土的渗透性。

土的渗透性同强度和变形特性一起，是土力学中所研究的几个主要力学性质。土的渗透性主要研究在重力势能作用下，土孔隙中的水的流动过程及其规律性。

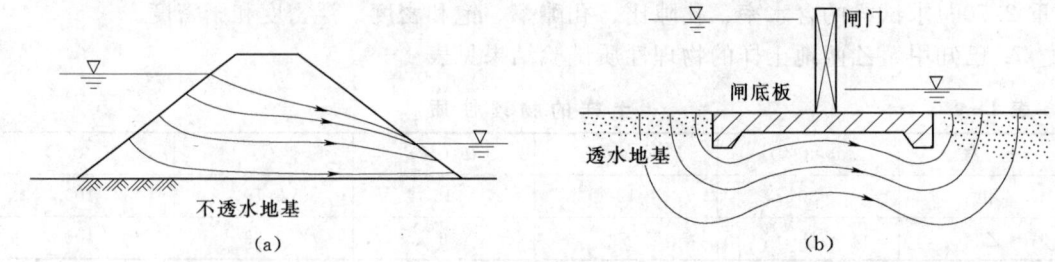

图 2-1　闸坝渗透示意图
(a) 土坝渗透；(b) 闸基渗透

水的渗透会引起两方面的问题：一是渗漏问题；二是渗透稳定问题。前者是研究因渗透而引起的水量损失。不论是用什么土筑坝，也不论地基是透水的或相对不透水的，总会有一定渗透水量的损失。因此，渗漏问题有可能影响闸坝蓄水、渠道输水和井灌取水的经济效益。后者研究渗透水流对土体稳定性的破坏。水在土体内渗透，可以引起土体内部应力状态的改变，从而使土体内部原有的稳定条件发生变化，甚至还会酿成破坏事故。此外，土的渗透性的强弱，对土体的固结、强度及工程施工都有非常重要的影响。为此，我们必须对土的渗透性质、水在土中的渗透规律及其与工程的关系进行很好地研究，从而给土工建筑物或地基的设计、施工提供必要的资料。

水在土体中运动有层流和紊流两种形式。水在土中孔隙或微小裂隙中以不大的速度连续渗透时属层流运动；而在岩石的裂隙或空洞中流动时，速度较大，会有紊流发生，其流线有互相交错的现象。土力学主要研究层流运动。

由于土中孔隙的断面大小和形状十分不规则，因而水在土孔隙中的流动是非常复杂的。即使较单纯的粒状砂土，也不可能像研究管道中的层流运动那样求出流速分布的规律或者孔隙中真实的流速大小。本章从试验入手，采用平行的概念研究土的渗透性。

# 2 达西定律及其适用范围

## 2.1 达西定律

由于土的孔隙通道很小且很曲折，水在土体中流动时的黏滞阻力很大，流速缓慢。因此，水的流动状态大多属层流。1856年，法国学者达西（Darcy H）利用图 2-2 所示的实验装置，对水在砂土的渗流进行了研究，发现在层流状态时，水在砂土的渗透流速与试样两端面间的水头差成正比，而与渗径成反比，即：

$$v = k\frac{h_1 - h_2}{L} = ki \tag{2-1}$$

或

$$q = vA = kiA \tag{2-2}$$

式中 $v$——渗透速度（cm/s 或 m/s）；

$q$——渗透流量（cm³/s 或 m³/s）；

$i$——水力坡降；

$A$——垂直于渗流方向土的截面积（cm² 或 m²）；

$k$——比例常数，称为土的渗透系数（cm/s 或 m/s）。

由式（2-1）知，当 $i=1$ 时，则 $v=k$，这表明渗透系数 $k$ 是单位水力坡降时的渗透流速，它是表示土渗透性强弱的指标。

式（2-1）、式（2-2）是水在土中渗透的基本规律，称为渗透定律或达西定律。它已为大量的实验和工程实例所证实。

应该注意，在达西定律的表达式中，采用了两个基本假定：

（1）由于试样断面内，仅颗粒骨架间的孔隙是渗水的，而沿试样长度的各个断口，其孔隙的大小和分布是不均匀的。达西采用了以整个断面积计的假想渗透流速，或单位时间内通过单位面积的流量，而不是孔隙内水流的实际流速。

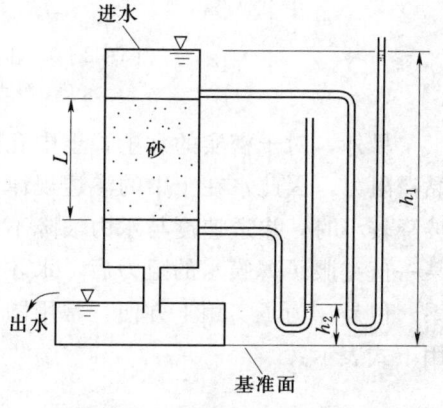

图 2-2 达西的渗透试验装置示意图

水在土中渗透的实际流速要比达西定律求得的数值大得多，它们之间的关系为：

$$v = v'n = v'\cdot\frac{e}{1+e} \tag{2-3}$$

式中 $v$——按式（2-1）求得的假想平均流速；

$v'$——通过土体孔隙的实际平均流速；

$n$、$e$——土的孔隙率和孔隙比，这里假定面积孔隙率与体积孔隙率相等。

由于土体中的孔隙形状和大小异常复杂，要直接测定实际的平均流速是困难的。目前，在渗流计算中广泛采用的流速是假想平均流速。因此，下面所述的渗透速度均指这种流速。

(2) 土中水的实际流程是十分弯曲的，比试样长度大得多，而且也无法知道。达西考虑了以试样长度计的平均水力梯度，而不是局部的真正水头损失。

达西这样处理就避免了微观流体力学分析上的困难，得出一种统计平均值，基本上是经验性的宏观分析，但仍不失其理论和实用价值，故一直沿用至今。

## 2.2 达西定律的适用范围

达西定律是在砂土中水以层流运动的特定条件下得到的，因此，渗透速度与水力坡降成线性比例的层流运动阻力关系有一个适用的界限。

试验研究表明，在粗粒土（如砾、卵石或填石等）中，只有在小的水力坡降下，渗透速度与水力坡降才呈线性关系。随着渗透速度增大，水在土中的流动即进入紊流状态，渗透速度与水力坡降呈非线性关系，此时达西定律就不适用，如图2-3（c）所示。

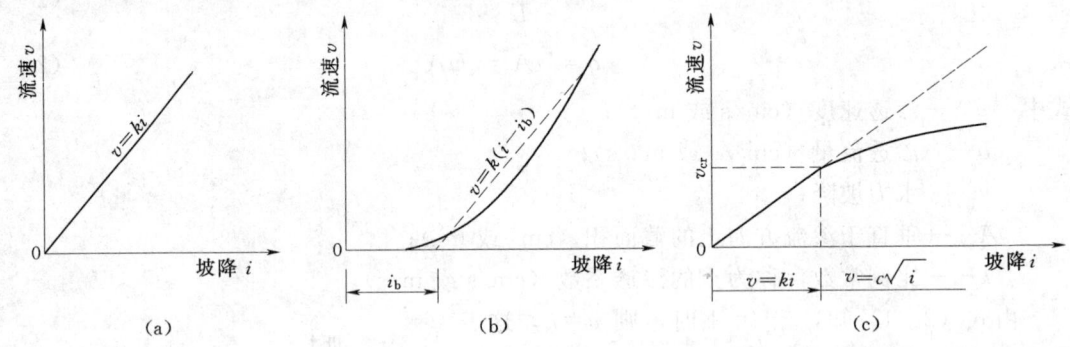

图 2-3 土的渗透速度与水力坡降的关系
(a) 砂土；(b) 密实黏土；(c) 砾石

另外，对于密实的黏土，土中孔隙全部或大部分充满薄膜水，由于薄膜水具有较大的黏滞阻力，因此水在土中的渗透规律偏离达西定律，如图2-3（b）中实线所示。当水力坡降较小时，渗透速度与水力坡降不成线性关系，甚至不发生渗流。只有当水力坡降达到某一值克服了薄膜水的阻力后，水才开始发生渗流，而且渗透速度与水力坡降呈非线性关系。但是，为了实用上方便，常用图2-3（b）中的虚线来描述密实黏土的渗透规律，并用下式表示：

$$v = k(i - i_b) \tag{2-4}$$

式中 $i_b$——黏性土的起始水力坡降；

其他符号同前。

对于砂性较重及密实度较低的黏性土，其渗透规律与达西定律相符。

# 3 渗透系数及其确定方法

土的渗透系数，是常用于工程中计算渗流的一个力学性质指标。下面介绍确定渗透系数的方法大意及影响土渗透系数的因素。

## 3.1 渗透试验简介

土的渗透系数可由现场或室内试验确定。前者在工程地质及水文地质课中讲授。现介绍室内测定渗透系数值的原理和方法大意。使用的仪器类型，有常水头和变水头两种。前者适用于透水性大（$k>10^{-3}$ cm/s）的土，例如砂土；后者适用于透水性小（$k<10^{-3}$ cm/s）的土，例如粉土和黏土。

### 3.1.1 常水头试验

常水头试验就是在试验时，水头保持为一常数。如图2-4（a）所示。$L$为试样厚度，$A$为试样截面积，$h$为作用于试样的水头，这三者均可直接测定。试验时测出某时间间隔$t$内流过试样的总水量$Q$，即可根据达西定律求出渗透系数$k$。

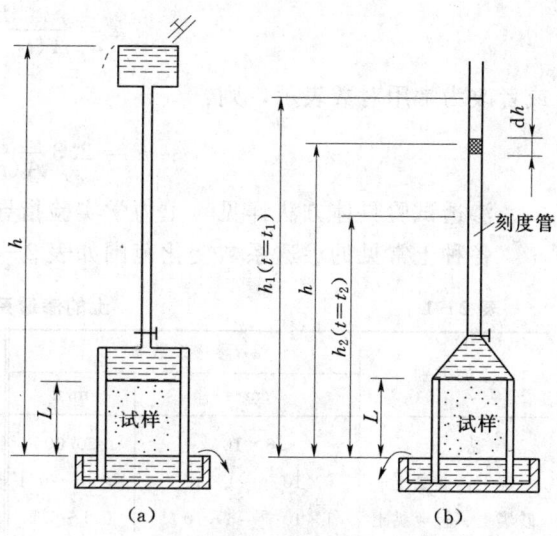

图2-4 渗透试验装置示意图
(a) 常水头试验；(b) 变水头试验

因为
$$Q = qt = kiAt = k\frac{h}{L}At \quad (2-5)$$

则
$$k = \frac{QL}{Aht} \quad (2-6)$$

黏土的渗透系数很小，流过土样的总渗流水量也很小，不易准确测定，或者测定总水量的时间需要很长，会因蒸发和温度的变化影响试验精度，这时就得用变水头试验。

### 3.1.2 变水头试验

变水头试验就是在整个试验过程中，渗透水头差随时间而变化的一种试验方法，如图2-4（b）所示。试验过程中，某任一时间$t$作用于土样的水头为$h$，经过$dt$时间间隔后，刻度管（截面积为$a$）的水位降落了$dh$，则从时间$t$至$t+dt$时间间隔内流经土样的水量$dQ$为：

$$dQ = -adh \quad (2-7)$$

式中，负号表示水量$Q$随水头$h$的降低而增加。

同一时间内作用于试样的水力坡降$i=h/L$，根据达西定律，其水量$dQ$应为：

$$dQ = kiAdt = k\frac{h}{L}Adt \quad (2-8)$$

由式（2-7）、式（2-8）得：

$$dt = -\frac{aL\,dh}{kAh} \quad (2-9)$$

两边积分，并注意，试验中开始时（$t=t_1$）的水头高度$h_1$，结束时（$t=t_2$）的水头高度为$h_2$，则：

$$\int_{t_1}^{t_2} dt = -\int_{h_1}^{h_2} \frac{aL\,dh}{kAh} \quad (2-10)$$

得
$$t_2 - t_1 = \frac{aL}{kA}\ln\frac{h_1}{h_2} \quad (2-11)$$

$$k = \frac{aL}{A(t_2-t_1)} \ln \frac{h_1}{h_2} \tag{2-12}$$

或者改为常用对数表示，则：

$$k = 2.3 \frac{aL}{A(t_2-t_1)} \lg \frac{h_1}{h_2} \tag{2-13}$$

渗透试验具体方法详见《土力学实验指导书》。

各种土常见的渗透系数变化范围如表 2-1 所示。

表 2-1　　　　　　　　　　土的渗透系数参考值

| 土的类别 | 渗透系数 $k$ | | 土的类别 | 渗透系数 $k$ | |
|---|---|---|---|---|---|
| | cm/s | m/d | | cm/s | m/d |
| 黏　土 | $<6\times10^{-6}$ | $<0.005$ | 细　砂 | $1\times10^{-3}\sim6\times10^{-3}$ | 1.0～5.0 |
| 壤土，亚黏土 | $6\times10^{-6}\sim1\times10^{-5}$ | 0.005～0.1 | 中　砂 | $6\times10^{-3}\sim2\times10^{-2}$ | 5.0～20.0 |
| 砂壤土、轻亚黏土 | $1\times10^{-5}\sim6\times10^{-4}$ | 0.1～0.5 | 粗　砂 | $2\times10^{-2}\sim6\times10^{-2}$ | 20.0～50.0 |
| 黄　土 | $3\times10^{-6}\sim6\times10^{-4}$ | 0.25～0.5 | 砾　砂 | $6\times10^{-2}\sim1\times10^{-1}$ | 50.0～100.0 |
| 粉　砂 | $6\times10^{-4}\sim1\times10^{-3}$ | 0.5～1.0 | 砾　石 | $\geq 6\times10^{-1}$ | 100.0～500.0 |

土的渗透系数，除作为判别透水强弱的标准外，还可作为选择坝体填筑土料的依据。如坝基土层按透水性强弱划分时，可分为：①强透水层，渗透系数不小于 $10^{-2}$ cm/s；②中等透水层，渗透系数为 $10^{-3}\sim10^{-4}$ cm/s；③弱透水性，渗透系数为 $10^{-5}\sim10^{-6}$；④相对不透水层，渗透系数小于等于 $10^{-7}$ cm/s。又如选择筑坝土料时，总是将渗透系数较小的土（$k<10^{-6}$ cm/s）用于填筑坝体的防渗部位，而将渗透系数较大的土（$k>10^{-4}$ cm/s）填筑于坝体的其他部位。

### 3.2　影响渗透系数的因素

试验研究表明，影响土渗透系数的因素颇多，其中主要的有以下各种。

#### 3.2.1　土粒大小和级配

土粒大小和级配对土的渗透系数很有影响，如砂土中粉粒及黏粒含量增多时，砂土的渗透系数就会大大减小（见图 2-5）。根据经验，匀粒砾砂的粒径常在 0.1～3.0mm 之间，其渗透系数与有效粒径平方成正比，即：

$$k = c_1 d_{10}^2 \tag{2-14}$$

式中　$k$——砂的渗透系数（cm/s）；

$d_{10}$——有效粒径（cm）；

$c_1$——常数，自 100 变化到 150。

#### 3.2.2　土的孔隙比

土的孔隙比大小，决定着渗透系数的大小。土的密度增大，孔隙比就变小，土的渗透性也随之减少，如图 2-6 所示。根据一些学者的研

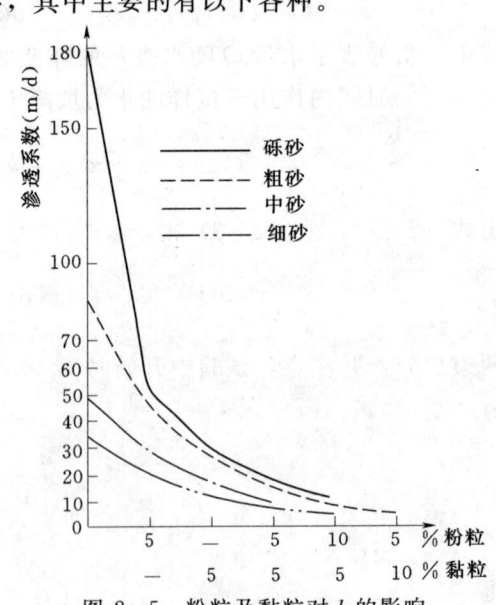

图 2-5　粉粒及黏粒对 $k$ 的影响

究，得出土的渗透系数与孔隙比或孔隙率的关系为：

$$k = \frac{c_2}{s_2^2} \frac{n^3}{(1-n)^2} \frac{\rho_w}{\eta} = \frac{c_2}{s_2^2} \frac{e^3}{1+e} \frac{\rho_w}{\eta} \qquad (2-15)$$

式中 $n, e$——土的孔隙率及孔隙比；

$\rho_w$——水的密度，$\rho_w = 1 \text{g/cm}^3$；

$\eta$——水的动力黏滞系数（$g \cdot s/cm^2$）；

$c_2$——与颗粒形状与水的实际流动方向有关的系数，可近似地采用 0.125；

$s_2$——土的颗粒的比表面（$cm^{-1}$）。

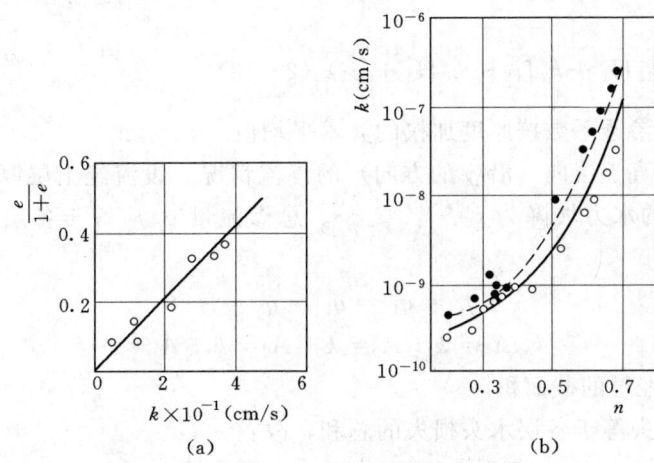

图 2-6 孔隙比（率）对渗透性的影响
(a) 无黏性土；(b) 黏性土

### 3.2.3 水的动力黏滞系数

从式(2-15)可知，土的渗透系数是水的重度和动力黏滞系数的函数，这两个数值又都取决于水的温度。水的重度随温度的变化很小，可忽略不计；但动力黏滞系数却随水温发生明显的变化。故密度相同的同一种土，在不同的温度下，将具有不同的渗透系数。

### 3.2.4 土中封闭气体含量

土中存在着与大气不相通的气泡或从渗水中分离出来的气体，都会阻塞渗流通路。这种封闭的气泡愈多，土的渗透性便愈小。故土的渗透系数又随土中的封闭气体含量的多少而有所不同。此外，土中有机质和胶体颗粒的存在等都会影响土的渗透系数。

## 3.3 成层土的渗透性

天然沉积的黏性土常由渗透性不同且厚薄不一的多层土所组成。用黏性土填筑的碾压式土坝，分层碾压施工时如不注意先后碾压的两层层面的结合，同样会形成多层土所组成的坝体。研究成层土的渗透性时，需要分别测定各层土的渗透系数，然后根据水流方向，按下面的公式，计算其相应的平均渗透系数。

设图 2-7 中，每一土层都是各向同性的，各土层的渗透系数分别为 $k_1$、$k_2$、$k_3$、…，各土层的厚度分别为 $H_1$、$H_2$、$H_3$、…，总土层厚度为 $H$。首先考虑平行于层向（沿 $x$

方向）的渗流情况，在 $ao$ 与 $cb$ 间作用的水力坡降为 $i$，则其总渗流量 $q_x$ 应为各分层渗流量的总和，即：

$$q_x = q_1 + q_2 + q_3 + \cdots \quad (2-16)$$

取垂直于纸面的土体宽度为 1，则根据式（2-2）可得：

$$q_x = k_x i H = k_1 i H_1 + k_2 i H_2 + k_3 i H_3 + \cdots \quad (2-17)$$

约去 $i$ 后，则得沿 $x$ 方向的平均渗透系数 $(k_x)$ 为：

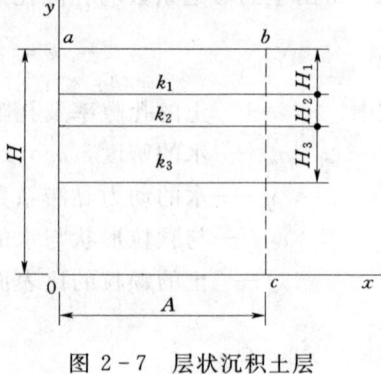

图 2-7 层状沉积土层

$$k_x = \frac{1}{H}(k_1 H_1 + k_2 H_2 + k_3 H_3 + \cdots) \quad (2-18)$$

这相当于各层渗透系数按厚度加权的算术平均值。

其次，考虑垂直于层向（沿 $y$ 的方向）的渗流情况。设流经土层厚度 $H$ 的总水力坡降为 $i$，流经各层的水力坡降为 $i_1$、$i_2$、$i_3$…。总渗流量 $q_y$ 应等于各层的渗流量 $q_1$、$q_2$、$q_3$、…，即：

$$q_y = q_1 = q_2 = q_3 = \cdots \quad (2-19)$$

所以

$$k_y i A = k_1 i_1 A = k_2 i_2 A = k_3 i_3 A = \cdots \quad (2-20)$$

式中 $A$——渗流经过的截面积。

又因总水头损失等于各层水头损失的总和，故：

$$H_i = H_1 i_1 + H_2 i_2 + H_3 i_3 + \cdots \quad (2-21)$$

将式（2-21）代入式（2-20）则得：

$$k_y \frac{1}{H}(H_1 i_1 + H_2 i_2 + H_3 i_3 + \cdots) = k_1 i_1 = \cdots \quad (2-22)$$

所以，沿 $y$ 方向的平均渗透系数 $k_y$ 为：

$$k_y = \frac{H}{\dfrac{H_1}{k_1} + \dfrac{H_2}{k_2} + \dfrac{H_3}{k_3} + \cdots} \quad (2-23)$$

由式（2-18）与式（2-23）看出，$k_x$ 可近似地由最透水一层的渗透系数和厚度控制，而 $k_y$ 则可近似地由最不透水土层的渗透系数和厚度控制。所以，成层土的水平向渗透系数 $k_x$ 总是大于垂直向渗透系数 $k_y$。成层的天然土层的 $k_x/k_y$ 比值范围可为 2~10 或更大。

【**例题 2-1**】 设做变水头渗透试验的黏土试样的截面积为 $30\text{cm}^2$，厚度为 $4\text{cm}$，渗透仪细玻璃管的内径为 $0.4\text{cm}$，试验开始时的水头差为 $145\text{cm}$，经时段 $7\min 25\text{s}$ 观察得水头差为 $130\text{cm}$，试验时的水温为 $20℃$，试求试样的渗透系数。

**解** 已知试样的截面积 $A = 30\text{cm}^2$，渗径长度 $L = 4\text{cm}$，细玻璃管的截面积 $a = \dfrac{\pi d^2}{4} = \dfrac{3.14 \times (0.4)^2}{4} = 0.1256$（$\text{cm}^2$），$h_1 = 145\text{cm}$，$h_2 = 130\text{cm}$，$t_1 = 0$，$t_2 = 7 \times 60 + 25 = 445$（s）。由式（2-13）可得试样在 $20℃$ 时的渗透系数：

$$k = 2.3 \frac{aL}{A(t_2-t_1)} \lg \frac{h_1}{h_2} = 2.3 \times \frac{0.1256 \times 4}{30 \times 445} \times \lg \frac{145}{130}$$
$$= 4.16 \times 10^{-6} (\text{cm/s})$$

# 4* 在静水和有渗流情况下的孔隙水应力和有效应力

## 4.1 饱和土体中的孔隙水应力和有效应力

土体中的孔隙是互相连通的。因此，饱和土体孔隙中的水是连续的，它与通常的静水一样，能够承担或传递压力。这里，通常把饱和土体中由孔隙水来承担或传递的压力（或应力）定义为孔隙水压力（或水应力），常以 $u$ 来表示。孔隙水应力的特性与通常的静水压力一样，方向始终垂直于作用面，任一点孔隙水应力在各向是相等的，其值等于该点的测压管水柱高度 $h_w$ 与水的重度 $r_w$ 的乘积，即：

$$u = r_w h_w \tag{2-24}$$

从式（2-24）可知，只要某点的测压管水柱高度已知，则该点的孔隙水应力即可迅速求得。

土体中除孔隙水应力外，还有通过粒间的接触面传递的应力，我们把该应力称为有效应力。显然，只有有效应力才能使土体产生压缩或固结。但是，由于粒间接触面积非常微小、接触情况十分复杂、粒间力的传递方向又变化无常，因此，若按一般的方法（力与传力的面积之比）来定义有效应力是困难的。为了简化，在实用上，我们常把研究平面内所有粒间接触面上接触力的法向分力之总和 $N_s$，除以所研究平面的总面积（包括粒间接触面积和孔隙所占面积在内）$A$，以得到的平均应力来定义有效应力 $\sigma'$，即：

$$\sigma' = \frac{N_s}{A} \tag{2-25}$$

即使作了上述简化，要按式（2-25）直接计算或实测有效应力仍然是困难的。为此，我们将寻求孔隙水应力与有效应力的关系，以间接的方法来推求有效应力。

设饱和土体内某一研究平面（如水平面）的总面积为 $A$，其中粒间接触面积之和为 $A_s$，则该平面内由孔隙水所占的面积为 $A_w = A - A_s$。若由外荷和/或自重压力在该研究平面上所引起的法向总应力为 $\sigma$，如图 2-8 所示，那么，它必将由该面上的孔隙水和粒间接触面共同来分担，即该面上的总法向力等于孔隙水所承担的力和粒间所承担的力之和，于是可以写成：

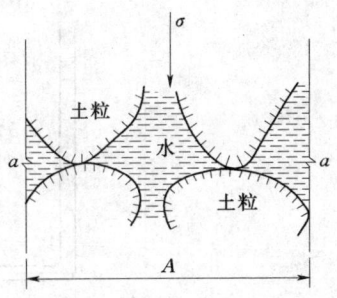

图 2-8 土粒间应力示意图

$$\sigma A = N_s + (A - A_s) u$$

或

$$\sigma = \frac{N_s}{A} + \left(1 - \frac{A_s}{A}\right) u \tag{2-26}$$

把式（2-25）代入式（2-26）可得：

$$\sigma = \sigma' + (1 - \alpha) u \tag{2-27}$$

式中  $\alpha$——研究平面内粒间接触面积所占的比值。

试验研究表明，粒间接触面积甚微，$\alpha$ 仅为百分之几，实用上可忽略不计。于是，式（2-27）可简化为：

$$\sigma = \sigma' + u \qquad (2-28)$$

式（2-28）即为著名的有效应力原理，是由太沙基（Terzaghi）首先提出的。它表示研究平面上的总应力、有效应力与孔隙水应力三者之间的关系。当总应力保持不变时，孔隙水应力与有效应力可互相转化，即孔隙水应力减小（增大）等于有效应力的等量增加（减小）。通常总应力可以计算，孔隙水应力可以实测或计算，因此，有效应力可通过上式求出。对于其他研究平面，有效应力原理同样适用。

### 4.2　在静水条件下水平面上的孔隙水应力和有效应力

图 2-9 为浸没在水下的饱和土体（以下均假定饱和土体已在自重作用下压缩稳定），设土面至水面的距离为 $h_1$，土的饱和重度为 $\gamma_m$，则土面下深度为 $h_2$ 的 $a$—$a$ 平面上的总应力为：

$$\sigma = \gamma_w h_1 + \gamma_m h_2 \qquad (2-29)$$

孔隙水应力：

$$u = \gamma_w h_w = \gamma_w (h_1 + h_2) \qquad (2-30)$$

于是，根据有效应力原理，$a$—$a$ 平面上的有效应力为：

$$\begin{aligned}\sigma' &= \sigma - u = (\gamma_w h_1 + \gamma_m h_2) - \gamma_w (h_1 + h_2) \\ &= (\gamma_m - \gamma_w) h_2 = \gamma' h_2\end{aligned} \qquad (2-31)$$

由此可见，在静水条件下，孔隙水应力等于研究平面上单位面积的水柱重量，与水深成正比，呈三角形分布；而有效应力等于研究平面上单位面积土柱的有效重量，与土层深度成正比，也呈三角形分布，而与土面以上静水位的高低无关。孔隙水应力和有效应力的分布如图 2-9 所示。

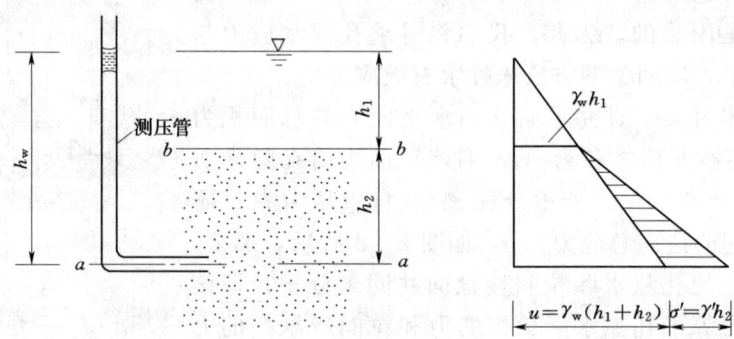

图 2-9　在静水情况下的孔隙水应力和有效应力

### 4.3　在稳定渗流作用下水平面上的孔隙水应力和有效应力

前面分析了在静水条件下的孔隙水应力与有效应力之间的关系，若在土体中发生渗流，土体内的孔隙水应力和有效应力又将如何变化呢？

图 2-10（a）表示土体在水头差作用下发生由上向下的渗流情况。此时在土层表面 $b$—$b$ 上的孔隙水应力与静水情况相同，仍等于 $\gamma_w h_1$，而 $a$—$a$ 平面上的孔隙水应力将因水

头损失而减小，其值为：

$$u = \gamma_w h_w = \gamma_w(h_1 + h_2 - h) \tag{2-32}$$

式中 $h$——为 $b$—$b$ 与 $a$—$a$ 平面之间的水头差或水头损失。

$a$—$a$ 平面上的总应力仍保持不变，等于：

$$\sigma = \gamma_w h_1 + \gamma_m h_2 \tag{2-33}$$

于是，根据有效应力原理，$a$—$a$ 平面上的有效应力为：

$$\sigma' = \sigma - u = \gamma' h_2 + \gamma_w h \tag{2-34}$$

孔隙水应力和有效应力的分布如图 2-10（b）所示。

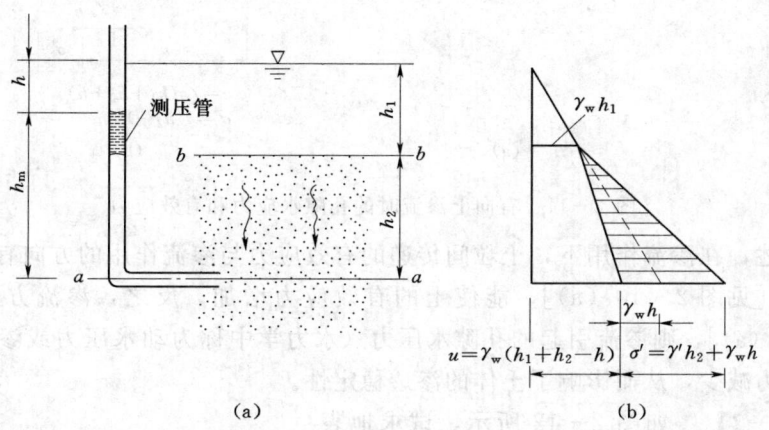

图 2-10 有向下渗流时的孔隙水应力和有效应力

与静水情况相比，当有向下渗流作用时，$a$—$a$ 平面上的总应力保持不变，孔隙水应力减少了 $\gamma_w h$，而有效应力相应地增加了 $\gamma_w h$。因而，证明了在总应力不变的条件下孔隙水应力的减少等于有效应力的等量增加。

现在再来分析由下向上渗流的情况，如图 2-11 所示。此时 $a$—$a$ 平面上的总应力仍然不变，其值为：

$$\sigma = \gamma_w h_1 + \gamma_m h_2 \tag{2-35}$$

而孔隙水应力为

$$u = \gamma_w h_w = \gamma_w(h_1 + h_2 + h) \tag{2-36}$$

于是，根据有效应力原理，$a$—$a$ 平面上的有效应力为：

$$\sigma' = \sigma - u = \gamma' h_2 - \gamma_w h \tag{2-37}$$

孔隙水应力和有效应力的分布如图 2-11（b）所示。

与静水情况相比，当有向上渗流作用时，$a$—$a$ 平面上的总应力不变，孔隙水应力增加了 $\gamma_w h$，而有效应力相应地减少了 $\gamma_w h$，因而，又一次证明在总应力不变的条件下孔隙水应力的增加等于有效应力的等量减少。

现在，若使图 2-11（a）中的水头差 $h$ 不断增加，直到 $a$—$a$ 平面上的孔隙水应力增大到与总应力相等，即有效应力降为零时，则由式（2-37）可以看到：

$$\gamma' = \gamma_w \frac{h}{h_2} = \gamma_w i = j \tag{2-38}$$

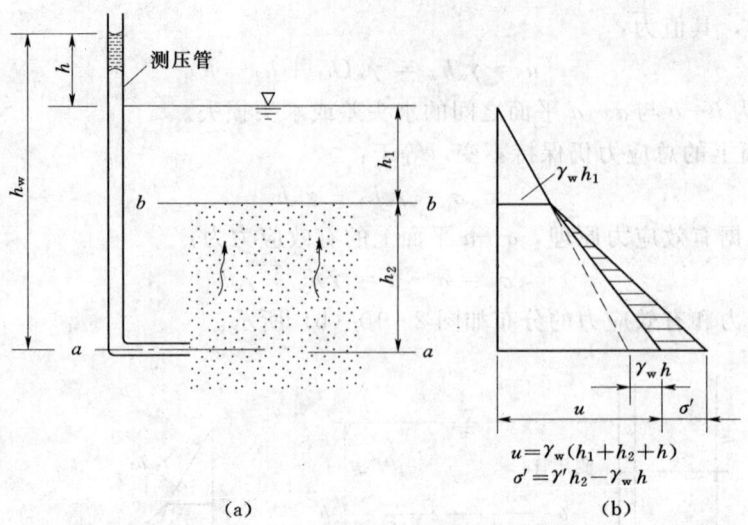

图 2-11 有向上渗流时的孔隙水应力和有效应力

综上所述，在渗流作用下，土粒间传递的有效应力与渗流作用的方向有关。设渗流作用铅直向下［见图 2-10（a）］，能使土的有效应力增加；反之，渗流方向铅直向上时［见图 2-11（a）］，则渗流引起的孔隙水压力（水力学中称为动水压力或渗透压力）可使土的有效应力减少，从而影响了土体的渗透稳定性。

【**例题 2-2**】 如图 2-12 所示，试求地表面下 10m 深度处 $a$ 点的总应力、孔隙水压力及有效应力。地下水面位于地表下 2.0m，砂层及黏土层的含水率、颗粒比重及孔隙比如下：

砂层：$w=22\%$（地下水面以上），$G_s=2.68$，$e=0.82$。

黏土层：$G_s=2.70$，$e=0.95$。

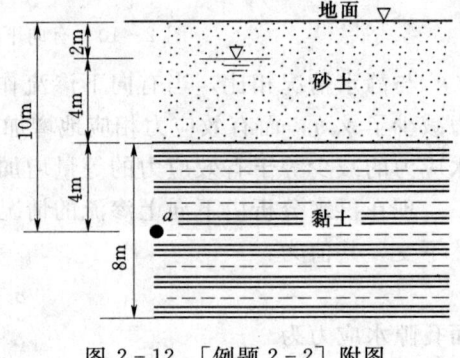

图 2-12 ［例题 2-2］附图

**解** 先求出深度 10m 范围内各土层的重度。

地下水面以上砂层的重度由 $\gamma_d = \dfrac{\gamma}{1+w}$ 及 $\gamma_d = \dfrac{G_s}{1+e}\gamma_w$ 得出：

$$\gamma_1 = \frac{w+1}{1+e}G_s\gamma_w = \frac{1.22}{1+0.82} \times 2.68 \times 0.00981$$
$$= 0.0176(\text{N/cm}^3) = 17.6(\text{kN/m}^3)$$

地下水面以下砂层的重度为：

有效重度 $\quad \gamma'_2 = \dfrac{G_s-1}{1+e}\gamma_w = \dfrac{2.68-1}{1+0.82} \times 0.00981$
$$= 9.06 \times 10^{-3}(\text{N/cm}^3) = 9.06(\text{kN/m}^3)$$

饱和重度 $\quad \gamma_m = \gamma_w + \gamma' = 0.00981 + 9.06 \times 10^{-3}$
$$= 1.887 \times 10^{-2}(\text{N/cm}^3) = 18.87(\text{kN/m}^3)$$

黏土的重度为：

有效重度 $\gamma'_3 = \dfrac{G_s - 1}{1 + e}\gamma_w = \dfrac{2.70 - 1}{1 + 0.95} \times 0.00981 = 8.53 (kN/m^3)$

饱和重度 $\gamma_m = \gamma_w + \gamma'_3 = 0.00981 + 8.53 \times 10^{-3} = 18.3 (kN/m^3)$

按式（2-31）计算，则地表面下 10m 处 $a$ 点的有效应力：

$$\sigma' = 17.6 \times 2.0 + 9.06 \times 4.0 + 8.53 \times 4.0 = 105.56 (kPa)$$

又因该处的孔隙水压力为：

$$u = h\gamma_w = 8 \times 9.81 = 78.48 (kPa)$$

所以总应力为：

$$\sigma = \sigma' + u = 105.56 + 78.48 = 184.04 (kPa)$$

如按式（2-29）计算，则地面下 10m 处的总应力：

$$\sigma = 17.6 \times 2 + 18.87 \times 4.0 + 18.3 \times 4.0 = 183.88 (kPa)$$

所以按两公式计算的结果是一致的。

### 4.4　渗透力

如图 2-13 所示，设试样的截面积为 $A$。渗流进口（2—2 面）与出口（1—1 面）两侧压管的水面高差为 $h$，它表示水从进口面流过 $L$ 厚的试样到达出口面时，必须克服整个试样内土粒对水流的阻力所引起的水头损失 $h$。于是土粒对水流的阻力应为

$$F = \gamma_w h A \tag{2-39}$$

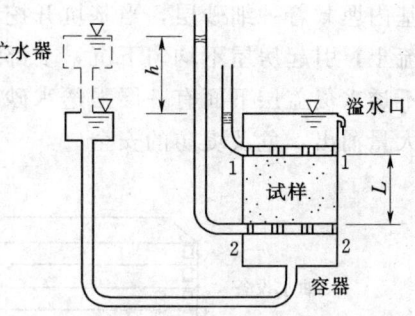

图 2-13　渗透变形试验原理

由于土中渗透速度一般极小，流动水体的惯性力可以忽略不计。根据力的平衡条件，渗流作用于试样的总渗透力 $J$ 应和试样中土粒对水流的阻力 $F$ 大小相等而方向相反。即：

$$J = F = \gamma_w h A \tag{2-40}$$

渗流作用于单位土体的力（称渗透力）为：

$$j = \dfrac{J}{AL} = \dfrac{\gamma_w h A}{AL} = \gamma_w i \tag{2-41}$$

渗透力 $j$ 是渗透水流对所流经的土体单位体积的作用力，其作用方向与渗流方向一致，其大小与水力坡降成正比，$j$ 是个体积力，单位为 $kN/m^3$。

分析式（2-41）的推导，可知渗透力为均匀分布的体积力（内力），是由渗流作用于试样两端面 1—1 与 2—2 的孔隙水压力差（外力）转化的结果。因此，渗流对土体的作用可用边界上的孔隙水压力（渗透压力）来表示。

# 5　渗　透　变　形

## 5.1　渗透变形的基本形式

从上述分析结果可知，在有渗流的情况下，由于渗透力的存在，将使土体的内部受力

情况（包括大小和方向）发生变化。一般地说，这种变化对土体的整体稳定是不利的，但是，对于渗流中的具体部位应作具体分析。例如，对于图 2-14 中的 1 点，由于渗透力与重力一致，渗透力促使土体压密、强度提高，对稳定起着有利的作用；2、3 两点的渗透力方向与重力近乎正交，使土粒有向下游方向移动的趋势，对稳定是不利的；4 点的渗透力与重力相反，对稳定最为不利，特别当向上的渗透力大于土体的有效重量时，土粒将被水流冲出，造成渗透破坏，如不及时加以防治，将会引起整个建筑物的失事。

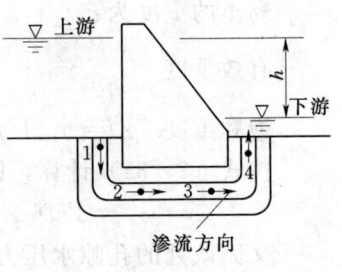

图 2-14 坝下渗流

按照渗透水流所引起的局部破坏的特征，渗透变形可分为流土和管涌两种基本形式。

流土是指在向上渗流作用下，局部土体表面隆起，或者颗粒群同时起动而流失的现象。它主要发生在地基或土坝下游渗流逸出处。基坑或渠道开挖时所出现的流砂现象是流土的一种常见形式。图 2-15 表示在已建房屋附近进行排水开挖基坑时的情况。由于在地基内埋藏着一细砂层，当基坑开挖至该层时，在渗透力作用下，细砂向上涌出，造成大量流土，引起房屋不均匀下沉，上部结构开裂，影响了正常使用；图 2-16 表示河堤下相对不透水覆盖层下面有一层强透水砂层。由于堤外水位高涨，局部覆盖层被水流冲溃，砂土大量涌出，危及堤防的安全。

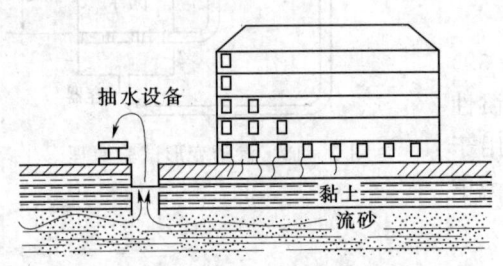

图 2-15 流砂涌向基坑引起房屋不均匀下沉

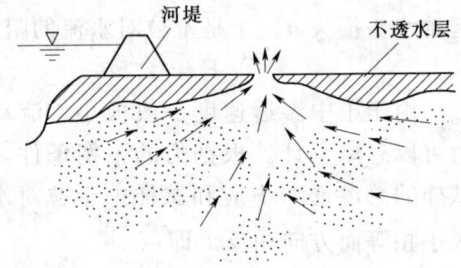

图 2-16 河堤下游覆盖层下流砂涌出的现象

管涌是渗透变形的另一型式。它是指在渗流作用下土体中的细颗粒在粗颗粒形成的孔隙通道中发生移动并被带出的现象。主要发生在砂砾中。图 2-17 表示混凝土坝坝基由于管涌失事的实例。开始土体中的细颗粒沿渗流方向移动并不断流失，继而较粗颗粒发生移动，从而在土体内部形成管状通道，带走大量砂粒，最后上部土体坍塌失事。

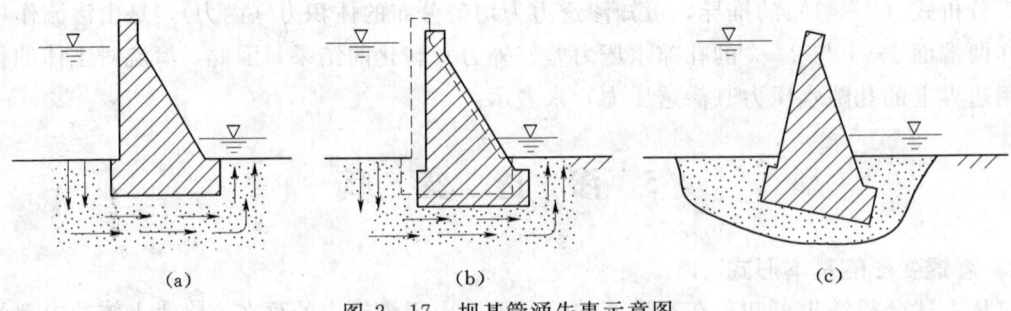

图 2-17 坝基管涌失事示意图

渗流可能会引起两种局部破坏的型式，但就土本身性质来说，只有管涌和非管涌之分。对于某些土，即使在很大的水力坡降下也不会出现管涌，而对于另一些土（如缺乏中间粒径的砂砾料）却在不大的水力坡降下就可以发生管涌。因此，通常把土分为管涌土和非管涌土两种类型。非管涌土的渗透变形型式就是上述流土型；管涌土的渗透变形型式属管涌型。

虽同属管涌型土，但渗透变形后的发展过程可能有所不同。一种土，一旦出现渗透变形就不能承受较大的水力坡降，这种土称为危险性管涌土；另一种土，当出现渗透变形后，仍能承受较大的水力坡降，最后试样表面出现许多大泉眼，渗流量不断增大，或者发生流土，这种土有时称为非危险性管涌土，实际上这种土是介于管涌型和流土型之间的过渡型土。所以，也可以将土细分为三角类型：①管涌型土；②过渡型土；③流土型土。就一般黏性土来说，只有流土而无管涌，而分散性土例外。对于无黏性土来说，渗透变形的型式主要取决于颗粒级配曲线的形状，其次是土的密度。对过渡型土，密度影响较大，在较大密度下可能会出现流土，而在小密度下又可能变为管涌。

## 5.2 土的临界水力坡降

土体抵抗渗透破坏的能力，称为抗渗强度。通常以濒临渗透破坏时的水力坡降来表示，一般称为临界水力坡降或抗渗坡降。

### 5.2.1 流土型土的临界水力坡降

前已提到，渗透力的方向与渗流方向相一致。如果堤坝下游渗流逸出面为一水平面，则那里的渗透力将是竖直向上的。在这种情况下，一旦竖向渗透力足够大，逸出面将会隆起或颗粒群同时起动流失，而导致土体流土破坏。下面我们来研究其临界状态。

现从图 2-14 中渗流逸出处任取一单位土体，如图 2-18 所示。则该单位土体上的作用力有土体本身的有效重量：

$$r' = \rho' \times 9.80 = \frac{(G_s - 1)\rho_w}{1+e} \times 9.80 = r_w(G_s - 1)(1-n) \quad (2-42)$$

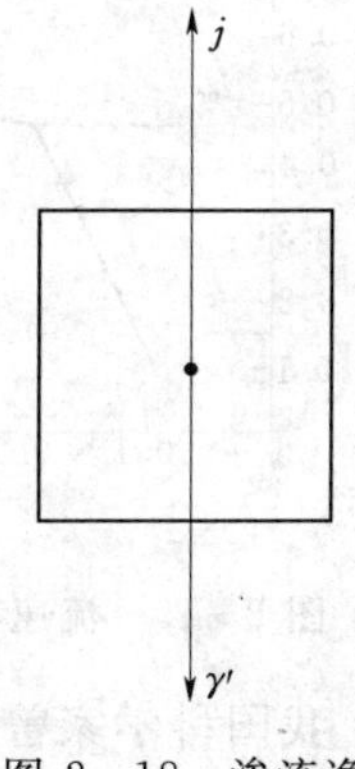

以及竖直向上的渗透力：

$$j = r_w i \quad (2-43)$$

图 2-18 渗流逸出处单位土体的受力情况

当竖向渗透力等于土体的有效重量时，即 $j = r'$，土体就处于流土的临界状态。若设这时的水力坡降为 $i_{cr}$，则根据上述条件可求得：

$$i_{cr} = (G_s - 1)(1-n) \quad (2-44)$$

此即流土的临界水力坡降。

从式（2-44）可知，流土临界水力坡降决定于土的物理性质。当土粒比重 $G_s$ 和孔隙率 $n$ 为已知，则土的临界水力坡降是一定值，一般在 0.8～1.2 之间。

流土一般发生在渗流的逸出处。因此，只要我们将渗流逸出处的水力坡降，即逸出坡降 $i_e$ 求出，就可判别流土的可能性：

当 $i_e < i_{cr}$　　则土处于稳定状态

当 $i_e = i_{cr}$　　则土处于临界状态

当 $i_e > i_{cr}$　　则土处于流土状态

但由于流土从开始至破坏历时较短,且破坏时某一范围内的土体会突然被抬起或冲毁,故按式(2-44)求得的临界坡降应除以较大的安全系数,方可作为允许渗透坡降$[i]$值。在设计时,为了保证建筑物的安全,通常要求将逸出坡降$i_e$限制在允许坡降$[i]$之内,即:

$$i_e \leqslant [i] = \frac{i_{cr}}{K_s} \tag{2-45}$$

式中 $K_s$——安全系数,常取$2\sim2.5$。

### 5.2.2 管涌型土的临界水力坡降

发生管涌的临界水力坡降目前尚无合适的公式可循。通常可通过试验来测定。试验时除了根据肉眼观察细颗粒的移动来判断管涌外,还可借助于水力坡降$i$与流速$v$之间的变化来判断管涌是否出现。如图2-19所示。当水力坡降$i$增加到某一数值后(如图中的$a$点),$i-v$曲线明显向右偏离,这说明细颗粒已被带出,孔隙增大。根据$a$点对应的水力坡降和肉眼观察到细颗粒移动时的水力坡降,取两者中的数值较小者作为管涌的临界水力坡降$i_{cr}$。

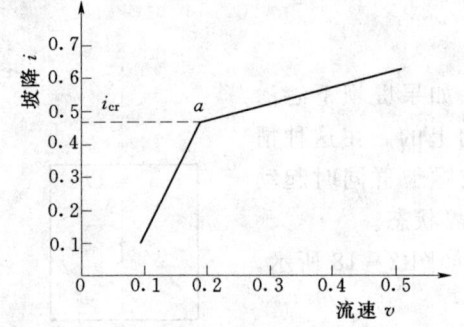
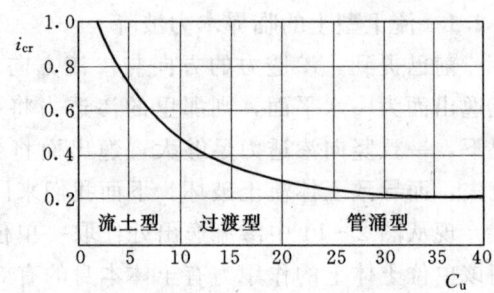

图2-19 流速与水力坡降的关系　　　图2-20 临界坡降与不均匀系数的关系

我国科学家曾在总结前人经验的基础上,根据单个颗粒承受渗透力与有效重度的平衡关系,并考虑混合土体的几何不均匀性,同时采用土粒比重为2.65,形状系数为1.165;以及水温15℃的动滞性系数为$0.0116\text{cm}^2/\text{s}$等数据,经研究,得出发生管涌的临界水力坡降$i_{cr}$的简化式:

$$i_{cr} = \frac{d}{\sqrt{\frac{k}{n^3}}} \tag{2-46}$$

式中 $d$——被冲动的细粒粒径,一般小于$d_5\sim d_3$的值(mm),其中,$d_5$、$d_3$分别表示粒径曲线纵坐标上小于该粒径含量5%、3%时所对应的粒径值;
　　　$k$——砂砾料的渗透系数(cm/s);
　　　$n$——砂砾料的孔隙率。

在缺乏试验条件下,式(2-46)可以用来初步估算临界坡降。

试验指出,从试样的细粒开始浮动、被冲走以至发生管涌,要经过一定的历时。用式(2-46)所确定的临界坡降时,除之以$1.5\sim2.0$的安全系数就可得出允许渗透坡降值。

一些资料指出，砂砾料的细颗粒含量小于30%～35%时：如$10<C_u<20$，其$[i]=0.2$；如$C_u>20$，其$[i]=0.1$。有人指出，缺乏中间粒径的砂砾料中细粒含量小于20%时，发生管涌的允许坡降还要小些，即$i_{cr}=0.07～0.1$。以上数值可供设计参考。

### 5.2.3 临界水力坡降的试验资料

(1) 临界水力坡降与不均匀系数的关系。前苏联学者伊斯托美娜根据理论分析并结合一定数量的试验资料，曾给出了无黏性土的临界水力坡降与不均匀系数的关系曲线，并按不均匀系数把土划为流土型、过渡型和管涌型三类，如图2-20所示。由图2-20可见，土的不均匀系数愈大，临界水力坡降愈小。

在第一章中曾经提到不均匀系数$C_u$是反映土内颗粒离散程度的参数，但是，许多资料表明，它不能完全代表土内颗粒组成特征。所以，以$C_u$值作为确定临界水力坡降的唯一指标是有其局限性的。

(2) 临界水力坡降与细料含量的关系。如第一章所述，级配不连续的土可由它的颗粒分布曲线的谷点分为粗料和细料两部分，其渗透变形特性主要取决于细料的含量，或者说取决于细料充填粗料孔隙的程度。当细料填不满粗料的孔隙时，细料容易被渗透水流带走，所以，这种土属管涌型土，当细料含量增加并足以填满粗料孔隙时，粗细料组成一整体，共同抵抗渗透变形，因此，其抗渗能力加强，这种土就属流土型土。对于小于0.075mm颗粒的含量小于5%的砂砾石，其临界水力坡降与细料含量的关系表示在图2-21中。

(3) 临界水力坡降与渗透系数的关系。试验研究表明，无黏性土的渗透特性与渗透变形特性有着直接的关系。对于不均匀的土，如果透水性强，抵抗渗透变形的能力差，如果透水性弱，抵抗渗透变形的能力则强。然而，土的透水性的强弱是用它的渗透系数来衡量的。因此，渗透系数的大小在一定程度上反映了土的渗透变形特性的差异。临界水力坡降与渗透系数的试验关系如图2-22所示。图2-22中资料主要来源于缺乏中间粒径的土，但对其他类型的土料，临界水力坡降也具有同样的规律，只是数值偏于上限。

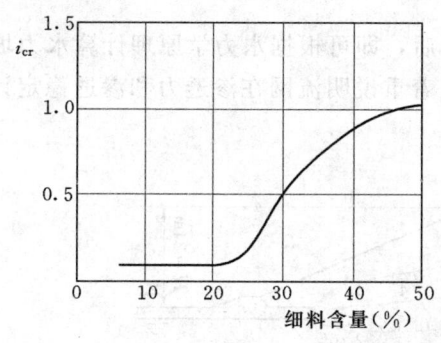

图2-21 临界水力坡降与细料含量的关系

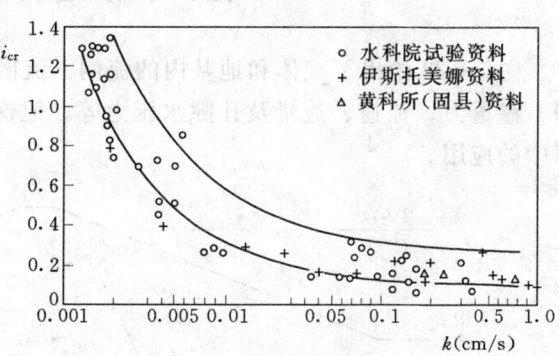

图2-22 临界水力坡降与渗透系数的关系

综合上述结果，无黏性土的临界水力坡降可归纳为表2-2，以供参考。

表2-2中的土类按下列情况进行判别：

关于如何防止渗透变形的发生，一般可以从两个方面采取措施：一是减小水力坡降，为此又可以采取降低水头或增加渗径的办法来实现；二是在渗流逸出处加盖压重或设反滤层，或在建筑物下游设置减压井、减压沟等，使渗透水流有畅通的出路。有关这方面的论述，请参阅水工结构课程。

表 2-2　　　　　　　各类土的临界水力坡降变化范围

| 水力坡降 | 土 类 | | | | |
|---|---|---|---|---|---|
| | 流 土 型 土 | | 过渡型土 | 管 涌 型 土 | |
| | $C_u \leqslant 5$ | $C_u > 5$ | | 级配连续 | 级配不连续 |
| 临界水力坡降 | 0.8～1.0 | 1.0～1.5 | 0.4～0.8 | 0.2～0.4 | 0.1～0.3 |
| 容许水力坡降 | 0.4～0.5 | 0.5～0.8 | 0.25～0.40 | 0.15～0.25 | 0.1～0.2 |

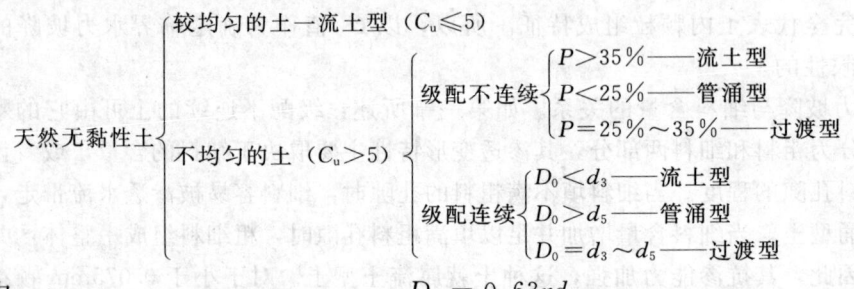

其中　　　　　　　　　　　　　　$D_0 = 0.63 n d_{20}$

式中　$P$——细料（小于分布曲线中与谷点对应粒径的颗粒）含量；

$d_3$、$d_5$——小于该粒径的土粒含量分别为3%和5%；

$D_0$——土的孔隙的平均直径；

$n$——土的孔隙率；

$d_{20}$——土的等效粒径，小于该粒径的土粒含量为20%。

# 6* 流网在渗透稳定计算中的应用

图 2-23 给出了坝体和地基内的流网。流网绘制后，即可根据水力学原理计算水力坡降、渗透力、流速、流量及孔隙水压力等。但这里只着重说明流网在渗透力和渗透稳定计算中的应用。

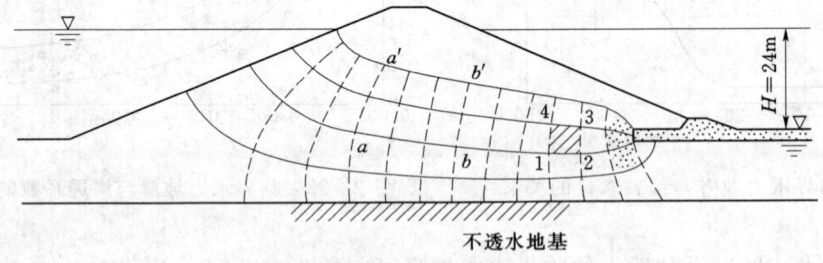

图 2-23　土坝渗流流网

【例题 2-3】　图 2-23 为土坝渗流的流网。试计算：(1) $a$、$b$ 点的孔隙水压力是多少？(2) 流场1、2、3、4的平均渗透力为何？

**解** (1) $a$、$b$ 点的测压管水头、即点 $a$、$b$ 与通过该两点的等势线和自由水面（图中浸润线）交点 $a'$、$b'$ 间的铅直距离，从图中量出：

$a$ 点测压管水头　　$h_a = 13.33\text{m}$

$b$ 点测压管水头　　$h_b = 10.67\text{m}$

$a$ 点孔隙水压力　　$u = h_a \gamma_w = 13.33 \times 9.81 = 130.7 (\text{kPa})$

$b$ 点孔隙水压力　　$u = h_b \gamma_w = 10.67 \times 9.81 = 104.67 (\text{kPa})$

(2) 如上下游水位差为 $H$（24m），流场数 $N=12$，则根据水力学原理，相邻两等势线间的水位差为：

$$\Delta h = \frac{H_1 - H_2}{N} = \frac{H}{N} = \frac{24}{12} = 2(\text{m})$$

量出流场 1、2、3、4 的平均流程为 $\Delta L = 9.33\text{m}$，则可求出其平均水力坡降为：

$$i = \frac{\Delta h}{\Delta L} = \frac{2}{9.33} = 0.214$$

按式（2-41），则流场 1、2、3、4 的平均渗透力为：

$$j = i\gamma_w = 0.214 \times 9.81 = 2.10(\text{kN/m}^3)$$

**【例题 2-4】** 图 2-24 所示的地基土的饱和重度 $\gamma_m = 20\text{kN/m}^3$。试计算：(1) $a$ 点测压管水头多少？(2) 流场 1、2、3、4 的平均渗透力为何？(3) 地面 1、2 两点处抵抗流土的安全系数为何？

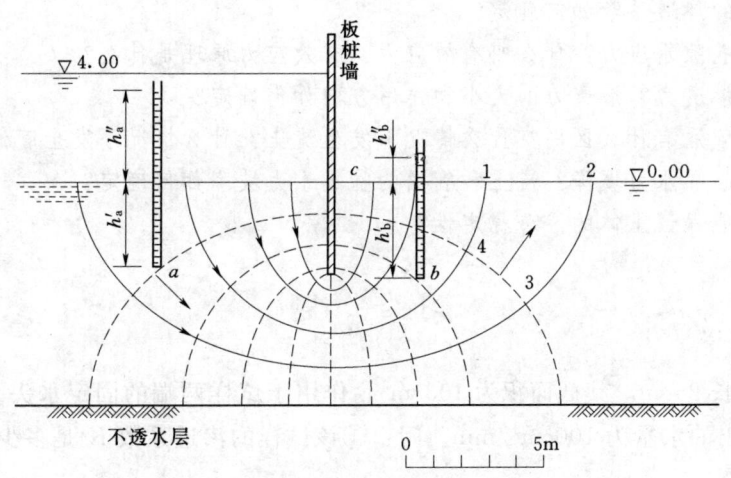

图 2-24　例题 2-4 附图

**解** (1) 如上下游水位差为 $H$（4m），流场数 $N=10$，则根据水力学原理，相邻等势线间的水位差为 $\Delta h = \frac{H}{N} = \frac{4.0}{10} = 0.4$ (m)。经过 $a$ 点的测压管水位，比上游自由面水位低 $\Delta h = 0.4\text{m}$。图 2-24 指出，该点的测压管水头 $h_a = h'_a + h''_a$，其中 $h''_a$ 及 $h'_a$ 分别计算如下：

因　　　　　　$h''_a = H - \Delta h = 4.0 - 0.40 = 3.6(\text{m})$

又从图上量得 $h'_a = 3.0\text{m}$，则 $a$ 点的测压管水头应为：

$$h_\mathrm{a} = h'_\mathrm{a} + h''_\mathrm{a} = 3.0 + 3.6 = 6.60 \mathrm{(m)}$$

(2) 从图上直接量得流场 1、2、3、4 的平均流程 $\Delta L = 4.0\mathrm{m}$，而任何一流场水头损失 $\Delta h$ 为 $0.40\mathrm{m}$。则按式（2-41）求其平均渗透力为：

$$j = i\gamma_\mathrm{w} = \frac{\Delta h}{\Delta L}\gamma_\mathrm{w} = \frac{0.4}{4} \times 9.81 = 0.98 \mathrm{(kN/m^3)}$$

(3) 按式（2-44）计算流土的临界坡降为：

$$i_\mathrm{cr} = \frac{\gamma_\mathrm{m} - \gamma_\mathrm{w}}{\gamma_\mathrm{w}} = \frac{20 - 9.81}{9.81} = 1.04$$

实际的渗流出逸坡降为 $i = 0.10$，故地面 1、2 处抵抗流土破坏的安全系数为：

$$F_\mathrm{s} = \frac{i_\mathrm{cr}}{i} = \frac{1.04}{0.10} = 10.4 > 2.5$$

故安全。

## 复习思考题

1. 什么是达西定律？达西定律的适用范围怎样？砂土与黏性土的渗透规律有何差别？什么叫起始水力坡降？
2. 渗透系数的单位是什么？影响土的渗透系数的因素有哪些？
3. 成层土的渗透系数如何确定？
4. 什么叫孔隙水应力？什么叫有效应力？有效应力原理是什么？
5. 什么叫渗透力？渗透力的大小和作用方向如何确定？
6. 流土和管涌有什么区别？什么情况下发生流土？什么情况下发生管涌？
7. 什么叫临界水力坡降？流土和管涌的临界水力坡降如何确定？
8. 怎样才能保证土体的渗透稳定性？

## 习 题

1. 某试样长 25cm，其截面积为 $103\mathrm{cm}^2$，作用于试样两端的固定水头差为 75cm，此时通过试样流出的水量为 $100\mathrm{cm}^3/\mathrm{min}$。问：①该试样的渗透系数 $K$ 是多少？②判定该试样属哪种土？

2. 已知某试样长为 30cm，作用于试样两端的固定水头差为 20cm，试求试样所受的渗透力是多少？若已知土样的 $G_\mathrm{s} = 2.72$，$e = 0.63$。问该试样是否会发生流土现象？

3. 有一黏土层位于两砂层之间，其中砂层的湿重度 $\gamma = 17.6\mathrm{kN/m^3}$，饱和重度 $\gamma_\mathrm{m} = 19.6\mathrm{kN/m^3}$，黏土层的饱和重度 $\gamma_\mathrm{m} = 20.6\mathrm{kN/m^3}$，上层砂土的厚度为 3m，黏土层的厚度为 3m，地下水位保持在地面以下 1.5m 处。若下层砂中有承压水，其测压管水位高出地面 3m，试计算：①黏土层内的孔隙水应力及有效应力随深度的变化并绘出分布图（假定承压水头全部损失在黏土层中）；②欲使黏土层发生流土，则下层砂中的承压水引起的测压管水位应高出地面多少米？

4. 利用课本［例题2-4］所给资料及图2-24，试计算：①图中 $b$ 点的测压管水头是多少？②靠近板桩的下游地面的流网的平均渗透力？③下游地面发生流土的可能性如何？

5. 某工程基槽开挖深5m，地下水位深6m，土的天然重度 $\gamma=20kN/m^3$，饱和重度 $\gamma_m=21kN/m^3$。地面以下7m处有承压水，承压水头为3.0m。问基槽是否安全？

6. 某土坝底宽为160m，坝上游正常蓄水位为40m，已知坝体为相对不透水体，坝基为粉砂土，其土粒比重为2.69，土体孔隙比为0.90，若安全系数取 $K=2.5$，问该坝基是否发生渗透破坏？属于哪种破坏型式？破坏最可能发生在哪个部位？

# 第三章 地基土中的应力计算

## 1 概　　述

　　土体与其他结构体一样，当它受外力作用后，便在其内部产生应力和应变。建筑物大多数是建造在土层上的，建筑物的荷载便通过它的基础传递到基础底面以下的土体中去，从而在土中引起应力和变形。工程上把地面以下受到建筑物荷载影响（即产生应力和变形）的那一部分土体称之为地基。由天然土层直接支承建筑物的称为天然地基；由软弱土层经加固后支承建筑物的称为人工地基。而与地基相接触的建筑物底部则称为基础。

　　地基承受荷载以后产生应力和变形，会给建筑物带来两个工程问题，即土体稳定问题和变形问题。如果地基内部产生的应力在土的强度所允许的范围内，则土体是稳定的；反之，如果地基内部某一区域中的应力超过了土的强度，则那里的土体就要发生破坏，当这种破坏区域一旦从土体内部延伸至地面，就可能引起整个地基产生滑动而失去稳定，从而导致建筑物倾倒，如果地基土的变形量（竖向压缩变形称为沉降）超过了允许值，即使土体尚未破坏，也会造成建筑物毁坏或失去使用价值。因此，为了保证建筑物的安全和正常使用，我们必须研究在各种荷载作用下，地基内部的应力分布规律及其可能产生的变形量。关于地基变形量的计算、强度等问题，将分别在第四章、第五章中讨论，本章将限于介绍地基中的应力计算及其分布规律。

　　地基中的应力，按照其起因可以分为自重应力和附加应力两种：

　　（1）自重应力——由土体本身的有效重量产生的应力称为自重应力。在研究土体的变形方面自重应力可以分为两种情况：一种是成土年代很久，在漫长的地质历史上，土体在自重作用下已经完全固结或压缩已经稳定。对于这种土，自重应力不再引起土的变形；另一种是成土年代不久，例如，新近沉积的土或近期人工冲填的土均属之。对于这种土，在自重作用下尚未完全固结，因而自重应力将使土体进一步产生压缩变形。此外，地下水位的升降，也会引起自重应力的变化，从而使土产生变形。

　　（2）附加应力——由外荷载（静的或动的）在土中引起的应力称为附加应力。它是使地基失去稳定和产生变形的主要原因。附加应力的大小，除了与计算点的位置有关外，还决定于基底压力的大小和分布状况。

　　土体中某一点的应力状态，系指作用于该点微正六面体上的法向应力 $\sigma_z$、$\sigma_x$、$\sigma_y$ 与剪应力 $\tau_{zx}=\tau_{xz}$，$\tau_{zy}=\tau_{yz}$，$\tau_{xy}=\tau_{yx}$ 的大小，图 3-1 所示。当外荷在土体中产生了附加应力，会改变土体原在自重作用时应力状态，土体就会发生变形，因而在研究土体的变形和稳定性时都要首先研究土体中的自重应力和附加应力的大小及其分布。

　　本章介绍按线性变形体计算土中自重应力和附加应力的常用方法。因竖向法向应力在

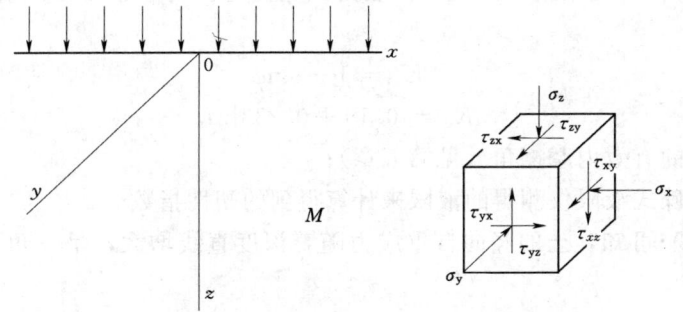

图 3-1 土体中某一点的应力状态

土体的变形计算中应用较多,故本章主要介绍竖向法向应力的计算公式。

## 2 地基中的自重应力

自重应力是由土体本身的有效重量产生的。计算地基中的自重应力时,一般将地基作为半无限弹性体来考虑。半无限弹性体就是指地基的表面是一个有限的平面,而其他各个方向都将延伸至无限的界面,并假定在这样一个半无限界面中的土体是连续、均匀、各向同性的弹性体。由半无限弹性体的边界条件可知,其内部任一与地面平行的平面和垂直的平面上,仅作用着竖向应力 $\sigma_{cz}$ 和水平向应力 $\sigma_{cx}=\sigma_{cy}$,而剪应力 $\tau=0$。

设地基中某单元体离地面的距离为 $z$,如图 3-2 所示,土的重度为 $\gamma$,则作用于单元体上的竖向应力应等于单位面积上土柱的重量,即:

$$\sigma_{cz} = \gamma z \tag{3-1}$$

以 kPa 计。

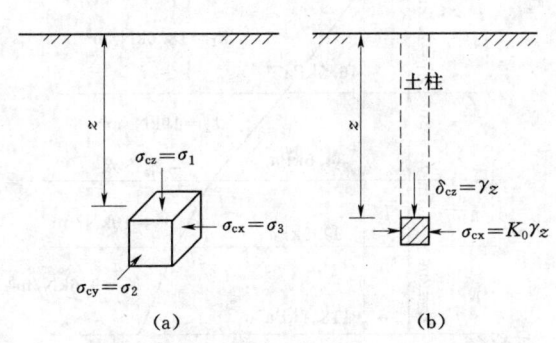

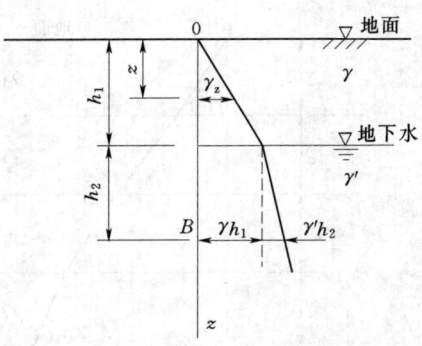

图 3-2 自重作用下的应力状态　　　　图 3-3 自重应力分布图

在半无限弹性体内,土不可能发生侧向变形。因此,该单元体上的两个水平向的应力相等,并按式(3-2)计算:

$$\sigma_{cx} = \sigma_{cy} = K_0 \sigma_{cz} = K_0 \gamma z \tag{3-2}$$

式中　$K_0$——土的静止侧压力系数。

$K_0$ 是土体在无侧向变形条件下,其侧向(水平向)有效应力与竖直向有效应力之比值。$K_0$ 与土的种类和固结情况有关，一般由试验测定。对于正常固结黏土，可按下列经验公式估算：

$$K_0 = 1 - \sin\varphi' \tag{3-3}$$

$$K_0 = 0.19 + 0.233\lg I_p \tag{3-4}$$

式中　$\varphi'$——土的有效内摩擦角（见第五章）；

　　　$I_p$——按碟式液限仪测得的液限来计算得到的塑性指数。

由式（3-1）可知，土的竖向自重应力随着深度直线增大，呈三角形分布，如图 3-3 所示。

若土层中有地下水存在，当计算地下水位以下的自重应力时，应考虑水对土体的浮力作用，土的重度采用有效重度 $\gamma'$ 计算。如图 3-3 中的 $B$ 点，由于它们位于地下水位以下的深度为 $h_2$，所以其竖向自重应力为：

$$\sigma_{cz} = \gamma h_1 + \gamma' h_2 \tag{3-5}$$

由于 $\gamma' < \gamma$，所以自重应力的分布在地下水位处将发生转折现象，如图 3-3 示。从上述地下水位对自重应力的影响可知，若地下水位下降，浮力消失，则土的自重应力增大，此时，可使土体产生压缩变形。目前一些城市地面下沉，就是由于大量抽汲地下水，引起地下水位下降而造成的。

若地基由多层土组成，如图 3-4 所示，设各土层的厚度分别为 $h_1,h_2,\cdots,h_n$，相应的重度分别为 $\gamma_1,\gamma_2,\cdots,\gamma_n$，则地基中第 $n$ 层底面处的竖向自重应力为：

$$\sigma_{cz} = \gamma_1 h_1 + \gamma_2 h_2 + \cdots + \gamma_n h_n = \sum_1^n \gamma_i h_i \tag{3-6}$$

从图 3-4 中可以看出，由于各个土层的重度不同，自重应力的分布在各个土层交界处发生了转折现象。

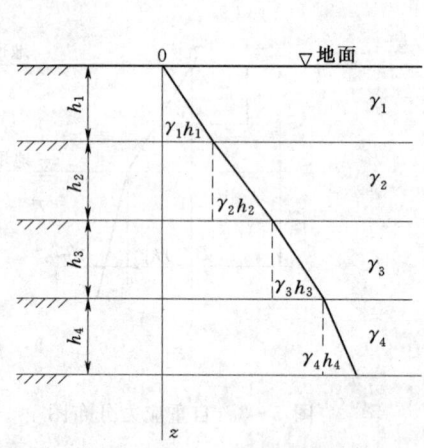

图 3-4　成层土的自重应力分布

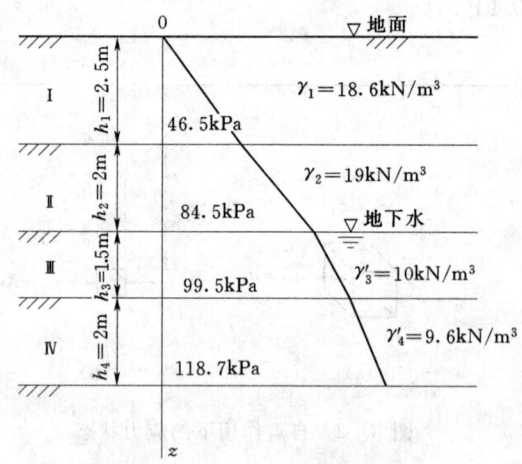

图 3-5　土层的自重应力分布

【例题 3-1】　设一多层土的地基，各土层的厚度、重度及地下水位的位置如图 3-5 所示。试求各土层的交界面处的竖向自重应力并绘出其分布图。

**解**　按题中所给资料，由式（3-6）计算如下：

Ⅰ、Ⅱ层交界面处：
$$\sigma_{cz1} = \gamma_1 h_1 = 18.6 \times 2.5 = 46.5 (\text{kPa})$$
Ⅱ、Ⅲ层交界面处
$$\sigma_{cz2} = \sigma_{cz1} + \gamma_2 h_2 = 46.5 + 19 \times 2 = 84.5 (\text{kPa})$$
Ⅲ、Ⅳ交界面处
$$\sigma_{cz3} = \sigma_{cz2} + \gamma'_3 h_3 = 84.5 + 10 \times 1.5 = 99.5 (\text{kPa})$$
Ⅳ层底面处：
$$\sigma_{cz4} = \sigma_{cz3} + \gamma'_4 h_4 = 99.5 + 9.6 \times 2 = 118.70 (\text{kPa})$$
土层的自重应力分布绘于图 3-5 中。

# 3 基底压力的计算

建筑物荷载通过基础传递给地基，在基础底面与地基之间便产生了接触压力，它是基础作用于地基的基底压力，基底压力的分布状况和大小，将对地基内部的附加应力有着十分重要的影响，而基底压力的分布状况和大小又与作用在基础底面上的荷载性质（例如，中心、偏心或倾斜等）和大小、基础的刚度、基础的埋置深度及土的种类等多种因素有关，基础的刚度常以它能否适应地基的变形能力来衡量。如果基础能够适应地基的变形，则认为该基础的刚度很小，常称为柔性基础；如果基础不能适应地基的变形，则认为该基础的刚度很大，常称为刚性基础；水工建筑物基础常介于上述两者之间，称为弹性基础。试验研究指出，对于能够适应地基变形的柔性基础，其底面的压力分布和大小完全与作用在基础底面上的荷载分布和大小相同，常见柔性基础有油罐和土坝（或土堤）等，它们的基底压力（常以反力形式表示）分别示于图 3-6 (a)、(b) 中。从图 3-6 中可以看出，当基底上的荷载为均匀分布时，则基底压力也为均匀分布；当荷载为梯形分布时，则基底压力也为梯形分布。

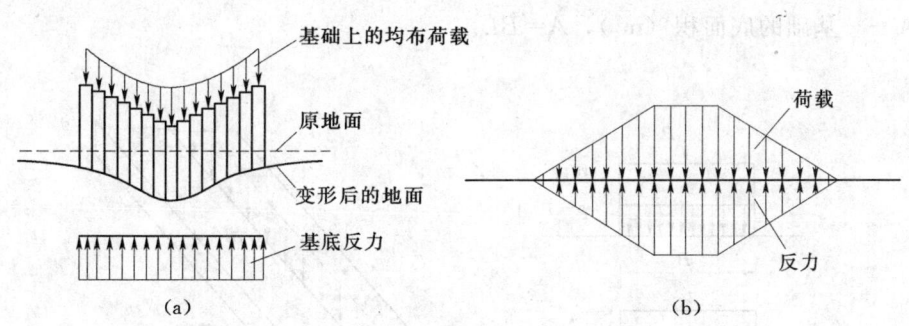

图 3-6 柔性基础底面的压力分布
(a) 油罐基底压力分布；(b) 土坝（或土堤）基底压力分布

对于刚性基础，由于其刚度很大，不能适应地基的变形，其基底压力分布将随着上部荷载的大小、基础的埋置深度和土的性质而异。例如，建造在砂土地基表面上的条形刚性基础，当受到中心荷载作用时，由于砂土颗粒之间没有黏聚力，其基底压力中间大，边缘处等于零，类似于抛物线分布，如图 3-7 (a) 所示；而黏性土地基底面上的条形刚性基础，当受到中心荷载作用时，由于黏性土具有黏聚力，基础边缘处能承受一定的压力，因此在荷载较小时，基底压力边缘大而中间小，类似于马鞍型分布。当荷载逐渐增大并超过粒间所能承受的限度时，压力将产生重新分布，即向中间集中，最后，当荷载达到使土产生破坏时，基底压力也是类似于抛物线分布，如图 3-7（b）所示。根据经验，当基础不太大，而荷载也较小时，基底压力的分布近似地按直线变化的假定，对沉降计算所引起的误差是允许的，也是工程中经常采用的简化的计算方法。下面我们均以直线假定来介绍基底压力的计算方法。

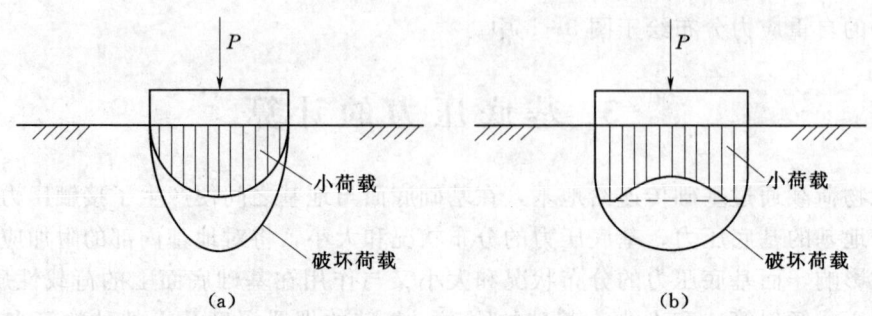

图 3-7 刚性基础底面压力分布示意图
(a) 砂土；(b) 黏性土

## 3.1 竖直中心荷载作用下的基底压力

图 3-8（a）为一矩形基础，它的长度为 $L$、宽度为 $B$，其上作用竖直中心荷载 $P$，当按直线假定时，基底压力为均匀分布，其值为：

$$p = \frac{P}{A} \tag{3-7}$$

式中  $p$——基底压力（kPa）；
　　　$P$——作用在基础中心点上的集中荷载（kN）；
　　　$A$——基础的底面积（m²），$A = BL$。

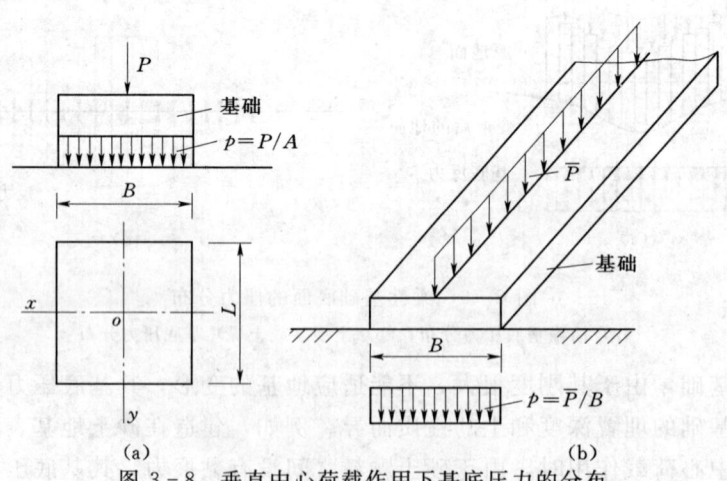

图 3-8 垂直中心荷载作用下基底压力的分布
(a) 矩形基础；(b) 条形基础

若基础为长条形（理论上当$\frac{L}{B}=\infty$时称为长条形基础，实用上当$\frac{L}{B}\geqslant 10$时即可按条形基础考虑），则在长度方向截取1m进行计算，如图3-8（b）所示，此时基底压力仍为均匀分布，并按式（3-8）确定：

$$p=\frac{\overline{P}}{B} \tag{3-8}$$

式中 $\overline{P}$——作用在条形基础中心线上并沿着长度方向连续均匀分布的荷载，称为线荷载（kN/m）。

## 3.2 竖直偏心荷载作用下的基底压力

如图3-9（a）所示，当矩形基础上作用着竖直偏心荷载$P$时，则基础底面任一点的压力，可按材料力学偏心受压的公式进行计算，即：

$$p(x,y)=\frac{P}{A}+\frac{M_x}{I_x}y+\frac{M_y}{I_y}x \tag{3-9}$$

式中 $p(x,y)$——任意点（坐标为$x$，$y$）的基底压力（kPa）；

$M_x$——偏心荷载对$x$—$x$轴的力矩（kN·m），$M_x=Pe_y$；

$M_y$——偏心荷载对$y$—$y$轴的力矩（kN·m），$M_y=Pe_x$；

$I_x$——基础底面积对$x$—$x$轴的惯性矩（m⁴），$I_x=\frac{BL^3}{12}$；

$I_y$——基础底面积对$y$—$y$轴的惯性矩（m⁴），$I_y=\frac{LB^3}{12}$。

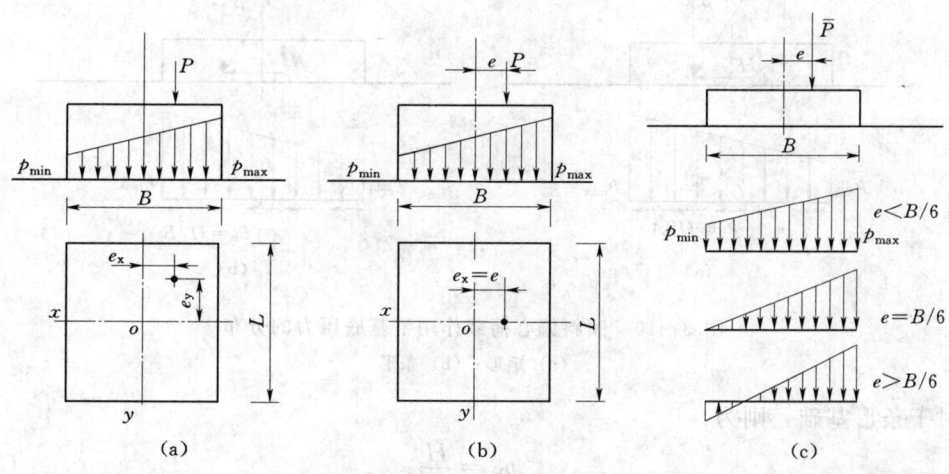

图3-9 竖直偏心荷载作用下的基底压力分布

若荷载只在一个主轴上偏心，例如$x$—$x$轴，如图3-9（b）所示，则在另一主轴方向的偏心距$e_y=0$，相应的偏心力矩$M_x=0$。现令合力偏心距$e_x=e$，并将$M_y=Pe$、$I_y=\frac{1}{12}LB^3$及$x=\pm\frac{1}{2}B$代入式（3-9）中，即可得到矩形基础在竖向偏心荷载作用下，基础底面两端的最大压力和最小压力的计算公式为：

$$p_{\min}^{\max}=\frac{P}{A}\left(1\pm\frac{6e}{B}\right) \tag{3-10}$$

同理，对于条形基础，在受到竖直偏心线荷载 $\bar{P}$ 作用时，如图 3-9（c）所示，其底面两端的最大和最小压力为：

$$p_{\min}^{\max} = \frac{\bar{P}}{B}\left(1 \pm \frac{6e}{B}\right) \tag{3-11}$$

由于对基底压力作了直线分布的假定。因此，从式（3-10）、式（3-11）可知，当合力偏心距 $e < \frac{B}{6}$ 时，基底压力呈梯形分布；当合力偏心距 $e = \frac{B}{6}$ 时，$p_{\min} = 0$，基底压力呈三角形分布；当合力偏心距 $e > \frac{B}{6}$ 时，则 $p_{\min} < 0$，即基底一端将出现拉力，如图 3-9（c）所示。一般在工程上不但不允许在基底上出现拉力，而且也不希望出现 $p_{\min} = 0$ 的现象。因此，在设计基础的尺寸时，应使合力偏心距控制在 $e < \frac{B}{6}$ 的范围内，以策安全。

## 3.3 倾斜偏心荷载作用下的基底压力

如图 3-10 所示。当基础底面受到倾斜的偏心荷载作用时，可先将倾斜偏心的合力 $R$（或 $\bar{R}$）分解为竖向分量 $P$（或 $\bar{P}$）和水平分量 $H$（或 $\bar{H}$）。其中，$P = R\cos\beta$（$\bar{P} = \bar{R}\cos\beta$）；$H = R\sin\beta$（$\bar{H} = \bar{R}\sin\beta$）；$\beta$ 为倾斜荷载与竖直线之间的倾角。由竖向偏心荷载 $P$（或 $\bar{P}$）所引起的基底压力按式（3-10）或式（3-11）计算；其水平基底压力按式（3-12）计算：

$$p_h = \frac{H}{A} \tag{3-12}$$

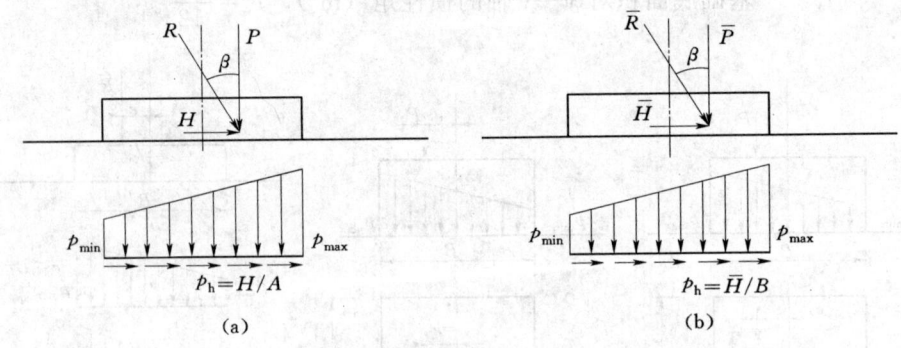

图 3-10 倾斜偏心荷载作用下基底压力的分布
(a) 矩形；(b) 条形

对于条形基础，则为：

$$p_h = \frac{\bar{H}}{B} \tag{3-13}$$

最后应该提及，基础底面压力的计算，不仅为了计算地基中的附加应力，同时也是为了计算基础本身的内力，配置钢筋以及校核强度的需要。不过对于水工建筑物中的大尺寸在计算基础内力时，如按直线假定来计算基底反力可能会带来较大的误差，此时可能需要用其他方法，如按弹性地基上的基础梁来计算。

## 3.4 基底净压力

在工程实践中，为了增加基础的稳定性或满足其他条件，一般总是将基础埋入地面以下某一深度，该深度称为"基础的埋置深度"，简称基础埋深，并以 $D$ 表示。基础底面处原有的自重应力由于开挖基坑而卸除,因此,在基础底面处,由于建筑物荷载所增加的压力应为基底压力与基础底面处原先存在于土中的自重应力之差,该压力差称为"基底净压力"。其值按式(3-14)计算:

$$p_0 = p - \gamma D \tag{3-14}$$

式中　$p$——基底压力(kPa);
　　　$p_0$——基底净压力(kPa);
　　　$\gamma$——基础埋深范围内土层的加权平均重度(kN/m³);
　　　$D$——基础埋置深度(m)。

一般土层在自重作用下的变形早已结束,且假定不考虑地基土体因基坑开挖而发生回弹的影响,因此,应采用基底净压力计算地基内的附加应力及相应的变形。显然,基础埋深愈大,基底净压力愈小,地基中的附加应力和相应的变形量也愈小。工程中常采用加大基础的埋深,作为提高基础的稳定性和减少地基变形量的一种处理措施。

# 4　地基中的附加应力

地基中的附加应力,是由建筑物的荷载通过它的基础传递到基底以下的土中所产生的应力。目前,在求解地基中的附加应力时,也把它当作半无限弹性体来考虑,根据弹性理论中导得的公式进行计算。另外,按照问题的性质,把应力的计算划分为空间问题和平面问题两大类型。若地基中的应力是 $X$、$Y$、$Z$ 三个坐标的函数,则称为空间问题,常见的矩形、圆形等基础 $\left(\dfrac{L}{B}<10\right)$ 下的附加应力计算即属于空间问题;若地基中的应力是 $X$、$Z$ 两个坐标的函数,则称为平面问题,条形基础 $\left(\dfrac{L}{B}\geq 10\right)$ 下的附加应力计算即属此类,水利工程中的坝、挡土墙、房屋建筑中的连接基础等均属于条形基础,可作为平面问题来计算。

## 4.1　空间问题条件下的附加应力

### 4.1.1　竖直集中力作用下的附加应力

如图 3-11 所示。当半无限弹性体表面上作用着竖直集中力 $P$ 时,弹性体内部任意点 $M$(坐标为 $x$、$y$、$z$)的六个应力分量 $\sigma_x$、$\sigma_y$、$\sigma_z$、$\tau_{xy}=\tau_{yx}$、$\tau_{xz}=\tau_{zx}$、$\tau_{yz}=\tau_{zy}$,已由弹性理论解出,它们的表达式为:

$$\sigma_z = \frac{3P}{2\pi R^2}\cos^3\theta = \frac{3P}{2\pi}\frac{Z^3}{R^5} \tag{3-15}$$

$$\left.\begin{aligned}
\sigma_x &= \frac{3P}{2\pi}\left\{\frac{x^2 z}{R^5}+\frac{1-2\mu}{3}\left[\frac{1}{R(R+z)}-\frac{(2R+z)x^2}{(R+z)^2 R^3}-\frac{z}{R^3}\right]\right\} \\
\sigma_y &= \frac{3P}{2\pi}\left\{\frac{y^2 z}{R^5}+\frac{1-2\mu}{3}\left[\frac{1}{R(R+z)}-\frac{(2R+z)y^2}{(R+z)^2 R^3}-\frac{z}{R^3}\right]\right\} \\
\tau_{xy} &= \frac{3P}{2\pi}\left[\frac{xyz}{R^5}-\frac{1-2\mu}{3}\frac{(2R+z)xy}{(R+z)^2 R^3}\right] \\
\tau_{xz} &= \frac{3P}{2\pi}\frac{xz^2}{R^5} \\
\tau_{yz} &= \frac{3P}{2\pi}\frac{yz^2}{R^5}
\end{aligned}\right\} \tag{3-16}$$

式中 $R$——计算点 $M$ 至坐标原点的径向距离（m）；
$\theta$——径向距离 $R$ 与 $z$ 轴的夹角（°）；
$\mu$——土的泊松比。

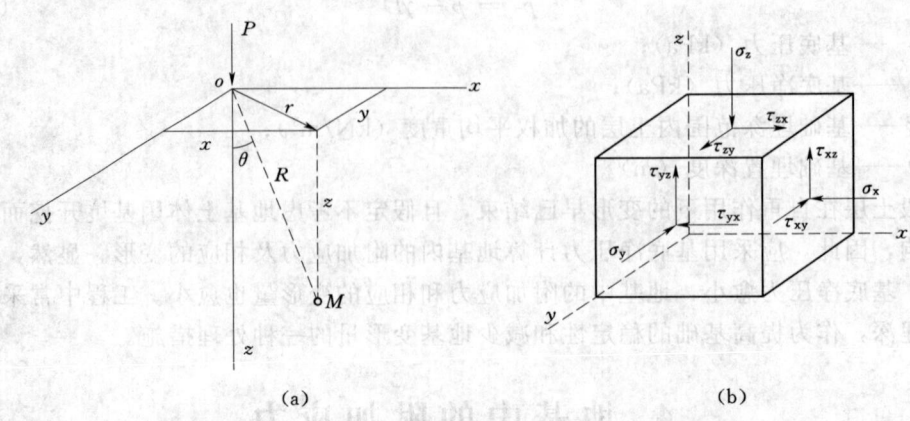

图 3-11 竖直集中力作用下土体中的应力状态

式 (3-15)、式 (3-16) 即为著名的鲍辛内斯克（Boussinesq J）解答，它是求解地基中附加应力的基本公式。但是对土力学来说，竖向应力分量 $\sigma_z$ 具有特别重要的实用意义，因为它是使地基产生压缩变形的主要原因。由图 3-11 中的几何关系可知，$R=\sqrt{z^2+r^2}$，将其代入式 (3-15)，即可得到竖向应力分量的另一表达式为：

$$\sigma_z = \frac{3P}{2\pi}\frac{z^3}{R^5} = \frac{3P}{2\pi z^2}\frac{1}{\left[1+\left(\frac{r}{z}\right)^2\right]^{5/2}} = K\frac{P}{z^2} \tag{3-17}$$

式中 $K$——竖直集中力作用下的竖向附加应力系数。

$K$ 是 $\frac{r}{z}$ 的函数，可查图 3-12 中的曲线：

$$K = \frac{3}{2\pi}\frac{1}{\left[1+\left(\frac{r}{z}\right)^2\right]^{5/2}} \tag{3-18}$$

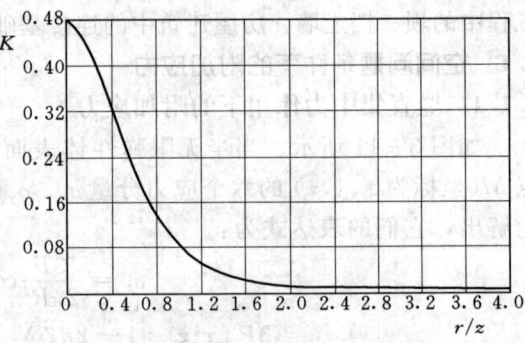

图 3-12 $K - \frac{r}{z}$ 关系曲线

从式 (3-17) 可知，在集中力作用线上，竖向附加应力 $\sigma_z$ 随着深度 $z$ 的增加而递减；而离集中力作用线某一距离 $r$ 时，在地表处的附加应力 $\sigma_z=0$，随着深度 $z$ 的增加，$\sigma_z$ 逐渐递增，但到一定深度以后，$\sigma_z$ 又随深度 $z$ 的增加而减小，如图 3-13（a）所示；当 $z$ 一定时，即在同一水平面上，附加应力 $\sigma_z$ 将随着 $r$ 的增加而减小，并且当 $r$ 达到一定值时，其 $\sigma_z$ 均趋于零，如图 3-13（b）所示。若将荷载作用点与各水平面上 $\sigma_z$ 等于零的点连接起来，如图中虚线所示，该线即称为应力扩散线，它与竖直线的夹角 $\theta$ 称为应力扩散角。从图 3-13 中可知，在两扩散线范围内，才受到荷载的影响；反之，则不受荷载的影响。

如果地面上有几个集中力作用时，如图 3-14 所示，则地基中任意点 $M$ 处的附加应力 $\sigma_z$，可以利用式（3-17）分别求出各集中力对该点所引起的附加应力，然后进行叠加：

$$\sigma_z = K_1 \frac{P_1}{z^2} + K_2 \frac{P_2}{z^2} + \cdots + K_n \frac{P_n}{z^2} \tag{3-19}$$

式中　$K_1, K_2, \cdots, K_n$——集中力 $P_1, P_2, \cdots, P_n$ 作用下的竖向附加应力系数。

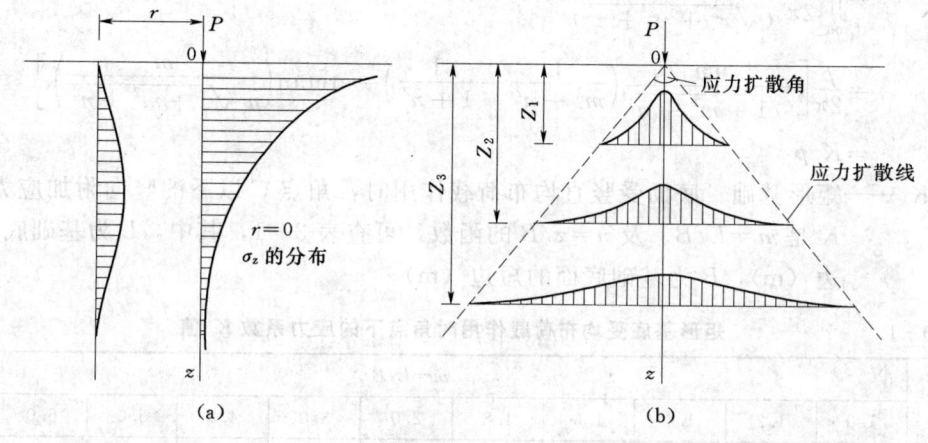

图 3-13　竖向附加应力的分布规律
(a) 沿深度；(b) 沿水平面

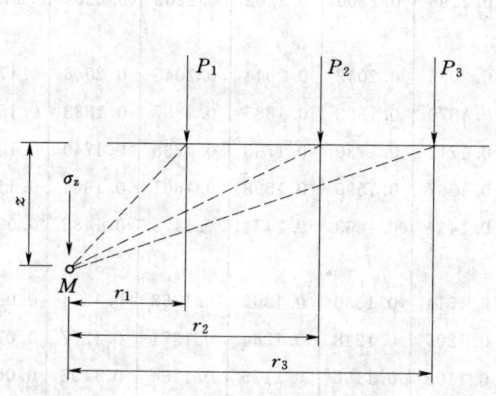

图 3-14　几个集中力作用时的附加应力计算

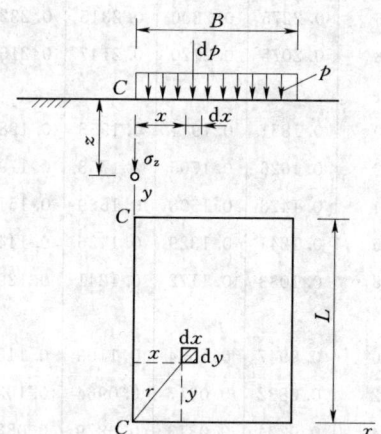

图 3-15　矩形基底受竖直均布荷载作用的情况

### 4.1.2　矩形基底受竖直均布荷载作用时，角点下的附加应力

矩形基础，当底面受到竖直均布荷载（此处即指均布基底压力，下同）作用时，基础角点下任意深度处的竖向附加应力，可以利用基本式（3-15）沿着整个矩形面积进行积分求得。如图 3-15 所示。若设基础底面上作用着强度为 $p$ 的竖直均布荷载，则在微小面积 $\mathrm{d}x\mathrm{d}y$ 上作用着微小的集中力为 $\mathrm{d}P = p\mathrm{d}x\mathrm{d}y$。于是，由该微小集中力在基础角点 $C$ 以

下深度为 $z$ 处所引起的竖向附加应力由式（3-15）可表示为：

$$d\sigma_z = \frac{3p}{2\pi} \frac{z^3 dxdy}{R^5} \tag{3-20}$$

将 $R = \sqrt{x^2+y^2+z^2}$ 代入式（3-19）并沿着整个基底面积积分，即可得到矩形基底竖直均布荷载对角点 $C$ 以下深度为 $z$ 处所引起的附加应力为：

$$\begin{aligned}\sigma_z &= \iint_0^{BL} \frac{3p}{2\pi} \frac{z^3 dxdy}{(\sqrt{x^2+y^2+z^2})^5} \\ &= \frac{p}{2\pi}\left[\frac{mn}{\sqrt{1+m^2+n^2}}\left(\frac{1}{m^2+n^2}+\frac{1}{1+n^2}\right)+\arctan\left(\frac{m}{n\sqrt{1+m^2+n^2}}\right)\right] \\ &= K_s p \end{aligned} \tag{3-21}$$

式中 $K_s$——矩形基础、底面受竖直均布荷载作用时，角点 $C$ 以下的竖向附加应力系数，$K$ 是 $m=L/B$、及 $n=z/B$ 的函数，可查表 3-1，其中，$L$ 为基础底面的长边（m），$B$ 为基础底面的短边（m）。

表 3-1　　　　矩形基底受均布荷载作用时角点下的应力系数 $K_s$ 值

| $n=z/B$ | $m=L/B$ | | | | | | | | | | |
|---|---|---|---|---|---|---|---|---|---|---|---|
| | 1.0 | 1.2 | 1.4 | 1.6 | 1.8 | 2.0 | 3.0 | 4.0 | 5.0 | 6.0 | 10.0 |
| 0.0 | 0.2500 | 0.2500 | 0.2500 | 0.2500 | 0.2500 | 0.2500 | 0.2500 | 0.2500 | 0.2500 | 0.2500 | 0.2500 |
| 0.2 | 0.2489 | 0.2490 | 0.2491 | 0.2491 | 0.2491 | 0.2492 | 0.2492 | 0.2492 | 0.2492 | 0.2492 | 0.2486 |
| 0.4 | 0.2420 | 0.2429 | 0.2434 | 0.2437 | 0.2439 | 0.2442 | 0.2443 | 0.2443 | 0.2443 | 0.2443 | 0.2401 |
| 0.6 | 0.2275 | 0.2300 | 0.2315 | 0.2324 | 0.2329 | 0.02339 | 0.2341 | 0.2342 | 0.2342 | 0.2342 | 0.2229 |
| 0.8 | 0.2075 | 0.2120 | 0.2147 | 0.2165 | 0.2176 | 0.2196 | 0.2200 | 0.2202 | 0.2202 | 0.2202 | 0.19999 |
| 1.0 | 0.1851 | 0.1911 | 0.1955 | 0.1981 | 0.1999 | 0.2034 | 0.2042 | 0.2044 | 0.2045 | 0.2046 | 0.1752 |
| 1.2 | 0.1626 | 0.1705 | 0.1758 | 0.1793 | 0.1818 | 0.1870 | 0.1882 | 0.1885 | 0.1887 | 0.1888 | 0.1516 |
| 1.4 | 0.1423 | 0.1508 | 0.1569 | 0.1613 | 0.1644 | 0.1712 | 0.1730 | 0.1735 | 0.1738 | 0.1740 | 0.1308 |
| 1.6 | 0.1241 | 0.1329 | 0.1436 | 0.1445 | 0.1482 | 0.1567 | 0.1590 | 0.1598 | 0.1601 | 0.1604 | 0.1123 |
| 1.8 | 0.1083 | 0.1172 | 0.1241 | 0.1294 | 0.1334 | 0.1434 | 0.1463 | 0.1474 | 0.1478 | 0.1482 | 0.0969 |
| 2.0 | 0.0947 | 0.1034 | 0.1103 | 0.1158 | 0.1202 | 0.1314 | 0.1330 | 0.1363 | 0.1368 | 0.1374 | 0.0840 |
| 2.2 | 0.0832 | 0.0917 | 0.0964 | 0.1039 | 0.1084 | 0.1205 | 0.1248 | 0.1264 | 0.1271 | 0.1277 | 0.0732 |
| 2.4 | 0.0734 | 0.0813 | 0.0879 | 0.0834 | 0.0979 | 0.1108 | 0.1156 | 0.1175 | 0.1184 | 0.1192 | 0.0642 |
| 2.6 | 0.0651 | 0.0725 | 0.0788 | 0.0842 | 0.0887 | 0.1020 | 0.1073 | 0.1085 | 0.1106 | 0.1116 | 0.0566 |
| 2.8 | 0.0580 | 0.0649 | 0.0709 | 0.0761 | 0.0805 | 0.0942 | 0.0999 | 0.1024 | 0.1036 | 0.1048 | 0.0502 |
| 3.0 | 0.0519 | 0.0583 | 0.0640 | 0.0690 | 0.0732 | 0.0870 | 0.0931 | 0.0959 | 0.0973 | 0.0987 | 0.0447 |
| 3.2 | 0.0467 | 0.0526 | 0.0580 | 0.0627 | 0.0668 | 0.0806 | 0.0870 | 0.0900 | 0.0916 | 0.0933 | 0.0401 |
| 3.4 | 0.0421 | 0.0477 | 0.0527 | 0.0571 | 0.0611 | 0.0747 | 0.0814 | 0.0847 | 0.0864 | 0.0882 | 0.0361 |
| 3.6 | 0.0382 | 0.0433 | 0.0480 | 0.0523 | 0.0561 | 0.0694 | 0.0763 | 0.0799 | 0.0816 | 0.0837 | 0.0326 |
| 3.8 | 0.0348 | 0.0395 | 0.0439 | 0.0479 | 0.0516 | 0.0646 | 0.0717 | 0.0753 | 0.0773 | 0.0796 | 0.0296 |

续表

| $n=z/B$ | $m=L/B$ | | | | | | | | | | |
|---|---|---|---|---|---|---|---|---|---|---|---|
| | 1.0 | 1.2 | 1.4 | 1.6 | 1.8 | 2.0 | 3.0 | 4.0 | 5.0 | 6.0 | 10.0 |
| 4.0 | 0.0318 | 0.0362 | 0.0403 | 0.0441 | 0.0474 | 0.0603 | 0.0674 | 0.0712 | 0.0733 | 0.0758 | 0.0270 |
| 4.2 | 0.0291 | 0.0333 | 0.0371 | 0.0407 | 0.0439 | 0.0563 | 0.0634 | 0.0674 | 0.0696 | 0.0724 | 0.0247 |
| 4.4 | 0.0268 | 0.0306 | 0.0343 | 0.0376 | 0.0407 | 0.0527 | 0.0597 | 0.0639 | 0.0662 | 0.0692 | 0.0277 |
| 4.6 | 0.0247 | 0.0283 | 0.0317 | 0.0348 | 0.0378 | 0.0493 | 0.0564 | 0.0606 | 0.0630 | 0.0663 | 0.0209 |
| 4.8 | 0.0229 | 0.0262 | 0.0294 | 0.0324 | 0.0352 | 0.0463 | 0.0533 | 0.0576 | 0.0601 | 0.0635 | 0.0193 |
| 5.0 | 0.0212 | 0.0243 | 0.0274 | 0.0302 | 0.0328 | 0.0435 | 0.0504 | 0.0547 | 0.0573 | 0.0610 | 0.0179 |
| 6.0 | 0.0151 | 0.0174 | 0.0196 | 0.0218 | 0.0238 | 0.0325 | 0.0388 | 0.0431 | 0.0460 | 0.0506 | 0.0127 |
| 7.0 | 0.0112 | 0.0130 | 0.0147 | 0.0164 | 0.0180 | 0.0251 | 0.0306 | 0.0346 | 0.0376 | 0.0428 | 0.0094 |
| 8.0 | 0.0087 | 0.0101 | 0.0114 | 0.0127 | 0.0140 | 0.0198 | 0.0246 | 0.0283 | 0.0311 | 0.0367 | 0.0073 |
| 9.0 | 0.0069 | 0.0080 | 0.0091 | 0.0102 | 0.0112 | 0.0161 | 0.0202 | 0.0235 | 0.0262 | 0.0319 | 0.0058 |
| 10.0 | 0.0067 | 0.0056 | 0.0074 | 0.0083 | 0.0092 | 0.0132 | 0.0167 | 0.0198 | 0.0222 | 0.0280 | 0.0056 |

对于在基底范围以内或以外任意点下的竖向附加应力，可利用式（3-21）并按叠加原理进行计算，这种方法称之为"角点法"。如图 3-16（a）所示，设矩形基底 $abcd$ 上作用着竖直均布荷载 $p$，今要求在基底内 $M$ 点以下任意深度 $z$ 处的附加应力 $\sigma_z$。为此，过 $M$ 点分别作平行于基底边缘的两根辅助线 $ef$ 和 $gh$，于是，$M$ 点就成为Ⅰ、Ⅱ、Ⅲ、Ⅳ四个新矩形基底的公共角点，则 $M$ 点以下任意深度 $z$ 处的附加应力为上述四个基底对 $M$ 点所产生的附加应力之和：

$$\sigma_{zM} = \sigma_{zⅠ} + \sigma_{zⅡ} + \sigma_{zⅢ} + \sigma_{zⅣ} \tag{3-22}$$

若 $M$ 点在基底范围之外，如图 3-16（b）所示，那么先将原有的基底扩大，使 $M$ 点落在虚拟基底的角点上，如图 3-16（b）中的虚线所示，再根据叠加原理求出 $M$ 点以下任意深度 $z$ 处的附加应力为：

$$\sigma_{zM} = \sigma_{zMhbe} - \sigma_{zMhcf} - \sigma_{zMgae} + \sigma_{zMgdf} \tag{3-23}$$

应该指出，对于矩形基底竖直均布荷载作用，在应用"角点法"时，$L$ 始终是基底长边的长度，$B$ 为短边的长度。

**【例题 3-2】** 如图 3-17 所示，设矩形基础的面积为 2m×6m，基底上作用着竖直均布荷载 $p=300\text{kPa}$，试求基底上 $A$、$E$、$C$、$D$ 和中心 $O$ 点等各点以下深度 $z=2\text{m}$ 处的竖向附加应力。

**解** （1）为了求 $A$ 点以下的附加应力，通过 $A$ 点将基底划分为两块面积相等的矩形面积（2m×3m），这样 $A$ 点就落在边长 $L_1=3\text{m}$、宽度 $B=2\text{m}$ 的两个矩形面积的角点上。根据 $L_1/B=3/2=1.5$ 和 $z/B=2/2=1$，查表 3-1 得 $K_s=0.193$，所以 $A$ 点以下 2m 深度处的附加应力为：

$$\sigma_{zA} = 2K_s p = 2 \times 0.193 \times 300 = 116(\text{kPa})$$

（2）为了求 $E$ 点以下的附加应力，通过 $E$ 点将基底划分为 1m×6m 的两块矩形面积，使 $E$ 点落在边长 $L=6\text{m}$、宽度 $B_1=1\text{m}$ 的两个矩形面积的角点上。由 $L/B_1=6/1=6$ 和 $z/B_1=2/1=2$，查表 3-1 得 $K_s=0.137$，所以 $E$ 点以下的附加应力为：

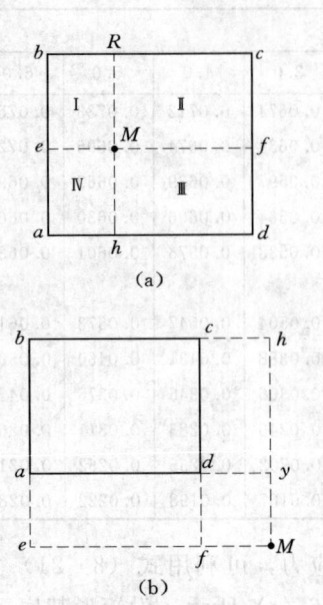

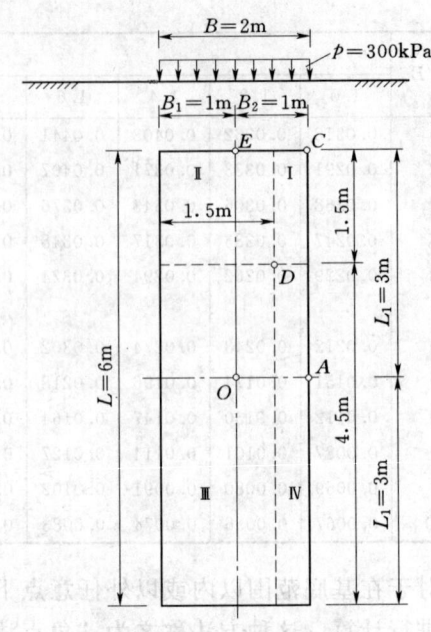

图 3-16 计算点在基底范围内外时的情况

图 3-17 例题 3-2 附图

$$\sigma_{zE} = 2K_s p = 2 \times 0.137 \times 300 = 82.2 \text{(kPa)}$$

(3) $C$ 点正好落在边长 $L=6\text{m}$，宽度 $B=2\text{m}$ 的矩形面积的角点上，由 $L/B=6/2=3$、$z/B=2/2=1$，查表 3-1 得 $K_s=0.203$，则 $C$ 点以下的附加应力为：

$$\sigma_{zC} = K_s p = 0.203 \times 300 = 61 \text{(kPa)}$$

(4) 为了求 $D$ 点的附加应力，可通过 $D$ 点分别作平行于基底长短边的两根辅助线，将基底分割为 Ⅰ、Ⅱ、Ⅲ、Ⅳ 四块矩形面积，使 $D$ 点落在这四块矩形面积的角点上，利用表 3-1 查得，对于面积 Ⅰ，$m=\dfrac{1.5}{0.5}=3$，$n=\dfrac{2}{0.5}=4$，$K_s=0.06$；对于面积 Ⅱ，$m=\dfrac{1.5}{1.5}=1.0$，$n=\dfrac{2}{1.5}=1.33$，$K_s=0.138$；对于面积 Ⅲ，$m=\dfrac{4.5}{0.5}=9$，$n=\dfrac{2}{1.5}=1.33$，$K_s=0.177$；对于面积 Ⅳ，$m=\dfrac{4.5}{0.5}=9$，$n=\dfrac{2}{0.5}=4$，$K_s=0.076$；因此，$D$ 点以下的附加应力：

$$\sigma_{zD} = \sum K_s p = (0.06 + 0.138 + 0.177 + 0.076) \times 300 = 135.3 \text{(kPa)}$$

(5) 为了求中心点 $O$ 以下的附加应力，同样可通过 $O$ 点作平行于基底长短边的两根辅助线，将基底分成四块相等的矩形面积，对于每一块面积来说，由 $L_1/B_1=3/1=3$ 和 $z/B_1=2/1=2$，查表 3-1 得 $K_s=0.131$。所以点 $O$ 以下的附加应力为：

$$\sigma_{zO} = 4K_s p = 4 \times 0.131 \times 300 = 157.2 \text{(kPa)}$$

【例题 3-3】 有甲乙两个方形基础，分别放在土层情况相同的地面上，如图 3-18 所示。其中甲基础的面积为 4m×4m，乙基础的面积为 1m×1m，基底的荷载相同，均作用着 300kPa 的竖直均布压力，试求两基底中心点 $O$ 以下深度为 1m、2m、3m 处的竖向附加应力并绘出分布图。

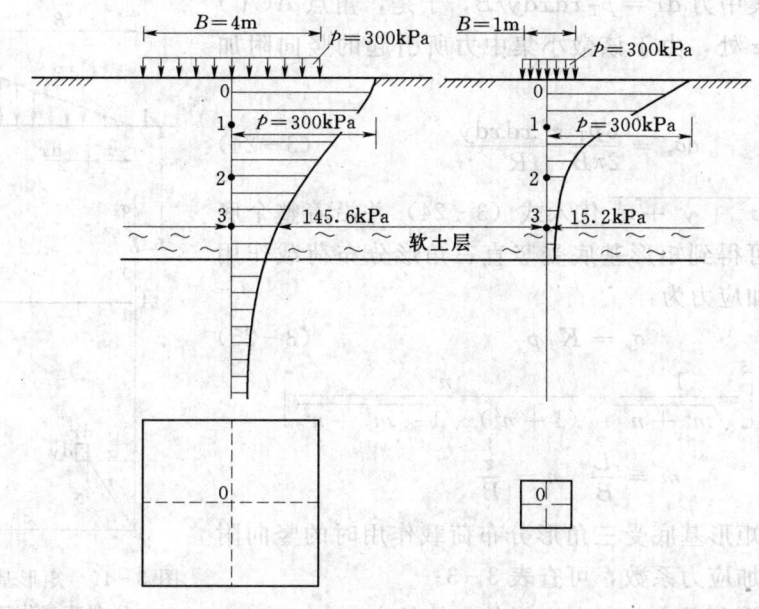

图 3-18 例题 3-3 附图

**解** 通过基底中心点 $O$ 分别作平行于基底两边的辅助线（如图 3-18 中的虚线所示），于是将甲基础的底面划分为四个 $2m \times 2m$ 的方形面积，将乙基础的底面划分为四个 $0.5m \times 0.5m$ 的方形面积。因为中心点 $O$ 均落在四个方形面积角点上，利用"角点法"求得 $O$ 点以下各深度上的竖向附加应力计算成果如表 3-2 所示。

表 3-2　　　　　　　　　　基础中心点下竖向附加应力计算成果表

| 基底以下的深度 | $4m \times 4m$ 的基础 | | | | $1m \times 1m$ 的基础 | | | |
|---|---|---|---|---|---|---|---|---|
| $z$ (m) | $n=\dfrac{z}{B}$ | $m=\dfrac{L}{B}$ | $K_s$ | $\sigma_{zD}$ (kPa) | $n=\dfrac{z}{B}$ | $m=\dfrac{L}{B}$ | $K_s$ | $\sigma_{zO}$ (kPa) |
| 1.0 | 0.5 | 1.0 | 0.2315 | 277.8 | 2.0 | 1.0 | 0.0840 | 100.8 |
| 2.0 | 1.0 | 1.0 | 0.1752 | 210.2 | 4.0 | 1.0 | 0.0270 | 32.4 |
| 3.0 | 1.5 | 1.0 | 0.1213 | 145.6 | 6.0 | 1.0 | 0.0127 | 15.2 |

注　$\sigma_z = 4K_s p$；$p = 300$ kPa。

从计算结果可以看出，在强度相同的均布压力作用下，基础底面积愈大，附加应力传递得愈深，或者说在同一深度处所产生的附加应力愈大。如图 3-18 所示。若离地面 3m 处有一高压缩性的软土层，对于乙基础来说，在软土层顶面仅产生 15.2kPa 的附加应力，而对于甲基础，却在软土层顶面产生 145.6kPa 的附加应力。显然，后者将使软土层产生很大的变形，从而导致基础巨大的沉降。

### 4.1.3　矩形基底受竖直三角形分布荷载作用时角点下的竖向附加应力

矩形基底受三角形分布荷载（即指三角形分布压力，下同）作用时，在荷载强度为零的角点下的竖向附加应力，同样可以利用基本公式（3-15）沿着整个面积积分来求得。如图 3-19 所示，若矩形基底上三角形荷载的最大压强为 $p_T$，则在微小面积 $dxdy$ 上作用着一个微小的集中力 $dP=p_T x dx dy/B$，于是，角点 $A(A')$ 以下任意深度 $z$ 处，由于该微小集中力所引起的竖向附加应力为：

$$d\sigma_z = \frac{3p_T}{2\pi B} \frac{z^3 x dx dy}{R^5} \qquad (3-24)$$

将 $R = \sqrt{x^2+y^2+z^2}$ 代入式（3-24）并沿着整个底面积积分，即可得到矩形基底受竖直三角形分布荷载作用时角点下的附加应力为：

$$\sigma_z = K_T p_T \qquad (3-25)$$

$$K_T = \frac{mn}{2\pi}\left[\frac{1}{\sqrt{m^2+n^2}} - \frac{n^2}{(1+n^2)\sqrt{1+m^2+n^2}}\right]$$

$$m = \frac{L}{B} \quad n = \frac{z}{B}$$

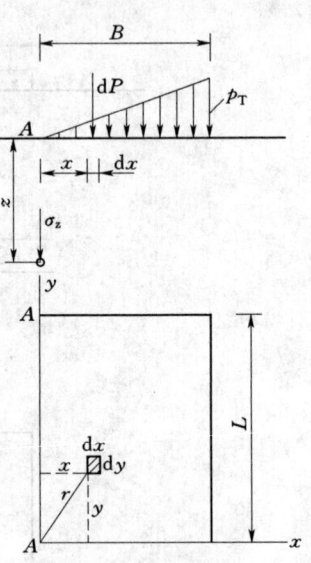

图 3-19 矩形基底受三角形分布荷载作用的情况

式中 $K_T$——矩形基底受三角形分布荷载作用时的竖向附加应力系数，可查表 3-3；

$B$——沿荷载变化方向矩形基底的长度（m）；

$L$——矩形基底另一边的长度（m）。

对于在基底范围内（或外）任意点下的竖向附加应力，仍然可以利用"角点法"和叠加原理来进行计算。但是必须注意两点：其一，使计算点应落在三角形分布荷载强度为零的一端上；其二，$B$ 始终指沿荷载变化方向矩形基底的长度。

表 3-3   矩形基底受三角形荷载作用时角点下的应力系数 $K_T$ 值

| $n=z/B$ | $m=L/B$ | | | | | | | | | | | | | |
|---|---|---|---|---|---|---|---|---|---|---|---|---|---|---|
| | 0.2 | 0.4 | 0.6 | 0.8 | 1.0 | 1.2 | 1.4 | 1.6 | 1.8 | 2.0 | 3.0 | 4.0 | 6.0 | 8.0 | 10.0 |
| 0.0 | 0.0000 | 0.0000 | 0.0000 | 0.0000 | 0.0000 | 0.0000 | 0.0000 | 0.0000 | 0.0000 | 0.0000 | 0.0000 | 0.0000 | 0.0000 | 0.0000 |
| 0.2 | 0.0280 | 0.0296 | 0.0301 | 0.0304 | 0.0305 | 0.0305 | 0.0306 | 0.0306 | 0.0306 | 0.0306 | 0.0306 | 0.0306 | 0.0306 | 0.0223 |
| 0.4 | 0.0420 | 0.0487 | 0.0517 | 0.0531 | 0.0539 | 0.0543 | 0.0545 | 0.0546 | 0.0547 | 0.0548 | 0.0549 | 0.0549 | 0.0549 | 0.0269 |
| 0.6 | 0.0448 | 0.0560 | 0.0621 | 0.0654 | 0.0673 | 0.0684 | 0.0690 | 0.0694 | 0.0696 | 0.0701 | 0.0702 | 0.0702 | 0.0702 | 0.0259 |
| 0.8 | 0.0421 | 0.0553 | 0.0637 | 0.0688 | 0.0720 | 0.0739 | 0.0751 | 0.0759 | 0.0764 | 0.0773 | 0.0776 | 0.0776 | 0.0776 | 0.0232 |
| 1.0 | 0.0375 | 0.0508 | 0.0602 | 0.0666 | 0.0708 | 0.0735 | 0.0753 | 0.0766 | 0.0774 | 0.0790 | 0.0794 | 0.0795 | 0.0796 | 0.0796 | 0.0201 |
| 1.2 | 0.0324 | 0.0450 | 0.0546 | 0.0615 | 0.0664 | 0.0698 | 0.0721 | 0.0738 | 0.0749 | 0.0714 | 0.0779 | 0.0782 | 0.0783 | 0.0783 | 0.0171 |
| 1.4 | 0.0278 | 0.0392 | 0.0483 | 0.0554 | 0.0606 | 0.0644 | 0.0672 | 0.0892 | 0.0707 | 0.0739 | 0.0748 | 0.0752 | 0.0752 | 0.0753 | 0.0145 |
| 1.6 | 0.0238 | 0.0339 | 0.0424 | 0.0492 | 0.0545 | 0.0586 | 0.0616 | 0.0639 | 0.0856 | 0.0667 | 0.0708 | 0.0714 | 0.0715 | 0.0715 | 0.0123 |
| 1.8 | 0.0204 | 0.0294 | 0.0371 | 0.0435 | 0.0487 | 0.0528 | 0.0560 | 0.0586 | 0.0606 | 0.0652 | 0.0666 | 0.0673 | 0.0675 | 0.0675 | 0.0105 |
| 2.0 | 0.0176 | 0.0255 | 0.0324 | 0.0348 | 0.0434 | 0.0474 | 0.0507 | 0.0533 | 0.0533 | 0.0607 | 0.0624 | 0.0634 | 0.0636 | 0.0636 | 0.0090 |
| 2.5 | 0.0125 | 0.0183 | 0.0236 | 0.0284 | 0.0326 | 0.0362 | 0.0393 | 0.0419 | 0.0440 | 0.0504 | 0.0529 | 0.0543 | 0.0547 | 0.0548 | 0.0063 |
| 3.0 | 0.0092 | 0.0135 | 0.0176 | 0.0214 | 0.0249 | 0.0280 | 0.0307 | 0.0331 | 0.0352 | 0.0419 | 0.0449 | 0.0469 | 0.0474 | 0.0476 | 0.0046 |
| 5.0 | 0.0036 | 0.0054 | 0.0071 | 0.0088 | 0.0104 | 0.0120 | 0.0135 | 0.0148 | 0.0161 | 0.0214 | 0.0248 | 0.0283 | 0.0296 | 0.0301 | 0.0018 |
| 7.0 | 0.0019 | 0.0028 | 0.0038 | 0.0047 | 0.0056 | 0.0064 | 0.0073 | 0.0081 | 0.0089 | 0.0124 | 0.01252 | 0.0186 | 0.0204 | 0.0212 | 0.0009 |
| 10.0 | 0.0009 | 0.0014 | 0.0019 | 0.0023 | 0.0028 | 0.0033 | 0.0037 | 0.0041 | 0.0046 | 0.0066 | 0.0084 | 0.0111 | 0.0129 | 0.0139 | 0.00005 |

### 4.1.4 矩形基底受水平均布荷载作用时角点下的竖向附加应力

如图 3-20 所示，当矩形基底受到水平均布荷载 $p_h$ 作用时，角点下任意深度 $z$ 处的竖向附加应力为：

$$\sigma_z = \pm K_h p_h \qquad (3-26)$$

$$K_h = \frac{m}{2\pi}\left[\frac{1}{\sqrt{m^2+n^2}} - \frac{n^2}{(1+n^2)\sqrt{1+m^2+n^2}}\right]$$

上二式　$K_h$——矩形基底受水平均布荷载作用时竖向附加应力系数，可根据 $m=L/B$ 及 $n=z/B$ 查表 3-4；

　　　　$B$——平行于水平荷载作用方向的矩形基底的长度（m）；

　　　　$L$——矩形基底另一边的长度（m）。

表 3-4　　　　矩形基底水平均布荷载作用时角点下的应力系数 $K_h$ 值

| $n=z/B$ | $m=L/B$ | | | | | | | | | | | | | | |
|---|---|---|---|---|---|---|---|---|---|---|---|---|---|---|---|
| | 0.2 | 0.4 | 0.6 | 0.8 | 1.0 | 1.2 | 1.4 | 1.6 | 1.8 | 2.0 | 3.0 | 4.0 | 6.0 | 8.0 | 10.0 |
| 0.0 | 0.1592 | 0.1592 | 0.1592 | 0.1592 | 0.1592 | 0.1592 | 0.1592 | 0.1592 | 0.1592 | 0.1592 | 0.1592 | 0.1592 | 0.1592 | 0.1592 | 0.1592 |
| 0.2 | 0.1114 | 0.1401 | 0.1479 | 0.1506 | 0.1518 | 0.1523 | 0.1526 | 0.1528 | 0.1529 | 0.1530 | 0.1530 | 0.1530 | 0.1530 | 0.1530 | 0.1530 |
| 0.4 | 0.0672 | 0.1049 | 0.1217 | 0.1293 | 0.1328 | 0.1347 | 0.1356 | 0.1362 | 0.1365 | 0.1367 | 0.1371 | 0.1372 | 0.1372 | 0.1372 | 0.1372 |
| 0.6 | 0.0432 | 0.0746 | 0.0933 | 0.1035 | 0.1091 | 0.1121 | 0.1139 | 0.1150 | 0.1156 | 0.1160 | 0.1168 | 0.1169 | 0.1170 | 0.1170 | 0.1170 |
| 0.8 | 0.0290 | 0.0527 | 0.0691 | 0.0796 | 0.0861 | 0.0900 | 0.0924 | 0.0939 | 0.0948 | 0.0955 | 0.0967 | 0.0969 | 0.0970 | 0.0970 | 0.0970 |
| 1.0 | 0.0201 | 0.0375 | 0.0508 | 0.0602 | 0.0666 | 0.0708 | 0.0735 | 0.0753 | 0.0766 | 0.0774 | 0.0790 | 0.0794 | 0.0795 | 0.0796 | 0.0796 |
| 1.2 | 0.0142 | 0.0270 | 0.0375 | 0.0455 | 0.0512 | 0.0553 | 0.0582 | 0.0601 | 0.0615 | 0.0624 | 0.0645 | 0.0650 | 0.0652 | 0.0652 | 0.0652 |
| 1.4 | 0.0103 | 0.0199 | 0.0280 | 0.0345 | 0.0395 | 0.0433 | 0.0460 | 0.0480 | 0.0494 | 0.0505 | 0.0528 | 0.0534 | 0.0537 | 0.0537 | 0.0538 |
| 1.6 | 0.0077 | 0.0149 | 0.0212 | 0.0265 | 0.0308 | 0.0341 | 0.0366 | 0.0385 | 0.0400 | 0.0410 | 0.0436 | 0.0443 | 0.0446 | 0.0447 | 0.0447 |
| 1.8 | 0.0058 | 0.0133 | 0.0163 | 0.0206 | 0.0242 | 0.0270 | 0.0293 | 0.0311 | 0.0325 | 0.0336 | 0.0362 | 0.0370 | 0.0374 | 0.0375 | 0.0375 |
| 2.0 | 0.0045 | 0.0088 | 0.0127 | 0.0162 | 0.0192 | 0.0217 | 0.0237 | 0.0253 | 0.0266 | 0.0277 | 0.0303 | 0.0312 | 0.0317 | 0.0318 | 0.0318 |
| 2.5 | 0.0025 | 0.0060 | 0.0073 | 0.0094 | 0.0113 | 0.0130 | 0.0145 | 0.0157 | 0.0167 | 0.0176 | 0.0202 | 0.0211 | 0.0217 | 0.0219 | 0.0219 |
| 3.0 | 0.0015 | 0.0031 | 0.0045 | 0.0059 | 0.0071 | 0.0083 | 0.0093 | 0.0102 | 0.0110 | 0.0117 | 0.0140 | 0.0150 | 0.0056 | 0.0158 | 0.0159 |
| 5.0 | 0.0004 | 0.0007 | 0.0011 | 0.0014 | 0.0018 | 0.0021 | 0.0024 | 0.0027 | 0.0030 | 0.0032 | 0.0043 | 0.0050 | 0.0057 | 0.0059 | 0.0060 |
| 7.0 | 0.0001 | 0.0003 | 0.0004 | 0.0005 | 0.0007 | 0.0008 | 0.0009 | 0.0010 | 0.0011 | 0.0013 | 0.0018 | 0.0022 | 0.0027 | 0.0029 | 0.0030 |
| 10.0 | 0.0005 | 0.0001 | 0.0001 | 0.0002 | 0.0002 | 0.0003 | 0.0003 | 0.0004 | 0.0004 | 0.0005 | 0.0007 | 0.0008 | 0.0011 | 0.0013 | 0.0014 |

式 (3-26) 中当计算在水平均布荷载作用方向的终止端以下时取"+"号；当计算点在水平均布荷载作用的起始端以下时取"-"号。

### 4.2 平面问题条件下的附加应力

理论上，当基础的长度 $L$ 与宽度 $B$ 之比，即 $L/B=\infty$ 时，地基内部的应力状态属于平面问题。但在工程实践中，实际上并不存在无限长的基础，然而根据研究，当 $L/B \geqslant 10$ 时，其结果与 $L/B=\infty$ 时的情况相差不多，这种误差在工程上是允许的。因此，水利工程的土坝、土堤、水闸、挡土墙、码头、船闸、船坞及房屋建筑中的连续基础等，当它们的 $L/B \geqslant 10$ 时，均可按平面问题计算（在实际应用上，有时当 $L/B \geqslant 5$ 时也可按平面问题计算，其精确度也是足够的）。

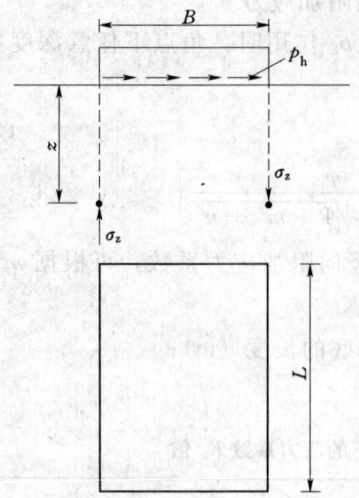 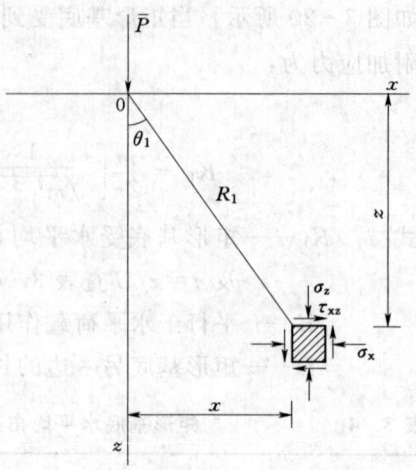

图 3-20　矩形基底受水平均布荷载的情况　　图 3-21　线荷载作用下的应力状态

### 4.2.1　竖直线荷载作用下的附加应力

沿无限长的直线上作用着竖直均布荷载称为竖直线荷载，如图 3-21 所示。当地面上作用着竖直线荷载时，地基内部任一深度 $z$ 处的附加应力可按符拉蒙（Flamant）解答计算：

$$\sigma_z = \frac{2\overline{P}}{\pi R_1}\cos^3\theta_1 = \frac{2\overline{P}z^3}{\pi(x^2+z^2)^2} \tag{3-27}$$

式中　$\overline{P}$——单位长度上的线荷载（kN/m）；
　　　$R_1$——计算点至坐标原点的径向距离（m）；
　　　$\theta_1$——$R_1$ 与 $z$ 轴的夹角（°）；
　　　$x$、$z$——计算点的坐标（m）。

### 4.2.2　条形基底受竖直均布荷载作用时的附加应力

如图 3-22 所示，当基底上作用着强度为 $p$ 的竖直均布荷载时，首先利用式（3-27）求出微小宽度 $d\xi$ 上作用着的线荷载 $d\overline{P} = pd\xi$ 在任意点 $M$ 所引起的附加应力：

$$d\sigma_z = \frac{2p}{\pi}\frac{z^3 d\xi}{[(x-\xi)^2+z^2]^2} \tag{3-28}$$

再将式（3-28）沿基础宽度 $B$ 积分，即可得到条形基底受均布荷载作用时的竖向附加应力为：

$$\sigma_z = \int_0^B \frac{2p}{\pi}\frac{z^3 d\xi}{[(x-\xi)^2+z^2]^2}$$

$$= \frac{p}{\pi}\left[\arctan\left(\frac{m}{n}\right) - \arctan\frac{m-1}{n} + \frac{m-n}{n^2+m^2} - \frac{n(m-1)}{n^2+(m-1)^2}\right]$$

$$= K_z^s p \tag{3-29}$$

式（3-29）中的 $K_z^s$ 为条形基底受竖直均布荷载作用时的附加应力系数，可由 $m$、$n$ 值查表 3-5 得到，其中 $m=x/B$，$n=z/B$，$x$ 和 $z$ 为计算点的坐标，如图 3-22 所示。

表 3-5　　　　　　　条形基底受竖直均布荷载作用时的应力系数 $K_z'$ 值

| $n=z/B$ | $m=x/B$ | | | | | | | | | |
|---|---|---|---|---|---|---|---|---|---|---|
| | -1.0 | -0.5 | -0.25 | 0 | 0.25 | 0.5 | 0.75 | 1.0 | 1.25 | 1.5 |
| 0.01 | 0.000 | 0.000 | 0.000 | 0.500 | 0.999 | 0.999 | 0.999 | 0.500 | 0.000 | 0.000 |
| 0.1 | 0.000 | 0.002 | 0.011 | 0.499 | 0.988 | 0.997 | 0.988 | 0.499 | 0.011 | 0.002 |
| 0.2 | 0.001 | 0.011 | 0.058 | 0.498 | 0.936 | 0.978 | 0.973 | 0.498 | 0.058 | 0.011 |
| 0.4 | 0.010 | 0.056 | 0.174 | 0.489 | 0.797 | 0.881 | 0.797 | 0.489 | 0.174 | 0.056 |
| 0.5 | 0.018 | 0.084 | 0.213 | 0.479 | 0.734 | 0.818 | 0.734 | 0.479 | 0.213 | 0.084 |
| 0.6 | 0.026 | 0.111 | 0.243 | 0.468 | 0.679 | 0.756 | 0.679 | 0.468 | 0.243 | 0.111 |
| 0.8 | 0.048 | 0.155 | 0.276 | 0.440 | 0.586 | 0.642 | 0.586 | 0.440 | 0.276 | 0.155 |
| 1.0 | 0.070 | 0.186 | 0.288 | 0.409 | 0.511 | 0.549 | 0.511 | 0.409 | 0.288 | 0.186 |
| 1.2 | 0.091 | 0.202 | 0.287 | 0.375 | 0.450 | 0.478 | 0.450 | 0.375 | 0.287 | 0.202 |
| 1.4 | 0.108 | 0.210 | 0.279 | 0.348 | 0.401 | 0.420 | 0.401 | 0.348 | 0.279 | 0.210 |
| 2.0 | 0.134 | 0.205 | 0.242 | 0.275 | 0.298 | 0.306 | 0.298 | 0.275 | 0.242 | 0.205 |

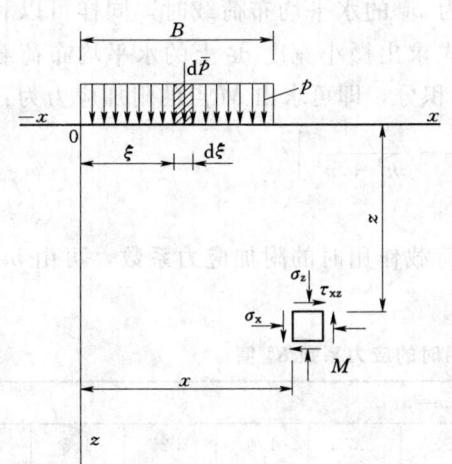
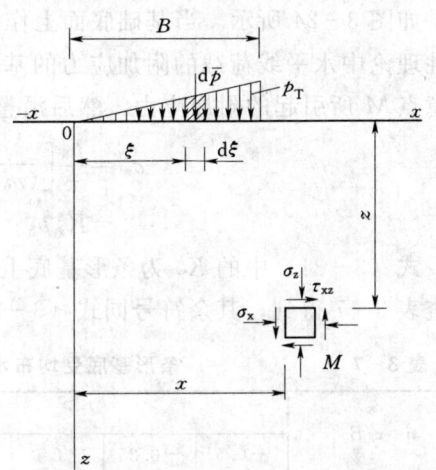

图 3-22　条形基础底面受均布荷载作用情况　　图 3-23　条形基础底面受三角形分布荷载情况

### 4.2.3　条形基底受竖直三角形分布荷载作用时的附加应力

如图 3-23 所示，当条形基底上受到最大强度为 $p_T$ 的三角形分布荷载作用时，同样可以利用基本公式 (3-27)，先求出微小宽度 $d\xi$ 上作用着线荷载 $d\bar{P} = \dfrac{p_T}{B}\xi d\xi$ 在计算点 $M$ 所引起的附加应力，然后沿基础宽度 $B$ 积分，即可得到整个三角形分布荷载对 $M$ 点所引起的附加应力为：

$$\sigma_z = \frac{p_T}{\pi}\left\{ m\left[\arctan\left(\frac{m}{n}\right) - \arctan\left(\frac{m-1}{n}\right)\right] - \frac{(m-1)n}{(m-1)^2 + n^2} \right\}$$
$$= K_z^T p_T \tag{3-30}$$

式 (3-30) 中的 $K_z^T$ 为条形基底受三角形分布荷载作用的附加应力系数，可由 $m$、$n$ 值查表 3-6 得到；其余符号同式 (3-29)。

表 3-6　　　　　　　条形基底受竖直三角形荷载作用时的应力系数 $K_z^T$ 值

| $n=z/B$ | $m=x/B$ | | | | | | | | | |
|---|---|---|---|---|---|---|---|---|---|---|
| | -1.0 | -0.5 | -0.25 | 0 | 0.25 | 0.5 | 0.75 | 1.0 | 1.25 | 1.5 |
| 0.01 | 0.000 | 0.000 | 0.000 | 0.003 | 0.249 | 0.500 | 0.750 | 0.497 | 0.000 | 0.000 |
| 0.1 | 0.000 | 0.000 | 0.002 | 0.032 | 0.251 | 0.498 | 0.737 | 0.468 | 0.010 | 0.002 |
| 0.2 | 0.001 | 0.002 | 0.009 | 0.061 | 0.255 | 0.489 | 0.682 | 0.437 | 0.050 | 0.009 |
| 0.4 | 0.003 | 0.014 | 0.036 | 0.010 | 0.263 | 0.441 | 0.534 | 0.379 | 0.137 | 0.043 |
| 0.5 | 0.005 | 0.022 | 0.025 | 0.127 | 0.262 | 0.409 | 0.472 | 0.353 | 0.161 | 0.061 |
| 0.6 | 0.008 | 0.031 | 0.066 | 0.140 | 0.258 | 0.378 | 0.421 | 0.328 | 0.177 | 0.080 |
| 0.8 | 0.017 | 0.049 | 0.089 | 0.155 | 0.243 | 0.321 | 0.343 | 0.285 | 0.188 | 0.106 |
| 1.0 | 0.025 | 0.065 | 0.104 | 0.159 | 0.244 | 0.275 | 0.286 | 0.250 | 0.184 | 0.121 |
| 1.2 | 0.033 | 0.076 | 0.111 | 0.154 | 0.204 | 0.239 | 0.246 | 0.221 | 0.176 | 0.126 |
| 1.4 | 0.041 | 0.084 | 0.114 | 0.151 | 0.186 | 0.210 | 0.215 | 0.198 | 0.185 | 0.127 |
| 2.0 | 0.057 | 0.089 | 0.108 | 0.127 | 0.143 | 0.153 | 0.155 | 0.147 | 0.134 | 0.115 |

### 4.2.4　条形基底受水平均布荷载作用时的附加应力

如图 3-24 所示。当基础底面上作用着强度为 $p_h$ 的水平均布荷载时，同样可以利用弹性理论中水平线荷载的附加应力的基本公式，先求出微小宽度 $d\xi$ 上的水平均布荷载对任意点 $M$ 所引起的附加应力，然后沿整个宽度 $B$ 积分，即可求出 $M$ 点的附加应力为：

$$\sigma_z = \frac{p_h}{\pi}\left[\frac{n^2}{(m-1)^2+n^2} - \frac{n^2}{m^2+n^2}\right]$$
$$= K_z^h p_h \tag{3-31}$$

式（3-31）中的 $K_z^h$ 为条形基底上水平均布荷载作用时的附加应力系数，可由 $m$、$n$ 值查表 3-7 得到；其余符号同式（3-28）。

表 3-7　　　　　　　条形基底受均布水平荷载作用时的应力系数 $K_z^h$ 值

| $n=z/B$ | $m=x/B$ | | | | | | | | |
|---|---|---|---|---|---|---|---|---|---|
| | -0.5 | -0.25 | 0 | 0.25 | 0.5 | 0.75 | 1.0 | 1.25 | 1.5 |
| 0.01 | 0.000 | -0.001 | -0.318 | -0.001 | 0.000 | 0.001 | 0.318 | 0.001 | 0.000 |
| 0.1 | -0.011 | -0.042 | -0.315 | -0.039 | 0.000 | 0.039 | 0.315 | 0.042 | 0.011 |
| 0.2 | -0.038 | -0.116 | -0.306 | -0.103 | 0.000 | 0.103 | 0.306 | 0.116 | 0.038 |
| 0.4 | -0.103 | -0.199 | -0.274 | -0.159 | 0.000 | 0.159 | 0.274 | 0.199 | 0.103 |
| 0.5 | -0.127 | -0.211 | -0.255 | -0.157 | 0.000 | 0.157 | 0.255 | 0.211 | 0.127 |
| 0.6 | -0.144 | -0.212 | -0.234 | -0.147 | 0.000 | 0.147 | 0.234 | 0.212 | 0.144 |
| 0.8 | -0.158 | -0.197 | -0.194 | -0.121 | 0.000 | 0.121 | 0.194 | 0.197 | 0.158 |
| 1.0 | -0.157 | -0.175 | -0.159 | -0.096 | 0.000 | 0.096 | 0.159 | 0.175 | 0.157 |
| 1.2 | -0.147 | -0.153 | -0.131 | -0.078 | 0.000 | 0.078 | 0.131 | 0.153 | 0.147 |
| 1.4 | -0.133 | -0.132 | -0.108 | -0.061 | 0.000 | 0.061 | 0.108 | 0.132 | 0.133 |
| 2.0 | -0.096 | -0.085 | -0.064 | -0.034 | 0.000 | 0.034 | 0.064 | 0.085 | 0.096 |

前面我们介绍了竖直均布荷载、三角形分布载以及水平均布荷载作用下角点（空间问题）或任意点（平面问题）的附加应力计算。在水工建筑物中，它的合力往往是既倾斜又偏心。因此，其基底的竖直压力（或荷载）呈梯形分布，而水平荷载一般假定为均匀分布，如图 3-25 所示。对于这种情况，在求解地基任意点的附加应力时，应将梯形分布的

竖直荷载分解成均布荷载和三角形荷载,然后分别求出由于竖直均布荷载、竖直三角形分布荷载以及水平均布荷载所引起的附加应力,再进行叠加,即可得到倾斜偏心的作用力在地基中任意点所引起的附加应力。

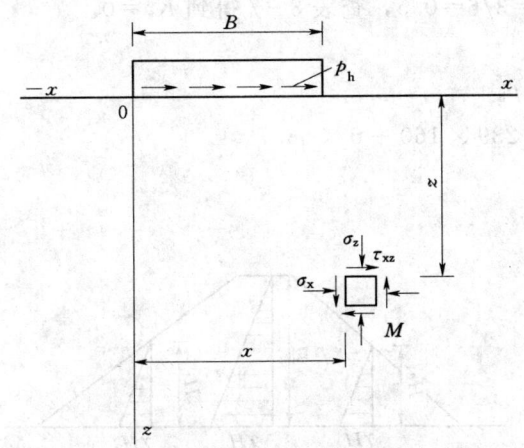
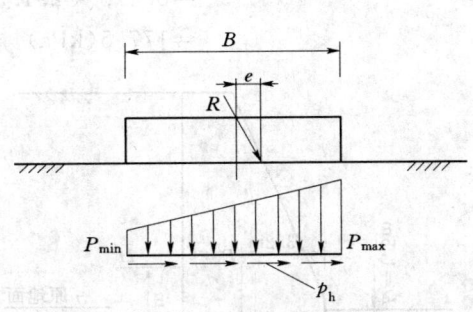

图 3-24　条形基底面受水平均布荷载的情况　　图 3-25　倾斜偏心荷载时的基底压力

【**例题 3-4**】　有一挡土墙,其基础的底宽为 6m,埋置在地面以下 1.5m 处,在离基础前缘 $A$ 点 3.2m 处作用着竖直线荷载 $\overline{P}=2400$kN/m,墙荷受到水平推力 $\overline{H}=400$kN/m,作用点距基底 2.4m,如图 3-26 所示。设地基土的重度 $\gamma=19$kN/m³,试求基础中心点以下深度为 $z=7.2$m 处 $M$ 点的附加应力(注:不考虑墙后填土所引起的应力)。

**解**　(1) 求合力偏心距 $e$。设合力作用点离基底前缘 $A$ 点的水平距离为 $x$,将合力及各分力对 $A$ 点求矩,可以得到:

$$2400x = 2400 \times 3.2 - 400 \times 2.4$$

$$x = 3.2 - \frac{400 \times 2.4}{2400} = 3.2 - 0.4 = 2.8 \text{(m)}$$

于是,合力偏心距为:

$$e = \frac{1}{2}B - x = \frac{1}{2} \times 6 - 2.8 = 0.2 \text{(m)}$$

(2) 求基底压力。由式(3-11)得竖直基底压力的最大和最小值为:

$$p_{\min}^{\max} = \frac{\overline{P}}{B}\left(1 \pm \frac{6e}{B}\right) = \frac{2400}{6}\left(1 \pm \frac{6 \times 0.2}{6}\right) = \frac{480}{320}\text{(kPa)}$$

基底水平荷载假定为均匀分布,按式(3-13)计算,其值为:

$$p_h = \frac{\overline{H}}{B} = \frac{400}{6} = 66.7 \text{(kPa)}$$

(3) 求 $M$ 点的附加应力。将梯形分布的基底压力分解成压强为 $p=320$kPa 的竖直均布压力和最大值为 $p_T=160$kPa 的竖直三角形分布压力。由于基础埋置深度 $D=1.5$m,所以基础底面竖直均布的净压力为:

$$p_h = p - \gamma D = 320 - 19 \times 1.5 = 291.5 \text{(kPa)}$$

现分别求出各种压力对 $M$ 点所引起的附加应力。

竖直均布压力：$z/B=7.2/6=1.2$、$x/B=3/6=0.5$，查表 3-5 得到 $K_z^s=0.478$。

竖直三角形分布压力：$z/B=7.2/6=1.2$、$x/B=3/6=0.5$，查表 3-6 得到 $K_z^T=0.239$。

水平均布荷载：$z/B=7.2/6=1.2$、$x/B=3/6=0.5$，查表 3-7 得到 $K_z^h=0$。

最后得到 $M$ 点的附加应力为：

$$\sigma_z = K_z^s p_0 + K_z^T p_T + K_z^h p_h$$
$$= 0.478 \times 291.5 + 0.239 \times 160 + 0 \times 66.7$$
$$= 177.5 (\text{kPa})$$

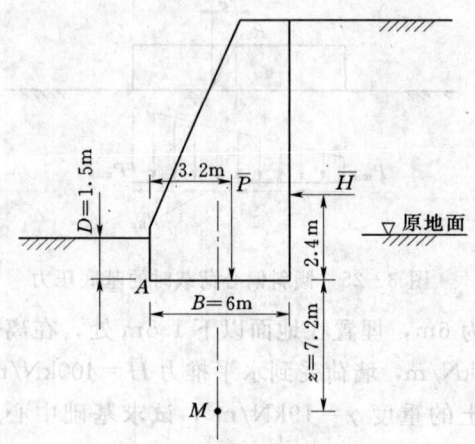

图 3-26 例题 3-4 附图

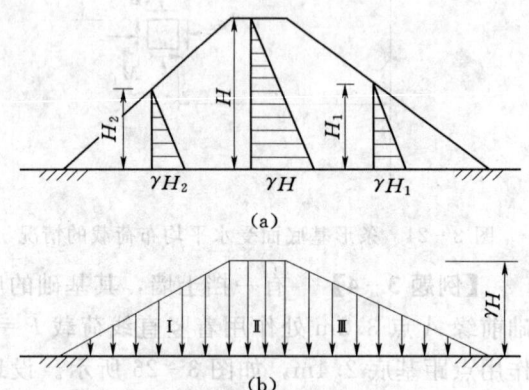

图 3-27 土坝坝身的自重应力和基底压力

## 4.3 土坝（堤）坝身的自重应力和地基中的附加应力

土坝（或堤）坝身的边界条件和坝基的变形条件，对坝身或坝基表面的应力均有影响，因此，要严格的求解土坝坝身的应力是比较困难和复杂的问题。为实用上的方便，目前不论是均质的或非均质的土坝，其坝身任一点的自重应力，均假定等于单位面积在该点以上土柱的有效重量，即仍然按式（3-1）的方法来计算。此时，均质坝坝身的自重应力为三角形分布，如图 3-27（a）所示。

前已述及，土坝坝身能够适应坝基的变形，属于柔性基础，故其基底压力为梯形分布，如图 3-27（b）所示。因此，由土坝对地基中任意点引起的附加应力，可将竖向梯形分布压力分解为两个三角形分布压力和一个均布压力，再利用式（3-29）、式（3-30）来计算，然后进行叠加。

对于图 3-28 中图例所示的梯形分布压力下任意点的附加应力，也可按奥斯特伯格（Osterberg J）的公式计算：

$$\left. \begin{array}{r} \sigma_z = K'_z p \\ \sigma_x = K'_x p \\ \tau_{xz} = K'_{xz} p \end{array} \right\} \quad (3-32)$$

式中 $K'_z$、$K'_x$、$K'_{xz}$——竖向、水平向及切向附加应力系数，它们是 $a/z$ 和 $b/z$ 的函数，可从图 3-28 中查取，其中 $a$、$b$ 分别为三角形分布压力与均布压力的特征尺寸，$z$ 为计算点至压力作用面的垂直距离，见图 3-28 中图例；

$p$——梯形分布压力的最大强度。

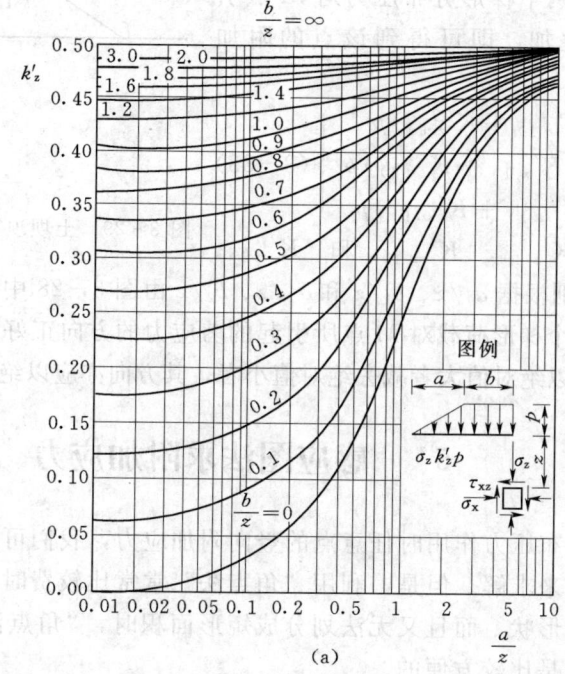

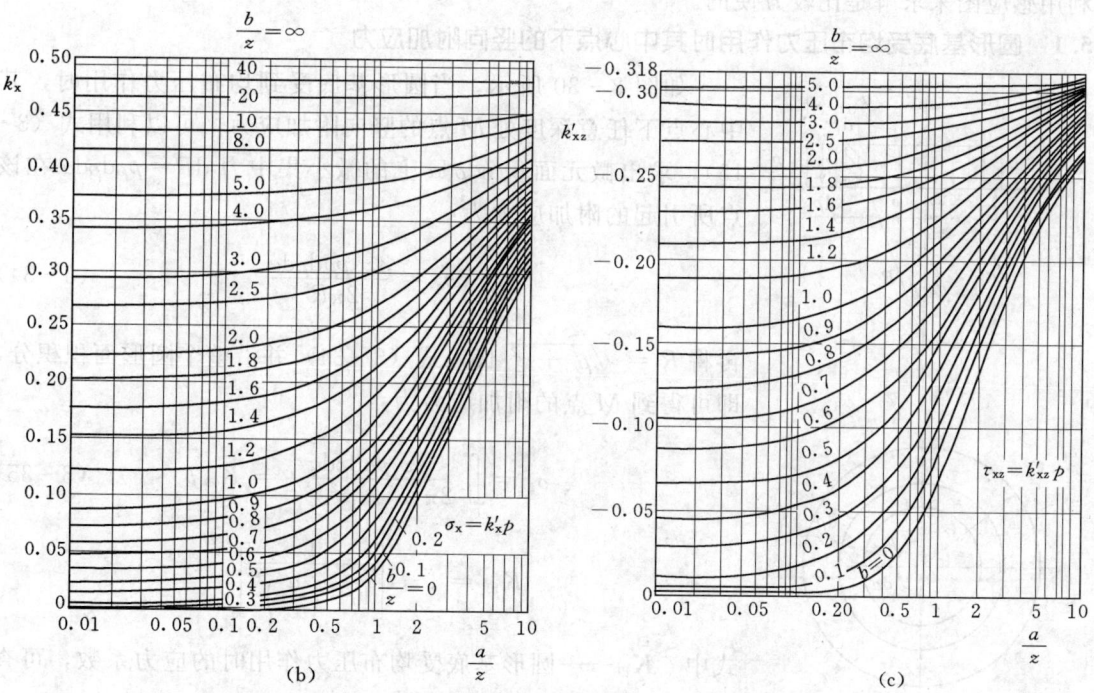

图 3-28 梯形分布压力下的附加应力系数
（a）垂直应力计算表；（b）水平应力计算表；（c）切向应力计算表

于是，对于土坝顶宽下任意深度处 $M$ 点的附加应力，可将基点的梯形分布压力划分成两个部分，如图 3-29 中的 Ⅰ、Ⅱ 所示，利用式 (3-32) 分别求出两个梯形分布压力对 $M$ 点引起的应力，然后叠加，即可得到该点的附加应力：

$$\left.\begin{aligned}\sigma_z &= (K'_{z(Ⅰ)} + K'_{z(Ⅱ)})p \\ \sigma_x &= (K'_{x(Ⅰ)} + K'_{x(Ⅱ)})p \\ \tau_{xz} &= (K'_{xz(Ⅰ)} + K'_{xz(Ⅱ)})p\end{aligned}\right\} \quad (3-33)$$

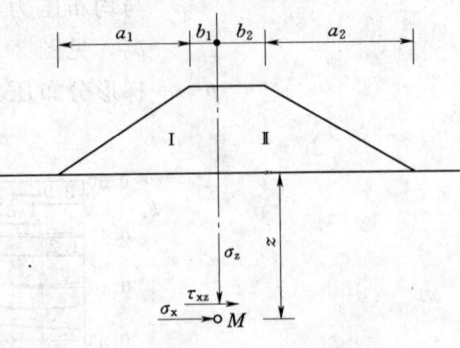

图 3-29 土坝顶宽下任意深度处的附加应力

式中，$K'_{z(Ⅰ)}$、$K'_{x(Ⅰ)}$、$K'_{xz(Ⅰ)}$ 和 $K'_{z(Ⅱ)}$、$K'_{x(Ⅱ)}$、$K'_{xz(Ⅱ)}$ 分别根据 $a_1/z$、$b_1/z$ 和 $a_2/z$、$b_2/z$ 由图 3-28 中查取。

但是，由于两个梯形荷载对 $M$ 点所引起的剪应力的方向正好相反，因此，在对剪应力进行叠加时，应该以绝对值大者减去绝对值小者，其方向亦应以绝对值大者的方向为准。

## 5* 感应图法求附加应力

矩形基底受均布压力作用时任意点的竖向附加应力，我们可以利用前面介绍的"角点法"并按叠加原理来求解。但是，利用"角点法"常常比较费时，尤其在工程实践中，当遇到不规则的基础形状，而且又无法划分成矩形面积时，"角点法"就受到了限制。这时利用感应图来求解是比较方便的。

### 5.1 圆形基底受均布压力作用时其中心点下的竖向附加应力

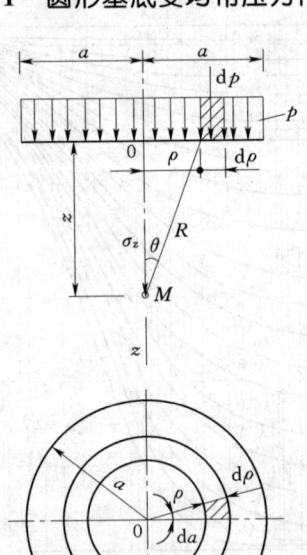

如图 3-30 所示，当圆形基底受到均布压力作用时，其中心点下任意深度处 $M$ 点的竖向附加应力，可以利用式 (3-15)，求出微元面积 $\rho d\rho d\alpha$ 上的微小集中力 $dP = p\rho d\rho d\alpha$ 在该点所引起的附加应力为：

$$d\sigma_z = \frac{3z^3 p\rho d\rho d\alpha}{2\pi R^5} \quad (3-34)$$

再将 $R = \sqrt{\rho^2 + z^2}$ 代入式 (3-34) 并沿整个圆形面积积分，即可得到 $M$ 点的附加应力为：

$$\sigma_z = \iint_0^{2\pi a} \frac{3z^3 p\rho d\rho d\alpha}{2\pi(\rho^2+z^2)^{5/2}} = K_{z0} p \quad (3-35)$$

$$K_{z0} = 1 - \left[\frac{1}{1+\left(\frac{a}{z}\right)^2}\right]^{3/2}$$

图 3-30 圆形基底受均布压力的情况

式中 $K_{z0}$——圆形基底受均布压力作用时的应力系数，可查表 3-8；

$a$——圆形基底的半径。

表 3-8　　　　　　　　　圆形基底受均布压力时的应力系数 $K_{z0}$ 值

| $a/z$ | $K_{z0}$ | $a/z$ | $K_{z0}$ |
| --- | --- | --- | --- |
| 0.268 | 0.1 | 0.918 | 0.6 |
| 0.400 | 0.2 | 1.110 | 0.7 |
| 0.518 | 0.3 | 1.387 | 0.8 |
| 0.637 | 0.4 | 1.908 | 0.9 |
| 0.766 | 0.5 | $\infty$ | 1.0 |

## 5.2 感应图的原理及其应用

感应图是纽马克（N. M. Newmark）首先提出的，如图 3-31（a）所示，它由 9 个同心圆和 20 根等分的径向射线所组成，设 9 个同心圆的半径分别为 $a_1$、$a_2$、…、$a_9$，它们与某一长度 $AB$ 成下列关系：

$$a_1 = 0.268\,\overline{AB},\ a_2 = 0.400\,\overline{AB},\ a_3 = 0.518\,\overline{AB},\cdots,a_9 = 1.908\,\overline{AB}$$

若选取 $\overline{AB}$ 恰好等于所要计算的点至基底面的深度 $z$，则从式（3-34）或表 3-8 可知，由第一个圆（半径为 $a_1$）上的均布压力 $p$ 在圆心以下深度 $z$ 处所引起的附加应力 $\sigma_{z1}=0.1p$，由第二个圆（半径 $a_2$）上的均布压力 $p$ 在同一点所引起的附加应力 $\sigma_{z2}=0.2p$，以此类推，可以得到其余各个圆在该点的附加应力为 $\sigma_{z3}=0.3p,\cdots,\sigma_{z9}=0.9p$ 等。从而可以得出，每一个半径与次一个半径之间圆环上的均布压力 $p$ 对圆心以下 $z$ 深度处所引起的附加应力是相同的，均为 $\Delta\sigma_z=0.1p$。每一个圆环又被 20 根径向射线划分成 20 个面积相等的小块，显然，每一小块上的压力对圆心下 $z$ 深度处所引起的附加应力也是相同的，均为 $\dfrac{0.1p}{20}=0.005p$。我们将每一小块称之为"感应面积"，而"感应面积"所引起的附加应力与均布压力 $p$ 之比值"0.005"称之为"感应量"。因此，若在"感应面积"上作用着 1kPa 的均布压力时，则在

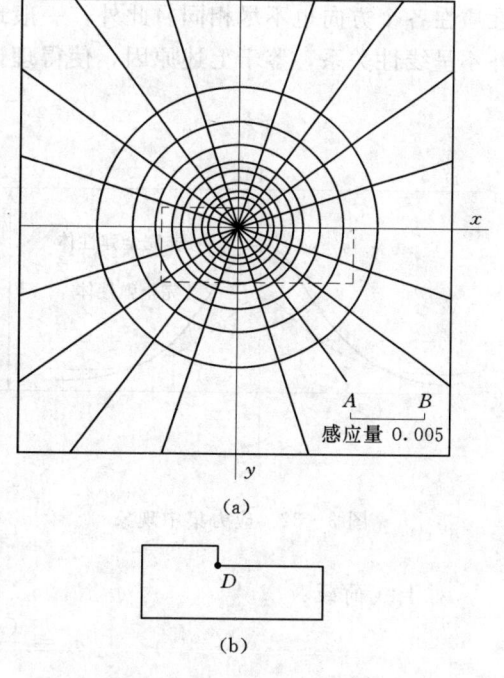

图 3-31　感应图

圆心下 $z$ 深度处将引起 0.005kPa 的附加应力。如果有 $N$ 块"感应面积"，其上作用着相同的均布压力 $p$，则在圆心下 $z$ 深度处将引起 $0.005Np$ 的附加应力，即 $\sigma_z=0.005Np$。

感应图应用举例，如欲求图 3-31（b）所示的基础 $D$ 点以下 20m 深度处的竖向附加应力，则先以感应图的标准尺度 $\overline{AB}=z=20\text{m}$ 作为比例尺，在透明纸上绘出基础的平面图，再将这透明纸移放在感应图上并使欲求应力之 $D$ 点与圆心重合，如图 3-31（a）中的虚线所示。按着数出基础平面图在感应图上覆盖"感应面积"的块数 $N$（对于不成块者可予大致估计由几个折成整块），在本例中数得"感应面积" $N=80$，若基底上的均布

压力 $p=200$kPa，则 $D$ 点以下 $z=20$m 深度处的附加应力为 $\sigma_z=0.005\times 80\times 200=80$（kPa），如果深度 $z$ 不变而要求基础其他点以下的附加应力，只需将透明纸移动位置，使该点与圆心重合，数出覆盖的"感应面积"块数即可按上式求出。如果深度改变（例如 $z=25$m），则应按新选取的 $AB=z=25$m 的比例尺，在透明纸上重新绘出基础平面图，重复上述步骤即可求出附加应力。自然，对于任意点深度的附加应力，只要按照上述原理，均可求出。

# 6 讨 论

前已述及，在计算基底压力时，我们假定它是直线分布的，而在求解附加应力时，我们又将地基当作连续、均匀、各向同性的半无限弹性体。实际上，土是松散颗粒的集合体，土粒之间具有孔隙，但与整个宽广的地基相比就显得微不足道，因而将土当作一种连续的整体是允许的。然而土在沉积过程中，其颗粒组成不可能是均匀的，而且其物理力学性质在各个方向也不尽相同。此外，一般地说，土体也并不是完全弹性体，其应力与变形并不呈线性关系，鉴于上述原因，使得理论计算与实测结果存在着差别。

根据试验研究，对于接近于弹性体的较硬黏土，实测的应力与按弹性理论计算的结果较符合。而对于弹性性质较差的砂砾石，两者的差别就较大，尤其在荷载作用线附近，实测值较计算值大得多，通常将这种现象称为"应力集中"现象，如图 3-32 所示。为了考虑这种影响，佛罗列希（Fronlich，1934年）建议对鲍辛内斯克解答［即式（3-15）］和符拉蒙解答［即式（3-27）］按下列公式进行修正：对于集中力：

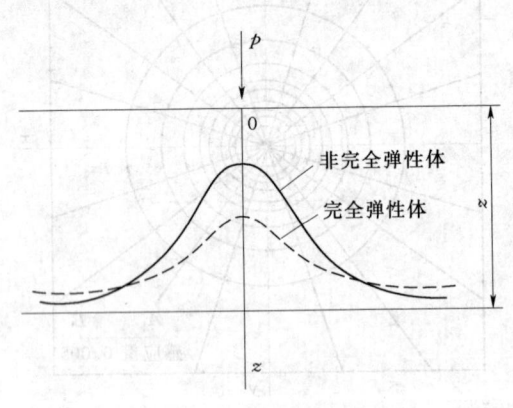

图 3-32 应力集中现象

$$\sigma_z=\frac{vP}{2\pi R^2}\cos^v\theta \quad (3-36)$$

对于线荷载：

$$\sigma_z=\frac{(n-1)\overline{P}}{\pi R_1}\cos^v\theta_1 \quad (3-37)$$

式中 $v$——应力集中因数，对于黏土地基或完全弹性体，$v=3$；对于砂土地基，$v=6$；如果地基介于黏土与砂土之间，则 $v$ 在 $3\sim 6$ 之间选用。

若地基有两层不同性质的土层组成，由于它们的弹性模量（变形模量）$E$ 不同，附加应力也会与均质土不一样。一般而言，当下层土较软时，上层土类似于基础的作用，使附加应力向外扩散；反之，当上层土较软时，则附加应力向荷载作用线附近集中。

如果双层地基的下层为刚性岩层，由于两土层间的弹性模量相差悬殊，应力集中现象更为严重，而应力集中的程度还与接触面上的摩擦性质有关。根据研究，若接触面完全光滑，应力集中现象最严重；而当接触面有摩擦力存在时，应力集中现象相对的小些，如图 3-33 所示。另外，应力集中的程度还与刚性层的埋藏深度有关，如图 3-34 所示，可以看出，刚性层的埋藏深度愈浅，应力集中现象愈严重；反之，则愈小。

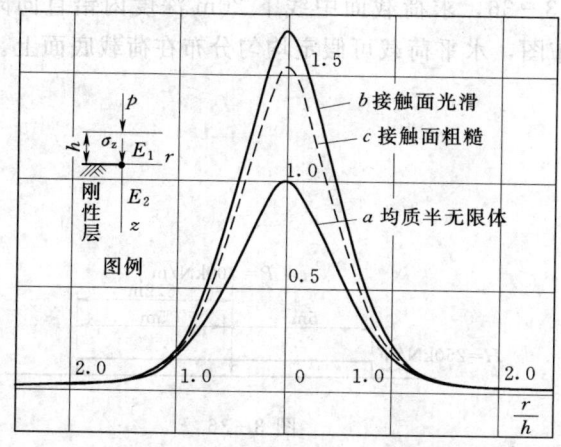

图 3-33 刚性接触面上的竖向附加应力

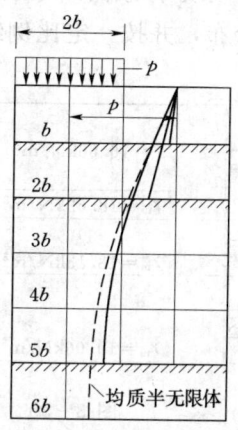

图 3-34 刚性层在不同深度时的竖向附加应力的分布

此外当土层各向异性时，其附加应力与各向同性的情况也不相同。一般来说，当土的竖向弹性模量 $E_y$ 小于水平向弹性模量 $E_x$ 时，应力将向外扩散；反之，应力将集中。

## 复习思考题

1. 土体中应力计算理论的基本假定是什么？
2. 何谓自重应力和附加应力？两者沿深度的分布有什么特点？
3. 计算自重应力时应注意些什么？其计算起点与附加应力起算点有何不同？
4. 计算自由水面下土的自重应力时，为什么要用有效重度？
5. 柔性基础和刚性基础的基底压力分布有何不同？
6. 什么是基底压力？将刚性基础下的基底压力按直线变化计算的根据是什么？
7. 在求解地基的附加应力时，是怎样判别空间问题和平面问题的？空间问题和平面问题条件下各有几个应力分量？对基础沉降影响最大的是那一个应力分量？为什么？
8. 求解空间问题条件下的附加应力时应注意些什么？而求解平面问题条件下的附加应力时又应注意些什么？

## 习 题

1. 按图 3-35 给出的资料，计算并绘制地基中的自重应力沿深度分布曲线，如地下水位因某种原因骤然下降至高程 35m 以下，问此时地基中的自重应力分布有何改变？并用图表示之。（提示：地下水位骤降时，细砂层成为非饱和状态，其重度 $\gamma = 0.0178 \text{N/cm}^3$，黏土和壤土均因渗透性小，来不及排水，它们的含水情况不变。）
2. 一条形荷载面宽 4m，中心荷载为 600kPa。试计算沿荷载中线下 12m 深度内的铅

直向附加应力 $\sigma_s$ 的分布，并按一定比例绘出该应力的分布图。

3. 一条形荷载面尺寸及荷载情况如图 3-36，求荷载面中线下 20m 深度内铅直向附加应力分布，并按一定比例绘出该应力分布图，水平荷载可假定均匀分布在荷载底面上。

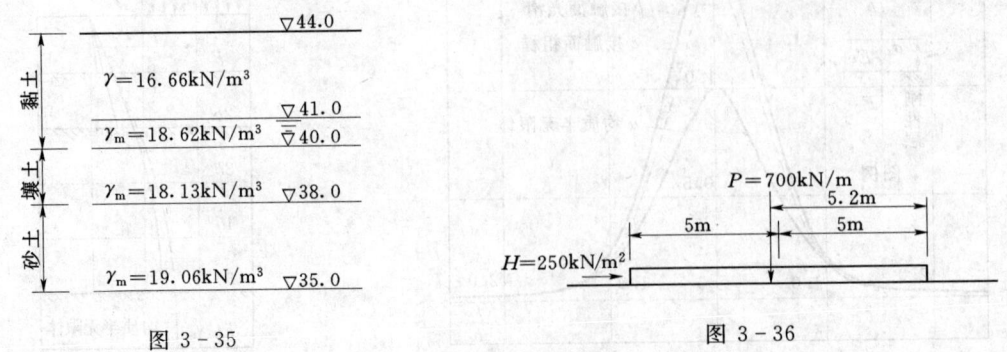

图 3-35　　　　　　　　　　　图 3-36

4. 有相邻两荷载面 A 和 B，其尺寸，相对位置及所受荷如图 3-37 所示，试考虑相邻荷载面的影响求出 A 荷载面中心点以下深度 $z=2m$ 处的铅直向附加应力 $\sigma_z$。

5. 一土堤的截面如图 3-37 所示。堤身土重度 $\gamma=18kN/m^3$，计算土堤轴线上黏土层中 A、B、C 三点的铅直向附加应力 $\sigma_s$ 的分布。

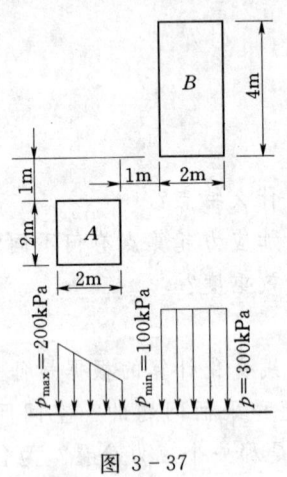

图 3-37

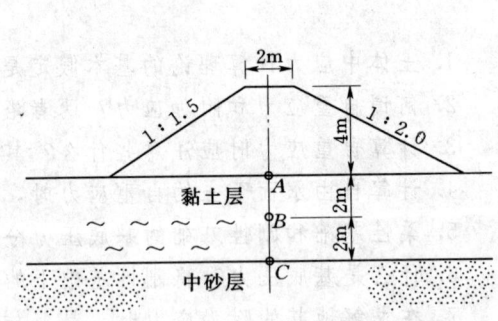

图 3-38

# 第四章 土的压缩性与基础的沉降计算

## 1 概　　述

在前一章我们已经知道，当建筑物通过它的基础将荷载传递给地基础以后，在地基内部将产生应力和变形，从而引起建筑物基础的下沉，将荷载引起的基础下沉称为基础的沉降。土体受力后引起的变形可分为体积变形和形状变形。体积变形主要由正应力引起，它只会使土的体积缩小压密，不会导致土体破坏，而形状变形主要由剪应力引起，当剪应力超过一定限度时，土体将产生剪切破坏，此时的变形将不断发展，通常在地基中是不允许发生大范围剪切破坏的。本章讨论的基础沉降主要是指由正应力作用引起的体积变形。

基础的沉降量或沉降差（或不均匀沉降）过大，不但会降低建筑物的使用价值，而且往往会造成建筑物的毁坏，例如，水利工程中的水闸或装有行车的厂房，如果闸门两侧的闸墩或行车两侧的基础产生过大的不均匀沉降，将不能满足拦洪蓄水的要求，而不均匀沉降往往又会引起土坝裂缝，导致集中渗漏，给工程带来很大危害。因此，为了保证建筑物的安全和正常使用，我们必须预先对建筑物基础可能产生的最大沉降量和沉降差进行估算。如果建筑物基础可能产生的最大沉降量和沉降差，在规定的允许范围之内，那么该建筑物的安全和正常使用一般是有保证的；否则，是没有保证的。

基础沉降量或沉降差的大小，首先与土的压缩性有关，易于压缩的土，基础的沉降大，而不易压缩的土，基础的沉降小；其次，与作用在基础上的荷载性质和大小有关。本章首先讨论土的压缩性；然后介绍工程中常用的沉降计算方法；最后介绍沉降与时间的关系。

## 2 土的压缩性

### 2.1 基本概念

土在压力作用下体积变小的性能称为土的压缩性，体积变小的现象称为土的压缩。

土体在压力作用下，体积变小的原因主要有以下三个方面：①土粒本身和孔隙中水的压缩变形；②孔隙气体的压缩变形；③孔隙中水和气体有一部分向外排出，土的孔隙体积变小。研究表明，在工程实践中常遇到的压力（约 100～600kPa）作用下，土粒本身与孔隙中水的压缩量不到土体总压缩量的 1/400，因此常可略去不计；而孔隙中气体的压缩变形，一般情况下，只有在土的饱和度很高，孔隙气以封闭气泡形式出现时才能发生。这时，土中含气量很少，因此，它的压缩量在土体总压缩量中所占的比重也不大，一般可忽略不计。目前研究土的压缩性时，均认为土的压缩完全是由于孔隙中水和气体向外排出，土的孔隙体积减小引起的，孔隙中水和气体向外排出要有一个时间过程，因此，土的压缩亦要经过一段时间才能完成。我们把这种与时间有关的压缩过程称为固结。

## 2.2 压缩试验和压缩曲线

研究土的压缩性,通常可在试验室进行压缩试验,测出土的压缩性指标。也可以在现场进行原位试验,测定有关参数,如载荷试验、旁压试验等。室内压缩试验的主要装置为

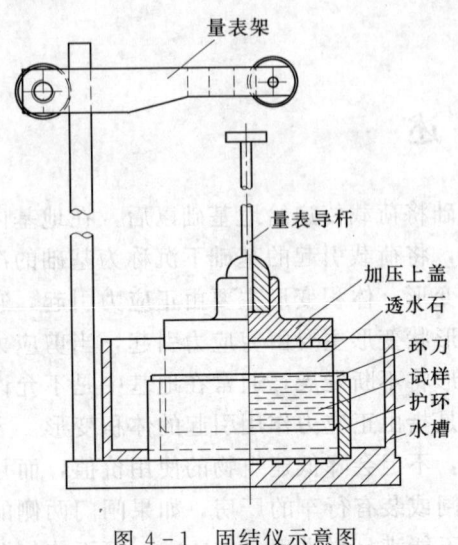

图 4-1 固结仪示意图

固结仪,如图 4-1 所示。试样是用环刀切取的扁圆柱体,高 2cm,直径应大于高度 2.5 倍,面积为 30cm² 或 50cm²。试样连同环刀一起装入刚性护环内,上下有透水石以便试样在压力作用下排水,在透水石顶部放一加压上盖,所加压力通过加压支架作用在上盖上,同时安装一只百分表用来量测试样的压缩变形。由于刚性护环所限,试样只有竖向压缩,于是,我们把这种条件下的压缩试验称为单向压缩试验或侧限压缩试验。有关压缩试验的操作步骤参阅《土力学试验指导书》。

土的压缩可以认为仅仅是由于孔隙体积的减小,所以土的压缩变形,常用孔隙比 $e$ 的变化来表示,即压缩试验成果可用 $e—p$ 曲线或 $e—\lg p$ 曲线表示。

### 2.2.1 $e—p$ 曲线表示法

图 4-2 为土的压缩试验成果图。其中 4-2(a)表示压力与加荷历时的关系,图 4-2(b)为在各级压力作用下,试样孔隙比随着时间的变化过程。根据图 4-2(b)的结果,我们可以得到各级压力与其相应的稳定孔隙比之间的关系曲线,如图 4-2(c)所示,该曲线被称为压缩曲线。

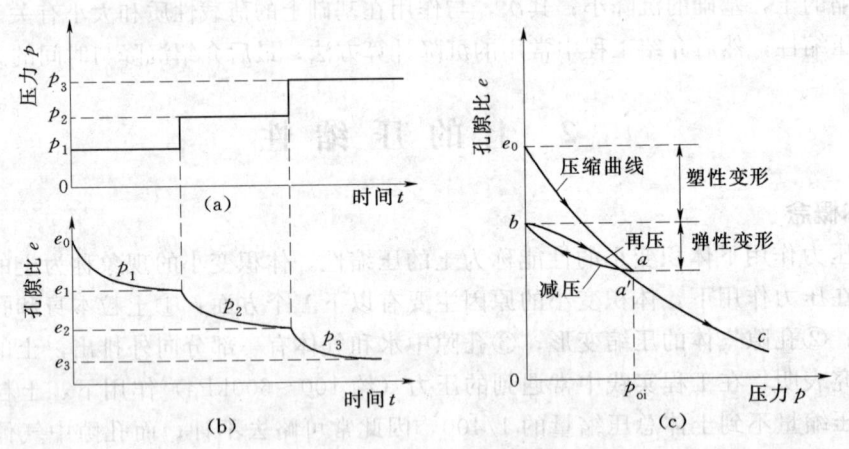

图 4-2 压缩试验成果

图 4-3 表示两种不同土所得的压缩试验成果。从图 4-3 中可以看出,在同一压力增量作用下,曲线 A 的孔隙比变化要比曲线 B 大,即 $\Delta e_1 > \Delta e_2$,从而可知,曲线 A 所代表的土的压缩性要比曲线 B 所代表的土高。因此,我们可以用单位压力增量所引起的孔隙

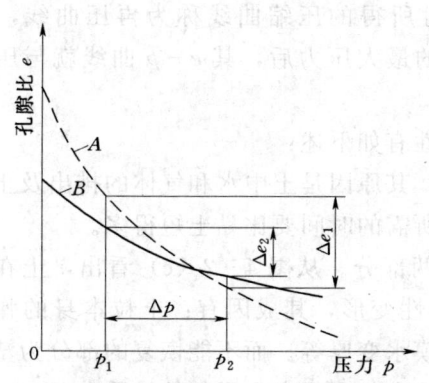
图 4-3 两种不同压缩性土的比较

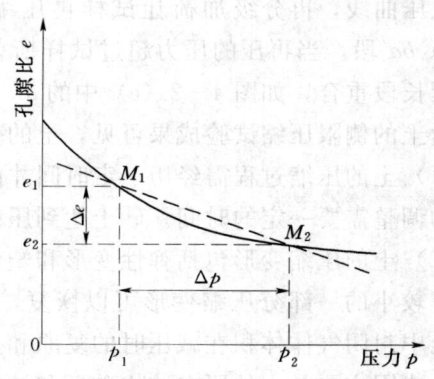
图 4-4 压缩系数的确定

比变化来表示土的压缩性高低，如图 4-4 所示：

$$a_v = \frac{e_1 - e_2}{p_2 - p_1} = -\frac{\Delta e}{\Delta p} \qquad (4-1)$$

式中 $a_v$——压缩系数（$m^2/kN$）；

$e_1$、$e_2$——压缩曲线上与 $p_1$、$p_2$ 相对应的孔隙比。

压缩系数 $a_v$ 愈大，压缩曲线就愈陡，则土的压缩性愈高。但是，压缩系数 $a_v$ 不是常量，它将随着压力的增加及压力增量取值的增大而减小。在工程上，为了便于统一比较，习惯上采用 $p_1 = 100 kPa$ 和 $p_2 = 200 kPa$ 范围的压缩系数 $a_{1-2}$ 来衡量土的压缩性的高低。认为：

当 $a_{1-2} < 0.1 MPa^{-1}$ 时，属低压缩性土；

当 $0.1 MPa^{-1} < a_{1-2} < 0.5 MPa^{-1}$ 时，属中等压缩性土；

当 $a_{1-2} \geq 0.5 MPa^{-1}$ 时，属高压缩性土。

### 2.2.2 $e$—$\lg p$ 曲线表示法

土的压缩试验结果，也可绘在半对数坐标上，即横坐标 $p$ 用对数比例尺表示，纵坐标 $e$ 仍用普遍坐标表示。因此得到的压缩曲线称为 $e$—$\lg p$ 曲线，如图 4-5 所示。该图所示的压缩曲线，初始段坡度较平缓，而当压力接近 $p_c$ 时，曲线曲率明显变化，其后曲线近似地呈现为坡度较大的直线。该直线的坡度称为土的压缩指数，用 $C_c$ 表示，即：

$$C_c = \frac{e_1 - e_2}{\lg p_2 - \lg p_1} = -\frac{\Delta e}{\lg(p_2/p_1)} \qquad (4-2)$$

压缩指数也是反映土的压缩性高低的一个指标。$C_c$ 愈大，土的压缩曲线也愈陡，土的压缩性就高。但压缩系数 $a_v$ 随所取的初始压力增量的大小而异，而压缩指数 $C_c$ 在较高的压力范围内却是常量。

为了研究土的回胀特性，也可以在压缩仪中进行减压试验。试样从图 4-2（c）中 $e_0$ 点开始，分级加荷压缩至 $a$ 点，分级卸荷回弹至 $b$ 点，卸荷后的压力 $p$ 及其相应的回胀稳定时的孔隙比 $e$ 之间的关系曲线

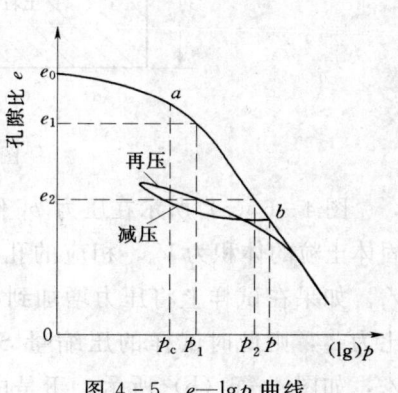
图 4-5 $e$—$\lg p$ 曲线

称为减压曲线，再分级加荷让试样再压缩，此时所得的压缩曲线称为再压曲线，如图（4-2）$ba'$段。当再压的压力超过试样所曾受过的最大压力后，其$e-p$曲线就与压缩曲线的延长段重合，如图4-2（c）中的$a'c$段所示。

由土的侧限压缩试验成果可见，土的变形特性有如下述：

（1）土的压缩过程需经历一定时间才能完成，其原因是土中水和气体的排出及土结构排列的调整需要一定的时间。砂土达到压缩稳定所需的时间要比黏土短得多。

（2）土的压缩变形包括弹性变形和塑性变形两部分。从图4-2（c）看出，土在减压后只有较小的一部分压缩变形可以恢复，称为弹性变形，其成因有：土粒本身的弹性变形，土中封闭气体体积在减压时的复原和土中薄膜水变厚等。而不能恢复的部分为塑性变形，其成因主要是土的原有结构破坏和被挤出的水和气不可完全回复的性质。

（3）土的压缩性随着压力的增大而减小。这是因为在侧限条件下，随着压力的增大，试样中的土粒愈来愈不容易进一步被挤紧的缘故。

（4）土的压缩性与土在生成和存在过程中所受压力的历史有关（见第五节）。

## 3  无侧向变形条件下的压缩量公式

前面已经讨论了土的压缩特性，现在我们进一步来讨论在压力增量作用下，土体压缩量的计算方法。目前，在工程中广泛采用的计算基础沉降的分层总和法都是以无侧向变形条件下的压缩量（或单向压缩）公式为基础的。它的基本假定是：

（1）土的压缩完全是由于孔隙体积减少导致骨架变形的结果，而土粒本身的压缩可忽略不计。

（2）土体仅产生竖向压缩，而无侧向变形。

（3）在土层深度范围内，压力是均匀分布的。

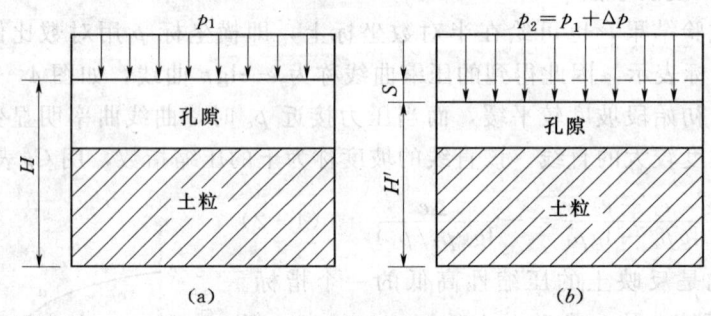

图4-6  试样压缩前后的情况

图4-6（a）所示在压力$p_1$作用下压缩已经稳定时的情况。设此时试样的高度为$H$、固体土粒的体积为$V_s$，相应的孔隙比为$e_1$，则孔隙体积为$e_1 V_s$，总体积$V_1$为$(1+e_1)V_s$。如果在试样上将压力增加到$p_2=p_1+\Delta p$，压缩稳定后试样高度为$H'$，相应的孔隙比为$e_2$，则此时试样的压缩量$S=H-H'$，孔隙体积为$e_2 V_s$，总体积$V_2$为$(1+e_2)V_s$，如图4-6（b）所示。于是由于压力增量$\Delta p$的作用所引起的单位体积土体的体积

变化为:

$$\frac{V_1-V_2}{V_1}=\frac{(1+e_1)V_s-(1+e_2)V_s}{(1+e_1)V_s}=\frac{e_1-e_2}{1+e_1} \quad (4-3)$$

因为试样无侧向变形,它的面积 $A$ 保持不变,所以单位体积土体的体积变化也可表示为:

$$\frac{V_1-V_2}{V_1}=\frac{HA-H'A}{HA}=\frac{S}{H} \quad (4-4)$$

令式(4-3)=式(4-4),即可得到在无侧向变形条件下的压缩量计算公式为:

$$S=\frac{e_1-e_2}{1+e_1}H=\frac{-\Delta e}{1+e_1}H \quad (4-5)$$

若将式(4-1)中的 $\Delta e=-a_v\Delta p$ 代入式(4-5)中,可以得到另一形式的压缩量计算公式:

$$S=\frac{a_v}{1+e_1}\Delta pH \quad (4-6)$$

或写成

$$S=m_v\Delta pH \quad (4-7)$$

$$m_v=\frac{a_v}{1+e_1}$$

式中 $m_v$——体积压缩系数,它表示土体单位压力增量作用下单位体积的体积变化,在无侧向变形条件下,即为单位厚度的压缩量。

若令 $E_s=\frac{1}{m_v}$,则式(4-7)还可以改写成:

$$S=\frac{\Delta p}{E_s}H \quad (4-8)$$

式中 $E_s$——压缩模量(kPa),它是在无侧向变形条件下,竖向应力与应变之比值。

$E_s$ 值的大小,反映了在单向压缩时土体对压缩变形的抵抗能力。

根据广义虎克定律,当土体的应力与应变假定为线性关系时,$X$、$Y$、$Z$ 三个坐标方向的应变可表示为:

$$\left.\begin{array}{l}\varepsilon_x=\dfrac{\sigma_x}{E}-\dfrac{\mu}{E}(\sigma_y+\sigma_z)\\[6pt]\varepsilon_y=\dfrac{\sigma_y}{E}-\dfrac{\mu}{E}(\sigma_x+\sigma_z)\\[6pt]\varepsilon_z=\dfrac{\sigma_z}{E}-\dfrac{\mu}{E}(\sigma_x+\sigma_y)\end{array}\right\} \quad (4-9)$$

式中 $E$——土的变形模量(kPa),它表示在无侧限条件下应力与应变之比值,相当于弹性模量,但由于土体不是理想的弹性体,故称为变形模量,因此 $E$ 的大小反映了土体抵抗弹塑性变形的能力,可用于弹塑性问题的分析计算,$E$ 值通常用三轴试验或现场试验测定;

$\mu$——土的泊松比,变化范围不大,一般在 $0.3\sim0.4$ 之间,饱和黏土在不排水条件下才可能接近 $0.5$,不同土类的 $\mu$ 值见表 4-1。

表 4-1　　　　　　　　　　不同土类的 $K_0$、$\mu$ 值

| 土的类型 | | $K_0$ | $\mu$ |
|---|---|---|---|
| 碎石土 | | 0.18~0.25 | 0.15~0.20 |
| 砂土 | | 0.25~0.33 | 0.20~0.25 |
| 粉土 | | 0.33 | 0.25 |
| 粉质黏土 | 坚硬状态 | 0.33 | 0.25 |
| | 可塑状态 | 0.43 | 0.30 |
| | 软塑及流塑状态 | 0.53 | 0.35 |
| 黏土 | 坚硬状态 | 0.33 | 0.25 |
| | 可塑状态 | 0.53 | 0.35 |
| | 软塑及流塑状态 | 0.72 | 0.42 |

在无侧向变形条件下，其侧向应变 $\varepsilon_x = \varepsilon_y = 0$，而 $\sigma_x = \sigma_y$。于是，从式（4-9）中的前两式均可得到：

$$\sigma_x - \mu(\sigma_x + \sigma_z) = 0 \tag{4-10}$$

或

$$\frac{\sigma_x}{\sigma_z} = \frac{\mu}{1-\mu} \tag{4-11}$$

在式（3-2）中，我们把无侧向变形条件下的侧向有效应力与竖向有效应力的比值定义为静止侧压力系数 $K_0$。于是可得：

$$K_0 = \frac{\mu}{1-\mu} \tag{4-12}$$

这就是土的静止侧压力系数 $K_0$ 与泊松比 $\mu$ 的关系。

无侧向变形条件下的竖向应变由式（4-8）可以表示为：

$$\varepsilon_z = \frac{S}{H} = \frac{\sigma_z}{E_s} \tag{4-13}$$

将 $\sigma_x = \sigma_y = \sigma_z K_0$ 代入式（4-9）的第三式中并令其等于式（4-13），即可得到土的变形模量 $E$ 与压缩模量 $E_s$ 的关系为：

$$E = E_s \left(1 - \frac{2\mu^2}{1-\mu}\right) \tag{4-14}$$

由于 $\mu \leq 0.5$，因此土的变形模量 $E$ 总是小于压缩模量 $E_s$。应当指出，式（4-14）是根据弹性理论中广义虎克定律推导出来的，但土并不是理想弹性体，也不完全符合虎克定律，所以上述只是一种近似公式。

压缩系数 $a_v$、压缩指数 $C_c$、体积压缩系数 $m_v$、压缩模量 $E_s$ 以及变形模量 $E$ 都是用来表征土的压缩特性的指标，并可用于沉降计算，但它们有不同的涵义，应当加以区别，不能混淆。

# 4　基础的沉降计算

建筑物基础的沉降是由地基土的变形引起的。基础沉降按照其发生的原因和次序来说，可以分为初始沉降、固结沉降和次固结沉降三个部分。对一般黏性土来讲，其中固结

沉降是基础沉降中的主要部分，通常所说的基础沉降一般都是指固结沉降。因此，本节将主要介绍固结沉降的计算方法。

固结沉降是土体在压力作用下，由于孔隙中的水和气体（对于饱和土仅仅为水）排出，土体体积缩小而引起的。固结沉降的计算，目前在工程中广泛采用的方法是以无侧向变形条件下的压缩量计算公式为基础的分层总和法。该法按照压缩曲线所取坐标的不同，又可分为 $e-p$ 曲线法和 $e-\lg p$ 曲线法。本节先介绍 $e-p$ 曲线法，$e-\lg p$ 曲线法将在下一节介绍。

在第三章开始的时候，我们曾经讲过，对于天然沉积的土层，由于经历了漫长的地质年代，土体本身已在自重下压缩稳定，所以土的自重应力即为地基中的初始应力，亦即压力增量 $\Delta p = \sigma_z$ 或 $p_2 = \sigma_s + \sigma_z$。在理论上，附加应力可深达无穷远，但在实际计算地基土的压缩量时，我们只要考虑某一深度范围内土层的压缩量，这一深度范围内的土层就称为"压缩层"。

关于压缩层的确定，目前在水利工程中通常是按竖向附加应力 $\sigma_z$ 与竖向自重应力 $\sigma_s$ 之比确定的。对于一般黏性土，当地基某深度的附加应力 $\sigma_z$ 与自重应力 $\sigma_s$ 之比等于 0.2 时，该深度范围内的土层即为压缩层；对于软黏土，则以 $\sigma_z = 0.1\sigma_s$ 的标准确定压缩层的厚度，如图 4-7 所示。

下面介绍计算基础固结沉降的步骤：

(1) 选择沉降计算剖面，在每一个剖面上选择若干计算点。根据建筑物基础的尺寸，判别在计算基底压力和地基中附加应力时是属于空间问题还是平面问题；再按作用在基础上的荷载的性质（中心、偏心或倾斜等情况），求出基底压力的大小和分布，然后结合地基中土层性状，选择沉降计算点的位置（下面以条形基础、均质地基、中心荷载、基础中心点的沉降计算为例）。

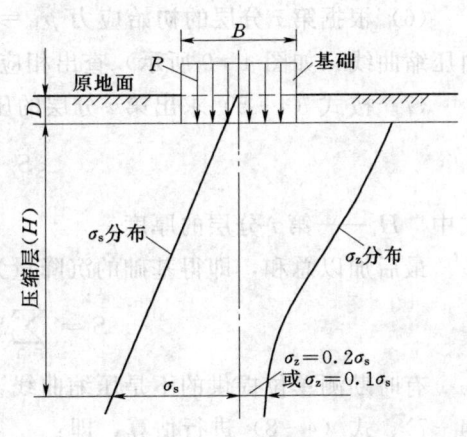

图 4-7 压缩层的确定

(2) 将地基分层。在分层时天然土层的交界面和地下水位应为分层面，同时在同一类土层中分层的厚度不宜过大。对于水工建筑物地基，每层的厚度可以控制在 $H_i = 2 \sim 4\text{m}$ 或 $H_i \leqslant 0.4B$（$B$ 为基础的宽度）。对每一分层，可认为压力是均匀分布的。

(3) 求出计算点垂线上各分层面处（如图 4-8 中的 0、1、2、…）的竖向自重应力 $\sigma_s$（应从地面算起），并绘出它的分布曲线。

(4) 求出计算点垂线上各分层面处的竖向附加应力 $\sigma_z$，并绘出它的分布曲线，如图 4-8 所示。并以 $\sigma_z = 0.2\sigma_s$ 或 $0.1\sigma_s$ 的标准确定压缩层的厚度 $H$。应当注意，当基础有埋置深度 $D$ 时，应采用基底净压力 $p_0 = p - rD$ 计算地基中的附加应力（从基底算起）。

(5) 按算术平均算出各分层的平均自重应力 $\sigma_{si}$ 和平均附加应力 $\sigma_{zi}$，如图 4-8 所示：

$$\sigma_{si} = \frac{(\sigma_{si})_\text{上} + (\sigma_{si})_\text{下}}{2} \tag{4-15}$$

$$\sigma_{zi} = \frac{(\sigma_{zi})_{上} + (\sigma_{zi})_{下}}{2}$$

式中 $(\sigma_{si})_{上}$、$(\sigma_{si})_{下}$——第 $i$ 分层上、下面的自重应力；

$(\sigma_{zi})_{上}$、$(\sigma_{zi})_{下}$——第 $i$ 分层上、下面的附加应力。

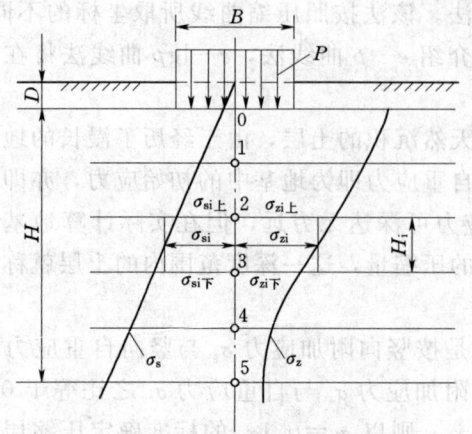

图 4-8 分层总和法沉降计算图例

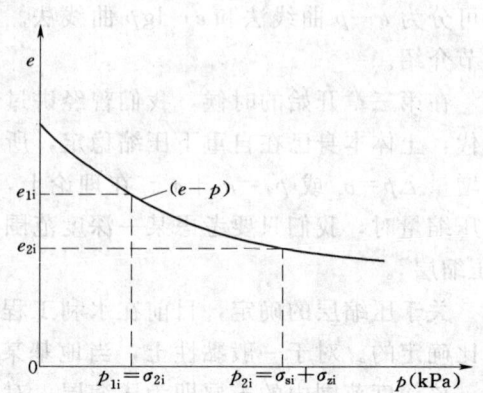

图 4-9 土层压缩曲线

(6) 根据第 $i$ 分层的初始应力 $p_{1i}=\sigma_{si}$ 和初始应力与附加应力之和，即 $p_{2i}=\sigma_{si}+\sigma_{zi}$，由压缩曲线（如图 4-9 所示）查出相应的初始孔隙比 $e_{1i}$ 和压缩稳定后孔隙比 $e_{2i}$。

(7) 按式 (4-5) 求出第 $i$ 分层的压缩量：

$$S_i = \frac{e_{1i} - e_{2i}}{1 + e_{1i}} H_i \tag{4-16}$$

式中 $H_i$——第 $i$ 分层的厚度。

最后加以总和，即得基础的沉降量为：

$$S = \sum_{i=1}^{n} S_i = \sum_{i=1}^{n} \frac{e_{1i} - e_{2i}}{1 + e_{1i}} H_i \tag{4-17}$$

有时勘测单位提供的不是压缩曲线，而是其他压缩性指标，则可利用式 (4-6)、式 (4-7)、式 (4-8) 进行估算，即：

$$S_1 = \frac{a_v}{1 + e_1} \Delta p H_1 = m_v \Delta p H_i = \frac{1}{E_s} \Delta p H_i \tag{4-18}$$

**【例题 4-1】** 有一矩形基础，放置在均质黏土上，如图 4-10 (a) 所示。基础长度 $L=10\text{m}$，宽度 $B=5\text{m}$，埋置深度 $D=1.5\text{m}$，其上作用着中心荷载 $P=10000\text{kN}$。地基土的天然湿重度 $r=20\text{kN/m}^3$，饱和重度 $r_m=21\text{kN/m}^3$，土的压缩曲线如图 4-10 (b) 所示，若地下水位距基底 2.5m，试求基础中心点的沉降量。

**解** (1) 由 $L/B=10/5=2<10$ 可知，属于空间问题，且为中心荷载，所以基底压力为：

$$p = \frac{P}{LB} = \frac{10000}{10 \times 5} = 200(\text{kPa})$$

基底净压力为：

$$p_n = p - \gamma D = 200 - 20 \times 1.5 = 170 \text{(kPa)}$$

(2) 因为是均质土,且地下水位在基底以下 2.5m 处,将分层厚度取为 $H_i = 2.5$m。

(3) 求各分层面的自重应力并绘出分布曲线 [见图 4-10 (a)]。

$$\sigma_{s0} = \gamma D = 20 \times 1.5 = 30 \text{(kPa)}$$
$$\sigma_{s1} = \sigma_{s0} + \gamma H_1 = 30 + 20 \times 2.5 = 80 \text{(kPa)}$$
$$\sigma_{s2} = \sigma_{s1} + \gamma' H_2 = 80 + (21 - 9.80) \times 2.5 = 108 \text{(kPa)}$$
$$\sigma_{s3} = \sigma_{s2} + \gamma' H_3 = 108 + 11.2 \times 2.5 = 136 \text{(kPa)}$$
$$\sigma_{s4} = \sigma_{s3} + \gamma' H_4 = 136 + 11.2 \times 2.5 = 164 \text{(kPa)}$$
$$\sigma_{s5} = \sigma_{s4} + \gamma' H_5 = 164 + 11.2 \times 2.5 = 192 \text{(kPa)}$$

(4) 求各分层面的竖向附加应力并绘分布曲线 [如图 4-10 (a) 所示]。

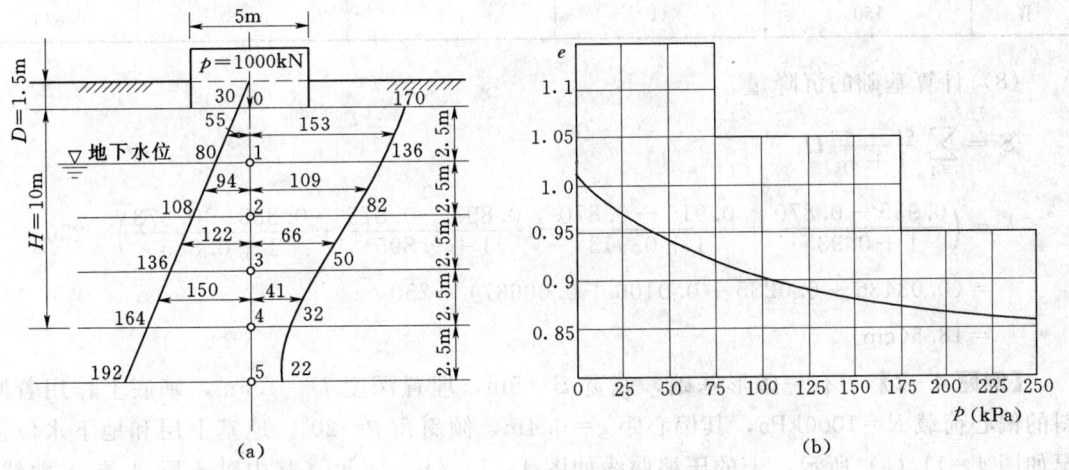

图 4-10 例题 4-1 附图

因属空间问题,故应用"角点法"来求解。为此,通过中心点将基底划分为四块面积相等的计算面积,其长度 $L_1 = 5$m,宽度 $B_1 = 2.5$m。中心点正好在四块计算面积的角点上,该点下任意深度 $Z_i$ 处的附加应力为一块计算面积所得的 4 倍。计算结果如表 4-2 所示。

表 4-2　　　　　　　　　附加应力计算成果表

| 位置 | $n$(m) | $z_i/B$ | $L/B$ | $K_s$ | $\sigma_z = 4K_{si}P$(kPa) |
|---|---|---|---|---|---|
| 0 | 0 | 0 | 2 | 0.25 | 170 |
| 1 | 2.5 | 1.0 | 2 | 0.1999 | 136 |
| 2 | 5.0 | 2.0 | 2 | 0.1202 | 82 |
| 3 | 7.5 | 3.0 | 2 | 0.0732 | 50 |
| 4 | 10.0 | 4.0 | 2 | 0.0474 | 32 |
| 5 | 12.5 | 5.0 | 2 | 0.0328 | 22 |

(5) 确定压缩层厚度。从计算结果可知,在第 4 点处的 $\sigma_{z4}/\sigma_{s4} = 0.197 < 0.2$,所以压

缩层的厚度 $H=10\mathrm{m}$。

（6）计算各分层的平均自重应力和平均附加应力。

各分层的平均自重应力和平均附加应力计算的结果见表 4-3。

（7）由图 4-10（b）查取各分层初始孔隙比和压缩稳定后的孔隙比。结果列于表 4-3。

表 4-3　　　　　　　　各分层的平均应力及相应的孔隙比

| 层 次 | 平均自重应力 $p_{1i}=\sigma_{si}$ (kPa) | 平均附加应力 $\sigma_{zi}$ (kPa) | $p_{2i}=\sigma_{si}+\sigma_{zi}$ (kPa) | 初始孔隙比 $e_{1i}$ | 压缩稳定后的孔隙比 $e_{2i}$ |
|---|---|---|---|---|---|
| I | 55 | 153 | 208 | 0.935 | 0.870 |
| II | 94 | 109 | 203 | 0.915 | 0.870 |
| III | 122 | 66 | 188 | 0.895 | 0.875 |
| IV | 150 | 41 | 191 | 0.885 | 0.873 |

（8）计算基础的沉降量。

$$S=\sum_{i=1}^{n}\frac{e_{1i}-e_{2i}}{1+e_{1i}}H_i$$

$$=\left(\frac{0.935-0.870}{1+0.935}+\frac{0.915-0.870}{1+0.915}+\frac{0.895-0.875}{1+0.895}+\frac{0.885-0.873}{1+0.885}\right)\times 250$$

$$=(0.03436+0.0235+0.0106+0.00637)\times 250$$

$$=18.5(\mathrm{cm})$$

【例题 4-2】　有一条形基础，底宽 $B=5\mathrm{m}$，埋置深度 $D=1.5\mathrm{m}$，基底上作用着倾斜的偏心荷载 $\overline{R}=1000\mathrm{kPa}$，其偏心距 $e=0.4\mathrm{m}$，倾斜角 $\beta=20°$。地基上层和地下水位情况如图 4-11（a）所示，土的压缩曲线如图 4-11（b）所示（其中黏土层 $A$ 查 $A$ 曲线，黏土层 $B$ 查 $B$ 曲线），试求基础两侧的沉降量及沉降差（砂土层的沉降不计）。

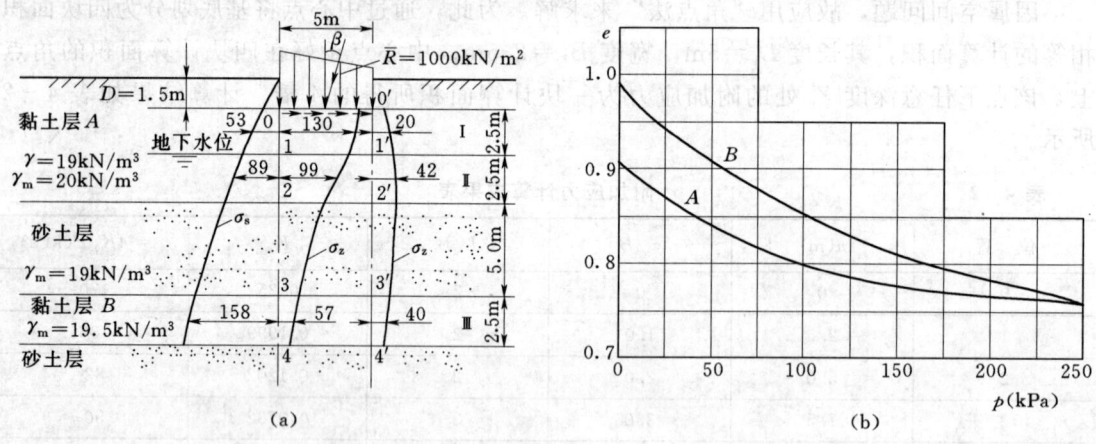

图 4-11　例题 4-2 附图

**解**　（1）条形基础属平面问题，由于基底作用着倾斜偏心荷载，用第三章中的式（3-11）和式（3-13）求得基底压力为：

$$p_{\min}^{\max} = \frac{\overline{R}\cos\beta}{B}\left(1 \pm \frac{6e}{B}\right) = \frac{1000 \times \cos 20°}{5}\left(1 \pm \frac{6 \times 0.4}{5}\right) = \frac{278.0}{97.7}(\text{kPa})$$

$$p_h = \frac{\overline{R}\sin\beta}{B} = \frac{1000 \times \sin 20°}{5} = 200 \times 0.342 = 68.4(\text{kPa})$$

将基底竖直压力分为均匀分布和三角形分布两部分,其中竖直均布压力为:

$$p = p_{\min} = 97.7(\text{kPa})$$

基底净压力为:

$$p_n = p - \gamma D = 97.7 - 19 \times 1.5 = 97.7 - 28.5 = 69.2(\text{kPa})$$

(2) 根据土层和地下水位的情况,将分层厚度取为 $H_i = 2.5\text{m}$。

(3) 求各土层面上的自重应力并绘分布曲线。

$$\sigma_{s0} = \gamma D = 19 \times 1.5 = 28.5(\text{kPa})$$
$$\sigma_{s1} = \sigma_{s0} + \gamma_1 H_1 = 28.5 + 19 \times 2.5 = 76(\text{kPa})$$
$$\sigma_{s2} = \sigma_{s0} + \gamma'_1 H_2 = 76 + 10.2 \times 2.5 = 101.5(\text{kPa})$$
$$\sigma_{s3} = \sigma_{s2} + \gamma'_2 H_3 = 101.5 + 9.2 \times 5 = 147.5(\text{kPa})$$
$$\sigma_{s4} = \sigma_{s3} + \gamma'_3 H_4 = 147.5 + 9.7 \times 2.5 = 171.8(\text{kPa})$$

其分布曲线绘于图 4-11 (a) 中。

(4) 求基础两侧 $O$ 及 $O'$ 以下各分层面的附加应力。基础两侧 $O$ 及 $O'$ 以下各分层面的附加应力计算结果列于表 4-4、表 4-5 中,其分布曲线绘于图 4-11 (a) 中。

表 4-4　　$O$ 点 ($x/B=1$) 以下各分层面上的附加应力 (kPa)

| $z$ (m) | $z/B$ | 竖直均布压力 | | 三角形分布压力 | | 水平均布压力 | | $\sigma_s = (\sigma_z)_s + (\sigma_z)_T$ |
|---|---|---|---|---|---|---|---|---|
| | | $K_z^s$ | $(\sigma_z)_s = K_z^s p_n$ | $K_z^T$ | $(\sigma_z)_T = K_T^2 P_T$ | $K_z^h$ | $(\sigma_z)_h = K_z^h p_h$ | $+ (\sigma_z)_h$ |
| 0.05 | 0.01 | 0.500 | 34.6 | 0.497 | 89.5 | 0.318 | 21.8 | 145.9 |
| 2.50 | 0.50 | 0.479 | 33.1 | 0.354 | 63.7 | 0.254 | 17.4 | 114.2 |
| 5.00 | 1.00 | 0.409 | 28.3 | 0.250 | 45.0 | 0.159 | 10.9 | 84.2 |
| 10.0 | 2.0 | 0.275 | 19.0 | 0.147 | 26.5 | 0.064 | 4.4 | 49.9 |
| 12.5 | 2.5 | 0.240 | 16.6 | 0.128 | 23.1 | 0.040 | 2.7 | 42.4 |

注　$z/B=0.01$ 处的值近似代表 $z/B=0$ 处的值。

表 4-5　　$O'$ 点 ($x/B=0$) 以下各分层面上的附加应力 (kPa)

| $z$ (m) | $z/B$ | 竖直均布压力 | | 三角形分布压力 | | 水平均布压力 | | $\sigma_s = (\sigma_z)_s + (\sigma_z)_T$ |
|---|---|---|---|---|---|---|---|---|
| | | $K_z^s$ | $(\sigma_z)_s = K_z^s p_n$ | $K_z^T$ | $(\sigma_z)_T = K_T^2 P_T$ | $K_z^h$ | $(\sigma_z)_h = K_z^h p_h$ | $+ (\sigma_z)_h$ |
| 0.05 | 0.01 | 0.500 | 34.5 | 0.003 | 0.54 | $-0.318$ | $-21.8$ | 13.34 |
| 2.5 | 0.50 | 0.479 | 33.1 | 0.125 | 22.5 | $-0.254$ | $-17.4$ | 38.2 |
| 5.0 | 1.00 | 0.409 | 28.3 | 0.159 | 28.6 | $-0.159$ | $-10.9$ | 46.0 |
| 10.0 | 2.0 | 0.275 | 19.0 | 0.127 | 22.9 | $-0.060$ | $-4.1$ | 37.5 |
| 12.5 | 2.5 | 0.240 | 16.6 | 0.111 | 20.0 | $-0.040$ | $-2.7$ | 33.9 |

注　$z/B=0.01$ 处的值近似代表 $z/B=0$ 处的值。

(5) 求各分层的平均自重应力和平均附加应力。各分层的平均自重应力和平均附加应力计算结果列于表 4-6 中。

表 4-6　　　　　　　各分层的平均自重应力和平均附加应力

| 层 次 | 平均自重应力（kPa） | O 点平均附加应力（kPa） | O' 点平均附加应力（kPa） |
| --- | --- | --- | --- |
| Ⅰ | 53 | 130 | 20.0 |
| Ⅱ | 89 | 99 | 42.0 |
| Ⅲ | 160 | 46 | 36.0 |

(6) 由图 4-11（b）查取各分层的 $e_1$、$e_2$ 值列于表 4-7 中。

表 4-7　　　　　　　各分层的 $e_1$、$e_2$ 值

| 层 次 | $p_1$ (kN/m²) | $e_1$ | O 点 | | O' 点 | |
| --- | --- | --- | --- | --- | --- | --- |
| | | | $p_2$ (kPa) | $e_2$ | $p_3$ (kPa) | $e_3$ |
| Ⅰ | 53 | 0.835 | 183 | 0.775 | 73 | 0.815 |
| Ⅱ | 89 | 0.810 | 188 | 0.770 | 131 | 0.790 |
| Ⅲ | 160 | 0.805 | 206 | 0.780 | 196 | 0.785 |

(7) 求基础两侧的沉降量。

$$S_0 = \sum \frac{e_{1i} - e_{2i}}{1 + e_{1i}} H_i$$

$$= \left( \frac{0.835 - 0.775}{1 + 0.835} + \frac{0.810 - 0.770}{1 + 0.810} + \frac{0.805 - 0.780}{1 + 0.805} \right) \times 250$$

$$= (0.0327 + 0.0221 + 0.0139) \times 250$$

$$= 17.18 (\text{cm})$$

$$S'_0 = \sum \frac{e_{1i} - e_{2i}}{1 + e_{1i}} H_i$$

$$= \left( \frac{0.835 - 0.815}{1 + 0.835} + \frac{0.810 - 0.790}{1 + 0.810} + \frac{0.805 - 0.785}{1 + 0.805} \right) \times 250$$

$$= (0.0109 + 0.0110 + 0.0111) \times 250$$

$$= 8.25 (\text{cm})$$

基础两侧的沉降差为：

$$\Delta S = S_0 - S'_0 = 17.8 - 8.25 = 8.93 (\text{cm})$$

最后必须提及，为保证建筑物的安全和正常使用，建筑物基础可能产生的最大沉降量和沉降差应在该种建筑物所容许的沉降量 $[S]$ 和沉降差 $[\Delta S]$ 之内，即 $S \leqslant [S]$，$\Delta S \leqslant [\Delta S]$，一旦不能满足这一要求，则应采取适当的措施。

# 5　基础沉降计算的 $e$—$\lg p$ 曲线法

## 5.1　应力历史对黏性土压缩性的影响

在讨论应力历史对黏性土压缩性的影响之前，我们将引进固结压（应）力的概念。所

谓固结应力，就是指使土体产生固结或压缩的应力。就地基土层来讲，使土体产生压缩或固结的应力主要有两种：其一是土的自重应力；其二是外荷在地基内部引起的附加应力。对于新沉积的土或人工吹填土，起初土颗粒尚处于悬浮状态，土的自重应力由孔隙水承担，有效应力为零。随着时间的推移，土在自重作用下逐渐沉降固结，最后自重应力全部转化为有效应力，故这类土的自重应力就是固结应力。但对大多数天然土层来讲，由于经历了漫长的地质年代，在自重作用下已完全固结，此时的自重应力已不再引起土层固结，于是能够进一步使土层产生固结的，只有外加荷载引起的附加应力，故此时的固结应力仅指附加应力而言。如果将时间后推到土层刚沉积时算起，那么固结应力也应包括自重应力。

在第二节讨论土的压缩性时就已提到，试样的室内再压缩曲线比初始压缩曲线要平缓得多，这表明试样经历的应力历史不同将使它具有不同压缩特性。为了进一步讨论应力历史对土压缩性的影响，我们把土在历史上曾受到过的最大有效应力称为前期固结应力，以 $p_c$ 表示；而把前期固结应力与现有效应力 $p'_0$ 之比定义的超固结比，以 $OCR$ 表示，即 $OCR=p_c/p'_0$。对于天然土，当 $OCR>1$ 时，该土是超固结的；当 $OCR=1$ 时，则为正常固结土，$OCR$ 愈大，该土所受到的超固结作用愈强，在其他条件的情况下，其压缩性愈低。此外，还有所谓欠固结土，即在自重作用下还没有完全固结的土，尚有一部分孔隙水应力没有消散，它的现有有效应力即为前期固结应力，按上面的定义，它的 $OCR$ 也等于1，故欠固结土实质上是属于正常固结土一类。下面我们举例来进一步说明上述概念。

图 4-12 为天然沉积的三个土层，目前具有相同的地面标高。其中，土层 $A$ 沉积到现在的地面后，在自重应力作用下已固结稳定。土层 $B$ 在历史上曾经沉积到图中虚线所示的地面，并在其自重应力作用下固结稳定，后来由于地质作用，上部土层被冲蚀而形成现有地面。土层 $C$ 是近代沉积起来的，由于沉积时间不长，在自重应力作用下尚未完全固结稳定。现在来考察这三个土层所经受的应力历史。对于土层 $A$，在地面下任一深度 $z$ 处，土的现有固结应力 $p_0$ 就是它的自重应力 $\gamma'z$，且已为骨架所承担而转化为有效应力 $p'_0$，它也就是该土层曾经受到过的最大有效应力，即 $p_c$，故 $p'_0=p_c$，$OCR=1$，属正常

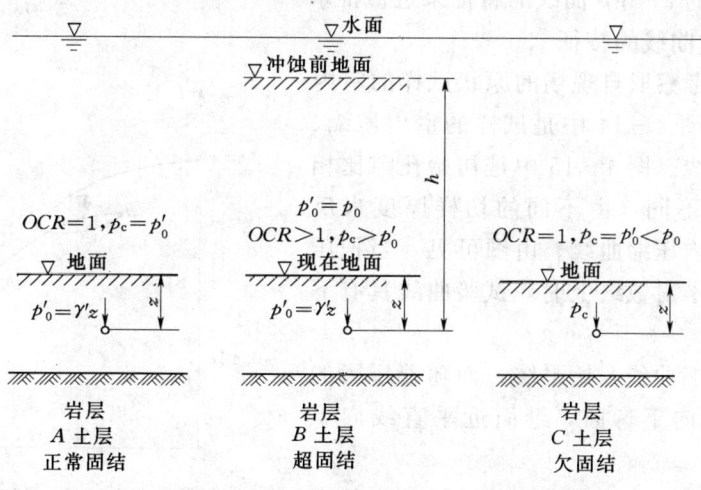

图 4-12 三种不同应力历史的土层

固结土。对于土层 $B$，在 $z$ 深度处，现有有效应力 $p'_0$ 也等于 $\gamma'z$，但前期固结应力 $p_c=\gamma h$，故 $p_c > p'_0$，$OCR > 1$，属超固结土。对于土层 $C$，因土在自重下尚未完全固结，故在 $z$ 深度处，土的固结应力 $p'_0$ 就是它的前期固结应力 $p_c$，所以 $p_c = p'_0 < p_0$，$OCR = 1$。

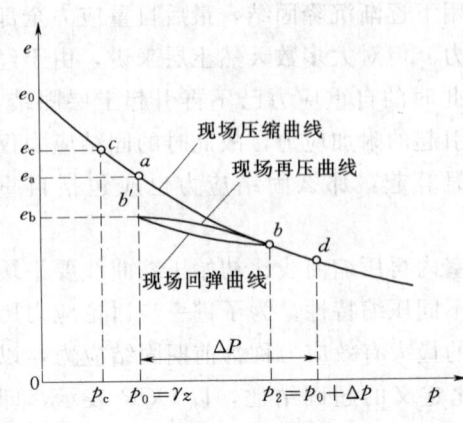

图 4-13  三种不同土层的压缩特性

从以上分析可知，在 $A$、$B$、$C$ 三个土层现有地面以下同一深度 $z$ 处，土的现有应力虽然相同，均为 $p_0 = \gamma z$，但是由于它们经历的应力历史不同，而在压缩曲线上将处于不同的位置。若图 4-13 代表 $z$ 深度处土的现场压缩、回弹和再压缩曲线，那么，对于正常固结土，它在沉积过程中已从 $e_0$ 开始在自重应力作用下沿现场压缩曲线至 $a$ 点固结稳定。对于超固结土，它曾在自重应力作用下沿现场压缩曲线至 $b$ 点，后因上部土层冲蚀，现已回弹稳定在 $b'$ 点。对于欠固结土，由于在自重应力作用下还未完全固结，目前它处在现场压缩曲线上的 $c$ 点。现在，若对这三种土再施加相同的固结应力 $\Delta p$，那么，正常固结土和欠固结土将分别由 $a$ 点和 $c$ 点沿现场压缩曲线至 $d$ 点固结稳定；而超固结土则由 $b'$ 点沿现场再压缩曲线至 $d$ 点固结稳定。显然，三者的压缩量是不同的，其中欠固结土最大，超固结土最小，而正常固结土则介于两者之间，因此，在这三种土层上修建建筑物时，我们必须计及它们压缩性的差异。可是这个问题用 $e-p$ 曲线法是无法考虑的，只有采用 $e-\lg p$ 曲线法才能得到解决。

### 5.2  现场压缩曲线的推求

要考虑三种不同应力历史对土层压缩性的影响，必先解决下列两个问题：其一，要确定该土层的前期固结应力 $p_c$，通过与现有固结应力 $p_0$ 的比较，借以判别该土层是正常固结还是超固结的；其二，要得到能够反映土的原位特性的现场压缩曲线资料。可是，在绝大多数情况中土的前期固结应力和现场压缩曲线都不能直接求得，通常只能根据试样的室内压缩试验求得的 $e-\lg p$ 曲线的特征来近似推求。

#### 5.2.1  室内压缩曲线的特征

现在我们来考察取自现场的原状试样的室内压缩试验结果。图 4-14 中是试样的室内压缩、回弹和再压缩曲线。图 4-15 中是初始孔隙比相同，但扰动程度不同（由不同的切样厚度来反映）的试样的室内压缩曲线。由图可见，当把压缩试验结果绘在半对数纸上时，试验曲线具有下列特征：

（1）室内压缩曲线开始平缓，而随着压力的增大，则明显地向下弯曲，继而近乎直线向下延伸。

（2）不管试样的扰动程度如何，当压力较大

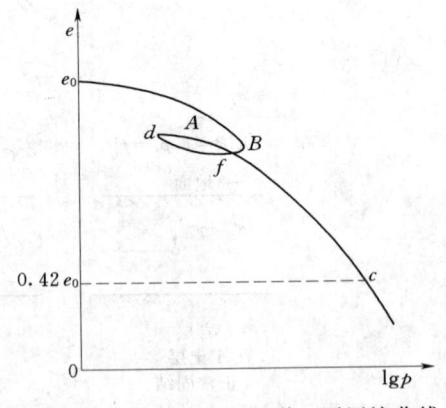

图 4-14  室内压缩、回弹、再压缩曲线

时，它们的压缩曲线都近乎直线，且大致交于一点 $c$，$c$ 点的纵坐标约为 $0.42e_0$。$e_0$ 为试样的初始孔隙比。

（3）扰动愈强烈，压缩曲线愈低，曲率也愈不明显。

（4）卸荷点 $B$ 在再压缩曲线曲率最大的 $A$ 点右下侧。

对室内压缩曲线，现在还有必要进一步说明，由于土样取自地下，一个优质原状土样尽管能保持土的原位孔隙比不变，但应力释放是无法完全避免的，因此室内压缩曲线实质上已是一条再压缩曲线（对现场压缩曲线而言）。而取样和试验操作中试样的扰动又招致室内压缩曲线的直线部分偏离现场压缩曲线，试样扰动愈强烈，偏离也愈大。

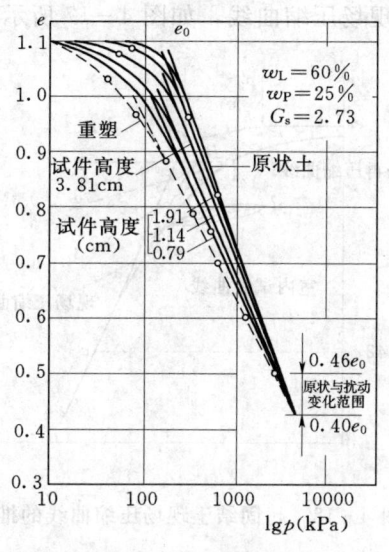

图 4-15 扰动程度不同的试样的室内压缩曲线

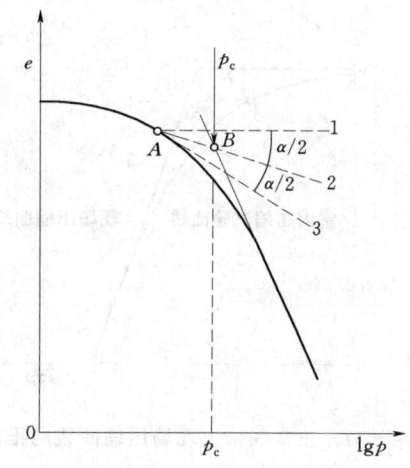

图 4-16 前期固结应力的确定

## 5.2.2 前期固结应力的确定

为了判断地基土的应力历史，首先确定它的前期固结应力 $p_c$，最常用的方法是卡萨格兰德（Casagrande）依据上述室内压缩曲线特征所建议的经验图解法，其作图方法和步骤如下：

（1）在 $e$—$\lg p$ 坐标上绘出试样的室内压缩曲线，如图 4-16 所示。

（2）找出压缩曲线上曲率最大的点 $A$，过 $A$ 点作水平线 $\overline{A1}$ 和切线 $\overline{A3}$ 以及它们夹角的平分线 $\overline{A2}$。

（3）把压缩曲线下部的直线段向上延伸交 $\overline{A2}$ 于 $B$ 点，$B$ 点的横坐标即为所求的前期固结应力 $p_c$。

应该指出，采用这种方法确定前期固结应力的精度在很大程度上取决于曲率最大的 $A$ 点的正确选定。但是，通常 $A$ 点是凭借目测来决定的，故有一定的人为误差，同时，由上述特征（3）可知，严重扰动的试样，压缩曲线的曲率不大明显，$A$ 点的正确位置也就更难以决定。另外，纵坐标选用不同的比例时，$A$ 点的位置也不尽相同。因此，要可靠地确定前期固结应力，还需结合土层形成的历史资料，综合加以分析。

### 5.2.3 现场压缩曲线的推求

试样的前期固结应力一旦确定，就可通过它与试样现有固结应力 $p_0$ 的比较，来判定它是正常固结的、超固结的、还是欠固结的。然后，再依据室内压缩曲线的特征，来推求现场压缩曲线。

若 $p_c = p_0$，则试样是正常固结的，它的现场压缩曲线可如下推求：

一般可假定取样过程中试样不发生体积变化，即试样的初始孔隙比 $e_0$ 就是它的原位孔隙比，于是由第一章中式（1-17）求出 $e_0$，再由 $e_0$ 和 $p_c$ 值，在 $e$—$\lg p$ 坐标上定出 $b$ 点，此即试样在现场压缩的起点，然后由上述特征（2）推论，从纵轴坐标 $0.42e_0$ 处作一水平线交室内压缩曲线于 $c$ 点，连接 $bc$ 即为所求的现场压缩曲线，如图 4-17 所示。

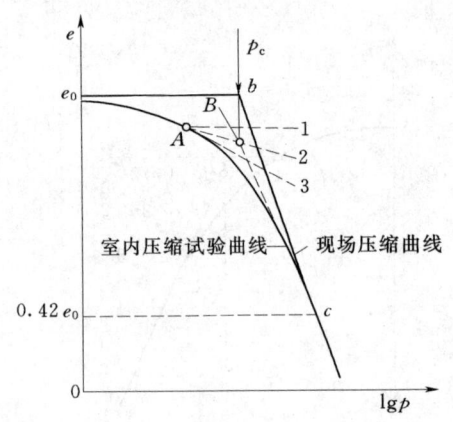

图 4-17 正常固结土现场压缩曲线的推求　　图 4-18 超固结土现场压缩曲线的推求

若 $p_c > p_0 = p'_0$，则试样是超固结的。由于超固结土由前期固结压力 $p_c$ 减至现有有效应力 $p'_0$ 期间曾在原位经历了回弹。因此，当超固结土后来受到外荷引起的附加应力 $\Delta p$ 时，它开始将沿着现场再压缩曲线压缩。如果 $\Delta p$ 较大，超过 $(p_c - p_0)$，它才会沿现场压缩曲线压缩。为了推求这条现场压缩曲线，应改变压缩试验的程序，并在试验过程中随时绘制 $e$—$\lg p$ 曲线，待压缩曲线出现急剧转折之后，立即逐级卸荷至 $p_c$，让回弹稳定，再分级加荷。于是可得图 4-18 中的曲线 $Adfc$，以备推求超固结土的现场压缩曲线之用。步骤如下：

（1）按上述方法确定前期固结应力 $p_c$ 的位置线和 $c$ 点的位置。

（2）按试样在原位的现有有效应力 $p'_0$（即现有自重应力）和孔隙比 $e_0$ 定出 $b'$ 点，此即试样在原位压缩的起点。

（3）假定现场再压缩曲线与室内回弹，再压缩曲线构成的迴滞环的割线 $\overline{df}$ 相平行。于是过 $b'$ 点作 $\overline{df}$ 线的平行线交 $p_c$ 的位置线于 $b$ 点，$b'b$ 线即为现场再压缩曲线。

（4）连 $bc$，即现场压缩曲线。

若 $p_c < p_0$，则试样是欠固结的，如前所述，欠固结土实质上属于正常固结土一类，所以它的现场压缩曲线的推求方法完全与正常固结土一样。

## 5.3 基础沉降计算

按照 $e$—$\lg p$ 曲线法来计算基础的沉降与 $e$—$p$ 曲线法一样，都是以无侧向变形条件下压缩量的基本公式并采用分层总和法为前提的。与前述分层总和法一样,每一分层压缩量计算公式仍为式(4-3),即 $S = \frac{\Delta e}{1+e_1}H$,所不同的只是 $\Delta e$ 应由现场压缩曲线来获得,初始孔隙比应取 $e_0$,压缩指数也应由现场压缩曲线求得,下面将分别介绍正常固结土、超固结土和欠固结土的计算方法。

### 5.3.1 正常固结土的沉降计算

设图 4-19 为第 $i$ 分层由室内压缩试验曲线推得的现场压缩曲线。因此,当第 $i$ 分层在平均固结应力(即附加应力)$\Delta p_i$ 作用下达到完全固结时,其孔隙比的改变量应为:

$$\Delta e_i = -C_{ci}[\lg(p_{0i}+\Delta p_i) - \lg p_{0i}] = -C_{ci}\lg\left(\frac{p_{0i}+\Delta p_i}{p_{0i}}\right) \quad (4-19)$$

将式(4-19)代入式(4-3)中,此时 $e_1 = e_0$,即可得到第 $i$ 分层的压缩量为:

$$S_i = \frac{H_i}{1+e_{0i}}C_{ci}\lg\left(\frac{p_{0i}+\Delta p_i}{p_{0i}}\right) \quad (4-20)$$

于是,基础的沉降为各分层压缩量之总和,即:

$$S = \sum_{i=1}^{n}\frac{H_i}{1+e_{0i}}C_{ci}\lg\left(\frac{p_{0i}+\Delta p_i}{p_{0i}}\right) \quad (4-21)$$

式中 $e_{0i}$——第 $i$ 分层的初始孔隙比;

$p_{0i}$——第 $i$ 分层的平均自重应力;

$H_i$——第 $i$ 分层的厚度;

$C_{ci}$——第 $i$ 分层的现场压缩指数。

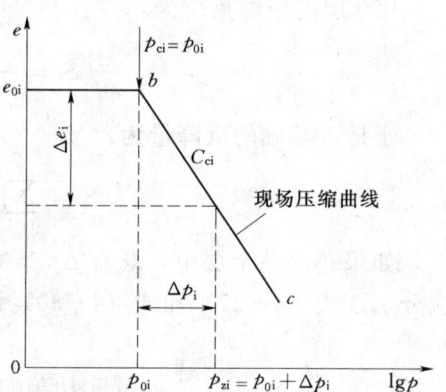

图 4-19 正常固结土沉降计算

大沙基根据试验资料发现,灵敏度较低的正常固结土的现场 $C_c$ 与液限 $w_L$ 之间有以下关系:

$$C_c = 0.009(w_L - 10) \quad (4-22)$$

### 5.3.2 超固结土的沉降计算

对于超固结土的基础沉降计算,应该区分两种情况:第一种情况是各分层的平均固结应力 $\Delta p > (p_c - p_0)$;第二种情况是各分层的平均固结应力 $\Delta p < (p_c - p_0)$。

对于第一种情况,第 $i$ 分层在 $\Delta p_i$ 作用下,孔隙比将先沿着现场再压缩曲线 $b'b$ 减小 $\Delta e'_i$,然后再沿着现场压缩曲线 $bc$ 减小 $\Delta e''_i$,如图 4-20(a)所示。其中:

$$\Delta e'_i = -C_{ei}(\lg p_{ci} - \lg p_{0i}) = -C_{ei}\lg\left(\frac{p_{ci}}{p_{0i}}\right) \quad (4-23)$$

$$\Delta e''_i = -C_{ci}\lg\left(\frac{p_{0i}+\Delta p_i}{p_{ci}}\right) \quad (4-24)$$

于是,孔隙比的总改变量为:

$$\Delta e_i = \Delta e'_i + \Delta e''_i = -\left[C_{ei}\lg\left(\frac{p_{ci}}{p_{0i}}\right) + C_{ci}\lg\left(\frac{p_{0i}+\Delta p_i}{p_{ci}}\right)\right] \quad (4-25)$$

将式(4-25)代入式(4-3),即可得到第 $i$ 分层的压缩量为:

$$S_i = \frac{H_i}{1+e_{0i}}\left[C_{ei}\lg\left(\frac{p_{ci}}{p_{0i}}\right) + C_{ci}\lg\left(\frac{p_{0i}+\Delta p_i}{p_{ci}}\right)\right] \quad (4-26)$$

式中 $C_{ei}$——第 $i$ 分层的现场再压缩指数；

$p_{ci}$——第 $i$ 分层的前期固结应力；

其余符号同前。

于是，基础的沉降量为各分层压缩量之和，即：

$$S = \sum_{i=1}^{n} \frac{H_i}{1+e_{0i}} \left[ C_{ei} \lg\left(\frac{p_{ci}}{p_{0i}}\right) + C_{ci} \lg\left(\frac{p_{0i}+\Delta p_i}{p_{ci}}\right) \right] \qquad (4-27)$$

对于第二种情况，第 $i$ 分层在 $\Delta p_i$ 作用下，孔隙比的改变将只沿着再压缩曲线 $b'b$ 发生，如图 4-20 (b) 所示，其值为：

$$\Delta e_i = -C_{ei}[\lg(p_{0i}+\Delta p_i) - \lg p_{0i}] = -C_{ei}\left(\frac{p_{0i}+\Delta p_i}{p_{0i}}\right) \qquad (4-28)$$

第 $i$ 层的压缩量应为：

$$S_i = \frac{H_i}{1+e_{0i}} C_{ei} \lg\left(\frac{p_{0i}+\Delta p_i}{p_{0i}}\right) \qquad (4-29)$$

于是，基础的沉降量为：

$$S = \sum_{i=1}^{n} \frac{H_i}{1+e_{0i}} C_{ei} \lg\left(\frac{p_{0i}+\Delta p_i}{p_{0i}}\right) \qquad (4-30)$$

如果超固结土层中，既有 $\Delta p > (p_c - p_0)$，又有 $\Delta p < (p_c - p_0)$ 的分层时，其沉降量应分别按式（4-27）和式（4-30）计算，最后将两部分叠加即可。

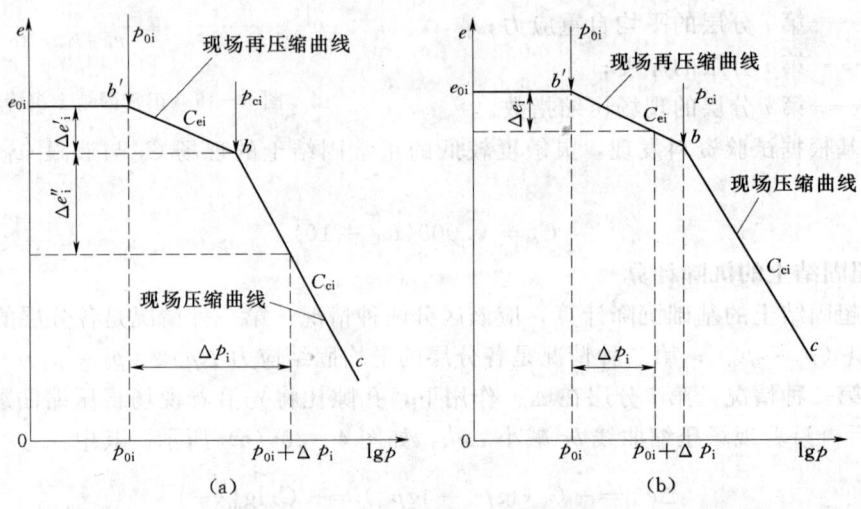

图 4-20 超固结土沉降计算

## 5.3.3 欠固结土的沉降计算

对于欠固结土，由于在自重应力作用下还没有完全达到固结稳定，其土层已经受到的有效应力（即前期固结应力 $p_c$）小于现有固结应力（即自重应力 $p_0$）。因此，在这样的土层上施加荷载，基础的沉降量必将是由在自重下继续固结所引起的沉降量与新增固结应力 $\Delta p$ 所引起的沉降量之和。图 4-21 为欠固结土第 $i$ 分层的现场压缩曲线，由土的自重应力继续固结所引起的孔隙比改变 $\Delta e'_i$ 和新增固结应力所引起的孔隙比的改变 $\Delta e''_i$ 之和为：

$$\Delta e_i = \Delta e'_i + \Delta e''_i = -C_{ci}\lg\left(\frac{p_{0i}+\Delta p_i}{p_{ci}}\right) \quad (4-31)$$

将式（4-31）代入式（4-3），即可得到第 $i$ 分层的压缩量为：

$$S_i = \sum_{i=1}^{n}\frac{H_i}{1+e_{0i}}C_{ci}\lg\left(\frac{p_{0i}+\Delta p_i}{p_{ci}}\right) \quad (4-32)$$

于是，基础的沉降量为：

$$S = \sum_{i=1}^{n}\frac{H_i}{1+e_{0i}}C_{ci}\lg\left(\frac{p_{0i}+\Delta p_i}{p_{ci}}\right) \quad (4-33)$$

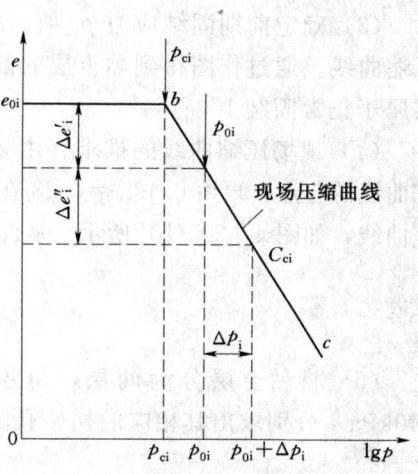

图 4-21 欠固结土沉降计算

【例题 4-3】 有一仓库，面积为 $12.5\text{m}\times 12.5\text{m}$，堆荷为 $100\text{kPa}$，地基剖面见图 4-22（a）。从黏土层中心部位取样做室内压缩试验得到压缩曲线如图 4-22（b）所示。土样的初始孔隙比 $e_0=0.67$。试求仓库中心处的沉降量（砂土层沉降量不计）。

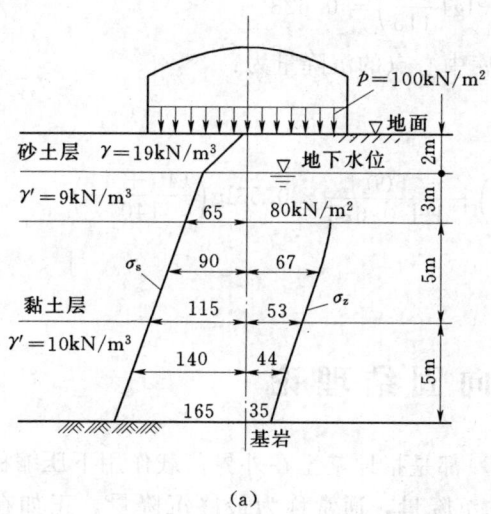
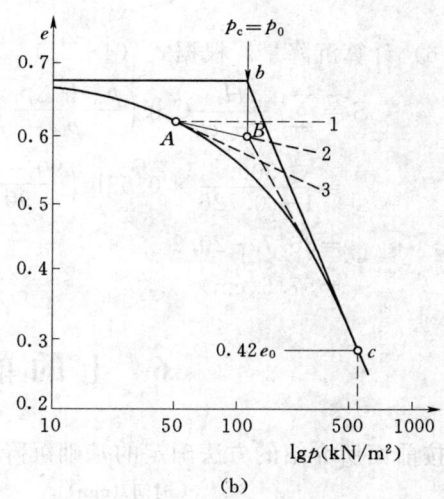

（a） （b）

图 4-22 例题 4-3 附图

**解** （1）计算自重应力并绘分布曲线。黏土层顶面的自重应力为：

$$\sigma_{c1} = 2\times 19 + 3\times 9 = 65(\text{kPa})$$

黏土层中心处的自重应力为：

$$\sigma_{c2} = \sigma_{c1} + 10\times 5 = 65 + 50 = 115(\text{kPa})$$

黏土层底面的自重应力为：

$$\sigma_{c3} = \sigma_{c2} + 10\times 5 = 115 + 50 = 165(\text{kPa})$$

自重应力分布如图 4-22（a）所示。

（2）求地基中的附加应力并绘分布曲线。该基础属空间问题，由第三章表 3-1，可求得土层中的竖直附加应力 $\sigma_z$ 标在图 4-22（a）上。

(3) 确定前期固结应力 $p_c$ 值。根据卡萨格兰德的方法，由图 4-22（b）所示的室内压缩曲线，通过作图得到黏土层的前期固结应力 $p_c=115\text{kPa}$。由于 $p_0=p_c$，所以该黏土层属于正常固结土。

(4) 现场压缩曲线的推求。由 $e_0=0.67$ 与前期固结应力 $p_c$ 得交点 $b$，$b$ 点即为现场压缩曲线的起点；再由 $0.42e_0=0.28$ 在室内压缩曲线上得到交点 $c$，连接 $bc$ 即为欲求的现场压缩曲线，如图 4-22（b）所示。从图中得到 $c$ 点的横坐标为 $630\text{kPa}$，所以压缩指数为：

$$C_c = \frac{0.67-0.28}{\lg\left(\frac{630}{115}\right)} = 0.53$$

(5) 将黏土层分为两层，每层的厚度为 $H_i=5\text{m}$，平均自重应力分别为 99kPa、140kPa，分别求出其相应的初始孔隙比 $e_{0i}$：

$$e_{0i} = e_0 - C_c \lg\left(\frac{P_{0i}}{P_0}\right)$$

$$e_{01} = 0.67 - 0.53\lg\left(\frac{90}{115}\right) = 0.726$$

$$e_{02} = 0.67 - 0.53\lg\left(\frac{140}{115}\right) = 0.623$$

(6) 计算沉降量。根据式（4-21），仓库中心点的沉降量为：

$$S = \sum \frac{H_i}{1+e_{0i}} C_c \lg\left(\frac{p_{0i}+\Delta p_i}{p_{0i}}\right)$$

$$= \frac{500}{1+0.726} \times 0.53\lg\left(\frac{90+67}{90}\right) + \frac{500}{1+0.623} \times 0.53\lg\left(\frac{140+44}{140}\right)$$

$$= 36.7 + 20.9$$

$$= 57.6(\text{cm})$$

# 6 土的单向固结理论

按前面所介绍的方法确定的基础沉降量，都是指地基土在外界荷载作用下压缩稳定后的沉降量，通常称为最终沉降量。正如在第二节中已经提及，饱和土体的压缩完全是由于孔隙中水的逐渐向外排出，孔隙体积缩小引起的，因而，排水速率将影响到土体压缩稳定所需的时间。然而，排水速率又直接与土的透水性有关，透水性愈强，排水愈快，完成压缩所需的时间愈短；反之，排水愈慢，完成压缩所需的时间愈长。图 4-23 表示不同透水性的土在相同的静荷作用下沉降与时间的关系曲线。从图 4-23 中可以看出：透水性强的砂土不但压缩量小，而且压缩稳定所需的时间短，透水性弱的黏土，不但压缩量大，而且压缩稳定所需的

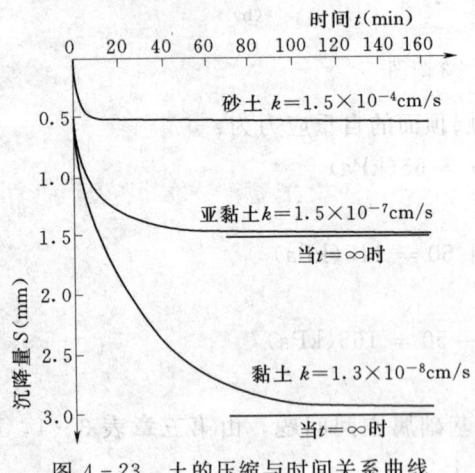

图 4-23 土的压缩与时间关系曲线

时间也长。

在工程设计中，有时我们不但需要预估建筑物基础可能产生的最终沉降量，而且还常常需要预估建筑物基础达到某一沉降量所需的时间或者预估建筑物完工以后经过某一时间可能产生的沉降量。关于基础沉降量与时间的关系，目前均以饱和土体单向固结理论为基础。下面将介绍这一理论及其应用。

## 6.1 单向固结模型

前已述及，土体的固结是指土体在某一压力作用下与时间有关的压缩过程。就饱和土体而言，这是由于孔隙水的逐渐向外排出引起的。如果孔隙水只能朝一个方向向外排出，土体的压缩也只在一个方向发生（一般均指竖直方向），那么，这种压缩过程就称为单向固结。在压力作用下，土体中孔隙水的向外排出，体积减小只是一种现象，而它的本质是什么呢？下面我们以土的固结模型来说明土固结的力学机理。

土的单向固结模型是一个侧壁和底面均不能透水，其内部装置着多层活塞和弹簧的充水容器，如图 4-24 所示。其中弹簧模拟土的骨架，容器中水模拟土体孔隙中的水，活塞上的水孔模拟排水条件，容器侧面的测压管只是用来说明模型中各分层的水压力变化，实际上测压管是不允许容器中的水排出的。

现在我们来分析当模型顶面受到压力 $p$ 作用时，其内部的应力变化及弹簧的压缩过程，亦即土体的固结过程。

设模型在受压之前，活塞的重量已由弹簧承担。因此，各测压管中的水位与容器中的静水位齐平。此时每一分层中的弹簧均承受一定的孔隙水应力（即静水应力），但它们对今后的压缩变形并没有影响。当模型受到外界压力 $p$ 作用时，由弹簧承担的应力将增加，它相当于土体内骨架所承担的附加有效应力 $\sigma'$。而由容器中水来承担的应力亦将在静水压力的基础上有所增加，这部分应力即相当于土体内孔隙水所承担的超静孔隙水应力 $u$。假定活塞与容

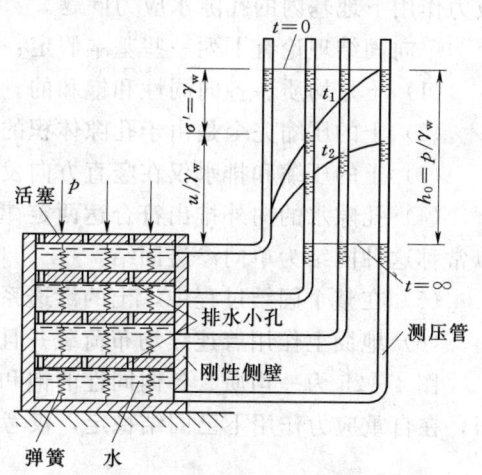

图 4-24 饱和土体的单向固结模型

器侧壁的摩擦力忽略不计，那么，当模型顶层活塞上受到压力 $p$ 作用时，各分层的附加应力亦即固结应力将是相同的，且等于 $p$。在施加压力的瞬间，即 $t=0$ 时，由于容器中的水还来不及向外排出，加之水本身认为是不可压缩的，因而，各分层的弹簧都没有压缩，附加有效应力 $\sigma'=0$，固结应力全部由水来承担，故超静孔隙水应力 $u=p$（$t=0$ 时的超静孔隙水应力即初始超静水应力）。因此，各测压管中的水位均将高出容器中的静水位，所高出的水头为 $h_0 = p/\gamma_w$。

经时间 $t$，容器中的水在水头差作用下，由下而上逐渐从顶层活塞的排水孔向外排出，各分层的孔隙水压力将减小，测压管的水位相继下降，超静孔隙水应力 $u<p$。与此同时，各分层弹簧相应压缩，而承担部分应力，即附加有效应力 $\sigma'>0$。最后，当 $t=\infty$ 时，测压管中的水位都恢复到与容器中的静水位齐平。这时，超静孔隙水应力全部消散，

即 $u=0$,仅剩静水应力,容器中的水不再向外排出,弹簧均压缩稳定,固结应力全部由弹簧来承担而转化为有效应力,即 $\sigma'=p$。这就是土的固结模型在某一压力作用下,其内部应力变化和弹簧压缩的全过程。从这一过程中我们可以得出结论:在某一压力作用下,饱和土的固结过程,也就是土体中各点的超静孔隙水应力 $u$ 不断消散、附加有效应力 $\sigma'$ 相应增加的过程,或者说是超静孔隙水应力 $u$ 逐渐转化为附加有效应力 $\sigma'$ 的过程,而这种转化过程中任一时刻任一深度上的应力始终遵循着有效应力基本原理 $p=\sigma'+u$。因此,关于求解基础沉降与时间关系的问题,实际上就变成求解在附加应力作用下,地基中各点的超静孔隙水应力(或附加有效应力)随时间变化的问题。

应当指出,在不会引起误解的情况下,以后提到的由固结应力引起的孔隙水应力和有效应力,都是指超静孔隙水应力和附加有效应力而言。它们所表示的是土层中的孔隙水应力和有效应力的增量,它们只与附加应力有关,而土层中实际作用着的孔隙水应力和有效应力则应包含原有孔隙水应力和有效应力,这点请读者加以注意。

## 6.2 单向固结理论

下面我们将利用上述固结模型所得到的关于饱和土体固结的力学机理,来求解在附加应力作用下地基内的孔隙水应力问题。

单向固结理论有下列一些基本假定:
(1) 土是均质、各向同性和饱和的。
(2) 土的压缩完全是由于孔隙体积的减小,土粒和孔隙水是不可压缩的。
(3) 土的压缩和排水仅在竖直方向发生。
(4) 孔隙水的向外排出符合达西定律,因此,土的固结快慢决定于它的渗透速度,所以常称这种固结为单向渗透固结。
(5) 在整个固结过程中,土的渗透系数 $k$、压缩系数 $a_v$ 等视为常量。
(6) 地面上作用着连续均布荷载并且是一次施加的。

图 4-25 为一均质、各向同性的饱和黏土层,位于不透水的岩层上、黏土层的厚度为 $H$,在自重应力作用下已固结稳定,仅考虑外加荷载引起的固结。若在水平地面上施加连续均布荷载 $p$,则在土层内部引起的竖向附加应力(即固结应力)沿高度的分布将是均匀的且等于外加均布荷载,即 $\sigma_z=p$。为了找出黏土层在固结过程中孔隙水应力 $u$ 的变化规律,我们考察黏土层面以下 $z$ 深度处厚度 $dz$、面积 $1\times 1$ 的单元体的水量变化和孔隙体积压缩的情况(坐标取重力方向为正,暂不考虑边界条件)。在地面加荷之前,单元体顶面和底面的测压管中水位均与地下水位齐平。而在加荷瞬间,即 $t=0$ 时,根据前述的固结模型,测压管中的水位都将升高 $h_0=\dfrac{u}{\gamma_w}$。在固结过程中某一时刻 $t$,测压管中的水位都将下降,设

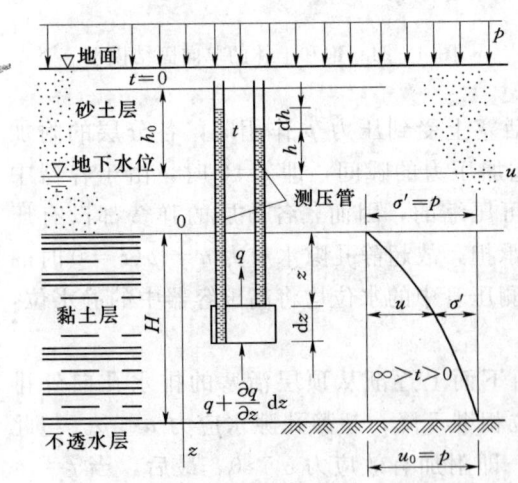

图 4-25 饱和黏土的固结过程

此时顶面测压管中水位高出地下水位 $h=\dfrac{u'}{\gamma_w}$，而顶面测压管中水位又比底面测压管中水位低 $dh=\dfrac{\partial h}{\partial z}dz=\dfrac{1}{\gamma_w}\dfrac{\partial u}{\partial z}dz$，如图 4-25 所示。由于单元体顶面与底面存在着水头差 $dh$，因此单元体中将发生渗流并引起水量变化和孔隙体积的改变。

设在固结过程中的某一时刻 $t$，从单元顶面流出的流量为 $q$，则从底面流入的流量将为 $q+\dfrac{\partial q}{\partial z}dz$。于是，在时间增量 $dt$ 内，流出与流入该单元体中的水量之差，即净流出的水量为：

$$dQ = qdt - \left(q+\dfrac{\partial q}{\partial z}dz\right)dt = -\dfrac{\partial q}{\partial z}dzdt \tag{4-34}$$

设在同一时间增量 $dt$ 内单元体上的有效应力增量为 $d\sigma'$，则单元体体积的减小为：

$$dV = -m_v d\sigma' dz \tag{4-35}$$

$$m_v = \dfrac{a_v}{1+e_1}$$

式中 $m_v$——体积压缩系数；

$e_1$，$a_v$——黏土层的初始孔隙比和平均压缩系数。

由于在固结过程中外荷保持不变，因而在 $z$ 深度处的附加应力 $\sigma_z = p$ 也为常量，则有效应力的增加将等于孔隙水应力的减小，即：

$$d\sigma' = d(p-u) = -du = -\dfrac{\partial u}{\partial t}dt \tag{4-36}$$

将式 (4-36) 代入式 (4-35) 得：

$$dV = m_v \dfrac{\partial u}{\partial t}dzdt \tag{4-37}$$

对于饱和土体而言，由于孔隙被水所充满，因此，在 $dt$ 时间内单元体体积的减小应等于净流出的水量，即：

$$-dV = dQ \tag{4-38}$$

将式 (4-34) 和式 (4-37) 代入式 (4-38) 两边，可得：

$$\dfrac{\partial q}{\partial z} = m_v \dfrac{\partial u}{\partial t} \tag{4-39}$$

根据达西定律，在 $t$ 时刻通过单元体的流量可表示为：

$$q = ki = k\dfrac{\partial h}{\partial z} = \dfrac{k}{\gamma_w}\dfrac{\partial u}{\partial z} \tag{4-40}$$

将式 (4-40) 代入式 (4-39) 左边，即可得到单向固结微分方程式为：

$$\dfrac{\partial u}{\partial t} = C_v \dfrac{\partial^2 u}{\partial z^2} \tag{4-41}$$

$$C_v = \dfrac{k}{m_v \gamma_w} = \dfrac{k(1+e_1)}{a_v \gamma_w} \tag{4-42}$$

式中 $C_v$——固结系数（$cm^2/s$）。

按式 (4-41) 在一定的初始条件和边界条件下，可以解得任一深度 $z$ 在任一时刻 $t$ 时的孔隙水应力 $u$ 的表达式。对于图 4-25 所示的土层和受荷情况，其初始条件和边界条件为：

$$t = 0 \text{ 以及 } 0 \leqslant z \leqslant H \text{ 时}, u_0 = p$$

$$0 < t < \infty \text{ 以及 } \begin{cases} z = H \text{ 时}, q = 0, \dfrac{\partial u}{\partial t} = 0 \\ z = 0 \text{ 时}, u = 0 \end{cases} \tag{4-43}$$

$$t = \infty \text{ 以及 } 0 \leqslant z \leqslant H \text{ 时}, u = 0$$

用分离变量法，采用福里哀级数，可求得式（4-41）的解答为：

$$u = \frac{4}{\pi} p \sum_{m=1}^{\infty} \frac{1}{m} \sin\left(\frac{m\pi z}{2H}\right) e^{-m^2 \frac{\pi^2}{4} T_v} \tag{4-44}$$

$$T_v = \frac{C_v t}{H^2}$$

式中　$m$——正奇数（1，3，5，…）；

　　　$T_v$——时间因数，无因次；

　　　$H$——最大排水距离，在单面排水条件下即为土层厚度，在双面排水条件下为土层厚度的一半。

## 6.3　固结度及其应用

理论上可以根据式（4-44）求出土层中任意时刻 $t$ 时的孔隙水应力 $u$ 及相应的有效应力 $\sigma'$ 的大小和分布，再利用压缩量基本公式算出任意时刻 $t$ 时基础的沉降量 $S_t$。但是这样求解甚感不便，下面将引入并应用固结度的概念，使问题得到简化。

所谓固结度，就是指在某一固结应力作用下，经某一时间 $t$ 后，土体发生固结或孔隙水应力消散的程度。对于土层在任一深度 $z$ 处经时间 $t$ 后的固结度，可按式（4-45）表示：

$$U_z = \frac{u_0 - u}{u_0} = 1 - \frac{u}{u_0} \tag{4-45}$$

式中　$u_0$——初始孔隙水应力，其大小即等于该点的固结应力；

　　　$u$——$t$ 时刻的孔隙水应力。

某一点的固结度对于解决工程实际问题来说并不重要，为此，常常又引入土层平均固结度的概念。对于图4-25所示的单向固结、单面排水、固结应力为均匀分布的情况来说，土层的平均固结度为：

$$U = 1 - \frac{\int_0^H u \, dz}{\int_0^H u_0 \, dz} = 1 - \frac{\int_0^H u \, dz}{pH} \tag{4-46}$$

将式（4-44）代入式（4-46），积分后，即可得到土层平均固结度的表达式为：

$$U = 1 - \frac{8}{\pi^2}\left(e^{-\frac{\pi^2}{4}T_v} + \frac{1}{9} e^{-9\frac{\pi^2}{4}T_v} + \cdots\right) \tag{4-47}$$

从式（4-47）可以看出，土层的平均固结度是时间因数 $T_v$ 的单值函数，它与所加的固结应力的大小无关，但与土层中固结应力的分布有关。对于单面排水，各种直线固结应力分布下的土层平均固结度与时间因数的关系，从理论上同样可以求得。为了实用的方便，将各种固结应力分布情况下土层的平均固结度 $U$ 与时间因数 $T_v$ 之间的关系已绘制成曲线，可供查用，如图 4-26 所示。曲线中的参数 $\alpha = \sigma'_z / \sigma''_z$，其中 $\sigma'_z$ 为透水面的固结应力，$\sigma''_z$ 为不透水面的固结应力。

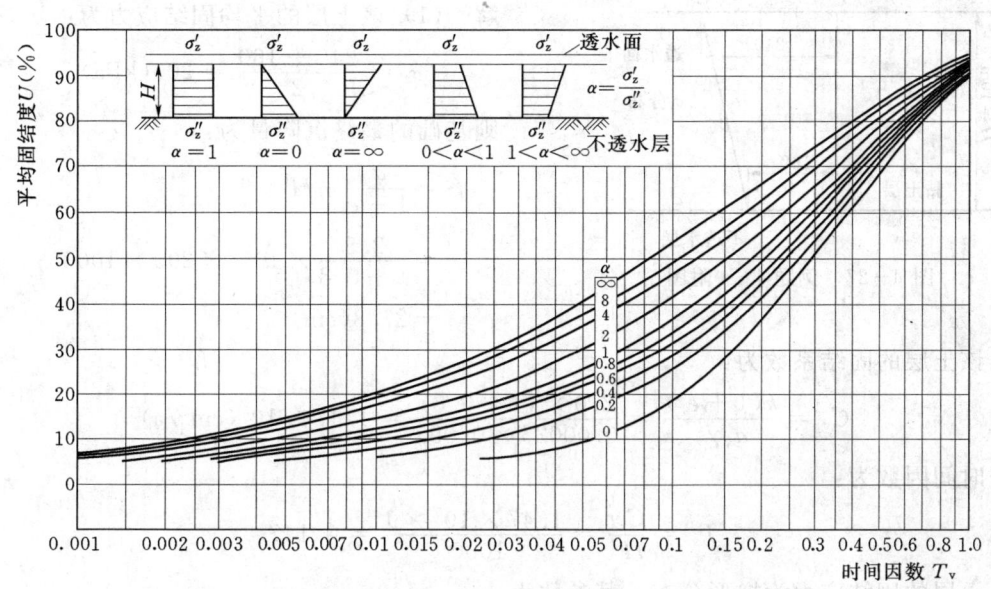

图 4-26 平均固结度 $U$ 与时间因数 $T_v$ 关系曲线

对于单向固结，土层的平均固结度也可用下式表示：

$$U = \frac{S_t}{S} \tag{4-48}$$

式中 $S_t$——经过时间 $t$ 后的基础沉降量；
$S$——基础的最终沉降量。

有了式（4-48），我们就可以根据土层中固结应力的分布和排水条件，并利用图 4-26 中的曲线，解决下列两类问题：

（1）已知土层的最终沉降量 $S$，求某一固结历时 $t$ 的沉降 $S_t$。对于这类问题，首先根据土层的 $k$、$a_v$、$e_1$、$H$ 和给定的 $t$，算出土层平均固结系数 $C_v$ 和时间因数 $T_v$，然后利用图 4-26 中的曲线查出相应的固结度 $U$，再由式（4-48）求出 $S_t$。

（2）已知土层的最终沉降量 $S$，求土层到达某一沉降 $S_t$ 时所需的时间 $t$。对于这类问题，首先求出土层平均固结度 $U = \frac{S_t}{S}$，然后从图 4-26 中的曲线查得相应的时间因数 $T_v$，再按下式求出所需的时间 $t = H^2 T_v / C_v$。

上述单向固结理论的计算都是指单面排水的情况。如土层上下两面均可排水，则不论土层中固结应力的分布情况如何，土层的平均固结度均按固结应力为均匀分布的情况（即 $\alpha = 1$）进行计算，但时间因数 $T_v$ 的排水距离 $H$ 应取土层厚度的一半。

【例题 4-4】 设饱和黏土层的厚度为 10m，位于不透水坚硬岩层上，由于基底上作用着竖直均布荷载，在土层中引起的固结应力的大小和分布如图 4-27 所示。若土层的初始孔隙比 $e_1 = 0.8$，压缩系数 $a_v = 2.5 \times 10^{-4}$ m²/kN，渗透系数 $k = 2.0$ cm/a，试问：

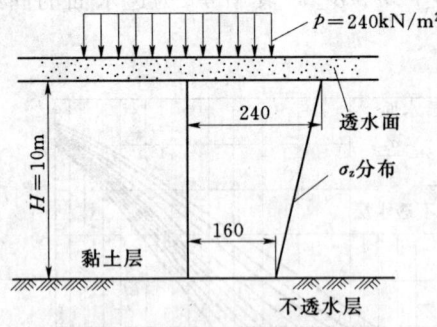

图 4-27 例题 4-4 附图

(1) 加荷一年后，基础中心点的沉降量为多少？

(2) 当基础的沉降量达到 20cm 时需要多少时间？

**解** (1) 该土层的平均固结应力为：

$$\sigma_z = \frac{240+160}{2} = 200(\text{kPa})$$

则基础的最终沉降量为：

$$S = \frac{a_v}{1+e_1}\sigma_z H$$

$$= \frac{2.5}{1+0.8} \times 10^{-4} \times 200 \times 1000$$

$$= 27.8(\text{cm})$$

该土层的固结系数为：

$$C_v = \frac{k(1+e_1)}{a_v \gamma_w} = \frac{2.0 \times (1+0.8)}{0.00025 \times 0.098} = 1.47 \times 10^5 (\text{cm}^2/\text{a})$$

时间因数为：

$$T_v = \frac{C_v t}{H^2} = \frac{1.47 \times 10^5 \times 1}{1000^2} = 0.147$$

土层的固结应力为梯形分布，其参数为：

$$\alpha = \sigma_z'/\sigma_z'' = 240/160 = 1.5$$

由 $T_v$ 及 $\alpha$ 值从图 4-26 中查得土层的平均固结度 $U = 0.45$，则加荷一年后的沉降量为：

$$S_t = US = 0.45 \times 27.8 = 12.5(\text{cm})$$

(2) 已知基础的 $S_t = 20\text{cm}$，最终沉降量 $S = 27.8\text{cm}$。

土层的平均固结度为：

$$U = S_t/S = 20/27.8 = 0.72$$

由 $U$ 及 $\alpha$ 值，从图 4-26 中查得时间因数 $T_v = 0.47$，则沉降量达到 20cm 时所需的时间为：

$$t = \frac{T_v H^2}{C_v} = \frac{0.47 \times 1000^2}{1.47 \times 10^5} = 3.20(\text{a})$$

**【例题 4-5】** 若有一黏土层，厚为 10m，上下两面均可排水。现从黏土层中心取样后切取一厚为 2cm 的试样，放入固结仪做固结试验（上下均有透水石），在某一级固结压力作用下，测得其固结度达到 80% 时所需的时间为 10min，问该黏土层在同样固结压力（即上下均布固结压力）作用下达到同一固结度所需的时间为多少？若黏土层改为单面排水，所需时间又为多少？

**解** 已知黏土层的厚度 $H_1 = 10\text{m}$，试样厚度 $H_2 = 2\text{cm}$，达到固结度 80% 所需的时间 $t_2 = 10\text{min}$，若设黏土层达到固结度 80% 时所需的时间为 $t_1$，由于土的性质和固结度均相同，因而由 $C_{v1} = C_{v2}$ 及 $T_{v1} = T_{v2}$ 的条件可得：

$$\frac{t_1}{\left(\frac{H_1}{2}\right)^2} = \frac{t_2}{\left(\frac{H_2}{2}\right)^2}$$

于是 
$$t_1 = \frac{H_1^2}{H_2^2}t_2 = \frac{1000^2}{2^2} \times 10 = 250000(\min) = 173.6(d)$$

当黏土层改为单面排水时，其所需时间为 $t_3$，则由 $T_v$ 相同的条件可得：
$$\frac{t_3}{H_1^2} = \frac{t_1}{\left(\frac{H_1}{2}\right)^2}$$

$$t_3 = 4t_1 = 4 \times 176.6 = 694.4(d)$$

从上可知，在其他条件相同的情况下，单面排水所需的时间为双面排水的4倍。

## 6.4 固结系数的确定

前已提及，土层的平均固结度 $U$ 是时间因数 $T_v$ 的单值函数，而 $T_v$ 又与固结系数 $C_v$ 成正比，$C_v$ 越大，土层的固结越快。固结系数是反映土体固结快慢的一个重要指标，它是需要通过试验来确定的。正确的确定土的固结系数 $C_v$ 值对于基础沉降速率的计算有着十分重要的意义。目前，确定土的固结系数的方法很多。由固结系数的定义可知，它是与渗透系数和压缩系数有关的。如果能测出某一孔隙比下的渗透系数和压缩系数，则就可计算出相应的固结系数，但这种方法较少采用。最常用的方法是根据室内固结试验，得出某一级荷载下试样变形量与时间的关系曲线，然后与单向固结理论中的固结度与时间因数关系曲线（即图4-26中 $\alpha=1.0$ 的曲线）进行比较拟合。由于试样变形量与固结度成正比，而时间又与时间因数成正比，因此，这两种曲线应有相似的形态。不同的求固结系数的方法，实质上是不同的拟合方法而已。应当注意到，固结系数是对应某一级固结压力而言的。固结压力不同得出的固结系数也会有差别。因此，测定固结系数时，所加荷载级应尽可能与今后实际工程中产生的固结压力相一致。下面我们将介绍目前最常用的两种方法，也是我国土工试验规程中推荐的方法。

### 6.4.1 时间对数法

时间对数法的依据是：当将式（4-47）所表示的平均固结度 $U$ 与时间因数 $T_v$ 的理论关系绘在半对数坐标上时，发现理论曲线末段的渐近线与曲线反弯点之切线交点的纵坐标恰好为固结度 $U=100\%$，如图4-28（b）所示。若将固结度与时间的理论关系，绘在普通坐标上时，发现理论曲线的首段（$U<53\%$）为一抛物线，其顶点就在坐标原点上。如在抛物线上选取两点 $a$ 和 $b$，使 $b$ 点的横坐标为 $a$ 点的4倍，则由抛物线的特征可知，$b$ 点的纵坐标必为 $a$ 点的2倍，如图4-28（c）所示。于是，我们利用上述理论曲线的特征，就可以推求试验曲线的理论零点和理论终点，从而求出固结系数 $C_v$ 值。具体步骤如下：

（1）根据固结试验结果，在半对数坐标上绘出某一固结压力下试样的压缩量（以百分表读数表示）与时间的关系曲线，如图4-28（a）所示。

（2）由试验曲线的反弯点和末段分别作切线，两切线交点（见图中 $A$ 点）的纵坐标即为固结度 $U=100\%$ 的理论终点 $R_{100}$。

（3）再在试验曲线的首段选取两点 $a$ 和 $b$，使 $b$ 点的横坐标为 $a$ 点的4倍，于是，可量得 $a$、$b$ 两点的纵坐标差值 $y$。从 $a$ 点竖直向上量取同一距离 $y$ 并作一水平线，它与纵轴的交点即为固结度 $U=0$ 的理论零点 $R_0$。

(4) 按 $R_0$ 和 $R_{100}$ 即可定出相应于固结度 $U=50\%$ 的纵坐标 $R_{50}=\dfrac{R_0+R_{100}}{2}$。

(5) 由 $R_{50}$ 作一水平线，它与试验曲线交点的横坐标即为所对应的时间 $t_{50}$。

(6) 按理论曲线，当固结度 $U=50\%$ 时，对应的时间因数 $T_v=0.196$。于是，固结系数可按式（4-49）求得：

$$C_v=\dfrac{0.196H^2}{t_{50}} \qquad (4-49)$$

式中　$H$——试样的最大排水距离，对于上下两面透水的试样，$H$ 即为试样厚度的一半。

在这里需要指出的是：根据渗透固结理论，当试样压缩到 $R_{100}$ 时就该稳定。可是，实际上试样仍在继续压缩，如图 4-28（a）所示。于是，我们把符合固结理论的压缩过程称为主固结，而把继续发生压缩的过程称为次固结。

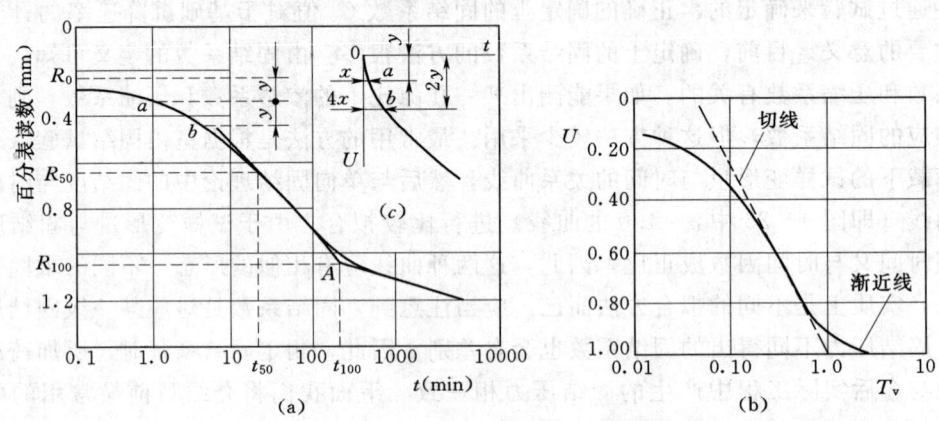

图 4-28　时间对数法推求 $C_v$ 值

## 6.4.2　时间平方根法

根据理论曲线首段为抛物线的特征，若把固结度 $U$ 与时间因数 $T_v$ 的理论关系画在 $U-\sqrt{T_v}$ 坐标上，则理论曲线的首段为一直线。将此直线向下延伸，对应于固结度 $U=90\%$ 时的水平距离为 $\overline{AB}$。而理论曲线达 90% 固结度时则为一曲线段，其水平距离为 $\overline{AC}$，可以证明 $\overline{AB}$ 与 $\overline{AC}$ 比为 1∶1.15，如图 4-29 右上角所示，时间平方根法即利用上述特征，推求出试验曲线的理论零点和对应于固结度 $U=90\%$ 的时间 $t_{90}$，方法步骤如下：

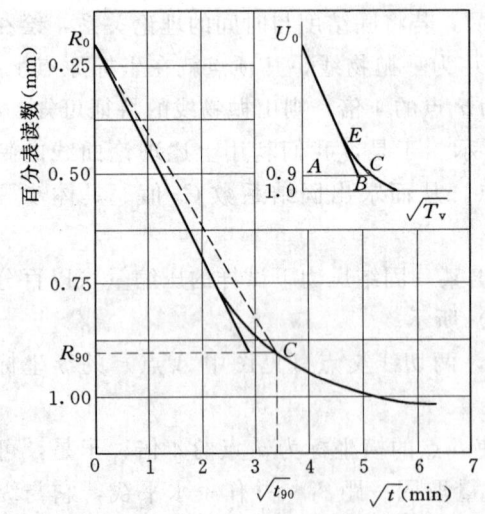

图 4-29　时间平方根法推求 $C_v$ 值

(1) 以时间平方根为横坐标，百分表读数为纵坐标，绘出在某一级荷载下的试验曲线，如图 4-29 所示。

(2) 在试验曲线首段找出直线段，将该直线段向上延伸与坐标纵轴的交点即为理论零点

$R_0$，相应的固结度 $U=0$。

（3）再通过 $R_0$ 点绘一条虚直线，其横坐标为原直线的 1.15 倍，与试验曲线相交于 $c$ 点，$c$ 点所对应的纵坐标即相当于固结度 $U=90\%$ 时的点，而横坐标即相应于固结度达到 90% 所需时间的平方根 $\sqrt{t_{90}}$。

（4）由理论曲线可知，当 $U=90\%$ 时，$T_v=0.848$。于是，固结系数可按式（4-50）求得：

$$C_v = \frac{0.848H^2}{t_{90}} \tag{4-50}$$

## 复习思考题

1. 什么叫土的压缩？什么叫土的固结？两者有何区别？
2. 引起土压缩的原因有哪些？在讨论土的压缩性时有何假定？
3. 土的压缩性指标压缩系数、体积压缩系数、压缩指数、压缩模量和变形模量各表示什么涵义？它们之间的关系是什么？工程界如何用压缩系数的统一标准评价土的压缩性？
4. 压缩曲线有哪两种表示方法？简述如何通过压缩试验求得压缩曲线？
5. 何谓回弹曲线和再压缩曲线？从回弹、再压缩曲线说明什么？
6. 何谓固结应力？它与有效固结应力有何关系？对在自重下已经固结的地基来说，固结应力、附加应力和总应力有何异同？
7. 何谓前期固结应力、现有固结应力和现有有效固结应力？它们之间有何关系？前期固结应力如何确定？
8. 什么是单向渗透固结？单向渗透固结理论有哪些假定？
9. 饱和土固结过程中，孔隙水压力和有效应力如何变化？
10. 为什么在两面排水时，$H$ 为土层厚度的一半，均可采用 $\alpha=1$ 的情况计算？
11. 为什么在单向固结时，土层的平均固结度可表示为 $U=S_t/S$？

## 习 题

1. 某基础宽 6m，长 18m。所受中心铅直荷载为 13880kN，地基为均质土，且在自重下已压缩稳定。地下水位于地面以下 9m 处，不考虑毛细水饱和带。地基土的湿重度为 18.6kN/m³，饱和重度为 20.6kN/m³，基坑开挖深度为 1.5m，地基土的压缩曲线如图 4-30 所示，试求基础中点的最终沉降量。

2. 某一超固结黏土层厚 2m，先期固结压力为 300kPa，现存的上覆压力为 100kPa，设有一建筑物建成后引起该层土产生平均附加应力为

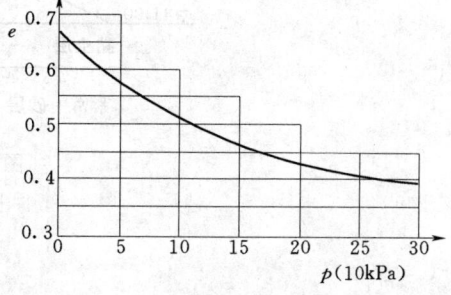

图 4-30 地基土的压缩曲线

400kPa。已知土的压缩指数 $C_c=0.4$，回弹指数 $C_e=0.1$，初始孔隙比 $e_0=0.70$，求该黏土层的最终沉降量。

3. 某建筑物下面有一 6m 厚的黏土层，其上下均为不可压缩的排水层，黏土层的压缩试验结果表明，压缩系数 $a_{10-20}=0.005\text{cm}^2/\text{N}$。初始孔隙比 $e_1=0.8$，试求在平均附加应力 $\sigma_s=15\text{kPa}$ 的作用下，该土层的最终沉降量，并求出该土的压缩模量 $E_s$（$10\sim20\text{kN/cm}^2$ 时的）。又设该土的泊松比 $\mu=0.4$，则该土的变形模量 $E_0$ 为多少？

4. 某饱和黏土的固结试验成果如表 4-8 所示（每级荷载作用下固结 24h）：

表 4-8

| 压力（N/cm²） | 试样压缩稳定后的高度（mm） |
| --- | --- |
| 0 | 20.00 |
| 5 | 19.70 |
| 10 | 19.60 |
| 20 | 19.34 |
| 40 | 18.77 |
| 80 | 18.20 |

试验后测得含水率 $w=33.1\%$，比重 $G_s=2.72$，计算每级荷载下土样的 $e$ 值，绘出 $e-p$ 曲线和 $e-\lg p$ 曲线。找出 $p=40\text{N/cm}^2$ 下的压缩系数 $a$（提示：求 $e-p$ 曲线上 $p=40\text{N/cm}^2$ 点处的切线斜率）。再求出该土的压缩指数 $C_c$ 和先期固结压力 $P_c$ 值。

5. 某土坝及其地基的剖面如图 4-31 所示，其中黏土的压缩系数为 $0.00245\text{cm}^2/\text{N}$，初始孔隙比 $e_1=0.95$，渗透系数 $k=2.0\text{cm/a}$，黏土层内的压缩应力分布如图 4-31 中阴影部分所示，试按单向渗透固结理论（设荷载是一次加上的）求：

(1) 黏土层的最终沉降量；

(2) 黏土层沉降达 12cm 所需的历时；

(3) 加荷一个月后，黏土层的沉降量。

（提示：填土的渗透系数 $k$ 很小，可以认为黏土中的水只能从下面的中砂层排水。此外，下卧紧密中砂层可视为不可压缩的。）

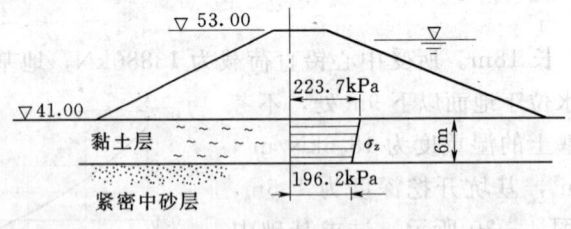

图 4-31 地基剖面

# 第五章 土的抗剪强度

## 1 概 述

建筑物地基和土工建筑物在修建和运用过程中都存在着稳定与否的问题，实际上，建筑物地基和土工建筑物的破坏绝大多数属于剪切破坏。例如，建筑物地基的失稳［见图5-1（a）］和堤坝边坡的坍滑［见图5-1（b）］都是由于沿某一面上的剪应力 $\tau$ 超过土的抗剪强度 $\tau_f$ 所造成。一旦发生滑动破坏，该面上侧土体就会产生很大相对位移，故称该面为滑动面或破坏面。因此，土的抗剪强度 $\tau_f$ 是决定地基或土工建筑物稳定性的关键因素。

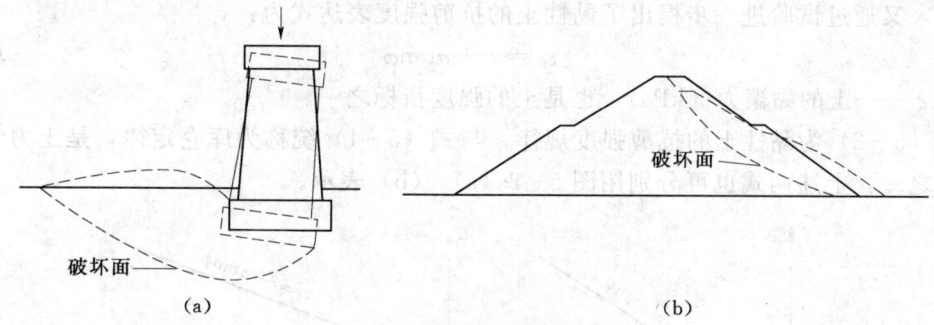

图 5-1 土体破坏（失稳）示例
(a) 地基失稳；(b) 边坡坍滑

土的抗剪强度是土体抵抗剪切破坏的极限能力，是土的重要力学性质之一。工程中的地基承载力、挡土墙土压力、土坡稳定等问题都与土的抗剪强度直接相关。如果土体内某一部分的剪切应力达到土的抗剪强度，在该部分就开始出现剪切破坏。随着荷载的增加，剪切破坏的范围逐渐扩大，最终在土体中形成连续的滑动面，地基发生整体剪切破坏而丧失稳定性，或者土坡发生滑坡破坏。

黏性土都是松散颗粒的集合体，它们的破坏或表现为土粒之间联结的破坏，或表现为粒与粒之间产生的相对位移，而一般较少考虑颗粒本身的破坏。对于某一种土来说，其抗剪强度也不是一个常数值，首先，它随剪切面上所受法向应力 $\sigma$ 而变，这就是土作为一种散粒体区别于其他许多建筑材料的一个重要特征；其次，它不仅与土粒大小、形状、级配、矿物成分、土体密度和含水率等因素有关，而且还与土受剪时的排水条件、剪切速率等外界环境条件有关。所以，土的抗剪强度的试验和指标选用是很复杂的问题。

土的抗剪强度不但是工程上常常遇到的重要问题，而且是本书后续各章学习的基础，必须认真的对待。本章将首先叙述土的抗剪强度规律和土的极限平衡条件，然后简要介绍几种常用的剪切试验仪器和试验方法，并讨论剪切试验中土的性状。另外，对三轴剪切试验中的孔隙水压力、应力路径及地基土由固结引起的强度增长等问题也作一些简明介绍。

## 2 土的抗剪强度规律和极限平衡条件

### 2.1 土的抗剪强度规律

土的抗剪强度，是在极限应力状态下，土体的一部分对另一部分滑动（剪切）时土体抵抗剪切破坏的极限强度。

法国工程师库仑（Coulomb C. A.，1776）通过一系列砂土的剪切试验，提出砂土抗剪强度的表达式为：

$$\tau_f = \sigma \tan\varphi \tag{5-1}$$

式中　$\tau_f$——土的抗剪强度（kPa）；

　　　$\sigma$——作用在剪切面上的法向应力（kPa）；

　　　$\varphi$——土的内摩擦角，是土的强度指标之一，干松砂自然状态下所能维持的斜坡的最大坡角 $\beta$ 近似于 $\varphi$ 值，$\beta$ 称为砂土的自然休止角。

后来又通过试验进一步提出了黏性土的抗剪强度表达式为：

$$\tau_f = c + \sigma \tan\varphi \tag{5-2}$$

式中　$c$——土的黏聚力（kPa），也是土的强度指标之一。

式（5-2）为黏性土的抗剪强度规律，与式（5-1）统称为库仑定律，是土力学中基本定律之一，上述两式也可分别用图 5-2（a）、（b）表示。

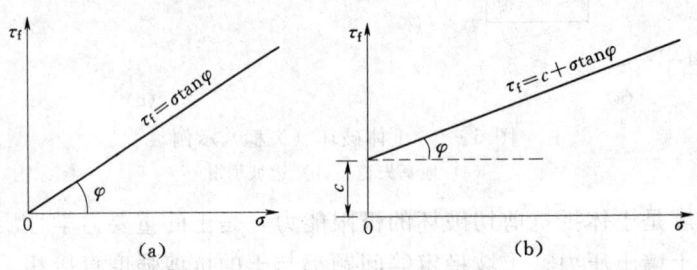

图 5-2　土的抗剪强度规律
(a) 砂土；(b) 黏性土

从式（5-1）可以看出，无黏性土的抗剪强度与作用于剪切面上的法向应力 $\sigma$ 成正比，当 $\sigma=0$ 时，$\tau_f=0$，这表明无黏性土的 $\tau_f$ 由剪切面上土粒间摩阻力所形成。而从式（5-2）知，黏性土的强度包括摩阻力（$\sigma\tan\varphi$）和黏聚力（$c$）两部分。抗剪强度线在纵坐标轴上的截距即为 $c$ 值。

应该指出，土的强度指标 $c$ 和 $\varphi$ 实际上只是表达 $\sigma$—$\tau_f$ 关系试验成果的两个数学参数。从物理意义上来说，在不同的法向应力作用下，土的黏聚力也不可能是常数。因此，即使是同一种土，其 $c$、$\varphi$ 值也并非常数值，它们均随试验方法和土的试验条件（如排水条件）等的不同而有所变化。

### 2.2 土的极限平衡条件

土体内部的滑动可沿任何一个面发生，只要该面上的剪应力等于或超过了它的抗剪强度。为此，通常必须研究土体内任一微小单元的应力状态。

通过土体内某一微小单元的任一平面上，一般作用着一个合应力，它与平面法向成某一倾斜角，并可分解为法向应力（正应力）$\sigma$ 和切向应力（剪应力）$\tau$ 两个分量。如果某一平面上只有法向应力，没有切向应力，则该平面称为主应力面，而作用在主应力面上的法向应力就称为主应力。由材料力学知识可知，过一微小单元的三个主应力面是彼此正交的。因此如把土看作连续介质，则微小单元上三个主应力也是彼此正交的。

下面我们来研究平面问题或轴对称问题。某一土体单元，如图 5-3（a）所示，若其大主应力 $\sigma_1$ 和小主应力 $\sigma_3$ 的大小和方向都为已知，则与大主应力面成 $\theta$ 角的任一平面上的法向应力 $\sigma$ 和剪应力 $\tau$ 可由力的平衡条件求得。

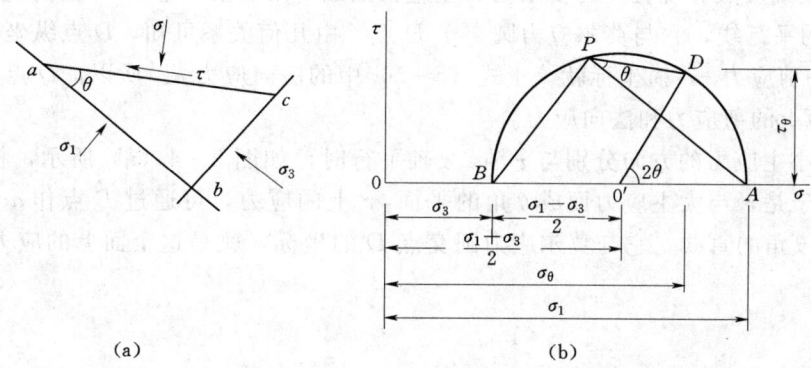

图 5-3 单元土体的应力状态
(a) 单元土体应力；(b) 莫尔应力圆

按 $\sigma$ 方向的静力平衡条件：

$$\sigma \overline{ac} = \sigma_1 \overline{ab}\cos\theta + \sigma_3 \overline{bc}\sin\theta \tag{5-3}$$

于是
$$\sigma = \sigma_1 \frac{\overline{ab}}{\overline{ac}}\cos\theta + \sigma_3 \frac{\overline{bc}}{\overline{ac}}\sin\theta = \sigma_1 \cos^2\theta + \sigma_3 \sin^2\theta \tag{5-4}$$

经换算后可得：

$$\sigma = \frac{\sigma_1 + \sigma_3}{2} + \frac{\sigma_1 - \sigma_3}{2}\cos2\theta \tag{5-5}$$

按 $\tau$ 方向的静力平衡条件：

$$\tau \overline{ac} = \sigma_1 \overline{ab}\sin\theta - \sigma_3 \overline{bc}\cos\theta \tag{5-6}$$

于是
$$\tau = \sigma_1 \frac{\overline{ab}}{\overline{ac}}\sin\theta - \sigma_3 \frac{\overline{bc}}{\overline{ac}}\cos\theta = \sigma_1 \cos\theta\sin\theta - \sigma_3 \sin\theta\cos\theta \tag{5-7}$$

所以
$$\tau = \frac{\sigma_1 - \sigma_3}{2}\sin2\theta \tag{5-8}$$

由这些公式可知，若给定 $\sigma_1$ 和 $\sigma_3$，则通过该单元任一平面上的法向应力 $\sigma$ 和剪应力 $\tau$ 将随它与大主应力面的夹角 $\theta$ 而异，如果进一步消去式（5-5）和式（5-8）中的 $\theta$，则可得到：

$$\left(\sigma - \frac{\sigma_1 + \sigma_3}{2}\right)^2 + \tau^2 = \left(\frac{\sigma_1 - \sigma_3}{2}\right)^2 \tag{5-9}$$

可见，在 $\sigma-\tau$ 坐标平面上，土单元的应力状态的轨迹将是一个圆，该圆称为莫尔应力圆。因此，当某土体单元的 $\sigma_1$ 和 $\sigma_3$ 确定后，则该单元土体的莫尔应力圆就能确定了。反过来，若某土单元的莫尔应力圆一经确定，那么，该单元土体的应力状态也就确定了。

为了绘制莫尔应力圆，习惯上常以坐标横轴为法向应力 $\sigma$ 轴，坐标纵轴为剪应力 $\tau$ 轴，在横轴上取 $OO'$ 等于 $\dfrac{\sigma_1+\sigma_3}{2}$，以 $O'$ 为圆心，$\dfrac{\sigma_1-\sigma_3}{2}$ 为半径作圆即可得到。该圆与横轴交于 $A$ 和 $B$ 点，$OA$ 等于大主应力 $\sigma_1$，$OB$ 等于小主应力 $\sigma_3$，如图 5-3（b）所示。若过 $A$、$B$ 两点分别作平行于图 5-3（a）中大主应力面 $ab$ 和小主应力面 $bc$ 的直线，那么，由于主应力面的正交性，而半圆上的圆周角为直角，则所作两直线必与莫尔应力圆相交于点 $P$，$P$ 称为极或极点。现在，若要求与大主应力面成 $\theta$ 角的某一平面 $ac$ 上的应力，只需通过 $P$ 作 $ac$ 的平行线，它与莫尔应力圆交于 $D$ 点。由几何关系可知，$D$ 点纵坐标就等于式（5-8）中的剪应力 $\tau$，横坐标就等于式（5-5）中的法向应力 $\sigma$。所以，$D$ 点的纵、横坐标就是 $ac$ 面上的剪应力和法向应力。

当大、小主应力的方向分别与 $\tau$ 轴、$\sigma$ 轴平行时，如图 5-4（a）所示，极点 $P$ 将与 $B$ 点重合，于是，与大主应力面成 $\theta$ 角的平面 $ac$ 上的应力，可通过 $B$ 点作 $ac$ 的平行线，即与横轴成 $\theta$ 角的直线，它与莫尔应力圆交点 $D$ 的坐标，就是这个面上的应力，如图 5-4（b）所示。

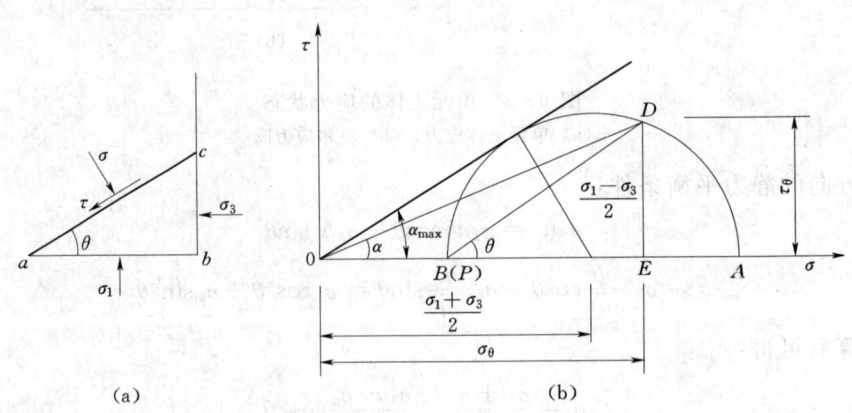

图 5-4  合应力和倾角
(a) 单元土体应力分析；(b) 莫尔应力圆

图 5-4 中 $D$ 点的纵坐标 $DE$ 和横坐标 $OE$ 分别代表 $ac$ 面上的剪应力和法向应力的大小，于是由三角形 $ODE$ 可知，$ac$ 面上的合应力的大小在图中就以 $OD$ 线代表，而角 $DOE$ 即等于合应力的倾角 $\alpha$。由图 5-4 还可以看出，当 $D$ 点在圆周上变动，$OD$ 线与莫尔应力圆相切时，$\alpha$ 就是它的最大值 $\alpha_{\max}$，这时：

$$\sin\alpha_{\max}=\dfrac{\sigma_1-\sigma_3}{\sigma_1+\sigma_3} \tag{5-10}$$

由图 5-4 可以看出，以最大倾角 $\alpha_{\max}$ 作为破坏准则，剪破面不是最大剪应力面，而是与大主应力面成 $\theta_f$ 角的平面（下标 f 表示剪破时，下同）。由几何关系可知：

$$2\theta_f=90°+\varphi \tag{5-11}$$

所以
$$\theta_f = 45° + \frac{\varphi}{2} \tag{5-12}$$

式中 $\theta_f$——剪破角,即剪破面与大主应力面的理论夹角。

要指出的是,在土力学中画莫尔应力圆时,应力的正、负号与材料力学不同,土力学中规定:法向应力以压应力为正,拉应力为负;剪应力以逆时针方向为正,顺时针方向为负。

现在,如果土的抗剪强度线和某土单元的莫尔应力圆为已知,那么,我们就可以通过两者之间的对照关系来确定该土单元所处的状态。我们把土的抗剪强度线和该土单元的莫尔应力圆画在同一平面坐标上,当莫尔圆与强度线相离时,如图 5-5 中 A 圆所示,表示通过该单元的任何平面上的剪应力都小于该土的强度,故该单元土处于稳定状态;当莫尔应力圆与强度线相切,如图中 B 圆表示已有一对抗剪平面上的剪应力达到了它的抗剪强度,该单元土处于极限平衡状态,这时的莫尔应力圆称为该单元极限应力圆;当莫尔应力圆与抗剪强度线相割,如图中 C 圆所示,表示该单元已剪破。实际上,这种应力状态并不存在,因为在此之前,土单元早已沿某一对平面剪破了。

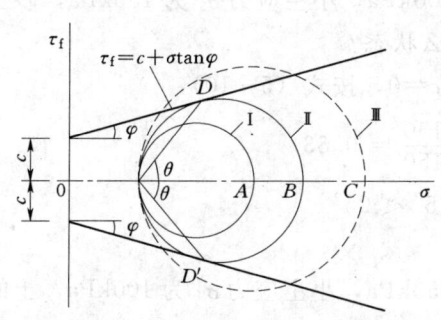

图 5-5 莫尔—库仑破坏准则

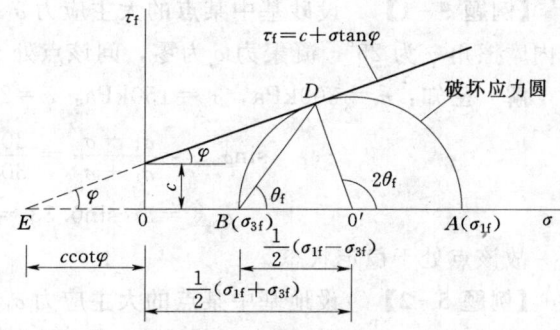

图 5-6 土的极限平衡条件

下面我们就来研究某一微小单元,即某点处于极限平衡状态时的应力条件。图 5-6 中是以总应力表示的强度线和极限应力圆,它们相切于 D 点。根据几何关系可得:

$$\sin\varphi = \frac{(\sigma_1 - \sigma_3)_f/2}{(\sigma_1 + \sigma_3)_f/2 + c\cot\varphi} \tag{5-13}$$

于是
$$\frac{(\sigma_1 - \sigma_3)_f}{2} = \frac{(\sigma_1 + \sigma_3)_f}{2}\sin\varphi + c\cos\varphi \tag{5-14}$$

经整理后,即可得到:

$$\sigma_{1f} = \sigma_{3f}\tan^2\left(45° + \frac{\varphi}{2}\right) + 2c\tan\left(45° + \frac{\varphi}{2}\right) \tag{5-15}$$

或
$$\sigma_{3f} = \sigma_{1f}\tan^2\left(45° - \frac{\varphi}{2}\right) - 2c\tan\left(45° - \frac{\varphi}{2}\right) \tag{5-16}$$

式(5-16)表明,若 $c$、$\varphi$ 一定,而仅知 $\sigma_1$ 和 $\sigma_3$ 中的一个,还不能确定该点是否达到破坏。当 $\sigma_3$ 保持不变时,只有 $\sigma_1$ 增加到某一定值,莫尔应力圆与强度线相切,该点才处于极限平衡状态;或者,当 $\sigma_1$ 保持不变时,只有 $\sigma_3$ 减小到某一定值,莫尔应力圆与强度线相切,该点才处于极限平衡状态。由此可知,同一种土可以在不同 $\sigma_3$(或 $\sigma_1$)下达到剪破。现在,如果对同一种土的一组试样,分别在不同 $\sigma_3$ 下做剪切试验,那么,它们必定在不同 $\sigma_1$

下达到剪破。于是,就可得到一组极限应力圆,作它们的包线即得上述抗剪强度线。试验表明,强度包线为一曲线。但在一定的应力范围内通常可用直线(即库仑公式)近似表示。

现在,我们可把上述强度理论归纳为:

(1) 任一平面上的抗剪强度是该面上法向应力的函数。

(2) 在一定的应力范围内,这一函数关系可用直线近似表示。

(3) 如果通过某点的任一平面上的剪应力达到它的抗剪强度,就认为该点已被剪破。

通常,人们把土的这种强度理论称为莫尔—库仑强度理论,而某点处于极限平衡状态时大、小主应力之间的关系,即式(5-14)~式(5-16)称为莫尔—库仑破坏准则。必须注意,在这一强度理论中,不考虑中主应力对强度的影响。

显然,当土的强度包线通过坐标原点,即凝聚力 $c$ 为零时,以最大倾角作为破坏准则与莫尔—库仑破坏准则是完全一致的。因此,可以把前者看成是后者的一种特殊情况。然而须提出,莫尔—库仑破坏准则尽管由于简单,现已广泛应用于土工实践,但它绝不是土的唯一可能的破坏准则。

**【例题 5-1】** 设砂基中某点的大主应力 $\sigma_1$ 为 300kPa,小主应力 $\sigma_3$ 为 150kPa,砂土的内摩擦角 $\varphi$ 为 25°,凝聚力 $c$ 为零,问该点处于什么状态?

**解** 已知:$\sigma_1=300$kPa,$\sigma_3=150$kPa,$\varphi=25°$,$c=0$,按式(5-10):

$$\sin\alpha_{max} = \frac{\sigma_1-\sigma_3}{\sigma_1+\sigma_3} = \frac{300-150}{300+150} = 0.33$$

$$\alpha_{max} = \arcsin 0.33 = 19.5° < 25°$$

故该点处于稳定状态。

**【例题 5-2】** 设地基中某点的大主应力 $\sigma_1$ 为 450kPa,小主应力 $\sigma_3$ 为 100kPa,土的内摩擦角 $\varphi$ 为 30°,凝聚力 $c$ 为 10kPa,问该点处于什么状态?

**解** 已知:$\sigma_1=450$kPa,$\sigma_3=100$kPa,$\varphi=30°$,$c=10$kPa,按式(5-16):

$$\sigma_{3f} = \sigma_{1f}\tan^2\left(45°-\frac{\varphi}{2}\right) - 2c\tan\left(45°-\frac{\varphi}{2}\right)$$

$$= 450 \times \frac{1}{3} - 2 \times 10 \times \frac{1}{\sqrt{3}} = 150 - 11.6 = 138.4 \text{ (kPa)}$$

$$\sigma_{3f} > \sigma_3$$

所以,该点早已破坏了。

# 3 土的剪切试验

确定土抗剪强度指标的试验称为剪切试验,经过数十年不断发展,目前已有多种类型测定土抗剪强度指标的室内和现场的测试仪器,室内试验常用的有直接剪切仪、三轴压缩仪,无侧限抗压仪和单剪仪等;现场常用的有十字板剪切仪等。

## 3.1 直剪试验

这种试验使用的仪器称为直接剪切仪(简称直剪仪),仪器的主要工作部分如图 5-7(a)所示。

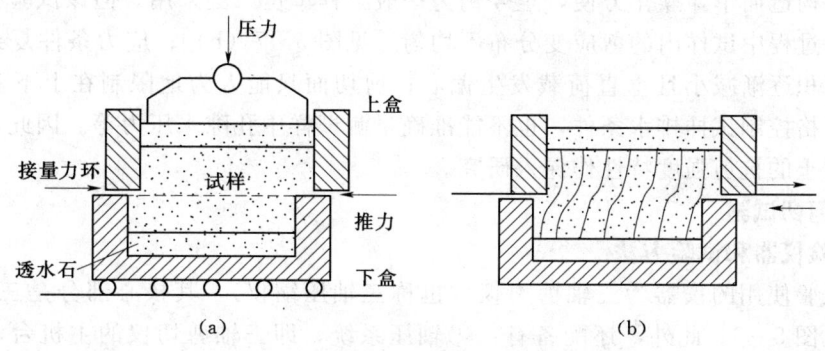

图 5-7 剪切盒构造图
(a) 剪切盒剖面图；(b) 试样中剪切变形分布

试验开始前将金属上盒和下盒的内圆腔对正，把试样置于上下盒形成的试样室内，通过传压板和滚珠对土样施以一定的垂直压力 $P$。然后对下盒施加水平推力，使试样沿上下盒水平接触面发生剪切位移直至破坏。

直剪试验通常采用等速剪应变的试验方法，称为应变控制剪切。在剪切过程中，隔固定时间间隔，亦即每隔一定值的剪变形增量测读一次所施水平推力的大小，计算施于试样截面上的剪应力值。于是即可绘制在一定法向应力 $\sigma$ 条件下，土样剪变形 $\delta$（即上、下盒间相对水平位移）与剪应力 $\tau$ 的对应关系 [见图 5-8（a）]。较坚实的黏土及密砂土的 $\tau$—$\delta$ 曲线可出现剪应力的峰值 $\tau_{fp}$ 即为破坏强度。软黏土和松砂的 $\tau$—$\delta$ 曲线则常不出现峰值，此时应按某一剪变形量作为控制破坏的标准，例如，可取相应于 4mm 剪变形量的剪应力作为破坏强度值 $\tau_f$。有峰值的 $A$ 线上，峰后强度随应变增大而降低，称应变软化特征。无峰值的 $B$ 线，强度随应变增加而增大，称应变硬化特征。

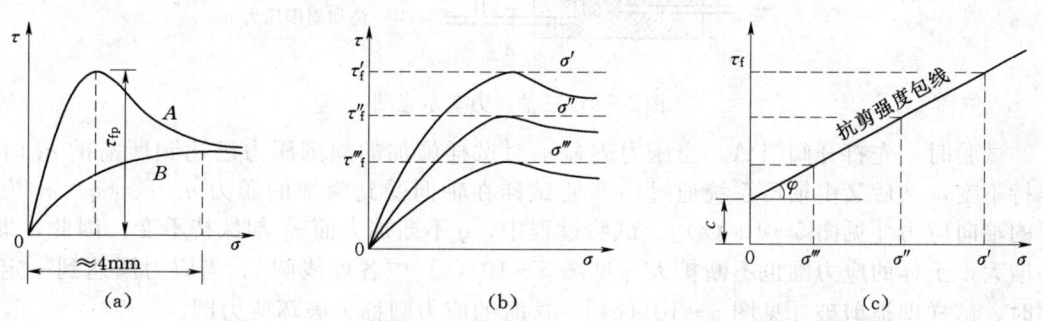

图 5-8 直剪试验成果图
(a) 应力应变曲线；(b) 应力应变曲线；(c) 强度包线

要绘出某种土的抗剪强度包线以确定该土的指标 $c$ 和 $\varphi$，至少要用 3～4 个试样，在不同的应力 $\sigma'$、$\sigma''$、$\sigma'''$、…作用下测出相应的 $\tau$—$\delta$ 关系曲线 [见图 5-8（b）]。按上述原则，确定对应的 $\sigma$—$\tau_f$ 值，从而绘得库仑强度包线 [见图 5-8（c）]，该线与横轴的夹角为土的内摩擦角 $\varphi$，而其在纵轴上的截距就是土的粘聚力 $c$。绘图时必须注意使纵横坐标的比例尺一致。

直剪仪构造简单，操作方便，至今仍为一般工程单位广泛采用。但该试验存在着如下缺点：剪切过程中试样内的剪应变分布不均匀［见图 5-7（b）］；应力条件复杂；剪切过程中试样面积逐渐减小且垂直荷载发生偏心；剪切面只能人为地限制在上下盒的接触面上；不能严格控制试样排水条件，也不能准确量测试样中孔隙水压力等。因此，直剪试验不宜用来对土的抗剪强度特性作深入研究。

### 3.2 三轴剪切试验

#### 3.2.1 试验仪器和试验方法

这种试验使用的仪器为三轴剪力仪（也称三轴压缩仪）。其核心部分是三轴压力室，它的构造见图 5-9。此外，还配备有：①轴压系统，即三轴剪切仪的主机台，用以对试样施加轴向附加压力，并可控制轴向应变的速率；②围压系统，通过液体（通常是水）对试样施加周围压力；③孔隙水压力测读系统，较先进的三轴剪切仪还配套有控制自动化系统，测读自动记录仪和整理数据的微处理机等。

试验用的试样为正圆柱形，常用的高度与直径之比为 2～2.5。试样用薄橡皮膜包裹，使试样的孔隙水与膜外液体（水）完全隔开，孔隙水通过试样下端的透水面与孔隙压力量测系统连通，并有阀门 $B$ 加以控制（见图 5-9）。

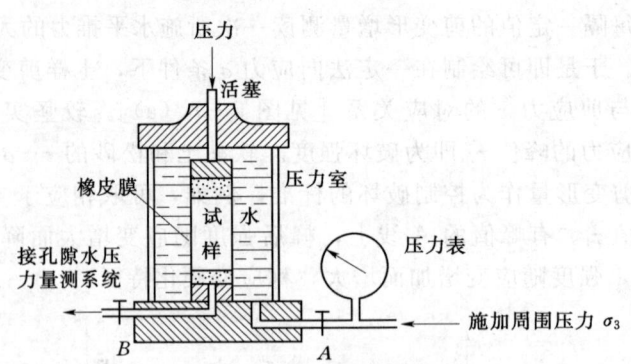

图 5-9 三轴压力室示意图

试验时，先打开阀门 $A$。当压力表显示对试样施加的周围压力已达到所需的 $\sigma_3$ 时就维持不变，然后又由轴压系统通过活塞使试样在轴向受到附加的压力 $q$。$\sigma_3+q=\sigma_1$ 为试样的轴向应力［见图 5-10（a）］。试验过程中，$q$ 不断加大而 $\sigma_3$ 却保持不变。因此，即 $q$ 的增大，土样的应力圆也不断扩大［见图 5-10（c）中各虚线圆］。当应力圆达到一定大小时，试样即被剪破［见图 5-10（c）］。这时的应力圆称为破坏应力圆。

三轴剪切试验的试样顶部，一般还接一排水管，引出压力室。可根据工程目的不同，采取不同的排水条件（详见第 4 节）进行试验。

假定试样上下端所受约束的影响忽略不计，则轴向即为大主应力方向。由第二节知，试样剪破面 $mn$ ［见图 5-10（b）］的方向与大主应力作用平面的夹角为 $\alpha_f=45°+\varphi/2$。按试样剪破时的 $\sigma_1$ 和 $\sigma_3$ 作极限应力圆［见图 5-10（c）］，它必与抗剪强度包线切于 $A$ 点。$A$ 点的坐标值为剪破面 $m-n$ 上的法向应力 $\sigma_f$ 与极限剪切应力 $\tau_f$。

#### 3.2.2 按三轴剪切试验成果确定土的抗剪强度指标 $c$ 和 $\varphi$

在给定的三轴压力室周围压力 $\sigma_3$ 作用下，一个试样的试验一般只能得到一个破坏应

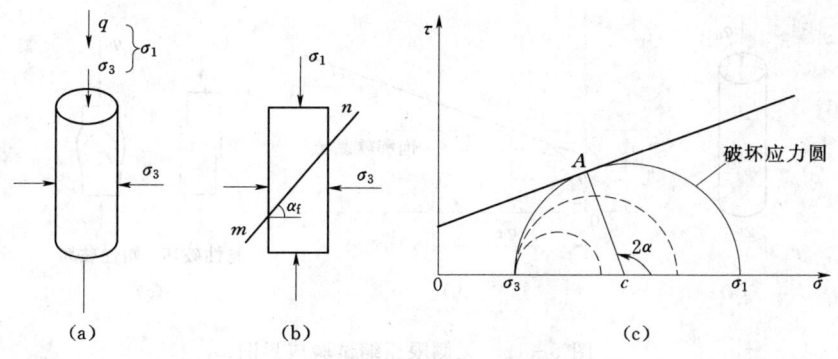

图 5-10 三轴试验成果图
(a) 应力状态；(b) 破坏面；(c) 应力圆

力圆。至少要有 3～4 个试样在不同的 $\sigma_3$ 作用下进行剪切，得出 3～4 个不同的破坏应力圆，绘其公切线，即为抗剪强度包线。它一般呈直线形状，从而可求得指标 $c$、$\varphi$ 值（见图 5-11）。

### 3.2.3 三轴剪切试验的优缺点

这种试验可供在复杂应力条件下研究土的抗剪强度特性之用。与直剪试验对比起来，三轴试样中的应力分布比较均匀。三轴剪切试验仪还可根据工程实际需要，严格地控制试样中孔隙水的排出，并能准确地测定土样在剪切过程中孔隙水压力的变化，从而得以定量地获得土中有效应力的变化情况。

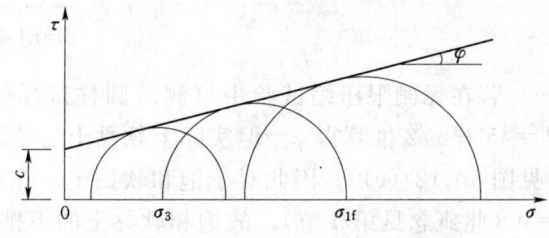

图 5-11 破坏应力圆包线图

然而，三轴试样的制备工作比较麻烦，易受扰动。试样上下端或多或少地受刚性压板的约束影响，对存在水平层的试样（如取自夹有水平走向软淤泥层土层的试样），剪破面常不是最软弱的面，这就对成层土的试验成果影响颇大。此外，目前常用的三轴剪切仪，实际上中主应力 $\sigma_2$ 等于小主应力 $\sigma_3$，即 $\sigma_2=\sigma_3$，属轴对称应力状态，其成果应用到平面变形或三向应力状态的课题中会有不符之处。因此，多年来土工研究者一直致力于研制真三轴仪，即使得试验土样能受三个互相不同的主应力（$\sigma_1>\sigma_2>\sigma_3$）的作用，以期获得更合理的抗剪强度数据。

### 3.3 无侧限压缩试验

这是三轴压缩试验的一个特例，即对正圆柱形试样不加周围压力（$\sigma_3=0$），而只对它施加垂直的轴向压力 $\sigma_1$。试验时由于试样在侧向不受限制，故称无侧限压缩试验。这一试验只适用于黏性土，尤其适用于饱和软黏土。

试样受力情况如图 5-12（a）所示，试验成果表达如图 5-12（b）所示。轴向极限压缩应力即相当于三轴剪切试验中试样 $\sigma_3=0$ 条件下破坏时的 $\sigma_{1f}$，故式（5-15）可改写为：

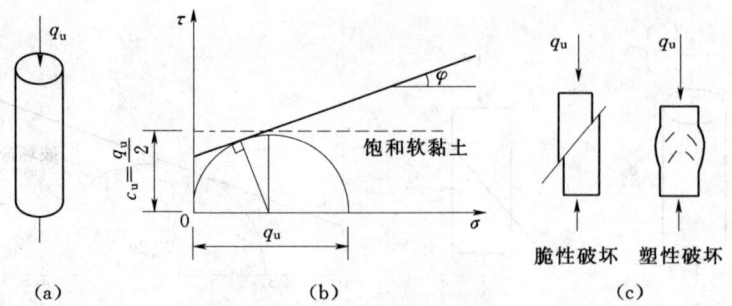

图 5-12 无侧限压缩试验成果图
(a) 变力情况；(b) 强度包线；(c) 破坏形式

$$\sigma_{1f} = q_u = 2c \times \tan\left(45° + \frac{\varphi}{2}\right) \tag{5-17}$$

式中 $q_u$——黏性土的无侧限抗压强度。

或按式 (5-17) 可推得土的黏聚力为：

$$c = \frac{q_u}{2\tan\left(45° + \frac{\varphi}{2}\right)} \tag{5-18}$$

若在无侧限压缩试验中可测得圆柱试样的破裂角 $\alpha_f$，则理论上可以根据式 (5-12) $\theta_f = 45° + \varphi/2$ 推算得 $\varphi$。但实际上软黏土的破坏常呈现为塑流变形而不出现明显的破裂角 [见图 5-12 (c)]。因此对于饱和软黏土，在不固结不排水的剪切条件下通常可以认为 $\varphi = 0$（此概念见第 4 节），故饱和软黏土的不排水抗剪强度为：

$$c_u = q_u/2 \tag{5-19}$$

### 3.4 十字板剪切试验

常用于现场测定软黏土的原位抗剪强度。与室内无侧限压缩试验一样，十字板剪切所测的成果相当于不排水抗剪强度（见第 4 节）。

十字板剪切仪的主要工作部分见图 5-13。测试前把十字板探头插入土中待测的土层高程处。然后在地面上加扭转力矩于杆身，带动十字板旋转，使翼板转动范围内的圆柱形土体与周围不动的土体间发生相对的剪切位移（见图 5-13）。通过量力设备测出最大扭转力矩 $M_{max}$ 据此算出土的抗剪强度。从图 5-13 可以看出土的抗扭力矩由以下两部分组成。

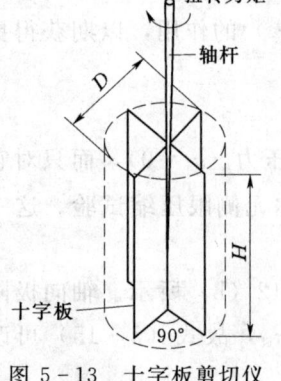

图 5-13 十字板剪切仪

(1) 圆柱形土体侧面上的抗扭力矩：

$$M_1 = \tau_f\left(\pi DH \frac{D}{2}\right) \tag{5-20}$$

式中 $D, H$——十字板的宽度（即圆柱体直径）和高度；
$\tau_f$——土的抗剪强度（公式推导中假设土的强度为各向相同的）。

(2) 圆柱形土体上下两个剪切面上的抗扭力矩：

$$M_2 = \tau_f\left(\frac{\pi D^2}{4} \times 2 \times \frac{D}{3}\right) \tag{5-21}$$

式中　$D/3$——力臂值，因合力作用在圆半径的 2/3 处（距圆心）。

于是
$$M_{\max} = M_1 + M_2 = \tau_f\left(\frac{\pi H D^2}{2} + \frac{\pi D^2}{2}\cdot\frac{D}{3}\right) \tag{5-22}$$

所以
$$\tau_f = \frac{M_{\max}}{\frac{\pi D^2}{2}\left(H + \frac{D}{3}\right)} \tag{5-23}$$

常用十字板的 $H/D=2$，故：
$$\tau_f = \frac{M_{\max}}{\frac{\pi}{2}\times\frac{7}{3}D^3} \approx \frac{2M_{\max}}{7D^3} \tag{5-24}$$

与前同理，十字板剪切试验所得成果也属于不排水抗剪强度 $c_u$，它具有无需钻孔取样试验和使土少受扰动的优点。但所得 $c_u$ 主要反映垂直面的强度，一般易得偏高的成果。且这种原位测试方法中剪切面上的应力条件十分复杂，排水条件又不能控制得很严格。因此，十字板试验的 $c_u$ 值与原状土室内的不排水剪试验成果有一定差别。

## 4　总应力强度指标与有效应力强度指标

在第 3 节中，我们把土视为一种具有摩擦性质的散粒体，来研究它在剪切面上总法向应力与抗剪强度的关系，而并未涉及土这种三相的、多孔性的分散颗粒集合体的最主要特征——有效应力问题。

从 20 世纪 20 年代起，由于土体固结理论的发展，人们逐渐认识到土的抗剪强度并不是简单地取决于剪切面上的总法向应力，而取决于该面上的有效法向应力，即有效应力强度：
$$\tau_f = c' + (\sigma_n - u)\tan\varphi' = c' + \sigma'_n\tan\varphi' \tag{5-25}$$

式中　$c'$——土的有效黏聚力（kPa）；
　　　$\varphi'$——土的有效内摩擦角（°）；
　　　$\sigma_n,\ \sigma'_n$——作用于剪切面上的总法向应力和有效法向应力（kPa）；
　　　$u$——孔隙水压力（kPa）。

式（5-25）称为土的有效应力强度指标表达式。

从第四章知，饱和黏土地基受外荷作用下，基土中孔隙水压力 $u$ 从最大值逐渐消散为零，是一个随时间变化的过程，也就是说，土的固结压缩需要一定时间。因此，土体的抗剪强度也必然是随着它的固结压密而不断增长的。

理想的抗剪强度试验最好能直接测定试样在剪切过程中 $u$ 和 $\sigma$ 的变化，而定量地应用有效应力强度指标去研究工程实际中土体的稳定性。可是往往限于室内和现场设备条件，不可能在所有工程中都采用这种有效应力分析方法。因此，工程实践中比较多的还是采用土的总应力强度指标。所使用的试验方法是尽可能近似地模拟现场土体在受剪时固结和排水的条件，仍沿用库仑定律公式求取土的总应力强度指标 $c$ 和 $\varphi$，而不必测定土在剪切过程中 $u$ 的变化。

通常，直剪试验和三轴剪切试验按受剪时的固结和排水条件都可分为三种方法（见表 5-1）。设计时，可根据工程实际情况，选用最近似的一种以测定土的总应力强度指标。

## 4.1 根据试样固结排水条件不同而分的三种剪切试验方法

表 5-1 剪切试验方法

| 直接剪切 | | 三轴剪切 | |
|---|---|---|---|
| 试验方法 | 下角标符号 | 试验方法 | 下角标符号 |
| 快剪 | q | 不排水剪（UU） | uu |
| 固结快剪 | cq | 固结不排水剪（CU） | cu |
| 慢剪 | s | 固结排水剪（CD） | d |

严格地说，只有三轴剪切才能严密控制试验时试样的固结和剪切过程中的排水条件，而直剪试验中因限于仪器条件则只能近似地模拟工程所可能出现的固结和排水情况。因此，将表 5-1 中两类剪切试验之三种主要方法互相对应，其意义是要求直接快剪（q）试验尽可能使土样符合三轴不固结不排水（uu）三轴剪切试验的条件，其余类推。下面仅就三种试验方法分别介绍。

### 4.1.1 不排水剪

在三轴剪切试验过程中自始至终不让排水固结，故土的含水率不变。试样在剪前周围压力 $\sigma_3$ 作用下所产生的初始孔隙水压力 $u_1 \neq 0$（饱和的正常固结黏土一般 $u_1 \approx \sigma_3$），然后在试样轴向上施加压力 $q$ 时，土中 $u$ 继续发生变化，增量为 $u_2$（饱和正常固结黏土一般 $u_2$ 也为正值）。于是 $u = u_1 + u_2$。至剪破时试样的应力条件为：

$$\sigma_{1f} = \sigma_3 + q \qquad \sigma'_{1f} = \sigma_3 + q - u_f$$
$$\sigma_{3f} = \sigma_3 \qquad \sigma'_{3f} = \sigma_3 - u_f \tag{5-26}$$

式中　下角标 $f$——土样剪破；

其余符号同前。

用直剪仪进行快剪试验中，试样上下放有不透水薄片。施加预定的垂直压力 $P$ 后，立即施加水平剪力，并用较快的速度（如 3~5min 以内）将土样剪破，其目的是使试样接近不排水条件。

### 4.1.2 固结不排水剪

三轴试验中使试样先在 $\sigma_3$ 作用下完全排水固结，故 $u_1 = 0$，然后关闭排水阀，施加 $q$ 将土剪破。剪切过程中不容许土样排水，故产生孔隙水压力 $u = u_2$，至剪破时，试样的应力条件仍由式（5-26）表示，只是破坏时的孔隙水压力完全是由剪切所引起的。

用直剪仪进行 cq 试验时，剪前要使试样在垂直荷载下充分固结。剪切时速率较快，尽量使土样在剪切过程中不再排水。

### 4.1.3 排水剪

在三轴试验中不但要使试样在周围压力 $\sigma_3$ 作用下充分固结排水（至 $u_1 = 0$），而且剪切过程中也要让土样充分排水固结（不产生 $u_2$）。因此，剪切速率应尽可能地缓慢。至剪破时，$\sigma'_1 = \sigma_3 + q$，而 $\sigma'_3 = \sigma_3$。

用直剪仪进行慢剪试验也就是使试样在垂直荷载下充分固结，并在剪切过程中充分排水。以上三种试验方法，在剪前和剪切过程中孔隙水压力的变化及其适用条件大致如表 5-2 所示。

## 4.2 剪切试验成果的表达方法

凡按上述三种特定试验方法进行试验所得的成果，都可用总应力与抗剪强度之间的关系来表达，其指标称为总应力强度指标。而直接应用这些指标所进行的土体稳定分析就称为总应力分析法。

表 5-2　　　　　　　　　　　工种实验方法的比较

| 试 验 方 法 | 孔隙水压力 $u$ 的变化 | | 适用条件（举例） |
| --- | --- | --- | --- |
| | 剪　前 | 剪切过程中 | |
| 不排水剪或快剪 | $u_1 > 0$（正常固结土） | $u = u_1 + u_2 \neq 0$（不断变化） | 地基为不易排水的饱和软黏土，建筑施工又快，研究施工期稳定性时 |
| 固结不排水剪或固结快剪 | $u_1 = 0$ | $u = u_2$（不断变化） | 建筑物竣工以后较久，荷载又突然增大，如水闸挡水的情况 |
| 固结排水剪或慢剪 | $u_1 = 0$ | 任意时刻 $u = u_2 = 0$ | 地基容易排水固结，如砂性土，而建筑物施工又较慢的情况 |

总应力抗剪强度表达式要随试验方法之不同而在 $c$、$\varphi$ 指标符号的下角分别标以不同的符号（即表 5-1 中的下角标符号）。例如，用直剪仪进行快剪的总应力抗剪强度表达式为：

$$\tau_{fq} = c_q + \sigma \tan \varphi_q \tag{5-27}$$

其余类推。

三种不同三轴试验方法的成果虽然也可以用上列总应力强度表达式表示，但若试验过程中直接测定了试样中孔隙水压力的变化，则还可以定量地确定式（5-25）中土的有效应力强度指标 $c'$、$\varphi'$。严格地说，一种土的 $c'$ 和 $\varphi'$ 都应该是常数，就是说：无论是用 UU、CU 或 CD 试验成果，都可获得相同的 $c'$ 和 $\varphi'$ 值，它们不随试验方法而变。

直剪试验因仪器条件限制不能测定试样中孔隙水压力的变化，只能用总应力强度指标来表示其试验成果。

若工程实践中可测得土体中原位孔隙水压力 $u$ 值（或用固结理论推估出来），便可定量地评价土的实际抗剪强度及其随土体固结的不断变化。这种土体稳定性分析方法称为有效应力分析法。无疑，这种方法比之总应力分析法较为精确。随着土力学理论和土工测试技术的不断发展，工程界已愈来愈多地采用有效应力分析法。

从三轴试验成果推算 $c'$ 和 $\varphi'$ 的方法可用图 5-14 加以说明。设试验为固结不排水剪，将所得的总应力破坏莫尔圆（图中各实线圆），利用式（5-26）中的关系向左移动一个相应的 $u$ 值的距离，而圆的半径保持不变，就可绘成有效应力破坏莫尔圆（图中各虚线圆）。按各实线圆求得的公切线，为该土的总应力抗剪强度包线，据之可确定 $c_{cu}$ 和 $\varphi_{cu}$；按虚线圆求得公切线，为该土的有效应力抗剪强度包线，据之可确定 $c'$ 和 $\varphi'$。

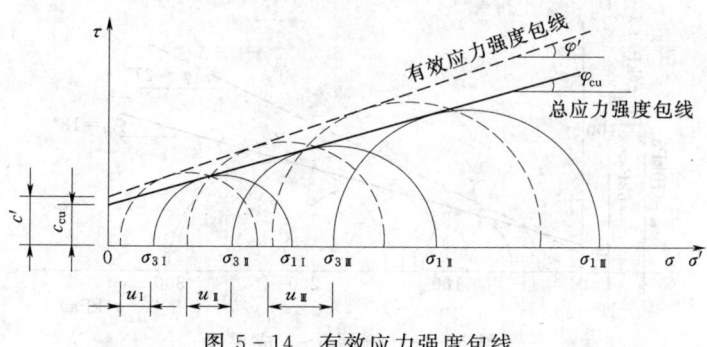

图 5-14　有效应力强度包线

**【例题 5-3】** 以一种黏性较大的土进行直剪试验，分别做快剪、固结快剪和慢剪，成果见表 5-3，试用作图方法求该种土的三种抗剪强度指标。

表 5-3　　　　　　　　　快剪、固结快剪和慢剪试验成果表

| | $\sigma$（kPa） | 100 | 200 | 300 | 400 |
|---|---|---|---|---|---|
| $\tau_f$（kPa） | 快剪 | 65 | 68 | 70 | 73 |
| | 固结快剪 | 65 | 88 | 111 | 133 |
| | 慢剪 | 80 | 129 | 176 | 225 |

**解** 根据表 5-3 所列数据，依次绘制三种试验方法所得的抗剪强度包线，见图 5-15。然后量得各种抗剪强度指标见表 5-4。

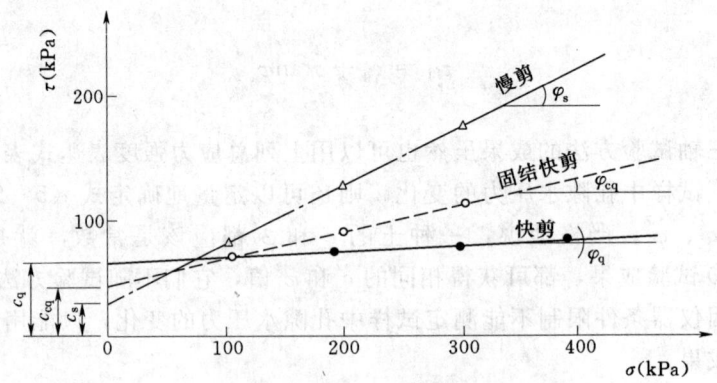

图 5-15　例题 5-3 成果图

**【例题 5-4】** 对某种饱和黏性土作固结不排水试验，三个试样分别在液压 $\sigma_3=60\text{kPa}$、100kPa 和 150kPa 下达到固结，然后又分别在 $\sigma_1=143\text{kPa}$、220kPa 和 313kPa 作用下剪破。剪破时三试样实测孔隙水压力依次为 $u=23\text{kPa}$、40kPa 及 67kPa，试确定该试样的 $\varphi_{cu}$、$c_{cu}$ 和 $\varphi'$、$c'$。

表 5-4　抗剪强度指标

| 试验方法 | 抗剪强度指标 | |
|---|---|---|
| 快剪 | $\varphi_q=1.5°$ | $c_q=62\text{kPa}$ |
| 固结快剪 | $\varphi_{cq}=13°$ | $c_{cq}=41\text{kPa}$ |
| 慢剪 | $\varphi_s=27°$ | $c_s=28\text{kPa}$ |

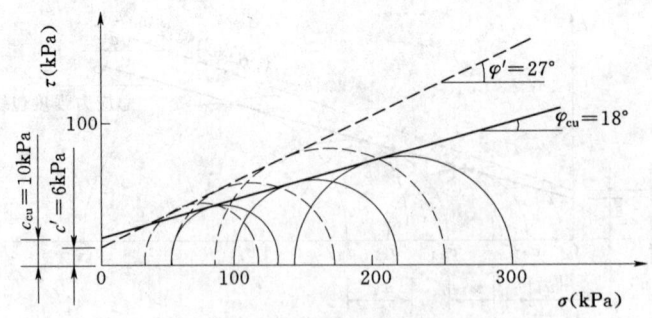

图 5-16　例题 5-4 成果图

**解** (1) 根据所测三组 $\sigma_1$、$\sigma_3$ 值，按比例在 $\tau$—$\sigma$ 坐标中绘出三个总应力破坏莫尔圆（见图 5-16 的实线圆），再绘出此三圆包线，量得 $\varphi_{cu}=18°$，$c_{cu}=10$kPa。

(2) 将三个总应力破坏莫尔圆按各自测得的 $u$ 值，分别向左平移相应的 $u$ 值，绘得三个有效应力破坏莫尔圆，再绘出包线，量得 $\varphi'=27°$，$c'=6$kPa。

# 5* 剪切试验中土的性状

## 5.1 砂土的性状

### 5.1.1 砂土的内摩擦角

由于砂土的透水性强，它在现场的受剪过程大多相当于固结排水剪情况。由固结排水剪试验求得的强度包线一般为通过坐标原点的直线，可表达为：

$$\tau_f = \sigma\tan\varphi_d \tag{5-28}$$

式中 $\varphi_d$——固结排水剪试验求得的内摩擦角（°）。

影响砂土抗剪强度的主要因素是其初始孔隙比（或初始干重度），同时，在一定程度上还受土粒形状、表面糙率和土的级配影响。同一种砂土在相同的初始孔隙比下饱和时的内摩擦角比干燥时稍小（一般小 2°左右）。几种砂土的内摩擦角典型值见表 5-5。

表 5-5    砂土的内摩擦角

| 土 类 | 内摩擦角（°） | | | 土 类 | 内摩擦角（°） | | |
|---|---|---|---|---|---|---|---|
| | 松（休止角） | 峰值强度 | | | 松（休止角） | 峰值强度 | |
| | | 中密 | 密 | | | 中密 | 密 |
| 无塑性粉土 | 26~30 | 28~32 | 30~34 | 级配良好的砂 | 30~34 | 34~40 | 38~46 |
| 均匀细砂到中砂 | 26~30 | 30~34 | 32~36 | 砾砂 | 32~36 | 36~42 | 40~48 |

### 5.1.2 砂土的应力—应变—体变

砂土的初始孔隙比不同，在受剪过程中将显示出非常不同的性状。松砂受剪体积减小（剪缩）；反之，紧砂受剪，由于颗粒间的咬合作用，体积可以增加（剪胀），如图 5-17 所示。然而，紧砂的这种剪胀趋势随周围压力的增大，颗粒的挤碎，而逐渐消失，在高周围压力下，不论砂土的松紧如何，受剪都将剪缩。

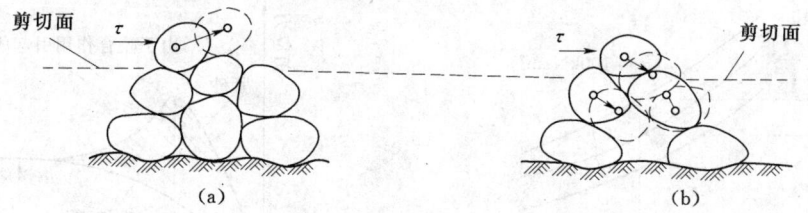

图 5-17 砂土的剪胀和剪缩
(a) 剪胀；(b) 剪缩

图 5-18 为不同初始孔隙比的同一种砂土在相同周围压力 $\sigma_3$ 下受剪时应力—应变—体变的全过程。由图 5-18 可见，随着轴向应变的增加，松砂强度逐渐增大，应力—应变

关系呈应变硬化型，它的体积则逐渐减小。但是，紧砂的强度达一定值后，随轴向应变的增加反而减小，应力—应变关系最后呈应变软化型，它的体积开始则稍有减小，继而增加，超过了它的初始体积。

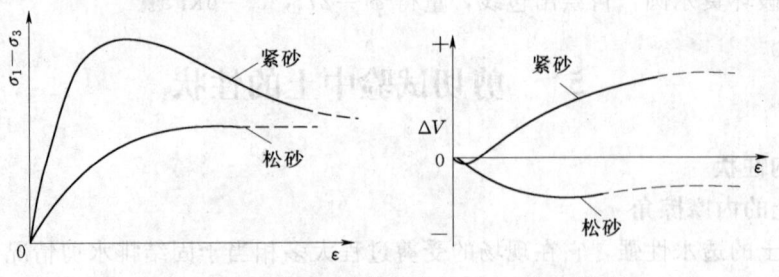

图 5-18　砂土受到剪时的应力—应变—体变

既然砂土在低周围压力下由于初始孔隙比的不同，剪破时的孔隙比可能减小（由于体积减小），也可能增加（由于体积增加），那么，可以想象，砂土在某一初始孔隙比下受剪，它剪破时的体积可等于其初始体积。这一初始孔隙比称为临界孔隙比。图 5-19 为不同周围压力下砂土的初始孔隙比与剪破时体变的关系曲线图。由图 5-19 可见，砂土的临界孔隙比随周围压力的增加而减小。

饱和砂土在低周围压力下受剪时，如果不允许它的体积发生变化，即进行固结不排水剪试验，则紧砂为抵消受剪时的剪胀趋势，将产生负孔隙水应力，因而，有效应力增加。所以，在相同的初始周围压力下，由固结不排水剪测得的强度将比固结排水剪的高；反之，松砂为了抵消受剪时的体积缩小趋势，将产生正的孔隙水应力，使有效周围压力减小，因而，它的强度要比固结排水剪测得的低。

### 5.1.3　砂土的残余强度

如前所述，土的抗剪强度是指土抵抗剪切破坏的最大剪阻力。在剪切试验中，土的抗剪强度一般是以峰值强度代表的。然而，紧砂在达到峰值强度之后，如果剪位移继续增加，强度将减小，最后保持不变，并趋于松砂的强度，如图 5-20 所示。这一不变的强度称为残余强度，以 $\tau_r$ 表示。紧砂的这种强度减小被认为是剪位移克服了颗粒之间的咬合

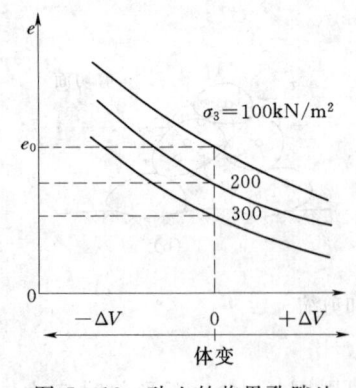

图 5-19　砂土的临界孔隙比

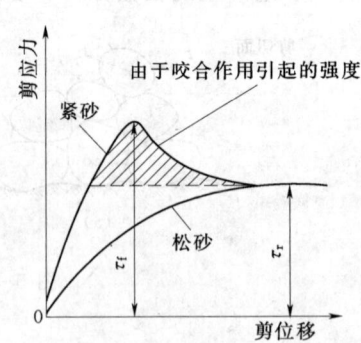

图 5-20　砂土的剪应力与剪位移关系曲线

作用之后，砂土结构崩解变松的结果。

### 5.1.4 砂土的液化

液化定义为任何物质转化为液体的行为或过程。就无黏性土而言，从固体状态变为液体状态的这种转化是由于孔隙水应力增大、有效应力减小的结果。显然，在这一定义中并没有涉及孔隙水应力的起因和变形量的大小。这样，在第二章中提到的流土也可看成液化的一种形式。

如前所述，饱和松砂在不排水条件下受剪将产生正的孔隙水应力。那么，当饱和疏松的无黏性土，特别是粉砂、细砂受到突发的动力荷载或周期荷载时，一时来不及排水，就可导致孔隙水应力的急剧上升。按有效应力观点，无黏性土的抗剪强度应表达为：

$$\tau_f = \sigma'\tan\varphi' = (\sigma-u)\tan\varphi' \tag{5-29}$$

由式(5-29)可知，一旦震动引起的孔隙水应力 $u$ 趋于 $\sigma$，则 $\sigma'$ 将趋于零，抗剪强度亦趋于零，这时，无黏性土地基将丧失其承载能力，土坡将流动塌方，这是土液化的又一形式。

顺便指出，在这里虽然我们仅提到无黏性土的液化，但并不意味着液化只发生在无黏性土中。震害的现场调查表明，稍具黏性的土对震动同样是极为敏感的。因此，在强震区，对这种土亦应给予足够的重视。关于土的动力特性，是土力学中一个专门的研究课题，同学们将来遇到这类问题，可参阅有关著作。

## 5.2 黏性土的性状

天然沉积黏土的强度特性本来就是十分复杂的，加之沉积土极不均匀，各个试样之间存在着差异，以致对原状土强度特性的正确了解，也就更加困难。所以，对土的强度研究，大多采用经彻底拌和的重塑土。当然，原状土和重塑土试样之间在结构上存在着重大差异，但掌握了重塑土的强度特性，也就有可能阐明原状土的许多强度特性，因此，对有关强度的某些结论，大多是根据饱和重塑黏土的资料得到的。

饱和黏土的抗剪强度除受固结程度、排水条件影响外，在一定程度上还受它的应力历史的影响。在上一章我们曾提到，如果黏土层的现有有效应力就是它曾受到过的最大有效应力，那么，它是正常固结的；而如果黏土层过去某个时候的有效应力大于现有有效应力，那么，它是超固结的。同时，把过去的有效应力最大值与现有值之比定义为超固结比。现在，我们把这一概念具体应用到三轴压缩试验，如果试样现有固结压力 $\sigma_3$ 就是它曾受到的最大固结压力，试样是正常固结的；如果试样曾受到的固结压力大于现有固结压力 $\sigma_3$，则试样就是超固结的。

正常固结试样和弱超固结试样在受剪过程中类似于松砂的性状：应力—应变曲线呈应变硬化型或略有峰值，同时产生剪缩。因此，在不排水条件下受剪时孔隙水应力将增加。强超固结试样在受剪过程中类似于紧砂的性状：应力—应变曲线最后呈应变软化型，而体积开始稍有剪缩，继而有剪胀。因此，在不排水条件下受剪时孔隙水应力先增加后减小，有时可能减至负值。图 5-21 为上述两类试样在不固结不排水剪试验中主应力差、孔隙水应力与轴向应变的关系曲线。在固结不排水剪试验中，曲线具有类似形状，只是图中 $\Delta u_1$ 为零，且强超固结试样剪破时的孔隙水应力为负值。

### 5.2.1 不固结不排水强度（不排水强度）

如前所述，不固结不排水剪试验是指在 $\Delta \sigma_3$ 下不固结，在附加轴向压力 $q$ 下不排水。

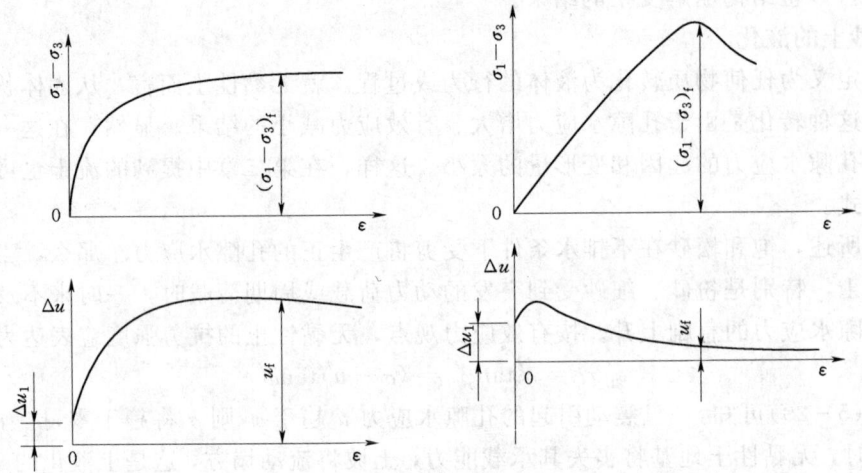

图 5-21 饱和黏土在不固结不排水剪试验中的应力—应变关系曲线

现在，如果把一组饱和黏土试样先承受同一周围压力 $\sigma_c$，待固结稳定后，其中一个试样在不允许水进出的条件下逐渐施加附加轴向压力 $q$ 至剪破，其极限应力圆如图 5-22 (a) 中 $A$ 圆。其他试样在不排水条件下分别承受不同的周围分力增量 $\Delta\sigma_3$，然后逐渐施加附加轴向压力 $q$ 至剪破，此时仍不允许水进出。由于试样都是在不允许水有进出的条件承受周围压力增量 $\Delta\sigma_3$ 和附加轴向压力 $q$ 的。因此，$\Delta\sigma_3$ 的施加仅引起孔隙水应力的等量增加（因 $B$ 等于1）。而它们的剪前固结压力都没有改变，均为 $\sigma_c$，因而，也都具有相同的剪前孔隙比，并在不排水剪中始终保持不变，所以，它们将具有相同的强度，亦即都有同样大小的极限应力圆，如图 5-22 (b) 中 $B$ 圆。于是，在饱和土的不固结不排水剪试验中，总强度包线将为一水平线，故：

$$\varphi_u = 0$$
$$\tau_f = c_u = (\sigma_1 - \sigma_3)_f/2 \tag{5-30}$$

式中 $c_u$——某 $\sigma_c$ 下的不排水剪强度。

如果我们在较高的剪前固结压力 $\sigma_c$ 下进行不固结不排水剪试验，那么，由于 $\sigma_0$ 愈大，剪前孔隙比愈小，则不排水剪强度 $c_u$ 也就愈大，如图 5-22 (c) 所示。

应该强调的是，图 5-22 (b) 中的 $A$ 圆在这里是作为在周围压力增量 $\Delta\sigma_3$ 为零时的不固结不排水剪试验结果来对待的，其实它是 $\sigma_3 = \sigma_c$ 的固结不排水剪试验结果。鉴于饱和黏土在不固结不排水剪试验中 $\varphi_u$ 为零，因此，我们就能根据固结不排水剪试验结果同时得到该固结压力下的不排水剪强度。图 5-23 (b) 中的不排水强度就是这样求得的。

下面，我们讨论试样的应力历史和剪前固结压力对不排水强度的影响。图 5-23 (a) 表示剪前固结压力与剪前孔隙比的关系曲线。图中 $a \to b \to c \to d$ 线表示正常固结过程，当试样处在该线上，它现有固结压力就是它曾受到过的最大固结压力，属正常固结试样。图中 $c \to e$ 线表示卸荷回弹或膨胀过程。当试样处在该线上，它现有的固结压力就小于前期固结压力 $\sigma_c$，属超固结试样。

图 5-23 (b) 绘出了不同固结压力下原固结不排水剪试验求得的总应力圆。这些圆

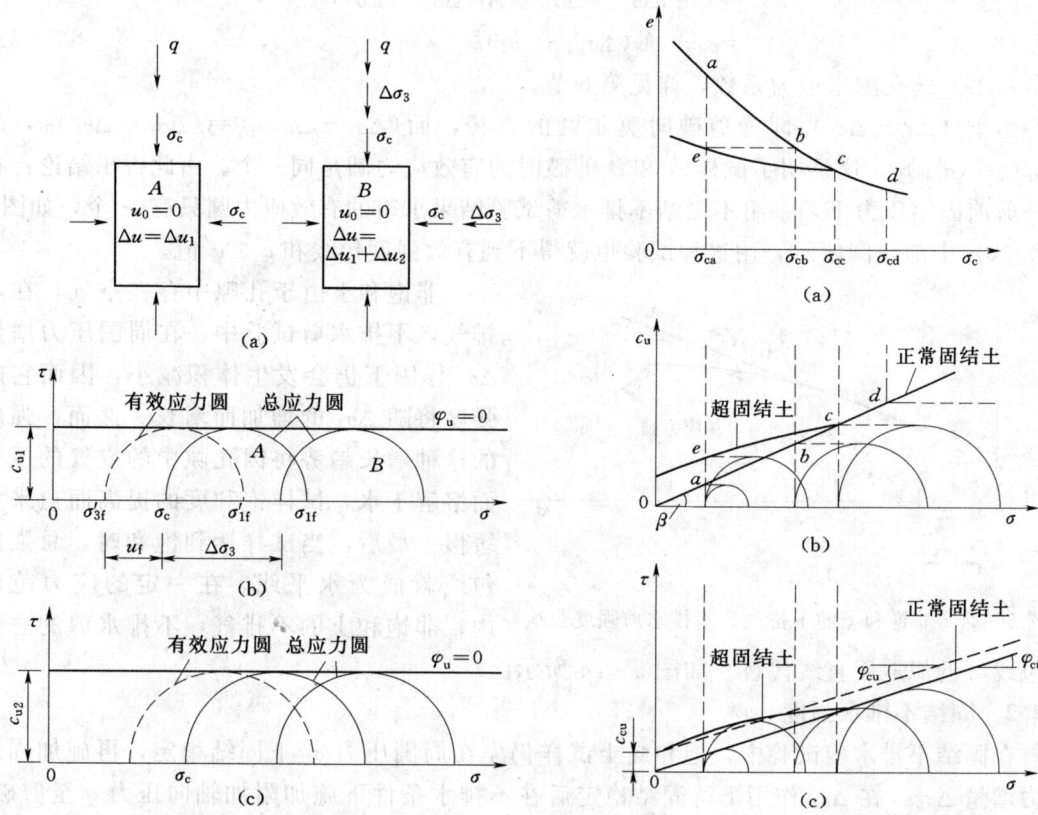

图 5-22 不固结不排水剪强度包线

图 5-23 三轴固结不排水剪试验结果

的半径就是该固结压力下的不排水剪强度值。由图可见，正常固结土的不排水强度 $c_u$ 是随着剪前固结压力 $\sigma_0$ 的增加（剪前孔隙比的减小）而增大的，它们之间的关系为通过坐标原点的直线，即 $c_u/\sigma_0$ 为常量。超固结土的不排水强度与剪前固结压力 $\sigma_c$ 则呈曲线关系，且不通过坐标原点。在相同的剪前固结压力下，如图中 $a$ 和 $e$ 点，由于超固结土比正常固结土有较小的剪前孔隙比，因而，剪破时的孔隙水应力比正常固结土为小，甚至可能出现负值，而有效应力也就较大，故其不排水强度比正常固结土为大。

在不固结不排水剪试验中，如果量测孔隙水应力，试样结果就可根据有效应力整理，如图 5-22（a）中试样 $A$ 和 $B$，由于它们剪破时有同样大小的总应力圆，可见，它们也就有同样大小的有效应力圆。至于它们的有效应力圆的位置，分析如下：

试样 $A$：
$$(\sigma_{3f})_A = \sigma_c$$
$$(u_f)_A = u_0 + \Delta u_1 + \Delta u_2 = \Delta u_2$$
$$= A_f(\Delta\sigma_1 - \Delta\sigma_3)_{fA}$$

所以
$$(\sigma_{3f})'_A = (\sigma_{3f})_A - (u_f)_A = \sigma_c - A_f(\Delta\sigma_1 - \Delta\sigma_3)_{fA} \quad (5-31)$$

试样 $B$：
$$(\sigma_{3f})_B = \sigma_c + \Delta\sigma_3$$
$$(u_f)_B = \Delta u_1 + \Delta u_2 = \Delta\sigma_3 + A_f(\Delta\sigma_1 - \Delta\sigma_3)_{fB}$$

所以
$$(\sigma_{3f})'_B = (\sigma_{3f})_B - (u_f)_B$$

$$= \sigma_c + \Delta\sigma_3 - \Delta\sigma_3 - A_f(\Delta\sigma_1 - \Delta\sigma_3)_{fB}$$
$$= \sigma_c - A_f(\Delta\sigma_1 - \Delta\sigma_3)_{fB} \tag{5-32}$$

式中  $A_f$——孔隙水应力系数,详见第 6 节。

由于 $(\Delta\sigma_1 - \Delta\sigma_3)_f$ 即为剪破时莫尔圆的直径,而 $(\Delta\sigma_1 - \Delta\sigma_3)_{fA} = (\Delta\sigma_1 - \Delta\sigma_3)_{fB}$,故 $(\sigma'_{3f})_A = (\sigma'_{3f})_B$,这证明了试样 A 和 B 剪破时的有效应力圆是同一个。由此得出结论:在同一剪前固结压力下,一组不固结不排水剪试验结果求得的有效应力圆只有一个,如图 5-22(b)中虚线圆所示,用这种试验也就得不到有效强度包线和 $c'$、$\varphi'$ 值。

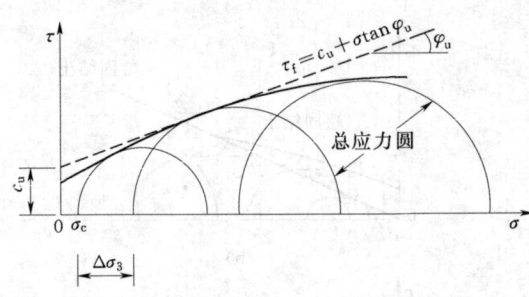

图 5-24 非饱和土的不排气、不排水剪强度包线

非饱和土由于孔隙中存在空气,在不排气、不排水剪试验中,在周围压力增量 $\Delta\sigma_3$ 作用下仍会发生体积减小,因而它的强度将随 $\Delta\sigma_3$ 的增加而增长。然而,强度的这种增长趋势将因孔隙中的空气的压缩而溶解于水,试样饱和度的提高而愈来愈缓慢。最后,当试样达到饱和时,总强度包线就成为水平线。在一定的应力范围内,非饱和土的不排气、不排水剪的总强度包线可近似地用直线代替。如图 5-24 所示。

### 5.2.2 固结不排水强度

在固结不排水剪试验中,饱和黏土试样仍先在周围压力 $\sigma_c$ 下固结稳定,再施加周围压力增量 $\Delta\sigma_3$,在 $\Delta\sigma_3$ 作用下待固结稳定后在不排水条件下施加附加轴向压力 $q$ 至剪破。因此,试样的剪前固结压力将随 $\Delta\sigma_3$ 的增加而增大,剪前孔隙比则相应减小,强度相应增加。图 5-23(c)为饱和黏土的固结不排水剪试验结果。图中的应力圆是由图 5-23(b)复制得到。由图可见,正常固结土的总强度包线为通过坐标原点的直线。超固结土的总强度包线为微弯的曲线,不通过坐标原点。在相同的固结压力下,超固结土比正常固结土有较小的剪前孔隙比,剪破时也就有较小的孔隙水应力,有时甚至产生负孔隙水应力,以致超固结土有较高的强度。

如果在试验中量测孔隙水应力,固结不排水剪试验结果就可用有效应力整理,由于正常固结土剪破时的孔隙水应力为正值,剪破时的有效应力圆在总应力圆左边。有效强度包线亦为通过坐标原点的直线,但 $\varphi' > \varphi_{cu}$,如图 5-25(a)所示。弱超固结土剪破时的孔隙水应力为正值,剪破时的有效应力圆在总应力圆的左边;强超固结土剪破时的孔隙水应力为负值,剪破时的有效应力圆就在总应力圆的右边。有效强度包线为微弯的曲线,在事实上应力范围内可用直线近似代表,如图 5-25(b)所示。于是,固结不排水剪的总强度包线可表达为:

$$\tau_f = c_{cu} + \sigma\tan\varphi_{cu} \tag{5-33}$$

式中  $c_{cu}$——固结不排水剪试验求得的凝聚力;
  $\varphi_{cu}$——固结不排水剪试验求得的内摩擦角。

有效强度包线可表达为:

$$\tau_f = c' + \sigma'\tan\varphi' \tag{5-34}$$

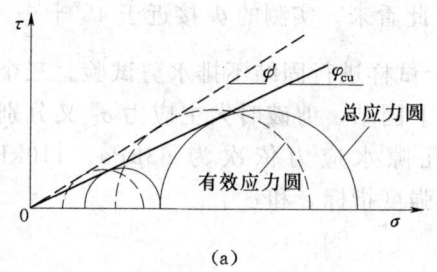
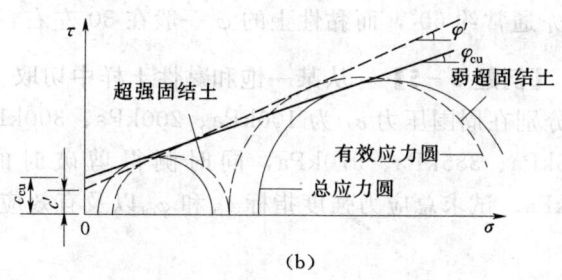

(a) (b)

图 5-25 饱和黏土固结不排水剪强度包线
(a) 正常固结土；(b) 超固结土

对于正常固结土，$c' = c_{cu} = 0$。

由于取样过程中引起的应力释放，即使原来是正常固结土也将是超固结的。因此，欲求正常固结土的固结不排水强度，在试验中的固结压力 $\sigma_3$ 原则上应大于该试样的自重应力 $p_0$。

### 5.2.3 固结排水强度

固结排水剪试验可在各种试样上进行，试样既可以是饱和的，也可以是非饱和的。饱和黏土在固结排水剪试验中的强度变化趋势与固结不排水剪试验相似。正常固结土的强度包线亦为通过坐标原点的直线；超固结土为微弯的曲线，通常可用直线近似代表，如图 5-26 所示。由于试验中孔隙水应力始终保持零，故外加总应力就等于有效应力。总应力圆就是有效应力圆，总强度包线即为有效强度包线。在固结排水剪试验中有效应力强度指标 $c'$ 和 $\varphi'$ 常标记为 $c_d$ 和 $\varphi_d$。于是，由固结排水剪求得的抗剪强度包线可表达为：

$$\tau_f = c_d + \sigma \tan\varphi_d \tag{5-35}$$

式中  $c_d$——固结排水剪试验求得黏聚力；
$\varphi_d$——固结排水剪试验求得的内摩擦角。

对于正常固结土，$c_d = 0$。

可是，在黏土的固结排水剪试验中，为了保持孔隙水应力始终为零，试验时要选择极慢的剪切速率。这样，试验历时往往要长达数天，甚至数星期。因此，在一般情况下，黏土的有效应力强度指标通常借助量测孔隙水应力的固结不排水试验测定。

现将饱和黏土三种类型的三轴压缩试验的结果汇总于图 5-27。由图可见，同一种黏

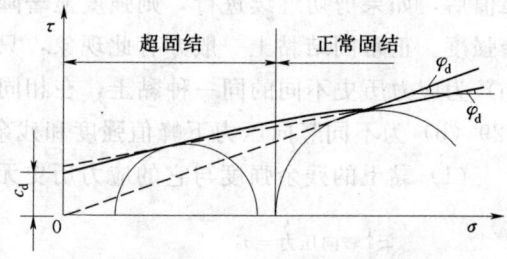

图 5-26 饱和黏土固结排水剪强度包线

土当以总应力表示试验结果时将得到显著不同的总应力强度指标。按式（5-12），剪破面与大主应力面的理论夹角为 $45° + \dfrac{\varphi}{2}$，这就意味着同一种黏土在三种剪切试验中将沿不同平面剪破。然而，当以有效应力表示试验结果时，三种剪切试验得到十分接近的有效应力强度指标，这又意味着黏土在三种试验中将沿同一平面剪破。同时，实测资料表明，剪破

角 $\theta_f$ 通常约 60°，而黏性土的 $\varphi'$ 一般在 30° 左右，由此看来，实测的 $\theta_f$ 接近于 $45°+\dfrac{\varphi'}{2}$。

【**例题 5-5**】 从某一饱和黏性土样中切取三个试样进行固结不排水剪试验。三个试样分别在周围压力 $\sigma_3$ 为 100kPa、200kPa、300kPa 下固结，剪破时大主应力 $\sigma_1$ 又分别为 205kPa、385kPa、570kPa，同时测得剪破时的孔隙水应力依次为 63kPa、110kPa、15kPa。试求总应力强度指标 $c_{cu}$ 和 $\varphi_{cu}$ 以及有效应力强度指标 $c'$ 和 $\varphi'$。

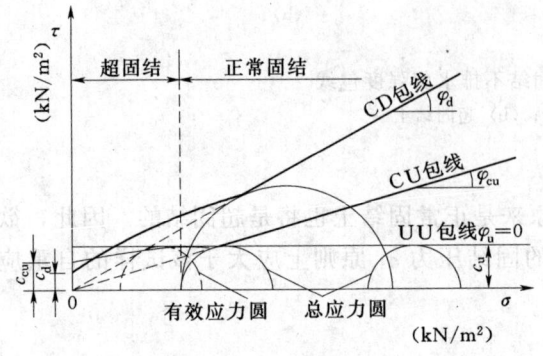
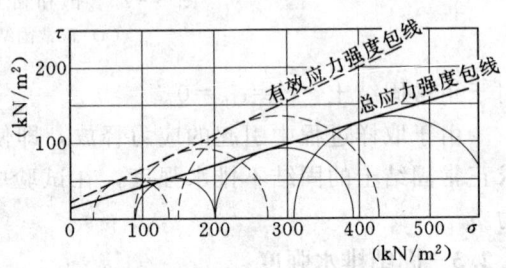

图 5-27 饱和黏土三种剪切试验结果总图　　图 5-28 某饱和黏土固结不排水剪试验成果图

**解** （1）根据剪破时三组相应的 $\sigma_1$ 和 $\sigma_3$ 值，在 $\tau$—$\sigma$ 坐标平面内的 $\sigma$ 轴上按 $(\sigma_1+\sigma_3)_f/2$ 值，定出极限应力圆的圆心，再以 $(\sigma_1-\sigma_3)_f/2$ 为半径分别作圆，此即剪破时的总应力圆，如图 5-28 中三个实线圆。通过这些圆作公切线，得 $c_{cu}=12$kPa，$\varphi_{cu}=16.5°$。

（2）按剪破时的孔隙水应力值，把三个总应力圆分别左移一相应距离，即得剪破时的有效应力圆，如图 5-28 中虚线圆。作这些圆的公切线，得 $c'=15$kPa，$\varphi'=20°$。

### 5.2.4 黏土的残余强度

超固结黏土在剪切试验中具有与紧砂相似的应力—应变特性，即当强度随剪位移达到峰值后，如果剪切继续进行，则强度显著降低，最后达到某一定值，该值就称为黏土的残余强度。正常固结黏土一般亦有此现象，只是降低的幅度较超固结黏土小而已。图 5-29 (a) 为应力历史不同的同一种黏土，在相同竖向压力 $\sigma_0$ 下进行直剪试验的慢剪结果。图 5-29 (b) 为不同竖向压力下峰值强度和残余强度线。由图 5-29 可见：

(1) 黏土的残余强度与它的应力历史无关。

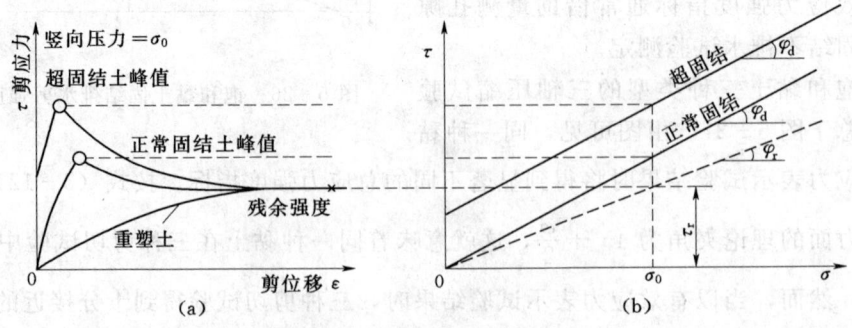

图 5-29 黏土的残余强度

(2) 在大剪位移下超固结黏土的强度降低幅度比正常固结黏土为大。

(3) 残余强度线为通过坐标原点的直线，即：

$$\tau_r = \sigma \tan\varphi_\gamma \tag{5-36}$$

式中 $\tau_r$——黏土的残余强度；

$\sigma$——剪破面上的法向压力；

$\varphi_\gamma$——残余内摩擦角。

必须指出，大剪位移下黏土强度降低的机理是与紧砂不同的，如前所述，紧砂是由于颗粒间咬合作用被克服，结构崩解变松的结果，而黏土则被认为是由于：

(1) 在受剪过程中原来凝聚排列的颗粒在剪切面附近形成片堆排列，即片状颗粒与剪切面平行排列。

(2) 吸着水层中水分子的定向排列和阳离子的分布因受剪而遭到破坏。

### 5.2.5 黏性土的灵敏度

某些黏性土在含水率不变的条件下经搓捏使其原有结构彻底扰动，它的强度将大大降低。这种搓捏过程通常称为扰动。黏性土对结构扰动的敏感程度可用灵敏度表示。灵敏度定义为原状土无侧限抗压强度与该土结构完全破坏时的重塑土（保持含水率和密度不变）的无侧限抗压强度之比，即：

$$S_t = q_u/q'_u \tag{5-37}$$

式中 $S_t$——黏性土的灵敏度；

$q'_u$——重塑试样的无侧限抗压强度。

黏土根据灵敏度可按表 5-6 进行分类。

表 5-6　　　　　　　　　　黏性土按灵敏度分类

| $S_t$ | 黏性土分类 | $S_t$ | 黏性土分类 | $S_t$ | 黏性土分类 |
| --- | --- | --- | --- | --- | --- |
| 1 | 不灵敏 | 2～4 | 中等灵敏 | 8～16 | 很灵敏 |
| 1～2 | 低灵敏 | 4～8 | 灵敏 | >16 | 流动 |

正如在讨论黏土残余强度时所提到的那样，搓捏作用同样能使局部的片状颗粒形成较平行的排列及吸着水层中水分子的定向排列和阳离子的分布遭到破坏，从而引起强度的降低。但一旦搓捏作用停止，吸着水层中水分子和阳离子又将恢复定向排列和重新分布，以便达到新平衡。同时，土粒在一定程度上将随时间增长而逐渐调整到较为凝聚的排列，这些变化的结果使重塑土的抗剪强度可随静置时间的延长而增长。尽管这样，但决不会恢复到它原有的强度。在含水率不变的条件下，黏土因重塑而软化（强度降低），软化后又随静置时间的延长而硬化（强度增长），这种性质称为黏土的触变性。

### 5.2.6 黏土的蠕变

在剪切试验中，土的蠕变是指在持续剪应力作用下应变随时间而改变的现象。图 5-30 为三轴不排水试验在不同的恒定主应力差作用下轴向应变随时间的变化过程线，即蠕变曲线。由图 5-30 (a) 可见，当主应力差很小时，轴向应变几乎在瞬时发生，之后，蠕变缓慢发展，应变—时间关系曲线最后呈水平线，土不会发生剪破。随着主应力差的增加，蠕变速率亦相应增长。当主应力差达某一值，轴向应变不断发展，最终可导致蠕变破坏。

蠕变破坏的程度包括以下几个阶段：OA 为瞬时弹性应变阶段，对土而言，其值很小。AB 为初期蠕变阶段，在这一阶段，蠕变速率由大变小，如果这时卸除主应力差，则先恢复瞬时弹性应变，续而恢复初期蠕变。BC 为稳定蠕变阶段，这一阶段的蠕变速率为常量，若卸除主应力差，土将发生永久变形。CB 为加速蠕变阶段，在这一阶段，蠕变速率迅速增长，最后达到破坏，如图 5-30（b）所示。

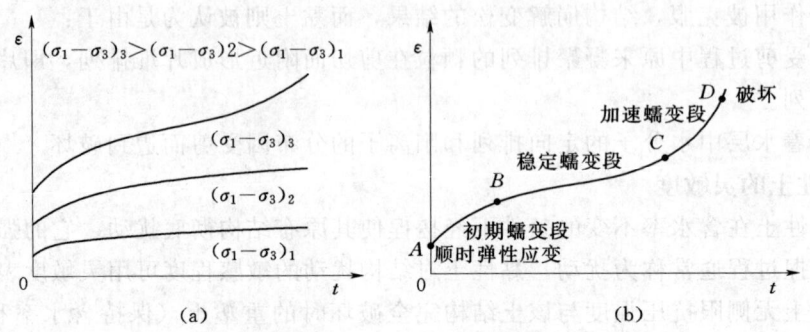

图 5-30 土的蠕变曲线

易于蠕变的土，只要剪应力超过某一定值，它的长期强度可大大低于室内测定的强度。有些挡土结构物的逐渐侧向移动和土坡的破坏，土的蠕变是重要原因。然而，在工程设计中如何合理地考虑蠕变的影响尚待进一步研究。

# 6* 三轴压缩试验中的孔隙应力系数

## 6.1 三轴压缩试验的孔隙水应力系数

在非饱和土的孔隙中，通常既有气，又有水。在这种情况下，由于水、气界面上表面张力和弯液面的存在，孔隙气应力 $u_a$ 和孔隙水应力 $u_w$ 是不相等的，且 $u_a > u_w$。当土的饱和度较高时，可不考虑表面张力的影响，则 $u_a$ 大致等于 $u_w$。于是，为简单起见，在下面的讨论中就不再区分 $u_a$ 和 $u_w$，而孔隙水应力也就以 $u$ 表示。

在常规三轴压缩试验中，试样先承受周围压力 $\sigma_c$ 为零。如果由于建筑物荷载，试样在原位受到的大、小主应力增量为 $\Delta\sigma_1$ 和 $\Delta\sigma_3$ 的话，在常规三轴试验中，这是分两个加荷阶段来实现的，即先使试样承受周围压力增量 $\Delta\sigma_3$，然后在周围压力不变的条件下施加大、小主应力增量之差 $(\Delta\sigma_1 - \Delta\sigma_3)$（即附加轴向压力 $q$）。若试验是在不排水条件下进行，则 $\Delta\sigma_3$ 和 $(\Delta\sigma_1 - \Delta\sigma_3)$ 的施加必将分别引起超静孔隙水应力增量 $\Delta u_1$ 和 $\Delta u_2$，如图 5-31 所示。于是，超静孔隙水应力的总增量为：

$$\Delta u = \Delta u_1 + \Delta u_2 \tag{5-38}$$

总的超静孔隙水应力为：

$$u = u_0 + \Delta u = \Delta u \tag{5-39}$$

现在，我们把 $\Delta u_1$ 与 $\Delta\sigma_3$ 之比定义为孔隙应力系数 $B$，即：

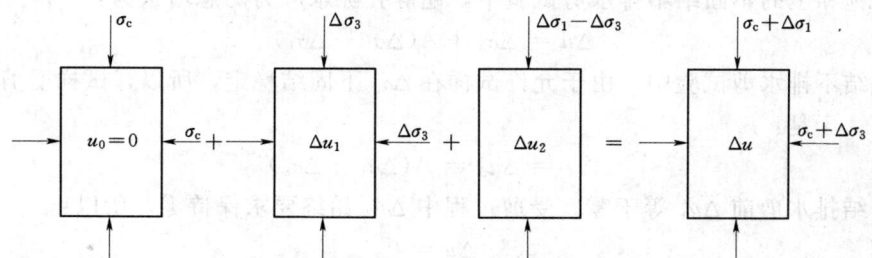

图 5-31 不排水试验中的孔隙水应力

$$B = \Delta u_1 / \Delta \sigma_3 \tag{5-40}$$

而把 $\Delta u_2$ 与 $(\Delta \sigma_1 - \Delta \sigma_3)$ 之比定义为孔隙应力系数 $\overline{A}$,即:

$$\overline{A} = \Delta u_2 / (\Delta \sigma_1 - \Delta \sigma_3) \tag{5-41}$$

把式(5-40)和式(5-41)代入式(5-38),则得:

$$\Delta u = B \Delta \sigma_3 + \overline{A}(\Delta \sigma_1 - \Delta \sigma_3) = B\left[\Delta \sigma_3 + \frac{\overline{A}}{B}(\Delta \sigma_1 - \Delta \sigma_3)\right] \tag{5-42}$$

若令 $\overline{A} = AB$,则:

$$\Delta u = B[\Delta \sigma_3 + A(\Delta \sigma_1 - \Delta \sigma_3)] \tag{5-43}$$

式中 $A$——孔隙应力系数。

孔隙应力系数 $B$ 反映试样在周围压力增量 $\Delta \sigma_3$ 下的孔隙水应力变化。在饱和土的不固结不排水剪试验中,$\Delta \sigma_3$ 的施加相当于饱和土压缩试验中加压瞬间($t=0$ 时)的受荷情况。由于孔隙水和土粒都被认为是不可压缩的,所以 $\Delta \sigma_3$ 的施加将完全由孔隙水承担,于是 $B$ 等于 1;反之,对于干土,由于孔隙气的压缩性要比土骨架的高得多,$\Delta \sigma_3$ 的施加将完全由孔隙水承担,于是 $B$ 等于零。在非饱和土中,$B$ 介于零与 1 之间,而孔隙应力系数 $\overline{A}$ 反映了试样在 $(\Delta \sigma_1 - \Delta \sigma_3)$ 作用下的孔隙水应力变化。

现在,我们把式(5-43)进一步改写成:

$$\Delta u = B \Delta \sigma_1 \left[\frac{\Delta \sigma_3}{\Delta \sigma_1} + A\left(1 - \frac{\Delta \sigma_3}{\Delta \sigma_1}\right)\right] = B \Delta \sigma_1 \left[A + (1-A)\frac{\Delta \sigma_3}{\Delta \sigma_1}\right] \tag{5-44}$$

两边除 $\Delta \sigma_1$ 后,得:

$$\frac{\Delta u}{\Delta \sigma_1} = B\left[A + (1-A)\frac{\Delta \sigma_3}{\Delta \sigma_1}\right] \tag{5-45}$$

令

$$\frac{\Delta u}{\Delta \sigma_1} = \overline{B} \tag{5-46}$$

则

$$\overline{B} = B\left[A + (1-A)\frac{\Delta \sigma_3}{\Delta \sigma_1}\right] \tag{5-47}$$

于是可得另一个孔隙应力系数 $\overline{B}$,它是超静孔隙水应力总增量与大主应力增量之比值。在堤坝稳定分析中,它将是一个有用的参数,可由三轴试验测定。

对于饱和土,由于 $B$ 等于 1,$A$ 就等于 $\overline{A}$。由式(5-40)和式(5-41)可得:

$$\Delta u_1 = \Delta \sigma_3$$

$$\Delta u_2 = A(\Delta \sigma_1 - \Delta \sigma_3) \tag{5-48}$$

因而，在饱和土的不固结不排水剪试验中，超静孔隙水应力的总增量为：
$$\Delta u = \Delta \sigma_3 + A(\Delta \sigma_1 - \Delta \sigma_3) \tag{5-49}$$

在固结不排水剪试验中，由于允许试样在 $\Delta \sigma_3$ 下固结稳定，所以，试样受剪前 $\Delta u_1$ 已消散为零。于是：
$$\Delta u = \Delta u_2 = A(\Delta \sigma_1 - \Delta \sigma_3) \tag{5-50}$$

在固结排水剪前 $\Delta u_1$ 等于零，受剪过程中 $\Delta u_2$ 始终要求保持零，所以：
$$\Delta u = 0 \tag{5-51}$$

【**例题 5-6**】 某饱和黏土受到前期固结压力 $P_c$ 为 800kPa。在固结不排水剪试验中测得的结果列于表 5-7。试求不同超固结比下，试样剪破时的孔隙应力系数 $A_f$ 值。

**解** 在固结不排水试验中，孔隙水应力仅由主应力差所产生，于是，按式（5-50），剪破时的孔隙应力系数 $A_f = \dfrac{\Delta u}{\Delta \sigma_1 - \Delta \sigma_3} = \dfrac{u_f}{(\sigma_1 - \sigma_3)_f}$，计算结果见表 5-8。

表 5-7　试验测得结果

| $\sigma_3$ (kPa) | $(\sigma_1-\sigma_3)_f$ (kPa) | $u_f$ (kPa) |
|---|---|---|
| 100 | 420 | -66 |
| 200 | 530 | -10 |
| 400 | 730 | +82 |
| 600 | 1000 | +183 |

表 5-8　计算结果

| $\sigma_3$ (kPa) | 超固结比 | $A_f$ |
|---|---|---|
| 100 | 8 | -0.16 |
| 200 | 5 | -0.02 |
| 500 | 2 | +0.11 |
| 600 | 1.33 | +0.18 |

## 6.2 孔隙应力系数的测定

在三轴不排水剪试验中，各加荷阶段的超静孔隙水应力增量 $\Delta u_1$ 和 $\Delta u_2$ 可实测，因而，孔隙应力系数 $B$ 和 $\overline{A}$ 或 $A\left(\text{等于}\dfrac{\overline{A}}{B}\right)$ 按式（5-40）和式（5-41）很容易求得。在常规三轴试验中，$\Delta \sigma_3$ 保持不变，所以在不固结阶段，$\Delta u_1$ 亦不变，因而，$B$ 为定值。在固结不排水剪试验中，尽管允许试样在 $\Delta \sigma_3$ 下固结稳定，使试样在受剪前的超静孔隙水应力 $\Delta u_1$ 逐渐消散为零，但在允许消散之前，仍能量得 $\Delta u_1$，算出 $B$ 值。它是判断试样是否完全饱和的有用指标，特别是当测定土的有效应力强度指标时，通常要求 $B$ 接近 1。另一方面，试样受剪过程中，$(\Delta \sigma_1 - \Delta \sigma_3)$ 是不断变化的，故 $\Delta u_2$ 是变化的，因而孔隙应力系数 $\overline{A}$ 或 $A$ 也是变化的。在饱和土的固结不排水剪试验中，剪破时的孔隙应力系数 $A_f$ 将随试样超固结比的增加从正值减小到负值。

至于 $\overline{B}$ 值，如果土体内某点的大、小主应力增量 $\Delta \sigma_1$ 和 $\Delta \sigma_3$ 为已知，当然就可以通过不固结不排水剪试验，对试样直接施加已知的 $\Delta \sigma_1$ 和 $\Delta \sigma_3$，测得超静孔隙水应力总增量后，按式（5-46）或式（5-47）计算。土体内各点的 $\Delta \sigma_1$ 和 $\Delta \sigma_3$ 是不同的，因此，各点的 $\overline{B}$ 值亦不相同，用上述试验方法测定 $\overline{B}$ 值就显得繁琐了。实用上，$\overline{B}$ 的测定可如下进行。

现以土坝填土为例来说明，按设计填筑标准制备试样，用测孔隙水应力的固结不排水剪试验确定有效强度包线，如图 5-32（a）实线所示。实际设计土坝时总有安全储备，即安全系数总是要大于 1。因此，实际动用的抗剪强度应为：

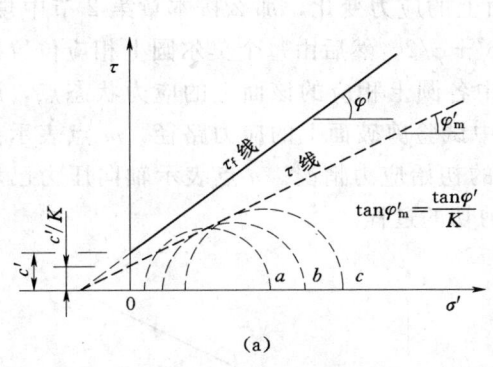 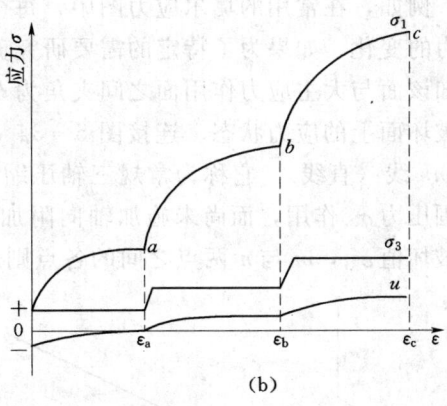

图 5-32 填土的有效强度包线和应力—应变曲线

$$\bar{\tau} = \frac{\tau_f}{K_s} = \frac{c'}{K_s} + \sigma' \frac{\tan\varphi'}{K_s} = c'_m + \sigma' \tan\varphi'_m \tag{5-52}$$

式中　$K_s$——安全系数；

$c'_m$——动用的有效凝聚力；

$\varphi'_m$——动用的有效内摩擦角。

于是，可得实际动用的强度包线，如图 5-32（a）虚线所示。然后，用同样的制备试样进行测孔隙水应力的不固结不排水剪试验。试验从较小的周围压力 $\sigma_3$ 开始，随着轴向应变的增加，轴向压力 $\sigma_1$ 和超静孔隙水应力 $u$（非饱和填土的初始孔隙水应力可为负值）亦相应增大。试验中随时计算有效大、小主应力。并在图 5-32（a）中绘制有效应力圆。当轴向应变达某一值，有效应力圆（$a$ 圆）与虚线（$\bar{\tau}$ 线）相切时，再增加周围压力，继续上述试验，于是可得有效应力圆 $b$、$c$、…。同时，还可得到图 5-32（b）中的应力（$\sigma_1$、$\sigma_3$、$u$）与应变关系曲线。根据各级周围压力下，有效应力圆与 $\bar{\tau}$ 线相切时的孔

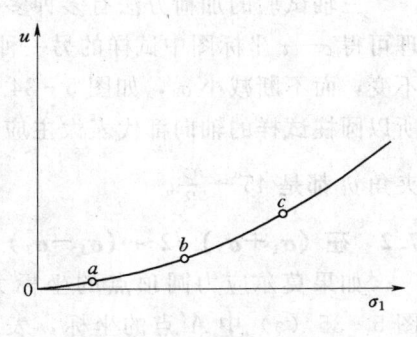

图 5-33　$u$—$\sigma_1$ 关系曲线

隙水应力和大主应力值就可绘制 $u$—$\sigma_1$ 关系曲线，如图 5-33 所示。$u$—$\sigma_1$ 关系曲线，在一定应力范围内可用直线代表，于是可按式（5-46）确定 $\bar{B}$ 值。当然安全系数不同也就有不同的 $\bar{B}$ 值。

# 7　三轴试验中试样的应力路径

## 7.1　应力路径的概念

对同一种土，采用不同的试验仪器和不同的加荷方法使之剪破，试样中应力的变化过程是不相同的。为了分析应力变化过程对土的力学性质的影响，可以用应力坐标图中应力点的移动轨迹（即应力路径）来描述土体在外荷作用下的应力变化。

例如，在常用的莫尔应力图中，每个试样三轴压缩的全过程可用一系列的莫尔圆反映应力的变化。如果为了特定的需要研究剪破面上的应力变化，那么按本章第 2 节中规定，可知该面与大主应力作用面之间夹角为 $\theta_f = 45° + \varphi/2$，然后由每个莫尔圆上相应位置确定该破坏面上的应力状态。连接图 5-34（a）中各圆上相应的该面上的应力状态点，就得到 $mn$ 线（直线）。它称为常规三轴压缩试验中试验剪破面上的应力路径，$m$ 点表示只有周围压力 $\sigma_3$ 作用，而尚未施加轴向附加压力的初始应力情况。$n$ 点表示轴向压力已增加到破坏值 $\sigma_{1f}$，$m$ 与 $n$ 两点之间的各点则表示剪切的过程。

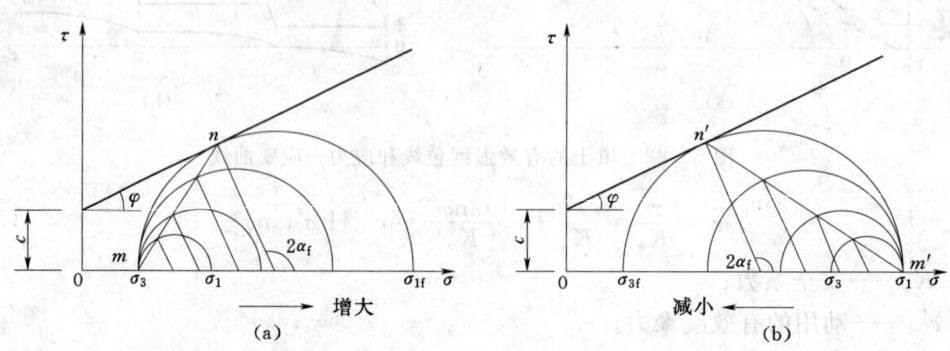

图 5-34  常规三轴压缩试验中剪切面上的应力路径

三轴试验的加荷方法有多种多样，随着加荷方法不同，应力路径也就不同。例如，同理可得 $\sigma$—$\tau$ 坐标图中试样的另一种三轴压缩试验剪破面上的应力路径。这种试验保持 $\sigma_1$ 不变，而不断减小 $\sigma_3$，如图 5-34（b）所示。值得注意的是，因两种试验都是三轴压缩，所以圆柱试样的轴向都代表大主应力 $\sigma_1$ 的作用方向，而剪破面与大主应力作用平面之间夹角 $\theta_f$ 都是 $45° + \dfrac{\varphi}{2}$。

## 7.2  在 $(\sigma_1 + \sigma_3)/2 \sim (\sigma_1 - \sigma_3)/2$ 应力坐标上应力路径的表达形式

如果莫尔应力圆顶点的坐标为已知，那么土体中某点的应力状态也就被确定了。图 5-35（a）中 $A'$ 点的坐标，表示平面应变状态中土体某点的平均正应力 $(\sigma_1 + \sigma_3)/2$（应力圆心横坐标）和最大剪应力 $(\sigma_1 - \sigma_3)/2 = \tau_{\max}$（应力圆半径）。所以说 $A'$ 点位置决定了土所处的应力状态，也决定了莫尔圆的大小和位置。这样，就可在 $(\sigma_1 + \sigma_3)/2 \sim (\sigma_1 - \sigma_3)/2$ 坐标图上，点出整个三轴压缩试验过程中不同莫尔应力圆顶点的坐标值，把各点连接起来即得图 5-35（b）中一条应力路径 $AB$，该直线必与横坐

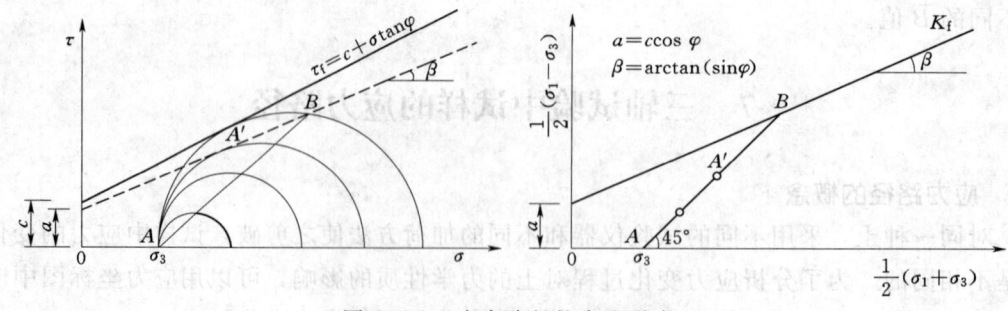

图 5-35  应力路径的表达形式

标轴夹 45°角，因为常规三轴压缩试验中 $\sigma_3$ 维持不变，随着 $\sigma_1$ 的增加，应力在纵、横坐标上的增量相等。

与采用 $\sigma-\tau$ 应力坐标相比较，在 $(\sigma_1+\sigma_3)/2 \sim (\sigma_1-\sigma_3)/2$ 坐标图中，应力路径的表达形式有较多的优点。第一，应力路径上各点直接明确表示土的应力状态，而不专指破坏面上的应力；第二，不必预知或假定破坏面方向；第三，特别对不考虑中主应力 $\sigma_2$ 影响的轴对称课题和平面应变课题，应用较为方便。

在 $(\sigma_1+\sigma_3)/2 \sim (\sigma_1-\sigma_3)/2$ 坐标上的抗剪强度线以 $K_f$ 线表示。它的坡度 $\tan\beta$ 和它与纵坐标轴的截距 $a$ 值，可由抗剪强度指标 $c$、$\varphi$ 通过几何关系推算而得，或可由土的极限平衡条件式推求出来。由式（5-14）知，当土处于极限平衡状态时：

$$\frac{1}{2}(\sigma_1-\sigma_3)_f = c\cos\varphi + \frac{1}{2}(\sigma_1+\sigma_3)_f \sin\varphi$$

而从图 5-35（b）中可知土的抗剪强度线 $K_f$ 的表达式为：

$$\frac{1}{2}(\sigma_1-\sigma_3)_f = a + \frac{1}{2}(\sigma_1+\sigma_3)_f \tan\beta \tag{5-53}$$

因此

$$\begin{cases} \tan\beta = \sin\varphi, & \varphi = \arcsin(\tan\beta) \\ a = c\cos\varphi, & c = \dfrac{a}{\cos\varphi} \end{cases} \tag{5-54}$$

### 7.3 总应力路径和有效应力路径

由于受外荷作用时土中可能产生孔隙水压力。因此，在受剪时土中应力也可分为总应力和有效应力两种，两者的变化规律是不同的，所以需要分别用总应力路径和有效应力路径来描述它们。

总应力路径就是受荷土体内某点在应力坐标图中总应力变化的轨迹，而有效应力路径则是土体内相应点的有效应力变化的轨迹。

只有在 $(\sigma_1+\sigma_3)/2 \sim (\sigma_1-\sigma_3)/2$ 应力坐标图上，才能确切地阐明总应力路径和有效应力路径之间的对应关系。因为在该坐标图上，应力点位置与破坏面的方向无关，所以下面仅就该坐标系统的情况予以简要的讨论。

图 5-36 中，总应力路径（$ca$ 线）的绘制方法与图 5-35 的 $AB$ 线相同，$ca$ 线与横坐标之间的夹角为 45°。有效应力路径的确定，取决于剪切中孔隙水压力变化的规律。绘制的原理是根据：

$$\frac{1}{2}(\sigma'_1+\sigma'_3) = \frac{1}{2}(\sigma_1+\sigma_3) - u$$

和

$$\frac{1}{2}(\sigma'_1-\sigma'_3) = \frac{1}{2}(\sigma_1-\sigma_3)$$

的关系，将 $ca$ 线上任意一个总应力的横坐标减去相应的实测 $\Delta u$ 值（例如，$a'$ 点与 $b'$ 点的水平距离为 $\Delta u$），得相应的有效应力点 $b'$。连接各有效应力点，就可获得有效应力路径 $cb$ 线。不难看出，$ca$ 与 $cb$ 两线之间所包含的阴影面中，平行于横坐标轴方向上的宽度表示土体中某点孔隙水压力随总应力变化而不断变化的过程。这已由式（5-35）在数量上予以描述：

$$\Delta u = A(\Delta\sigma_1 - \Delta\sigma_3)$$

三轴试验中 $\Delta\sigma_3 = 0$，所以 $\Delta u = A\Delta\sigma_1$。

图 5-36 还表明，当土达到剪破时，$a$、$b$ 两点的坐标分别表示破坏时试样的总应力和有效应力状态，它们分别落在总应力强度包线和有效应力强度包线 $K_f$ 和 $K'_f$ 上。应用式（5-53）和式（5-54）可由该两线推求出该土的 $\varphi_{cu}$、$c_{cu}$ 和 $\varphi'$、$c'$ 来。

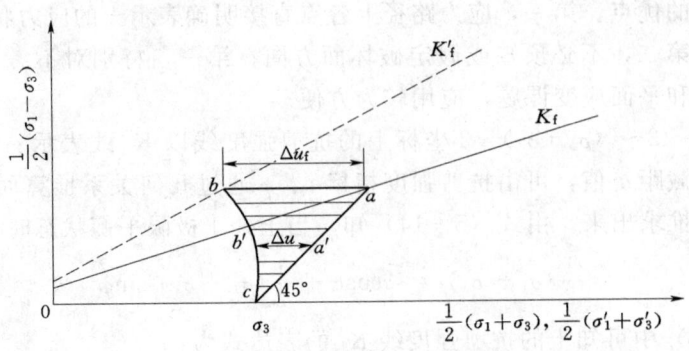

图 5-36　总应力路径与有效应力路径

设将上述试样作排水剪，则试样内 $\Delta u$ 始终保持为零，它的有效应力路径与总应力路径重合。且因土在剪切中继续不断固结，体积压缩，强度增加，故排水剪的有效应力路径沿着 $ca$ 方向继续向右上方延伸，直到交于 $K'_f$ 线上 $d$ 点方始破坏（见图 5-37）。显然，同样的两块正常固结黏土试样，排水剪破坏强度必然要比固结不排水剪的高。

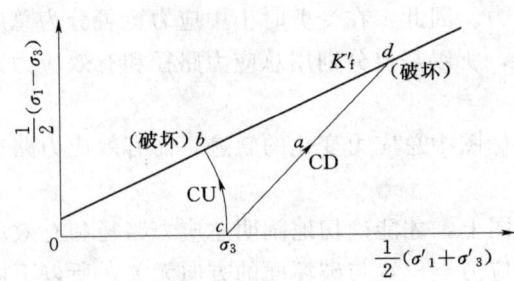

图 5-37　两种不同试验方法在破坏时的剪应力值

应用类似的方法，还可进一步分析正常固结黏土与超固结黏土在剪切过程中 $\Delta u$ 变化规律之不同。设某一饱和黏土试样在 $A$ 点下固结（见图 5-38），然后以之作三轴压缩试验，可得总应力路径 $AD$ 和有效应力路径 $AC$。点 $C$ 表示土已达破坏，故落在 $K'_f$ 线上。设另一试样在相同的周围压力下固结（即 $A$ 点下固结），然后将周围压力降低至 $B$ 点，使土处于超固结状态。再作不排水三轴压缩试验，则又可得另外的总应力路径 $BE$ 和有效应力路径 $BFC$ 曲线。正常固结黏土在剪切过程中始终产生正的孔隙水压力，破坏时的 $\Delta u_f$ 达最大值，而超固结黏土则剪切中开始阶段内可能产生少量正孔隙水压力，而接近破坏时会产生负的孔隙水压力 $-\Delta u_f$。设该两个试样的含水率相同，则两者在破坏时的不排水强度也基本一致（见图 5-38 中 $C$ 点的纵坐标）。

## 7.4　土的抗剪强度随固结而增长的过程

天然地基在一定的荷载作用下，随着固结排水的发展，土的抗剪强度会相应地逐渐增长，其基本原理在本章第 5 节中已有阐述。如对软黏土地基施加荷载的速率过快，使地基在受荷过程中来不及排水，则当由荷载所产生的地基应力已达到土的不排水强度，就可能导致地基的破坏。这样，地基所能承受的极限荷载很低；反之，若减缓加荷速率，或时而停歇加荷，就有可能使基土得以逐步固结排水而提高其强度，从而地基的承载力也可增大。

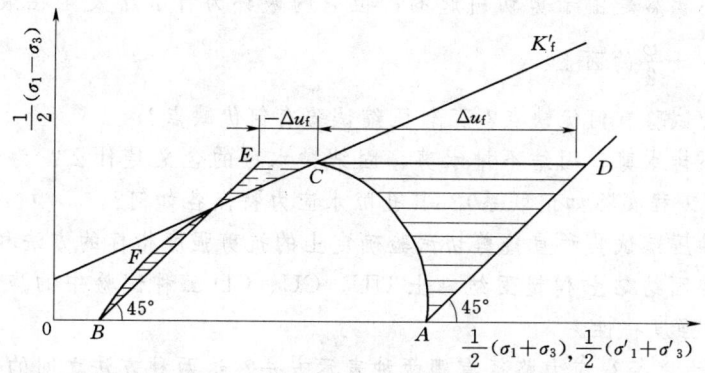

图 5-38 正常固结土和超固结土在剪切过程中 $\Delta u$ 的变化过程

这种控制加荷以提高地基强度的原理，可用应力路径的方法表达。设地基内某点 $A$ 在地面施荷前的应力状态由 $a$ 点表示（见图 5-39），且设该点土中无偏应力作用，即 $\sigma_1 - \sigma_3 = 0$，而基土是正常固结的。地面上局部范围内迅速地一次加荷，则由于土来不及排水，$A$ 处土的有效应力路径就从 $a$ 点向 $b$ 点发展。这样，土的不排水强度就相当低（见图 5-39 中 $b$ 点的强度为 $\tau_{f0}$）。当采用分级间歇加荷措施时，应力路径就可能沿 $a \rightarrow c \rightarrow d \rightarrow e \rightarrow f \rightarrow g$ 各点曲折地延伸发展，其中曲线段 $\overset{\frown}{ac}$，$\overset{\frown}{de}$ 和 $\overset{\frown}{fg}$ 为加荷剪切段，水平直线段 $\overline{cd}$ 和 $\overline{ef}$ 为固结段。这样要抵达 $g$ 点，$A$ 处的土才产生破坏。显然，土的强度就增长了一个 $\Delta \tau_f$ 值。

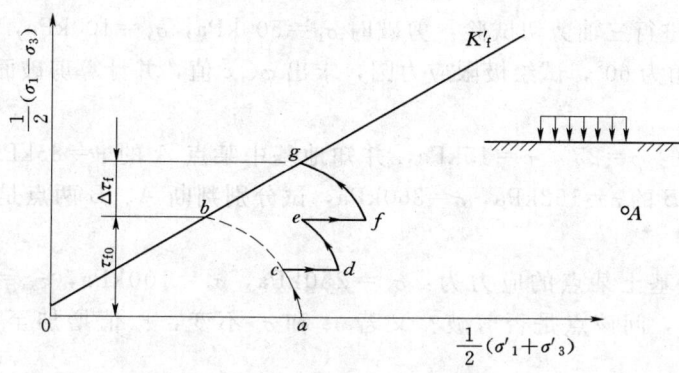

图 5-39 间歇加荷时的应力路径

## 复 习 思 考 题

1. 什么叫土的抗剪强度？库仑定律说明什么问题？
2. 砂类土与黏性土的抗剪强度规律为什么不同？同一种土的抗剪强度是不是一个定值？为什么？
3. 为什么土粒越粗，内摩擦角越大？土粒越细，黏聚力越大？
4. 什么是莫尔—库仑破坏准则？什么是极限平衡条件？两者是否一回事？

5. 土的破坏既然是由于剪切引起的，但它的破坏为什么不发生在最大剪应力面上，而发生在 $\theta_1 = 45° + \dfrac{\varphi}{2}$ 的面上？

6. 直接剪切试验有何优缺点？三轴压缩试验有何优缺点？

7. 不固结不排水剪、固结不排水剪、固结排水剪的含义是什么？为什么要提出这三种试验方法（与工程实际如何联系）？其孔隙水应力特点各如何？

8. 试述三轴压缩试验和直接剪切试验确定土的抗剪强度指标的方法和理论依据。

9. 试述正常固结黏土和超固结黏土 UU、CU、CD 三种试验中的应力—应变、孔隙水应力—应变和强度特性。

10. 何谓应力路径？应力路径有哪两种表示方法？这两种方法之间的关系如何？

11. 什么是总应力路径？什么是有效应力路径？

12. 研究应力路径有何实际意义？

# 习　题

1. 以一种土在 100kPa、200kPa、300kPa、400kPa 的法向应力下进行直剪试验，测得抗剪强度分别为 105kPa、151kPa、207kPa、260kPa。试用作图方法求该种土的抗剪强度指标 $c$、$\varphi$。

2. 用两个相同的土样进行三轴剪切试验，一个在 $\sigma_3 = 40$ kPa 和 $\sigma_1 = 160$ kPa 下剪破，另一个在 $\sigma_3 = 120$ kPa 和 $\sigma_1 = 400$ kPa 下剪破，试求 $\varphi$、$c$ 及剪破面方向。

3. 以某土样进行三轴剪切试验，剪破时 $\sigma_1 = 500$ kPa，$\sigma_3 = 100$ kPa，剪破面与大主应力作用面间的夹角为 $60°$，试绘极限应力圆，求出 $\varphi$、$c$ 值，并计算剪破面上的法向应力和剪应力。

4. 已知基土的 $\varphi = 25°$，$c = 15$ kPa，并知地基中某点 $A$ 的 $\tau = 85$ kPa，法向应力 $\sigma = 120$ kPa；另一点 $B$ 的 $\tau = 152$ kPa，$\sigma = 360$ kPa，试分别判断 $A$、$B$ 两点是否会沿剪应力的方向剪破。

5. 建筑物下基土某点的应力为：$\sigma_x = 250$ kPa，$\sigma_z = 100$ kPa，$\tau_{xz} = 40$ kPa。并知土的 $\varphi = 30°$，$c = 0$，问该点是否剪破？又若 $\sigma_x$ 和 $\sigma_z$ 不变，$\tau_{xz}$ 值增加至 60kPa 时该点又如何？

6. 以某饱和黏土作三轴固结不排水剪试验，测得四个试样的最大主应力、最小主应力和孔隙水压力如表 5-9 所示。试用总应力法确定该试样的 $\varphi_{cu}$ 和 $c_{cu}$，并用有效应力法确定 $\varphi'$，$c'$ 值。

7. 某试样剪破时的 $\sigma_1 = 290$ kPa，$\sigma_3 = 100$ kPa，如果同一种土保持 $\sigma_3 = 200$ kPa 不变，增加轴向附加压力，当①$\varphi$ 为零时，②$c$ 为零时，试求剪破时的大主应力 $\sigma_1$。

8. 用三轴剪力仪对某饱和土做固结不排水剪切试验数据如表 5-10 所示。

表 5-9

| 土样编号 | 1 | 2 | 3 | 4 |
|---|---|---|---|---|
| $\sigma_1$ (kPa) | 145 | 228 | 310 | 401 |
| $\sigma_3$ (kPa) | 60 | 100 | 150 | 200 |
| $U$ (kPa) | 31 | 55 | 92 | 120 |

表 5-10

| 土样编号 | 1 | 2 | 3 |
|---|---|---|---|
| 周围压力 $\sigma_3$ (kPa) | 10 | 20 | 40 |
| 主应力差 $q$ (kPa) | 40 | 50 | 70 |

表 5-11

| 试验序次 | 1 | 2 | 3 |
|---|---|---|---|
| 周围压力 (kg/cm²) | 0.10 | 0.20 | 0.40 |
| 主应力差 (kg/cm²) | 0.40 | 0.50 | 0.70 |

(1) 求土体总应力强度参数 $c_{cu}$，$\varphi_{cu}$。

(2) 若该土体某点 $\sigma_1 = 150$ kPa，$\sigma_3 = 100$ kPa，问该点是否稳定？

9. 用三轴剪力仪对某饱和土样做固结不排水剪切试验，试验数据如表 5-11 所示。

(1) 求该土体总应力强度指标？

(2) 若已知该土体中某点的 $\sigma_1 = 1.5$ kg/cm²，$\sigma_3 = 1.0$ kg/cm²，问该点土体是否稳定？

# 第六章 土 压 力

## 1 土压力产生条件

在水利、港口、道路及桥梁等工程设计中，都常会遇到建造挡土墙及使用板桩墙等问题，而作用在这些建筑物上的主要荷载是土压力。因此，如何在不同条件下，计算相应的土压力，有很重要的理论及实际意义。

以挡土墙为例，如图 6-1 所示的三个结构的使用条件不同，实践证明，它们所受的土压力性质与大小都不一样。因此，研究土压力产生的条件，确定其性质，然后才能提出计算理论以定出在一定条件下土压力的大小。

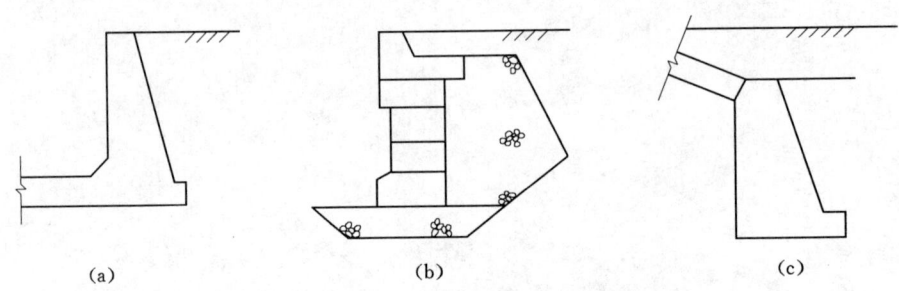

图 6-1 挡土墙型式举例
(a) 闸室边墙；(b) 重力式码头；(c) 拱桥桥台

为了分析土压力的性质，太沙基等人进行了挡土墙的模型试验。研究了墙的位移方向及大小与土压力之间的关系。实验结果见图 6-2。图中绘出了实测的土压力系数 $K$（即水平向力与铅直向压力之比）与墙的相对位移（即墙顶位移值 $\rho$ 与墙高 $H$ 之比）。墙被土的压力推离土体时，其位移为正值 $\rho$；反之，墙被外力推向土体，则位移为负值 $-\rho$。若墙受土压力作用而不产生位移，则 $\rho=0$。这三种状态分别被称为主动的、被动的和静止的状态。同时测知，在上述三种不同状态下，就有三种性质不同、大小不一的土压力发生。由此可知，墙的变位是产生不同土压力的一个重要条件。同时，土的种类和状态不同，也对土压力的数值产生影响。

### 1.1 静止土压力

当墙处于静止状态时，土体中的应力相当于单向侧限压缩试验中的应力条件。此时作用在铅直墙背 $z$ 深度处的土压力强度称为静止土压力 $p_0$（见图 6-3）。其值为：

$$p_0 = K_0 \gamma z \tag{6-1}$$

式中 $\gamma$——土的重度；

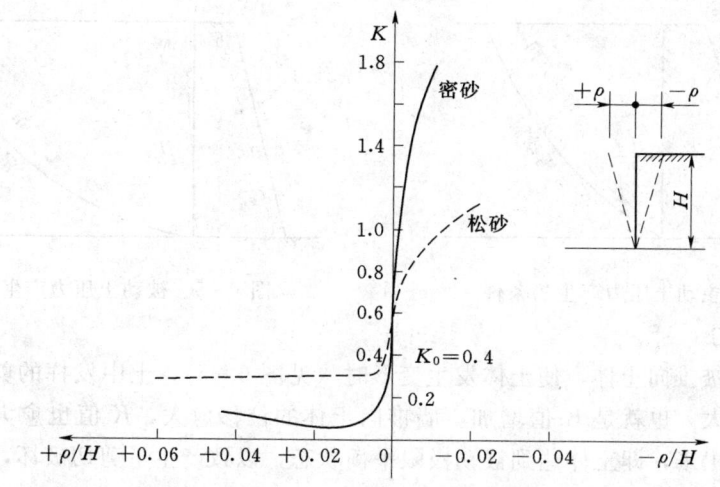

图 6-2 土压力和位移关系

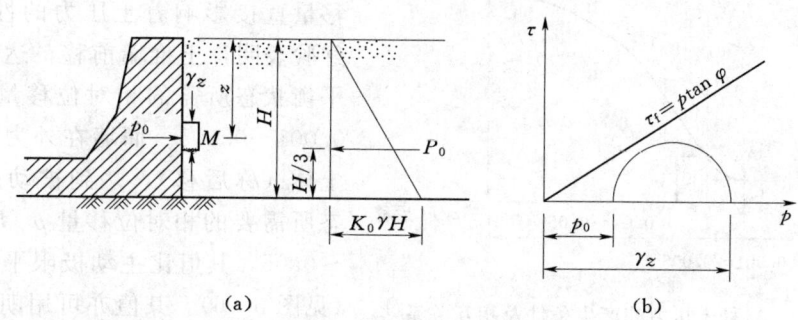

图 6-3 静止土压力计算图

$K_0$——静止土压力系数（即第四章中的侧压力系数），无因次，即图 6-2 中相应于 $\rho/H=0$ 时的 $K_0$。

在设计中若墙后填土为松砂，一般采用 $K_0=0.4$，密砂 $K_0=0.7$，黏土 $K_0=0.5$；对于无黏土和正常固结黏土，也可用 $K_0=1-\sin\varphi'$ 近似计算。

所以，若在坚实地基上的挡土墙有足够的截面及刚度，且墙底与地基间有足够的摩擦力或墙前加有支撑等，使墙在土压力作用下，不致产生位移或变形，则墙背土体处于弹性平衡状态 [图 6-3（b）]。此时，设计就应以静止土压力作为墙的外荷。

由式（6-1）知，沿铅直墙背的土压力分布为三角形。总的静止土压力 $P_0$ 为：

$$P_0 = \frac{1}{2}\gamma H^2 K_0 \tag{6-2}$$

## 1.2 主动土压力

若墙受土体的推力而发生位移时（见图 6-4），土中发挥的剪切阻力可使土压力减小，也就是 $K$ 值减小。位移愈大，$K$ 值愈小，一直到土的抗剪强度完全发挥出来，即土体已达到主动极限平衡状态，以致产生了剪切破坏，形成了滑动面。这时土对墙的总推力就是主动土压力，以 $P_a$ 表示之，如图 6-4 所示。其值可用朗肯土压理论或库仑土压理论解决。

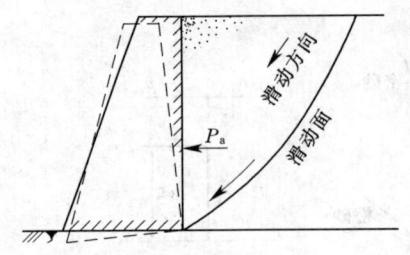
图 6-4 主动土压力产生的条件

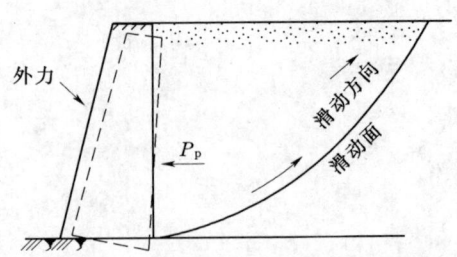
图 6-5 被动土压力产生的条件

### 1.3 被动土压力

若墙受外力被推向土体，使土体发生变形时（见图 6-5），土中发挥的剪切阻力可使土对墙的抵抗力增大，也就是 $K$ 值增加。墙推向土体的位移愈大，$K$ 值也愈大，直到土的抗剪强度完全发挥出来，即土体达到被动极限平衡状态，以致产生了剪切破坏，形成了另一种滑动面。这时土对墙的总抗力，就称为被动土压力。以 $P_p$ 表示之，如图 6-5 所示。

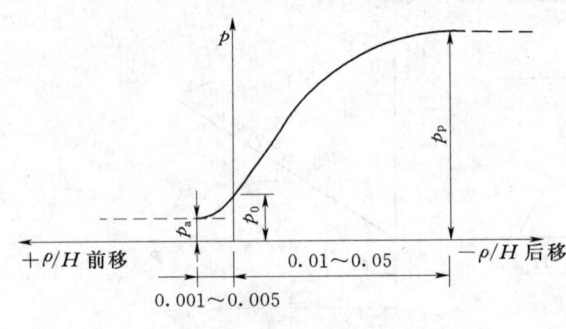

图 6-6 三种土压力的产生条件及相互关系

由此可知，墙的移动方向，以及位移量直接影响着土压力的性质和大小。经验表明，土推墙前移，达到主动极限平衡状态所需的相对位移量 $\rho/H$ 约为 $0.001\sim 0.005$。而墙在外力作用下推向土体（称后移），达到被动极限平衡状态所需要的相对位移量 $\rho/H$ 约为 $0.01\sim 0.05$，其值比主动极限平衡时大得多（见图 6-6）。其值亦可用朗肯土压理论或库仑土压理论解决。

## 2 朗肯土压力理论

朗肯（Rankine，W.J.M.，1857）土压力理论，属古典理论之一，但概念明确，方法简便，故沿用至今。它研究了半无限弹性土体中处于极限平衡条件区域内的应力状态，继而导出极限应力的理论解。

为了满足土体的极限平衡条件，朗肯在其基本理论推导中，作出了如下的一些假定：①墙是刚性的，墙背铅直；②墙背填土表面是水平的；③墙背光滑与填土之间没有摩擦力。因此，墙背土体中应力状态可视为一个半无限体中的情况，而墙背可假想为半无限土体内部的一个铅直平面。

当土体处于弹性平衡状态时，墙背土体中任一点处的应力状态，可用莫尔应力圆表示。

根据墙的移动方向与大小，可设想半无限土体中产生水平向的伸长和压缩，以致发生主动的和被动的两种极限平衡状态和相应的土压力，下面分别加以介绍。

### 2.1 主动土压力

#### 2.1.1 无黏性土

当铅直墙背被土推离土体时，随着位移渐增，土体在一定范围内可逐渐达到主动极限平衡状态［见图6-7（a）、（c）］。即在该区域内的土体各点，都产生了两组相互交成$90°-\varphi$角的剪破面。由于墙背是铅直而光滑的，所以，墙后土体各点的铅直面与水平面都是主平面。在这两个面上剪应力都为0。在主动极限平衡状态时，土的自重压力$p_z$（$=\gamma z$）是大主应力$\sigma_1$，而水平方向作用的土压力$p_a$是小主应力$\sigma_3$。因此，求解主动土压力就是根据垂直方向的大主应力（土重），去求解水平方向的小主应力（土压力），可应用第五章中根据平衡条件下$\sigma_1$与$\sigma_3$的关系式［式（5-16）］求解。

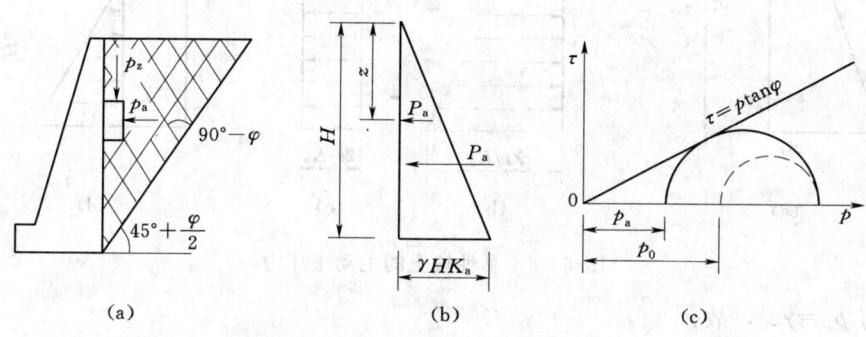

图6-7 主动土压力计算图

已知垂直方向的压力$p_z=\gamma z$。在主动极限平衡状态时，$p_z$是大主应力$\sigma_1$，而水平方向的土压力则是小主应力$\sigma_3$，无黏性土的$c=0$。因此，按式（5-16）可得：

$$p_a = p_z \tan^2\left(45° - \frac{\varphi}{2}\right) = \gamma z K_a \tag{6-3}$$

$$K_a = \tan^2\left(45° - \frac{\varphi}{2}\right)$$

式中 $K_a$——主动土压力系数，无因次；

$\gamma$——墙后填土的重度。

墙后填土为均质的，土的$\varphi$值与$\gamma$值都为定值时，主动土压力与深度成正比。压力分布图形是三角形［见图6-7（b）］。若墙高为$H$，填土面与墙高齐平，则作用于墙背的总主动土压力为：

$$P_a = \frac{1}{2}\gamma H^2 K_a \tag{6-4}$$

$P_a$的作用点在距墙底的$\frac{H}{3}$处，作用方向水平。

### 2.1.2 黏性土

对于墙后土体是黏性土的情况，除了考虑前述各项条件之外，还得考虑土的黏聚力$c$，如仍按式（5-16），可得：

$$p_a = p_z K_a - 2c\sqrt{K_a} \tag{6-5}$$

从式（6-5）可见，黏性土的主动土压力是由两个部分组成的。对给定的土，式（6-5）右侧的第一项取决于土的重度与所在深度，即$p_z=\gamma z$，为三角形分布，而与土的黏聚力无关。第二项为黏聚力因素所造成的，它起到降低土压力的作用（故为负值），随深度成矩形分布（图6-8，b、c）。将这两个图形叠加起来，便可看出，在某一深度 $z_0$ 处的土压力值为零，即令式（6-5）为零而得：

$$p_a = p_z K_a - 2c\sqrt{K_a} = 0$$

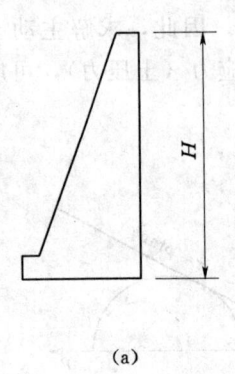
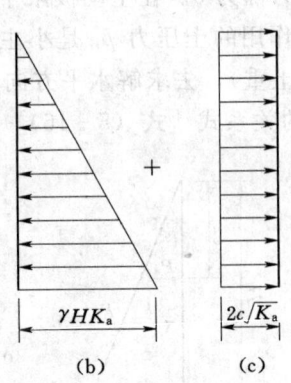
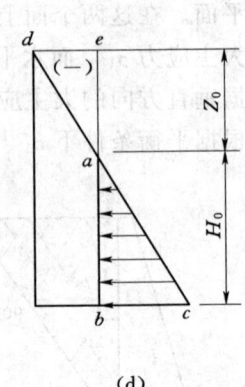

图 6-8 黏性填土的主动土压力

在 $z_0$ 处的 $p_z = \gamma z_0$，故：

$$z_0 = \frac{2c}{\gamma\sqrt{K_a}} \qquad (6-6)$$

在 $z_0$ 深度内，图 6-8（d）虽出现土压力为负值，但实际上不能认为该深度内会产生土与墙之间的拉力。因为土的抗拉强度很低，稍微超过，即会开裂。所以，它只能起到抵消该部分土压力的作用，即 $z_0$ 以内三角形部分不再对墙产生主动土压力。于是，作用于墙背 $H-z_0$ 深度内的总土压力如图 6-8（d）的 $\triangle abc$ 所示，即：

$$P_a = \frac{1}{2}\gamma(H-z_0)^2 K_a \qquad (6-7)$$

整理后得：

$$P_a = \frac{1}{2}\gamma H^2 K_a - 2cH\sqrt{K_a} + \frac{z_0}{2}2c\sqrt{K_a} \qquad (6-8)$$

简化得：

$$P_a = \frac{1}{2}\gamma H^2 K_a - 2cH\sqrt{K_a} + \frac{2c^2}{\gamma} \qquad (6-9)$$

此力的作用点在墙底以上 $(H-z_0)/3$ 处。

以上是朗肯主动土压力的基本计算公式，下面将讨论工程中常会遇到的一些条件下的计算方法。

#### 2.1.2.1 墙后填土表面有连续均布荷载的情况

由于连续均布荷载的作用，将对墙背产生附加的土压力（见图 6-9）。可考虑将均布荷载强度 $q$（kPa）变换为等效填土高度 $H'$（m），即：

$$H' = q/\gamma \qquad (6-10)$$

式中 $\gamma$——墙后的填土重度。

则作用于墙背深度为 $z$ 处的土压力强度为：

$$p_a = \gamma(z + H')K_a \qquad (6-11)$$

而在墙顶处的土压力强度为：

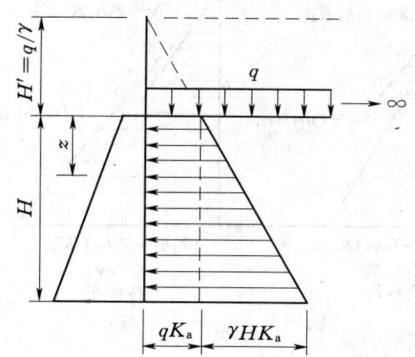
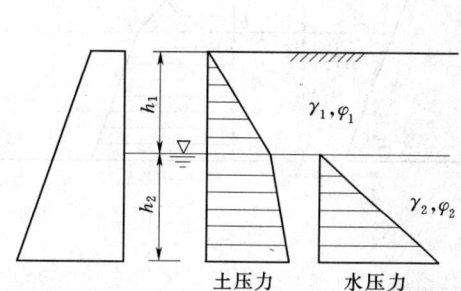

图 6-9　有连续均布荷载作用时的土压力　　图 6-10　有地下水位时主动土压力的计算

$$p_a = \gamma H' K_a = q K_a \tag{6-12}$$

因此，在墙背上的土压力成梯形分布。于是作用于墙背的总土压力为：

$$P_a = qHK_a + \frac{1}{2}\gamma H^2 K_a \tag{6-13}$$

**2.1.2.2　填土内有地下水位的情况**

当填土中存在地下水时，将对土压力有三种影响：

1) 地下水以下的填土重度减小而成有效重度。
2) 水位以下填土的抗剪强度将会改变。
3) 地下水对墙背施加静水压力。

一般工程中，可不计地下水对砂土抗剪强度的影响。但地下水会使黏性土的黏聚力与内摩擦角明显降低，这将使主动土压力增大，必须引起注意。

以上各项影响，应分别予以考虑。例如，图 6-10 中，填土为砂土，则水位上下为 $\varphi_1 = \varphi_2$，水位以上为湿重度 $\gamma_1$，以下为有效重度 $\gamma'$。故在地下水位处的土压力强度为：

$$p_{a1} = \gamma_1 h_1 K_a$$

而在墙底处为：

$$p_{a2} = (\gamma_1 h_1 + \gamma' h_2) K_a \tag{6-14}$$

因此，土压力分布成折线，总土压力由上下两部分求出，作用于墙背除有土压力外，还有在 $h_2$ 深度内的静水压力：

$$P_\omega = \frac{1}{2}\gamma_w H_2^2 \tag{6-15}$$

**2.1.2.3　填土为成层土的情况**

当填土有明显分层，则按各层土质情况，分别确定每层土作用于墙背的土压力，下面按图 6-11 为例，加以说明：

图 6-11 (a) 的条件是 $\gamma_1 > \gamma_2$，而 $\varphi_1 = \varphi_2$。所以，在 $h_2$ 深度内，沿深度土压力增量减少，而土压力的分布直线的斜率就变大（斜率以分布线和水平线的夹角为准）。

图 6-11 (b) 的条件是 $\gamma_1 = \gamma_2$，而 $\varphi_2$ 大于 $\varphi_1$，因此，$K_{a2} < K_{a1}$。下层中土压力分布线的斜率也变大了。所以下层顶面的土压力强度为 $\overline{bd} = \gamma_1 h_1 K_{a2}$，比上层底面的土压力强度 $\overline{bc} = \gamma_1 h_1 K_{a1}$ 小。

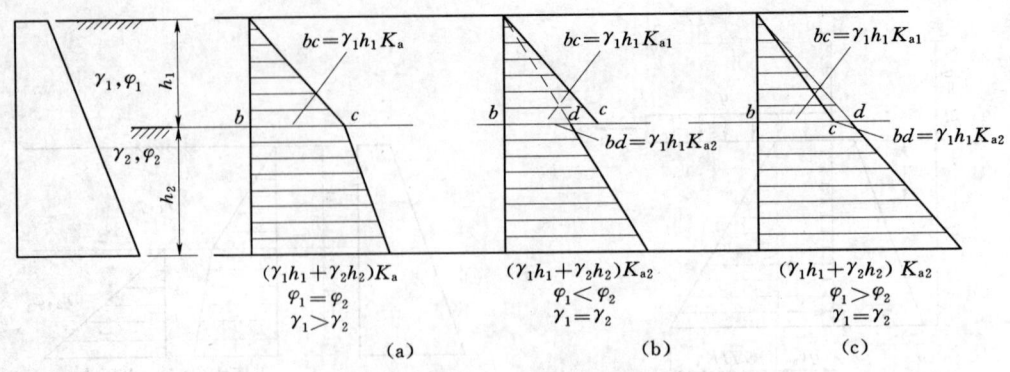

图 6-11 成层土的主动土压力计算

同理，图 6-11（c）中，由于 $\varphi_1 > \varphi_2$，而 $\gamma_1 = \gamma_2$，故 $\gamma_1 h_1 K_{a1} < \gamma_1 h_1 K_{a2}$。

#### 2.1.2.4 填土表面受局部均布荷载情况

当墙背填土的水平表面上承受局部均布荷载（其强度为 $q'$）时，这一荷载对墙的土压力强度附加值 $p_q$，可按朗肯理论求得：$p_q = q K_a$ 但其分布范围难于从理论上严格规定。图 6-12 左侧所示为一种近似处理方法。即从局部均布荷载的两个端点 $m$、$n$ 各作一条直线，都与水平表面成 $45° + \dfrac{\varphi}{2}$ 角，与墙背相交于 $C$、$D$ 点，则墙背 $CD$ 一段范围内受 $q K_a$ 的作用。这时，作用于整个墙背的土压力分布图形见图 6-12 右侧。

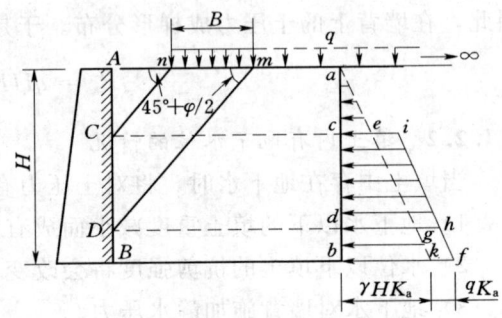

图 6-12 填土表面有局部荷载作用时的主动土压力

### 2.2 被动土压力

#### 2.2.1 无黏性土

当铅直墙背受外力被推向填土时，填土在水平向受到挤压发生位移，土体在一定范围内可达到被动极限平衡状态（见图 6-13）。在此区域内的土体各点，将产生两组相互交成 $90° + \varphi$ 角的剪破面。这时铅直方向的压力（土重）$p_z = \gamma z$ 成了小主应力 $\sigma_3$。所以是在 $\sigma_3$ 不变，而加大 $\sigma_1$ 的条件下使土剪破的。即被动土压力 $p_p$ 相当于大主应力 $\sigma_1$。按式（5-15），考虑 $c = 0$ 时可得：

$$p_p = p_z K_p = \gamma Z K_p \tag{6-16}$$

$$K_p = \tan^2\left(45° + \dfrac{\varphi}{2}\right)$$

式中 $K_p$——被动土压力系数，无因次。

被动土压力仍为三角形分布。总土压力为：

$$P_p = \dfrac{1}{2} \gamma H^2 K_p \tag{6-17}$$

其作用点在墙底以上 $H/3$ 处，作用方向水平。

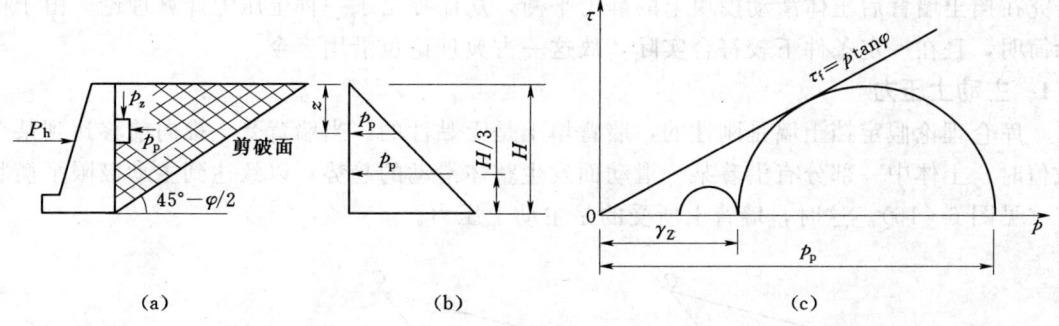

图 6-13 被动土压力计算图

### 2.2.2 黏性土

按式（5-15），当 $c>0$（黏性土）时可得：

$$p_p = p_z K_p + 2c\sqrt{K_p}$$
$$= \gamma Z K_p + 2C\sqrt{K_p} \qquad (6-18)$$

总被动土压力为：

$$P_p = \frac{1}{2}\gamma H^2 K_p + 2cH\sqrt{K_p} \qquad (6-19)$$

由式（6-19）可见，被动土压力也由两部分组成，把它们叠加起来即成梯形分布（见图 6-14）。

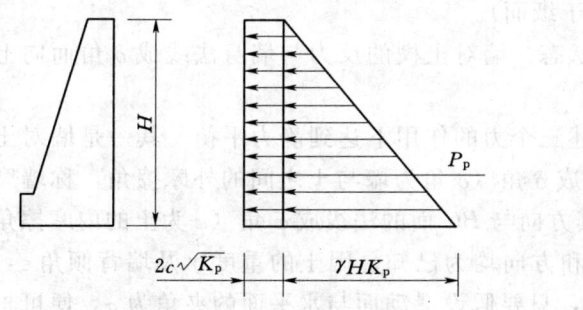

图 6-14 被动土压力的分布

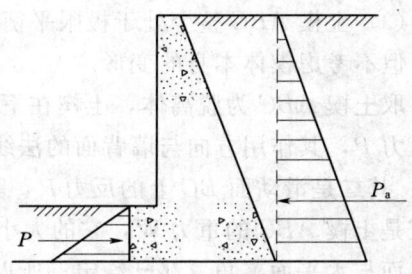

图 6-15 实际的挡土墙

在实际工程中，挡土墙的下部是埋在地面以下的（见图 6-15），当墙背受土的推力（主动土压力）作用时，其前面将受土的抗力作用。墙前所受土的抗力大小，要看墙的向前位移多少而定。由于使墙受主动土压力作用所要求墙的位移，远比使墙受到被动土压力所需的小。所以，墙前的抗力常达不到被动土压力值，抗力的大小就难以确定。实用上常假定作用于墙前的土压力系数等于 1.0，亦即假定墙前土抗力为土的重度与墙埋入土下深度的乘积。但如墙前的土有可能被破坏时（例如，人畜活动，水的冲淘，冻胀和干裂等），则为安全计，常忽略墙前土的抗力。

# 3 库仑土压力理论

早在 1776 年，法国工程师库仑（Coulomb，C.A）就根据城堡中挡土墙设计的经验，研究在挡土墙背后土体滑动楔块上的静力平衡,从而提出了一种土压力计算理论。由于概念简明,且在一定条件下较符合实际,故这一古典理论也沿用至今。

### 3.1 主动土压力

库仑理论假定挡土墙是刚性的,墙背填土是无黏性的。当墙背受土推向前移达到某个数值时,土体中一部分有沿着某一滑动面发生整体滑动的趋势,以致达到主动极限平衡状态(见图6-16)。这时,墙背上所受的是主动土压力。

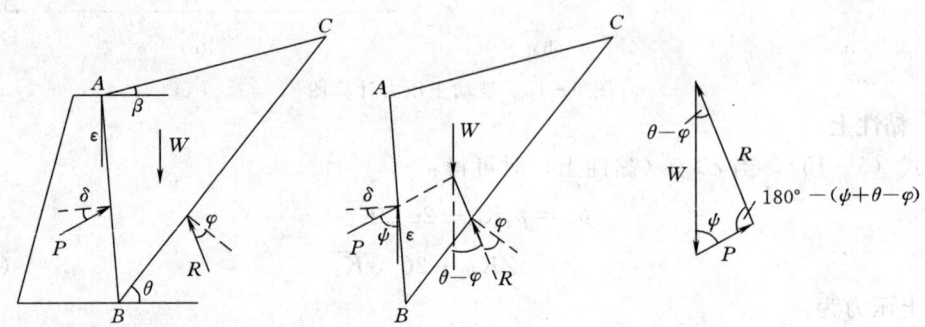

图 6-16 库仑主动土压力计算图

除此以外,库仑理论在分析主动土压力时,还有三个基本假定:

(1) 挡土墙受土推向前移,使三角形土楔 $ABC$ 沿着墙背 $AB$ 和滑动面 $BC$ 下滑。

(2) 滑动面 $BC$ 是一个平面(垂直于纸面)。

(3) 土楔 $ABC$ 整个处于极限平衡状态。墙对土楔的反力与墙身法线成 $\delta$ 角而向上作用。但不考虑楔体本身的变形。

取土楔 $ABC$ 为脱离体,土楔在下述三个力的作用下达到静力平衡。其一是墙对土楔的反力 $P$,其作用方向与墙背面的法线成 $\delta$ 角($\delta$ 角为墙与土之间的外摩擦角,称墙摩擦角);其二是滑动面 $BC$ 上的反力 $R$,其方向与 $BC$ 面的法线成 $\varphi$ 角($\varphi$ 为土的内摩擦角);其三是土楔 $ABC$ 的重力 $W$,它的大小和方向均为已知。因土的重度 $\gamma$ 及墙背倾角 $\varepsilon$,填土表面与水平面夹角 $\beta$ 都已给定,所以,只要假设滑动面与水平面的夹角为 $\alpha$,便可根据 $W$、$P$、$R$ 三力构成的平衡三角形。利用正弦定理,得:

$$\frac{P}{\sin(\theta-\varphi)} = \frac{W}{\sin[180°-(\psi+\theta-\varphi)]} \tag{6-20}$$

所以
$$P = \frac{W\sin(\theta-\varphi)}{\sin(\psi+\theta-\varphi)} \tag{6-21}$$

其中
$$\psi = 90°-(\delta+\varepsilon)$$

假定不同的 $\theta$ 角可画出不同的滑动面,就可得出不同的 $P$ 值。但是,计算的最终目的是为了寻求最不利的滑动面位置,故只有相应于某个特定 $\theta$ 值的最危险的假设滑动面,才能产生最大的 $P$ 值。而与其大小相等、方向相反的力,即为作用于墙背的主动土压力,以 $P_a$ 表示之。

由于 $P$ 是 $\theta$ 的函数,按 $\dfrac{\mathrm{d}P}{\mathrm{d}\theta}=0$ 的条件,用数解法可求出 $P$ 为最大值时的 $\theta$ 角,然后代入式(6-21)求得主动土压力为:

$$P_a = \frac{1}{2}\gamma H^2 \frac{\cos^2(\varphi-\varepsilon)}{\cos^2\varepsilon\cos(\varepsilon+\delta)\left[1+\sqrt{\frac{\sin(\varphi+\delta)\sin(\varphi-\beta)}{\cos(\delta+\varepsilon)\cos(\varepsilon-\beta)}}\right]^2}$$

$$= \frac{1}{2}\gamma H^2 K_a \tag{6-22}$$

式中  $\gamma,\varphi$——填土的重度与内摩擦角;

$\varepsilon$——墙背与铅直线的夹角,以铅直线为准,顺时针为负,称仰斜,反时针为正,称俯斜;

$\delta$——土与墙摩擦角,称为土的外摩擦角,由试验或按规范确定。我国交通部重力式码头设计规范的规定是:①垂直的混凝土或砌体墙采用 $\frac{\varphi}{3} \sim \frac{\varphi}{2}$,②俯斜的混凝土或砌体墙采用 $\frac{\varphi}{2} \sim \frac{2}{3}\varphi$,③阶梯形墙采用 $\frac{2}{3}\varphi$ 角;

$\beta$——填土表面与水平面所成坡角;

$K_a$——主动土压力系数,无因次,为 $\varphi$、$\varepsilon$、$\beta$、$\delta$ 的函数,可从表 6-1 查得(更详细的 $K_a$ 表可参阅有关著作)。

**表 6-1      俯斜墙背的库仑主动土压力系数 $K_a$ 值**

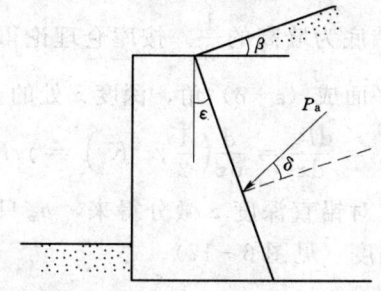

| $\varepsilon$ | $\beta$ | $\varphi$ | | | | | |
|---|---|---|---|---|---|---|---|
| | | 20° | 25° | 30° | 35° | 40° | 45° |
| | | $\delta=15°$ | | | | | |
| 0° | 0° | 0.434 | 0.363 | 0.301 | 0.248 | 0.201 | 0.160 |
| | 10° | 0.522 | 0.423 | 0.343 | 0.277 | 0.222 | 0.174 |
| | 20° | 0.914 | 0.546 | 0.415 | 0.323 | 0.251 | 0.194 |
| | 30° | | | 0.777 | 0.422 | 0.305 | 0.225 |
| 10° | 0° | 0.511 | 0.411 | 0.378 | 0.323 | 0.273 | 0.228 |
| | 10° | 0.623 | 0.520 | 0.473 | 0.366 | 0.305 | 0.252 |
| | 20° | 1.383 | 0.862 | 0.697 | 0.579 | 0.486 | 0.408 |
| | 30° | | | 1.341 | 0.778 | 0.606 | 0.487 |
| 20° | 0° | 0.611 | 0.540 | 0.476 | 0.419 | 0.366 | 0.317 |
| | 10° | 0.757 | 0.649 | 0.560 | 0.484 | 0.416 | 0.357 |
| | 20° | 1.383 | 0.862 | 0.697 | 0.579 | 0.486 | 0.408 |
| | 30° | | | 1.341 | 0.778 | 0.606 | 0.487 |

续表

| ε | β | φ | | | | | |
|---|---|---|---|---|---|---|---|
| | | 20° | 25° | 30° | 35° | 40° | 45° |
| | | δ=20° | | | | | |
| 0° | 0° | | 0.357 | 0.297 | 0.245 | 0.199 | 0.160 |
| | 10° | | 0.419 | 0.340 | 0.275 | 0.220 | 0.174 |
| | 20° | | 0.547 | 0.414 | 0.322 | 0.251 | 0.193 |
| | 30° | | | 0.798 | 0.425 | 0.306 | 0.225 |
| 10° | 0° | | 0.438 | 0.377 | 0.322 | 0.273 | 0.229 |
| | 10° | | 0.520 | 0.438 | 0.367 | 0.307 | 0.254 |
| | 20° | | 0.691 | 0.540 | 0.436 | 0.254 | 0.286 |
| | 30° | | | 1.051 | 0.582 | 0.437 | 0.338 |
| 20° | 0° | | 0.543 | 0.479 | 0.422 | 0.370 | 0.321 |
| | 10° | | 0.659 | 0.568 | 0.490 | 0.423 | 0.263 |
| | 20° | | 0.891 | 0.715 | 0.592 | 0.493 | 0.417 |
| | 30° | | | 1.434 | 0.806 | 0.624 | 0.501 |

必须注意，库仑理论是从分析土楔的平衡条件出发，其所得 $P_a$ 是作用在墙背上的总土压力。但由式（6-22）可知，$P_a$ 的大小与墙高的平方成正比，所以土压力强度是按三角形分布的。$P_a$ 的作用点距墙底为墙高的 $\frac{1}{3}$。按库仑理论得出的土压力 $P_a$ 分布如图 6-17 所示。土压力的方向与水平面成（ε+δ）角，深度 $z$ 处的土压力强度为：

$$p_{az} = \frac{dP_a}{dz} = \frac{d}{dz}\left(\frac{1}{2}\gamma z^2 K_a\right) = \gamma z K_a \tag{6-23}$$

还应注意，式（6-23）是 $P_a$ 对铅直深度 $z$ 微分得来，$p_{az}$ 只能代表作用在墙背的铅直投影高度上的某一点的土压力强度（见图 6-17）。

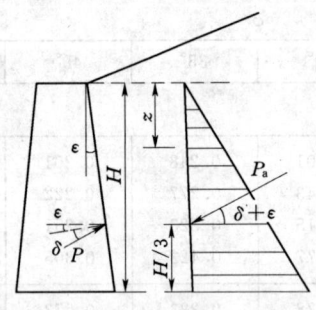

图 6-17 库仑主动土压力分布图

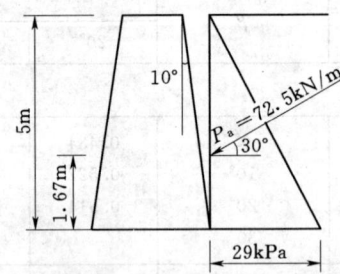

图 6-18 例 6-1 计算图

**【例题 6-1】** 如图 6-18 所示，有一高 5m，墙背倾角+10°的重力式挡土墙。回填砂土并填成水平，其重度 $\gamma=18kN/m^3$，$\varphi=35°$，$\delta$ 取 20°。试计算墙背铅直投影面上的主动土压力。

**解** 按所给 ε、δ、φ 及 β 查表 6-1，得 $K_a=0.322$。

墙底处土压力强度 $p_a=\gamma H K_a=18\times 5.0\times 0.322=29$（kPa）。

总土压力 $P_a = \frac{1}{2}\gamma H^2 K_a = \frac{1}{2} \times 18 \times 5.0^2 \times 0.322 = 72.5$ （kN/m）。

土压力作用方向与水平面成 $\varepsilon + \delta$ 角。

### 3.2 库尔曼图解法求主动土压力

在上节中，根据墙背填土处于极限平衡状态的力系平衡关系来求主动土压力。因此，也可用力多边形的图解法求 $P_a$。如果填土表面或墙背是折线或曲线等不规则形状时，应用图解法更为方便。图解法的基本原理是：假定一个滑动面 $BC_i$（见图 6-19）。算出土楔 $ABC_i$ 的重量 $W_i$，且如前述，$P_i$ 及 $R_i$ 的作用方向都为已知，故可按力系平衡多边形求出 $P_i$ 值。然后再假设几个滑动面，用同样方法算出相应的 $P$ 值，各 $P$ 值中最大的一值，即为所求的主动土压力 $P_a$ 值。

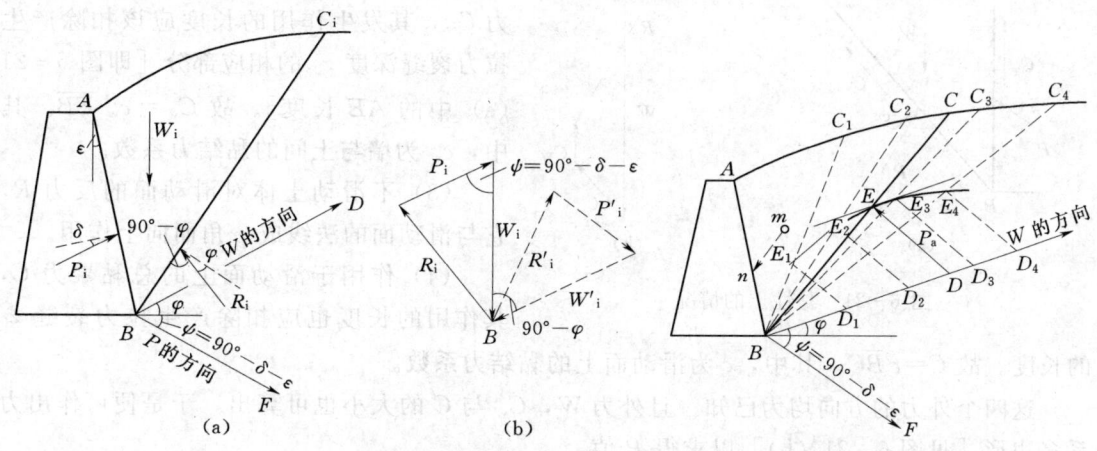

图 6-19 库尔曼图解原理　　　　　图 6-20 库尔曼图解法

库尔曼（Culmann，C.，1875）把上述试算方法加以改进，使得图解法在工程计算中得到广泛运用。

此法的步骤如下（见图 6-20）：

(1) 从 $B$ 点作直线 $BD$ 与水平线成 $\varphi$ 角，作为 $W$ 的方向线，相当于把力三角形顺时针方向转动 $(90°-\varphi)$ 角 [图 6-19 (b)]。

(2) 过 $B$ 点作 $BF$ 线，与 $W$ 方向线成 $(90°-\delta-\varepsilon)$ 角即 $\psi$ 角，作为 $P$ 的方向线，即与 $P_f$ 平行的直线。

(3) 假定 $BC_1$，$BC_2$，$\cdots$，$BC_n$ 多个试算滑动面，分别算出所围出的各土楔的重量 $W_1$，$W_2$，$\cdots$，$W_n$，按一定比例画在 $BD$ 线上，即取 $BD_1 = W_1$，$BD_2 = W_2$，$\cdots$，$BD_n = W_n$（图 6-20）。

(4) 过 $D_1$，$D_2$，$\cdots$，$D_n$，作线与 $BF$ 平行，分别交 $BC_1$，$BC_2$，$\cdots$，$BC_n$ 于 $E_1$，$E_2$，$\cdots$，$E_n$ 各点，$\triangle BD_1E_1$，$\triangle BD_2E_2$，$\cdots$，$\triangle BD_nE_n$ 都是闭合的力矢三角形。所以 $D_1E_1$，$D_2E_2$，$\cdots$，$D_nE_n$ 就是相应于各试算滑动面的土压力 $P_1$，$P_2$，$\cdots$，$P_n$；

(5) 把 $E_1$，$E_2$，$\cdots$，$E_n$ 连成曲线，并作切线与 $W$ 方向线平行，得切点 $E$。它就是曲线与 $W$ 方向线间距离的最大值。连 $ED // BF$，故 $ED$ 为 $P$ 的最大值，即主动土压力 $P_a$。

(6) 连接 $BE$ 线，延长交填土面于 $C$ 点，则 $BC$ 线即是所要求的滑动面。

(7) 求出此不规则土楔 $ABC$ 的形心 $m$。过 $m$ 点作直线 $mn$ 与 $BC$ 平行。与墙背 $AB$ 相交于 $n$ 点。即可以近似作为主动土压力 $P_a$ 的作用点。

### 3.3 黏性土的主动土压力图解法

库仑土压力理论是根据无黏性土面推导的。但也可合理地推广引用到黏性土的情况。即把黏性土的黏聚力也作为外力的组成部分，而纳入力矢多边形，以图解法来求出黏性土的主动土压力 $P_a$。

由图 6-21 可见，若假设滑动面为 $BCD$ 时，作用在滑动土楔体上的各外力有：

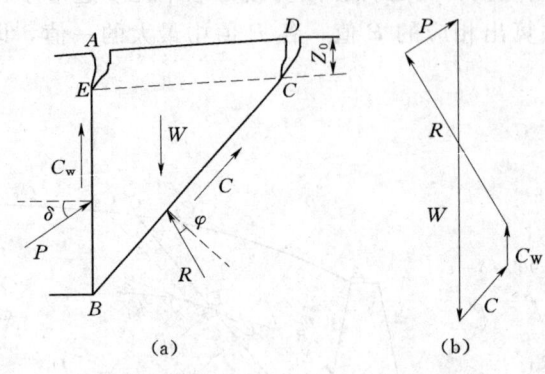

图 6-21 黏性土的情况

(1) 土楔的重量 $W$（包括 $AEBCD$ 在内）。

(2) 作用于墙背与土楔之间的总黏结力 $C_w$，其发生作用的长度应该扣除产生拉力裂缝深度 $z_0$ 的相应部分 [即图 6-21 (a) 中的 $AE$ 长度]。故 $C_w = c_w \overline{EB}$。其中，$c_w$ 为墙与土间的黏结力系数。

(3) 不滑动土体对滑动面的反力 $R$，它与滑动面的法线成 $\varphi$ 角而向上作用。

(4) 作用于滑动面上的总黏聚力 $C$，其作用的长度也应扣除产生拉力裂缝 $z_0$ 的长度。故 $C = c \overline{BC}$。其中，$c$ 为滑动面上的黏结力系数。

这四个外力的方向均为已知。且外力 $W$，$C_w$ 与 $C$ 的大小也可算出。于是便可作出力系多边形 [见图 6-21 (b)] 以求得 $P$ 值。

假设对多个（3～5 个）滑动面，重复上述程序，便可得到 $P$ 的最大值，即土压力值 $P_a$。

### 3.4 被动土压力

当墙身受外力作用被推向填土，使填土达到被动的极限平衡状态时，土楔将沿着某一个滑动面向上滑动。这时，土楔对于墙身移动的阻力，就是土楔施加于墙身的被动土压力。因此，过去也有人仿照主动土压力的计算方法，用库仑理论计算被动土压力。但这样做会造成很大的误差。因为在计算被动土压力时，库仑理论也假定滑动面是个平面，而实际的滑动面为曲面。研究成果指出，两者相差颇大（见图 6-22），一些资料指出，当假定滑动面为平面时，算得的 $P_p$ 值偏大很多。例如，当填土的内摩擦角 $\varphi = 16°$ 时，误差为 17%；当 $\varphi = 30°$ 时，误差为 2 倍；当 $\varphi = 40°$ 时，误差可达 7 倍。此外，当墙摩擦角 $\delta$ 愈大

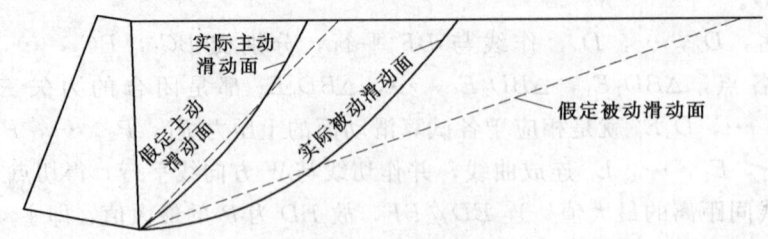

图 6-22 被动滑动面

时,其误差也愈大。因此,另有假设滑动面为曲面的几种计算理论。用时可参阅有关专著。

# 4 影响土压力计算值的一些因素

## 4.1 墙背的影响

墙背粗糙时,墙背与填土之间的摩擦力是通过墙摩擦角 $\delta$ 来反映的。当其他条件相同时,$\delta$ 愈大,主动土压力愈小,而被动土压力愈大。从库仑土压力理论中可知,$\delta$ 的变化范围在 $0°\sim\varphi$ 之间。而 $\delta$ 值最好是通过试验来确定。它受到墙背与填土的接触特性和墙背应力状态等很多因素的影响。在实际计算工作中,大多按经验选用 $\delta$ 值。

墙背的倾斜度对土压力计算也很有影响。推导库仑土压力公式的一项重要条件,是土楔同时沿着墙背和填土中的某一滑动面产生滑动。在图 6-23(a) 中以 $BC$ 表示滑动面,称为第一滑动面。

挡土墙墙背如果较为平缓,其倾角 $\varepsilon$ 大于某一值——临界角 $\varepsilon_{cr}$,土楔可能不再沿着墙背 $AB$ 滑动,而是沿土体中另一滑动面 $A'B$ 和第一滑动面 $BC$ 滑动,滑动面 $A'B$ 称为第二滑动面[见图 6-23(a)]。出现第二滑动面的挡土墙可定义为"坦墙"。墙背不影响填土的滑动情况,滑动面仅随土的性质而改变。如仍套用式(6-22)计算土压力,概念上既不确切,并将有较大误差。此时土压力 $P$ 将作用在第二滑动面上,

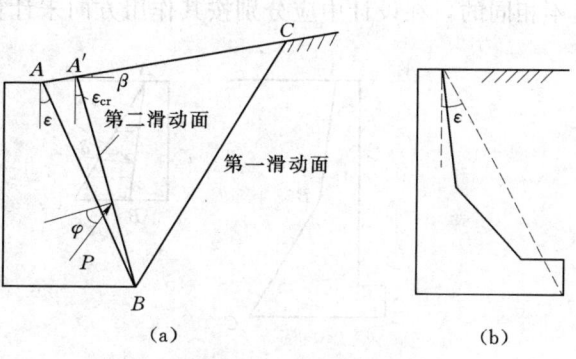

图 6-23 坦墙滑动面

墙背与第二滑动面之间的土体 $ABA'$ 应作为墙身的一部分来考虑。在第二滑动面上,将是土与土之间的摩擦而不再是土与墙背之间的摩擦。因而 $P$ 与 $A'B$ 的法线的夹角为 $\varphi$,而不是 $\delta$ 角。这样,作用在墙背上的土压力,应是 $\triangle ABA'$ 的土重与 $P$ 的合力。

通常挡土墙墙顶与墙踵联线的倾角 $\varepsilon$ 超过 $20°\sim25°$[见图 6-23(b)],即应考虑有无可能产生第二滑动面。计算主动土压力时,判断是否出现第二滑动面,可用临界角 $\varepsilon_{cr}$ 作为标准。从图 6-23(a) 可知 $\varepsilon_{cr}=90°+\beta-\angle BA'C$,利用应力圆方法,可以证明:

$$\angle BA'C = 45° + \frac{\varphi}{2} + \frac{\beta}{2} + \frac{1}{2}\arcsin\frac{\sin\beta}{\sin\varphi} \qquad (6-24)$$

所以

$$\varepsilon_{cr} = 45° - \frac{\varphi}{2} + \frac{\beta}{2} - \frac{1}{2}\arcsin\frac{\sin\beta}{\sin\varphi} \qquad (6-25)$$

若填土表面为水平,则:

$$\beta = 0 \quad \varepsilon_{cr} = 45° - \frac{\varphi}{2} \qquad (6-26)$$

## 4.2 填土条件

库仑理论公式适用于墙背填土为水平的或倾斜的平面,但是库仑理论的图解法则适用

于任何形状的墙背与填土面；库仑公式是在假定填土为无黏性土的条件下推导而得。而对于黏性土则亦可用图解法近似地求解；填土的物理力学性质，例如，重度$\gamma$、内摩擦角$\varphi$、黏聚力$c$等对于土压力的计算，其影响是很大的。因此，在实际工程中，应特别注意填土的$\varphi$、$c$及$\delta$角的测定方法与选用标准的问题；填土中如果会发生膨胀与吸水膨胀时，将会引起土压力的增大。由于这些原因引起的附加土压力，还没有成熟的计算方法，故在实际设计工作中，应在设计安全系数中适当考虑这些影响，并应加强墙背的排水条件。

## 4.3 折线型墙背的情况

对于折线形墙背的挡土墙，宜按库仑理论分段近似地计算土压力，图6-24为一折线墙背的挡土墙。计算作用于墙背的土压力时，先把上段$AB$当作是单独的挡土墙，算出这段的主动土压力，并作出分布图形[见图6-24（b）]。然后延长下段，再使$BC$向上延伸到$A'$点[见图6-24（a）]，$A'$点与墙顶$A$点等高。以$A'BC$作为假设的独立墙，算出此墙背的土压力分布，而只取用其中$BC$段的土压力，近似地作为实际挡土墙$ABC$中$BC$段的土压力[见图6-24（c）]。但要注意，这样分段求出的两部分土压力，它们的方向是不相同的，在设计中应分别按其作用方向来计算外力矩。

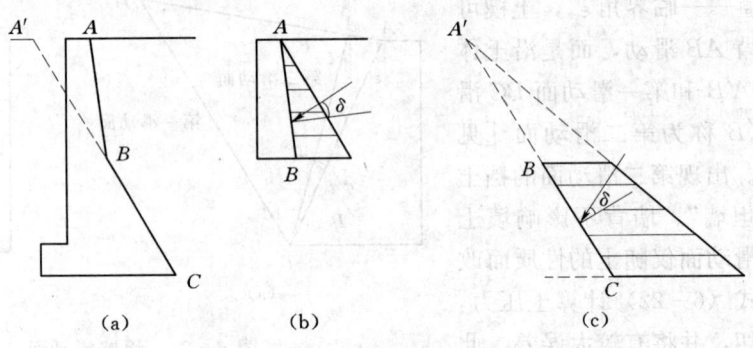

图6-24 折线型墙背土压力计算

# 5 朗肯理论和库仑理论的比较

朗肯理论和库仑理论，分别根据不同的假设条件，以不同的分析方法去求算土压力。只有在最简单的情况下（$\varepsilon$、$\beta$、$\delta$均为零）用这两种理论算得的结果才相等，否则便得出不同的结果，因此，应针对实际情况选择使用。现列出两种土压力理论的某些主要方面的比较表（见表6-2）。

表6-2　　　　　　　　两种土压力理论的比较

| | 朗 肯 理 论 | 库 仑 理 论 |
|---|---|---|
| 分析原理 | 根据土体中各点都处于极限平衡状态的应力条件。直接求得墙背上各点的土压力强度分布 | 根据墙背与滑动面之间的土楔整体处于极限平衡状态时的静力平衡条件，求得墙背上的总土压力 |
| 墙背条件 | 假设墙背铅直、光滑（$\delta=0$）。或墙背倾角$\varepsilon \geqslant 45°-\dfrac{\varphi}{2}$，以保证上述极限平衡状态之产生 | 墙背可以是倾斜和粗糙的（$0<\delta<\varphi$），以保证土楔沿墙背滑动，如墙背倾角$\varepsilon > \varepsilon_{cr}$时，便得考虑第二滑动面 |

续表

|  | 朗 肯 理 论 | 库 仑 理 论 |
|---|---|---|
| 填土条件 | 填土可为无黏性土或黏性土<br>假设填土表面为水平<br>在复杂的填土表面条件下需作较多的简化假定<br>成层的填土条件下，计算较方便 | 假设填土为无黏性土，其表面为水平或倾斜的，图解法还可适用于任何形状的填土面和墙背。对黏性土也可用图解法，但简化较多 |
| 计算误差 | 对混凝土垂直墙背，算得的主动土压力比库仑理论算得的偏大。但适用于悬臂式，扶墙式或L型的挡土墙。此外，用来计算被动土压力误差较小 | 对混凝土墙背，算得的主动土压力较合理。且较经济，但用以计算被动土压力误差过大 |

# 6* 减小主动土压力的措施

减小作用于挡土墙上的主动土压力，就能减小墙身的设计断面，或改变墙的型式，从而减少工程造价，并使挡土结构的强度与稳定性更有保证。

为了减少主动土压力，有下列多种措施，可结合具体工程情况选用。

## 6.1 墙后填料的选择

从朗肯公式或库仑公式都能看出，主动土压力的大小，随着填土的重度及土的内摩擦角而变化。重度愈大或内摩擦角愈小，主动土压力就愈大。所以，宜选用轻质填料，有条件也可以使用煤渣、矿渣等填料（不一定是土料）。$\varphi$ 值大的填料，例如粗砂、砾、石块等，将使主动土压力显著降低。由于主动土压力与 $\tan^2\left(45° - \dfrac{\varphi}{2}\right)$ 成比例，所以，$\varphi$ 值的增大将可使主动土压力降低。设填土的重度与墙高为定值，如用不同填料，其 $\varphi$ 角各为 20°、30° 与 40° 时。则算出的主动土压力的比值将为 4.9∶3.3∶2.2。这说明，如用 $\varphi$ 值是 40° 的土料代替 $\varphi$ 值为 20° 的土料，主动土压力可降低一半以上。这样也就会减小挡土墙断面，并且这些粗料的内摩擦角受水的影响很小。

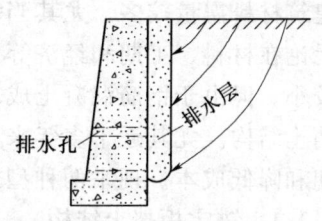

图 6-25 挡土墙排水措施一例

黏性土的内摩擦角较小，且其黏聚力会因浸水而有不同程度的降低。这说明黏性土的性质是不稳定的。故在有些设计中，为了安全而不考虑黏聚力的作用。但是，如果有施工措施保证填土压实符合规定的要求，就应该计入黏聚力作用。此外，黏土有吸水膨胀性和冻胀性，从而产生侧向膨胀压力，对挡土墙的稳定性不利。因此，采用黏性土为墙后填料时，必须做好排水措施（见图 6-25），以策安全。

## 6.2 挡土墙表面形状的选择

（1）改变墙背的几何形状。例如，把直线墙背改为中间凸出的折线墙背，能对减小主动土压力有明显作用。为了保证与提高挡土墙的稳定性。悬臂式钢筋混凝土挡土墙［见图 6-26（a）］也是一种可用的型式。因为在墙底板上的填土自重压力作用下，底板与基土间的摩擦阻力增大，很有利于墙身的稳定。

（2）如需要更多地减小主动土压力时，可采用特殊结构型式的挡土墙。如图 6-26

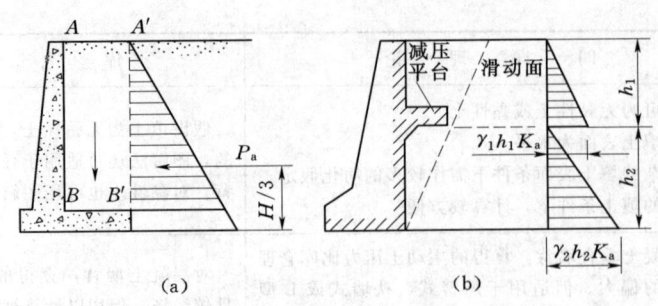

图 6-26 主动土压力计算
(a) L 型挡土墙；(b) 有减压平台挡土墙

(b) 所示的在墙背中部加做减压平台。平台以上所受主动土压力可按前述方法计算，而在平台底以下的墙背所受主动土压力，只与此段的填土重量有关，从而使土压力大为减小。因此，平台伸得远些，减压作用就大些。当然平台伸出超过滑动面就作用不大了。

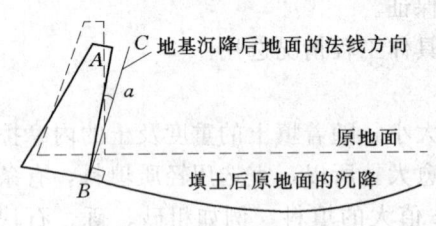

图 6-27 挡土墙后倾实例

(3) 如果挡土墙建造于软土地基上，而墙背新填土较高时，由于墙踵的沉降大于墙趾的沉降，将会引起地基变形及墙体后倾，图 6-27 表明这一现象。但有时 $B$ 点下沉后，地表曲线的法线 $BC$ 比墙背 $AB$ 的向后倾角更大。相对于变形后的地面而言，这就相当于挡土墙离开填土而向前倾斜了一个角度 $\alpha$。而且，墙底也是向前移动了。这种位移值将可能小于主动土压力状态的位移值。因此，作用于墙背的实际土压力将大于主动土压力，而小于静止土压力。这就说明地基变形较大时，将会增大墙上的压力，产生不利的影响。

## 6.3 新型挡土结构的研究与应用

前述各种挡土墙都是指用砖、石、混凝土等材料修建的墙。这些墙的体积都比较大，建筑材料需量较多。尤其当墙高增大时，例如，$H>10m$，则墙身体积增长更快。因此，无论在材料、工期和经济等方面，都是花费较大的。只有钢筋混凝土悬臂式挡土墙的断面较小。但由于钢筋混凝土成本较高，也值得考虑。因此，国内外工程部门都在发展新型的挡土结构。尤其近十多年来，提出了不少新型结构，使用得当，可节省建筑材料、缩短工期和降低成本。现举两种型式为例。

### 6.3.1 锚定板挡土结构

锚定板挡土结构，是新型挡土结构(见图 6-28)的一种。它正在我国铁道等部门试用。若与常规的重力式挡土墙比较，锚定板结构轻便有柔性，较适用于地基承载力不大的软土地区。

它由预制的钢筋混凝土墙面、钢拉杆和埋在填土中的锚定板组成。

图 6-28 (a) 表示一种类型的锚定板结构。它只有很薄的墙面，对于墙面所受的主动土压力，完全由拉杆与锚定板来承受。只要锚定板的抗拔能力不小于墙面所受由静载与活载引起的土压力，即可使结构保持平衡。

图 6-28 (b) 是另一锚定板的挡土墙，如设计得当，亦可比常规的重力式挡土墙经济。

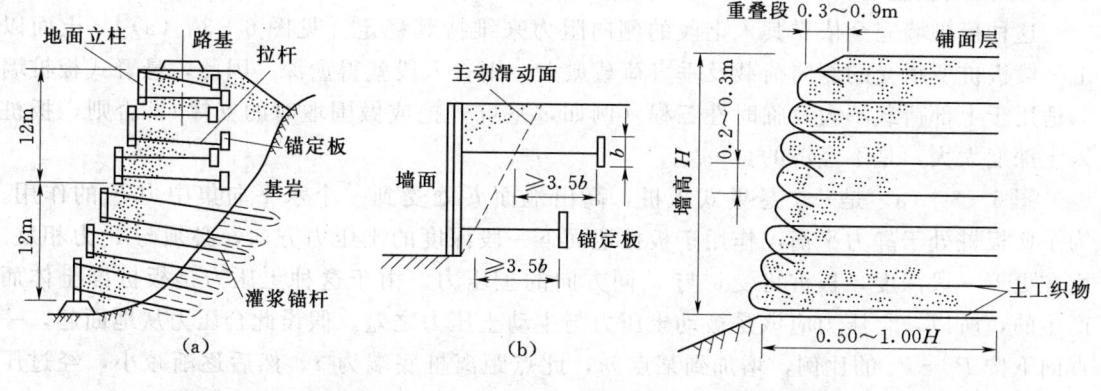

图 6-28 锚定板挡土结构　　　　　图 6-29 土工织物挡土墙

### 6.3.2 用加筋土修建的挡土结构

用各种加筋土来修建挡土墙是新型式的一类，而土工织物是其中的一种。它是指用天然的或人工的纤维，经过编织或黏合制成，可用于土工工程中的织物。目前常用的纤维材料有聚丙烯、聚酯及乙烯等。在土工工程中，土工织物的用途很广，其中也包括用之于修建挡土墙，国外已有用这样方法制成高达7m的挡土墙（见图6-29）。土工织物必须具有较高的抗拉强度、抗冻、抗热、抗刺破、抗老化等特性，而且要求其成本低廉，才能广泛地被采用。不难看出，使用土工织物修建挡土墙，施工是简单易行的。

# 7* 板桩墙的土压力计算

图 6-30（c）为最常用的钢制板桩的截面，多根板桩扣接起来便成为板桩墙。它可作永久性或临时性的挡土结构，是承受弯矩的结构，其挠度曲线的一种如图6-30（b）所示。

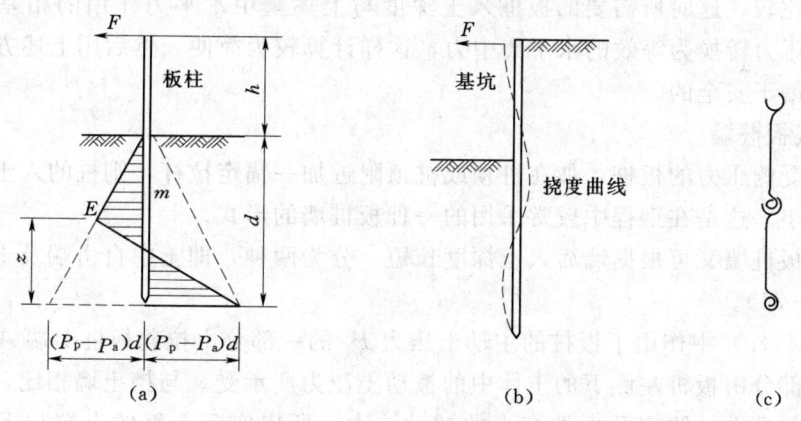

图 6-30 板桩墙
(a) 集中荷载；(b) 上段受土压力；(c) 钢板桩水平截面

板桩墙的结构型式可分为两大类，即悬臂式与锚定式。结构型式不同，土压力的计算原理与方法也就各异，现分述如下。

## 7.1 悬臂式板桩墙

这种板桩墙完全依靠其入土段的侧向阻力来维持其稳定[见图6-30(a)]。土面以上一段板桩所承受的侧向荷载及垂直荷载愈大，则打入段就得愈深。因此，悬臂式板桩墙只适用于上部荷载不大及临时性工程（例如，基坑开挖或做围堰时的支撑）。否则，板桩入土深度太大，是不经济的。

图6-30(a)是一个悬壁式板桩，高出地面$h$处受到一个水平向集中力$F$的作用。为了使板桩处于静力平衡，作用于板桩地面下一段深度的土压力方向，必须与$F$力相反。而在更下一段深度，板桩将受到与$F$同方向的土压力。由于这种土压力是板桩推土体而产生的，所以，合压力应该是被动土压力与主动土压力之差。假设此合压力从地面起，一直向下按$P_p - P_a$的比例，增加到某点$m$，此点距离桩底端为$z$。然后逐渐减小，经过压力为零点之后，合压力改变方向，向下增大至桩底，使各水平力之和等于零，则：

$$F - \frac{1}{2}(P_p - P_a)d^2 + (P_p + P_a)dz = 0 \quad (6-27)$$

所以
$$z = \frac{(P_p - P_a)d^2 - 2F}{2(P_p - P_a)d} \quad (6-28)$$

又以桩底为力矩中心，使各力矩之和为零，得：

$$F(h+d) - \frac{1}{6}(P_p - P_a)d^2 + \frac{1}{3}(P_p - P_a)dz^2 = 0 \quad (6-29)$$

以式(6-28)的$z$值代入式(6-29)，得：

$$d^4 - \frac{8F}{P_p - P_a}d^2 - \frac{12Fh}{P_p - P_a} + \left[\frac{2F}{P_p - P_a}\right]^2 = 0 \quad (6-30)$$

当外力和土的有关指标为已知时，则板桩所需打入深度$d$即可用试算法按式(6-30)求得。

如果悬臂式板桩右侧上部为土体，例如，开挖基坑中坑壁挡土的情况[见图6-30(b)]，经过比较，这时所需要的板桩入土深度与上述集中水平力作用的相差不大，故也可将上部土压力转换为等效的水平集中力，这样计算较为简便。然后用上述方法计算，且计算结果是偏于安全的。

## 7.2 锚定式板桩墙

对于承受侧压力的板桩，如在桩顶或桩顶附近加一锚定拉杆，则桩的入土长度和断面就可大大减小。这是在工程中较常采用的一种板桩墙的形式。

锚定式板桩墙又可根据墙后入土深度长短，分为两种，即土中自由端及土中固定端两者（见图6-31）。

图6-31(a)中作用于板桩的主动土压力$P_a$的一部分由拉着板桩上端$A$点处的拉杆承受。另一部分由板桩左侧下的土体中的被动土压力所承受。与挡土墙相比，板桩墙是柔性的。由于其上端被锚定及下端有土的被动抗力，所以实际上墙的上端与下端都是固定的，只能在两端之间发生水平方向挠曲。其最大挠度大都发生在墙的中部。由于这一变形条件，故在板桩墙上的主动土压力分布并非三角形，而改变为两端增大中间减小的曲线分布，其面积$ab_1t_1s_1a$如图6-32所示。

与此情况相联系，通常设其中间段的侧向挠曲大到足以使土体的抗剪强度全部发挥，

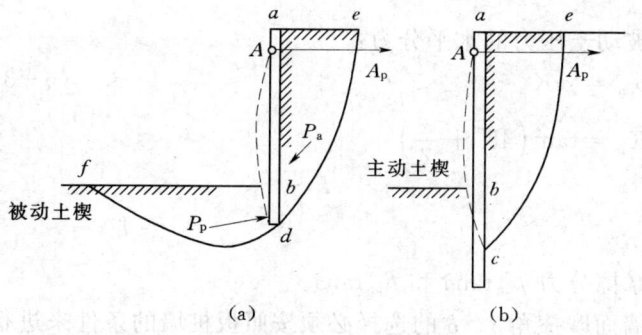
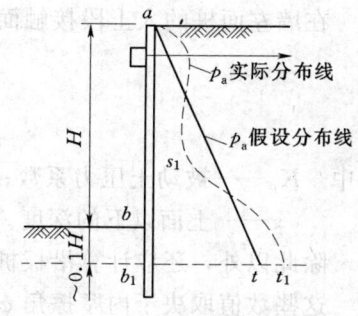

图 6-31　锚定式板桩端
(a) 自由端者；(b) 固定端者

图 6-32　固定端的锚定式板桩
墙上的主动土压力分布

从而沿着图 6-31 (a) 的 de 面滑动。板桩左侧下土体中的土压力强度与分布情况，取决于板桩打入土中的深度。如果板打入较浅，其挠度相似于一个垂直的弹性梁，当其下端 d 为简支时所发生的情况，如图 6-31 (a) 所示。符合这一条件的板桩墙，称为自由端的锚定板桩墙。

另外，若板桩打入相当深，如图 6-31 (b) 所示，其下端实际上已被四周的土体阻力所固定，而不可能由其初始垂直位置产生大的偏移。所以这种型式称为有固定下端的锚定板桩墙。一个有自由端的锚定板桩墙的破坏，可能是由于板的弯曲过大，或是由 bd 段左侧土体的破坏面而造成滑移面 df 的剪破［见图 6-31 (a)］。但是一个有固定端的锚定板桩墙，就只能因弯曲过大而破坏［见图 6-31 (b)］。

由于上述的端点变形条件，可知板桩墙上的主动土压力分布，不是静水压力式或三角形的。理论分析与经验都证明，其分布类似图 6-32 的 $as_1t_1$ 曲线。同时，也证明墙上的总土压力近似于常规挡土墙背上的库仑土压力。因此，这种曲线型分布的压力，对于墙中段的最大弯矩 $M_0$ 的影响，将需根据曲线的情况进行估算。

在分析图 6-32 的固定端板桩墙的压力分布时，已知在 $b_1$ 点以下的侧向挠度可略去不计。在 $b_1$ 点以上的墙右面受主动土压力 $P_a$ 作用。此土压力的分布在很大程度上取决于墙所支承的土的各种弹性特性。若该土是一种半流态细粒的水力冲填土，其压力分布将是静水压力式的。即 $ab_1t$ 三角形面积所示的土压力 $P_a$。于是，可按静水压力分布条件估算出的最大弯矩 $M_0$，将在实际上与其真正的最大弯矩 $M$ 相等；反之，若墙所支承的是干燥砂土，则土压力分布将为 $as_1t_1b_1$，而墙中的真正最大弯矩 $M$，将大致不会超过按静水压力分布算出的最大弯矩 $M_0$ 的一半。

板桩墙设计的常规方法，只考虑线性分布的土压力。因此，墙中最大弯矩的计算值比真正的大得多。但是，计算表明，土压力分布对于保证适当侧向支承所需的板桩打入深度的影响很小。所以，这一深度的计算，用常规方法进行不致带来明显误差。

按此原则，假设墙背单位面积上的主动土压力的水平分力为 $p_{an}$ 按式 (6-31) 计算：

$$p_{an} = \gamma z K_a \qquad (6-31)$$

$$K_a = \tan^2\left(45° - \frac{\varphi}{2}\right)$$

式中 $K_a$——主动土压力系数。

在墙左面桩的入土段接触面上被动土压力的水平分力：
$$p_{pn} = \gamma z K_p \tag{6-32}$$
$$K_p = \tan^2\left(45° + \frac{\varphi}{2}\right)$$

式中 $K_p$——被动土压力系数；
$z$——土面以下的深度。

除此以外，还应计算沿板桩墙摩擦分力 $p_{an}\tan\delta$ 和 $p_{pn}\tan\delta$。

这些数值取决于内摩擦角 $\varphi$ 与墙面摩擦角 $\delta$。$\delta$ 的选择必须按照板桩墙的条件来进行。由于各板桩的重量与它们所受的外力相比，可以忽略不计，因此，被动土压力的摩擦分力，不可能比主动土压力的摩擦分力大得太多。

对于有自由支承端的锚定板桩墙，其力的分布如图 6-33（a）所示。图中墙右侧的主动土压力分布，假设为静水压力分布的，如三角形压力面积 $add_A$ 所示。板桩的打入深度 $D$ 则按下列条件确定之，即需要支承板桩下段 $bd$ 的土体被动抗力，不应超过该段的被动土压力 $bdd_p$，与比值 $\frac{1}{K_s}$ 的乘积，此 $K_s$ 值为保证板桩下段不丧失支承的安全系数。

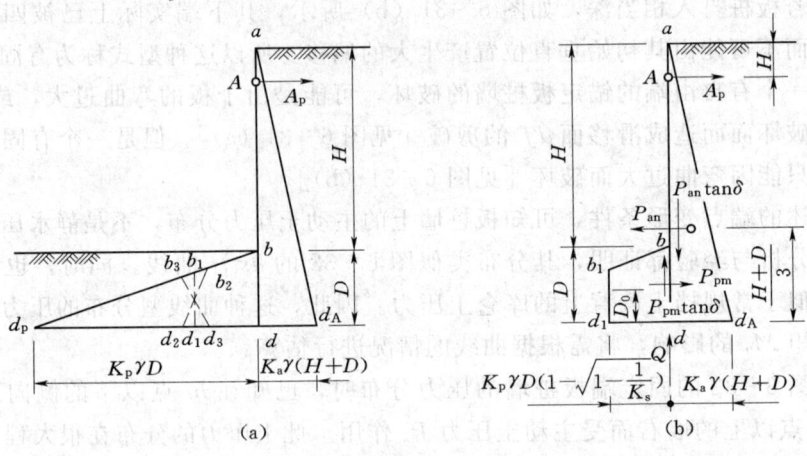

图 6-33 有自由土端的锚定式板桩墙

图 6-33（a）中的 $b_1d_1$、$b_2d_2$ 及 $b_3d_3$ 三线表示对于总的被动土压力 $bdd_p$ 可能发挥作用部分的不同估计。多数研究者选用垂直线 $b_1d_1$ 表示，因为这样简化了随后的计算。

假设被动土压力可发挥部分用 $bb_1d_1d$ 表示。而墙两边所受各力的作用如图 6-33（b）所示。

设 $P_{an} = \frac{(H+D)^2}{2}\gamma K_a =$ 主动土压力的水平分力，$P_{pm} = \frac{1}{K_s}P_{pn} = \frac{1}{K_s}\frac{D^2}{2}\gamma K_p =$ 被动土压力水平分力的可发挥部分。

此力系的平衡要求三个条件，即各垂直向分力之和、各水平向分力之和，以及绕任意一点（如绕 $A$ 点）各力矩之和，都必须等于零。因此：
$$P_{an}\tan\delta_a - P_{pm}\tan\delta_p - Q = 0 \tag{6-33}$$

和
$$A_p + P_{pm} - P_{an} = 0 \tag{6-34}$$

及
$$P_{an}\left[\frac{2}{3}(H+D) - H_1\right] - P_{pm}(H+D-H_1-D_0) = 0 \tag{6-35}$$

式中 $\tan\delta$ ——墙土摩擦系数；

$A_p$ ——板桩墙单位长度上各拉杆内的拉力；

$Q$ ——墙单位长度内板桩下端处的土垂直向反力；

$D$ ——板桩埋入土的深度。

式（6-34）与式（6-35）用于计算深度 $D$，即板桩所需的打入深度；也可用来计算拉杆拉力 $A_p$，设计规范通常要求安全系数 $K_s=2$，但是在方程（6-33）中，土的反力 $Q$ 仍是未知的。然而，此值对 $K_a$ 与 $K_p$ 之值有相当影响。若 $Q=0$，则式（6-33）的条件不可能满足，除非被动土压力的墙背摩擦角大于主动土压力的墙背摩擦角，或两个摩擦角之值都等于零。为了保证误差偏于安全，通常假设 $\delta=0$。按此假设，则各土压力的库仑值就等于朗肯值了，只要墙是垂直的即如此。这两个朗肯值用 $K_a$ 和 $K_p$ 算出。

## 复 习 思 考 题

1. 什么叫土压力？土压力有哪三种类型？试述它们的定义和产生的条件，并比较三者数值的大小。
2. 随着挡土墙离开（挤向）墙后填土的位移量的逐渐增大，作用在墙背上的土压力逐渐减小（增大），为什么？
3. 试述朗肯土压力理论的基本假定、计算方法和适用条件？
4. 试述库仑土压力理论的基本假定、计算方法和适用条件？
5. 库尔曼图解法的依据是什么？试述库尔曼图解法求主动土压力的步骤？
6. 地下水位的升降对土压力有何影响？应选择哪类土作为挡土墙后的回填土？
7. 为什么挡土墙后要采取排水措施？
8. 分析朗肯土压力理论和库仑土压力理论的异同及其存在的问题。

## 习 题

1. 挡土墙高 10m，墙背垂直，填土表面为水平。填土的 $\gamma=17.5kN/m^3$，$\varphi=30°$，$c=0$。试用朗肯土压理论求主动土压力大小、作用点和力的方向。
2. 挡土墙的高度、形状及填土情况同 1 题，且墙摩擦角 $\delta=15°$，试用库仑理论求主动土压力的大小，并确定作用点和力的方向。
3. 某挡土墙高 5m，墙背垂直光滑，墙后填土为无黏性土，填土表面水平。填土的 $\gamma=18.0kN/m^3$，$\varphi=40°$，$c=0$。试分别求出静止、主动、被动土压力（$P_0$、$P_a$ 及 $P_p$）值。
4. 一悬臂式挡土墙的各部尺寸如图 6-34 所示。填土面倾角 $\beta=20°$，土体重度 $\gamma=18.0kN/m^3$，$\varphi=30°$，$c=0$。试计算作用于通过墙踵 $A$ 的垂直截面上的主动土压力。

5. 某重力式挡土墙，墙背倾角 $\varepsilon=15°$，墙背的摩擦角 $\delta=20°$，回填砂土 $\varphi=40°$，$\gamma=18.0$kN/m³，填土表面成折线（图6-35）。试用库尔曼图解法求出主动土压力。

6. 一垂直墙背的挡土墙（图6-36），墙高5m，填土面倾角 $\beta=10°$，地下水位在墙顶下1.5m处，填土的重度 $\gamma=17.66$kN/m³，饱和重度 $\gamma=20.6$kN/m³，$\varphi=30°$。试绘主动土压力及水压力分布图。

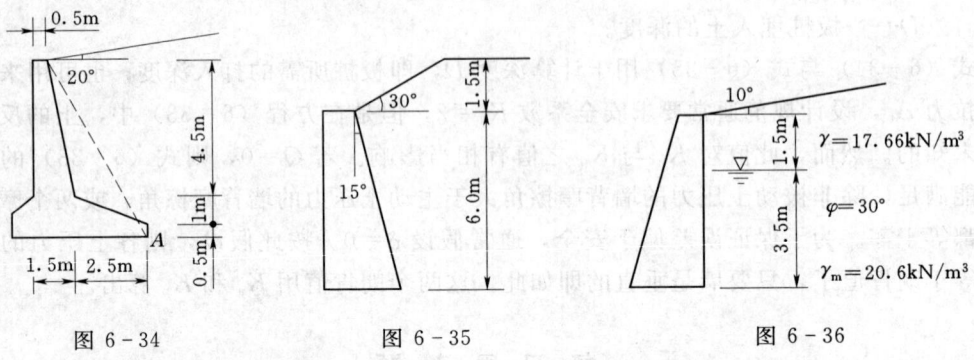

图6-34　　　　　图6-35　　　　　图6-36

7. 某挡土墙高6m，墙背竖直光滑，填土面水平，并作用有连续的均布荷载 $q=15$kPa，墙后填土分两层，其物理力学性质指标如图6-37所示，试计算墙背所受土压力分布、合力及其作用点位置。

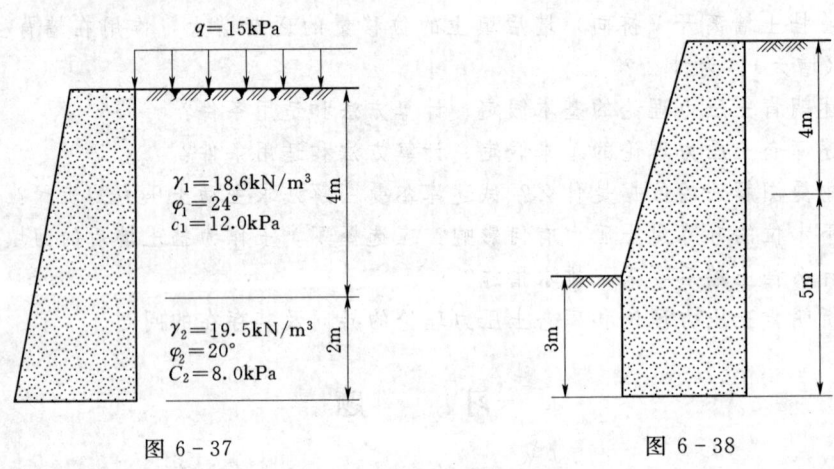

图6-37　　　　　图6-38

8. 某挡土墙高9m，墙背光滑垂直，墙后填土分二层，上层土厚4m，$\gamma=19$kN/m³，$\varphi=30°$，$c=0$；下层土厚5m，$\gamma=20$kN/m³，$\varphi=36°$，$c=0$；墙前背也光滑垂直，填土厚3m，$\gamma=20$kN/m³，$\varphi=30°$，$c=0$，如图6-38所示，试分析墙背上的土压力分布和墙前土体产生的土压力分布（注：$\tan27°=0.51$）？再分析该墙体是否稳定？

# 第七章 土坡稳定分析

## 1 概 述

土坡就是具有倾斜坡面的土体。由于地质作用自然形成的土坡，例如，山坡、江河的岸坡等称为天然土坡，其稳定性由工程地质、水文地质条件而定。本章讨论的土坡是指经过人工挖、填的土工建筑物，例如，基坑、渠道、土坝、路堤等的边坡，通常称为人工土坡，其简单外形和各部分名称见图7-1。

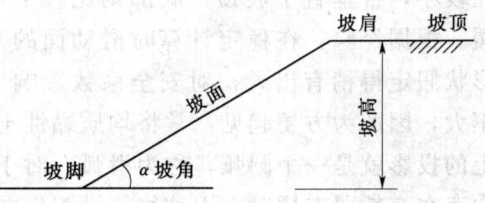

图7-1 简单土坡

由于土坡表面倾斜，在土体自重及其他外力作用下，整个土体都有从高处向低处滑动的趋势。土坡丧失其原有稳定性，一部分土体相对于另一部分土体滑动的现象，称为滑坡。土坡在发生滑动之前，一般在坡顶首先开始明显的下沉并出现裂缝，坡脚附近的地面则有较大的侧向位移并微微隆起。随着坡顶裂缝的开展和坡脚侧向位移的增加，部分土体突然沿着某一个滑动面急剧下滑，造成滑坡事故。某些软淤土上的土坡，例如沿海淤泥土堆筑的码头岸坡，则由于软淤土的蠕变作用，滑坡的发生也可能是长期缓慢发展的。图7-2为一码头滑坡的实例。

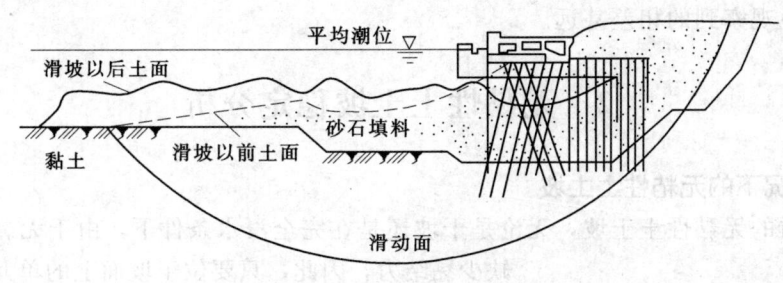

图7-2 码头滑坡的实例

引起滑坡的根本原因在于土体内部某个面上的剪应力达到了它的抗剪强度，稳定平衡遭到破坏。而剪应力达到抗剪强度的起因有二：一是由于剪应力的增加，例如，堤坝施工中上部填土荷重的增加，降雨使土体饱和，增加重度，水库蓄水或水位降落产生渗透力，还有在土坡上施加过量荷载或由于地震、打桩等引起动力荷载，这些都会使土体内部剪应力加大；二是由于土体本身抗剪强度的减小，例如，孔隙水应力的升高，气候变化产生的干裂、冻融，黏土夹层因浸水而软化及黏性土的蠕变等都会引起土体的强度降低。由此可见，为了有效的防止滑坡，除了在设计时经过仔细的稳定分析，得出一个合理的断面外，还应采取相应的工程措施，加强工程管理，以消除某些不利因素的影响。

一般的土工建筑物，如堤坝、沟渠等，其长度远比高度和宽度大得多，而滑坡体沿长度方向的范围是不肯定的，滑坡体两端对土体的滑动虽有阻力，但这种阻力对土体稳定性的影响目前很难确定。为此，通常在分析土坡的稳定性时，不考虑滑动土体两端阻力的影响，这样就使土坡的稳定分析简化为平面应变问题。

土坡滑动面的形状，经实际调查表明：由砂、卵石，风化砾石等粗粒料筑成的无黏性土土坡，其滑动面常近似为一平面；而对均质黏性土土坡来说，滑动面通常是一光滑的曲面，顶部曲率半径较小，常垂直于坡顶，底部则比较平缓。根据经验，在稳定计算时滑动面的形状假定得稍有出入，对安全系数影响

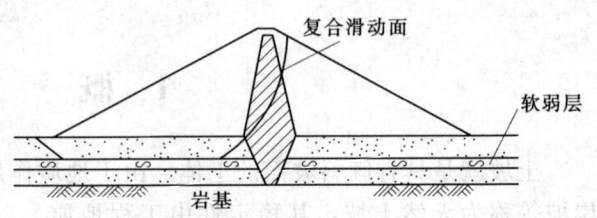

图 7-3 复合滑动面

不大，因此为方便起见，常将均质黏性土土坡破坏时的滑动面假定为一圆柱面，其在平面上的投影就是一个圆弧，称为滑弧。对于非均质的黏性土土坡，例如，土石坝坝身或坝基中存在有软弱夹层时，土坡往往沿着软弱夹层的层面发生滑动，此时的滑动面常常是直线和曲线组成的复合滑动面，如图 7-3 所示。

土坡滑动面的位置，除非土体中存在有明显的薄弱环节（例如，裂缝、软弱夹层、老滑坡体等），一般情况下是不知道的。因此，在进行稳定计算时，首先要假定若干可能的滑动面，分别求出它们的抗滑安全系数，从中找出最小值，以此来代表土坡的稳定安全系数，而与此相应的滑动面也就是最危险的滑动面。对均质土坡来说，其位置与土的性质、土坡坡度及硬土层的埋藏深度有关，实际土坡的稳定验算表明：只要土的强度指标选择得当，算出的最小抗滑安全系数还是能反映实际土坡的稳定程度的，但计算的最危险滑动面却往往与实地观察到的相差甚远。

# 2  无黏性土土坡稳定分析

## 2.1  一般情况下的无粘性土土坡

对于均质的无黏性土土坡，无论是干坡还是在完全浸水条件下，由于无黏性土土粒间缺少黏结力，因此，只要位于坡面上的单元土体能够保持稳定，则整个土坡就是稳定的。图 7-4 为一均质无黏性土土坡，坡角为 $\alpha$。现从坡面上任取一侧面竖直、底面与坡面平行的单元土体，假定不考虑单元土体两侧应力对土体稳定性的影响。设单元土体的自重为 $W$，则使它下滑的剪切力就只有 $W$ 在顺坡方向的分力：

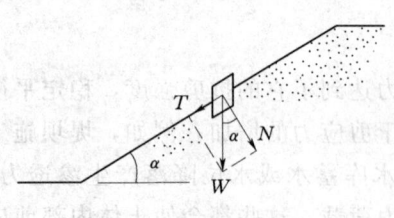

图 7-4  一般的无黏性土土坡

$$T = W\sin\alpha \tag{7-1}$$

阻止土体下滑的力是此单元土体与下面土体之间的抗剪力，其所能发挥的最大值为：

$$\tau_f = N\tan\varphi = W\cos\alpha\tan\varphi \tag{7-2}$$

式中 $N$——单元土体自重在坡面法线方向的分力；

$\varphi$——土的内摩擦角。

而无黏性土土坡稳定安全系数的定义为最大抗剪力与剪切力之比，即：

$$K_s = \frac{\tau_f}{T} = \frac{W\cos\alpha\tan\varphi}{W\sin\alpha} = \frac{\tan\varphi}{\tan\alpha} \quad (7-3)$$

由此可见，对于均质无黏性土土坡，理论上只要坡角 $\alpha$ 小于土的内摩擦角 $\varphi$，土体就是稳定的。$K_s=1$ 时土体处于极限平衡状态，此时的坡角 $\alpha$ 就等于无黏性土的内摩擦角 $\varphi$，称为休止角。

### 2.2 有渗流作用时的无黏性土土坡

水库蓄水或库水位突然下降，都会使坝体砂壳受到一定的渗透力的作用，对坝体稳定性带来不利影响。此时在坡面上渗流逸出处取一单元土体，它除了本身重量 $W$ 以外，还受到渗透力 $J$ 的作用，如图 7-5 所示。若渗流为顺坡出流，则逸出处渗流方向与坡面平行，渗透力 $J$ 的方向也与坡面平行，此时使土体下滑的剪切力为：

$$T + J = W\sin\alpha + J \quad (7-4)$$

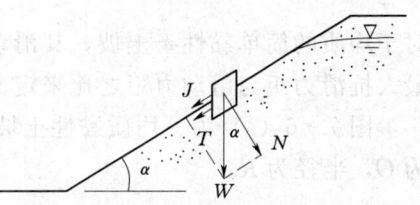

图 7-5 有渗流作用的无黏性土土坡

而单元土体所能发挥的最大抗剪力仍为 $T_f$，于是安全系数就成为：

$$K_s = \frac{\tau_f}{T+J} = \frac{W\cos\alpha\tan\varphi}{W\sin\alpha + J} \quad (7-5)$$

对单位土体来说，当直接用渗透力来考虑渗流影响时，如第二章第5节所述，土体自重 $W$ 就是有效重度 $\gamma'$，则渗透力为：

$$J = j = \gamma_w i \quad (7-6)$$

式中 $\gamma_w$——水的重度；

$i$——是渗流逸出处的水力坡降。

因为是顺坡出流，$i = \sin\alpha$，式（7-5）即可写成

$$K_s = \frac{\gamma'\cos\alpha\tan\varphi}{(\gamma' + \gamma_w)\sin\alpha} = \frac{\gamma'\tan\varphi}{\gamma_m\tan\alpha} \quad (7-7)$$

式中：$\gamma_m$——土的饱和重度。

上述和没有渗流作用的式（7-3）相比，相差 $\gamma'/\gamma_m$ 倍，此值接近于 1/2。因此，当坡面有顺坡渗流作用时，无黏性土土坡稳定安全系数将近乎降低 1/2，应特别注意。

**【例题 7-1】** 一均质无黏性土土坡，其饱和重度 $\gamma_m = 19.5\text{kN/m}^3$，内摩擦角 $\varphi = 30°$，若要求这个土坡的稳定安全系数为 1.25，试问在干坡或完全浸水情况下以及坡面有顺坡渗流时其坡角应为多少度？

**解** 干坡或完全浸水时由式（7-3）：

$$\tan\alpha = \frac{\tan\varphi}{K_s} = \frac{0.577}{1.25} = 0.462$$

$$\alpha = 24.8°$$

有顺坡渗流时由式（7-7）：

$$\tan\alpha = \frac{\gamma' \tan\varphi}{\gamma_m K_s} = \frac{9.69 \times 0.5774}{19.5 \times 1.25} = 0.230$$

$$\alpha = 12.93°$$

第二种情况的坡角几乎只有第一种情况的一半。

# 3 黏性土土坡的整体圆弧滑动

黏性土由于颗粒之间存在黏结力，发生滑坡时是整块土体向下滑动的，坡面上任一单元土体的稳定条件不能用来代表整个土坡的稳定条件。若按平面应变问题考虑，将滑动面以上土体看作刚体，并以它为脱离体，分析在极限平衡条件下其上各种作用力，而以整个滑动面上的平均抗剪强度与平均剪应力之比来定义土坡的安全系数，即：

$$K_s = \tau_f / \tau \tag{7-8}$$

对于均质的简单黏性土土坡，其滑动面常可假定为一圆柱面，其安全系数也可用滑动面上最大抗滑力矩与滑动力矩之比来定义，其结果安全相同。

图7-6 (a) 为一均质黏性土坡，计算图见图7-6 (b)，AC为假定的滑动面，圆心为O，半径为R。

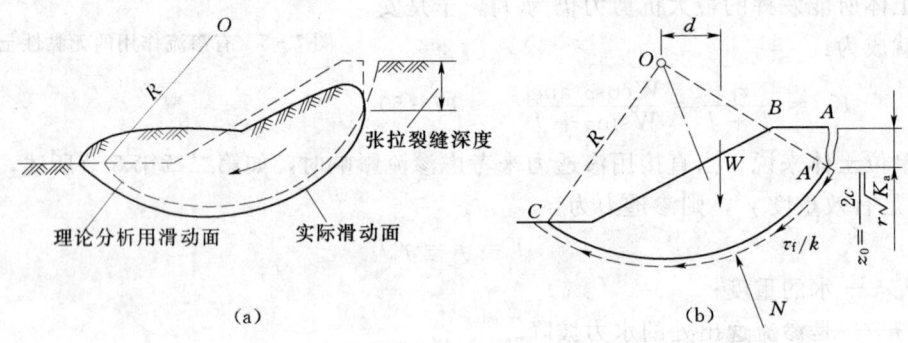

图7-6 均质土土坡的整体圆弧滑动
(a) 实际滑动面；(b) 计算图

在自重作用下有向下滑动的趋势，但因为没有向下滑动（$K_s \geq 1$），整个土体又要满足力矩平衡条件（滑弧上的法向反力N通过圆心），即：

$$\frac{\tau_f}{K_s} LR = Wd$$

故安全系数为：

$$K_s = \frac{\tau_f LR}{Wd} \tag{7-9}$$

式中 $L$——滑弧弧长；
$d$——土体重心离滑弧圆心的水平距离。

一般情况下，土的抗剪强度$\tau_f$由凝聚力$c$和摩擦力$\sigma\tan\varphi$两部分组成，因此，它是随着滑动面上法向应力的改变而变化的，沿整个滑动面并非一个常量。但对饱和黏土来说，在不排水剪条件下，其$\varphi_u = 0$，$\tau_f = c_u$，即抗剪强度与滑动面上的法向应力无关。于是，式（7-9）就可写成：

$$K_s = \frac{c_u LR}{Wd} \tag{7-10}$$

这种稳定分析方法通常称为 $\varphi_u = 0$ 分析法。$c_u$ 可以用三轴不排水剪试验求出，也可由无侧限抗压强度试验或现场十字板剪切试验求得。

黏性土土坡在发生滑坡前，坡顶常出现竖向裂缝，如图 7-6（b）所示，其高度 $z_0$ 可近似按第六章式（6-6）计算，即 $z_0 = \frac{2c}{\gamma}\sqrt{K_a}$。当 $\varphi_u = 0$，$K_a = 1$，故 $z_0 = \frac{2c_u}{\gamma}$，裂缝的出现将使滑弧长度由 $AC$ 减小到 $A'C$，如果裂缝中有可能积水，还要考虑静水压力对土坡稳定的不利影响。

以上求出的 $K_s$ 是任意假定的某个滑动面的抗滑安全系数，而我们要求的是与最危险滑动面相对应的最小安全系数。为此，通常需要假定一系列滑动面，并进行多次试算，计算工作量是很大的。费伦纽斯（Fellenius）通过大量计算，曾提出确定最危险滑动面圆心的经验方法，迄今仍被使用。

表 7-1　不同边坡的 $\beta_1$、$\beta_2$ 值表

| 坡比 | 坡角（°） | $\beta_1$（°） | $\beta_2$（°） |
|---|---|---|---|
| 1：0.58 | 60 | 29 | 40 |
| 1：1 | 45 | 28 | 37 |
| 1：1.5 | 33.79 | 26 | 35 |
| 1：2 | 26.57 | 25 | 35 |
| 1：3 | 18.43 | 25 | 35 |
| 1：5 | 11.32 | 25 | 37 |

费伦纽斯认为：对于均质黏性土土坡，其最危险滑动面常通过坡脚。对于 $\varphi = 0$ 的土，其圆心位置可由图 7-7（a）中 $AO$ 与 $BO$ 两线的交点确定，图中 $\beta_1$ 和 $\beta_2$ 的值根据坡角由表 7-1 查出。对于 $\varphi > 0$ 的土，最危险滑动面的圆心位置可能在图 7-7（b）中 $EO$ 的延长线上。自 $O$ 点向外取圆心 $O_1$、$O_2$、…，分别作滑弧，并求出相应的抗滑安全系数 $K_1$、$K_2$、…，然后绘曲线找出最小值，即为所要求的最危险滑动面圆心 $O_m$ 和土坡的稳定安全系数 $K_{\min}$。对于非均质黏性土土坡，或坡面形状及荷载情况都比较复杂，这样确定的 $O_m$ 还不甚可靠，尚需自 $O_m$ 作 $OE$ 线的垂直线，在其上再取若干点作为圆心进行计算比较，才能找出最危险滑动面的圆心和土坡的稳定安全系数。

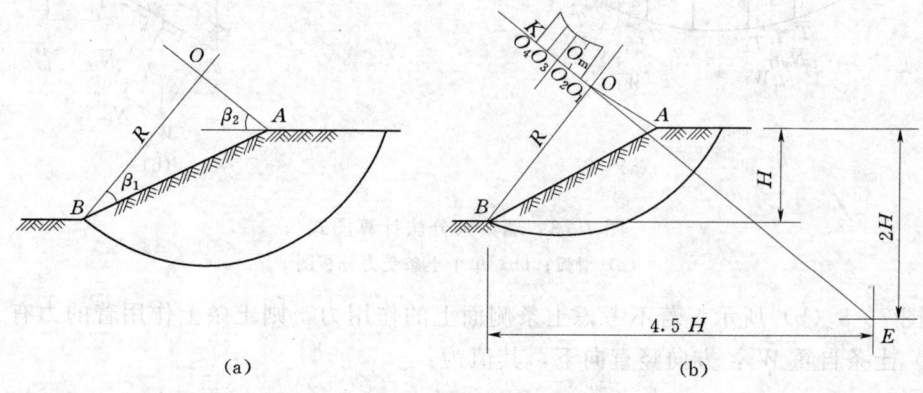

图 7-7　最危险滑动面圆心位置的确定
（a）$\varphi = 0$ 的圆心位置；（b）$\varphi > 0$ 的圆心位置

当土坡外形和土层分布都比较复杂时，最危险滑动面并不一定通过坡脚，其位置要由圆心坐标和滑弧、弧脚三个因素来确定，用费伦纽斯法并非十分可靠。后来人们根据电算结果进行分析，认为无论多么复杂的土坡，其最危险滑弧圆心的轨迹都是一根类似于双曲线的曲线，位于土坡坡线中点竖直线与法线之间。如果使用电算，可在此范围内有规律地选取若干圆心坐标，结合不同的滑弧弧脚，再求出相应滑弧的安全系数，通过比较求得最小值；或根据各圆心对应的 $K_s$ 值，画出 $K_s$ 等值线图，从而求出 $K_{smin}$。但需注意，对于成层土土坡，其低值区不止一个，需分别进行计算。

## 4 瑞典条分法

对于外形比较复杂，且 $\varphi>0$ 的土坡，特别是土坡为多种土层所构成或有某些特殊外力，如渗透力、地震惯性力等作用时，整个滑动体上力的分析就较复杂。滑动面各点的抗剪强度又与该点的法向应力有关，并非均匀分布。为此，我们常将滑动土体分成若干竖直土条，求出各土条底面上的剪切力和抗剪力，再根据整个滑动土体的力矩平衡条件，求得安全系数的表达式。这种方法首先由瑞典学者使用，常称为瑞典条分法。

瑞典条分法是条分法中最古老而又最简单的方法，除假定滑动面为圆柱面及滑动土体力不变形的刚体外，还假定不考虑土条两侧面上的作用力。现以均质土坡为例说明其基本原理及安全系数表达式。

图 7-8（a）为一均质土坡，AC 是假定的滑动面，其圆心为 O，半径为 R。现将滑动土体 ABC 分成若干土条。而取其中任一土条（第 i 条）分析其受力情况。

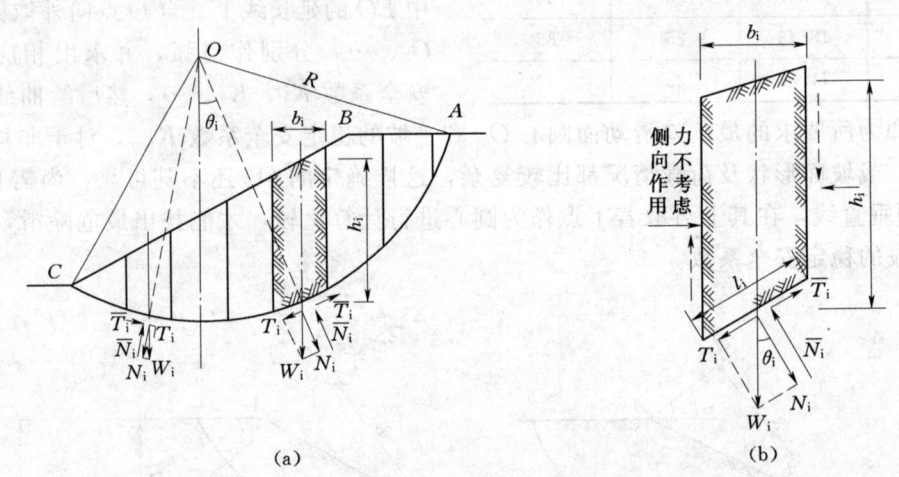

图 7-8 瑞典条分法计算图式
(a) 滑弧；(b) 单个土条受力分析图

如图 7-8（b）所示，若不考虑土条侧面上的作用力，则土条上作用着的力有：
(1) 土条自重 $W_i$，方向竖直向下，其值为：
$$W_i = \gamma b_i h_i \tag{7-11}$$

式中　$\gamma$——土的重度；

$b_i$, $h_i$——该土条的宽度与平均高度。

将 $W_i$ 引至分条滑动面上,分解为通过滑弧圆心的法向力 $N_i$ 和与滑弧相切的剪切力 $T_i$,若以 $\theta_i$ 表示该土条底面中点的法线与竖直线的交角,则有:

$$N_i = W_i\cos\theta_i$$
$$T_i = W_i\sin\theta_i \qquad (7-12)$$

(2) 作用在土条底面上的法向反力 $\overline{N_i}$ 与 $N_i$ 大小相等,方向相反。

(3) 作用在土条底面上的抗剪力 $\overline{T_i}$,其可能发挥的最大值等于土条底面上土的抗剪强度与滑弧长度 $L_f$ 的乘积,方向则与滑动方向相反。当土坡处于稳定状态($K_s \geqslant 1$)并假定各土条底部滑动面上的安全系数均等于整个滑动面上的安全系数时,则实际发挥的抗剪力为:

$$\overline{T_i} = \frac{\tau_{fi}L_f}{K_s} = \frac{(c+\sigma_i\tan\varphi)L_f}{K_s} = \frac{cL_f + N_i\tan\varphi}{K_s} \qquad (7-13)$$

现将整个滑动土体内各土条对圆心 $O$ 取力矩平衡,可得 $\sum T_i R = \sum \overline{T_i} R$,故得:

$$K_s = \frac{\sum(cL_i + N_i\tan\varphi)}{\sum T_i} = \frac{\sum(cL_i + W_i\cos\theta_i\tan\varphi)}{\sum W_i\sin\theta_i} = \frac{\sum(cL_i + \gamma b_i h_i\cos\theta_i\tan\varphi)}{\sum \gamma b_i h_i\sin\theta_i} \qquad (7-14)$$

若取各土条宽度均相同,式(7-14)可简化为:

$$K_s = \frac{cL + \gamma b\tan\varphi\sum h_i\cos\theta_i}{\gamma b\sum h_i\sin\theta_i} \qquad (7-15)$$

式中 $L$——滑弧的弧长。

在计算时要注意土条的位置,如图 7-9 所示,当土条底面中心在滑弧圆心 $O$ 的垂线右侧时,剪切力 $T_i$ 方向与滑动方向相同,起剪切作用,应取正号;而当土条底面中心在圆心的垂线左侧时,$T_i$ 的方向与滑动方向相反,起抗剪作用,应取负号。$\overline{T_i}$ 则无论何处其方向均与滑动方向相反。

假定不同的滑弧,就能求出不同的 $K_s$ 值,从中可找出最小的 $K_s$,此即土坡的稳定安全系数。此安全系数若达不到设计要求,应修改原设计,重新进行稳定分析。

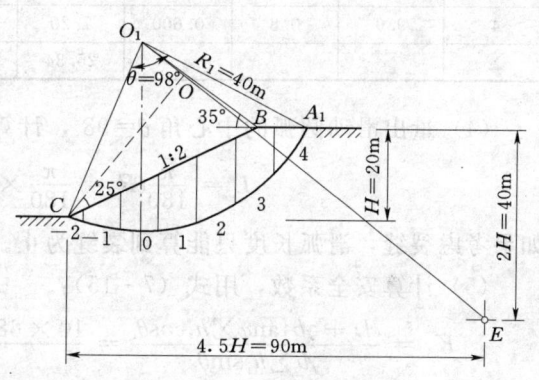

图 7-9 土条编号方法

瑞典法也可用有效应力法进行分析,此时土条底部实际发挥的抗剪力为:

$$\overline{T_i} = \frac{\tau_{fi}L_i}{K_s} = \frac{[c' + (\sigma_i - \mu_i)\tan\varphi']L_i}{K_s} = \frac{c'L_i + (W_i\cos\theta_i - \mu_i L_i)\tan\varphi}{K_s} \qquad (7-16)$$

故

$$K_s = \frac{\sum[c'L_i + (W_i\cos\theta_i - \mu_i L_i)\tan\varphi']}{\sum W_i\sin\theta_i} \qquad (7-17)$$

式中 $c'$, $\varphi'$——土有效应力强度指标;

$\mu_i$——第 $i$ 条底面中点处孔隙水应力;

其余符号同前。

**【例题 7-2】** 一均质黏性土坡,高 20m,边坡为 1:2,填土黏聚力 $c=10$kPa,内摩

擦角 $\varphi=20°$，重度 $\gamma=18\mathrm{kN/m^3}$。试用瑞典法计算土坡的稳定安全系数。

**解** (1) 选择滑弧圆心，作出相应的滑动圆弧。按一定比例画出土坡剖面。如图 7-9 所示。因为是均质土坡。可由表 7-1 查得 $\beta_1=25°$，$\beta_2=35°$，作线 $BO$ 及 $CO$ 得交点 $O$。再如图 7-9 求出 $E$ 点，作 $EO$ 之延长线，在 $EO$ 之延长线上任取一点 $O_1$ 作为第一次试算的滑弧圆心，通过坡脚作相应的滑动圆弧，量得其半径 $R=40\mathrm{m}$。

(2) 将滑动土体分成若干土条，并对土条进行编号。为了计算方便，土条宽度取等宽 $b=0.2R=8\mathrm{m}$。土条编号一般从滑弧圆心的垂线开始作为 0，逆滑动方向的土条依次为 1、2、3、…，顺滑动方向的土条依次为 $-1$、$-2$、$-3$、…。

(3) 量出各土条中心高度 $h_i$，并列表计算 $\sin\theta_i$、$\cos\theta_i$ 以及 $\sum h_i\sin\theta_i$、$\sum h_i\cos\theta_i$ 等值，见表 7-2。应当注意：当取等宽时，土体两端土条的宽度不一定恰好等于 $b$，此时需将土条的实际高度折算成相应于 $b$ 时的高度，对 $\sin\theta_i$ 应按实际宽度计算，见表 7-2 备注栏。

表 7-2  瑞典法计算表（圆心编号：$O_1$，滑弧半径：40m，土条宽：8m）

| 土条编号 | $h_i$ (m) | $\sin\theta_i$ | $\cos\theta_i$ | $h_i\sin\theta_i$ | $h_i\cos\theta_i$ | 备 注 |
|---|---|---|---|---|---|---|
| $-2$ | 3.3 | $-0.383$ | 0.924 | $-1.26$ | 3.05 | 1. 从图上量出"$-2$"土条的实际宽为 6.6m，实际高为 74.0m，折算后的"$-2$"土条高为：$4.0\times\dfrac{6.6}{8}=3.3$ (m) |
| $-1$ | 9.5 | $-0.2$ | 0.980 | $-1.90$ | 9.31 | |
| 0 | 14.6 | 0 | 1 | 0 | 14.60 | |
| 1 | 17.5 | 0.2 | 0.630 | 3.50 | 17.15 | |
| 2 | 19.0 | 0.4 | 0.916 | 7.60 | 17.40 | 2. $\sin\theta_{-2}=-\left(\dfrac{1.5b+0.5b_{-2}}{R}\right)$ $=-\left(\dfrac{1.5\times 8+0.5\times 6.6}{40}\right)$ $=-0.383$ |
| 3 | 17.0 | 0.6 | 0.800 | 10.20 | 12.60 | |
| 4 | 9.0 | 0.8 | 0.600 | 7.20 | 5.40 | |
| $\sum$ | | | | 25.34 | 80.51 | |

(4) 量出滑动圆弧的中心角 $\theta=98°$，计算滑弧弧长：

$$L=\frac{\pi}{180}\theta R=\frac{\pi}{180}\times 98\times 40=68.4(\mathrm{m})$$

如果考虑裂缝，滑弧长度只能算到裂缝为止。

(5) 计算安全系数，用式 (7-15)：

$$K_s=\frac{cL+\gamma b\tan\varphi\sum h_i\cos\theta_i}{\gamma b\sum h_i\sin\theta_i}=\frac{10\times 68.4+18\times 8\times 0.346\times 80.51}{18\times 8\times 25.34}=1.34$$

(6) 在 $EO$ 延长线上重新选择滑弧圆心 $O_2$、$O_3$、…，重复上列计算，从而求出最小的安全系数，即为该土坡的稳定安全系数。

# 5 毕 肖 普 法

瑞典条分法由于忽略了土条侧面的作用力，算出的稳定安全系数可能偏低 10%～20%。这种误差随着滑弧圆心角和孔隙水应力的增大而增大，严重时可使算出的安全系数比其他较严格的方法小一半。

毕肖普法是条分法的另一种方法，它考虑了土条侧面的作用力，并假定各土条底部滑动面上的抗滑安全系数均相同，即等于整个滑动面的平均安全系数。如图 7-10 所示，仍假定滑动面系一圆心为 $O$、半径为 $R$ 的圆弧。任取一土条 $i$，其上的作用力有土条自重 $W_i$；作用于土条底面的抗剪力 $\overline{T_i}$、有效法向反力 $\overline{N'_i}$ 及孔隙水应力 $u_i l_i$；假定这些力的作用点都在土条底面中点。除此以外，在土条两侧还分别作用有法向力 $E_i$ 和 $E_{i+1}$ 及切向力 $X_i$ 和 $X_{i+1}$（$X_{i+1} - X_i = \Delta X_i$）。

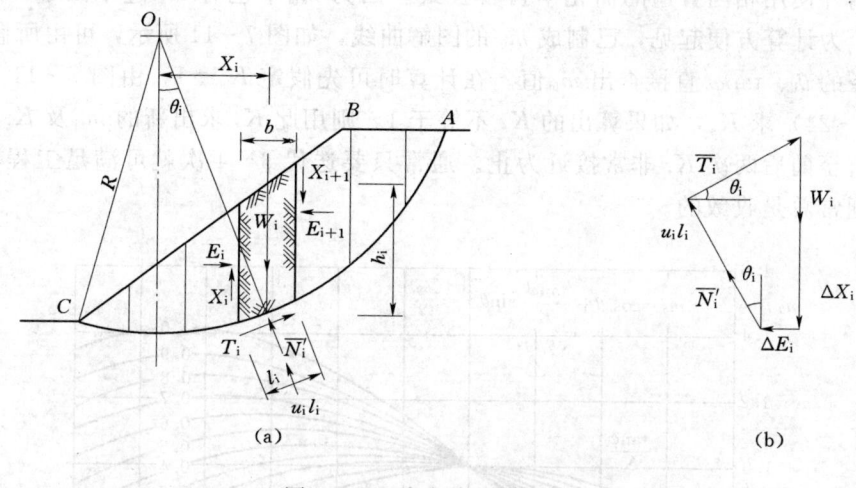

图 7-10 毕肖普法计算图式
(a) 滑弧；(b) 受力分析图

取 $i$ 土条竖直方向力的平衡，有：

$$W_i + \Delta x_i - \overline{T_i}\sin\theta_i - \overline{N_i}\cos\theta_i - u_i L_i \cos\theta_i = 0 \tag{7-18}$$

或

$$\overline{N_i}\cos\theta_i = W_i + \Delta X_i - \overline{T_i}\sin\theta_i - u_i b \tag{7-19}$$

当土坡尚未破坏时（$K_s \geqslant 1$），土条滑动面上的抗剪强度只发挥了一部分，若以有效应力表示，土条滑动面上的抗剪力为：

$$\overline{T_i} = \frac{\tau_{fi} L_i}{K_s} = \frac{c' L_i}{K_s} + \overline{N'_i} \frac{\tan\varphi'}{K_s} \tag{7-20}$$

代入式（7-19），解出 $\overline{N'_i}$，得：

$$\overline{N'_i} = \frac{1}{m_{\theta i}} \left( W_i + \Delta X_i - u_i b - \frac{c' L_i}{K_s}\sin\theta_i \right) \tag{7-21}$$

其中

$$m_{\theta i} = \cos\theta_i + \frac{\tan\varphi'}{K_s}\sin\theta_i$$

然后就整个滑动土体对圆心 $O$ 求力矩平衡，此时相邻土条之间侧壁作用力和力矩将互相抵消，而各土条的 $\overline{N'_i}$、$u_i l_i$ 的作用线均通过圆心，故有：

$$\sum W_i X_i - \sum \overline{T_i} R = 0 \tag{7-22}$$

将式（7-20）、式（7-21）代入式（7-22），并因 $X_i = R\sin\theta_i$ 得：

$$K_s = \frac{\sum \dfrac{1}{m_{\theta i}}[c'b + [W_i - u_i b + \Delta X_i]\tan\varphi']}{\sum W_i \sin\theta_i} \tag{7-23}$$

这是毕肖普求土坡安全系数的普遍公式，式中 $\Delta X_i$ 仍是未知的。为了求出 $K_s$ 须估算 $\Delta X_i$ 值，这可以通过逐次逼近的方法来解决，而 $X_i$ 和 $E_i$ 的试算值均应满足每个土条的平衡条件，且整个滑动土体的 $\sum \Delta X_i = 0$ 及 $\sum (E_{i+1} - E_i) = 0$。但毕肖普已证明，若令各土条的

$\Delta X_i$ 均等于零,所产生的误差仅为 1‰,此时式(7-23)可简化为:

$$K_s = \frac{\sum \frac{1}{m_{\theta i}}[c'b + (W_i - u_i b)\tan\varphi']}{\sum W_i \sin\theta_i} \quad (7-24)$$

这就是国内外使用相当普遍的简化毕肖普公式。因为 $m_{\theta i}$ 中也有 $K_s$ 这个因子,所以仍要进行试算。为计算方便起见,已制成 $m_\theta$ 的图解曲线,如图 7-11 所示,可由所假定的 $K_s$ 及每一土条的 $\theta_i$、$\tan\varphi'$ 直接查出 $m_{\theta i}$ 值。在计算时可先假定 $K_s = 1$,由图 7-11 查出 $m_{\theta i}$,再按式(7-24)求 $K_s$,如果算出的 $K_s$ 不等于 1,则用此 $K_s$ 求出新的 $m_{\theta i}$ 及 $K_s$,如此反复迭代,直至前后两次 $K_s$ 非常接近为止。通常只要迭代 3~4 次就可满足工程精度要求而且迭代通常总是收敛的。

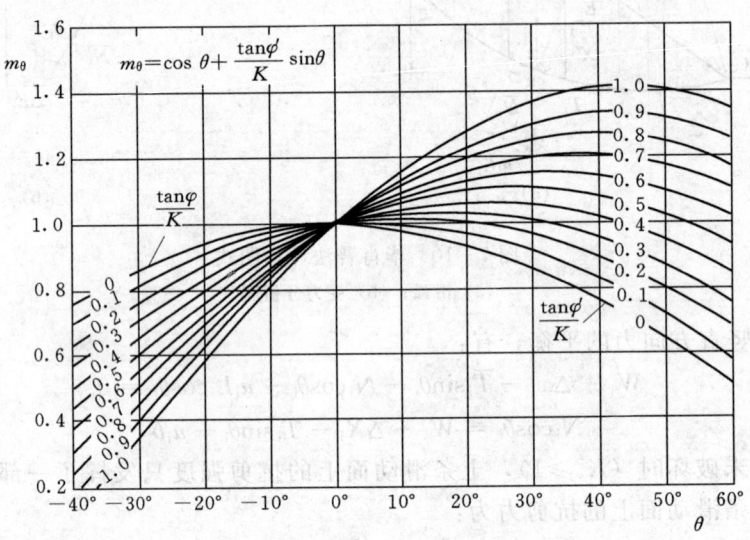

图 7-11 $m_{\theta i}$ 曲线图

必须指出:对于 $\theta_i$ 为负值的那些土条,要注意会不会使 $m_{\theta i}$ 趋近于零。如果是这样,简化毕肖普法就不能用,因为当土条的 $\theta_i$ 使 $m_{\theta i}$ 趋近于零时,$\overline{N'_i}$ 就会趋近于无限大,这显然是不合理的。根据国外某些学者的建议,当任一土条其 $m_{\theta i} \leqslant 0.2$,就会使求出的 $K_s$ 产生较大的误差,此时最好采用别的方法。另外,当坡顶的土条 $\theta_i$ 很大时,会使该土条的 $\overline{N'_i}$ 出现负值,这显然也是不合理的,此时可取 $\overline{N'_i} = 0$。

毕肖普法同样可用于总应力分析,此时略去孔隙水应力 $u_i b_i$,强度指标用总应力强度指标 $c$、$\varphi$,$m_{\theta i}$ 也应按 $\tan\varphi$ 查图求出。

【例题 7-3】 土坡的外形及尺寸同[例题 7-2],见图 7-9。设土体的重度 $\gamma = 18 \text{kN/m}^3$,$c' = 10 \text{kPa}$,$\varphi' = 36°$,土条底面上的孔隙水应力可用 $u_i = \overline{B\gamma h_i}$ 求出,$h_i$ 为土条中心高度,孔隙应力系数 $\overline{B} = 0.60$,试用简化毕肖普法计算土坡的稳定安全系数。

**解** 因为 $u_i b = \overline{B\gamma h_i} = \overline{B W_i}$,代入式(7-24),得

$$K_s = \frac{\sum \frac{1}{m_{\theta i}}[c'b + (1 - \overline{B})W_i \tan\varphi']}{\sum W_i \sin\theta_i}$$

滑弧位置的确定及土条划分均同 [例题 7-2]，计算表格见表 7-3。

第一次试算假定 $K_s=1$，求得：

$$K_s = \frac{4057.3}{3648.4} = 1.11$$

第二次试算假定 $K_s=1.11$，求得：

$$K_s = \frac{4105.2}{3648.4} = 1.13$$

第三次试算假定：

$$K_s = \frac{4113.7}{3648.4} = 1.13$$

表 7-3　　毕肖普法计算（圆心编号：$O_i$；滑弧半径：40m；土条宽：8m）

| 土条编号 | $h_1$ (m) | $W_1$ ($=\gamma b h_1$) | $\sin\theta_i$ | $\cos\theta_i$ | $W_i\sin\theta_i$ | $(1-\bar{B})W_i\tan\varphi'$ | $c'b$ | $m_{\theta i}$ ($K_s=1$) | (6)+(7) / (8) | $m_{\theta i}$ ($K_s=1.11$) | (6)+(7) / (10) | $m_{\theta i}$ ($K_s=1.13$) | (6)+(7) / (12) |
|---|---|---|---|---|---|---|---|---|---|---|---|---|---|
| No | 1 | 2 | 3 | 4 | 5 | 6 | 7 | 8 | 9 | 10 | 11 | 12 | 13 |
| -2 | 3.3 | 475.2 | -0.383 | 0.924 | -182.3 | 138.3 | 66 | 0.646 | 316.3 | 0.673 | 303.6 | 0.678 | 301.3 |
| -1 | 9.5 | 1368.0 | -0.2 | 0.980 | -273.6 | 398.1 | 80 | 0.835 | 572.6 | 0.849 | 563.1 | 0.851 | 561.8 |
| 0 | 14.6 | 2102.4 | 0 | 1 | 0 | 611.8 | 80 | 1 | 691.8 | 1 | 691.8 | 1 | 691.8 |
| 1 | 17.5 | 2525.0 | 0.2 | 0.980 | 504.0 | 733.3 | 80 | 1.125 | 722.9 | 1.111 | 732.2 | 1.109 | 733.4 |
| 2 | 19.0 | 2736.0 | 0.4 | 0.916 | 1094.4 | 796.2 | 80 | 1.207 | 725.9 | 0.178 | 743.8 | 1.173 | 747.0 |
| 3 | 17.0 | 2448.0 | 0.6 | 0.800 | 1468.8 | 712.4 | 80 | 1.236 | 641.1 | 1.193 | 664.2 | 1.186 | 668.1 |
| 4 | 9.0 | 1296.0 | 0.8 | 0.600 | 1036.8 | 337.1 | 80 | 1.182 | 386.7 | 1.124 | 406.7 | 1.114 | 410.3 |
| Σ | | | | | 3648.4 | | 4067.3 | | 4057.3 | | | | 4113.7 |

故取 $K_s=1.13$，这仅是一个滑弧的计算结果，为了求出最小的 $K_s$ 值，同样必须假定若干个滑动面，按前法进行试算。顺便指出：用毕肖普法求出的最危险滑动面位置并不一定和瑞典法求出的完全一致。

## 6　泰勒图表法

黏性土的土坡稳定分析大都需要经过试算，计算工作量很大，因此，曾有不少人寻求简化的图表法，泰勒（Taylor）图表法就是当前较为普遍应用的一种简化方法，泰勒根据整体圆弧滑动若干计算资料整理将影响土坡稳定性的 5 个主要参数（土体抗剪强度指标 $c$ 和 $\varphi$，土料的重度 $\gamma$，土坡坡角 $\alpha$，土坡极限坡高 $h_c$）之间的密切关系用图表来表示，为了简化，又把参数 $c$、$\gamma$ 和 $h$ 合并为一个新的无量纲参数 $N_s$，称为泰勒稳定数，然后按不同的 $\varphi$ 角绘出 $N_s$ 与 $\alpha$ 的关系曲线称为泰勒稳定数图表，如图 7-12 所示。$N_s$ 的定义为：

$$N_s = \frac{\gamma h_c}{c} \tag{7-25}$$

利用泰勒稳定数图表主要可解决以下问题：

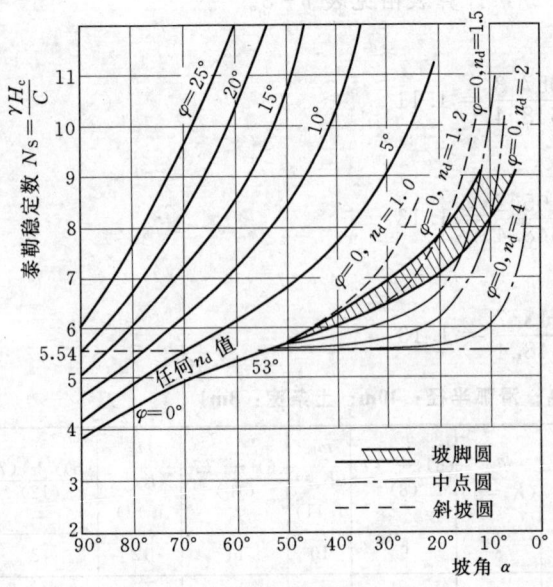

(1) 已知 $\alpha$、$c$、$\varphi$、$\gamma$，求极限坡高 $h_c$。此时可由 $\alpha$、$\varphi$ 查图 7-12 得 $N_s$，再由式（7-14）反求出 $h_c$ 值。

(2) 已知 $c$、$\varphi$、$\gamma$、$h$，求稳定坡角 $\alpha$。此时可计算 $N_s$，再查图 7-12 而得 $\alpha$。

(3) 已知 $h$、$\alpha$、$c$、$\varphi$、$\gamma$，则可求得土坡稳定安全系数 $K_s$。

对于饱和软黏土地基，$\varphi$ 等于或接近于 $0°$，根据这个条件，由理论分析表明，当 $\alpha > 53°$ 时，最危险滑动面通过坡脚，称为坡脚图 [见图 7-13（a）]；当 $\alpha < 53°$ 时，滑弧不仅与 $\alpha$ 有关，而且与深度因数 $n_d$（硬层面离坡顶的距离与坡高之比）有关，即滑动面可能为斜坡圆 [滑弧穿过坡面，见图 7-13（b）] 或中点圆 [滑弧穿过坡脚之外且与硬层面相切，圆心位于通过坡面中点的垂线上，见图 7-

图 7-12 泰勒稳定数 $N_s$

13（c）]。若 $n_d > 4$ 时，则可取 $N_s = 5.54$。

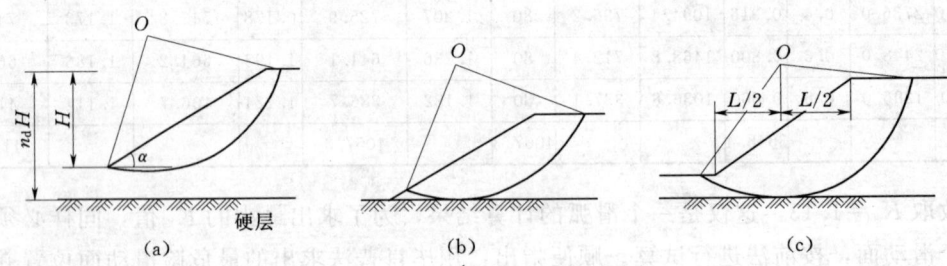

图 7-13 滑动面的类型
(a) 坡趾圆；(b) 斜坡圆；(c) 中点圆

**【例题 7-4】** 某工程需开挖基坑深度 $h = 6$m，地基土的天然重度 $\gamma = 18.2$kN/m³，内摩擦角 $\varphi = 15°$，黏聚力 $c = 12.0$kPa，试确定能保证基坑开挖安全的边坡稳定坡度。

**解** 由已知条件 $c$、$\gamma$、$h$ 等得：

$$N_c = \frac{18.2 \times 6.0}{12.0} = 9.1$$

再由 $N_s = 9.1$ 查图 7-12 中 $\varphi = 15°$ 的曲线，可得坡角 $\alpha = 57°$，故基坑开挖时稳定的边坡坡比为 $1:0.65$。

如果将泰勒（Taylor）图表变成图 7-14 的形式，就可整理得到极限状态时均质土坡的摩擦角 $\varphi$、坡角 $\alpha$ 与系数 $N = c/\gamma H$ 之间的关系曲线，其中，$c$ 是黏聚力，$\gamma$ 是重度，$H$ 是土坡高度。从图 7-14 中可直接由已知的 $c$、$\varphi$、$\gamma$、$\alpha$ 确定土坡极限高度 $H$，也可由已知的 $c$、$\varphi$、$\gamma$、$H$ 及安全系数 $K_s$ 确定土坡的坡角 $\alpha$。此法可用来计算高度小于 10m 的小型堤坝设计时作初步估算堤坝断面之用。

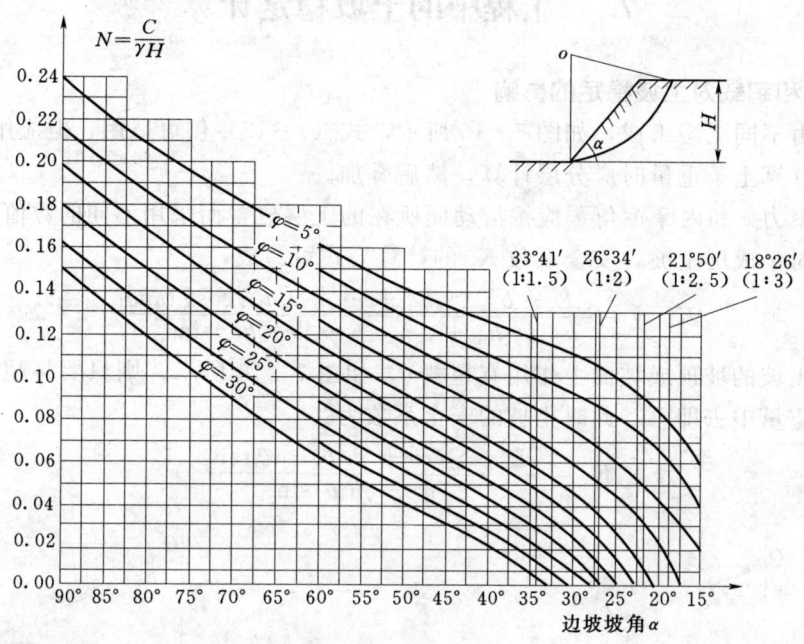

图 7-14　土坡稳定计算图

**【例题 7-5】**　已知土的内摩擦角 $\varphi=20°$，凝聚力 $c=5\text{kPa}$，重度 $\gamma=16.0\text{kN/m}^3$，若边坡为 1：1.5（$\alpha=33°41'$），试用图 7-14 确定土坡的极限高度 $H$。

**解**　当 $\alpha=33°41'$、$\varphi=20°$时，从图 7-14 查得：

$$N=\frac{c}{\gamma H}=0.038$$

所以，土坡的极限高度为：

$$N=\frac{c}{\gamma H}=\frac{5}{16\times 0.038}=8.22(\text{m})$$

**【例题 7-6】**　某工地欲挖一基坑，已知坑深 4m。土的 $\gamma=18\text{kN/m}^3$，$c=10\text{kPa}$，$\varphi=10°$。若要求基坑边坡的稳定安全系数为 $K_s=1.20$，试问边坡的坡度设计成多少最为合适。

**解**　先求出：

$$c^*=c/K_s=10/1.2=8.33$$

$$\tan\varphi^*=\frac{\tan\varphi}{K_s}=\frac{0.176}{1.2}=0.147$$

由

$$\varphi^*=8.36°$$

而

$$N^*=\frac{c^*}{\gamma H}=\frac{8.33}{18\times 4}=0.117$$

由 $N^*$ 及 $\varphi^*$ 查图 7-14，得坡角 $\alpha=45°$，即基坑边坡坡比可设计为 1：1。

# 7* 工程中的土坡稳定计算

## 7.1 成层土和超载对土坡稳定的影响

若土坡由不同土层组成，如图 7-15 所示，式（7-13）仍可适用，但应用时要注意：
(1) 在计算土条重量时应分层计算，然后叠加。
(2) 黏聚力 $c$ 和内摩擦角 $\varphi$ 应按滑动面所在的土层位置而采用不同的数值。

因此，对于成层土坡，安全系数 $K_s$ 的计算公式可写成：

$$K_s = \frac{\sum c_i L_i + b\sum(\gamma_1 h_{i1} + \cdots + \gamma_n h_{in})\cos\theta_i \tan\varphi_i}{b\sum(\gamma_1 h_{i1} + \gamma_2 h_{i2} + \cdots + \gamma_n h_{in})\sin\theta_i} \qquad (7-26)$$

如果在土坡的坡顶或坡面上作用有超载 $q$，如图 7-16 所示，则只要将超载分别加到有关土条的重量中去即可，此时土坡的安全系数为：

$$K_s = \frac{cL + \sum(qb + \gamma h_i b)\cos\theta_i \tan\varphi}{\sum(qb + \gamma h_i b)\sin\theta_i} \qquad (7-27)$$

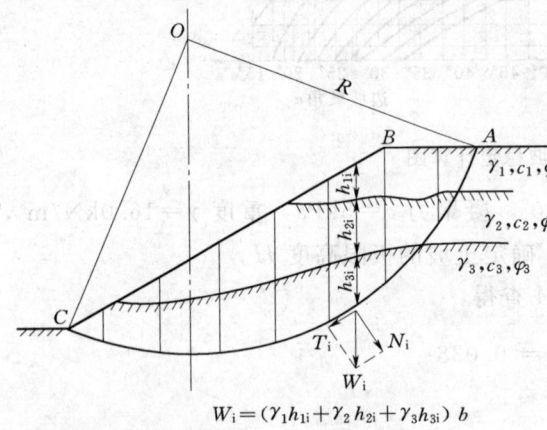

图 7-15 成层土稳定计算图式

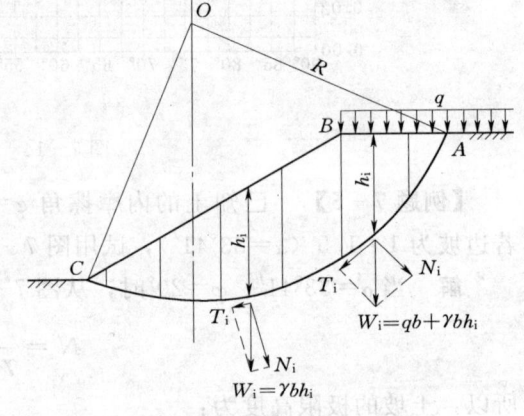

图 7-16 有超载时土坡稳定计算图式

## 7.2 稳定渗流对土坡稳定的影响

如果土坡部分浸水，如图 7-17 所示，此时水下土条的重量都应按有效重度计算，同时还要考虑滑动面上的孔隙水应力（静水压力）和作用在土坡坡面上的水压力。现以静水面 $EF$ 以下滑动土体内的孔隙水作为脱离体，则其上作用力除滑动面上的静孔隙水应力（合力为 $P_1$）、土坡坡面上的水压力（合力为 $P_2$）以外，在重心位置不作用有孔隙水的重量和土粒浮力的反作用力（其合力大小等于 $EF$ 面以下滑动土体的同体积水重，以 $G_w$ 表示）。因为是静水，这三个力组成一平衡力系。这就是说，滑动土体周围上的水压力 $P_1$ 和 $P_2$ 的合力与 $G_w$ 大小相等，方向相反。

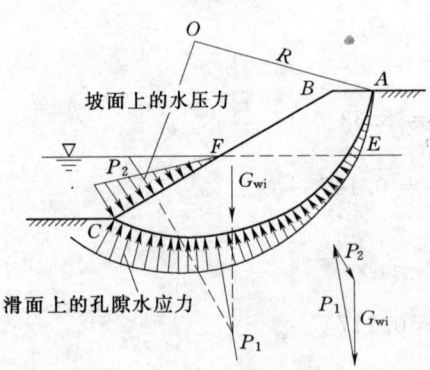

图 7-17 部分浸水土坡的稳定计算

因此，在静水条件下周界上的水压力对滑动土体的影响就可用静水面以下滑动土体所受的浮力来代替。这实际上就相当于水下土条重量均按有效重度计算。因此，部分浸水土坡的安全系数，其计算公式与成层土坡完全一样，只要将坡外水位以下土的重度用有效重度 $\gamma'$ 代替即可。另外，由于 $P_1$ 的作用线通过圆心，根据力矩平衡条件，$P_2$ 对圆心的矩也恰好与 $G_w$ 对圆心的矩相互抵消。

当水库蓄水或库水降落，或码头岸坡处于低潮位而地下水位又比较高，或基坑排水时，土坝坝坡、码头岸坡或基坑边坡都要受到由于渗流而产生的渗透力的作用，在进行土坡稳定分析时必须考虑它的影响。

由第二章第 5 节可知，若采用土的有效重量（水下用有效重度计算）与渗透力的组合来考虑渗流对土坡稳定的影响时，它与滑动土体边界面上的水压力无关。只要绘出渗流区域内的流网，如图 7-18（a）所示，就可分别确定滑动土体内每一网格的平均水力坡降 $i_i$，然后求出每一网格的渗透力 $J_i = \gamma_w i_i a_i$。式中：$\gamma_w$ 为水的重度；$a_i$ 为该网格的面积。$J_i$ 作用于网格的形心，方向平行于流线方向。若 $J_i$ 对滑动圆心的力臂为 $d_i$，则第 $i$ 网格的渗透力所产生的滑动力矩为 $J_i d_i = \gamma_w i_i a_i d_i$，而整个滑动土体范围内由渗透力所产生的滑动力矩为所有网格渗透力矩之和，即 $\sum \gamma_w i_i a_i d_i$。通常不考虑渗透力所产生的抗滑作用，并且假定渗透力在滑动面上引起的剪应力是均匀分布，其值就等于 $\dfrac{\sum J_i d_i}{RL}$，只要把它加到安全系数的公式中去，即可求出渗流作用下土坡的安全系数。但需注意，此时在计算土条重量时，浸润线以下土重均应按有效重度计算。

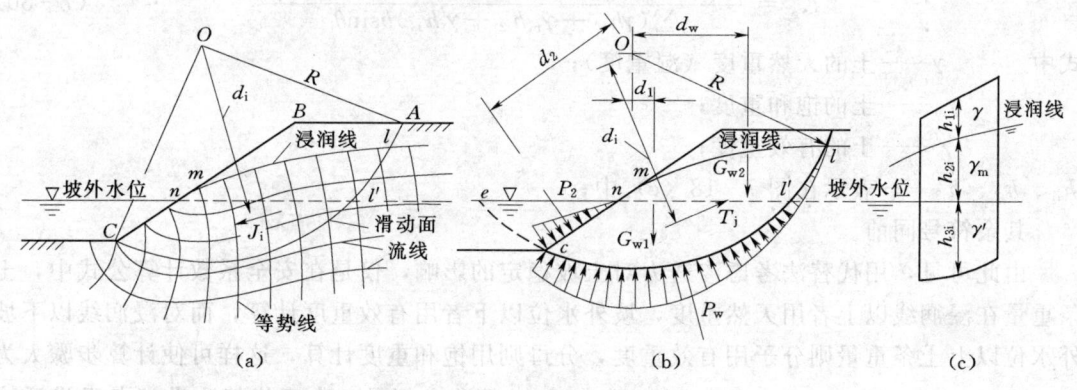

图 7-18 渗透力的求解方法
(a) 流网；(b) 代替法分析图；(c) 土条高度

利用流网计算渗透力，只要流网画得足够正确，其精度是能够保证的，但计算起来却十分繁琐，在某些情况下，绘制流网也有一定困难。因此，用直接求解渗透力来计算土坡稳定性的方法并未得到工程单位的普遍采用。

目前工程单位常用的方法是"代替法"。"代替法"就是用浸润线以下坡外水位以上所包围的孔隙水重加土粒浮力的反作用力对滑动圆心 $O$ 的力矩来代替渗透力对圆心 $O$ 的滑动力矩。如图 7-18（b）所示，若以滑动面以上，浸润线以下的孔隙水作为脱离体，其上的作用力有：

(1) 滑动面上的孔隙水应力，其合力为 $P_w$，方向指向圆心。

(2) 坡面 $nC$ 上的水压力，其合力为 $P_2$。

(3) $nCl'$ 范围内孔隙水重与土粒浮力的反作用力的合力 $G_{\omega 1}$，垂直向下。

(4) $lmnl'$ 范围内孔隙水重与土粒浮力的反作用力的合力 $G_{\omega 2}$，垂直向下，至圆心力臂为 $d_\omega$。

(5) 土粒对渗流的阻力 $T_j$，至圆心的力臂为 $d_j$。

在稳定渗流条件下，这些力组成一个平衡力系。现将各力对圆心 $O$ 取矩，$P_\omega$ 通过圆心，其力矩为零，$P_2$ 与 $G_{\omega 1}$ 对圆心取矩后相互抵消，由此可得：

$$T_j d_j = G_{\omega 1} d_\omega \tag{7-28}$$

因 $T_j$ 与渗透力的合力大小相同，方向相反，因此式（7-28）证明了渗透力对滑动圆心的矩可用浸润线以下坡外水位以上滑弧范围内孔隙水重和土粒浮力的反作用力对滑动圆心的矩来代替。

假定不考虑渗透力的抗滑作用，而 $G_{\omega 2}$ 对滑动圆心的矩可分条进行后叠加，即 $G_{\omega 2} d_\omega = \sum \gamma_\omega h_{i2} b \sin\theta_i R$。若将此值加到整个滑动土体的力矩平衡方程式中去，即可得到在稳定渗流作用下土坡安全系数的表达式为：

$$K_s = \frac{c'L + \sum(\gamma h_{i1} + \gamma' h_{i2} + \gamma' h_{i3}) b\cos\theta_i \tan\varphi'}{\sum(\gamma h_{i1} + \gamma' h_{i2} + \gamma' h_{i3}) b\sin\theta_i + \sum \gamma_\omega h_{i2} b\sin\theta_i} \tag{7-29}$$

显然，式（7-29）分母中的第二项即由渗流所引起的剪切力。合并分母中的两项，土坡安全系数的最后形式为：

$$K_s = \frac{c'L + \sum(\gamma h_{i1} + \gamma' h_{i2} + \gamma' h_{i3}) b\cos\theta_i \tan\varphi'}{\sum(\gamma h_{i1} + \gamma_m h_{i2} + \gamma' h_{i3}) b\sin\theta_i} \tag{7-30}$$

式中　　$\gamma$——土的天然重度（湿重度）；

$\gamma_m$——土的饱和重度；

$\gamma'$——土的有效重度；

$h_{i1}$、$h_{i2}$、$h_{i3}$——表示在图 7-18（c）中；

其余符号同前。

由此可见，用代替法考虑渗透力对土坡稳定的影响，仅是在安全系数计算公式中，土条重量在浸润线以上者用天然重度，坡外水位以下者用有效重度计算，而对浸润线以下坡外水位以上土条重量则分子用有效重度，分母则用饱和重度计算，这样可使计算步骤大为简化。但是，由于代替法没有考虑渗透力对抗剪力的影响，式（7-30）仅是一个近似公式。

由于在考虑渗流作用时，通常都认为土体本身已在自重作用下完全固结，滑动面上的超静孔隙水应力全部是由渗流引起的。因此，由稳定渗流引起的土坡稳定问题应属于有效应力分析的范畴，也可直接用式（7-17）及式（7-24）求安全系数。图 7-19 为一个受到稳定渗流作用的

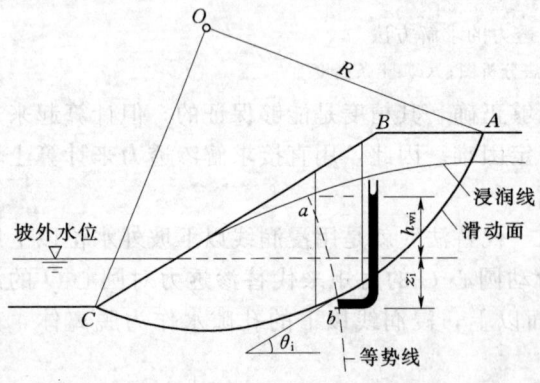

图 7-19　稳定渗流作用时土坡的稳定计算

土坡，由第二章第 6 节可知，若 $a$ 点为通过土条底面中心 $b$ 的等势线与浸润线（或地下水面线）的交点，则 $b$ 处的孔隙水应力 $u$ 就等于 $b$ 点与 $a$ 点的高差乘水的重度。又因为静孔隙水应力和坡面水压力的影响已可通过取静水面以下土条重度为有效重度得到反映，由渗流引起的超静孔隙水应力就等于 $\gamma_\omega h_{\omega i}$，以此代入式（7-17），得：

$$K_s = \frac{\sum c'b\sec\theta_i + \sum[W_i\cos\theta_i - (u_i - \gamma_\omega Z_i)b\sec\theta_i]\tan\varphi'}{\sum W_i\sin\theta_i} \tag{7-31}$$

式中　$W_i$——土条重量，浸润线以上用湿重度，浸润线与坡外水位之间用饱和重度，坡外水位以下用有效重度计算；

$Z_i$——坡外水位高出土条底面中点的距离；

其余符号同前。

如采用毕肖普法，则由式（7-24）得：

$$K_s = \frac{\sum \dfrac{1}{m_{\theta i}}\{c'b + [W_i - (u_i - \gamma_\omega Z_i)b]\tan\varphi'\}}{\sum W_i\sin\theta_i} \tag{7-32}$$

顺便指出，在式（7-31）和式（7-32）中虽没有直接出现渗透力，但它的影响是通过土的总重（水下用饱和重度计算）与周界水压力的组合来反映的，如第二章第 5 节所述。

## 7.3　地震对土坡稳定的影响

在地震区，由于地壳的振动而引起的动力作用，将影响到土坡的稳定性，在分析时必须加以考虑。

地震区土坡稳定性的验算，可采用《水工建筑物抗震设计规范》（SDJ 10—78）推荐的惯性力法（拟静力法）。该法假定在地震时每一土条重心处作用着一个水平向的地震惯性力。对于设计烈度为 8 度、9 度的Ⅰ级、Ⅱ级建筑物，则同时还要加上一个竖向的地震惯性力。由于这两个惯性力的影响，并同时考虑有渗流的作用，土坡安全系数可用式（7-33）估算：

$$K_s = \frac{\sum\{cb\sec\theta_i + [(W_i \pm Q'_i)\cos\theta_i - Q_i\sin\theta_i - (u_i - \gamma_\omega Z_i)b\sec\theta_i]\tan\varphi\}}{\sum\left[(W_i \pm Q'_i)\sin\theta_i \pm \dfrac{M_{ei}}{R}\right]} \tag{7-33}$$

$$Q_i = k_h c_a a_i \overline{W}_i \tag{7-34}$$

式中　$Q_i$——作用在土条重心处的水平向地震惯性力；

$Q'_i$——作用在土条重心处的竖向地震惯性力；

$u_i$——土条底部中点的孔隙水应力（包括渗流和地震引起的超静孔隙水应力）；

$M_{ei}$——水平向地震惯性力 $Q_i$ 对滑动圆心的矩；

$R$——滑动圆弧的半径；

$k_h$——水平向地震系数，为地震时地面水平最大加速度的统计平均值与重力加速度的比值，各种设计烈度下的 $k_h$ 值可参考表 7-4；

$c_a$——综合影响系数，一般可取 1/4；

$a_i$——土条重心处的地震加速度分布系数，按表 7-5 内插；

$W_i$——土条实际重量，水上用湿重度，水下全部用饱和重度（或有效重度）计算。

表 7-4　　　　　　　　　　　　水平向地震系数 $k_h$

| 设计烈度 | 7 | 8 | 9 |
| --- | --- | --- | --- |
| $k_h$ | 0.1 | 0.2 | 0.4 |

表 7-5　　　　　　　　　　　　地震加速度分布系数 $a_i$

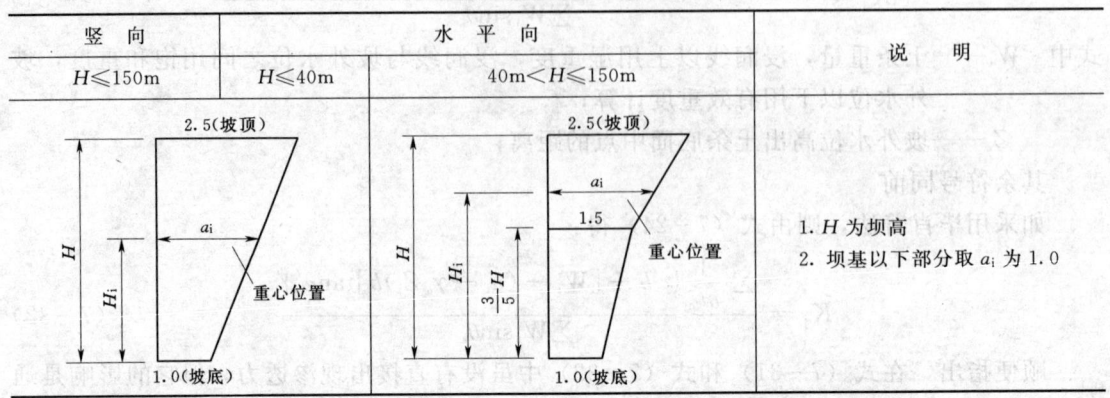

| 竖 向 | 水 平 向 | | 说　明 |
| --- | --- | --- | --- |
| $H \leqslant 150\text{m}$ | $H \leqslant 40\text{m}$ | $40\text{m} < H \leqslant 150\text{m}$ | 1. $H$ 为坝高<br>2. 坝基以下部分取 $a_i$ 为 1.0 |

$Q'_i$ 计算公式为 $Q'_i = k_v c_a a_i \overline{W}_i$。在竖向地震惯性力单独作用时，竖向地震系数 $k_v = \frac{2}{3} k_h$，如果同时考虑水平向和竖向地震惯性力，还要乘以 0.5 的遇合系数，即：

$$Q'_i = \frac{1}{3} k_h c_a a_i \overline{W}_i \qquad (7-35)$$

必须注意：当 $40\text{m} < H \leqslant 150\text{m}$ 时，竖向地震加速度分布系数 $a_i$ 和水平向是不一样的，见表 7-5，$Q'_i$ 的方向可上（一）可下（+），以不利于稳定为准，需通过试算确定。

抗剪强度指标最好能通过动力试验测定。在没有条件时，对压实黏性土，可采用三轴饱和固结不排水剪试验，测出总应力强度包线与有效应力强度包线。若 $\tau_f < \tau'_f$，则取 $\frac{1}{2}(\tau_f + \tau'_f)$；反之则取 $\tau'_f$。如用直剪试验，可用饱和固结快剪指标。对紧密的砂、砂砾则采用固结快剪指标乘以 0.7~0.8。

# 8* 孔隙应力的估算

土坝填土和地基土的抗剪强度从建筑一开始就在不断发生变化，同时，作用的剪应力从施工期到运用期也在不断改变，因此，土坝坝坡的安全系数并不是一个固定的数值，也是随着时间而变的，我们不可能也没有必要对坝坡的稳定性每天都进行验算，只需要确定几个安全系数有可能达到最小的控制时期，针对这几个时期进行验算也就行了。根据对土坝各个时期剪应力和抗剪强度变化过程的分析，土坝上游土体的最小安全系数可能出现在施工期或水库水位降落期，而下游土体的最小安全系数可能出现在施工期或稳定渗流期。若用有效应力法来分析这几个时期的坝坡稳定性，除通过试验求出有效应力强度指标 $c'$ 及 $\varphi'$ 外，还要分别估算出各个时期滑动面上孔隙应力的大小。

关于稳定渗流期下游坝坡滑动面上孔隙水应力的估算已在上节中作过讨论，下面将介绍施工期和水位降落期坝坡滑动面上孔隙应力的估算方法。

## 8.1 施工期填土中孔隙应力的估算

施工期填土中孔隙应力的估算可应用第五章中提到的孔隙应力系数 $\bar{B}$。由前可知：

$$u = u_0 + \Delta u = u_0 + \bar{B}\Delta\sigma_1 \tag{7-36}$$

式中 $u_0$——初始孔隙应力；

$\Delta\sigma_1$——大主应力增量。

土坝在施工期可以假定黏性土填料中孔隙应力不消散，而且 $\Delta\sigma_1$ 可以用单宽土条的土柱重量 $rh$ 来代替。于是，式（7-36）即可写成：

$$u = u_0 + \bar{B}rh$$

或

$$r_u = \frac{u}{rh} = \bar{B} + \frac{u_0}{rh} \tag{7-37}$$

式中 $r_u$——孔隙应力比。

在自重应力作用下已压缩稳定的天然土层中，初始孔隙应力 $u_0$ 的大小由地下水位决定，在地下水位以下为正，地下水位以上为负。在辗压填土中，初始值一般为负值，对于填筑含水率比最优含水率湿的低塑性填土，$u_0/rh$ 这一项较小，故可近似采用 $r_u = \bar{B}$。

土坝填土在施工期是非饱和的，严格地说，欲求孔隙应力系数 $\bar{B}$，应分别测定孔隙气应力和孔隙水应力。但是，因为大多数土坝填土的饱和度不会低于 80%～85%，因此，为简便计，采用三轴不排水试验中测得的孔隙水应力来代表孔隙应力也是可以的。如果没有三轴试验的资料，也可以根据室内单向压缩试验资料来求 $\bar{B}$。此时填土试样的孔隙应力与体积变化之间的关系可用希尔夫（Hilf）公式表示：

$$u = \frac{P_0(e_0 + e)}{e - 0.98\omega_0 G_s} \tag{7-38}$$

式中 $u$——孔隙应力；

$P_0$——大气压力；

$e_0$——试样的初始孔隙比，即填土的填筑孔隙比；

$e$——试样在压缩后的孔隙比；

$G_s$——土粒比重；

$\omega_0$——试样的初始含水率，即填土的填筑含水率。

因为 $e_0$、$G_s$ 及 $\omega_0$ 都是已知的，根据式（7-38）可以作出 $e-u$ 曲线，如图 7-20（a）中曲线②。图中曲线①是 $e-\sigma'$ 曲线，也就是坝料填土的压缩曲线 $[(e-p)$ 曲线]。根据这两条曲线，在同一孔隙比下，将两曲线的横坐标相加，求出曲线③，这就是孔隙比 $e$ 与大主应力 $\sigma_1$ 关系曲线。再根据曲线②及③，在相同孔隙比下，分别求取 $u$ 及 $\sigma_1$，画出 $u-\sigma_1$ 曲线，如图 7-18（b）所示。此曲线在一定压力范围内平均坡度 $\frac{\Delta u}{\Delta \sigma_1}$，就是所要求的孔隙应力系数 $\bar{B}$。

研究表明，与最优含水率相比，填土的填筑含水率愈高，用式（7-38）算出的孔隙应力将愈偏低。此外，$u-\sigma_1$ 曲线的推求，是利用了室内压缩试验的结果，包含着不允许土体产生侧向变形的假定，这和实际情况也是不一致的。因此，$\bar{B}$ 最好用三轴试验确定，方法参见第五章第 5 节。

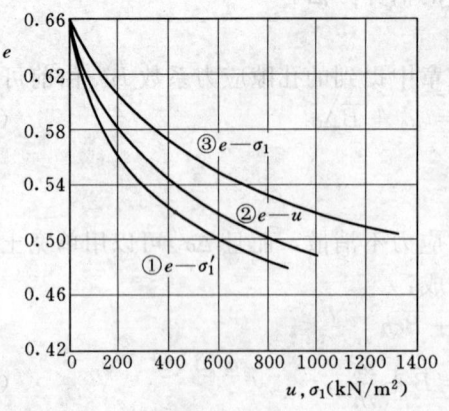
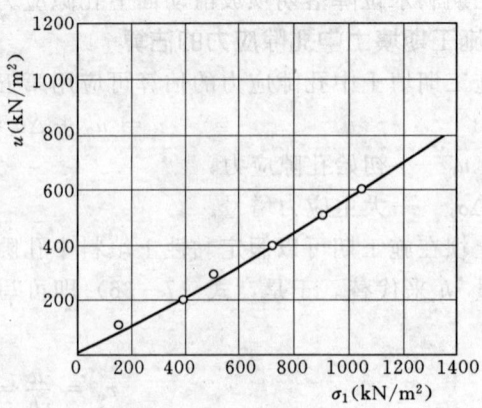

图 7-20 用单向压缩试验求 $\bar{B}$
(a) $e—\sigma(u)$ 曲线；(b) $u—\sigma$ 曲线

## 8.2 水库水位降落时的孔隙应力估算

图 7-21 为一非均质土坝，水库水位降落时，坝身黏性土部分仍处于饱和状态。在水位降落前任一点 $A$ 的孔隙水应力为：

$$u_0 = \gamma_w(h_1 + h_2 + h_3 - h') \tag{7-39}$$

式中　$h_1$——$A$ 点以上黏性填土的高度；
　　　$h_2$——$A$ 点以上透水坝壳的高度；
　　　$h_3$——$A$ 点以上库水深；
　　　$h'$——水位降落前渗透水流流至 $A$ 点的水头损失，可由流网求出。

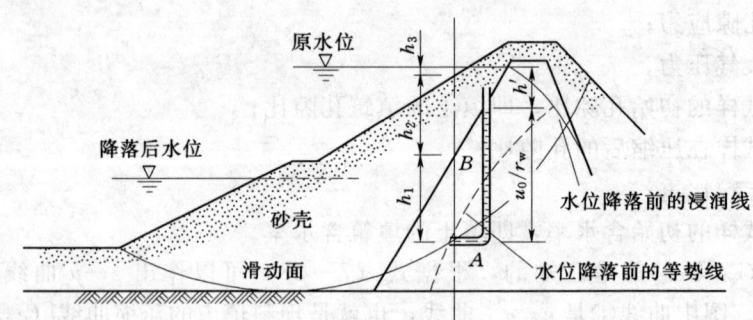

图 7-21 水位降落时坝坡中孔隙水应力计算

当水库水位降落到 $B$ 点以下时，$A$ 点的孔隙水应力为：

$$u = u_0 + \Delta u = u_0 + \bar{B}\Delta\sigma_1 \tag{7-40}$$

若大主应力仍以单位面积上的土柱和水柱重量来代替，则水位降落前的大主应力为：

$$(\sigma_1)_{0'} = \gamma_{m1}h_1 + \gamma_{m2}h_2 + \gamma_{u1}h_2$$

式中　$\gamma_{m1}$、$\gamma_{m2}$——黏性土及砂壳的饱和重度。

水位降落以后的大主应力为：

$$\sigma_1 = \gamma_{m1}h_1 + \gamma_{d2}h_2 \tag{7-41}$$

$$\gamma d_2 = \gamma_{m2} - n\gamma_\omega \tag{7-42}$$

式中 $\gamma_{d2}$——透水坝壳料排水疏干后的干重度；

$n$——坝壳斜的有效孔隙率。

这样就可以求得水位降落前后的大主应力增量为：

$$\Delta\sigma_1 = \sigma_1 - (\sigma_1)_0 = \gamma_\omega(nh_2 + h_3) \tag{7-43}$$

将式（7-43）及式（7-39）代入式（7-40），得水位降落以后的孔隙水应力为：

$$u = \gamma_\omega[h_1 + h_2(1-\overline{B}n) + h_3(1-\overline{B}) - h'] \tag{7-44}$$

由式（7-44）可知，$\overline{B}$愈小，孔隙水应力愈大，滑动面上的强度也愈低。对于库水位降落问题，饱和土的$\overline{B}$可取1，式（7-44）可简化为：

$$u = \gamma_\omega[h_1 + h_2(1-n) - h'] \tag{7-45}$$

对于均质坝，库水位降落时的孔隙水应力仍可用式（7-44）或式（7-45）计算，只要令$h_2=0$即可。但需注意，这里的$u$包括静孔隙应力和超静孔隙水应力在内。

以上各种情况估算出来的孔隙应力，都经过一些简化，结果可能与实际情况有出入，所以最好要埋设观测仪器，用实测的孔隙应力进行校核。

## 9* 复合滑动面土坡稳定分析

当土坡地基中存在有软弱薄土层时，则滑动面可能是由三种或三种以上曲线组成。这些曲线并不彼此平滑连接，在稳定分析时，这种滑动面不能用一条连续曲线来代替，否则会引起误差，而且这种误差可能是偏于不安全方面的。

图7-22所示的土坡下有一软黏土薄层，假定滑动面为$ABCD$，其中$AB$和$CD$为圆柱面，而$BC$为通过软弱土层的平面。如果以土体$BCEF$为脱离体，同时不考虑$BF$及$CE$面上的切向力，则整个土体所受的力有：

(1) 土体$ABF$对$BCEF$的推力$P_a$。

(2) 土体$CDE$对$BCEF$的抗滑力$P_p$。

(3) 土体自重$W$及$BC$面上的反力$\overline{N}$；且$W=\overline{N}$。

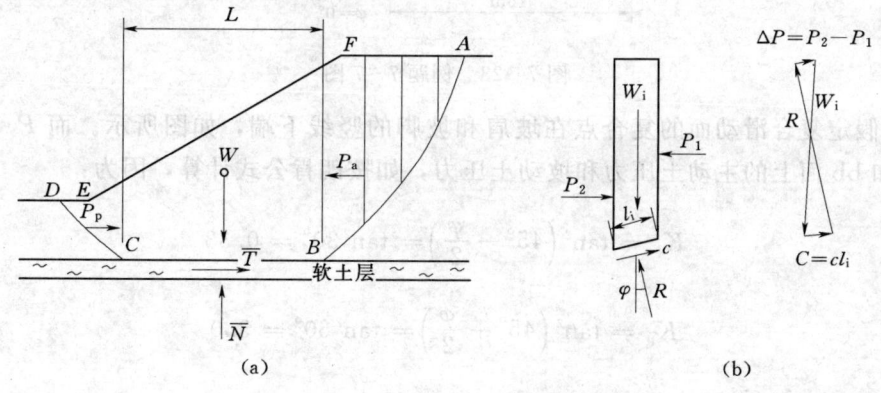

图7-22 复合滑动面土坡稳定分析
(a) 滑动面；(b) 受力分析

(4) $BC$ 面上的抗滑阻力 $\overline{T}$。

定义土坡的安全系数为：

$$K_s = \frac{抗滑力}{滑动力} = \frac{P_p + \overline{T}}{P_a} \quad (7-46)$$

而

$$\overline{T} = cL + W\tan\varphi$$

式中 $c, \varphi$——软土层的抗剪强度指标；

$L$——$BC$ 的长度；

$W$——土体 $BCEF$ 的重量。

$P_a$ 及 $P_p$ 可用分条法逐条推求。如图 7-22（b），每一土条都可作出相应的力矢多边形因为土条重量 $W_1$ 及 $C=cl_i$ 的大小、方向均已知道，又知道 $R$ 及 $\Delta P$ 方向，所以，可以求出 $\Delta P = P_2 - P_1$。$\Delta P$ 的方向以和 $P_a$ 的方向相反为"正"，$P_a = \sum\Delta P$。$P_p$ 可用同样的方法推求。

因为滑动面 $ABCD$ 是任意假定的，为了求得最小的安全系数，必须假定一系列滑动面进行试算。显然，这种方法计算起来非常繁琐，为简化计算，可把 $B$、$C$ 两点定在土坡坡肩和坡脚的竖线下端，并假定 $P_a$ 为 $EF$ 面上的主动土压力，$P_p$ 则是 $CE$ 面上的被动土压力，且作用方向均为水平。$P_a$ 及 $P_p$ 均可直接用第六章所给的朗肯土压力公式计算。

对于形状比较复杂的非圆弧滑动面，其稳定计算步骤较复杂，可用杨布（Janbu）的普遍条分法或其他一些方法计算，请参阅有关专著。

【**例题 7-7**】 试估算如图 7-23 所示土坡沿复合滑动面的稳定安全系数。竖直面上的主动土压力和被动土压力可按朗肯公式计算。

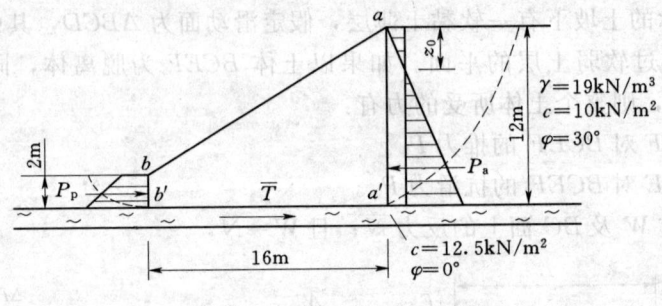

图 7-23 例题 7-7 图

**解** 假定复合滑动面的复合点在坡肩和坡脚的竖线下端，如图所示。而 $P_a$ 与 $P_p$ 分别为 aa 和 bb 面上的主动土压力和坡动土压力，如按朗肯公式计算，因为：

$$K_a = \tan^2\left(45° - \frac{\varphi}{2}\right) = \tan^2 30° = 0.33$$

$$K_p = \tan^2\left(45° + \frac{\varphi}{2}\right) = \tan^2 60° = 3.0$$

$$z_0 = \frac{2c}{r\sqrt{K_a}} = \frac{2\times 10}{19\times 0.577} = 1.82(\text{m})$$

故 $P_a = \frac{1}{2}r(H_1-z_0)^2 K_a = \frac{1}{2} \times 19 \times (12-1.82)^2 \times 0.333 = 327.8(\text{kN/m})$

$$P_p = \frac{1}{2}rH_2^2 K_p + 2cH_2\sqrt{K_p}$$

$$= \frac{1}{2} \times 19 \times 2^2 \times 3 + 2 \times 10 \times 2 \times \sqrt{3} = 183.3(\text{kN/m})$$

而 $\overline{T} = cL + W\tan\varphi = 12.5 \times 16 = 200(\text{kN/m})$

故 $K_s = \dfrac{183.3 + 200}{327.8} = 1.17$

# 10* 讨 论

## 10.1 条分法的基本概念和计算方法的讨论

目前国内外常用的土坡稳定分析法，其基本出发点都是假定土体是理想的纯塑性材料，把每一土条或土块作为一个刚体，按极限平衡的原则进行力的分析，而不考虑土体本身的应力及变形条件。自1916年瑞典工程师彼得森（Petterson）提出条分法以来，至今已有60多年的历史，其间有了不少改进，关键在于如何增加条件方程使静不定问题变成静定问题。

图7-24表示滑动土体中任一土条 $i$，其上作用的已知力有土条本身重量 $W_i$ 和作用在土条底部的孔隙压力 $U_i = \mu_i l_i$。另外，当滑动面形状确定以后，有关的几何尺寸如底部坡角 $\theta_i$，底长 $l_i$ 以及滑动面上的强度指标 $c'$、$\tan\varphi'$ 等也都是定值。此外，对整个滑动土体来说，按力的平衡和力矩平衡的条件，我们所要求的未知量有：

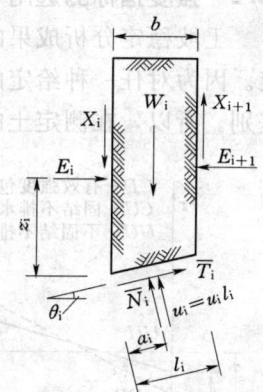

图7-24 作用在土条上的力

(1) 每一土条底部的有效法向反力 $\overline{N_i}$，计 $n$ 个。
(2) 每一土条底部 $N_i$ 的作用点位置 $a_i$，计 $n$ 个。
(3) 两相邻土条分界面上的法向条间力 $E_i$，计 $n-1$ 个。
(4) 两相邻土条分界面上的切向条间力 $X_i$，计 $n-1$ 个。
(5) $E_i$ 的作用点位置，计 $n-1$ 个。
(6) 安全系数 $K_s$（根据定义，$K_s = \tau_f/\tau$，每一土条底部的切向反力 $T_i$ 均可用 $N_i$ 及 $K_s$ 求出），计1个。

以上共计 $5n-2$ 个未知量，可根据每一土条力及力矩平衡条件，只能得到 $3n$ 个方程。除非滑动土体不被分割成土条，即 $n=1$，否则未知量就超过方程数，都是高次静不定问题。如果土条取得较薄，可假定土条底部的有效法向反力 $\overline{N_i}$ 作用在土条底部中点，不致引起很大误差。这样还有 $4n-2$ 个未知量，与方程数相比还有 $n-2$ 个未知量无法求出，必须建立 $n-2$ 个新的条件方程，才能使问题得解。常用解决办法有：

(1) 假定条间力 $X_i$ 或 $E_i$ 的大小。
(2) 假定条间力合力的作用方向。

(3) 假定条间力的作用点的位置。

瑞典法和简化毕肖普法都属于第一种类型。前者假定不考虑侧向条间力的影响，也就减少了 $3n-3$ 个未知量，尚有 $n+1$ 个未知量，然后利用土条底面法线方向力的平衡以及整个土体力矩平衡两个条件，求出所需的未知数 $K_s$。后者假定所有的 $X_i$ 均等于零，减少了 $n-1$ 个未知量，又先后利用每一土条垂直方向力的平衡及整个土体力矩平衡条件，避开了 $E_i$ 及其作用点的位置，求出一个未知数 $K_s$。但是，这两种方法实际上并不能满足所有的平衡条件。由此产生的误差，瑞典法约为 10%～20%，简化毕肖普法一般误差约则在 2%～7% 之间。

属于其他类型的计算方法有斯宾塞（Spencer）法，摩根斯坦—普赖斯（Morgenstern—Price）法及杨布的普遍条分法等，这些方法可通过简化假定后的未知量数恰好与平衡方程数相等，理论上比较严密，还可以用于各种形式的非圆弧滑动面，但计算步骤都非常复杂，一般均需试算或迭代，没有电子计算机的帮助，应用是很困难的。这些方法可参考有关的专门书籍。

还必须指出：基于极限平衡的土坡稳定分析方法，因为其工作条件是假想出来的，$K$ 只是滑动面上的一个平均值，而且必须假定每一土条滑动底面的强度都同时全部发挥出来，即土体沿滑动面同时达到破坏，这与实际情况是不符合的。因此，由此算出的内力（条间力）或外力（土条底部反力）都不能代表土坡实际工作状态中产生的力，不能由此求出应力或变形，并以此作土体内部的应力应变分析。

## 10.2 强度指标的选用

土坡稳定分析成果的可靠性，很大程度上取决于填土和地基土的抗剪强度的正确确定。因为对任一种给定的土来说，抗剪强度变化幅度之大远超过不同静力计算方法之间的差别。所以，在测定土的强度时，原则上应使试验室的模拟条件尽量符合土在现场的实际受力和排水条件，使试验指标具有一定的代表性。因此，对于控制土坡稳定的各个时期，应分别采用不同的试验方法和测定结果，现归纳于表 7-6 中。总的来说，对于总应力分析，土坝施工期可采用不排水剪指标或 $S-Q$ 强度包线，水库水位降落期，也可采用固结不排水剪指标或采用 $S-R$ 强度包线。稳定渗流期不管用何种分析方法，实质上均属于有效应力分析的范畴，应采用有效应力强度指标 $c'$、$\varphi'$ 或排水剪强度指标。由图 7-25 可以看出：$S-Q$ 强

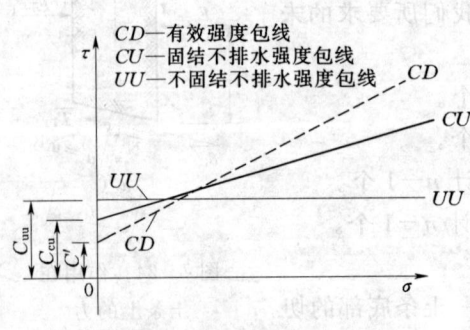

图 7-25 $S-Q$ 及 $S-R$ 强度包线

度包线其实就是有效应力强度包线 $S$ 与不固结不排水剪总应力强度包线 $Q$ 的组合，而 $S-R$ 强度包线则是有效应力强度包线 $S$ 与固结不排水剪总应力强度包线 $R$ 的组合。对于软地基受压固结或坝体施工期孔隙应力消散的影响，要考虑不同时期的固结度，采用相应的强度指标。

如果采用有效应力分析，当然应该用有效应力强度指标 $c'$ 及 $\varphi'$。但此时对算出的孔隙水应力的正确程度要有足够的估计，最好能通过现场观测，由实测孔隙水应力资料加以验证。

## 10.3 容许安全系数

从理论上讲,处于极限平衡状态时土坡的稳定安全系数应等于1。因此,若设计土坡的 $K_s$ 大于1,照理应能满足稳定要求。但在实际工程中,有些土坡的安全系数虽大于1,还是发生了滑动,而有些土坡的安全系数小于1,却是稳定的。产生这些情况的主要原因,是因为影响安全系数的因素很多,例如,抗剪强度指标的选用、计算方法和计算条件的选择等。目前,对于土坡稳定容许安全系数的数值,各部门尚无统一标准,考虑的角度也不一样,在选用时要注意计算方法、强度指标和容许安全系数必须互相配套,并要根据工程不同情况,结合当地已有的实践经验加以确定。

表 7-6 稳定计算时抗剪强度指标的选用

| 控制稳定的时期 | 强度计算方法 | 土类 | | 使用仪器名称 | 试验方法 | 采用的强度指标 | 试样初始状态 |
|---|---|---|---|---|---|---|---|
| 施工期 | 有效应力法 | 无黏性土 | | 直剪 | 慢剪 | $c'$、$\varphi'$ | 填土用填筑含水率和填筑密度的土,地基用原状土 |
| | | | | 三轴 | 排水量 | | |
| | | 黏性土 | 饱和度小于80% | 直剪 | 慢剪 | | |
| | | | | 三轴 | 不排水剪测孔隙应力 | | |
| | | | 饱和度大于80% | 直剪 | 慢剪 | | |
| | | | | 三轴 | 固结不排水剪测孔隙应力 | | |
| | 总应力法 | 黏性土 | 渗透系数小于 $10^{-7}$ cm/s | 直剪 | 快剪 | | |
| | | | 任何渗透系数 | 三轴 | 不排水剪 | | |
| 稳定渗流期和水库水位降落期 | 有效应力法 | 无黏性土 | | 直剪 | 慢剪 | $c'$、$\varphi'$ | 填土用填筑含水率和填筑密度的土,地基用原状土,但要预先饱和 |
| | | | | 三轴 | 排水剪 | | |
| | | 黏性土 | | 直剪 | 慢剪 | | |
| 水库水位降落期 | 总应力法 | 黏性土 | | 三轴 | 固结不排水剪测孔隙应力 | $c_{cu}$、$\varphi_{cu}$ | |

表 7-7 及表 7-8 是从 1984 年水电部颁布的《辗压式土石坝设计规范》(SDJ 218—84)和交通部 1978 年颁布的《港口工程技术规范 第五篇 地基》中摘录出来的,除表中注明者外,均适用于瑞典法。对 Ⅰ 级、Ⅱ 级的中坝、高坝及一些复杂的情况,应同时采用简化毕肖普法或其他较严格的方法进行计算。此时,最小安全系数的容许值应比表 7-6 中的规定值适当提高 10% 左右。但对 Ⅰ 级坝正常运用条件,其安全系数应不小于 1.5。

表 7-7 碾压式土石坝容许稳定安全系数

| 运用条件 | 工程等级 | | | |
|---|---|---|---|---|
| | Ⅰ | Ⅱ | Ⅲ | Ⅳ,Ⅴ |
| 正常运用条件 | 1.30 | 1.25 | 1.20 | 1.15 |

续表

| 运用条件 | 工程等级 | | | |
|---|---|---|---|---|
| | Ⅰ | Ⅱ | Ⅲ | Ⅳ，Ⅴ |
| 非常运用条件Ⅰ | 1.20 | 1.15 | 1.10 | 1.05 |
| 非常运用条件Ⅱ | 1.10 | 1.05 | 1.05 | 1.00 |

**注** 正常运用条件系指：
1. 水库水位处于正常高水位（或设计洪水位）与死水位之间的各种水位下的稳定渗流期。
2. 水库水位在上述范围内的经常性的正常降落。
3. 抽水蓄能电站的水库水位的经常性变化和降落。

非常运用条件Ⅰ系指：
1. 施工期。
2. 校核洪水位下有可能形成稳定渗流的情况。
3. 水库水位的非常降落，如自校核洪水位降落、降落至死水位以下、大流量快速泄空等。
4. 正常运用条件下遇地震。

非常运用条件Ⅱ系指以上非常运用条件1～3时再遇地震的情况。

**表 7-8　　港口工程边坡容许安全系数**

| 抗剪强度指标 | 容许安全系数 | 说　明 |
|---|---|---|
| 固结快剪 | 1.1～1.3 | 采用简化毕肖普法 |
| 有效剪 | 1.3～1.5 | |
| 十字板剪 | 1.1～1.3 | |
| 快　剪 | 1.0～1.2 | 使用期考虑因固结而增长的强度，$K$ 可增加10% |

**注** 校核施工期稳定性，安全系数可取表中低值，但校核打桩前岸坡的稳定性，宜取较高值。

## 复 习 思 考 题

1. 何谓土坡？土坡按照其形成有哪两种类型？
2. 什么是滑坡？产生滑坡的原因是什么？
3. 无黏性土土坡的安全系数是怎样确定的？当有顺坡渗流时，对土坡的稳定性有何影响？为什么说对于无黏性土土坡，只看表面上的颗粒能够保持稳定，整个土坡便是稳定的，而且与土坡的高度无关。
4. 黏性土土坡的稳定分析方法有哪些？各有哪些基本假定？
5. 试述圆弧法分析土坡稳定性时寻找最危险滑动圆心位置的方法。
6. 当对有成层土、地下水及坡顶超载作用时的土坡稳定分析时，应注意些什么？
7. 渗流对土坡的稳定性有什么影响？在土坡稳定性分析时如何考虑渗流的影响？
8. 何谓重度代替法？有何假定？其实质是什么？

## 习　　题

1. 已知挖方土坡，土的物理力学性质指标为：$\gamma = 18.93 \text{kN/m}^3$，$c = 11.58 \text{kPa}$，$\varphi =$

10°。①将坡角做成60°，试求相对于边坡高度的安全系数为1.5时，边坡的最大高度；②如坡高为6m，试求相对于安全系数为1.5时的最大坡角。

2. 某均质土坡坡角为30°，土的 $\varphi=20°$，$c=5\text{kPa}$，$\gamma=16\text{kN/m}^3$。求土坡安全高度 $H$。

3. 某均质土坡高为10m，土的 $\varphi=20°$，$c=7\text{kPa}$，$\gamma=18\text{kN/m}^3$。求土坡的稳定坡度。

4. 某土坡高6m，土坡坡度为1∶1，地表为粉质黏土，其 $\gamma_1=18\text{kN/m}^3$，$c_1=5.4\text{kPa}$，$\varphi=20°$，厚度为3m，其下为黏土 $\gamma_2=19\text{kN/m}^3$，$c_2=10\text{kPa}$，$\varphi=16°$。试求此土坡的稳定性。

5. 图7-26为某土坝断面，其各部分填料的计算指标如表7-9，试计算该坝坡在施工期下游坡的稳定安全系数（计算图中所给定的滑弧）。

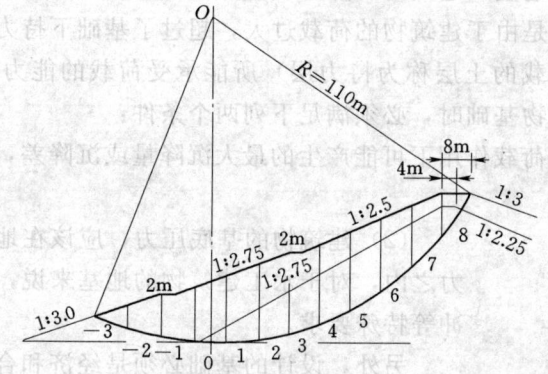

图 7-26

表 7-9

| 计 算 指 标 | 黏 土 | 砂 土 |
|---|---|---|
| 干重度 $\gamma_d$ (kN/m³) | 16.68 | — |
| 湿重度 $\gamma$ (kN/m³) | 19.91 | 20 |
| 内摩擦角 $\varphi'$ (°) | 28° | 35 |
| 黏聚力 $c'$ (kPa) | 49.05 | 0 |
| 全孔隙压力系数 $\bar{B}$ | 0.25 | — |

# 第八章 地基承载力

## 1 概 述

建筑物因地基问题所引起的破坏一般有两种情况：一种是由于地基土在建筑物荷载作用下产生压缩变形，引起基础过大的沉降量或沉降差，使上部结构倾斜、开裂以致毁坏或失去使用价值；另一种是由于建筑物的荷载过大，超过了基础下持力层土（直接与建筑物基础底面接触并支承荷载的土层称为持力层）所能承受荷载的能力而使地基产生滑动破坏。因此，在设计建筑物基础时，必须满足下列两个条件：

(1) 建筑物基础在荷载作用下可能产生的最大沉降量或沉降差，应该在该种建筑物所容许的范围之内。

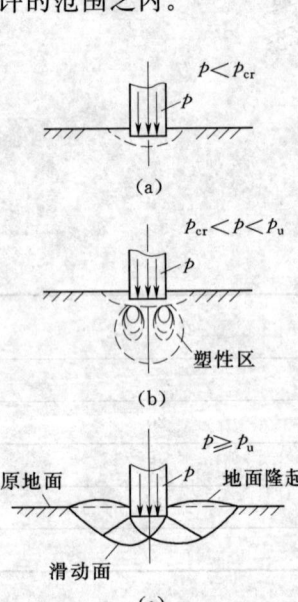

(2) 建筑物的基底压力，应该在地基土所容许的承载能力之内，对于水工建筑物的地基来说，还应该满足抗渗、防冲等特殊要求。

另外，设计的基础必须是经济和合理的。关于基础的沉降问题已在第四章中作了介绍，本章将主要讨论由于地基承载能力不足而引起的破坏以及地基承载能力的确定问题。

试验研究表明，在荷载作用下，建筑物由于承载能力不足而引起的破坏，通常是由于基础下持力层土的剪切破坏所造成的，而这种剪切破坏的型式一般又可分为整体剪切、局部剪切和冲剪 3 种。

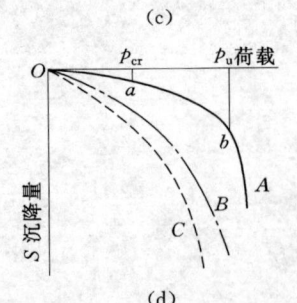

图 8-1 整体剪切破坏

整体剪切破坏的特征是：当基础上的荷载较小时，基底压力与沉降的关系近乎直线变化，此时属弹性变形阶段，如图 8-1（d）A 曲线中的 $oa$ 段。随着荷载的增大并达到某一数值时，首先在基础边缘处的土开始出现剪切破坏（或称塑性破坏），如图 8-1（b）所示。随着荷载继续增大，剪切破坏区也相应地扩大，此时压力与沉降关系呈曲线形状，属弹塑性变形阶段，如图 8-1（d）A 曲线中的 $ab$ 段。如果基础上的荷载继续增加剪切破坏区将相继扩展成片，此时说明基础上的荷载已经达到地基土的最大承载能力而濒临于破坏。一旦荷载略增，基础将急剧下沉或突然向侧面倾倒、基础两侧的地面向上隆起而破坏，此时属塑性破坏阶段，如图 8-1（c）所示。我们将地基土开始出现剪切破坏时，地基所承受的基底压力称为临塑压力，以 $p_{cr}$ 表示；而将基础急剧下沉，地基中出现连续滑动面（或连续塑性区）时，地基所承受的基底最大压力称为极限压力或地基的极限承载力，以 $p_u$ 表示，如图 8-1（d）所示。

工程上，为了保证建筑物的安全可靠，常把基底压力限制在某一容许的承载力之内，该容许承载力常以 $[p]$ 表示。它等于地基的极限承载力 $p_u$ 除以安全系数 $K_s$，即 $[p] = \dfrac{p_u}{K_s}$，表示地基的承载能力尚有一定的安全储备。因此，只要基底压力 $p$ 满足不大于地基的容许承载力，即 $p \leqslant [p]$，则认为地基是安全可靠的。

局部剪切破坏的过程与整体剪切破坏相似，剪切破坏也从基础边缘下开始，随着荷载的增大，剪切破坏区也相应的扩展。但是，当荷载达到某一数值以后，虽然基础两侧的地面也微微隆起，呈现出破坏的特征。然而剪切破坏区仅仅被限制在地基内部的某一区域，而不能形成延伸至地面的连续滑动面，如图 8-2 所示。局部剪切破坏时，其压力与沉降的关系，从一开始就呈现出非线性的变化，并且当达到破坏时，均无明显地出现转折现象，如图 8-1（d）中的 B 曲线所示。对于这种情况，我们常常选取压力与沉降曲线上坡度发生显著变化的点所对应的压力，作为相应的地基极限承载力。

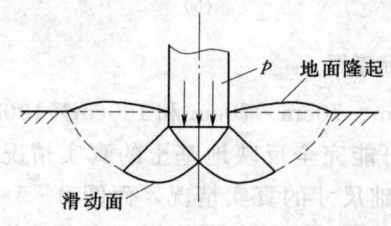

图 8-2 局部剪切破坏

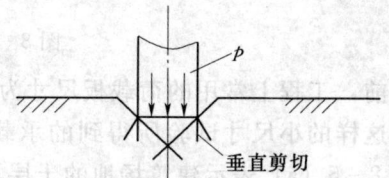

图 8-3 冲剪破坏

冲剪破坏的特征是，它并不是在基础下出现明显的连续滑动面，而是随着荷载的增加，基础将随着土的压缩近乎垂直向下移动。当荷载继续增加并达到某一数值时，基础随着土的压缩连续刺入，最后因基础侧面附近土的垂直剪切而破坏，如图 8-3 所示。冲剪破坏的压力与沉降关系曲线类似局部剪切破坏的情况，也不出现明显的转折现象，如图 8-1（d）中的 C 曲线所示。

地基剪切破坏的型式，主要与土的压缩性质有关。一般来说，对于坚硬或紧密的土，将出现整体剪切破坏；而对于松软土，将出现局部或冲剪破坏。通常使用的地基承载力公式，均在整体剪切破坏的条件下得到的。对于局部剪切或冲剪破坏的情况，目前尚无理论公式可循。有些学者建议将整体剪切破坏的计算公式加以适当修正，即可用于局部剪切破坏。

关于地基承载力的确定，可以分为现场原位试验、理论公式及根据地基土的物理性质指标从有关的地基设计规范中直接查取等三大类。下面将分别介绍。

## 2 按原位试验确定地基的承载力

原位试验确定地基的承载力的优点是避免了钻探取样以及由此引起的对土样扰动的影响。一般来说，比较简捷，并且有一定的可靠性。确定地基承载力的常用原位试验有现场荷载试验、标准贯入试验和静力触探试验3种。

## 2.1 现场荷载试验

现场荷载试验，就是在拟造建筑物的场地上先挖一试坑，再在试坑的底部放一荷载板，并在其上安装加荷及量测设备等，如图8-4（a）所示。然后，逐级加荷并测读相应的沉降值，绘出如图8-4（b）所示的压力与沉降关系曲线。从压力与沉降曲线上可以得到该建筑物场地的地基极限承载力$p_u$，选取适当的安全系数$K_s$，即可求得容许承载力$[p] = \dfrac{p_u}{K_s}$。

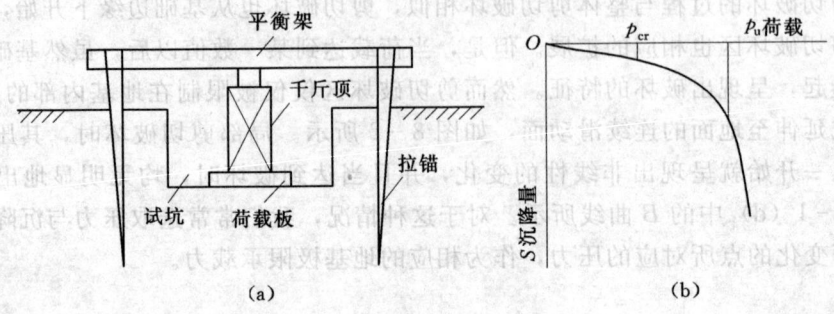

图8-4 荷载试验示意图

目前，工程上常用的荷载板尺寸为50cm×50cm、70cm×70cm和100cm×100cm，显然，按这样的小尺寸试验所得到的承载力，是不可能完全反映地基土的真实情况的。例如，图8-5（a）表示建筑场地的土层及建筑物基础尺寸的真实情况，而图8-5（b）表示荷载试验的情况。从图8-5（a）、（b）两图的比较可以看出：荷载试验由于荷载板尺寸大小，不能反映出软弱夹层对承载力的影响。因此，不能笼统地说，荷载试验是一种可靠的方法，特别是对于地基情况复杂、基础尺寸大的水工建筑物来说，不宜采用小尺寸荷载试验来确定地基承载力；否则，将会导致不良的后果。

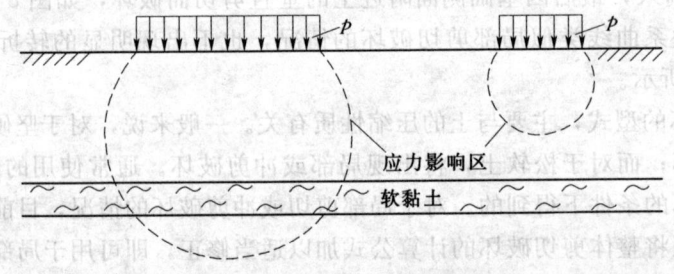

图8-5 荷载试验与真实情况的比较

## 2.2 标准贯入试验

标准贯入试验的装置如图8-6（a）所示。其主要部分为标准贯入器，还有落锤、三角架和钻杆等辅助设备。标准贯入器是由外径为51mm，内径为35mm的开口取土管所组成，如图8-6（b）所示。试验时，先行钻孔，把标准贯入器放至孔底，然后用重量622.7N（63.5kg）的锤，从76cm的高度自由下落将贯入器击入土中30cm，记录所需锤击数$N$。该击数$N$称为标准贯入击数。为避免浮土影响，一般在正式贯入之前，先将贯入器打入 15cm，接着再打入 30cm 时，测记击数作为有效击数。

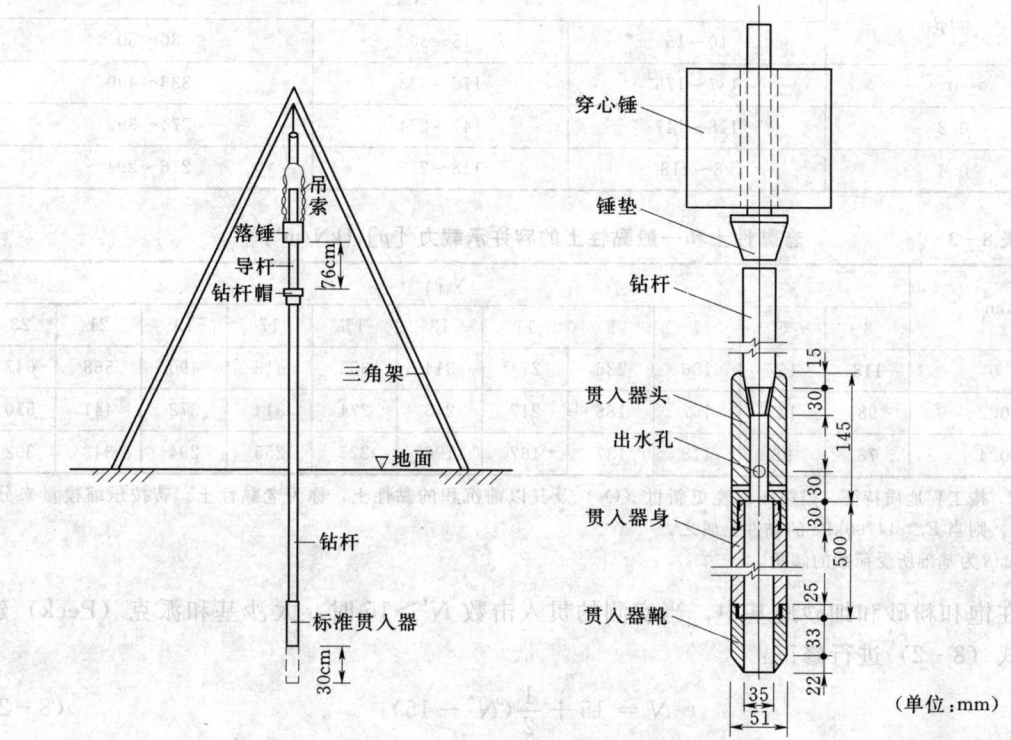

图 8-6  标准贯入试验示意图

根据《工业与民用建筑地基基础设计规范》的规定，加钻杆的长度大于 3m 时，记录到的锤击数应按式（8-1）进行钻杆长度的修正后作为使用值：

$$N_{63.5} = aN \tag{8-1}$$

式中  $N_{63.5}$——杆长修正后的标准贯入击数；

$N$——实测的标准贯入击数；

$a$——杆长修正系数，可按表 8-1 确定。

标准贯入试验，除了求得贯入击数 $N$ 以外，在标准贯入器贯入的同时，尚可取得土样，能做土的物理性质和无侧限抗压强度试验。

由于贯入击数直接反映了土的剪阻力的大小，因此，根据《港口工程技术规范  第五篇 地基》中的规定，当土的标准贯入击数 $N$ 为已知时，即可按表 8-2 和表 8-3 确定地基的容许承载力 $[p]$ 值。

表 8-1  钻杆长度修正系数 $a$ 值

| 钻杆长度 (m) | ≤3 | 6 | 9 | 12 | 15 | 18 | 21 |
|---|---|---|---|---|---|---|---|
| $a$ | 1.00 | 0.92 | 0.86 | 0.81 | 0.77 | 0.73 | 0.70 |

表 8-2　　　　　　　　　　砂土的容许承载力 $[p]$ (kPa)

| tan$\beta$ | $N_{63.5}$ | | |
|---|---|---|---|
| | 10~15 | 15~30 | 30~50 |
| 0 | 137~176 | 176~333 | 333~490 |
| 0.2 | 118~147 | 147~274 | 274~392 |
| 0.4 | 98~118 | 118~216 | 216~294 |

表 8-3　　　　　老黏性土和一般黏性土的容许承载力 $[p]$ (kN/m³)

| tan$\beta$ | $N_{63.5}$ | | | | | | | | | | |
|---|---|---|---|---|---|---|---|---|---|---|---|
| | 3 | 5 | 7 | 9 | 11 | 13 | 15 | 17 | 19 | 21 | 23 |
| 0 | 118 | 157 | 196 | 235 | 274 | 314 | 353 | 412 | 490 | 568 | 647 |
| 0.2 | 98 | 127 | 157 | 186 | 217 | 245 | 274 | 314 | 372 | 441 | 510 |
| 0.4 | 78 | 98 | 118 | 137 | 167 | 196 | 225 | 255 | 294 | 343 | 392 |

注　1. 按工程地质特征，当第四纪晚更新世（$O_3$）及其以前沉积的黏性土，称为老黏性土。若按压缩模量来分，则当 $E_s \geq 14700$ kPa 的黏性土属之。
　　2. $\beta$ 为基础所受荷载的倾角。

在饱和粉砂和细砂地基中，当实测的贯入击数 $N' > 15$ 时，太沙基和派克（Peck）建议按式（8-2）进行修正：

$$N = 15 + \frac{1}{2}(N' - 15) \tag{8-2}$$

对于 $\varphi = 0$ 的黏性土，太沙基和派克建议按式（8-3）确定地基的极限承载力：

$$p_u = 2.57 q_u \tag{8-3}$$

式中　$q_u$——黏性土的无侧限抗压强度，它与标准贯入击数的关系，如表 8-4 所示。

表 8-4　　　　　　　　　　　$N - q_u$ 的 关 系

| 黏性土的稠度 | 极软 | 软 | 中等 | 坚 | 极坚 | 极硬 |
|---|---|---|---|---|---|---|
| $N$ | <2 | 2~4 | 4~8 | 8~15 | 15~30 | >30 |
| $q_u$ (kPa) | <24.5 | 24.5~49 | 49~98 | 98~196 | 196~362 | >392 |

## 2.3　静力触探试验

静力触探试验就是用静压力将装有探头的触探器压入土中，通过压力传感器及电阻应变仪测出土层对探头的贯入阻力 $p_s$，如图 8-7（a）所示。探头贯入阻力的大小直接反映了土的强度的大小，因而通常把贯入阻力 $p_s$ 与荷载试验所得到的地基容许承载力 $[p]$ 建立相关关系，从而即可按照实测贯入阻力确定地基容许承载力值。另外，还可以把土的贯入阻力 $p_s$ 与土的变形模量 $E$ 及压缩模量 $E_s$ 建立相关关系，从而可以确定 $E$ 和 $E_s$ 值。

静力触探试验的探头阻力 $Q$ 可分为两个部分：其一是探头的锥头阻力 $Q_c$；其二是探头的侧壁阻力 $Q_f$，如图 8-7（a）所示。探头有单桥探头和双桥探头两种型式。前者测得的探头阻力是锥头阻力与侧壁阻力的综合值；而后者可分别测出锥头阻力和侧壁阻力。单桥探头结构简单，目前在工程地基勘测中被广泛采用。由于单桥探头测出的是锥头阻力与

侧壁阻力的综合值,即总阻力 $Q=Q_c+Q_f$,所以探头贯入阻力常以其单位截面积的阻力表示,即:

$$p_s = \frac{Q}{A} = \frac{Q_c + Q_f}{A} \quad (8-4)$$

式中 $p_s$——探头的贯入阻力,kPa;
$A$——探头的截面积,$m^2$。

图 8-7 (b) 为单桥探头的构造图,它由外套筒、顶柱和空心柱三个主要部分组成。外套筒为一锥头圆筒,其尺寸根据选用的锥头底面积而定。目前常用的锥头底面积为 $10cm^2$、$15cm^2$ 和 $20cm^2$ 三种,锥角均为 60°。顶柱为圆柱形零件,一头顶在空心柱的顶端,另一端落在外套筒锥头中心槽内,它的作用是将外套筒的锥头阻力传给空心柱,使空心柱产生拉伸变形,空心柱的外壁贴有组成电桥桥路的电阻片。当探头往下贯入时,外套筒的锥头将所受的阻力,通过顶柱使空心柱受到拉力而伸长,贴在空心柱上的电阻片也随之变形而改变阻值,并将此电量的变化通过电阻应变仪反映出来。根据事先做成的率定曲线,从电量的变化求出探头的贯入总阻力 $Q$,即可按式 (8-4) 求得贯入阻力 $P_s$,然后可从表 8-5 至表 8-8 中查得地基的容许承载力 $[p]$ 值。

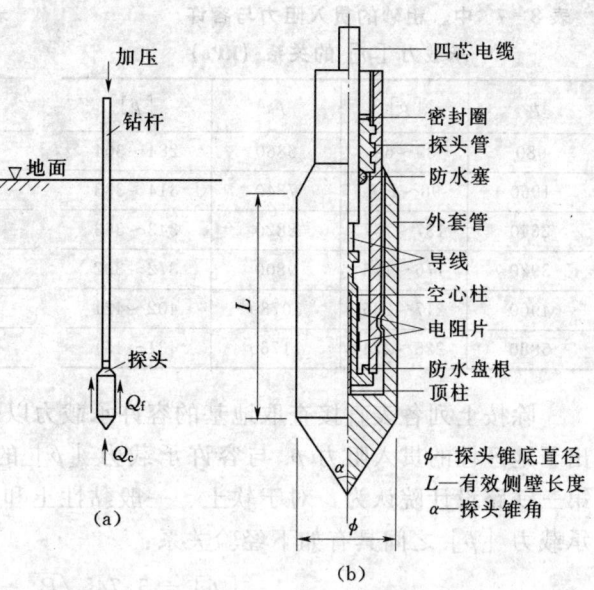

图 8-7 静力触探示意图
(a) 试验装置示意图;(b) 单桥探头构造图

表 8-5 软土和一般黏性土的贯入阻力与容许承载力 $[p]$ 的关系 (kPa)

| $p_s$ | $[p]$ | $E$ | $E_s$ |
|---|---|---|---|
| 294 | 49~59 | 2254 | 2254 |
| 588 | 78~88 | 3430 | 3430 |
| 882 | 108~118 | 4508 | 6076 |
| 1176 | 127~147 | 5580 | 9016 |
| 1470 | 157~176 | 6664 | 11858 |
| 1764 | 176~206 | 7840 | 14700 |
| 2058 | 206~235 | 8918 | 17640 |
| 2352 | 235~255 | 9996 | 20482 |
| 2646 | 255~284 | 11074 | 23422 |
| 2940 | 284~304 | 12152 | 26264 |

注 本表适用于 $I_p$ 大于 7 的黏性土。

表 8-6 老黏性土的贯入阻力与容许承载力 $[p]$ 的关系 (kPa)

| $p_s$ | $[p]$ | $E$ | $E_s$ |
|---|---|---|---|
| 2940 | 284~304 | 12152 | 29988 |
| 3234 | 314~333 | 13230 | 33418 |
| 3258 | 343~372 | 14406 | 36946 |
| 3822 | 372~402 | 15484 | 40376 |
| 4116 | 402~431 | 16464 | 43806 |
| 4410 | 431~461 | 17640 | 47334 |
| 4704 | 461~490 | 18718 | 50764 |
| 4998 | 490~519 | 19796 | 54194 |
| 5262 | 519~559 | | 57624 |
| 5586 | 559~588 | | 61152 |
| 5880 | 588~617 | | 64582 |

| 表 8-7 | 中、粗砂的贯入阻力与容许承载力 [p] 的关系 (kPa) | | |
|---|---|---|---|
| $p_s$ | [p] | $p_s$ | [p] |
| 980 | 39~69 | 6860 | 284~304 |
| 1960 | 98~118 | 7840 | 314~333 |
| 2640 | 137~157 | 8820 | 343~363 |
| 3920 | 176~196 | 9800 | 372~392 |
| 4900 | 217~235 | 10780 | 402~421 |
| 5880 | 225~274 | 11760 | 431~451 |

| 表 8-8 | 粉、细砂的贯入阻力与容许承载力 [p] 的关系 (kPa) | | |
|---|---|---|---|
| $p_s$ | [p] | $p_s$ | [p] |
| 4900 | 147~157 | 10780 | 265~274 |
| 5880 | 167~176 | 11760 | 284~294 |
| 6860 | 186~196 | 12740 | 304~314 |
| 7840 | 206~217 | 13720 | 323~333 |
| 8820 | 225~235 | 14700 | 343~363 |
| 9800 | 245~255 | 15680 | 363~372 |

除按上列各表直接查取地基的容许承载力以外，不少单位还根据自己的工作实践，提出了地区性的贯入阻力 $p_s$ 与容许承载力 [p] 的经验关系，也可供参考。例如，铁道部第三铁路设计院认为，对于软土、一般黏性土和砂土，探头的贯入阻力 $p_s$ 与地基的容许承载力 [p] 之间具有如下经验关系：

$$[p] = 5.74\sqrt{P_s - 45} + 14.7D \tag{8-5}$$

式中　$D$——基础的埋置深度，m。

## 3　按塑性区开展深度确定地基的容许承载力

按塑性区开展深度确定地基容许承载力的方法，就是将地基中的剪切破坏区限制在某一范围时，视地基土能相应地承受多大的基底压力，该压力即为欲求的容许承载力。按塑性区开展的方法是一个弹塑性混合课题，目前尚无精确的解答，本节将介绍条形基础均布压力作用下容许承载力的近似计算方法。

若条形基础宽度为 $B$，埋置深度为 $D$，其底面上作用着竖直向均布压力 $p$，如图 8-8 所示。根据弹性理论，地基中任意点 $M$ 由条形均布压力所引起的附加大、小主应力为：

$$\frac{\Delta\sigma_1}{\Delta\sigma_3} = \frac{p-\gamma D}{\pi}(2\beta \pm \sin 2\beta) \tag{8-6}$$

式中　$2\beta$——$M$ 点与基底两侧连接的夹角，称为视角。

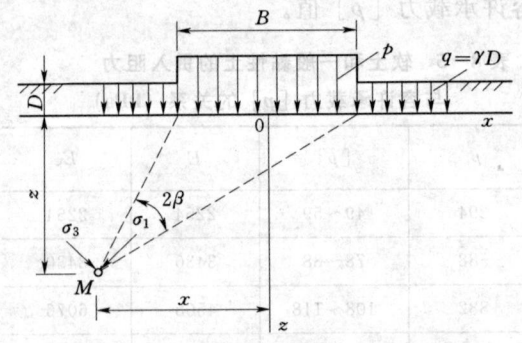

图 8-8　塑性区某点应力分析图

在 $M$ 点上还有地基土本身重量所引起的自重应力。显然，由荷载所引起的附加大、小主应力的方向与自重所引起的大、小主应力的方向是不一致的。为使问题简化，我们假定在极限平衡区土的静止侧压力系数 $K_0=1$，则由于自重所引起的法向应力应在各个方向都相同，均等于 $\gamma(D+Z)$，其中，$Z$ 为 $M$ 点至基底面的垂直距离，$\gamma$ 为地基土的重度。

于是，由基底压力与土自重在 $M$ 点引起的大、小主应力之总和分别为：

$$\frac{\sigma_1}{\sigma_3} = \frac{p-\gamma D}{\pi}(2\beta \pm \sin 2\beta) + \gamma(D+Z) \tag{8-7}$$

根据第五章中式（5-15），当 $M$ 点达到极限平衡时，其大、小主应力应满足下列关系：

$$\sigma_1 = \sigma_3 \tan^2\left(45° + \frac{\varphi}{2}\right) + 2c\tan\left(45° + \frac{\varphi}{2}\right) \tag{8-8}$$

将式（8-7）中的大、小主应力代入式（8-8）并经整理后，得到：

$$Z = \frac{(p-\gamma D)}{\gamma \pi}\left(\frac{\sin 2\beta}{\sin\varphi} - 2\beta\right) - \frac{c}{\gamma\tan\varphi} - D \tag{8-9}$$

式（8-9）表示在某一压力 $p$ 下地基中塑性区的边界方程。当地基土的性质 $r$、$c$、$\varphi$、基底压力 $p$ 及埋置深度 $D$ 为已知时，$z$ 值随着 $\beta$ 而变。在实际使用时，我们并不一定需要知道整个塑性区的边界，而只需要了解一定的基底压力下，塑性区开展的最大深度是多少。为了求得塑性区开展的最大深度，将式（8-9）对 $\beta$ 求导数，并令其等于零，即：

$$\frac{dz}{d\beta} = \frac{(p-\gamma D)}{\pi\gamma} \times 2\left(\frac{\cos 2\beta}{\sin\varphi} - 1\right) = 0 \tag{8-10}$$

由 $\cos 2\beta = \sin\varphi$，求得：

$$2\beta = \frac{\pi}{2} - \varphi$$

将式（8-10）代回式（8-9）中，即可得到塑性区开展的最大深度为：

$$Z_{max} = \frac{p-\gamma D}{\gamma\pi}\left(\cot\varphi - \frac{\pi}{2} + \varphi\right) - \frac{c}{\gamma\tan\varphi} - D \tag{8-11}$$

如果我们规定了塑性区开展深度的容许值 $[z]$，那么，就可按下列关系式判别地基稳定性：

若 $Z_{max} \leqslant [z]$，地基是稳定的；

若 $Z_{max} > [z]$，地基的稳定是没有保证的。

根据经验，塑性区开展深度的容许值 $[z] = \left(\frac{1}{4} \sim \frac{1}{3}\right)B$，其中，$B$ 为条形基础的宽度，以 m 计。

在实用上，常采取规定容许的塑性区开展深 $[z]$ 视其能承受多大的基底压力的办法来判别地基稳定性。为此，将式（8-11）改写成：

$$p = \frac{\gamma\pi Z_{max}}{\cot\varphi - \frac{\pi}{2} + \varphi} + \gamma D\left[1 + \frac{\pi}{\cot\varphi - \frac{\pi}{2} + \varphi}\right] + c\left[\frac{\pi\cot\varphi}{\cot\varphi - \frac{\pi}{2} + \varphi}\right] \tag{8-12}$$

若使 $Z_{max} = 0$，即塑性区开展深度为零，按前述的定义，此时地基所能承受的基底压力称为临塑压力：

$$p_{cr} = \gamma D\left[1 + \frac{\pi}{\cot\varphi - \frac{\pi}{2} + \varphi}\right] + c\left[\frac{\pi\cot\varphi}{\cot\varphi - \frac{\pi}{2} + \varphi}\right] \tag{8-13}$$

若使 $Z_{max} = \frac{1}{4}B$，即塑性区最大开展深度限制在基础宽度的 1/4，此时相应的地基容许承载力为：

$$[p] = p_{\frac{1}{4}} = \gamma B \frac{\pi}{4\left(\cot\varphi - \frac{\pi}{2} + \varphi\right)} + \gamma D\left(1 + \frac{\pi}{\cot\varphi - \frac{\pi}{2} + \varphi}\right) + c\left(\frac{\pi\cot\varphi}{\cot\varphi - \frac{\pi}{2} + \varphi}\right)$$
(8-14)

若使 $Z_{max} = \frac{1}{3}B$，即塑性区最大开展深度限制在基础宽度的 1/3，此时相应的地基容许承载力为：

$$[p] = p_{\frac{1}{3}} = \gamma B \frac{\pi}{3\left(\cot\varphi - \frac{\pi}{2} + \varphi\right)} + \gamma D\left(1 + \frac{\pi}{\cot\varphi - \frac{\pi}{2} + \varphi}\right) + c\left(\frac{\pi\cot\varphi}{\cot\varphi - \frac{\pi}{2} + \varphi}\right)$$
(8-15)

式 (8-13)、式 (8-14)、式 (8-15) 可以用普遍的形式来表示，即：

$$[p] = \frac{1}{2}\gamma B N_r + \gamma D N_q + c N_c \tag{8-16}$$

式中　　$[p]$——地基容许承载力 (kPa)；

$N_r$、$N_q$、$N_c$——承载力系数，它们是土的内摩擦角 $\varphi$ 的函数，可查表 8-9。

式 (8-16) 中：

$$N_c = \frac{\pi\cot\varphi}{\cot\varphi - \frac{\pi}{2} + \varphi}$$

$$N_q = 1 + N_c \tan\varphi$$

对于 $Z_{max} = 0$ 时的临塑压力，$N_r = 0$。

对于 $Z_{max} = \frac{1}{4}B$ 时的地基容许承载力 $p_{\frac{1}{4}}$，$N_r = \dfrac{\pi}{2\left(\cot\varphi - \frac{\pi}{2} + \varphi\right)}$。

对于 $Z_{max} = \frac{1}{3}B$ 时的地基容许承载力 $p_{\frac{1}{3}}$，$N_r = \dfrac{2\pi}{3\left(\cot\varphi - \frac{\pi}{2} + \varphi\right)}$。

式 (8-13)、式 (8-14) 和式 (8-15) 是在条形基础均布压力的情况得到的。对于建筑物竣工期的稳定校核，土的强度指标 $c$、$\varphi$ 一般采用快剪试验结果。通常在设计时，地基容许承载力应采用 $p_{\frac{1}{4}}$ 或 $p_{\frac{1}{3}}$，而不应采用 $p_{cr}$；否则，其值偏于保守。但是，对于 $\varphi$ 值很小（$\varphi < 5°$）的软黏土，采用 $p_{cr}$ 与 $p_{\frac{1}{4}}$ 或 $p_{\frac{1}{3}}$ 相差甚小，可任意使用。应该指出，在验算竣工期的地基稳定时，由于施工期间地基土有一定的排水固结，相应的强度有所提高，因此，实际的抗剪强度值要比快剪的高。所以，实际的塑性区最大开展深度不会达到基础宽度的 1/4 或 1/3，即按 $p_{\frac{1}{4}}$ 或 $p_{\frac{1}{3}}$ 验算的结果，尚有一定的安全储备。

最后应该注意，上列公式是在均质地基的情况下得到的。如果基底上下是不同的土层，则式 (8-16) 中的第一项应采用基底以下土的重度，而第二项应采用基底以上土的重度。另外，地下水位以下土的重度一律采用有效重度 $r'$。

【例题 8-1】 有一条形基础，宽度 $B = 3m$，埋置深度 $D = 1m$。地基土的湿重度 $r = 19kN/m^3$，饱和重度 $r_m = 20kN/m^3$，土的快剪强度指标 $c = 10kPa$，$\varphi = 10°$。试求：(1)

地基的容许承载力 $p_{\frac{1}{4}}$、$p_{\frac{1}{3}}$ 值；(2) 若地下水位上升至基础底面，承载力有何变化。

表 8-9        $N_r$、$N_q$、$N_c$—$\varphi$ 的关系值

| $\varphi°$ | $N_{\frac{1}{4}}$ | $N_{\frac{1}{3}}$ | $N_q$ | $N_c$ |
|---|---|---|---|---|
| 0 | 0 | 0 | 1.0 | 3.14 |
| 2 | 0.06 | 0.08 | 1.12 | 3.32 |
| 4 | 0.12 | 0.16 | 1.25 | 3.51 |
| 6 | 0.20 | 0.27 | 1.40 | 3.71 |
| 8 | 0.28 | 0.37 | 1.55 | 3.93 |
| 10 | 0.36 | 0.48 | 1.73 | 4.17 |
| 12 | 0.46 | 0.60 | 1.94 | 4.42 |
| 14 | 0.60 | 0.80 | 2.17 | 4.70 |
| 16 | 0.72 | 0.96 | 2.43 | 5.00 |
| 18 | 0.86 | 1.15 | 2.72 | 5.31 |
| 20 | 1.00 | 1.33 | 3.10 | 5.66 |
| 22 | 1.20 | 1.60 | 3.44 | 0.04 |
| 24 | 1.40 | 1.85 | 3.07 | 0.45 |
| 26 | 1.60 | 2.13 | 4.37 | 6.90 |
| 28 | 2.00 | 2.66 | 4.93 | 7.40 |
| 30 | 2.40 | 3.20 | 5.60 | 7.95 |
| 32 | 2.80 | 3.73 | 6.35 | 8.55 |
| 34 | 3.20 | 4.26 | 7.20 | 9.22 |
| 36 | 3.60 | 4.80 | 8.25 | 9.97 |
| 38 | 4.20 | 5.60 | 9.44 | 10.80 |
| 40 | 5.00 | 6.66 | 10.84 | 11.73 |
| 42 | 5.80 | 7.73 | 12.70 | 12.80 |
| 44 | 6.40 | 8.52 | 14.50 | 14.00 |
| 45 | 7.40 | 9.86 | 15.60 | 14.60 |

**解**   (1) 由 $\varphi = 10°$，查表 8-9 得承载力系数为 $N_{\frac{1}{4}} = 0.36$，$N_{\frac{1}{3}} = 0.48$，$N_q = 1.73$，$N_c = 4.17$，代入式（8-16）得到：

$$p_{\frac{1}{4}} = \frac{1}{2} rBN_{\frac{1}{4}} + rDN_q + cN_c$$

$$= \frac{1}{2} \times 19 \times 3 \times 0.36 + 19 \times 1 \times 1.73 + 10 \times 4.17$$

$$= 85 \text{(kPa)}$$

$$p_{\frac{1}{3}} = \frac{1}{2} rBN_{\frac{1}{3}} + rDN_q + cN_c$$

$$=\frac{1}{2}\times 19\times 3\times 0.48+19\times 1\times 1.73+10\times 4.17$$

$$=88.3(\text{kPa})$$

(2) 当地下水位上升时，若假定土的强度指标 $c$、$\varphi$ 值不变，因而承载力系数同上、地下水位以下土的重度采用有效重度 $r'=\gamma_m-\gamma_w=20-9.80=10.2$ （kN/m³）。将 $r'$ 及 $N$ 等值代入式（8-16）中，即可得到地下水位上升时的容许承载力为：

$$p_{\frac{1}{4}}=\frac{1}{2}r'BN_{\frac{1}{4}}+rDN_q+cN_c$$

$$=\frac{1}{2}\times 10.2\times 3\times 0.36+19\times 1\times 1.73+10\times 4.17$$

$$=80(\text{kPa})$$

$$p_{\frac{1}{3}}=\frac{1}{2}r'BN_{\frac{1}{3}}+rDN_q+cN_c$$

$$=\frac{1}{2}\times 10.2\times 3\times 0.48+19\times 1\times 1.73+10\times 4.17$$

$$=82(\text{kPa})$$

从计算结果可知，当地下水位上升时，地基的承载力将降低。

## 4 确定地基极限承载力的理论公式

### 4.1 普朗特极限承载力公式

1920 年，普朗特（Prandtl）根据塑性理论，研究了刚性物体压入均匀、各向同性、较软的无重量介质时，导出了当介质达到破坏时的滑动面的形状及其相应的极限承载力公式。后来，利斯纳（Reissner）、太沙基、迈耶霍夫（Meyerhof）、汉森（Hansen）及魏塞克（Vesic）等人，将普朗特的结果推广到求解地基的极限承载力问题中去。为了叙述的方便，我们将普朗特（其中包括利斯纳）的结果，归纳为如下几点：

(1) 地基土是均匀、各向同性的无重量介质，即认为土的 $\gamma=0$，而只具有 $c$、$\varphi$ 的材料。

(2) 基础底面光滑，即基础底面与土之间无摩擦力存在，因此，水平面为大主应力面，竖直面为小主应力面。

(3) 当地基处于极限（或塑性）平衡状态时，将出现连续的滑动面，其滑动区域将由朗肯主动区Ⅰ、径向剪切区Ⅱ和朗肯被动区Ⅲ所组成，如图 8-9（a）所示。其中滑动区Ⅰ的边界 $ad$（或 $a_1d$）为直线并与水平面成 $\left(45°+\frac{\varphi}{2}\right)$ 角；滑动区Ⅱ的边界 $de$（或 $de_1$）为对数螺旋曲线，其曲线方程为 $r=r_0e^{\theta\tan\varphi}$，$r_0$ 为起始矢径（$r_0=\overline{ad}=\overline{a_1d}$）；滑动区Ⅲ的边界 $ef$（或 $e_1f_1$）为直线并与水平面成 $\left(45°-\frac{\varphi}{2}\right)$ 角。

(4) 当基础有埋置深度 $D$ 时，将基础底面以上的两侧土体用相当的均布超载 $q=\gamma D$ 来代替，如图 8-9（b）所示。

根据上述假定，再把图 8-9（b）中所示的滑动土体的一部分 $odeg$ 视为刚体。然后考察 $odeg$ 上的平衡条件，推求地基的极限承载力 $p_u$，如图 8-9（c）所示。在 $odeg$ 上作

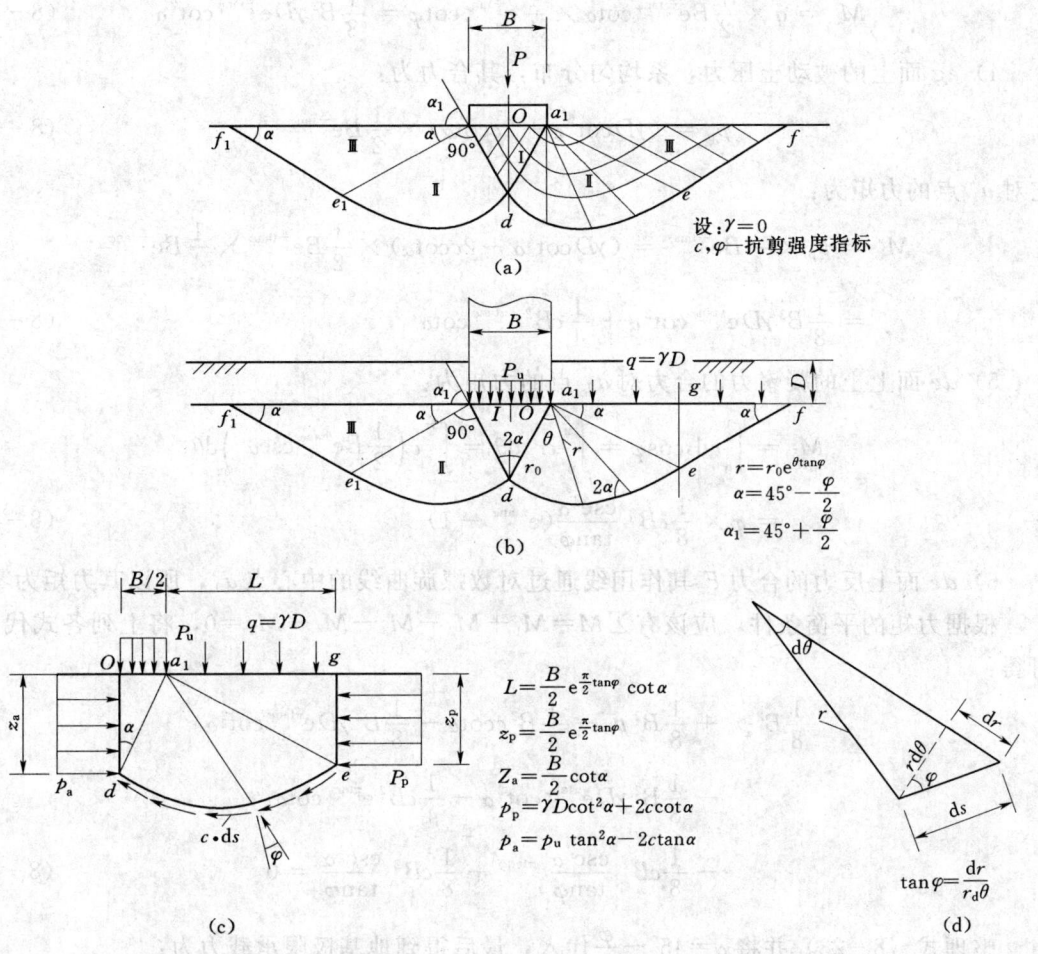

图 8-9 普朗特承载力课题

用着下列诸力：

1) $oa_1$ 面（即基底面）上的极限承载力的合力为 $p_u \times \frac{1}{2}B$，它对 $a_1$ 点的力矩为：

$$M_1 = p_u \times \frac{1}{2}B \times \frac{1}{4} = \frac{1}{8}B^2 p_u \qquad (8-17)$$

2) $od$ 面上的主动土压力，系均匀分布，其合力为 $p_a = (p_u \tan^2\alpha - 2c\tan\alpha)\frac{1}{2}B\cot\alpha$，它对 $a_1$ 点的力矩为：

$$M_2 = p_a \times \frac{1}{8}B^2 \cot^2\alpha = (p_u\tan^2\alpha - 2c\tan\alpha) \times \frac{1}{8}B^2\cot^2\alpha$$

$$= \frac{1}{8}B^2 p_u - \frac{1}{4}B^2 c\cot\alpha \qquad (8-18)$$

3) $a_1 g$ 面上超载的合力为 $q \times \frac{1}{2}Be^{\frac{\pi}{2}\tan\varphi}\cot\alpha$，它对 $a_1$ 点的力矩为：

$$M_3 = q \times \frac{1}{2} Be^{\frac{\pi}{2}\tan\varphi}\cot\alpha \times \frac{1}{4} e^{\frac{\pi}{2}\tan\varphi}\cot\varphi = \frac{1}{8} B^2 \gamma D e^{\pi\tan\varphi}\cot^2\alpha \tag{8-19}$$

4) $eg$ 面上的被动土压力，系均匀分布，其合力为：

$$p_p = (\gamma D \cot^2\alpha + 2c\cot\alpha) \times \frac{1}{2} Be^{\frac{\pi}{2}\tan\varphi} \tag{8-20}$$

它对 $a_1$ 点的力矩为：

$$M_4 = p_p \times \frac{1}{4} Be^{\frac{\pi}{2}\tan\varphi} = (\gamma D \cot^2\alpha + 2c\cot\alpha) \times \frac{1}{2} Be^{\frac{\pi}{2}\tan\varphi} \times \frac{1}{4} Be^{\frac{\pi}{2}\tan\varphi}$$

$$= \frac{1}{8} B^2 \gamma D e^{\pi\tan\varphi}\cot^2\alpha + \frac{1}{4} cB^2 e^{\pi\tan\varphi}\cot\alpha \tag{8-21}$$

5) $de$ 面上土的凝聚力的合力对 $a_1$ 点的力矩为：

$$M_5 = \int_0^l c\,ds\cos\varphi = \int_0^{\frac{\pi}{2}} cr^2 \,d\theta = \int_0^{\frac{\pi}{2}} c\left(\frac{1}{2} Be^{\theta\tan\varphi}\csc\alpha^2\right) d\theta$$

$$= \varphi \times \frac{1}{8} cB^2 \frac{\csc^2\alpha}{\tan\varphi}(e^{\pi\tan\varphi} - 1) \tag{8-22}$$

6) $de$ 面上反力的合力 $F$ 其作用线通过对数螺旋曲线的中心点 $a_1$，所以其力矩为零。
根据力矩的平衡条件，应该有 $\sum M = M_1 + M_2 - M_3 - M_4 - M_5 = 0$，将上列各式代入，可得：

$$\frac{1}{8} B^2 p_u + \frac{1}{8} B^2 p_u - \frac{1}{4} B^2 c\cot\alpha - \frac{1}{8} B^2 \gamma D e^{\pi\tan\varphi}\cot^2\alpha$$

$$- \frac{1}{8} B^2 \gamma D e^{\pi\tan\varphi}\cot^2\alpha - \frac{1}{4} cB^2 e^{\pi\tan\varphi}\cot\alpha$$

$$- \frac{1}{8} cB^2 \frac{\csc^2\alpha}{\tan\varphi} e^{\pi\tan\varphi} + \frac{1}{8} cB^2 \frac{\csc^2\alpha}{\tan\varphi} = 0 \tag{8-23}$$

整理式（8-23）并将 $\alpha = 45° - \dfrac{\varphi}{2}$ 代入，最后得到地基极限承载力为：

$$p_u = \gamma D N_q + c N_c \tag{8-24}$$

$$N_q = e^{\pi\tan\varphi}\tan^2\left(45° + \frac{\varphi}{2}\right) \tag{8-25}$$

$$N_c = (N_q - 1)\cot\varphi \tag{8-26}$$

式中  $\gamma$——基础两侧土的重度；

$D$——基础的埋置深度；

$N_q$、$N_c$——承载力系数，它们是土的内摩擦角 $\varphi$ 的函数，可查表 8-10。

从式（8-24）可知，当基础放在无黏性土（$c=0$）的表面上（$D=0$）时，地基的承载力将等于零，这显然是不合理的。这种不合理现象的出现，主要是将土当作无重量介质（$\gamma=0$）所造成的。为了弥补这一缺陷，许多学者在普朗特的基础上作了修正和发展，使承载力公式逐步得到完善。

### 4.2 太沙基极限承载力公式

太沙基在推导均质地基上的条形基础、受中心荷载作用下的极限承载力时，把土作为有重量的介质，即 $\gamma \neq 0$，并作了如下一些假设：

（1）基础底面粗糙、即它与土之间有摩擦力存在。因此，虽然当地基达到破坏并出现连续的滑动面时，其基底下有一部分土体将随着基础一起移动而处于弹性平衡状态，该部分土体称为弹性楔体，如图 8-10（a）中的 $aba$ 所示。弹性楔体的边界 $ab$ 为滑动面的一部分，它与水平面的夹角为 $\Psi$，而 $\Psi$ 角的具体数值又与基底的粗糙程度有关。当把基底看作完全粗糙时，由于弹性楔体内的土只有与基础一起垂直向下移动的可能性。而这种移动必然要求通过 $b$ 点的滑动面 $bc$ 的开始段应是一根竖直线。因 $ab$ 也是滑动面，在塑性区域内过每一点的一对滑动面彼此交成 $90°±\varphi$ 角，所以，由几何关系可知，$\Psi=\varphi$，如图 8-10（b）所示；当把基底看作是完全光滑时，则 $\Psi=45°+\dfrac{\varphi}{2}$，如图 8-10（c）所示，一般情况，$\varphi<\Psi<\left(45°+\dfrac{\varphi}{2}\right)$。

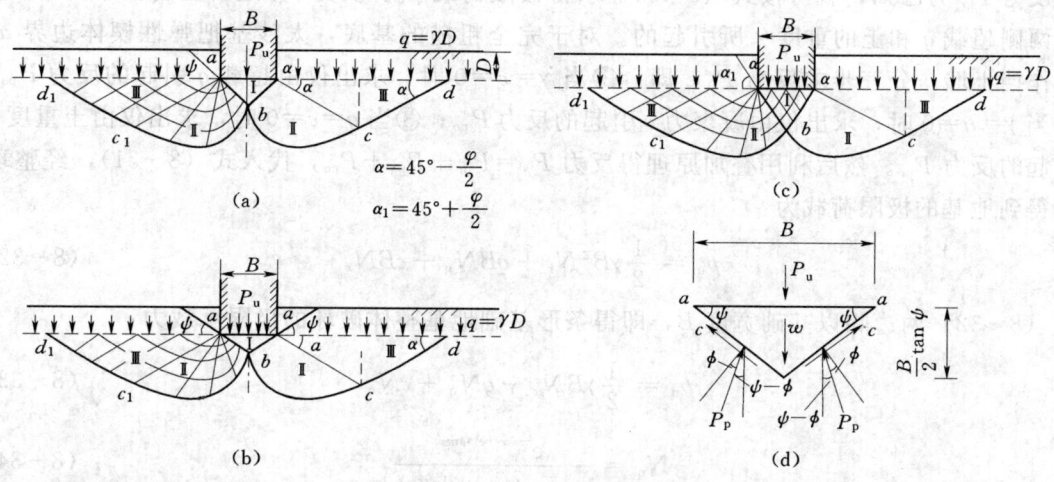

图 8-10 太沙基承载力课题

（2）当把基底看作是完全粗糙时，则滑动区域由径向剪切区Ⅱ和朗肯被动区Ⅲ所组成，如图 8-10（b）所示。其中滑动区域Ⅱ的边界 $bc$ 为对数螺旋曲线，其曲线方程为 $r=r_0 e^{\theta\tan\varphi}$（$r_0$ 为起始矢径）。朗肯被动区Ⅲ的边界 $cd$ 为直线，它与水平面成 $\left(45°-\dfrac{\varphi}{2}\right)$ 角。

（3）当基础有埋置深度 $D$ 时，则基底以上两侧的土体用相当的均布超载 $q=\gamma D$ 来代替。

根据上述假定，并以图 8-10（b）中的弹性楔体 $aba$ 为脱离体，分析其力的平衡条件来推求地基的极限承载力。如图 8-10（d）所示，在弹性楔体上受到下列诸力的作用：

（1）弹性楔体的自重，竖直向下，其值为：

$$W=\dfrac{1}{4}\gamma B^2 \tan\Psi \tag{8-27}$$

（2）$aa$ 面（即基底面）上的极限荷载，竖直向下，它等于地基极限承载力 $p_u$ 与基础宽度 $B$ 的乘积，即：

$$P=p_u B \tag{8-28}$$

(3) 弹性楔体两斜面 $ab$ 上的总的凝聚力 $C$，与斜面平行、方向向上，它等于土的凝聚力 $c$ 与 $\overline{ab}$ 的乘积，即：

$$C = c\overline{ab} = c\frac{B}{2\cos\Psi} \tag{8-29}$$

(4) 作用在弹性楔体两斜面上的反力 $P_p$，它与 $ab$ 面的法线成 $\Psi$ 角。

现将上述各力，在竖直方向建立平衡方程，即可得到：

$$p_u = 2P_p\cos(\Psi-\varphi) + cB\tan\Psi - \frac{1}{4}\gamma B^2\tan\Psi \tag{8-30}$$

对于完全粗糙的基底，式（8-30）就成为：

$$p_u = 2P_p + cB\tan\varphi - \frac{1}{4}\gamma B^2\tan\varphi \tag{8-31}$$

若反力 $P_p$ 为已知，就可按式（8-31）求得极限荷载 $p_u$。反力 $P_p$ 是由土的凝聚力 $c$、基础两侧超载 $q$ 和土的重度 $\gamma$ 所引起的。对于完全粗糙的基底，太沙基把弹性楔体边界 $ab$ 视作挡土墙，分三步求反力 $P_p$，即：① 当 $\gamma=c=0$ 时，求出仅由超载 $q$ 引起的反力 $P_{pq}$；② 当 $\gamma=q=0$ 时，求出仅由凝聚力 $c$ 引起的反力 $P_{pc}$；③ 当 $q=c=0$ 时，求出仅由土重度 $\gamma$ 引起的反力 $P_{p\gamma}$。然后利用叠加原理得反力 $P_p = P_{p\gamma} + P_{pq} + P_{pc}$，代入式（8-31），经整理后得到地基的极限荷载为：

$$p_u = \frac{1}{2}\gamma B^2 N_\gamma + qBN_q + cBN_c \tag{8-32}$$

式（8-32）两边除以基础宽度 $B$，即得条形基础地基整体破坏的极限承载力：

$$p_u = \frac{1}{2}\gamma BN_\gamma + qN_q + cN_c \tag{8-33}$$

$$N_q = \frac{e^{\frac{3}{2}(\pi-\varphi)\tan\varphi}}{2\cos^2\left(45°+\frac{\varphi}{2}\right)} \tag{8-34}$$

$$N_c = (N_q - 1)\cot\varphi \tag{8-35}$$

式中 $N_\gamma$、$N_q$、$N_c$——承载力系数，都是土的内摩擦角 $\varphi$ 的函数。

但对 $N_\gamma$ 太沙基并未给出显式。各系数与 $\varphi$ 的关系可由图 8-11 查取。

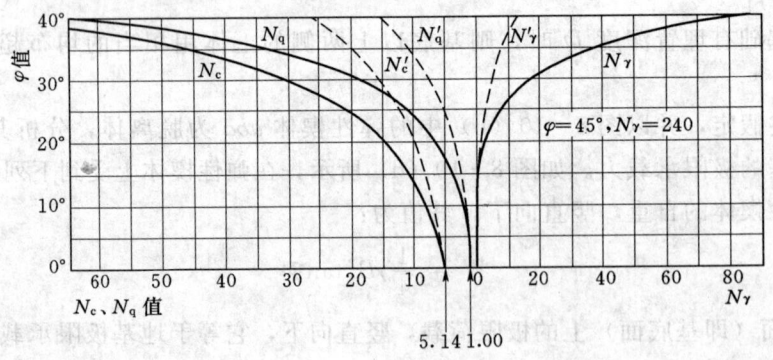

图 8-11 $N_\gamma$、$N_q$、$N_c$ 与 $\varphi$ 的关系曲线

当把基础底面假定为完全光滑时，则基底以下的弹性楔体就不存在，而成为朗肯主动区了。此时 $ab$ 面与水平面的夹角 $\Psi = \left(45° + \dfrac{\varphi}{2}\right)$，而整个滑动区域将完全与普朗特的情况相同。如图 8-10（c）所示。因此，由 $c$、$q$ 所引起的承载力系数即可直接取用普朗特的结果 [见式（8-25）和式（8-26）所示]，而由土重度 $\gamma$ 所引起的承载力系数则采用下列经验公式来表示，即：

$$N_r = 1.8 N_c \tan^2 \varphi \tag{8-36}$$

将式（8-25）、式（8-26）和式（8-36）中的 $N_q$、$N_c$ 和 $N_r$ 的关系式代入式（8-33）中，即可求得基础底面完全光滑情况下的地基极限承载力。承载力系数 $N_q$、$N_c$、$N_r$ 均是 $\varphi$ 的函数，可直接从表 8-10 中查取。

上列太沙基承载力公式都是在整体剪切破坏的条件下得到的。对于局部剪切破坏时的承载力，他建议先把土的强度指标按下列方法进行修正，即：

$$C^* = \dfrac{2}{3} c \tag{8-37}$$

以及

$$\tan \varphi^* = \dfrac{2}{3} \tan \varphi \quad \text{或} \quad \varphi^* = \arctan^1 \left(\dfrac{2}{3} \tan \varphi\right) \tag{8-38}$$

再用修正后的 $C^*$、$\varphi^*$，就可以计算条形基础地基局部剪切破坏时松软土的地基承载力：

$$p_u = \dfrac{1}{2} \gamma B N'_r + \gamma D N'_q + C^* N'_c \tag{8-39}$$

式中　$N'_r$、$N'_q$、$N'_c$——修正后的承载力系数，可以由修正后的内摩擦角 $\varphi^*$ 直接查图 8-11 中的曲线；

其余符号同前。

式（8-33）或式（8-39）仅适合于条形基础。对于方形或圆形基础，太沙基建议按下列修正公式计算地基极限承载力：

圆形基础

$$p_{ur} = 0.6 \gamma R N_r + \gamma D N_q + 1.2 c N_c \quad （整体破坏） \tag{8-40}$$

$$p_{ur} = 0.6 \gamma R N'_r + \gamma D N'_q + 1.2 c^* N'_c \quad （局部破坏） \tag{8-41}$$

方形基础

$$p_{ur} = 0.4 \gamma B N_r + \gamma D N_q + 1.2 c N_c \quad （整体破坏） \tag{8-42}$$

$$p_{ur} = 0.4 \gamma B N'_r + \gamma D N'_q + 1.2 c N'_c \quad （局部破坏） \tag{8-43}$$

式中　$R$——圆形基础的半径；

$B$——方形基础宽度；

其余符号同前。

将算出的极限承载力，除以安全系数 $K_s$，即得到地基的容许承载力：

$$[p] = p_u / K_s \tag{8-44}$$

$K_s$ 一般取用 2～3。在设计时，基底压力 $p$ 应满足 $p \leqslant [p]$ 的要求。

【例题 8-2】　有一条形基础，宽度 $B = 6\text{m}$，埋置深度 $D = 1.5\text{m}$，其上作用着中心荷载 $\overline{P} = 1500\text{kN/m}$。地基土质均匀，重度 $\gamma = 19\text{kN/m}^3$，土的抗剪强度指标 $c = 2\text{kPa}$、$\varphi = 20°$，试验算地基的稳定性（假定基底完全粗糙）。

解　(1) 求基底压力：

$$p = \frac{\overline{P}}{B} = \frac{1500}{6} = 250 (\text{kPa})$$

（2）求地基的容许承载力，由 $\varphi = 20°$，查图 8-11 得 $N_r = 3.5$、$N_q = 6.5$、$N_c = 15$。将上列各值代入式（8-33），得到地基的极限承载力为：

$$p_u = \frac{1}{2}\gamma B N_r + \gamma D N_q + c N_c$$

$$= \frac{1}{2} \times 19 \times 6 \times 3.5 + 19 \times 1.5 \times 6.5 + 20 \times 15$$

$$= 684.8 (\text{kPa})$$

若取安全系数 $K_s = 2.5$，则地基的容许承载力为：

$$[p] = \frac{p_u}{K_s} = \frac{684.8}{2.5} = 273.9 (\text{kPa})$$

因为 $p < [p]$，所以地基是稳定的。

### 4.3 汉森极限承载力公式

对于均质地基、基础底面完全光滑，在中心倾斜荷载作用下，汉森建议按式（8-45）计算竖向地基极限承载力：

$$p_u = \frac{p_u}{A} = \frac{1}{2}\gamma B N_\gamma S_\gamma d_\gamma i_\gamma g_\gamma b_\gamma + \gamma D N_q S_q d_q i_q g_q b_q + c N_c S_c d_c i_c g_c b_c \quad (8-45)$$

$$A = LB$$

$$\left. \begin{array}{l} N_q = e^{\pi \tan\varphi} \tan^2\left(45° + \dfrac{\varphi}{2}\right) \\ N_c = (N_q - 1)\cot\varphi \\ N_\gamma = 1.8 N_c \tan^2\varphi \end{array} \right\} \quad (8-46)$$

式中　　$p_u$——地基所能承受的竖向极限荷载（kN）；

　　　　$A$——基础底面积（m²）；

　　　　$L$——基础长度（m）；

　　　　$B$——基础宽度（m）；

　　　　$D$——基础的埋置深度（m）；

　　　　$\gamma$——土的重度，水下用有效重度（kN/m³）；

$S_\gamma$、$S_q$、$S_c$——基础的形状系数；

$i_\gamma$、$i_q$、$i_c$——荷载倾斜系数；

$d_\gamma$、$d_q$、$d_c$——深度修正系数；

$g_\gamma$、$g_q$、$g_c$——地面倾斜系数；

$b_\gamma$、$b_q$、$b_c$——基底倾斜系数；

$N_\gamma$、$N_q$、$N_c$——承载力系数，$N_\gamma$、$N_q$、$N_c$ 仅与土的内摩擦角 $\varphi$ 有关，可查表 8-10。

式（8-45）中各种修正系数的表达式如下：

基础的形状系数为：

$$s_\gamma = 1 - 0.4\frac{B}{L}i_\gamma \geqslant 0.6$$
$$s_q = 1 + \frac{B}{L}i_q\sin\varphi \qquad (8-47)$$
$$s_c = 1 + 0.2\frac{B}{L}i_c$$

荷载倾斜系数为：

$$i_\gamma = \begin{cases} \left(1 - \dfrac{0.7H}{P + CA\cot\varphi}\right)^5 > 0 \text{（水平基底）} \\ \left[1 - \dfrac{(0.7 - \eta°/450°)H}{P + CA\cot\varphi}\right]^5 > 0 \text{（倾斜基底）} \end{cases}$$
$$i_q = \left(1 - \frac{0.5H}{P + CA\cot\varphi}\right)^5 > 0 \qquad (8-48)$$
$$i_c = i_q - \frac{(1 - i_q)}{N_q - 1}$$

深度修正系数为：

$$d_\gamma = 1$$
$$d_q = 1 + 2\tan\varphi(1 - \sin\varphi)^2\frac{D}{B} \qquad (8-49)$$
$$d_c = 1 + 0.35\frac{D}{B}$$

地面倾斜系数为：

$$g_\gamma = g_q = (1 - 0.5\tan\varphi)^5$$
$$g_c = 1 - \alpha°/147° \qquad (8-50)$$

基底倾斜系数为：

$$b_\gamma = \exp(-2.7\eta°\tan\varphi)$$
$$b_q = \exp(-2\eta°\tan\varphi) \qquad (8-51)$$
$$b_c = 1 - \eta°/147°$$

上列 $\alpha$、$\eta$ 分别为地面和基底的倾角，见图 8-12 和图 8-13 所示。

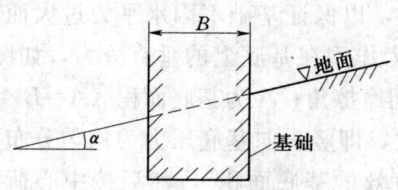

图 8-12　地面倾斜的情况

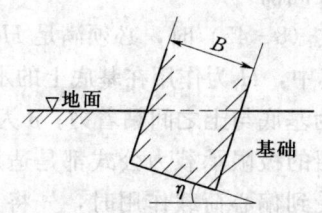

图 8-13　基础底面倾斜的情况

表 8-10　　　　　　　　承载力系数 $N_\gamma$、$N_q$、$N_c$ 值

| $\varphi°$ | $N_\gamma$ | $N_q$ | $N_c$ | $\varphi°$ | $N_\gamma$ | $N_q$ | $N_c$ |
|---|---|---|---|---|---|---|---|
| 0 | 0 | 1.00 | 5.14 | 24 | 6.90 | 9.61 | 19.3 |
| 2 | 0.01 | 1.20 | 8.69 | 26 | 9.53 | 10.9 | 22.3 |
| 4 | 0.05 | 1.43 | 6.17 | 28 | 13.1 | 14.7 | 25.8 |
| 6 | 0.14 | 1.72 | 6.82 | 30 | 13.1 | 18.4 | 30.2 |
| 8 | 0.27 | 2.06 | 7.52 | 32 | 25.0 | 23.2 | 35.5 |
| 10 | 0.47 | 2.47 | 8.35 | 34 | 34.5 | 29.5 | 42.2 |
| 12 | 0.76 | 2.97 | 9.29 | 36 | 48.1 | 37.8 | 50.6 |
| 14 | 1.16 | 3.58 | 10.4 | 38 | 67.4 | 48.9 | 61.4 |
| 16 | 1.72 | 4.33 | 11.6 | 40 | 95.5 | 64.2 | 75.4 |
| 18 | 2.49 | 5.25 | 13.1 | 42 | 137 | 85.4 | 93.7 |
| 20 | 3.54 | 6.40 | 14.8 | 44 | 199 | 115 | 118 |
| 22 | 4.96 | 7.82 | 16.9 | 45 | 241 | 134 | 133 |

对于不排水条件，即 $\varphi_u = 0$ 的情况，汉森建议按下列修正公式来计算地基的极限承载力：

$$p_u = 5.14c_u(1 + s'_c + d'_c - i'_c - g'_c - b'_c) + \gamma D \tag{8-52}$$

$$s'_c = 0.2 \frac{B}{L}$$

$$d'_c = 0.4 \frac{B}{L}$$

$$i'_c = 0.5 + 0.5\sqrt{1 - \frac{H}{cA}}$$

$$g'_c = \alpha/147°$$

$$b'_c = \eta/147°$$

式中　$c_u$——地基土的不排水强度；

　　　$s'_c$——形状系数；

　　　$d'_c$——深度系数；

　　　$i'_c$——荷载倾斜系数；

　　　$g'_c$——地面倾斜系数；

　　　$b'_c$——基底倾斜系数；

其余符号同前。

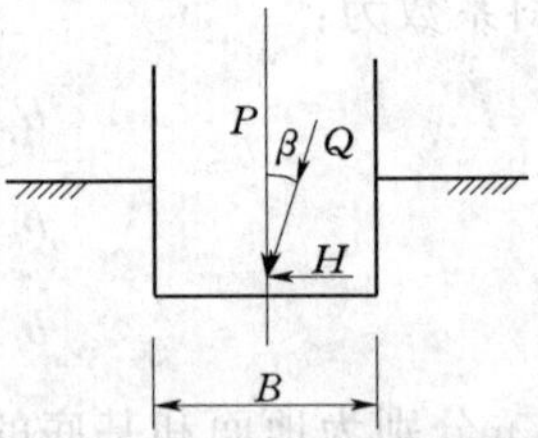

图 8-14　水平抗滑力计算图

在应用式（8-45）时，必须满足 $H \leqslant c_a A + P\tan\delta$，以保证基础不因水平力过大而产生水平滑动。其中，$H$ 为作用在基底上的水平分力；$p$ 为作用在基底上的垂直分力，如图 8-14 所示；$c_a$ 为基底与土之间粘着力；$\delta$ 为基底与土之间摩擦角；$A$ 为基底面积（$A = B \times L$）。

以上介绍的极限承载力公式都是适用于中心荷载，即竖直向基底压力为均匀分布的情况。当基础受到偏心荷载作用时，先将其折换成"有效的基底面积"，然后按中心荷载情况下的极限承载力公式来进行计算。如果是条形基础，其荷载的偏心距为 $e$，则用有效宽

度 $B_e = B - 2e$ 来代替原来的宽度 $B$,如图 8 - 15 (a) 所示;如果是矩形基础,并且在两个方向均有偏心,则用有效面积 $A_e = B_e \times L_e$ 来代替原来的面积 $A$,其中有效宽度 $B_e = B - 2e_B$,有效长度 $L_e = L - 2e_L$,如图 8 - 15 (b) 所示。

对于成层土所组成的地基,如图 8 - 16 所示。当各土层的强度相差不太悬殊的情况下,汉森建议先按下式近似确定持力层的最大深度:

$$Z_{\max} = \lambda B \tag{8-53}$$

式中 $B$——基础的原宽度;
$\lambda$——系数,根据土层平均内摩擦角和荷载的倾角 $\beta$ 从表 8 - 11 中查取。

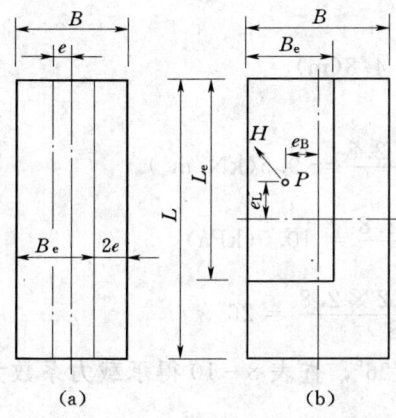

(a)　　　　　(b)

图 8 - 15　基础的有效面积

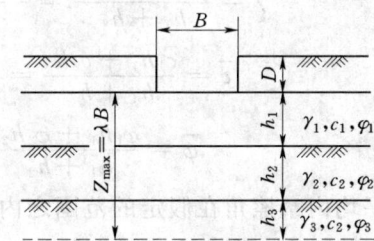

图 8 - 16　成层地基

其次,将持力层范围内土的重度和强度指标按层厚求其平均值,即:

$$\left.\begin{array}{l} \overline{\gamma} = \dfrac{\sum \gamma_i h_i}{\sum h_i} \\[6pt] \overline{c} = \dfrac{\sum c_i h_i}{\sum h_i} \\[6pt] \overline{\varphi} = \dfrac{\sum \varphi_i h_i}{\sum h_i} \end{array}\right\} \tag{8-54}$$

式中 $\gamma_i$、$c_i$、$\varphi_i$——第 $i$ 层土的重度、凝聚力和内摩擦角;
$h_i$——第 $i$ 层的厚度。

在具体应用时,一般先假定土层的平均内摩擦角 $\overline{\varphi}$,从表 8 - 11 中查得 $\lambda$ 值,并按式 (8 - 53) 求出 $Z_{\max}$,然后算出 $\overline{\gamma}$、$\overline{c}$ 及 $\overline{\varphi}$。若计算所得的 $\overline{\varphi}$ 与假定的不符,则应重新试算,直至符合为止。最后,将平均的 $\overline{\gamma}$、$\overline{c}$ 及 $\overline{\varphi}$ 代入极限承载力公式中进行计算。

表 8 - 11　　　　　　　　　　　　　　　$\lambda$ 值

| tan$\beta$ | $\varphi$ | | |
|---|---|---|---|
| | ≤20° | 21°～35° | 36°～45° |
| ≤0.2 | 0.6 | 1.20 | 2.00 |
| 0.21～0.30 | 0.4 | 0.90 | 1.60 |
| 0.31～0.40 | 0.2 | 0.60 | 1.20 |

**【例题 8-3】** 有一宽 4m 的条形基础，埋置在中砂层下 2m 深处，其上作用着倾斜的中心荷载（竖直分力 $\overline{P}=900$kN/m、水平分力 $\overline{H}=150$kN/m）。中砂层的内摩擦角 $\varphi=32°$，湿重度 $\gamma=18.5$kN/m³，有效重度 $\gamma'=9.5$kN/m³。距基底 2m 处有一亚黏土层，其固结不排水剪的强度指标为 $c=18$kPa，$\varphi=32°$，有效重度 $\gamma'=9.7$kN/m³。设地下水位与基底齐平，试按汉森公式确定地基的极限承载力。

**解** 荷载的倾斜率 $\tan\beta = \dfrac{\overline{H}}{\overline{P}} = \dfrac{150}{900} = 0.17$。

该地基属层状地基，应先确定持力层的最大深度 $Z_{\max}$ 值。为此，根据荷载的倾斜率 $\tan\beta=0.17$，并假定土层的平均内摩擦角 $\varphi=21°\sim35°$ 之间，从表 8-11 查得 $\lambda=1.2$。于是，由式 (8-53) 得到：

$$Z_{\max} = \lambda B = 1.2 \times 4 = 4.8 \text{(m)}$$

由式 (8-54) 求得持力层内土层的平均指标为：

$$\overline{\gamma} = \frac{\gamma_1 h_1 + \gamma_2 h_2}{h_1 + h_2} = \frac{9.5 \times 2 + 9.7 \times 2.8}{2 + 2.8} = 9.6 \text{(kN/m}^3\text{)}$$

$$\overline{c} = \frac{c_1 h_1 + c_2 h_2}{h_1 + h_2} = \frac{0 \times 2 + 18 \times 2.8}{4.8} = 10.5 \text{(kPa)}$$

$$\overline{\varphi} = \frac{\varphi_1 h_1 + \varphi_2 h_2}{h_1 + h_2} = \frac{32 \times 2 + 22 \times 2.8}{4.8} = 26°$$

求得的平均内摩擦角在假定的范围之内，于是由 $\varphi=26°$，查表 8-10 得承载力系数为 $N_\gamma=9.53$、$N_q=11.85$、$N_c=22.25$。

由式 (8-48) 得荷载倾斜系数为：

$$i_\gamma = \left(1 - \frac{0.7H}{P + cB\cot\varphi}\right)^5 = \left(1 - \frac{0.7 \times 150}{900 + 10.5 \times 4 \times \cot 26°}\right)^5 = 0.57$$

$$i_q = \left(1 - \frac{0.5H}{P + cB\cot\varphi}\right)^5 = \left(1 - \frac{0.7 \times 150}{900 + 10.5 \times 4 \times \cot 26°}\right)^5 = 0.67$$

$$i_c = i_q - \frac{1 - i_q}{N_q - 1} = 0.97 - \frac{1 - 0.67}{11.85 - 1} = 0.64$$

由式 (8-49) 得深度修正系数为： $d_\gamma = 1$

$$d_q = 1 + 2\tan\varphi(1 - \sin\varphi)^2 \frac{D}{B} = 1 + 2\tan 26°(1 - \sin 26°)^2 \times \frac{2}{4}$$

$$= 1 + 2 \times 0.405(1 - 0.375)^2 \times \frac{1}{2} = 1.158$$

$$d_c = 1 + 0.35 \frac{D}{B} = 1 + 0.35 \times \frac{2}{4} = 1.175$$

最后，由式 (8-45) 求得地基的极限承载力为：

$$p_u = \frac{1}{2}\gamma' B N_\gamma i_\gamma + \gamma D N_q d_q i_q + c N_c d_c i_c$$

$$= \frac{1}{2} \times 9.6 \times 4 \times 9.83 \times 1 \times 0.57 + 18.5 \times 2 \times 11.85$$

$$\times 1.158 \times 0.67 + 10.5 \times 22.5 \times 1.175 \times 0.64$$

$$= 104.3 + 340.0 + 177.7 = 622 \text{(kPa)}$$

## 5 按国家标准确定地基的容许承载力

根据我国新颁布的《建筑地基基础设计规范》（GB 5007—2002）中规定，当基础的宽度小于或等于 3m、基础的埋置深度小于或等于 0.5m 时，地基的容许承载力可根据土的物理力学指标、野外特征或标准贯入击数查表决定。

表 8-12 至表 8-16 为 GB 5007—2002 中的规定，可供查用。

表 8-12　　　　　　　　　　　岩石承载力标准值 $f_k$ (kPa)

| 岩石类别 | 风化程度 | | |
|---|---|---|---|
|  | 强风化 | 中等风化 | 微风化 |
| 硬质岩石 | 500～1000 | 1500～2500 | ≥4000 |
| 软质岩石 | 200～500 | 700～1200 | 1500～2000 |

注 1. 对于微风化的硬质岩石，其承载力如以用大于 4000kPa 时，应由试验确定。
　　2. 对于强风化的岩石，当与残积土难于区分时按残积土考虑。

表 8-13　　　　　　　　　　　碎石类土承载力标准值 $f_k$ (kPa)

| 土的名称 | 密实度 | | |
|---|---|---|---|
|  | 稍密 | 中密 | 密实 |
| 卵石 | 300～500 | 500～800 | 800～1000 |
| 碎石 | 250～400 | 400～700 | 700～900 |
| 圆砾 | 200～300 | 300～500 | 500～700 |
| 角砾 | 200～250 | 250～400 | 400～600 |

注 1. 表中数值适用于骨架颗粒空隙全部由中砂、粗砂或硬塑、坚硬状态的黏性土或稍湿的粉土所充填。
　　2. 当粗颗粒为中等风化或强风化时，可按其风化程度适当降低承载力；当颗粒间呈半胶结状时，可适当提高承载力。

表 8-14　　　　　　　　　　　粉土承载力基本值 $f_0$ (kPa)

| 第一指标：孔隙比 $e$ | 第二指标：含水率 $\omega$ (%) | | | | | | |
|---|---|---|---|---|---|---|---|
|  | 10 | 15 | 20 | 25 | 30 | 35 | 40 |
| 0.5 | 410 | 390 | (365) |  |  |  |  |
| 0.6 | 310 | 300 | 280 | (270) |  |  |  |
| 0.7 | 250 | 240 | 225 | 215 | (205) |  |  |
| 0.8 | 200 | 190 | 180 | 170 | (165) |  |  |
| 0.9 | 200 | 160 | 150 | 145 | 140 | 130 | (125) |
| 1.0 | 130 | 125 | 120 | 115 | 110 | 105 | (100) |

注 1. 括号内数字仅供内插用。
　　2. 第二指标的折算系数 $\xi$ 为 0。
　　3. 在湖、塘、沟、谷与河漫滩地段新近沉积的粉土，其工程性质一般较差，应根据当地实践经验取值。

表 8-15　　　　　　　　黏性土承载力基本值 $f_0$ （kPa）

| 第一指标：孔隙比 e | 第二指标：液性指数 $I_L$ | | | | | |
|---|---|---|---|---|---|---|
| | 0 | 0.25 | 0.50 | 0.75 | 1.00 | 1.20 |
| 0.5 | 475 | 430 | 390 | (360) | | |
| 0.6 | 400 | 360 | 325 | 295 | (265) | |
| 0.7 | 325 | 295 | 265 | 240 | 210 | 170 |
| 0.8 | 275 | 240 | 220 | 200 | 170 | 135 |
| 0.9 | 230 | 210 | 190 | 170 | 135 | 105 |
| 1.0 | 200 | 180 | 160 | 135 | 115 | |
| 1.1 | | 160 | 135 | 115 | 105 | |

注　1. 括号内数字仅供内插用。
　　2. 第二指标的折算系数 $\xi$ 为 0.1。
　　3. 在湖、塘、沟、谷与河漫滩地段新近沉积的黏性土，其工程性质一般较差；第四纪晚更新世（$Q_3$）及其以前沉积的老黏性土，其工程性能通常较好。这些土均应根据当地实践经验取值。

表 8-16　　　　　沿海淤泥和淤泥质土容许承载力基本值 $f_0$ （kPa）

| 天然含水率 $\omega$（%） | 36 | 40 | 45 | 50 | 55 | 65 | 75 |
|---|---|---|---|---|---|---|---|
| $f_0$ | 100 | 90 | 80 | 70 | 60 | 50 | 40 |

注　对于内陆淤泥和淤泥质土，可参照使用。

砂土的容许承载力与标准贯入击数的关系，可查表 8-2。

GB 5007—2002 又规定，当基础的有效宽度大于 3m 或埋置深度大于 0.5m 时，从表 8-12 至表 8-18 查得的容许承载力，应按式（8-55）进行修正：

$$f = f_k + \eta_B \gamma_1 (B-3) + \eta_D \gamma_D (D-0.5) \quad (8-55)$$

$$f_k = \psi f_0$$

式中　$f$——修正后的容许承载力设计值；
　　　$f_k$——地基承载力标准值；
　　　$f_0$——地基承载力基本值，查表而得；
　　　$\psi$——回归修正数，一般可取 $\psi=1\sim0.75$，具体计算见 GBJ 25—90，或按经验计数；
　　　$\gamma_1$——基础底面以下土的重度，水下用有效重度；
　　　$\gamma_D$——基础底面以上土的重度，水下用有效重度；
　　　$\eta_B$——基础宽度的修正系数（见表 8-17）；
　　　$\eta_D$——基础埋深的修正系数（见表 8-17）；
　　　$B$——基础宽度（m），偏心荷载时用有效宽度 $B_e$。当宽度小于 3m 时按 3m 计算，大于 8m 时按 8m 计算；
　　　$D$——基础埋置深度，m。

当计算所得设计值 $f<1.1f_k$ 时，可取 $f=1.1f_k$。

表 8-17　　　　　　　　基础宽度和埋深的承载力宽深修正系数

| 土的类别 | | $\eta_b$ | $\eta_d$ |
|---|---|---|---|
| 淤泥和淤泥质土 | | 0 | 1.0 |
| 人工填土 | $f_k<50\text{kPa}$ | 0 | 1.0 |
| | $e$ 或 $I_L$ 大于等于 0.85 的黏性土 | 0 | 1.0 |
| 红黏土 | 含水比 $\alpha_w>0.8$ | 0 | 1.2 |
| | 含水比 $\alpha_w\leq 0.8$ | 0.15 | 1.4 |
| 大面积压实填土 | 压实系数大于 0.95，粘粒含量$\geq 10\%$的粉土 | 0 | 1.5 |
| | 最大干密度大于 $2.1\text{t/m}^3$ 的级配砂石 | 0 | 2.0 |
| 粉　土 | 黏粒含量$\geq 10\%$的粉土 | 0.3 | 1.5 |
| | 黏粒含量$<10\%$的粉土 | 0.5 | 2.0 |
| 一般黏性土 | $e$ 及 $I_L$ 均小于 0.85 的黏性土 | 0.3 | 1.6 |
| 砂　土 | 粉砂、细砂（不包括很湿与饱和时的稍密状态） | 2.0 | 3.0 |
| | 中砂、粗砂、砾砂和碎石类土 | 3.0 | 4.4 |

注　1. 强风化的岩石，可参照所风化成的相应土类取值。
　　2. 含水比 $\alpha_w=\omega/\omega_L$。

表 8-18　　　　　　　　红黏土承载力基本值 $f_0$（kPa）

| 土的名称 | 第二指标：液塑比 $I_r=\dfrac{\omega_L}{\omega_P}$ | 第一指标：含水比 $\alpha_w=\dfrac{\omega}{\omega_L}$ | | | | | |
|---|---|---|---|---|---|---|---|
| | | 0.6 | 0.6 | 0.7 | 0.8 | 0.9 | 1.0 |
| 红黏土 | $\leq 1.7$ | 380 | 270 | 210 | 180 | 150 | 140 |
| | $\geq 2.3$ | 280 | 200 | 160 | 130 | 110 | 100 |
| 次生红黏土 | | 250 | 190 | 150 | 130 | 1120 | 100 |

注　1. 本表仅适用于定义范围内的红黏土。
　　2. 第二指标的折算系数 $\xi$ 为 0.4。

表 8-19　　　　　　　　素填土承载力基本值 $f_0$（kPa）

| 压缩模量 $E_{s1-2}$（MPa） | 7 | 5 | 4 | 3 | 2 |
|---|---|---|---|---|---|
| $f_0$ | 160 | 135 | 115 | 85 | 65 |

注　1. 本表只适用于堆填时间超过 10 年的黏性土，以及超过 5 年的粉土。
　　2. $E_{s1-2}$ 为与压缩系数 $a_{1-2}$ 相应的压缩模量。

**【例题 8-4】**　某一般黏性土，其物理性试验成果为：$\gamma=19.2\text{kN/m}^3$，$\omega=30.2\%$，$G_e=2.71$，流限含水率 $\omega_L=34.6\%$，塑限含水率 $\omega_p=21.3\%$。若 $\tan\beta=0$（只受竖直荷载），试按 GB 5007—2002 查表确定地基的容许承载力（假定基础宽度和深度都不需修正）。

**解**　（1）计算塑性指数 $I_p$ 定黏性土的名称：
$$I_p=\omega_L-\omega_p=34.6\%-21.3\%=13.3\%$$

因为 $7<I_p<17$，按 GB 5007—2002 定名为亚黏土。

(2) 计算天然孔隙比 $e$：

$$e = \frac{G_e \rho_w (1+w)}{\rho} - 1 = \frac{2.71 \times 1 \times (1+0.302) \times 9.80}{19.2} - 1 = 0.80$$

(3) 计算液性指数 $I_L$：

$$I_L = \frac{\omega - \omega_p}{\omega_L - \omega_p} = \frac{0.302 - 0.213}{0.346 - 0.213} = 0.67$$

(4) 求地基的容许承载力 $f$。因属一般黏性土，由 $e=0.8$ 及 $I_L = \begin{cases} 0.5 \\ 0.75 \end{cases}$，从表 8-15 中查得容许承载力分别为 $f = \frac{220}{200}$ kPa，用内插法求得 $e=0.8$、$I_L=0.67$ 时的容许承载力为：

$$f = 220 - \frac{0.67 - 0.5}{0.75 - 0.5} \times (220 - 200) = 206.4 (\text{kPa})$$

**【例题 8-5】** 在上例中，若初步拟定基础埋深 $D=2$m、宽度 $B=5$m，试按 GB 5007—2002 求深、宽修正的容许承载力。

**解** 按表 8-17 查得亚黏土的深、宽修正系数为 $\eta_b = 0.3$，$\eta_d = 1.6$，由式（8-55）求得修正后的容许承载力为：

$$\begin{aligned} f &= f_k + \eta_b \gamma_1 (B-3) + \eta_d \gamma_D (D-0.5) \\ &= 206.4 + 0.3 \times 19.2 \times (5-3) + 1.6 \times 19.2 \times (2-0.5) \\ &= 206.4 + 11.52 + 46.08 = 264 (\text{kPa}) \end{aligned}$$

# 6* 影响地基承载力的因素

前面我们介绍了确定地基承载力的各种方法。从理论公式（8-16）、式（8-33）和式（8-45）等可知，地基承载力的公式具有相同的形式，均由三项所组成，即：

$$p_u = \frac{1}{2} \gamma_1 B N_r + \gamma_2 D N_q + c N_c \tag{8-56}$$

从式（8-56）中可以看出，影响地基承载力的因素主要有土的物理力学性质 $\gamma$、$c$、$\varphi$ 及基础的宽度 $B$ 和埋置深度 $D$ 等三个方面。下面我们将分别讨论各种影响因素。

## 6.1 土的重度及地下水位

式（8-56）第一项与第二项中均有土的重度，而土的重度除了与土的种类有关以外，还将受到地下水位的影响。若地下水位在理论滑动面以下，如图 8-17（a）所示，则土的重度一律采用湿重度。若地下水位从理论滑动面以下上升到地面或地面以上，则土的重度由原来的天然湿重度 $\gamma$ 降为有效重度 $\gamma'$，此时地基的承载力也将相应地降低。这种情况，对于 $c=0$ 的无黏性土尤为显著。因为无黏性土的承载力将与土的重度成正比地减小。一般土的有效重度约为湿重度的一半，所以承载力也仅为原来的 50% 左右。

若地下水位上升至与基底齐平处，如图 8-17（b）所示，则只要将式（8-56）中第一项的重度用有效重度计算即可。此时地基的承载力为：

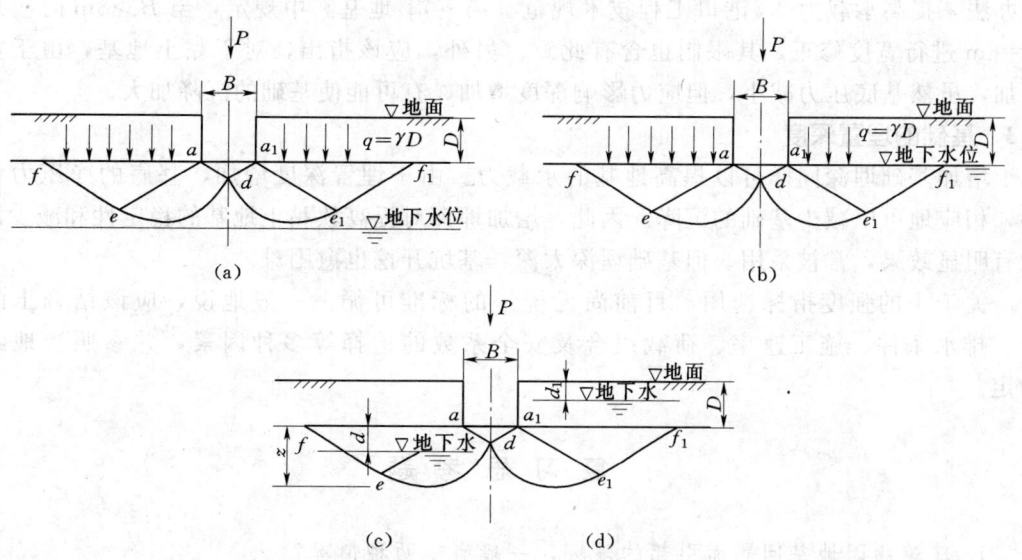

图 8-17 地下水位对承载力的影响

$$p_u = \frac{1}{2}\gamma' BN_r + \gamma DN_q + cN_c \tag{8-57}$$

若地下水位在滑动面与基础底面之间，一般可以近似假定滑动面的最大深度等于基础宽度 $B$，如图 8-17（c）所示，此时基底以下土的重度可采用平均值并按式（8-58）计算，即：

$$\bar{\gamma} = \gamma' + \frac{d}{B}(\gamma - \gamma') \tag{8-58}$$

式中  $d$——地下水位至基底的距离；

$\gamma$——水位以下土的天然湿重度；

其余符号同前。

则承载力公式可表示为：

$$p_u = \frac{1}{2}\left[\gamma' + \frac{d}{B}(\gamma - \gamma')\right]BN_r + \gamma DN_q + cN_c \tag{8-59}$$

若地下水位在基底与地面之间，如图 8-17（d）所示，则可按式（8-60）计算，即：

$$p_u = \frac{1}{2}\gamma' BN_r + \left[\gamma' + \frac{d_1}{D}(\gamma - \gamma')\right]DN_q + cN_c \tag{8-60}$$

式中  $d_1$——地下水位至地面的距离。

## 6.2 基础的宽度

地基的承载力不仅决定于土的性质，而且与基础的尺寸和形状有关。由承载力的公式可知，基础的宽度 $B$ 越大，承载力越高。因此，工程上常采用加大基础宽度来提高地基的承载力，借以增加地基的稳定性。但是，根据一些研究指出，当基础的宽度达到某一数值以后，承载力不再随着宽度的增加而增加。因此，我们不能无限制地采取加大基础宽度的办法来提高承载力。《港口工程技术规范 第五篇 地基》中规定，当 $B>8$m 时应采用 $B=8$m 进行宽度修正，其限制也含有此意。另外，应该指出，对于黏土地基，由于宽度增加，虽然基底压力减小，但应力影响深度增加，有可能使基础的沉降加大。

### 6.3 基础的埋置深度

增加基础埋深同样可以提高地基的承载力。由于埋置深度增加，基底的净压力将减小，相应地可以减少基础的沉降。因此，增加埋深对提高软黏土地基的稳定性和减少沉降均有明显效果，常被采用。但基础埋深太深，基坑开挖也愈困难。

关于土的强度指标选用，目前尚无统一的标准可循。一般地说，应该结合土的性质、排水条件、施工速率、荷载组合及安全系数的选择等多种因素，并参照当地经验确定。

## 复习思考题

1. 建筑物因地基问题而引起的破坏，一般有哪两种情况？
2. 建筑物因地基承载能力不足所引起的破坏是怎样造成的？这种破坏一般可分为哪三种型式？其特征如何？
3. 什么叫地基的临塑荷载、极限承载力和容许承载力？
4. 确定地基承载力的方法有哪几种？
5. 试述按塑性区开展深度确定地基承载力的基本假定和推导方法。该方法确定的地基承载力为什么是容许承载力？
6. 太沙基对局部剪切破坏时的承载力是怎样进行修正的？
7. 按规范确定的地基承载力为什么要根据基础的宽度和埋深进行修正？如何修正？
8. 影响地基承载力的因素有哪些？

## 习 题

1. 有一条形基础，底宽 $B=3$m，埋置在中等密度的砂土层以下 1m 处。砂土的内摩擦角 $\varphi=35°$，湿重度 $\gamma=18$kPa，饱和重度 $\gamma_m=19$kN/m³。试用太沙基公式求地基的极限承载力。若基础的宽度增加到 6m，问承载力增加了多少？若埋置深度增加到 2m，承载力将增加多少？若地下水位上升至地面，承载力又有何变化？（均指与原来的承载力相比，并假定基底完全粗糙）

2. 地基土的情况同 1 题，若基础的形状采用圆形和方形，其中圆形的直径为 6m，方形基础宽度为 5m。问此时的承载力是多少（假定基底完全粗糙）？

3. 有一条形基础建造在松软地基上，地基土的强度指标为 $c=22$kPa，$\varphi=12°$，重度 $\gamma=18$kPa。基础的宽度为 5m，埋置深度为 1.2m。根据分析，在这种土上只可能发生局部剪切破坏，试用太沙基公式确定地基的承载力（假定基底完全粗糙）。

4. 有一水闸基础，如图 8-18 所示，宽 12m，埋置在地面以下 1.5m 处，其上受到倾斜偏心荷载作用，倾斜荷载合力 $\bar{R}=720$kN/m，倾角 $\beta=8.5°$，合力偏心距 $e=0.95$m。地基土由两层组成，上层的强度指标 $c_1=18\text{kPa}$，$\varphi_1=18°$，饱和重度 $\gamma_{m1}=20\text{kN/m}^3$；下层土的强度指标 $c_2=15\text{kPa}$，$\varphi_2=15°$，饱和重度 $\gamma_{m2}=20\text{kN/m}^3$，其他情况见图 8-18，试问该水闸的地基稳定吗（承载力的安全系数取 2.5）？

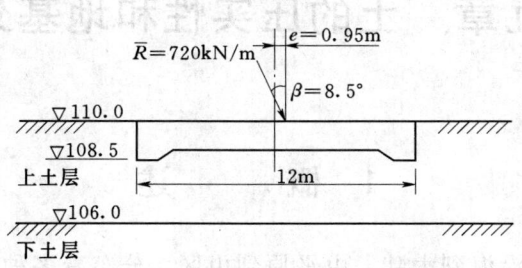

图 8-18

# 第九章 土的压实性和地基处理

## 1 概 述

我国土地辽阔，从沿海到大陆，由平原到山区，分布着多种多样的土。其中某些土类，由于所处的地理环境和气候条件差异，形成的地质成因和历史过程不同，以及组成物质成分和次生变化等特点，而具有与一般土显然不同的工程性质。这类土主要是软弱土和特殊性土，作为地基时应十分注意，需采取必要的措施，以防止发生工程事故。

软弱土包括淤泥、淤泥质土、冲填土和杂填土，这类土的压缩性高、抗剪强度低。建筑物地基受力层主要为软弱土时，这种地基称为软弱地基。

淤泥和淤泥质土是第四纪后期形成的滨海相、泻湖相、三角洲相和内陆湖相等的黏性土沉积。这种土天然含水率大于液限，孔隙比 $e>1$。其中 $e>1.5$ 的称淤泥，$1<e<1.5$ 的称淤泥质土。这类土压缩性很大，一般压缩系数 $a_{1-2} = 0.7 \sim 1.5 \text{MPa}^{-1}$，最大可达 $4.5\text{MPa}^{-1}$；抗剪强度低，透水性差（渗透系数 $k = i \times 10^{-6} \sim i \times 10^{-8}$ cm/s）。淤泥和淤泥质土具有显著的结构性，一旦结构受到扰动，土的强度大大降低，例如，上海、宁波、温州、福州、湛江等沿海城市及内陆的武汉、昆明等地，见表 9-1。

表 9-1　我国主要软黏土地区不同成因类型黏性土物理、力学特征表

| 成因类型 | 地区 | 土层埋深 (m) | 含水率 $w$ (%) | 天然重度 $\gamma$ (kN/m³) | 孔隙比 $e$ | 液限 $w_L$ (%) | 塑性指数 $I_p$ | 液性指数 $I_L$ | 有机质含量 (%) | 压缩系数 $a$ (MPa$^{-1}$) | 固结快剪 $\varphi$ (°) | 固结快剪 $c$ (kPa) | 快剪 $\varphi$ (°) | 快剪 $c$ (kPa) |
|---|---|---|---|---|---|---|---|---|---|---|---|---|---|---|
| 泻湖相 | 温州 | 1～35 | 63 | 16.2 | 1.79 | 53 | 30 | 1.5 | 5～8 | 1.93 | 12 | 5 | 6 | 2 |
| 泻湖相 | 宁波 | 2～12<br>12～28 | 56<br>38 | 17.0<br>18.6 | 1.58<br>1.08 | 46<br>36 | 19<br>15 | 1.23<br>1.11 |  | 2.50<br>0.72 | 1.2 | 10 |  |  |
| 溺谷相 | 福州 | 3～19<br>1～3<br>19～25 | 68<br>42 | 15.0<br>17.3 | 1.87<br>1.17 | 54<br>41 | 29<br>21 | 2.3<br>1.4 | 8～14 | 2.05<br>0.70 | 11<br>16 | 5<br>10 |  |  |
| 滨海相 | 塘沽 | 8～17<br>0～8<br>17～24 | 47<br>39 | 17.7<br>18.1 | 1.31<br>1.07 | 42<br>34 | 22<br>15 | 1.1 | 5～10 | 0.97<br>0.65 | 37 | 17 | 2.1 | 12.7 |
| 滨海相 | 新港 | 1.9<br>18 以上 | 79<br>58 | 15.5<br>16.5 | 2.05<br>1.66 | 67 | 36<br>26 | 1.33<br>1.09 | 5～10 | 1.23<br>0.88 | 2.1 | 17<br>13 |  |  |
| 滨海相 | 连云港 |  | 40～61 | 16.5～18.2 | 1.035～1.625 |  | 20～29 |  |  | 0.9～1.5 | 12～8 | 16～13 |  |  |

续表

| 成因类型 | 地区 | 土层埋深 (m) | 含水率 $w$ (%) | 天然重度 $\gamma$ (kN/m³) | 孔隙比 $e$ | 液限 $w_L$ (%) | 塑性指数 $I_p$ | 液性指数 $I_L$ | 有机质含量 (%) | 压缩系数 $a$ (MPa⁻¹) | 固结快剪 $\varphi$ (°) | 固结快剪 $c$ (kPa) | 快剪 $\varphi$ (°) | 快剪 $c$ (kPa) |
|---|---|---|---|---|---|---|---|---|---|---|---|---|---|---|
| 三角洲相 | 上海 | 6~17<br>1.5~6<br>>20 | 50<br>37 | 17.2<br>17.9 | 1.37<br>1.05 | 43<br>34 | 20<br>13 | 1.16<br>1.05 | | 1.24<br>0.72 | 15<br>18 | 5<br>6 | 6<br>11 | 16<br>14 |
| 三角洲相 | 杭州 | 3~9<br>9~19 | 47<br>35 | 17.3<br>18.4 | 1.34<br>1.02 | 41<br>33 | 19<br>15 | | | 1.30<br>1.17 | 14 | 6 | | |
| 三角洲相 | 广州 | 0.5~10 | 75 | 16.0 | 1.82 | 46 | 19 | | | 1.18 | | | | |
| 湖沼相 | 昆明 | | 68<br>72 | 16.2<br>18.5 | 1.56<br>0.95 | 60<br>34 | 18<br>12 | | | 0.90<br>0.40 | 12<br>19 | 22<br>15 | | |
| 湖沼相 | 水城 | | 91<br>71 | 14.7<br>15.7 | 2.30<br>1.86 | 77<br>72 | 34<br>32 | 1.47<br>1.01 | 17.1 | 2.14<br>1.18 | 2<br>3 | 4<br>6 | | |
| 湖沼相 | 盘县 | | 83 | 14.7 | 2.16 | 75 | 32 | 1.32 | 19.7 | 2.25 | 2 | 9 | | |
| 漫滩相与废河道相 | 南京长江河谷 | | 40~50 | 17.2~18.0 | 0.93~1.32 | 35~44 | 17~20 | 1.01~1.6 | | 0.50~0.80 | 4~10 | 2~18 | | |
| 漫滩相与废河道相 | 苏北介首 | | 48 | 17.4 | 1.31 | 39 | 16 | 1.56 | | 1.09 | 5 | 11 | | |
| 漫滩相与废河道相 | 水城 | | 81<br>49 | 14.9<br>16.7 | 2.061<br>1.323 | 58<br>52 | 32<br>22 | 1.09<br>0.59 | 17.3<br>10.9 | 1.44<br>1.07 | 19<br>21 | 23<br>15 | | |
| 坡积洪积相 | 水城 | | 78<br>61 | 15.4<br>15.5 | 2.047<br>1.637 | 74<br>61 | 33<br>28 | 1.16<br>1.00 | 17.9<br>9.6 | 1.44<br>1.20 | 10<br>12 | 11<br>16 | | |
| 坡积洪积相 | 盘县 | | 75<br>65 | 15.4<br>15.1 | 1.89<br>1.81 | 69<br>78 | 26<br>36 | 1.19<br>0.88 | 15.0<br>15.6 | 1.72<br>2.04 | 18<br>15 | 5<br>15 | 4<br>3 | 13<br>22 |

特殊性土包括湿陷性黄土、膨胀土、红黏土及多年冻土。这类天然形成的特殊性土的地理分布存在着一定的规律和区域性，因此也称区域特殊性土。

实践表明，软弱地基上建筑物的沉降和不均匀沉降很大。而且由于软弱土的渗透性小，往往需要几年至几十年的时间沉降才能稳定，给工程带来不利影响，需要进行人工处理。经过人工处理的地基称为人工地基。

关于人工地基处理技术，20世纪五六十年代我国广泛采用机械压实法、砂垫层、堆载予压法、砂桩、冻结法、热加固法、化学加固法等传统的处理方法，近20多年来，随着国民经济的迅速发展，结合具体工程，有针对性地开发了很多新技术及机械设备，例如，振动碾压法、振动密实法、砂桩挤密法、振动碎石法、灰土桩法、生石灰桩法、塑料排水板真实予压法、高压旋喷法、深层搅拌法和强夯法等。表9-2给出了软弱土地基处理方法分类表，以作参考。

值得注意的是，表9-2中第三栏所列仅指一般情况而言，选用地基处理时，必须结合工程具体条件（例如，地质情况、施工条件、上部结构的要求、经济价值等）而定。同时，一种处理方法是可以用于不同情况的，而一种地基也可用几种方法处理，这就需进行方案比较，选其最优方案。

表 9-2　常用的地基处理方法概况

| 方法 | | 原理与主要作用 | 适用情况 |
|---|---|---|---|
| 夯实法 | 重锤夯实法 | 利用落锤击实功使基土被挤密 | 黏性土基土，浅层压密 |
| | 强夯法 | 利用高冲击功使基土产生液化或触变后变密 | 较透水基土，深层加固 |
| 振冲法 | 振密法 | 利用振动功及喷水使土变密 | 松砂地基土，深层加固 |
| | 碎石桩法 | 利用振动功及喷水，使填入碎石成桩，做成复合地基 | 黏性土地基，深层加固 |
| 预压法 | | 在建筑前予加荷载，以压密地基，消减日后沉降，也可加设排水并以加速基土固结 | 软黏性土地基，消减持力层的变形 |
| 垫层法 | | 换填较强的材料，使持力层具有足够的承载力 | 软黏性土地基，加强持力层 |
| 反压法 | | 修筑土台，利用土台重量抗滑，也可改善渗流条件 | 软黏性土地基，修筑堤坝 |
| 化学加固法 | 旋喷法 | 在钻孔内利用高压喷射水泥浆，使土与浆液胶结成桩以加固地基 | 软土松砂地基深层加固 |
| | 搅凝法 | 利用深层搅拌，并加水泥使土与水泥胶结成桩，以加固地基 | 软黏土地基，无机的填土地基深层加固 |

本章讨论应用较广的各种人工地基处理技术和适用范围，介绍各类区域性特殊土的特点和评价方法及工程措施。

# 2　土的压实性与机械压实法

## 2.1　土的压实性

对疏松软弱地基，为了减少其沉降量、提高强度，通常采用机械压实处理，这在我国已有悠久的历史。同时，对于土工建筑物（例如，挡土墙、地下室）周围的回填土是用土料作为建筑材料的，为了保证填料有足够的强度、较小的压缩性和透水性，在施工中需要将填土压实，以提高填土的密实度（工程上常以干密度或干重度表示）和均匀性。所以，就必须研究在压实功的作用下，土的密度变化的特性，这就是土的压实性，其目的就是研究如何用最小的压实功能，把土压实到所要求的密实度。常用的研究方法有两种：一是在实验室用击实仪进行击实试验；二是在施工现场用碾压机具进行现场碾压试验。后者属施工课讲授内容，在这里只介绍前者。

用以研究土的击实性的试验称为击实试验。试验使用的重要仪器包括图 9-1 所示的击实筒和

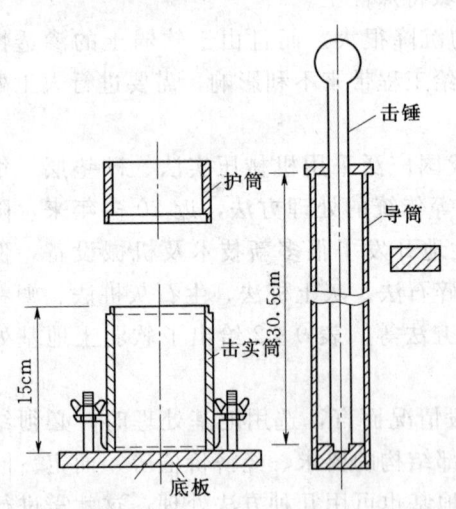

图 9-1　南实处-55 型击实仪

击实锤。试验方法大意为把某一含水率的试样分三层放入击实筒内。每放一层土，用击锤击一定次数，这样对每层土所做的击实功即为：锤重、锤落距与击实次数三者的乘积。将土分层击实至满筒后，测定击实后土的含水率和湿密度，便可算出土的干密度。

如果我们对同一种土料，在不同的含水率下（实验室是事先将土料配成 5 个以上不同初始含水率的），用同样方法按同一击数将它们分层击实，这样就可以得到一条含水率与相应干密度的关系曲线，如图 9-2 所示。该曲线称为土的击实曲线。

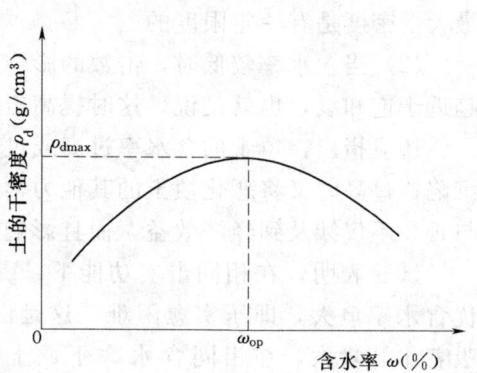

图 9-2 土的压实试验曲线

由击实曲线可看出，当土的含水率较小时，击实后的干密度随含水率的增加而增大，而当干密度增大到某一值后，含水率的继续增加反招致干密度的减小。干密度的这一最大值称为该击数下的最大干密度 $\rho_{dmax}$，与它相对应的含水率称为该击数下最优含水率 $w_{op}$。这就是说，当击数一定时，只有在某一含水率下才能获得最佳的击实效果。击实曲线的这种特征被解释为黏性土在含水率低时，土粒表面的吸着水层薄，击实过程中粒间电分子引力占优势，颗粒相对错动困难，并趋向于形成任意排列，干密度就低。随着土中含水率增大，吸着水膜增厚，土粒间电分子引力变弱，土颗粒错动容易些，因此，在击实功能作用下，颗粒定向排列增多，土体干密度相应增大。当含水率过高时，土中空气多以封闭气体形式存在，这样很大部分击实功由土中孔隙气和水承担，转化成孔隙压力，而土粒受到的有效击实功能相应减小，因而，土体干密度反随含水率增加而减小。

在试验室内击实功能是用击数 $N$ 来反映的。如果对同一种土料在不同含水率下分别用不同击数进行击实试验，能得到一组随击数而异的击实曲线，如图 9-3 所示。图中虚线为饱和线，即饱和度为 100% 时的含水率（$w_{sat}$）与干密度关系曲线。它的表达式可由式 $e = \dfrac{\rho_s}{\rho_d} - 1$ 和 $e = wG_s$ 直接推导求得，即：

$$w = \left(\dfrac{\rho_w}{\rho_d} - \dfrac{1}{G_s}\right) \times 100 \tag{9-1}$$

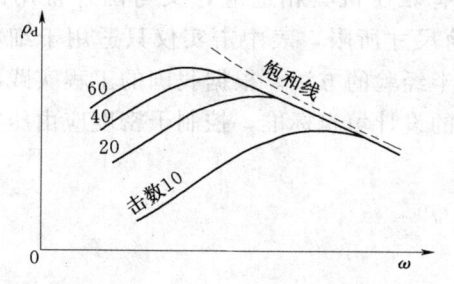

图 9-3 不同击数下的击实曲线

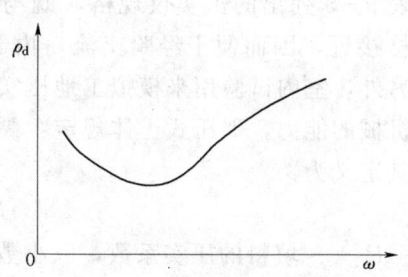

图 9-4 无黏性土的击实曲线

由图 9-3 可以看出：

（1）即便同一土料，其最大干密度和最优含水率也不是常量。最大干密度随击数的增加而逐渐增大；最优含水率随击数的增加而逐渐减小。因此，光靠增加击实功来提高土的最大干密度是有一定限度的。

（2）当含水率较低时，击数的影响显著。当含水率较高时，含水率与干密度关系曲线趋近于饱和线，也就是说，这时提高击实功能是无效的。

还应指出，填土的含水率过高或过低都是不利的。含水率过低，填土遇水后容易引起沉陷；过高时又将恶化填土的其他力学性质。因此，在实际施工中填土的含水率控制得当与否，不仅涉及到经济效益，而且影响到工程质量。

试验表明，在相同击实功能下，黏性土的塑性指数愈大，击实最大干密度愈小，最优含水率愈大，即压实愈困难，这是由于黏粒含量越高，土体中土粒的比表面积越大，吸着水容量大，在相同含水率下，土粒吸着水膜就薄，击实过程中颗粒错动困难的缘故。

试验还表明，在同一土类中，土的级配对其压实性影响很大。级配均匀的土，压实干密度要比不均匀的低，这是因为级配均匀的土中颗粒孔隙缺乏细颗粒填充或填充不够。而级配不均匀的土则相反，颗粒孔隙有足够细颗粒去填充，各级颗粒互相掺合，互相填补孔隙，因而，能得到较高的干密度。

综上所述，影响黏性土压实效果的因素有含水率、压实功能及土类和土的级配。

击实试验用的击实筒与击锤的规格是依据生产实践经验定出的。我国现用的击实仪的规格如表 9-3。

表 9-3  击实仪的规格（GB/T-15406—94）

| 仪器名称 | 型式 | 击实筒 内径(mm) | 击实筒 高度(mm) | 扩筒 内径(mm) | 扩筒 高度(mm) | 导筒 内径(mm) | 导筒 高度(mm) | 击锤 质量(kg) | 击锤 锤底直径(mm) | 击锤 落高(mm) | 击锤 击次(次/min) | 单位体积功能(kJ/m³) |
|---|---|---|---|---|---|---|---|---|---|---|---|---|
| 击实仪 | 轻型 | 102 | 116 | 102 | 50～60 | 53 | 57 | 2.5 | 51 | 305 | 10～30 | 591.6 |
| 击实仪 | 重型 | 152 | 116 | 152 | 50～60 | 53 | 57 | 4.5 | 51 | 457 | 10～30 | 2682.7 |
| 大型击实仪 | 轻型 | 300 | 288 | 300 | 60 | 152 | 156 | 15.5 | 150 | 600 | 10～30 | 591.6 |
| 大型击实仪 | 重型 | 300 | 288 | 300 | 60 | 152 | 156 | 35.2 | 150 | 600 | 10～30 | 2682.9 |

表 9-3 列出的击实仪规格，既与我国现有碾压机具相适应，又与国外常用的击实仪规格接近，因而便于经验交流，由于击实筒尺寸所限，表中击实仪只适用于细粒土。

另外，室内试验用来模拟工地压实是一种半经验的方法。根据我国的工程实践和现有压实机械的能力，碾压式土体规定：黏性填料的设计填筑标准，控制干密度应由压实度确定，其定义为：

$$R_c = \rho_{d0} / \rho_{dmax} \tag{9-2}$$

式中　$R_c$——填料的压实系数，以小数计；

　　　$\rho_{d0}$——填料控制干密度（g/cm³）；

　　　$\rho_{dmax}$——标准击实试验所得最大干密度（g/cm³）。

对Ⅰ级坝、Ⅱ级坝和高坝，压实系数应不低于0.96~0.99；对于其他级别的坝，应不低于0.93~0.96，填筑含水率一般应控制在最优含水率附近，其上限、下限偏离最优含水率不超过2%~3%。对于大型工程和重要工程，由室内击实试验确定的填筑标准还应通过工地碾压试验进行校核，并确定最经济的碾压参数（例如，碾压机具重量、铺土厚度、碾压遍数和行驶速率等），或根据工地条件对室内试验提供的填筑标准进行适当修正后，作为实际施工控制的填筑标准。

对无黏性土，含水率对压实性的影响虽不像黏性土那样敏感，但还是有影响的。图9-4是无黏性土的击实试验结果。可以看出，它的击实曲线与黏性土不同。在同一击实功能下，当含水率近于零，它有较高的干密度。可是，在某一较小的含水率时，却出现最低的干密度。这被认为是由于假黏聚力而造成的。随着含水率的继续增加，假黏聚力逐渐消失，又能得到较高的干密度。因此，在无黏性土的实际填筑中，通常需要不断地洒水使其在较高含水率下压实，同时，如果在振动下压实将效果更好。顺便指出，无黏性土的填筑标准，通常是用相对密度来控制的，一般不进行击实试验。对于土石坝，无黏性填料的相对密度要求不低于0.70~0.75；在地震区，要不低于0.75~0.85。

## 2.2 分层碾压法

分层辗压法是用压路机、推土机或羊足辗等机械在土层上来回辗压，将土压实。每次压实厚度为30~40cm，分层铺土，分层辗压。

适应范围：地下水位以上，大面积回填时采用此法，适用于含水率较低的填土地基或杂填土地基处理。

压实效果：根据一些地区经验，用80~120kN压路机辗压杂填土，地基承载力可达到80~120kPa。

## 2.3 重锤夯实法

重锤夯实法是利用起重机提升重锤至一定高度后，让锤自由下落，重复夯打击实地基。一般重锤用钢筋混凝土制成，形状为截头圆柱体。锤重15~32kN，落距2.5~4.5m，夯打6~8遍，击实有效深度1.0~1.5m。

适应范围：地下水位低于有效夯实深度的各种稍湿的黏性土、砂土、湿陷性黄土、分层填土和杂填土地基。不适用于软黏土或地下水位以下的黏性土，因这类土在击实过程中易打成橡皮土而破坏土的结构，反而增加土的压缩性。

夯实效果：经重锤夯实处理后的杂填土，地基承载力一般可达100~150kPa。

## 2.4 振动压实法

振动压实法是用振动机具（如振动辗）振动松散地基或粗粒填料，使土颗粒受振移动至稳固位置，减小土的孔隙而压实。振动机频率为1160~1180r/min，振幅为3.5mm，振动机自重约20kN，振动力为50~100kN。

振动时间：碎砖瓦垃圾小于1min；含炉灰等细粒土时为3~5min。

适用范围：地下水位以上0.5m的松散砂杂填土、粗粒料填筑土，含少量黏性土的建筑垃圾、工业废料和炉灰填土地基。

压实效果：有效深度1.2~1.5m，振动压实后的地基承载力可达100~120kPa。

# 3 地基处理一般方法简述

地基处理的方法除了前节介绍的最常用的方法——机械压实法以外，还有很多实用的方法，如强夯法、振密法、预压法、垫层法、反压法、化学加固法等，这些方法都是根据不同工程的实际情况逐渐探索和发展起来的，有的方法还正在试验研究和推广阶段，所以，在应用时首先应该弄清各种方法的基本原理、基本概念和特点、使用范围、施工措施、应注意的问题，然后针对工程土体的具体实际情况，抓住问题的主要矛盾，选择适合的方法，有时还必须进行方案比较，选择最佳方案。下面对这些方法作以简述。

## 3.1 强夯法

强夯法是用特重的夯锤（常为 8～30t，也有重至 200t 的）和高的落距（8～20m，有高达 40m 的）对地基表面进行强夯。对不饱和的土，此法的作用与前一节击实的相同。而对饱和无黏性土，强夯可能引起液化，从而使土质变密。对饱和黏性土，强夯的效果尚待研究。我国有些工程经验认为，在软黏土地基安设排水井后，使用强夯法效果不错。

关于强夯法加固地基的作用原理，目前尚未完全了解，然而通过大量工程实践和现场实测资料分析，对强夯作用机理认识逐步明确。总的来说，强夯加固地基主要是由于强大夯击能在地基中产生强烈的冲击波和动应力作用增加土体密实性，从而提高土的强度，降低土的压缩性、渗透性及改善土的抗振动液化条件。由强夯产生的冲击波，按其在土中的传播和对土作用的特性可分为体积波和界面波两类：体积波包括纵波和横波（或分别称为压缩波和剪切波），从夯击点向地基深处传播，对地基土起压缩和剪切作用，可能引起地基土的压密固结；界面波从夯击点沿地表面传播，对地基不起加固作用，而可能使地基表面松动，因此，强夯的结果，在地基中沿深度可能形成性质不同的三个作用区：在地基表层，受到界面波和剪切波的干扰可能形成相对松动区；在其下某一深度，受到压缩波的作用，使土层产生沉降和土体的压密，形成加固区；在加固区下面，冲击波逐渐衰减，不足以使土产生塑性变形，对地基不起加固作用，称为弹性区。

锤重 $W$（以 t 计）和落距 $H$（以 m 计）的选择，取决于使土层受到夯实的影响深度 $D$（以 m 计），我国有些工程经验提出下列计算强夯影响深度 $Z$ 的经验公式：

$$Z = \alpha \sqrt{Wh} \qquad (9-3)$$

式中   $W$——锤重(t)；

       $h$——落距(m)；

       $\alpha$——系数，与地基土的性质有关，一般为 0.50～0.80，饱和砂土 $\alpha=0.5\sim0.6$，填土 $\alpha=0.6\sim0.8$，黄土 $\alpha=0.28\sim0.66$。

在夯击功能相同的条件下，实践表明，增大落距 $h$ 比增加锤重 $W$ 的效果更好，目前强夯设计理论尚不完善，需进行现场试验，确定锤重 $W$、落距 $h$、每个点锤击数 $N$、夯击遍数 $n$、夯点间距 $L$、休置时间 $t$ 等参数。

强夯最适用于孔隙大的松散大块碎石土、砂土、杂填土，也可用于一般黏性土、粉土和湿陷性黄土。

## 3.2 振冲法

振冲法的主要工具是振冲器。该器有多种尺寸，长度约 4~5m，直径 30~40cm，重约 30~60kg，器身有管道可通过高压水流或气流从器下部喷出，使用时用吊车将振冲器吊立在加固点地面，一边开动马达拖动偏心块发生振动，同时喷水（或气），振冲器在其自重并借助于振动和下孔喷水下沉，沉至预定深度后便停止下孔喷水，逐级提升振冲器并打开上孔喷水，同时向孔内填入砂石使振冲器周围土得以振密（施工程序见图9-5）。

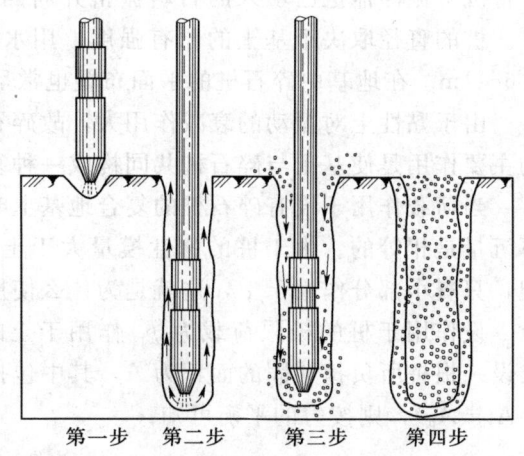

图 9-5 振冲法施工示意图

利用振冲器加固地基的方法有两种：其一是振密法，适用于无黏性土地基；另一是碎石桩法，适用于黏性土地基。这两种方法适用的土类范围，如图9-6所示。

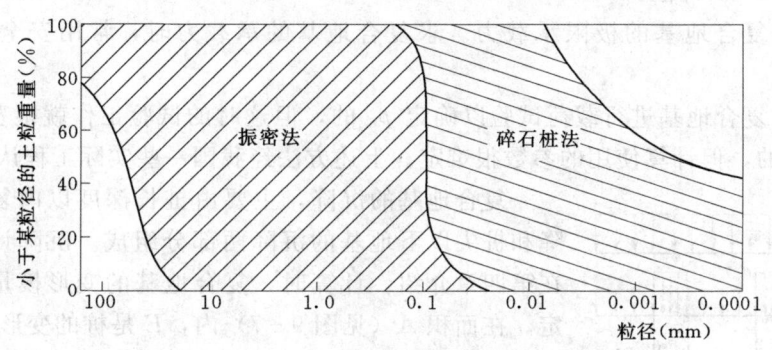

图 9-6 振冲法的适用范围

### 3.2.1 振密法

振密法主要用于松砂地基，施工大意如上述，其作用是破坏砂土的原有疏松结构，使土粒重新排列而成较密实的结构。如果是饱和砂土，则振动使砂土发生液化而变密，经用此法处理的砂土，体积可减少达 10%，因而地面常会出现明显的塌落。如要维持地面原有高程，则可从振冲孔投入砂砾料，使其在振冲器作用下与地基土混为一体并受到压密。

地基中振冲孔的布置多成四方形或三角形，孔距大小取决于处理后基土所要达到的密实度和基土的种类。一般来说，加固极细砂地基时，孔距约为 1.5m 左右。振冲器的下沉速度，通常每分钟约 1~2m，提升和振密的速度，每分钟约 0.3m。

### 3.2.2 碎石桩法

碎石桩法的主要工具亦为振冲器，施工方法也与振密法相似。地基为饱和黏性土时，常用压力水喷冲。地基为部分饱和土时，则多用压缩空气喷冲。在饱和的极细砂或粉土中，用此法时必须保证孔内水位要高于（至少要等于）静止地下水位，以免孔壁塌落。

分级提升振冲器时，势必留下直径略大于器身的孔洞，这时从地面将碎石投入孔内，并再沉下振冲器把已填入的石料振密并向四周挤出。分级重复上述操作以造成一根碎石桩。桩的直径取决于基土的原有强度、用水还是用气喷冲及振冲历时,一般桩径可达到 0.6～1m。在地基中碎石桩的平面布置也常呈方形或三角形,孔距常用 1～3m。

由于黏性土对振动的衰减作用大,故碎石桩周围的原来基土被振实的效果很小。此法的主要作用是使基土与碎石桩共同构成一种复合地基,以达到处理的目的。

当荷载作用于设有碎石桩的复合地基上时,如果基础是刚性的,则在地面处桩与土的下沉量是相等的。由于桩的弹性模量大于土,根据虎克定律,荷载就会有大部分由桩承担,只有小部分作用于土,这就是为什么使用碎石桩可以提高地基承载能力的道理。

设作用于桩的极限荷载为 $p_{pu}$ 作用于土的为 $p_{su}$,而平均作用于复合地基上的为 $p_u$,又设一根桩所负担加固的面积为 $A$,其中包括桩占的面积为 $A_p$,土占的面积为 $A_s$(即 $A=A_s+A_p$),则按力的平衡可知:

$$p_u = \frac{p_{pu}A_p + p_{su}A_s}{A} \tag{9-4}$$

式中　　$p_{pu}$——可通过对碎石桩进行载荷试验求得,$p_{su}$ 可按第 8 章所述的方法确定;
$A、A_p、A_s$——设计值。

故可求得复合地基的极限承载力。求复合地基的承载力时,常用安全系数去除 $p_u$ 而得。

也有用对复合地基进行载荷试验以确定 $p_u$ 的,但这时的试验工作就很费事。也有按理论计算 $p_u$ 的,但计算使用的参数很难定。上述方法经我国一些实际工程认为是可用的。

复合地基的沉降,主要由桩长深度以内复合地基的沉降和桩尖以下地基的沉降两部分组成。沉降计算的方法已在第四章介绍。计算时,复合地基的变形模量可按下述确定。在面积 $A$(见图 9-7)内,$E$ 是桩的变形模量 $E_p$ 与土的变形模量 $E_s$ 两者组成。当 $A$ 为一定时,$A_p$ 增大,$A_s$ 就减小,于是 $E$ 就必定变大;反之则变小。因此,可用下式关系计算 $E$ 值:

$$E = \frac{E_p A_p + E_s A_s}{A} \tag{9-5}$$

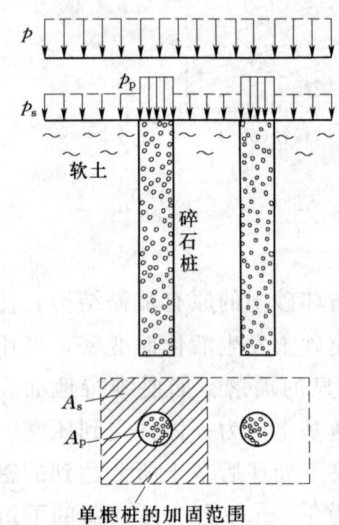

图 9-7　有碎石桩的复合地基

越来越多的实验资料指出,经过强夯法或振冲法处理地基后,随着时间的增长,土的强度会有所增大,压缩性有所减小。这一效应可以持续数周甚至数月之久,这已不能用很快就有可能消散的孔隙水压力作用来解释了。虽然也有人用触变硬化、化学胶结、溶解气体等因素的影响来解释,但对这一效应的机理至今还是不全了解的。从实用上看,使用刚处理后测得的效果来评价地基,是偏于安全的。

## 3.3　预压法

此法适用于软弱的正常固结或轻度超固结的粉土、黏土或有机土等地基。其法是在修造建筑物之前,在建筑场地上堆放如土或石等预压荷载(如地质条件适合时,也可用降低地下水位的办法）以使地基固结。等地基固结达到要求的程度后，卸除预压荷载再修造建筑物。这样，就可以消除或大大减小建筑物建成后的沉降。

我国早就在水利工程中采用的"刨堤建闸"，正是这一方法的具体运用。

### 3.3.1 预压地基的固结过程

经验证明，当预压荷载能在较短的时间内加完，这样地基的固结过程可作为瞬时加荷的情况，按照第四章的方法进行计算。如果荷载是分级施加且施加的历时较长，便应另作考虑［可参阅我国《港口工程技术规范（1978） 第五篇 地基（试行）》］。

### 3.3.2 排水砂井的利用

为了加速预压地基的固结，缩短预压工期，常在地基中埋设排水砂井（见图9-8），使土中水既能在沿直向，也能作水平辐射向流动，流入排水砂井排出。

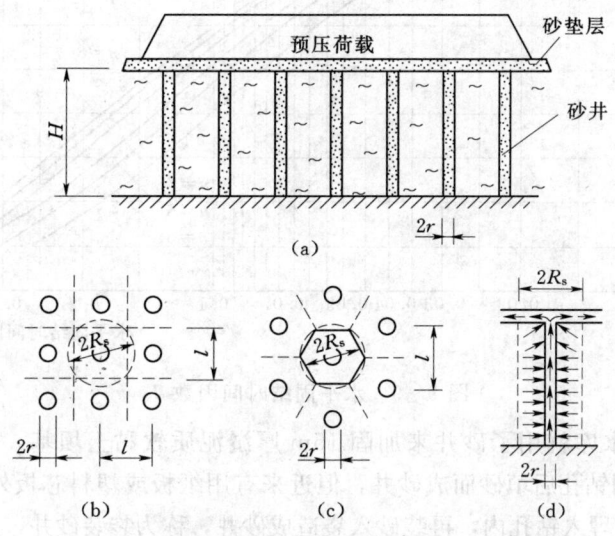

图 9-8 砂井预压法

(a) 砂井剖面图；(b) 正方形布置；(c) 梅花形布置；(d) 砂井的排水途径

按多维渗透固结理论，设有排水井的预压地基的平均固结度可按式（9-6）确定：

$$U_{rs} = 1 - (1 - U_{tr})(1 - U_{ts}) \tag{9-6}$$

$$n = \frac{R_s}{r} \tag{9-7}$$

$$T_r = \frac{C_{vr}}{4R_s^2} t \tag{9-8}$$

$$C_{vr} = \frac{K_r(1+e)}{a_v \gamma_w} \tag{9-9}$$

式中  $U_{rs}$——有排水井的地基平均固结度；

$U_{ts}$——竖向固结度，按第四章第6节求得；

$U_{tr}$——水平辐射向固结度，为 $n$、$T_r$ 的函数，可用图 9-9 加以确定；

$n$——井径比；

$R_s$——单井的影响半径（见图 9-8）；

$r$——井的半径；

$T_r$——水平辐射向固结时间因数；
$C_{vr}$——水平辐射向固结系数($cm^2/a$)；
$K_r$——水平辐射向渗透系数($cm/s$)；
$e$——基土的孔隙比，无因次；
$\gamma_w$——水的重度($kN/cm^3$)；
$a_v$——压缩系数($cm^2/N$)。

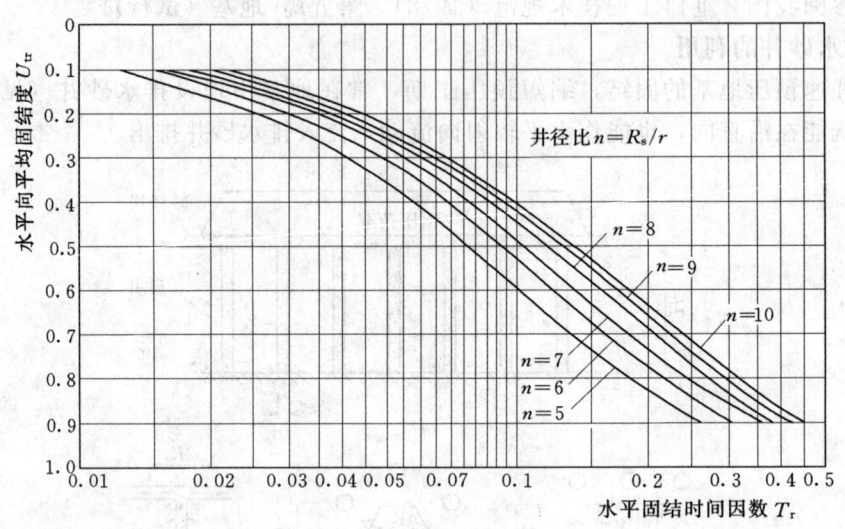

图 9-9 水平固结时间因数 $T_r$

我国浙江杜湖水库就用了砂井来加固 15m 厚淤泥质软黏土坝基，比较成功。

排水井过去常用钻孔后填砂而成砂井，但近来有用纸板或塑料芯板外包滤水纤维布制成，或用细长的纤维布袋埋入钻孔内，再装砂入袋造成砂井，称为袋装砂井，这样施工比较方便。

为了避免堆卸土石等笨重预压荷载，也有用图 9-10 所示利用大气压力作为预压荷载的真空预压法。同时，如地质条件合适，也可在场地埋设井点系统以降低地下水，一方面加速排水，一方面使土的自重增大起到预压作用。

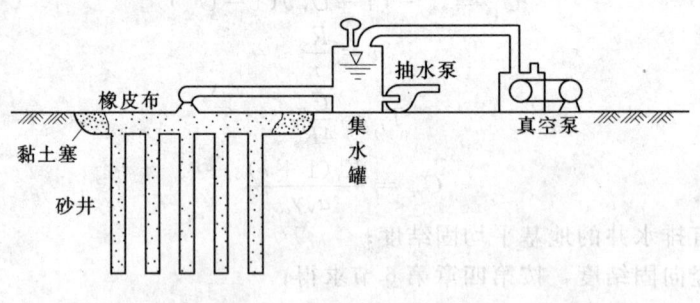

图 9-10 真空预压法

## 3.4 垫层法

此法是把地基上部一定范围内不符合要求的软弱土挖去，换填上强度较大、压缩性较小的材料，例如，砂、碎石、矿渣或土等材料，并加工夯实做成垫层，也有用灰土、素土等作为垫层的。在水利工程中，砂垫层是最常用的一种，我国长江下游软土地区，就有用砂垫层修建水闸的经验。在用砂垫层作挡水建筑物地基时，必须做好防止渗流破坏的措施。

建筑物浅基础在荷载作用下，如果产生基土剪切破坏或是过量的沉降，其主要部位都发生在离基础底面不深处（大致等于基础的宽度）。所以，使用砂垫层便可以起到提高浅基础的地基承载力，减少基础的沉降量，加速基土排水固结，在寒冷地区可以防止冻胀，在胀缩土地区可以消减基土的胀缩作用。在水利、工业民用建筑、路工等工程中都常使用此法。

如果地下水位可以降低，使用垫层法挖除原地基软弱土的深度小于3m左右是可行的，如挖土深度过大则不经济了。

图 9-11 是垫层的示意图，按设计将地基挖至 $D_f+d$ 深度，换入砂料。砂料以含泥量小于3%的中、粗砂为合适，分层铺筑，分层压实，压实后砂的相对密度 $D_r$ 应大于 0.67。基础底面高程以上的填料，可就地取材，用当地易得到土料回填并加以压密。

砂垫层设计的主要内容是确定断面的合理厚度与宽度，既要有足够厚度代换可能被剪破的软土层，又要有足够宽度以防垫层向四周挤出。

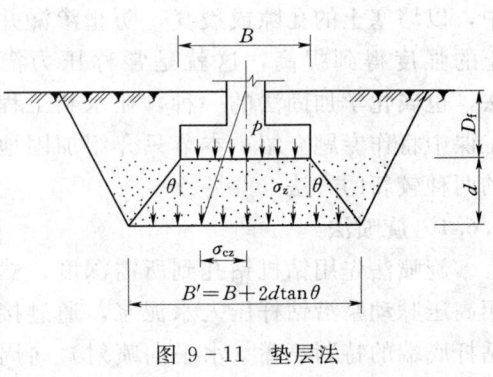

图 9-11 垫层法

垫层厚度按下列条件式确定：

$$\sigma_{cz} + \sigma_{s(d)} \leq f \tag{9-10}$$

式中 $f$——按国家标准查取垫层底面处经过修正后的容许承载力（见第八章）(kPa)；

$\sigma_{cz}$——由原地算起，垫层底面处的自重压力(kPa)；

$\sigma_{s(d)}$——垫层底面处软土层所受到的附加压力(kPa)。

设计时可以根据砂垫层作为地基时的容许承载力拟定基础的宽度，再按经验初步拟定垫层的厚度 $d$，然后用式(9-10)加以验核。

砂垫层的宽度计算，常用的方法是根据土中应力扩散角的大小而定（见图9-11），即

$$B' \geq B + 2d\tan\theta \tag{9-11}$$

式中 $B'$——砂垫层的底宽(m)；

$B$——条形基础的底宽(m)；

$\theta$——土中应力扩散角，碎石、粗砂或中砂的 $\theta = 20° \sim 30°$。

确定底宽后，可按基坑开挖要求放坡至地面，即可得砂垫层的设计断面。

## 3.5 反压法

在堤、坝工程中常有用此法改善地基的稳定性和渗流条件，图 9-12 是堤防工程中反压台的使用示意图。在迎水一侧的反压台还兼防浪作用，背水一侧又可在防汛期间作护堤

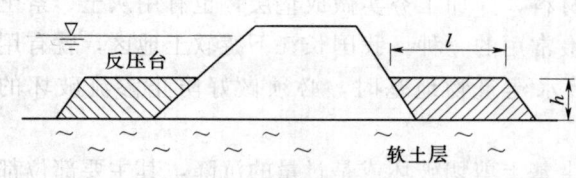

图 9-12 反压法

抢险的工作场地。当然不是所有堤坝前后两侧都要修建反压台的,应视具体情况而定。

为改善地基稳定性而修建反压台时,可选拟定多个反压台尺寸(高度 $h$ 与宽度 $b$),并按圆弧法找出边坡的最小安全系数,满足设计标准的,即为所求的尺寸。一些计算经验证明,当 $b$ 为一定时,$h$ 增加到一定值后,安全系数的增大就不明显;而当 $h$ 为一定时,$b$ 增大到一定值后,安全系数也不会再提高多少。

### 3.6 化学加固法

用压力把化学溶液或胶凝剂(例如,水泥、水玻璃、丙烯酸氨或纸浆液等)灌入土中,以堵塞土的孔隙或裂缝,防止渗漏并使土的强度得到提高,这就是常称压力灌浆法,也属化学加固法的一种,在水利工程施工课中将作专题介绍,本节只介绍加固地基的两种较新的方法。

#### 3.6.1 旋喷法

旋喷法先用钻机钻孔到所需深度,然后用高压脉动泵沿钻杆压入水泥浆,通过接在钻杆底端的特制喷嘴(水平向喷射)向周围土体喷射浆液,同时,以一定速度使钻杆边旋转边上升。于是高压射浆使一定范围内的土体受到破坏并与浆液混合,胶结硬化而成旋喷桩(见图 9-13)。

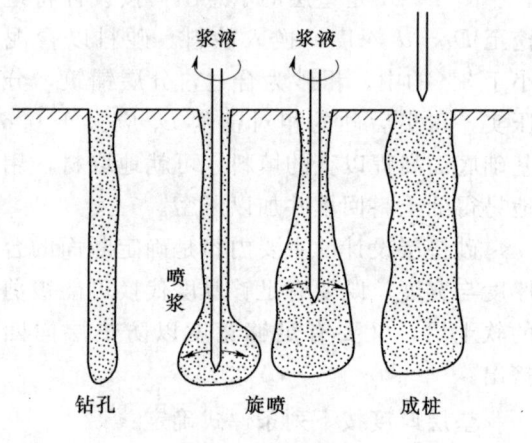

图 9-13 旋喷法

用得最多的浆液是一般的水泥浆,如土的透水性大或地下水流急时,可在浆液中掺入速凝剂以防浆液流失。

此法设备简单、轻便、施工噪音小,可用于工程修建以前或工程修建以后。

#### 3.6.2 深层搅拌法

深层搅拌法用特制深层搅拌机(见图 9-14)钻入地下至设计深度,然后一面搅拌,掺入水泥或水泥浆,并逐渐提升钻杆(有时也上下重复搅拌的),于是土与掺入物被搅混合胶结成整体。利用这一方法,可按上部结构的要求,在地基中造成各种形状(柱状、壁状等)的加固体与地基合成为复合地基。

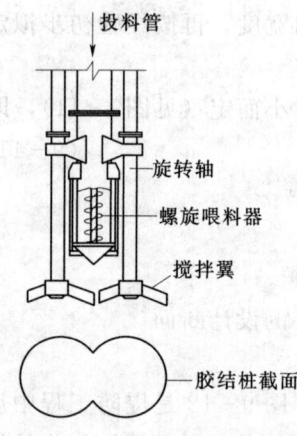

图 9-14 深层搅拌器示意图

用深层搅拌法时,基土不致被挤向四周,对邻近现存的建筑物影响不大,施工噪音小。深层搅拌法比预压法收效快,比垫层法又可少挖土方量,水泥用量比旋喷法也少。

上面两种方法是 20 世纪 60 年代末、70 年代初日本提出的。我国 20 世纪 70 年代也已使用，并有些地方加以发展，例如，冶金部就提出三重管旋喷法。

# 4 黄 土 地 基

## 4.1 概述

黄土具有与一般黏性土不同的特性，主要是黄土具有孔隙结构和柱状节理，遇水可能湿陷，因此对建筑物地基有特殊的要求，需进行研究。

黄土是第四纪形成的沉积物，按形成年代的早晚分为老黄土和新黄土，老黄土包括午城黄土（$Q_1$）和离石黄土（$Q_2$）；新黄土有马兰黄土（$Q_3$）和黄土状土（$Q_4$）（见表 9-4），黄土在我国分布很广，面积约 63 万 $km^2$，其中湿陷性黄土约占 3/4，按工程地质特征和湿陷性强弱程度，把湿陷性黄土分为七个分区：①陇西地区：黄土厚度大于

表 9-4 黄土的地层划分

| 时　　代 | 地层划分 | 试验压力(kPa) |
|---|---|---|
| | | 200～300 |
| 全新世 $Q_4$ | 黄土状土 | 具湿陷性 |
| 晚更新世 $Q_3$ | 马兰黄土 | |
| 中更新世 $Q_2$ | 离石黄土 | 不具湿陷性 |
| 早更新世 $Q_1$ | 午城黄土 | |

10m，湿陷性强烈；②陇东陕北地区：黄土厚度大于 10m，湿陷性大；③关中地区：具有中等湿陷区；④山西地区：土层厚 5～10m，中等湿陷性；⑤河南地区：非自重湿陷性，湿陷性较弱；⑥冀鲁地区：一般为非自重湿陷性，湿陷性弱或无；⑦北部边缘地区：非自重湿陷性，黄土厚度一般小于 5m，湿陷性中等或弱。

黄土的外观特征：颜色呈淡黄至褐黄，故名黄土。黄土没有层理，有肉眼可见的大孔隙，又称大孔土。这种土在天然含水率时坚硬，天然陡坡高达十几米至几十米保持稳定。

黄土中含大率可溶盐，加盐酸发生气泡，有的还含石灰质结核（即料姜石）。这类土浸水后易崩解。

试验表明：黄土的孔隙很大，一般 $e>1.0$；密度小，$r=14\sim16kN/m^3$；粉粒（$d=0.05\sim0.005mm$）占 70%～90%；塑性指数 $I_p=7\sim12$，属粉土和粉质黏土。

## 4.2 黄土的变形特性

### 4.2.1 黄土的湿陷性

黄土作为建筑物的地基最主要的特性是湿陷性。在天然湿度下，黄土有很大的强度；但受水浸湿后，黄土就会产生很大变形，引起基础的不均匀沉降，造成建筑物的破坏，这种特性称为黄土的湿陷性。

### 4.2.2 黄土湿陷性的原因

（1）外因。由于建筑物附近修建水库、渠道蓄水渗漏，水管、水池漏水或降水量较大渗入地下，引起地下水位上升，浸湿黄土地基。

（2）内因。黄土中含有硫酸钠、碳酸钠、碳酸镁和氧化钠等可溶盐，受水浸湿后，这些可溶盐被溶化，大大减弱土中的胶结力，黄土结构强度部分或全部丧失，使土粒容易发生位移而产生变形。同时，黄土受水浸湿，使土粒周围的薄膜水增厚，楔入颗粒之间，在压密过程中起润滑作用。这就是黄土湿陷的内在原因。

### 4.2.3 黄土变形特性的测定方法

#### 4.2.3.1 现场注水载荷试验

这种试验的装置和试验方法与一般现场载荷试验相同。唯一不同之处是在试验过程中要向试坑内注水,以测定黄土的湿陷性。为防止注水时冲动土面,需在试坑底部铺设 5～8cm 厚的砂砾层。

这种方法的优点是使试验更接近自然条件,尤其在黄土中含有砾石和砂不易取原状土时,更显示出它的优越性。

缺点是土层较厚时浸水不能浸透全部土层,因而只能定性测定黄土的湿陷性。

因此,现场注水载荷试验适用条件为湿陷性黄土层厚度为 2m 左右。

#### 4.2.3.2 室内浸水侧限压缩试验

在探井中取天然结构未破坏、水分未变化的原状土做试验。试验设备和方法与一般侧限压缩试验相同,有加水、排水的装置。试验时分级加荷,待土样在设计荷重作用下压缩稳定后,加水浸湿,使土样下陷,如图 9-15(a) 中 $bc$ 段所示。与直线 $bc$ 段相对应的孔隙比变化 $\varepsilon_m$,称为大孔隙系数。等湿陷稳定后继续分级加荷,土样的压缩变形曲线沿 $cd$ 进行。

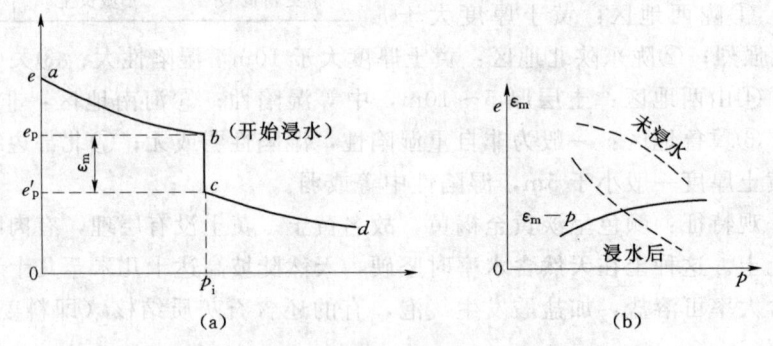

图 9-15 浸水侧限压缩曲线

在不同荷载 $p$ 下,分别注水测定相应 $\varepsilon_m$ 值,可绘制 $\varepsilon_m$—$p$ 曲线,如图 9-15(b) 所示。

### 4.3 黄土地基湿陷性指标和湿陷性评价

#### 4.3.1 湿陷系数

黄土的湿陷性,应按室内压缩试验,在一定压力下测定的湿陷系数 $\delta_s$ 判定。湿陷系数应按式(9-12)计算:

$$\delta_s = \frac{h_p - h'_p}{h_0} \qquad (9-12)$$

式中 $\delta_s$——黄土的湿陷系数;

$h_p$——保持天然的湿度和结构的土样,加压至一定压力时,下沉稳定后的高度(cm);

$h'_p$——上述加压稳定后的土样,在浸水作用下,下沉稳定后的高度(cm);

$h_0$——土样的原始高度(cm)。

我国《湿陷性黄土地区建筑规范》（TJ 25—78）规定，试验测定 $\delta_s$ 采用的垂直压力：

基底以下 10m 内的土层，$p=200$kPa；

基底以下大于 10m 的土层，$p=300$kPa；

压缩性较高的新近沉积的黄土 5m 以内，$p=150$kPa。

利用黄土的湿陷系数 $\delta_s$ 可将黄土湿陷性分为以下四等：

$\delta_s<0.015$ 为非湿陷性；

$0.015\leqslant\delta_s\leqslant0.03$ 为轻微湿陷性；

$0.03<\delta_s\leqslant0.07$ 为中等湿陷性；

$\delta_s>0.07$ 为强烈湿陷性。

划分湿陷性与非湿陷性黄土的界限值，根据当地经验，也可采用 $\delta_s=0.02$。

### 4.3.2 自重湿陷系数

划分非自重湿陷性和自重湿陷性黄土，应按室内压缩试验，由土的饱和自重压力下测定的自重湿陷系数 $\delta_{zs}$ 判定。自重湿陷系数应按式（9-13）计算：

$$\delta_{zs}=\frac{h_s-h'_s}{h_0} \tag{9-13}$$

式中 $h_s$——保持天然的湿度和结构的土样，加压至土的饱和自重压力时，下沉稳定后的高度（cm）；

$h'_s$——上述加压稳定后的土样，在浸水作用下，下沉稳定后的高度（cm）；

$h_0$——土样的原始高度（cm）。

测定 $\delta_{zs}$ 的压力，自天然地面算起（当挖、填方厚度和面积较大时，自设计地面算起），至该土样顶面为止的上覆土的饱和（$S_r=0.85$）自重压力（当大于 300kPa 时，仍应用 300kPa）。

当 $\delta_{zs}<0.015$ 时，应定为非自重湿陷性黄土；$\delta_{zs}\geqslant0.015$ 时，应定为自重湿陷性黄土。

### 4.3.3 计算自重湿陷量

计算自重湿陷量 $\Delta_{zs}$，用来判定建筑场地的湿陷类型，应按式（9-14）计算：

$$\Delta_{zs}=\beta_0\sum_{i=1}^{n}\delta_{zsi}h_i \tag{9-14}$$

式中 $\delta_{zsi}$——第 $i$ 层土样的自重湿陷系数；

$h_i$——第 $i$ 层土样的厚度（cm）；

$\beta_0$——由于土质因地区而异的修正系数，对陇西地区可取 1.5，对陇东和陕北地区可取 1.2，对关中地区可取 0.7，对其他地区可取 0.5。

$\Delta_{zs}$ 的累计，自天然地面算起（当挖、填方厚度和面积较大时，自设计地面算起），至其下全部湿陷性黄土层的底面为止，其中 $\delta_{zs}<0.015$ 的土层不累计。

当 $\Delta_{zs}<7$cm 时，一般定为非自重湿陷性黄土场地。

当 $\Delta_{zs}>11$cm 时，一般定为自重湿陷性黄土场地。

当 $\Delta_{zs}$ 为 7~11cm 时，建筑场地的湿陷类型界限值，应根据本节概述中的分区，并结合当地建筑经验确定。对第①、②区，宜取较小值，其他地区宜取较大值，作为自重湿陷性黄土场地的界限值。

建筑物场地的湿陷等级也可按实测自重湿陷量 $\Delta'_{zs}$ 来判定：当 $\Delta'_{zs} > 7cm$ 时，为自重湿陷性黄土场地；其余为非自重湿陷性黄土场地。

### 4.3.4 湿陷性黄土地基沉降量计算

湿陷性黄土地基沉降量按式(9-15)计算：

$$S = S_h + S_B \tag{9-15}$$

$$S_B = \sum_{i=1}^{n} \frac{\varepsilon_{mi}}{1+e_{1i}} h_i \tag{9-16}$$

式中 $S$——总沉降量；

$S_h$——天然含水率的黄土未浸水的沉降量，计算方法同前（见第四章）；

$S_B$——浸水后的附加沉降量；

$n$——受压层范围内黄土层的数目；

$\varepsilon_{mi}$——在相应的附加压力作用下，土样浸水前后孔隙比的变化，即大孔隙系数；

$e_{1i}$——该土层浸水前的孔隙比；

$h_i$——受压层范围内某一层黄土的厚度。

当没有上部荷重时，$\varepsilon_{mi}$ 值采用饱和土自重产生的压力平均值相应孔隙比的变化值。

**【例题 9-1】** 黄土地基上修建一条形基础，基础宽 $B = 1.5m$，埋深 1.5m。地基土的性质和计算的自重压力与附加压力分布曲线见图 9-16(a)，黄土的 $\varepsilon-p$ 曲线见图 9-16(b)。已知天然含水率时载荷试验结果 $E = 10MPa$，$\mu = 0.36$。求黄土地基浸水后的总沉降量。

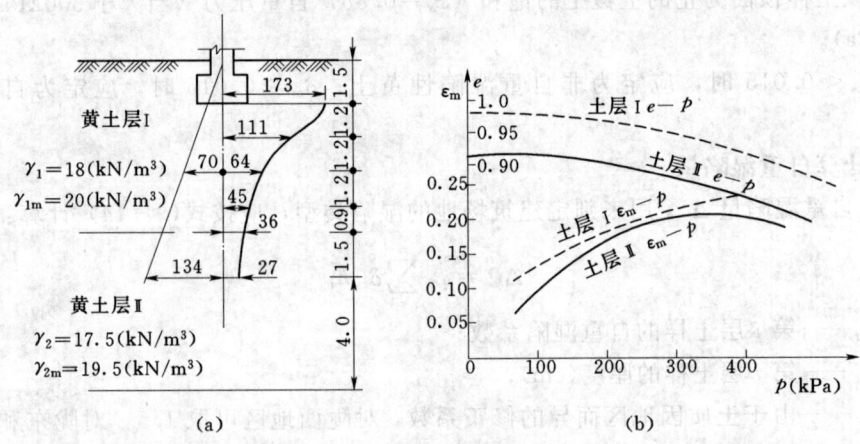

图 9-16 例题 9-1 图

**解** (1) 正常沉降量计算：

$$S_h = \sum_{i=1}^{n} \left(1 - \frac{2\mu^2}{1-\mu}\right) \frac{1}{E} h_i p_i$$

$$= \frac{0.59}{10000} \times \left[120 \times \left(\frac{173+111}{2} + \frac{111+64}{2} + \frac{64+45}{2}\right)\right.$$

$$+90\times\left(\frac{45+36}{2}\right)+150\times\left(\frac{36+27}{2}\right)\Big]$$

$$=\frac{0.59}{10000}\times[120\times(142+87.5+54.5)+90\times40.5+150\times31.5]$$

$$=\frac{0.59}{10000}\times(120\times283+3650+4660)$$

$$=\frac{0.59}{10000}\times42310=2.50(\text{cm})$$

(2) 浸水后附加沉降量计算。由式(9-16)：

$$S_B=\sum_{i=1}^n\frac{\varepsilon_{mi}}{1+e_{1i}}h_i$$

其中，$\varepsilon_{mi}$ 由每一计算层所受平均附加压力与平均自重压力之和查图 9-17 曲线 (b)。

第一计算层：平均附加压力：

$$\bar{\sigma}_s=\frac{173+111}{2}=142(\text{kPa})$$

平均自重压力：

$$\bar{\sigma}_c=r_m\bar{Z}_1=20\times\left(1.5+\frac{1.2}{2}\right)=42(\text{kPa})$$

此层所受平均总压力为：

$$\bar{\sigma}_s+\bar{\sigma}_c=142+42=184(\text{kPa})$$

查得 $\varepsilon_{m1}=0.17$。同理可得 $\varepsilon_{m2}=0.16$，$\varepsilon_{m3}=0.15$，$\varepsilon_{m4}=0.16$，$\varepsilon_{m5}=0.16$，$\varepsilon_{m6}=0.17$。
由图 9-17 查得：

$$\varepsilon_{11}\approx\varepsilon_{12}\approx\varepsilon_{13}\approx\varepsilon_{14}=0.98 \quad \varepsilon_{15}=\varepsilon_{16}\approx0.91$$

$$S_B=120\times\left(\frac{0.17}{1+0.98}+\frac{0.16}{1+0.98}+\frac{0.15}{1+0.98}\right)+90\times\frac{0.16}{1+0.98}$$

$$+150\times\frac{0.16}{1+0.91}+400\times\frac{0.17}{1+0.91}$$

$$=120\times0.086+0.081+0.076+90\times0.081+150\times0.084+400\times0.089$$

$$=120\times0.243+7.29+12.6+35.6$$

$$=84.6(\text{cm})$$

所求基础总沉降：

$$S=S_h+S_B=2.50+84.6=87.10(\text{cm})$$

由计算可见：

$$S_B>S_h,S_B\approx23S_h$$

(3) 如只有土的自重压力，没有建筑物引起的附加压力时，浸水后侧面的沉降量计算
在自重压力下，各计算层的大孔隙系数为：$\varepsilon_{m1}=0.11$，$\varepsilon_{m2}=0.12$，$\varepsilon_{m3}=0.13$，$\varepsilon_{m4}=\varepsilon_{m5}=0.14$，$\varepsilon_{m6}=0.17$，浸水后的附加沉降量为：

$$S=\sum_{i=1}^6\frac{\varepsilon_{mi}}{1+e_{1i}}h_i=120\times\left(\frac{0.11+0.12+0.13}{1+0.98}\right)+90\times\frac{0.14}{1+0.98}$$

$$+150\times\frac{0.14}{1+0.91}+400\times\frac{0.17}{1+0.91}=83.3(\text{cm})$$

此沉降量与有附加力时的沉降量 88.3cm 相差不大。这样大的沉降量是建筑物所不容许的，因此，必须采取相应工程措施，防止浸水引起的大量附加沉降量。

#### 4.3.5 黄土地基的湿陷等级划分

黄土的分级湿陷量，表达对建筑物的危害程度，按式(9-17)计算：

$$\Delta_s = \sum_{i=1}^{n} \delta_{si} h_i \qquad (9-17)$$

式中 $\Delta_s$——黄土的分级湿陷量(cm)；

$\delta_{si}$——第 $i$ 层黄土的湿陷系数；

$h_i$——第 $i$ 层黄土的厚度，cm，从基础底面算起（初勘时从地面下 1.5m 算起）。

对非自重湿陷性黄土地基，算至基底下 5m 为止；对自重湿陷性黄土地基，则算至基底下 10m 为止。其中非湿陷性土层不累计在内。

湿陷性黄土地基湿陷等级的划分应能表达出对工程的危害程度，从而可以采取相应的措施。所以，建筑部门对湿陷等级也按地基总湿陷量 $\Delta_s$ 来划分，总湿陷量 $\Delta_s$ 的计算公式如下：

$$\Delta_s = \sum_{i=1}^{n} \beta \delta_{si} h_i \qquad (9-18)$$

式中 $\delta_{si}$——第 $i$ 层土的湿陷系数；

$h_i$——第 $i$ 层土的厚度(cm)；

$\beta$——考虑地基土的侧向挤出和浸水几率等因素和修正系数，基底下 5m 深度（或压缩层）内取 1.5，5m（或压缩层）深度以下，非自重湿陷性黄土场地可不计算，自重湿陷性场地的修正系数 $\beta_0$ 取值因土质而异，对陇西地区可取 1.5，陇东陕北地区可取 1.2，关中地区可取 0.7，其他地区可取 0.5。

总湿陷量的计算深度从基础底面算起，对非自重湿陷性场地算至其下 5m，其中的非湿陷性黄土不计。

总湿陷量 $\Delta_s$ 仅表示湿陷性黄土地基在规定的压力作用下，经充分浸水后可能发生的湿陷量，它只概略地反映出地基湿陷的严重程度，而并非是建筑物地基的实际湿陷量。在地基勘察时，根据总湿陷量和自重湿陷量来划分地基的湿陷等级，供建筑物设计时按湿陷等级考虑相应的措施。在同样情况下，湿陷等级愈高，设计措施要求也愈高。湿陷性黄土地基的湿陷等级分为四级，参见表 9-5。

表 9-5　　　　　　　　　　湿陷性黄土地基的湿陷等级

| 总湿陷量(cm) | 非自重湿陷性场地 $\Delta_{zs} \leq 7$ | 自重湿陷性场地 $7 < \Delta_{zs} \leq 35$ | 自重湿陷性场地 $\Delta_{zs} > 35$ |
|---|---|---|---|
| $\Delta_s \leq 30$ | Ⅰ（轻微） | Ⅱ（中等） | — |
| $30 < \Delta_s \leq 60$ | Ⅱ（中等） | Ⅱ 或 Ⅲ | Ⅲ（严重） |
| $\Delta_s > 60$ | — | Ⅲ（严重） | Ⅳ（很严重） |

注：1. 当总湿陷量 $30\text{cm} < \Delta_s \leq 50\text{cm}$，计算自重湿陷量 $7\text{cm} < \Delta_{zs} < 30\text{cm}$ 时，可判为 Ⅱ 级。

2. 当总湿陷量 $\Delta_s \geq 50\text{cm}$，计算自重湿陷量 $\Delta_{zs} \geq 30\text{cm}$ 时，可判为 Ⅲ 级。

### 4.3.6 黄土湿陷起始压力

当黄土受水浸湿，如作用其上的压力不大时，只产生压密变形；只有压力超过某一数值，才发生黄土结构剧烈破坏，变形突然加剧，产生湿陷变形。这种使黄土发生湿陷的最小压力称为黄土湿陷起始压力，以 $p_{sh}$ 表示。

$p_{sh}$ 是评价黄土工程性质的重要指标，测定方法有如下两种：

(1) 按载荷试验确定时，应在 $p-s$ 曲线（压力与浸水下沉量关系曲线）上，取其转折点所对应的压力作为湿陷起始压力值。当曲线上转折点不明显时，可取浸水下沉量与承压板宽度之比不大于 0.02 所对应的压力作为湿陷起始压力值。

(2) 按室内压缩试验（双线法或单线法）确定时，可取一定的湿陷系数 $\delta_s$ 值对应于 $p-s$ 曲线上的压力作为湿陷起始压力值。$p_{sh}$ 所对应的 $\delta_s$ 值通常在 0.01～0.02 之间，其具体数值可根据曲线形态和工程实践经验选取，对湿陷性强的土层，宜取 $\delta_s \leq 0.015$ 所对应的压力作为湿陷起始压力值（见图 9-17）。

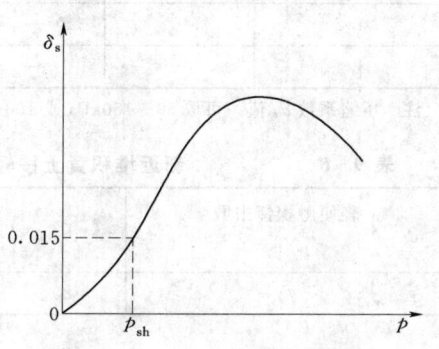

图 9-17 湿陷起始压力确定法

双线法压缩试验应在同一地点同一深度取两个试样，一个在天然湿度下分级加荷，另一个在天然湿度下加第一级荷重，下沉稳定后浸水，至湿陷稳定再分级加荷。单线法至少取 5 个试样，分别加至不同压力，下沉稳定后浸水至湿陷稳定为止。

## 4.4 湿陷性黄土地基的承载力

根据大量载荷试验资料统计整理，《湿陷性黄土地区建筑规范》(GB 50025—2004) 规定可根据土的物理、力学指标平均值确定黄土地基的承载力特征值 $f_0$ (kPa)，见表 9-6～表 9-8。表中数值适用的条件如下：

(1) 基础宽度 $B \leq 3m$，埋深 $D \leq 1.5m$。
(2) 地基土的物理力学性在水平方向较均匀，基底以下 5m 内压缩性变化不显著。
(3) 建筑物的结构类型为当地广泛采用的。

表 9-6  一般湿陷性黄土的承载力 $f_0$ (kPa)

| $\dfrac{w_L}{e}$ | $w$ (%) | | | | | | |
|---|---|---|---|---|---|---|---|
| | ≤10 | ω13 | 16 | 19 | 22 | 25 | 28 |
| 22 | 190 | 180 | 170 | 150 | 130 | 110 | — |
| 25 | 210 | 190 | 180 | 160 | 140 | 120 | 100 |
| 28 | 230 | 210 | 190 | 170 | 150 | 130 | 110 |
| 31 | 250 | 230 | 210 | 190 | 170 | 150 | 130 |
| 34 | — | 250 | 230 | 210 | 190 | 170 | 150 |
| 37 | — | — | 250 | 230 | 210 | 190 | — |

注 一般湿陷性黄土指马兰黄土或全新世早期 $Q_4^1$ 的湿陷性黄土。

表 9-7　　　　　　　　　　　新近堆积黄土的承载力 $f_0$ (kPa)

| $a_v$(MPa$^{-1}$) | 含水比 $u=w/w_L$ | | | | | |
|---|---|---|---|---|---|---|
| | 0.4 | 0.5 | 0.6 | 0.7 | 0.8 | 0.9 |
| 0.2 | 148 | 143 | 138 | 133 | 128 | 123 |
| 0.4 | 136 | 132 | 126 | 122 | 116 | 112 |
| 0.6 | 125 | 120 | 115 | 110 | 105 | 100 |
| 0.8 | 115 | 110 | 105 | 100 | 95 | 90 |
| 1.0 | — | 100 | 95 | 90 | 85 | 80 |
| 1.2 | — | — | 85 | 80 | 75 | 70 |
| 1.4 | — | — | — | 70 | 65 | 60 |

注　压缩系数 $a_v$ 值，可取 50~150kPa 或 100~200kPa 压力下的大值。

表 9-8　　　　　新近堆积黄土按轻便式触探试验确定的承载力 $f_0$ (kPa)

| 轻便触探锤击数 $N_{10}$ | 7 | 11 | 15 | 19 | 23 | 27 |
|---|---|---|---|---|---|---|
| $f_0$ | 80 | 90 | 100 | 110 | 120 | 135 |

若基础宽度 $B>3$m，或埋深 $D>1.5$m，则地基承载力按式(8-55)进行修正。计算方法与非黄土地基相同，唯承载力修正系数 $\eta_b$ 和 $\eta_d$ 用表 9-9 数值。

表 9-9　　　　　　　基础的宽度和埋置深度的承载力修正系数

| 地基土类别 | 有关物理指标 | $\eta_b$ | $\eta_d$ |
|---|---|---|---|
| 晚更新世 $Q_3$ 全新世 $Q_4^1$ 湿陷性黄土 | $w<24\%$ | 0.2 | 1.25 |
| | $w \geqslant 24\%$ | 0 | 1.10 |
| 饱和黄土 | $e<0.85$、$I_L<0.85$ | 0.2 | 1.25 |
| | $e \geqslant 0.85$、$I_L \geqslant 0.85$ | 0 | 1.10 |
| | $e \geqslant 1.0$、$I_L \geqslant 1.0$ | 0 | 1.00 |
| 新近堆积黄土($Q_4^2$) | | 0 | 1.00 |

## 4.5　湿陷性黄土地基处理的工程措施

为了保证湿陷性黄土地基上的建筑物的正常使用，应根据建筑物的重要程度、地基湿陷性的类别、湿陷等级、地下水变化情况与地基受浸水的可能性和施工条件，采取必要的工程措施。

### 4.5.1　建筑物的等级

按建筑物的重要程度分为甲、乙、丙三类。

甲类：国家与省的特别重要的建筑物；对国民经济有重要意义的建设项目；地基易受浸湿，结构对不均匀沉降有严格限制的建筑物。

乙类：甲类以外，地基易浸湿，结构对不均匀沉降有一定限制的建筑物。

丙类：建筑物内无水暖管道，场地排水畅通，地基受水浸湿可能性很小，以及次要的小型建筑物。

### 4.5.2 工程措施

(1) 防水措施。防止地基土受水浸湿，包括：施工场地排水，贮水建筑物的合理布置，水管布置有必要的防护距离，保证管道、水池等工程不漏水，做好排泄地面水的散水和排水沟等。

(2) 结构措施。为了使建筑物结构能适应不均匀沉降和局部变形，以弥补因其他工程措施失效而产生的地基变形。选择适宜的上部结构和基础的型式，加强建筑物的整体刚度，设置沉陷缝，在构件之间采用有足够强度的接头和支承面积等。

(3) 地基加固措施。通常加固黄土地基的措施有：重锤表层夯实；强夯深层加固；素土或灰土垫层；挤密土桩或灰土桩；扩底桩，将上部荷载传到深层非湿陷性土层上；预浸水法；化学加固法和热加固法等。

挤密土桩桩孔直径 $d=15\sim30cm$，土桩间距为 $2d\sim2.5d$，西安市用挤密灰土桩处理黄土地基已有10多年历史，处理面积已达几十万平方米，情况良好。

预浸水法是在建筑物施工前大面积浸水，需水量 $50\sim60kPa$，浸水时间3个月。经预浸水法处理，可消除全部自重湿陷性和深度大于4m的非自重湿陷性。

化学加固法在西安及兴平县加固黄土地基和陕西省焦化厂塔群湿陷性黄土地基处理效果良好，热加固法是用800℃左右的高热空气通至地下，焙烧黄土，以消除湿陷性。此法在兰州、洛阳等地使用过。但以上两法造价高、设备复杂，使用不广泛。

【**例题 9-2**】 已知某建筑物基础宽 $B=4m$，埋深 $D=2m$，地基为马兰黄土，$r=18kPa$，$w=20.5\%$，$w_L=26.6\%$，$e=0.9$，求地基容许承载力 $f$。

**解** 由 $\omega=20.5\%$，$\dfrac{\omega_L}{e}=\dfrac{26.6}{0.9}\approx29.5$。查表9-6得 $f_0=170kPa$。设 $\psi=1$，则 $f_k=\psi f_0=170kPa$。现 $B=4m>3m$，$D=2m>1.5m$，需进行宽度和深度修正，由表9-9查得：$\eta_b=0.2$，$\eta_d=1.25$

所求地基承载力，根据公式(8-55)得：

$$f=f_k+\eta_b r(B-3)+\eta_d r_c(D-1.5)$$
$$=170+0.2\times18(4-3)+1.25\times18(2-1.5)$$
$$=170+3.6+11.25\approx184.85(kPa)$$

# 5 膨 胀 土 地 基

## 5.1 膨胀土对建筑物的危害

膨胀土通常强度较高、压缩性低，易被误认为是良好的地基。实际上，膨胀土是一种吸水膨胀、失水收缩、具有较大往复胀缩变形的高塑性黏土。膨胀土地基能使基础位移，建筑物和地坪开裂、变形而破坏。例如，某地建造96幢建筑物，其中82幢因膨胀土胀缩性而变形，发生事故的建筑物占85.4%；另一地区200多幢建筑物，几乎都发生开裂，其中损坏严重无法使用的有40多幢，被迫拆除的有10多幢。

调查表明，膨胀土地基上建筑物的开裂，一般具有地区性成群出现的特点，以低层砖木结构的民用房屋最为严重。房屋裂缝的特征为：山墙上的倒八字形，缝上宽下窄；外纵墙下部水平缝，同时墙体外倾，基础向外转动；由于地基胀缩往复运动使墙体产生斜向交叉裂缝；独立砖柱的水平断裂，同时出现水平位移；地坪隆起、开裂等。据了解，美国花费在处理膨胀土对建筑物危害的费用，超过处理震害费用的若干倍。由此可见，膨胀土对建筑物的使用与安全造成的危害性不可忽视。这种特殊性地基土在我国分布范围很广，广西、云南、贵州、四川、陕南、湖北、安徽、河南、河北、山东各省区都有。在膨胀土地基上进行建筑时，应切实做好工程地质勘察，并采取相应的工程措施。

## 5.2 膨胀土的特征

### 5.2.1 野外特征

膨胀土一般分布在Ⅱ级以上的河谷阶地、丘陵区及山前缓坡地带、旱季地表常出现裂缝，雨季闭合。

我国膨胀土形成的地质年代，大多数为第四纪晚更新世（$Q_3$）及其以前少量为全新世（$Q_4$）。颜色呈黄、黄褐、红褐、灰白或花斑等色。结构致密，为坚硬或硬塑状态。一般液性指数$I_L \leqslant 0$，塑性指数$I_p > 17$。膨胀土距地表1~2m内常见竖向张开裂缝，向下逐渐尖灭，并有斜交和水平裂隙。膨胀土地区的地下水多为上层滞水裂隙水，随季节水位变化大，引起地基不均匀胀缩变形。

### 5.2.2 矿物成分

膨胀土的矿物成分主要是次生黏土矿物蒙特土和伊利土。蒙特土矿物晶格极不稳定，亲水性强，浸湿时强烈膨胀。伊利土的亲水性较高，次于蒙特土。当地基中含较多的蒙特土和伊利土时，遇水发生膨胀隆起，失水产生收缩下沉和干裂，对建筑物危害很大。

### 5.2.3 物理力学特性

根据一些膨胀土地区的试验资料整理结果如下：

(1) 天然含水率$w=20\%\sim30\%\approx w_p$，饱和度$>0.85$。

(2) 天然孔隙比$e=0.5\sim0.8$。

(3) 液限38%~55%，塑限20%~35%，塑性指数18~35，多数在22~35之间。

(4) 黏土粒含量高，$d<0.002$mm的颗粒占24%~40%。

(5) 液性指数小$I_L=-0.14\sim0$，呈坚硬或硬塑状态。

(6) 自由膨胀率$e_{PS}=40\%\sim58\%$，最高$>70\%$。膨胀率$e_p=1\%\sim4\%$，膨胀压力$p=10\sim110$kPa。

(7) 缩限$w_s=11\%\sim18\%$，红黏土类型膨胀土的$w_s$偏大。

(8) $c$、$\varphi$值浸水前后相差大，尤其是$c$值差2~3倍以上。

(9) 土的压缩性小，多属低压缩性土。

### 5.2.4 胀缩变形因素

影响膨胀土产生胀缩变形的主要内因为：

(1) 矿物及化学成分。如上所述，膨胀土含大量蒙特土和伊利土，亲水性强，胀缩变形大。化学成分以氧化硅、氧化铝和氧化铁为主。如氧化硅比其余矿物含量比值越大，则胀缩量越大。

(2) 黏土粒含量。黏土粒颗粒细，比表面积大，电分子吸引作用大。因此黏土粒含量高时，胀缩变形大。

(3) 土的密度。土的密度大，孔隙比小，浸水膨胀强烈，失水收缩小；反之土密度小，孔隙比大，则浸水膨胀小；失水收缩大。

(4) 含水率。初始含水率与胀后含水率愈接近，土的膨胀就愈小，收缩愈大；反之膨胀大，收缩小。

(5) 土的结构。土的结构强度愈大，限制胀缩变形的能力也愈大，当土的结构变形破坏后，膨胀性增大。

主要外因为：

(1) 气候条件。包括降雨量、蒸发量、气温、相对湿度和地温等。雨季土中水分增加，土体产生膨胀，旱季水分减少，土体产生收缩。

(2) 地形地貌。同类膨胀土地基，地势低处胀缩变形比高处小。例如，云南地区某小学，有三排教室，上部结构和地基土性质相同，分别建在三个台阶形地段的膨胀土上，结果地势高的教室严重破坏，地势低的教室完整无损。

(3) 周围阔叶树的影响。炎热干旱地区，旱季无地表水，阔叶树树根吸水，更加剧地基土的干缩变形，使在树木近旁的房屋产生裂缝。

(4) 日照程度。调查表明，房屋向阳面开裂较多，背阴面开裂较少。

我国膨胀土工程地质分类，详见表 9-10。

表 9-10 膨胀土工程地质分类

| 类别 | 地貌 | 地层 | 岩性 | 矿物成分 | 物理性指标 | | | | 分布的典型地区 |
| --- | --- | --- | --- | --- | --- | --- | --- | --- | --- |
| | | | | | $w$ (%) | $e$ | $w_L$ (%) | $I_P$ | |
| 一类 | 分布在盆地的边缘与丘陵地 | 晚第三纪至第四纪湖湘沉积及第四纪风化层 | 以灰白、灰绿的杂色黏土为主（包括半成岩的岩石）。裂隙特别发育，常有光滑面或擦痕 | 以蒙特石为主 | 20~37 | 0.6~1.1 | 45~90 | 21~48 | 云南蒙自、鸡街，广西宁明，河北邯郸，河南平顶山，湖北襄樊 |
| 二类 | 分布在河流的阶地 | 第四纪冲积、洪积坡洪积层（包括少量冰水沉积） | 以灰褐、褐黄、红黄色黏土为主，裂隙很发育，有光滑面与擦痕 | 以伊里石为主 | 18~23 | 0.5~0.8 | 36~54 | 18~30 | 安徽合肥，四川成都，湖北拔江、郧县，山东临沂 |
| 三类 | 分布在岩溶地区平原谷地 | 碳酸盐类岩石的残积、坡积及其冲积层 | 以红棕、棕黄色高塑性黏土为主，裂隙发育，有光滑面和擦痕 | | 27~38 | 0.9~1.4 | 50~110 | 20~45 | 广西贵县、来宾、武宣 |

## 5.3 膨胀土地基的评价

### 5.3.1 膨胀土工程特性指标

(1) 自由膨胀率($\delta_{ef}$)。自由膨胀率是指人工制备的干燥土样，浸泡于水中，经充分吸水膨胀后所增加的体积与原来干土体积的百分比，按式(9-19)计算：

$$\delta_{ef} = \frac{V_\omega - V_0}{V_0} \times 100 \qquad (9-19)$$

式中　$V_0$——试验前的土体积（cm³）；

$V_\omega$——膨胀稳定后量筒内测得的土体积（cm³）。

（2）膨胀率（$\delta_{ep}$）。膨胀率是指土样在一定压力下，垂直方向的膨胀变形与土样原来高度之比，按式（9-20）计算：

$$\delta_{ep} = \frac{h_\omega - h_0}{h_0} \times 100 \qquad (9-20)$$

式中　$h_0$——试验前的土样原始高度（cm）；

$h_\omega$——浸水试验后的土样高度（cm）。

（3）收缩系数（$\lambda_s$）。收缩系数是指原状土样在直线收缩阶段，含水量减少1%时的竖向线缩率，按式（9-21）计算：

$$\lambda_s = \frac{\Delta \delta_s}{\Delta W} \qquad (9-21)$$

式中　$\Delta \delta_s$——收缩过程中与两点含水率之差对应的竖向线缩率之差（%）；

$\Delta W$——收缩过程中直线变化阶段两点含水率之差（%）。

（4）膨胀力（$P_e$）。膨胀力是指原状土样在体积不变时，由于浸水膨胀产生的最大内应力。

上述特性指标的试验，应按国家标准规定进行。

### 5.3.2　膨胀土场地与地基评价

（1）进行膨胀土场地的评价，应查明建筑场地内膨胀土的分布及地形地貌条件，根据工程地质特征及土的自由膨胀率等指标综合评价。必要时，尚应进行土的矿物成分鉴定及其他试验。

（2）具有下列工程地质特征的场地，且自由膨胀率大于或等于40%的土，应判定为膨胀土。

1）裂隙发育，常有光滑面和擦痕，有的裂隙中充填着灰白、灰绿色黏土。在自然条件下呈坚硬或硬塑状态。

2）多出露于二级或二级以上阶地、山前和盆地边缘丘陵地带，地形平缓，无明显自然陡坎。

3）常见浅层塑性滑坡、地裂，新开挖坑（槽）壁易发生坍塌等。

4）建筑物裂缝随气候变化而张开和闭合。

（3）膨胀土的膨胀潜势，可按表9-11分为3类。

（4）根据地形地貌条件，建筑场地可分为下列两类：

1）平坦场地：地形坡度小于5°；地形坡度大于5°小于14°，距坡肩水平距离大于10m的坡顶地带。

2）坡地场地：地形坡度大于或等于5°；地形坡度虽然小于5°，但同一座建筑物范围内局部地形高差大于1m。

（5）膨胀土地基评价，应根据地基的膨胀、收缩变形对低层砖混房屋的影响程度进行。地基的胀缩等级，可按表9-12分为3级。

表9-11　膨胀土的膨胀潜势分类

| 自由膨胀率（%） | 膨胀潜势 |
|---|---|
| $40 \leq \delta_{ef} < 65$ | 弱 |
| $65 \leq \delta_{ef} < 90$ | 中 |
| $\delta_{ef} \geq 90$ | 强 |

表9-12　膨胀土地基的胀缩等级

| 地基分级变形量 $S_c$（mm） | 级别 |
|---|---|
| $15 \leq S_c < 35$ | Ⅰ |
| $35 \leq S_c < 70$ | Ⅱ |
| $S_c \geq 70$ | Ⅲ |

## 5.4　膨胀土地基的工程措施

### 5.4.1　建筑措施

（1）根据工程地质条件，将建筑物尽量布置在胀缩性较小，土质较均匀的地区。

（2）建筑物不宜过长，体型简单；民用建筑少采用1～2层轻型建筑物。

（3）散水宽1.2～1.5m，其下做砂或炉渣垫层；室内及室外3cm以内水管要防漏；高湿的窑炉要采取隔热措施，室内炉灶应做30cm厚的炉渣垫层。

（4）室内地坪宜采用混凝土预制块，下做砂、碎石或炉渣垫层。

（5）建筑物周围宜种草皮，植树最小距离不少于8m。房屋周围尽量不用明沟排水。

### 5.4.2　结构措施

（1）尽量不用拱、壳体等对不均匀沉降敏感的结构类型。

（2）三层以下砖石承重结构房屋，基础下做砂垫层，切实做好隔水措施，适当增加附加荷载，并设置圈梁。

（3）单层排架结构的工业厂房，承重墙基宜用独立柱基承重，围护墙宜砌在基础梁上。

（4）建筑物的角端和内外墙连接处可增设水平钢筋。

（5）注意变形观测，及时采取补强措施。

### 5.4.3　地基处理

（1）基础埋深在胀缩性小的高程，如膨胀土层在地表以下3m时，基础应浅埋；膨胀土层不厚，则将基础落在非膨胀土上，一般基础埋深宜超过大气影响深度，不宜埋设在季节性干湿变化剧烈的土层内。

（2）充分地利用地基承载力（见表9-13），缩小基底面积，增大基底压力，以减少地基膨胀变形量。如采用墙下独立基础，墙与地基脱空，效果良好。

（3）换砂砾垫层或灰土垫层。

（4）采用深基础时，宜选择支墩式基础或桩基。

表9-13　膨胀土地基承载力 $f_k$（kPa）

| 膨胀土类别 | $w/w_L = 0.4 \sim 0.7$ 孔隙比 $e$ | | |
|---|---|---|---|
| | 0.6 | 0.9 | 1.1 |
| 一类 | 350 | 250 | 200 |
| 二类 | 300 | 220 | 170 |
| 三类 | 250 | 200 | 150 |

（5）基础施工时，基坑不宜曝晒，做好排水措施，防止雨水或施工水流入基槽。被水浸泡后的软弱土层必须清除。基础施工完毕，应立即分层回填。

# 6* 红黏土地基

## 6.1 红黏土的形成条件

红黏土是碳酸盐类岩石（石灰岩、白云岩等）在亚热带温湿气体条件下，经风化形成的一种残积与坡积的红色黏土，我国云南、贵州、广西各省区分布广泛，湖南、安徽、川东、鄂西等地区也有分布，一般在山区或丘陵地带居多。

红黏土常分布在岩溶地区，成为基岩的覆盖层。由于地表水和地下水的运动引起的冲蚀和潜蚀作用，红黏土中常有土洞存在，故红黏土与岩溶、土洞的关系密切。此外，在断层破碎带或强烈褶皱的岩体破碎地区，也有利于红黏土的形成。

## 6.2 红黏土的特征

### 6.2.1 主要特征

红黏土的颜色呈褐红、棕红、紫红和黄褐。土层厚度一般为 3~10m，个别地带可达 20~30m。因受基岩起伏的影响，往往水平距离 1m，而厚度变化达 4~5m 之多，造成地基的不均匀性。土的状态沿深度上硬下软。由于胀缩交变，土层中网状裂隙发育，一般延伸至地下 3~4m，破坏了土体的完整性。斜坡、陡坎上的竖向裂隙可能形成滑坡。

红黏土的矿物成分以石英和伊里土为主，由于石英组成的骨架和铁质胶结物等影响，使红黏土具有较好的水稳性。红黏土天然孔隙比虽大，抗水性却较高。

### 6.2.2 物理力学性质

(1) 天然含水率高 $w=30\%\sim60\%$，塑限 $w_p=30\%\sim60\%$，液性指数 $I_L=-0.1\sim0.4$，说明天然含水率小时，土中以结合水为主。

(2) 饱和度 $>0.35$，土多处于饱和状态。

(3) 天然孔隙比 $e=1.1\sim1.7$，很大。

(4) 塑性指数为 30~50，是高塑性黏土。

(5) 黏土粒($d<0.005$mm)含量高，达 55%~70%，土具有高分散性，使天然孔隙比大。

(6) 强度高($c=40\sim90$kPa；$\varphi=8°\sim18°$)，压缩性低($E_s=10\sim30$MPa)。红黏土地基承载力较高。

## 6.3 红黏土地基的评价

(1) 红黏土的表层通常呈坚硬至硬塑状态，压缩性低、强度高，为良好的地基，可充分利用它作天然地基的持力层。

(2) 红黏土的底层接近下卧基岩面附近，尤其是基岩面低洼处，因地下水聚集，常呈软塑或流塑状态，强度较低，压缩性较高，为不良地基。

(3) 红黏土由于下卧基岩面起伏不平并存在软弱土层，容易引起地基不均匀沉降，应予注意，需进行必要的计算、分析和处理。

(4) 岩溶地区的红黏土常有土洞，应做好勘察并作人工处理。

(5) 红黏土具有失水干缩、浸水膨胀及网状裂隙等特征，对红黏土边坡、建筑物和热工基础都有不利影响。施工时不能让基槽遭受日晒及风干或雨水、管道漏水的浸泡。

## 复习思考题

1. 什么是软弱地基？各类软弱地基有什么共同特点和差别？
2. 地基的加固方法常用哪几种？它们适用的条件和效果如何？
3. 强力夯实法的压实机理与重锤夯实法是否相同？已知需要加固的地基深度，如何选择锤重和落距？
4. 换土垫层的理想材料是什么？它起什么作用？如何确定砂垫层的厚度与宽度？
5. 砂井堆载预压处理软弱地基的原理是什么？如何确定预压荷重、预压时间和砂井深度、直径与间距？
6. 试说明砂桩挤密法的原理、效果和应用范围？
7. 黄土主要的工程特性是什么？试述黄土变形特性形成的原因、湿陷性黄土地基沉降量计算方法和黄土地基的湿陷等级。
8. 膨胀土对建筑物的危害性怎样？膨胀土有哪些特征？什么叫自由膨胀率？膨胀土的胀缩性分哪几级？膨胀土地基胀缩性又分为多少级？
9. 红黏土的形成条件是什么？红黏土有哪些特征？如何对红黏土地基进行评价？

## 习 题

1. 已知某工程墙基顶面荷载 $N=250\text{kN/m}$，地基表土为填土厚 1m，$\gamma=18\text{kN/m}^3$，其下为淤泥质黏土 $w=45\%$，$\gamma=17.6\text{kN/m}^3$，地下水位深 1m。试设计墙基及砂垫层。

2. 某湿陷性黄土地基的天然重度 $\gamma=17.5\text{kN/m}^3$，浸水饱和后的重度 $\gamma_m=20\text{kN/m}^3$。现取深度 5m 处原状土样进行室内压缩试验。土样原始高度为 20mm，加压至 $p=100\text{kPa}$ 时，下沉稳定后的土样高度为 19.80mm，然后浸水，下沉稳定后土样高度为 19.40mm。另一原状土，原始高度相同，加压至 $p=200\text{kPa}$ 时，下沉稳定后百分表大针正好走了半圈，然后浸水，至下沉稳定后，百分表大针累计走了一圈半。试划分该黄土湿陷性的等级并判定是否为自重湿陷性黄土。

3. 已知一自重湿陷性黄土地基初勘结果：第一层黄土的湿陷系数 $\delta_{s1}=0.013$，厚度为 1m；第二层 $\delta_{s2}=0.018$，厚 3m；第三层 $\delta_{s3}=0.03$，厚 1.5m；第四层 $\delta_{s4}=0.05$，厚 8m。试判定此黄土地基的湿陷等级。

4. 已知某黄土地基上柱基宽 4m，埋深 2m，表层黄土 $\gamma=17\text{kN/m}^3$，厚 1.5m，第二层厚 5m，$\gamma=18\text{kN/m}^3$，$w=20.5\%$，$w_L=29.3\%$，$e=0.9$。求此黄土地基的承载力。

5. 上题的黄土如为高压缩性新近堆积黄土，则该地基的承载力为多少？

6. 已知某工程基础宽 3.5m，埋深 2.5m，地基为三类膨胀土，$\gamma=17.8\text{kN/m}^3$，$w=22.6\%$，$w_L=38\%$，$e=0.75$。求此膨胀土地基的承载力。

7. 某工程基础宽 3.2m，埋深 1.8m。地基为红黏土，第一层 $\gamma_1=18\text{kN/m}^3$ 厚 0.8m；第二层 $\gamma_2=18.6\text{kN/m}^3$，$w=30.5\%$，$w_L=34\%$，厚 4m，计算此地基的承载力。

# 第十章 建筑场地的工程地质勘察

## 1 工程地质概述

工程地质与建筑物的关系十分密切,这是因为各类建筑物无不建造在地球表面。地表的工程地质条件,直接影响建筑物地基和基础设计方案、施工工期与工程投资。

工程地质是一门独立的学科,在20世纪60年代中期以前,它是土建专业必修的一门技术基础课。由于教学计划变更和新课程门类的增多,土建专业的工程地质课被取消,其中的重要内容在《土力学与地基基础》课程中扼要地加以叙述。

由于土木建筑工程多数都在平原地区修建,因此本章的重点放在第四纪沉积层,即松散岩石—土。

建筑场地的地形、地貌和组成物质(土与岩石)的成分、分布、厚度及特性取决于地质作用。地质作用包括内力地质作用和外力地质作用。

内力地质作用是由地球自转产生的旋转能等引起,表现为岩浆活动,地壳运动和变质作用;

外力地质作用是由太阳辐射能和地球重力位能引起的,例如,昼夜和季节气温变化、雨、雪、山洪、河流、风、生物等对母岩产生的风化、剥蚀、搬运和沉积作用。

土与岩石的性质与其生成的地质年代有关。一般来说,生成年代越久,土与岩石的性质越好。根据地层对比和古生物学方法,把地质相对年代划分为五大代,下分纪、世、期。相对应的地层单位为界、系、统、层(见书末附录1)。

## 2 第四纪沉积层

地表的岩石经风化,剥蚀成岩屑,又经搬运、沉积而成的沉积物,呈松散状态,称为第四纪沉积物,即"土"。根据搬运和沉积的情况不同,第四纪沉积层分以下几种类型。

### 2.1 残积层($Q^{eL}$)

母岩经风化、剥蚀、未被搬运、残留在原地的一部分岩石碎屑称为残积层。另一部分较细的碎屑已被风和雨水带走。

残积层主要分布在岩石出露地表,经过强烈风化作用的山区、丘陵地带与剥蚀平原。

残积层组成物质为棱角状的碎石、角砾、砂粒和黏性土。残积层裂隙多、无层次、不均匀,如以残积层作为建筑物地基,应当注意不均匀沉降和土坡稳定问题。

### 2.2 坡积层($Q^{dL}$)

雨水和融雪水冲刷山坡,将山上的岩屑顺着斜坡搬运到较平缓的山坡或山麓处,逐渐堆积成坡积层。

坡积层搬运距离不远，物质来源于当地山上，颗粒由坡顶向坡脚逐渐变细，坡积层表面的坡度越来越平缓。坡积层厚薄不均，土质不匀，孔隙大，压缩性高，如作为建筑物地基，应注意不均匀沉降和稳定性。

### 2.3　洪积层($Q^{pL}$)

由暴雨或大量融雪形成山洪急流，冲刷搬运大量碎屑物，流至山谷出口与山前倾斜平原，堆积而成洪积层。

洪积层在谷口附近多为块石、碎石、砾石和粗砂，离谷口较远的地方颗粒变细。这是因为地势越来越开阔，山洪流速减慢之故。其地貌特征：靠谷口窄而陡，离谷口后逐渐变宽而缓，形如扇状，称为洪积扇。由于山洪的发生是周期性的，每次山洪大小不同，堆积物也随之不同。因此，洪积层岩性变化较大，不同性质的沉积层常相互尖灭，或呈透镜体状层理，洪积层在洪积扇顶部多为砂砾石为主的粗骨料，但有时在其中亦可见黏性土透镜体。

洪积层作为建筑地基，应注意土层尖灭和透镜体引起的不均匀沉降。

### 2.4　冲积层($Q^{aL}$)

由河流流水搬运、沉积在河床较平缓地带形成的沉积物称为冲积层。

河流冲积层在地表分布很广，主要类型如下。

#### 2.4.1　平原河谷冲积层

平原河谷冲积层包括河床沉积层，河漫滩沉积层、河流阶地沉积层及古河道沉积层等。

（1）河床沉积层。上游颗粒粗，下游颗粒细，因搬运距离长，颗粒具有一定的磨圆度。较粗的砂与砾石密度较大，是良好的天然地基。

（2）河漫滩沉积层。常为上下两层结构，下层为粗颗粒土，上层为泛滥沉积的细粒土，往往夹有局部的有机土、淤泥和泥炭。

（3）河流阶地沉积层。由地壳的升降运动与河流的侵蚀、沉积作用形成。由河漫滩向上依次称为一级阶地、二级阶地、……阶地的位置越高，其形成的年代越早，通常土质较好。

（4）古河道沉积层。这是河流裁弯取直改道以后的牛轭糊，逐渐淤塞而成。这种沉积层通常存在较厚的淤泥、泥炭土。压缩性高，强度低，为不良地基。

#### 2.4.2　山区河谷冲积层

山区河流流速大，河谷冲积层多为漂石、卵石与圆砾。冲积层的厚度一般不超过10～15m。山间盆地和宽谷中有河漫滩冲积层，主要为含泥的砾石和砂，具有透镜体和倾斜层理构造。

#### 2.4.3　山前平原冲积洪积层

山前平原沉积层有分带性，近山一带为冲积和部分洪积的粗粒物质组成，向平原低地逐渐变为砂土和黏性土。

#### 2.4.4　三角洲沉积层

河流搬运的大量物质在河口沉积而成三角洲沉积层，厚度达数百米以上，面积也很大。水上部分为砂或黏性土层，水下部分与海、湖堆积物混合组成。此种沉积层含水率高、承载力低。

## 2.5 海相沉积层($Q^m$)

海相沉积物按分布地不同,分为如下几种类型。

### 2.5.1 滨海沉积物

海水高潮与低潮之间的地区为滨海地区,沉积物主要为卵石,圆砾和砂土,有的地区存在黏性土夹层。

### 2.5.2 大陆架浅海沉积物

海水深度小于200m,宽度约100~200m的地区为大陆架浅海地区,沉积物主要为细砂、黏性土、淤泥和生物化学沉积物。离海岸越远,沉积物的颗粒越细。此种沉积物具层理构造,密度小,压缩性高。

### 2.5.3 陆坡和深海沉积物

浅海区与深海区的过渡地带称陆坡地区或次深海区,水深约200~1000m,宽度约100~200km。水深超过1000m的为深海区。这两个区的沉积物主要为有机质软泥。

## 2.6 湖沼沉积层($Q^L$)

### 2.6.1 湖相沉积层

湖泊沉积物称为湖相沉积层,包括粗颗粒的湖边沉积物和细颗粒的湖心沉积物。后者主要为黏土和淤泥,夹粉细砂薄层称带状黏土,强度低,压缩性高。

### 2.6.2 沼泽沉积层

湖泊逐渐淤塞和陆地沼泽化,演变成沼泽。沼泽沉积物即沼泽土,主要为半腐烂的植物残余物一年复一年积累形成的泥炭所组成。泥炭的含水率较高,透水性很差,压缩性很大,不宜作永久建筑物地基。

## 2.7 风积层($Q^{eoL}$)

风积层是由第四纪干冷风的地质作用形成的。例如,西北黄土的堆积与地貌的构成,按照风成说的观点,主要是由干旱半干旱区及其所处的地理纬度决定的风等气候因素所造成的。风积物主要包括细砂、粉粒和黏粒。风积层主要表现为粉质砂土或粉质黏性土。主要分布在我国西北地区和华北的部分地区。

工程建筑中把风积层土(主要指黄土)作为一种特殊土类,作为建筑物地基时,应注意其工程特性。

除以上七类沉积层外,还有由冰川的地质作用形成的冰碛层,因工程上遇到的机会极少,所以本书从略。

# 3 不良地质条件

不良地质条件往往导致建筑物地基基础的事故,应特别加以注意。常见的不良地质条件有下列几种。

## 3.1 岩层节理发育的场地

岩层在地应力作用下,形成断裂构造,其中岩层未发生位移的断裂构造称为节理。三组以上节理称节理发育,将岩体切割成小块状,节理的间距多数小于0.4m。

岩层节理发育,特别当节理倾向河沟时,岩基往往不稳定,同时渗漏强,是不良地质条件。

## 3.2 断层

当岩层的断裂构造产生的断裂面两侧岩体发生了显著的相对位移称为断层。

断层对工程的危害很大。例如，我国营口—郯城—庐江大断裂带，长度超过 2000km。历史上该地带发生多次大地震，1688 年山东郯城 8.5 级地震、1969 年渤海 7.4 级地震和 1975 年海城 7.3 级地震都与该断裂带的活动密切相关。又如，北美洲沿太平洋东岸的圣安德烈斯大断层，长约 1000km，该断层经过加利福尼亚州，建于该断层上的某酿酒厂建筑物，自 1948 年至 1969 年每年错动约 1cm 左右，总计已达 25cm。

一般中小断层数量多，其形成的年代越新，则活动可能性越大。永久建筑物应避免横跨在断层上。

## 3.3 山坡滑动

在山坡上或山脚下修筑建筑物，除进行建筑地基持力层的工程地质勘察外，还应特别注意山坡的稳定性。

山坡稳定性的论证研究工作往往被忽视，以致造成工程事故。例如，黄河三门峡大型水利枢纽修建时，在大坝下游南岸山坡上建造有很多生产和生活用房，其中一栋空气压缩机机房新建不久，墙体严重开裂，被迫拆除。原来，山坡上为工人居住区，澡堂和食堂的生活废水排出，大量渗入山坡土中，坡积土与基岩之间有一薄层胶泥遇水软化，使整个山坡数万立方米土体向黄河滑动。事故发生后，专门修建了混凝土排水沟，排除生活和生产废水，才避免了山坡的继续滑动。

## 3.4 河岸的冲淤

平原河道往往有弯曲，凹岸受水流的冲刷产生坍岸，危及岸上建筑物的安全。凸岸水流的流速慢，产生淤积，使得抽水站有时无水可抽。这种冲淤现象在多泥砂河流尤为突出，修建建筑物时应予以足够重视。

## 3.5 岸坡失稳

河、湖、海岸及土坡和土坎，在天然条件下是稳定的，如果要在岸边修建建筑物，由于建筑物的荷重作用，可能使岸坡失稳，产生滑动。若地基土质软弱，还应考虑到在地震动荷作用下，土的抗剪强度降低，岸坡可能产生滑动或侧向（在凌空方向）位移，这些对建筑物的安全和使用都会造成严重威胁，所以都作为不良地质条件，在工程中必须认真对待。例如，天津市结核病防治院在唐山地震时，发生长达 250m 场地向海河故道滑动，滑动面穿过马路，两边高差 80~100cm；滑动面通过办公室，从屋顶至基础全部开裂。

## 3.6 古河道、墓穴、枯井等

有些建筑场地，地下埋有古河道、墓穴或枯井等，也是不良的地质情况，在进行建筑物地基设计前必须认真进行勘察，探明情况，认真对待。

# 4 地 下 水

## 4.1 地下水对工程的影响

地下水对工程的设计方案、施工方法与工期、工程投资及工程的长期使用都有着密切关系，如果对地下水处理不当，可能产生不良影响，甚至发生工程事故。地下水对工程的主要影响如下。

### 4.1.1　基础埋深

通常设计基础埋深 $D$ 应小于地下水位深度。当基础底面与地下水位之间为粉砂或黏性土，在寒冷地区，如地下水位深度低于冻深的距离小于 1.5~2.0m，则冬季可能因毛细水上升而使地基冻胀，顶起基础，导致墙体开裂。

### 4.1.2　施工排水

当地下水位高，基础埋深大于地下水位深度时，基槽开挖与基础施工必须进行排水。中小工程可以挖排水沟、集水井进行排水，重大工程必要时可用井点降低水位。如果排水不好，基槽被踩踏，破坏地基土的原状结构，则地基承载力降低，造成工程隐患。

### 4.1.3　地下水位升降的影响

当地下水在持力层中上升，则将使黏性土软化、湿陷性黄土产生严重下沉、膨胀土地基吸水膨胀。

如果地下水在持力层中大幅度下降则使建筑物产生附加沉降。例如，浙江大学原土木系馆，因附近水井抽水，引起大楼下沉而开裂，造成工程事故。

### 4.1.4　地下室防水

当地下室常年或雨季在地下水位以下，则必须做好防水层。否则将会在地下室内积水或潮湿，影响地下室的正常使用。某大学一幢教学实验楼的地下室，因防水层质量差，夏秋季雨水下渗，使地下室内很潮湿，无法使用。

### 4.1.5　空心结构物浮起

水池、油罐等空心结构物埋深超过地下水位较多时，在竣工使用前，因地下水的浮托力，可能将结构物浮起。通常在水池、油罐内注水来平衡浮力。

### 4.1.6　地下水质的侵蚀性

当地下水中含有大量硫酸离子、游离碳酸离子，较高浓度（pH 值）氢离子等有害物质，则对基础混凝土具有侵蚀性。

### 4.1.7　承压水冲坏地基

有承压水的地区，如果基槽挖除承压水上面部分隔水层，则承压水可能冲破隔水层，大量涌水而浸泡基槽。

## 4.2　地下水分类

地下水按埋藏条件不同，分为三类。

### 4.2.1　上层滞水

由于地表水下渗，积聚在局部透水性小的黏性土隔水层上的水，称为上层滞水。这种水靠雨水补给，有季节性，存在于雨季，旱季可能干涸。勘察时，注意与潜水区分。

### 4.2.2　潜水

埋藏在地表以下第一个连续分布的稳定隔水层以上，具有自由水面的重力水，称为潜水。其自由水面为潜水面，水面标高称为地下水位。地面至潜水面的铅直距离为地下水埋藏深度（$h_w$）。

潜水由雨水和河水补给，水位也有季节性变化。潜水的埋藏深度各地不同，南方一些地区不足 1m，西北黄土高原有些地区深达 100～200m。

### 4.2.3 承压水

埋藏在两个连续分布的隔水层之间，完全充满的有压地下水，称为承压水。承压水通常存在于卵石层中，卵石层呈倾斜状分布，在地势高处卵石层水位高，对地势低处产生静水压力。如果打穿承压水上面的第一隔水层，则承压水因有压力而上涌，压力大

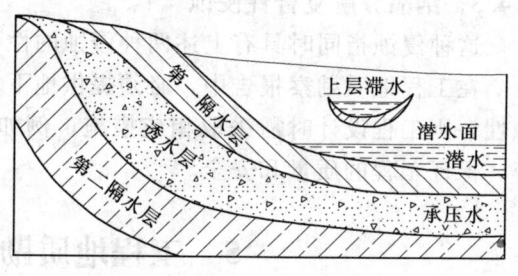

图 10-1 地下水埋藏条件

的可以喷出地面。这种现象在山区和山边平原可以见到。

## 4.3 地下水位

### 4.3.1 实测水位

勘探钻孔时，当钻头带上水，此水位为初见水位，待 24h 后，再测钻孔中的水位为稳定水位，即实测地下水位。

建筑场地的地下水位不是固定的，夏季高，冬季低，施工季节与勘察季节不同时，应加以注意。例如，辽宁省铁岭市一幢五层新建住宅，工程未完工，西部第一排窗间砖墙从五楼至一楼，层层开裂。研究分析事故的主要原因为：枯水季勘察地下水位低，夏季施工地下水位高，基槽泡水软化地基，又未采取妥善措施，导致严重工程事故。

### 4.3.2 历年最高水位

地下水位除了上述当年各季节不同外，各年之间因有丰水年、枯水年之别，水位也不相同。在同一地区进行多年长期观测地下水位，将测得的数据以时间为横坐标，水位深度为纵坐标，绘制地下水时程曲线。由曲线可见每年夏季有一个峰值，在各年峰值中找出最高值，即为历年最高水位。

对重大工程，因施工要跨年度，必须考虑地下水历年最高水位，以保证工程顺利进行。

## 4.4 地下水水质

大多数地区地下水质洁净，不含有害化学物质，可作为饮用水和工业用水。

某些地区存在不良环境地质条件，例如含有化学物的工业废水渗入地下，硫化矿及煤矿矿水渗入地下，盐湖与海水渗入地下等，这些地区的地下水水质对混凝土可能产生侵蚀性。

这些侵蚀一般分为三种类型。

### 4.4.1 结晶性侵蚀

这种侵蚀指地下水中含硫酸离子过多，对混凝土的侵蚀。

当 pH≤6.5 和 $SO_4^{2-}$≥500mg/L 或者 pH>6.5 和 $SO_4^{2-}$≥1500mg/L 时，可判断为结晶性侵蚀。

### 4.4.2 分解性侵蚀

这种侵蚀主要指地下水中氢离子浓度(pH 值)和侵蚀性 $CO_2$ 含量过多时，对混凝土的侵蚀。

在弱透水层中 pH≤4 时，在强透水层中 pH≤6.5 或侵蚀性 $CO_2$>15mg/L 时，可判定为分解性侵蚀。

### 4.4.3 结晶分解复合性侵蚀

这种侵蚀指同时具有上述两种侵蚀的性质。

在工程地质勘察报告中，必须提供地下水水质的情况。如果地下水水质对混凝土有侵蚀性，则工程设计时需采取相应措施。例如，可用抗硫酸盐水泥，矿渣水泥或其他方法等，保证工程的质量和安全。

# 5 工程地质勘察的任务和内容

## 5.1 工程地质勘察的目的

各类房屋和构筑物都建造在地面，地面以下土层的分布、土体的松密程度、压缩性的高低、强度的大小、地下水的深度与水质情况及附近是否存在不良地质现象等，都关系着建筑物的安危。因此，为了正确地设计建筑物及其地基与基础，必须以建筑物场地的工程地质资料为依据。工程地质勘察的目的就是为了给工程的设计提供可靠的工程地质资料。只有对当地自然条件的原始资料全面、深入、准确地掌握，才能做出好的设计方案。由此可见，工程地质勘察工作必不可少，也不能粗心大意，而是必须认真地做好。

## 5.2 决定勘察任务的因素

勘察任务的工作内容、工作量及工作方法，应按下列四个因素确定：

(1) 建筑场地的复杂程度：

1) 简单场地。地形较平坦，地貌单一；地层结构简单，岩土性质单一且压缩性变化不大；无不良地质现象；地下水对地基基础无不良影响。

2) 中等复杂场地。地形起伏较大，地貌单元较多；地层种类较多且岩土性质变化较大，地基压缩层的计算深度内基础岩面起伏大；不良地质现象较发育；地下水埋藏较浅，且对地基基础可能有不良影响。

3) 复杂场地。地形起伏大，地貌单元多；地层种类多且岩土性质变化大，地基主要受力层内基岩面起伏大；场地内有对震动敏感的地层；不良地质现象发育；地下水埋藏浅，且对地基基础有不良影响。

(2) 对建筑场地地质条件的研究和了解程度及当地建筑的经验。例如，在新地区，对建筑场地地质条件缺乏研究，没有经验，则勘察工作量大；反之，则勘察工作量小。

(3) 建设规模及建筑物等级。根据建筑物的重要性，基底荷载的大小、地基损坏造成建筑物破坏后果的严重性，将建筑物分为三级：

一级建筑物，破坏后果很严重；

二级建筑物，破坏后果严重；

三级建筑物，破坏后果不严重。

北京地区建筑物分以下四级：

甲级：有重大政治意义、规模宏大的重要建筑物，超重型工业厂房，90m 以上的高重心建筑物，有特殊要求的重要建筑物。

乙级：大型的、高层的(6 层以上) 民用建筑物，一般重型工业厂房和对地基有严格要求的建筑。

丙级：中型的，一般民用建筑物，普通工业厂房和高度在 40m 以下的低重心建筑。

丁级：轻小型（3层以下）民用建筑及跨度不超过 15m 的轻型工业厂房、仓库、食堂等。

（4）地基基础设计、施工的特殊要求。

## 5.3 工程地质勘察的准备工作

工程地质勘察工作主要是在野外现场进行。为使现场勘察工作有计划有目的地进行，避免窝工、返工，必须在事前做好充分的准备。各项准备工作，可按不同的勘察阶段由粗到细地进行。

### 5.3.1 收集资料

收集资料工作十分重要，不能忽视。某勘察队在北京西郊公主坟进行某工程的工程地质勘察，事先没有认真收集当地资料，钻机把一条自来水总管打破，造成严重事故，不仅影响勘察工作进行，而且使当地几万居民断水。

一般工程，需要收集的主要资料见表 10-1。

表 10-1　　　　　　　　　　需收集的主要资料

| 资料名称 | 选　址 | 初　勘 | 详　勘 |
|---|---|---|---|
| 1. 地形图 | 区域 | $\frac{1}{1000} \sim \frac{1}{5000}$，带坐标 | 大比例尺，附建筑总平面布置图，带坐标 |
| 2. 建筑物 | 性质、用途、平面尺寸、层数、有无地下室及深度 | 高度、结构型式、荷载大小 | 可能采取的基础形式、尺寸、埋深及特殊要求 |
| 3. 已有资料 | 大面积普查、地质、地形地貌、地震、矿产等 | 邻近钻孔及试验资料，建筑经验 | |
| 4. 现场条件 | 历史变迁、古河道、塘、沟、井、坟、填土等 | 地下管道、结构物、地下电缆、水管、煤气管位置 | |

### 5.3.2 布置钻孔

根据建筑物重要性的等级和场地复杂程度，布置钻孔的位置、间距、深度、技术孔取样及原位测试的部位等。选址阶段应尽量利用现有资料，以减少勘察工作量。钻孔布置的要求见表 10-2。

表 10-2　　　　　　　　　布 孔 要 求

| 布孔项目 | | 初　勘 | | | 详　勘 | | | | |
|---|---|---|---|---|---|---|---|---|---|
| 位　　置 | | 按建筑物平面形状沿主要承重墙和柱的轴线排列，主要建筑物四角 | | | | | | | |
| 间距 (m) | 简单场地 | 150～300 | | | 一级 35～50 | | 二、三级 50～75 | | |
| | 中等场地 | 50～150 | | | 一级 20～35 | | 二、三级 25～50 | | |
| | 复杂场地 | <50 | | | 一级 <20 | | 二、三级 <25 | | |
| 基底以下深度 (m) | 种类 | 一般性 | 控制性 | 基础宽 (m) | 1 | 2 | 3 | 4 | 5 |
| | 一级 | 10～15 | 15～30 | 条形 | 6 | 10 | 12 | — | — |
| | 二、三级 | 6～12 | 12～20 | 单独 | — | 6 | 9 | 11 | 12 |
| 钻孔类别 | 总孔数 | $n$ | | | $n$ | | | | |
| | 控制孔 | $(1/5 \sim 1/3)n$ | | | $(1/3 \sim 2/3)n$，每个场地 $\geq 2$ | | | | |
| | 取样、测试 | $(1/4 \sim 1/2)n$ | | | | | | | |

钻孔深度应根据地基受压层确定。控制孔应深于受压层，以便了解是否存在软弱下卧层。探查孔可以浅于受压层，分清土层即可。

受压层计算已在第四章介绍。中小工程可采用下列简便方法计算受压层深度 $Z_n$ 值：

条形基础：$Z_n = (3.0 \sim 3.5) B$

矩形基础：$Z_n = (2.0 \sim 2.5) B$

单独基础：$Z_n = (1.0 \sim 1.5) B$

上述简便方法为经验方法，适用条件为基础宽度 $B \leqslant 5m$，且受压层无软弱下卧层。

高层建筑箱形基础工程地质勘察，要求每幢高层建筑物钻孔不少于 4 个，其中控制性钻孔不少于 2 个，勘察点间距不超过 35m。控制性钻孔的深度，一般从基底以下算起为 $(1.0 \sim 2.0) B$（$B$ 为箱形基础宽度）。上述规定适用于天然地基上 8~20 层或建筑物高度 $\leqslant 60m$ 的高层民用建筑。河北省城乡勘察院对石家庄市 5 幢高层建筑进行总结，提出勘探深度为 $(0.8 \sim 1.2) B$，比较合理。

### 5.3.3　现场踏勘定位

完成上述准备工作后，勘察工程主持人应到勘察现场踏勘，了解现场情况与收集的资料是否相符。

现场工作主要任务是钻孔定位。常常会遇到各种障碍物，如旧房屋、大树、高压线等，则需根据情况将钻孔移位，钻孔孔位需打木桩，并测量孔口高程或标高。

## 5.4　工程地质勘察的内容

工程地质勘察一般按需要分为四个阶段，各阶段勘察的内容和要求各不相同。

### 5.4.1　选择场址勘察（即选址勘察）

选址勘察的目的是对拟选场址的稳定性和适宜性作出工程地质评价。这一阶段的勘察工作归纳为：

（1）搜集区域地质、地形地貌、地震、矿产和附近地区的工程地质资料及气候与其他自然条件资料。

（2）通过现场踏勘，了解场地一定深度内地层的分布情况、成因与年代，主要土层的工程性质，不良地质现象和地下水的水位、水质等情况。

（3）了解邻近建筑物的规模、结构、使用情况和地质资料等当地的建筑经验。

（4）工程地质条件复杂，已有资料不能符合要求，但其他方面条件较好且倾向于选取的场地，应根据具体情况进行工程地质测绘及必要的勘探工作。

根据我国建设经验，下列地区、地段不宜选为建筑场地：

（1）不良地质现象发育且对场地稳定性有直接危害或潜在威胁，例如，有大滑坡、强烈发育岩溶、塌陷、泥石流等。

（2）地震烈度较高，可能存在地震断裂带及地震时可能发生滑坡、山崩、地陷的场地；或有分布广泛、厚度较大、埋藏浅的饱和粉细砂、粉土、淤泥、淤泥质土、冲填土、松软的人工填土等对建筑物抗震不利的地段。

（3）洪水或地下水对建筑场地有严重不良影响地域。

（4）地下有未开采的有价值矿藏或未稳定的地下采空区。

### 5.4.2 初步勘察

在场址选定批准后进行初步勘察，勘察内容应符合初步设计或扩大初步设计阶段的要求。

(1) 目的：

1) 应对场地内各建筑地段的稳定性作出评价。
2) 为确定建筑物总平面布置提供资料。
3) 为确定主要建筑物地基基础方案提供资料。
4) 对不良地质现象的防治提供工程地质资料和建议。

(2) 主要任务：

1) 初步查明地层、构造、岩土物理力学性质。可以粗一些，但不能有错误。例如，不能把淤泥质土或膨胀土判为一般黏性土。
2) 初步查明地下水埋藏条件及冻结深度。
3) 查明不良地质现象的成因、分布范围、对场地稳定性的影响程度及其发展趋势。
4) 对设计地震烈度为 7 度及 7 度以上的建筑物，应判定场地和地基的地震效应。

### 5.4.3 详细勘察

根据技术设计或施工图设计阶段的要求，进行详细勘察。

(1) 目的：

1) 对建筑地基作出工程地质评价。例如，建筑地基为良好地基还是软弱地基。
2) 为地基基础设计提供工程地质资料。例如，提供软弱地基压缩性高、强度低的资料，说明不能采用天然地基而建议用桩基或人工地基。
3) 为地基处理与加固提供工程地质资料。
4) 为不良地质现象的防治提供工程地质资料。

(2) 主要任务：

1) 查明建筑物内的地层结构、岩土的物理力学性质，并对地基的稳定性及承载力作出评价。
2) 查明地下水的埋藏条件和侵蚀性。必要时，还应查明地层的渗透性，水位变化幅度及规律。
3) 提供不良地质现象防治工程所需的计算指标及资料。例如，对于滑坡防治采用的挡土墙设计的基本要求和土性资料等。
4) 研究查明地基岩土和地下水在建筑物施工和今后使用中可能产生的变化及影响，并提出防治建设。

### 5.4.4 施工勘察

遇下列情况之一时，应配合设计、施工单位进行施工勘察，解决施工有关的工程地质问题，并提出相应的勘察资料：

(1) 基槽开挖后，地质条件与原勘察资料不符，并可能影响工程质量和施工时。

(2) 深基础施工设计及施工中需要进行有关地基监测工作。例如，沉井施工，需提供侧壁土与混凝土的摩擦系数，并监测沉井下沉均匀情况。

(3) 地基处理加固时需要进行设计和检验工作。例如，强夯加固地基，需进行夯前夯后的土性指标对比，验明处理效果。

(4) 地基中溶洞或土洞较发育，需进一步查明和处理。

(5) 施工场地岩土出现异常现象。例如，出现边坡失稳或流砂现象，需进行观测和处理。

### 5.4.5 验槽

(1) 验槽的目的。验槽是勘察工作最后一个环节。当施工单位将基槽开挖完毕后，由勘察、设计、施工和使用单位四方面的技术负责人，共同到施工现场进行验槽。验槽的目的为：

1) 检验有限的钻孔与实际全面开挖的地基是否一致，勘察报告的结论与建议是否正确。

2) 根据基槽开挖实际情况，研究解决新发现的问题和勘察报告遗留的问题。

大量实践证明，认真验槽，对保证施工质量、防止工程事故起着十分重要的作用。因此，规定"天然地基必须验槽才能施工"是很必要的。

(2) 验槽的内容：

1) 核对基槽开挖平面位置与槽底标高是否与勘察、设计要求相符。

2) 检验槽底持力层土层与勘探结果是否相符。参加验槽人员需沿槽底依次逐段检验，用铁铲铲出新鲜土面，用野外鉴别方法进行鉴别。

3) 当基槽土质显著不均匀，或局部有古井、菜窖、坟穴，可用钎探查明平面范围与深度。条形基槽宽小于 80cm 时，钎探在中心打一排孔；槽宽大于 80cm，可打两排错开孔，钎探间距为 1.5～2.5m，深度一般为 1.5m。

基槽土质局部软弱、不均匀的情况是经常会遇到的，应处理得当，以避免严重不均匀沉降，导致墙体开裂事故。

4) 验槽后研究决定地基基础方案是否必要修改，或作局部处理。

(3) 验槽时应注意的事项：

1) 应验看新鲜土面。清除回填虚土，冬季冻结表土或夏季日晒干土都是虚假状态；

2) 槽底在地下水位以下不深时，可挖至水面验槽。验完槽再挖至设计标高；

3) 验槽要抓紧时间，基槽挖好即组织验槽，以避免下雨泡槽、冬季冰冻等不良影响；

4) 验槽前一般需做槽底普遍打钎工作，提供验槽时参考。

## 5.5 工程地质勘察报告

当完成野外勘察工作和室内试验后，将钻孔记录表、勘察记录、土的物理力学性质试验结果连同勘察任务委托书、建筑物规划平面布置图等资料进行汇总、整理、分析，编制工程地质勘察报告，提供设计和施工单位应用。

工程地质勘察报告包括下列内容。

### 5.5.1 文字部分

(1) 工程简介，勘察任务要求及勘察工作概况。

(2) 场地位置、地形地貌、地质构造、不良地质及地震基本烈度。

(3) 场地的地层分布、岩石的描述；分层土体的物理力学性质及地基承载力指标。

(4) 地下水的埋藏条件、侵蚀性以及土层的冻结深度。

(5) 结论与建议：对各层土作为天然地基的稳定性与适宜性作出评价，推荐一个最佳方案。如果为软弱地基或有软弱下卧层，应建议采用加固处理的方案。

### 5.5.2 图表部分

一般工程的勘察报告包括下列图表：

(1) 勘察点平面布置图。

(2) 工程地质剖面图。

(3) 土的物理力学性质试验成果总表。

重大工程根据需要，绘制综合工程地质图或工程地质分区图、地质柱状图或综合地质柱状图和有关试验曲线等。

### 5.5.3 签名

为了对工程负责和对勘察工作负责，工程地质勘察报告不但要有勘察单位的署名和盖章，而且还必须有钻探负责人、试验负责人、工程负责人和审批者的签名及报告完成的日期。

工程地质勘察报告要求高度总结、概括和分析，既能客观全面地反映场地的工程地质情况，又简明扼要，便于阅读和使用。一份好的勘察报告，应当是简明扼要的文字和图表组成，且文字与图表对照应用十分方便。

# 6 工程地质勘察的方法

工程地质勘察方法很多，下面简要介绍工业与民用建筑中常用的几种方法。

## 6.1 钻探法

用钻机钻入地基土体中，分层取土进行鉴别和试验的方法称为钻探法。这是国内外广泛使用的方法。主要设备有机钻、手钻、原状取土器等。

### 6.1.1 机钻

(1) 钻进方式：分为回转、冲击、震动、静压。根据不同土质条件选用不同的钻进方式，北京地区多用冲击式，软土宜用回转式或静压式，砂土可用震动式。

(2) 钻机类型：钻机类型很多，现介绍几种钻机的钻进方式、钻孔直径、动力大小与适用土层，见表10-3。

表 10-3　　　　几种钻机的性能

| 钻机类型（深度） | 钻进方式 | 钻孔直径(mm) | 钻杆直径(mm) | 动力(kW) | 适用土层 |
|---|---|---|---|---|---|
| SH-30-2A | 回转、冲击 | 114, 127 | 42 | 4.41 | 黏性土、砂、卵石 |
| CH-50 | 回转、冲击 | 89, 146 | 42 | 8.83 | 第四纪土，岩石 |
| DDP-100 车装立轴转盘式 | 回转、冲击 | 150, 200 | 50 | 66.20 | 各类地层 |
| XU-100 立轴油压岩芯钻 | 回转 | 75, 110 | 42 | 7.36 | 漂石，岩石 |
| M-68 汽车式震动钻机 | 震动 | 108, 160 | | 2.8 | 黏性土、砂土、碎石土、风化岩 |

《工业与民用建筑工程地质勘察范围》(TJ 24—77)规定：为采取原状土试样，取样段的孔径不宜小于108mm，以避免对土样的扰动。

### 6.1.2 手钻

对小型工程或中型工程的探查孔，可采用手钻。手钻最初为探测黄河大堤中动物巢穴形成的隐患，由洛阳制成使用，称洛阳铲。洛阳铲下端为钢铲头，上端为木杆，一人操作。在均匀稍湿的黏性土、粉性土中。1h可打一个5～6m深的孔。北京市勘察处改进了洛阳铲，用合金铝杆替代了木杆，改进了铲头结构，称为北京铲。北京铲可以穿透杂填土层。将铲头换上尖锥，可用为轻便触探。

北京铲性能好，效率高，通常两人操作，钻孔深度一般不超过6m。在勘探点有障碍物无法用机钻时，手钻更适用。清华大学基础工程技术公司在第四教室楼勘探时，在旧车间内用北京铲钻孔深度超过10m，效果良好。

勘察规范要求：为鉴别和划分地层，终孔直径不宜小于33mm。北京铲钻孔直径为70mm。

### 6.1.3 原状取土器

为研究地基土的工程性质，需要从钻孔中取原状土样，送到实验室，进行土的各项物理力学性能试验。试验数据的可靠性，关键一环是土样保持原状，未被扰动。

为了提高取土质量，总结我国取土技术和取土器的系列化、标准化情况和取土技术经验，中国建筑学会工程勘察学术委员会于1985年4月在杭州市富阳召开了全国取土技术和取土器专题学术讨论会，会议提出：

（1）取土器类型系列：

1）软土取土器。适用于软土、饱和砂土、粉土和饱和黄土。

2）一般黏性土取土器。适用于软土、可塑、硬塑黏性土和老黄土。

3）黄土取土器。适用于湿陷性黄土和新近堆积黄土。

（2）取土器尺寸系列：

1）取样器内径。有不小于100mm，用于固结试验环刀内径为79.8mm（50cm$^2$面积）；不小于80mm，用于环刀内径为61.8mm（30cm$^2$面积）等两种规格。黄土取样器内径定为120mm。

2）土样有效长度。按试验项目选定。压缩试验用土样长150mm；直剪试验用土样长200mm；软土为主的三轴剪切试验土样长300mm；黄土土样长为150mm。

（3）取土器的结构特征。取土筒可采用对开筒式和圆筒推出式。重大工程尽量使用活塞薄壁取土器（软土）和三重管取土器（坚硬土）。

（4）取土技术。为取到高质量的不扰动土，要采用一配套正确的取土技术。

钻进方法：软土最好采用泥浆循环回转法；可塑一坚硬的黏性土，如采用冲击法时，取土前的钻深进尺不得超过0.3m。黄土取前必须清孔。

取土方法：压入法优于击入法。击入法应用重锤少击法取样。黄土用快速压入法或重锤一击法。

包装和保存：使用铁皮衬筒装样时，两端加盖不允许压迫土柱。腊封要全面保证质量，避免日晒，注意防冻。包装用专用土样箱，卡紧、防震。

取土器主要技术参数见表 10-4。

表 10-4　　　　　　　　　　　　取土器主要技术参数

| 取土器种类 | 面积比（%） | 内间距比（%） | 外间距比（%） | 刃角（°） |
|---|---|---|---|---|
| 软土取土器 | 10～15 | 0.5～1.0 | 0～1 | <10 |
| 一般黏性土取土器 | 15～20 | 1.0～1.5 | 1～2 | 7～15 |
| 黄土取土器 | 10～15 | 1.0～1.5 | 1～2 | 10～12 |

对一些软土、饱和粉性土，如会产生土水分离现象时，宜进行工地试验。土样应在一周内运抵试验室，三周内开土试验。

美国、日本对取土器质量要求十分严格，它们的薄壁取土器壁厚 1.25～2.00mm，按外径 Φ75 计算，面积比仅为 7%～11%。国外取土器很长，一般为取样直径的 12 倍，外径 Φ75 的取土器长达 90cm，用静压法取样。取土器型式多种多样。设有取土器专门委员会并经常召开学术会议。

### 6.2 触探法

触探法是将装在钻杆底端的探头打入或压入土中，由所受阻力的大小探测土层的工程性质。用此法可以测出沿深度土的软硬变化，确定地基承载力。

触探法不需取原状土做试验，对取原状土困难的水下砂土、软黏土等更具有优越性。触探法配合钻探法进行，可以提高勘察的质量和效率。

根据探头入土的动力不同，触探法分为动力触探和静力触探两大类。

#### 6.2.1 动力触探

(1) 原理：用标准重量的铁锤，从标准高度自由下落，使探头贯入土层标准深度所需击数 $N$ 值的大小来判定土的工程性质的好坏。$N$ 值越大，表明贯入阻力越大，土越密实。

(2) 类型：分轻、中、重型三种，其中轻型和重型在生产中应用很广。重型（1）动力触探即标准贯入试验，简称标贯，来源于美国，锤重 140 磅（即 63.5kg），落距 30 英寸（相当于 76.2cm），打入土中 1 英尺（相当于 30.48cm）所需的击数 $N$ 为标准贯入试验的锤击数 $N(N_{63.5})$。轻型动力触探与北京铲手钻配套，触探杆即钻杆，锤重 10kg，用人力进行。

目前，我国现行动力触探仪规格见表 10-5。

表 10-5　　　　　　　　　　　目前我国现行动力触探仪规格

| 型式 | 探头 | | | | | | 击锤 | |
|---|---|---|---|---|---|---|---|---|
| | 锥端直径（mm） | 圆柱部分长度（mm） | 渐变段长度（mm） | 后部长度（mm） | 锥角（°） | 后部直径（mm） | 锤质量（kg） | 落高（mm） |
| 轻型 | 40 | 16 | 8 | | 60 | 25 | 10 | 500 |
| 重型 | 74 | | 90 | 85 | 60 | 60 | 63.5 | 760 |
| 超重型 | 74 | | 90 | 85 | 60 | 60 | 120 | 1000 |

(3) 工程应用：

1) 用动力触探指标确定地基承载力，详见第八章。

2) 用 $N(N_{63.5})$ 判定砂土密度。

3) 用 $N(N_{63.5})$ 判定黏性土的状态和无侧限抗压强度，见第八章表 8-4。

#### 6.2.2 静力触探

静力触探 1917 年在瑞典首先使用，20 世纪 60 年代在国内外发展起来，具有速度快、连续作业、灵敏、精确、方便等优点。我国各地区各部门应用很广。

##### 6.2.2.1 类型

(1) 按主机加压能力分：

轻型——压力 20~30kN，用于钻深 20m 左右；

中型——压力 50~100kN，用于钻深 30~40m；

重型——压力 150kN，用于钻深 >50m。

(2) 按动力方式分：

人力式——压入式或链条手摇式；

液压式——单缸、双缸、四缸三种结构；

机械式——滑动丝杠或滚动丝杠。

(3) 按反力装置分为框架地锚和汽车自动加地锚。

(4) 按量测探头分：

单桥探头——测比贯入阻力；

双桥探头——同时测锥头阻力与侧壁摩擦力。

##### 6.2.2.2 应用

(1) 测定比贯入阻力 $p_s$：

$$p_s = \frac{Q}{A} = K\mu\varepsilon \quad (\text{kPa})$$

式中　$Q$——总贯入阻力(N)(包括探头侧壁总摩擦力)；

　　　$A$——探头锥底面积($cm^2$)；

　　　$K$——探头系数；

　　　$\mu\varepsilon$——电阻应变仪量测微应变读数值。

探头型号有 1—1 型($A=10cm^2$)、1—2 型($A=15cm^2$)、1—3 型($A=20cm^2$) 三种。

(2) 测定锥头阻力 $q_c$(kPa) 和侧壁摩擦力 $f_s$(kPa)：

$$q_c = \frac{Q_c}{A}$$

$$f_s = \frac{Q_f}{F_s}$$

式中　$Q_c$——锥头总阻力(N)；

　　　$Q_f$——侧壁总摩擦力(N)；

　　　$F_s$——摩擦筒表面积($cm^2$)。

探头型号有 11—1 型($A=10cm^2$，$F_s=200cm^2$)、11—2 型($A=15cm^2$，$F_s=300cm^2$) 两种。

实验值应用于桩基可分出桩尖阻力和周摩擦力。

利用比贯入阻力 $p_s$ 值可确定黏性土和砂性土的地基承载力（见第八章表 8-5）。

## 6.3 掘探法

掘探法是在建筑场地上开挖探坑、探槽、探井，直接观察土层情况，并取土进行各土层的土性试验，绘制土层剖面图和展示图。

适用条件：土层中含有块石，钻探困难或土层很不均匀时，或者中小工程，勘探土层很浅，又无勘探机械时，可用掘探法。例如，杨凌地区大部分建筑物场地的工程地质勘察都是用掘探法，效果良好。又如，京郊房山县拒马河上设计一座大型水库，大坝坝头有坡积层数万立方米。为研究这数万立方米堆积物是否可以作为大坝坝体的一部分而不挖除，清华大学曾在堆积层中打一探井，做现场载荷试验，了解该堆积物压缩性的高低。

掘探法优点是直观、方便，并可直接取原状土做试验或在坑内做现场载荷试验。这是钻探法与触探法无法做到的。特别是在具有丰富打井窑经验的黄土地区已得到广泛应用。缺点是勘察深度不大，一般为 5~6m；土质疏松且结构性差时或较深探井，必须做支撑，以保安全；勘察完成后，回填探坑须分层压实，工作量较大；且不能用于水下。

# 7* 地基土的野外鉴别与描述

## 7.1 野外鉴别

钻探法在钻进过程中，一项重要的工作是做钻孔记录。从地表开钻到终孔为止，记录每一钻的深度，鉴别每一钻取出的土样，进行定名并随时记在记录表中，作为绘制地质剖面图的原始依据。野外鉴别主要凭感觉和经验，具体方法见表 10-6、表 10-7 和表 10-8。

表 10-6　　碎石土与砂土的野外鉴别方法

| 土类 | 土名 | 观察颗粒粗细 | 干土状态 | 湿土状态 | 湿润时用手拍击 |
|---|---|---|---|---|---|
| 碎石土 | 卵石（碎石） | 1/2 以上（指重量，下同）颗粒接近或超过干枣大小（约 20mm） | 完全分散 | 无黏着感 | 表面无变化 |
| | 圆砾（角砾） | 1/2 以上颗粒接近或超过绿豆大小（约 2mm） | 完全分散 | 无黏着感 | 表面无变化 |
| 砂土 | 砾砂 | 1/4 以上颗粒接近或超过绿豆大小 | 完全分散 | 无黏着感 | 表面无变化 |
| | 粗砂 | 1/2 以上颗粒接近或超过小米粒大小 | 完全分散 | 无黏着感 | 表面无变化 |
| | 中砂 | 1/2 以上颗粒接近或超过砂糖 | 基本分散 | 无黏着感 | 表面偶有水印 |
| | 细砂 | 颗粒粗细类似粗玉米面 | 基本分散 | 偶有轻微黏着感 | 接近饱和时表面有水印 |
| | 粉砂 | 颗粒粗细类似细白糖 | 颗粒部分分散、部分轻微胶结 | 偶有轻微黏着感 | 接近饱和时表面翻浆 |

表 10-7　　　　　　　　　　　黏性土与粉土的野外鉴别方法

| 土 名 | 干土状况 | 手搓时感觉 | 湿土状态 | 湿土手搓情况 | 小刀切割湿土 |
|---|---|---|---|---|---|
| 黏土 | 坚硬，用锤才能打碎 | 极细的均质土块 | 可塑，滑腻，黏着性大 | 易搓成 $d<0.5mm$ 长条，易滚成小土球 | 切面光滑不见砂粒 |
| 粉质黏土 | 手压土块可碎散 | 无均质感，有砂粒感 | 可塑，略滑腻，有黏性 | 能搓成 $d\approx1mm$ 土条，能滚成小土球 | 切面平整感有砂粒 |
| 粉土 | 手压土块散成粉末 | 土质不均，可见砂粒 | 稍可塑，不滑腻，黏性弱 | 难搓成 $d<2mm$ 细条，滚成土球易裂 | 切面粗糙 |

表 10-8　　　　　　　　　　　新近沉积黏性土的野外鉴别

| 沉积环境 | 颜 色 | 结 构 性 | 含 有 物 |
|---|---|---|---|
| 河滩及部分山前洪冲积扇的表层，古河道及已填塞的湖塘沟谷及河道泛滥区 | 深而暗，呈褐栗、暗黄或灰色，含有机质较多时呈黑色 | 结构性差，用手扰动原状土样，显著变软，粉性土有振动液化现象 | 无自身形成的粒状结核体，但可含有一定磨圆度的外来钙质结核体（如礓结石）及贝壳等。在城镇附近可能含有少量碎砖、瓦片、陶瓷及钱币、朽木等人类活动的遗物 |

## 7.2　土的野外描述

钻探法的钻孔记录表中，除了鉴别各土层的名称外，还需要对每一土层进行详细描述，作为评价各土层工程性质好坏的重要依据。描述的内容如下。

（1）颜色。土的颜色取决于组成矿物成分和含有的其他成分。描述时从色在前，主色在后。例如，黄褐色，以褐色为主，带黄色；土中含氧化铁，则土呈红色或棕色；土中含大量有机质，则土呈黑色；土中含较多的碳酸钙、高岭土，则土呈白色。如土中有特殊气味，亦应加以注明。

（2）密度。土的松密程度可根据钻进的难易，钻头提起后在侧面刮出一个新鲜面观察，并用手加压的感觉来判别。在记录表上注明每一层土属于密实、中密或稍密。见表10-9。

表 10-9　　　　　　　　　　　碎石土密实度野外鉴别方法

| 密实度 | 骨架颗粒含量和排列 | 可 挖 性 | 可 钻 性 |
|---|---|---|---|
| 密实 | 骨架颗粒含量大于总重的70%，呈交错排列，连续接触 | 锹镐挖掘困难，用撬棍方能松动；井壁一般较稳定 | 钻进极困难；冲击钻探时，钻杆、吊锤跳动剧烈；孔壁较稳定 |
| 中密 | 骨架颗粒含量等于总重的60%~70%，呈交错排列，大部分接触 | 锹镐可挖掘；井壁有掉块现象，从井壁取出大颗粒处，保持凹面形状 | 钻进较困难；冲击钻探时，钻杆、吊锤跳动不剧烈；孔壁有坍塌现象 |
| 稍密 | 骨架颗粒含量小于总重的60%，排列混乱，大部分不接触 | 锹可以挖掘；井壁易坍塌，从井壁取出大颗粒后，砂土立即坍落 | 钻进较容易；冲击钻探时，钻杆稍有跳动；孔壁易坍塌 |

（3）湿度。土的湿度分为干的、稍湿的、湿的与饱和的四种，按表10-10进行鉴别。

表 10-10　　　　　　　　　　　　　土的湿度的野外鉴别

| 土的湿度 | 鉴 别 方 法 |
|---|---|
| 稍湿的 | 经过扰动的土，不易捏成团，易碎成粉末。放在手中不湿手，但感觉冷而且觉得是湿土 |
| 湿的 | 经过扰动的土，能捏成各种形状。放在手中会湿手，在土面上滴水能慢慢渗入土中 |
| 饱和的 | 滴水不能渗入土中，可看到孔隙中的水发亮 |

（4）黏性土的稠度。黏性土的稠度是决定工程性质好坏的一个重要指标。描述方法可按表 10-11 来进行。

表 10-11　　　　　　　　　　　　黏性土稠度的野外鉴别

| 土的稠度 | 鉴 别 特 征 |
|---|---|
| 坚硬 | 手钻很费力，难以钻进，钻头取出土样用手捏不动，加力土不变形，只能碎裂 |
| 硬塑 | 手钻较费力，钻头取出土样用手捏时，要用较大的力土才略有变形，并即碎散 |
| 可塑 | 钻头取出的土样，手指用力不大就能按入土中。土可捏成各种形状 |
| 软塑 | 钻头取出的土样还能成形，手指按入土中毫不费力。可把土捏成各种形状 |
| 流塑 | 钻进很容易，钻头不易取出土样，取出的已不能成形，放在手中不易成块 |

（5）含有物。土中含有非本层土成分的其他物质，称为含有物。例如，碎砖、炉渣、石灰渣、植物根、有机质、贝壳、氧化铁、姜石、云母等。在记录中应注明含有物的名称、大小和数量。

（6）其他。卵石与砂性土应描述级配、砾石含量、最大粒径、主要矿物成分。黏性土应描述断面形态、孔隙大小、粗糙程度、是否有层理等。

# 复 习 思 考 题

1. 为何要进行工程地质勘察？详细勘察阶段应包括哪些内容？
2. 建筑场地根据什么进行分级？何谓复杂场地？钻孔间距如何确定？
3. 控制孔（技术钻孔）与探查孔有何区别？技术钻孔的深度如何确定？
4. 工业与民用建筑中常用哪几种勘探方法？比较各种方法的优缺点和适用条件。
5. 试比较动力触探和静力触探的方法和优缺点。
6. 野外鉴别黏性土用哪些方法？如何区分黏土和粉质黏土？
7. 野外鉴别黏性土的稠度怎样进行？各种不同状态各有什么特征？
8. 为什么要描述土的颜色？土中含有物指什么？含有物对土的工程性质有何影响？
9. 工程地质勘察报告分哪几部分？对建筑场地的评价中包括哪些内容？
10. 为何完成工程地质勘察报告后，还要验槽？验槽有哪些内容？应注意什么问题？

# 习 题

1. 某单位计划修建一幢 6 层职工住宅，建筑物长 80m，宽 11.28m。采用砖混结构，条形基础，复杂场地。试布置钻孔数量、间距、深度和类别。（答案：两排各 5 孔，20m，1 号、5 号、8 号三个技术孔 8m，其余探查孔 6m）

2. 有一座仓库东西长 47.28m，南北宽 10.68m，高 8.10m，为两层楼房。场地地形平坦，北方距离 10m 处有一荷塘。布置钻孔数量、间距、深度和类别。（答案：8，16，4~6m，三个技术孔）

3. 西安市某厂职工住宅，东西长 37.64m，南北宽 8.94m，为 5 层混合结构。当地几十年前为一大坑逐年填平。设计勘探工作量。

4. 示范区在渭河北岸计划盖一幢住宅楼，长 54.4m，宽 9.6m，高 11.2m，采用天然浅基，条形基础。设计勘探工作量。

5. 北京市某实验室平面呈 T 字形，南北向实验大厅长 36.0m，宽 18.0m，高 7.81m；辅助实验室东西长 31.5m，南北宽 12.8m，高 4.5m。场地中部有一土丘高约 3m，东方与南方相距 8~10m 有一条小河。设计勘探工作量。

6. 北京市某中学教学楼，长 75.0m，宽 18.5m，为两层楼房，采用天然地基条形基础。场地地形平坦，几十年前为一大坑。设计勘探工作量。

7. 北京市某高层住宅东西长 30.10m，南北宽 20.80m，地上 18 层，地下两层。平面大致为矩形。设计勘探工作量，包括取原状土和室内土工试验项目。

8. 某高层建筑地上 23 层，地下 3 层，平面呈对称 L 形，长 58m，宽 22m。紧贴高层有一大厅，地上一层，地下 2 层，平面为正方形，边长 36m。设计勘探工作量。

9. 清华大学汽车研究所科研楼，布置 6 个钻孔。地基各土层厚度见表 10-12。绘制工程地质剖面图，编制工程地质勘察报告。

表 10-12　　　　　　　　　　科研楼土层分布

| 钻孔编号 | 1 | 2 | 3 | 4 | 5 | 6 |
|---|---|---|---|---|---|---|
| 地面高程(m) | 48.62 | 48.75 | 48.50 | 48.80 | 48.72 | 48.29 |
| 杂填土厚(m) | 0.30 | 0.25 | 0.20 | 0.30 | 0.30 | 0.30 |
| 粉土厚(m) | 0.60 | 0.80 | 1.20 | 0.90 | 1.00 | 0.40 |
| 粉细砂厚(m) | 2.50 | 2.30 | 1.70 | 2.10 | 2.30 | 2.50 |
| 黏性土厚(m) | 2.30 | 2.10 | 2.10 | 2.10 | 1.60 | 2.40 |
| 粉质黏土厚(m) | 2.70 | >1.80 | >2.0 | >1.90 | >2.10 | 2.70 |
| 粉土厚(m) | >1.50 | | | | | >1.40 |
| 地下水位(m) | 44.78 | 45.05 | 44.95 | 45.10 | 44.85 | 44.89 |

注　本章习题都是实际工程，其中某些工程原勘察报告勘探工作量不合理或不便公布，未列出答案。

# 第十一章 天然地基上浅基础的设计

## 1 概 述

### 1.1 地基基础的重要性

地基基础对整个建筑物的安全、使用、工程量、造价和施工工期的影响都很大；而且基础是地下隐蔽工程，一旦失事，难以补救，应当引起高度重视，充分认识地基基础的重要性。

地基基础的设计不能孤立地进行，需要上下兼顾：

（1）考虑上部结构的型式、规模、用途、荷载大小与性质以及对不均匀沉降的敏感性。

（2）研究下部地质条件、土层分布、土的性质以及地下水的情况等，因地制宜进行设计。

### 1.2 地基基础的方案类型

设计地基基础首先选择地基基础的方案，目前，国内外地基基础的方案，可归纳为下列四种类型（如图11-1所示）：

（1）天然浅基。当建筑地基土层坚实、性质良好、地基承载力 $f > 150 \text{kPa}$ 时，将基础直接做在天然土层上，称为天然浅基。

（2）人工地基。如遇建筑地基土层软弱、压缩性高、强度低、无法承受上部结构荷重时，需经过人工加固处理后作为地基，称为人工地基。各种加固处理地基的方法，详见第九章。

（3）桩基础。当建筑地基上部土层软弱、深层有坚实土层时，则可用桩基础，将上部结构荷重转到坚实土层。桩的类型、承载力与桩基设计见第十二章。

（4）深基础。若上部结构荷载很大，一般基础无法承受；或有特殊用途与要求，如深层取水等用途以及城市密集建筑不容许大开挖施工时，可用深基础。深基础埋深 $D > 5\text{m}$，往往采用特殊的结构和专门的施工方法。常用的深基础有沉井、沉箱、地下连续墙等，详见第十二章。

以上四种方案类型，第一种天然浅基技术简单、施工方便、造价经济，应优先选用。只有当浅基不满足安全使用要求时，才考虑其他方案类型，应进行技术经济比较，选用最佳方案。

### 1.3 天然地基浅基础设计内容与步骤

（1）决定基础结构型式、材料与平面布置。

（2）选择基础的埋置深度 $D$。

（3）计算地基承载力 $f$，由作用在基础上的荷载，计算确定基础的尺寸。

（4）若地基持力层底下存在软弱土层，需验算软弱下卧层的承载力。

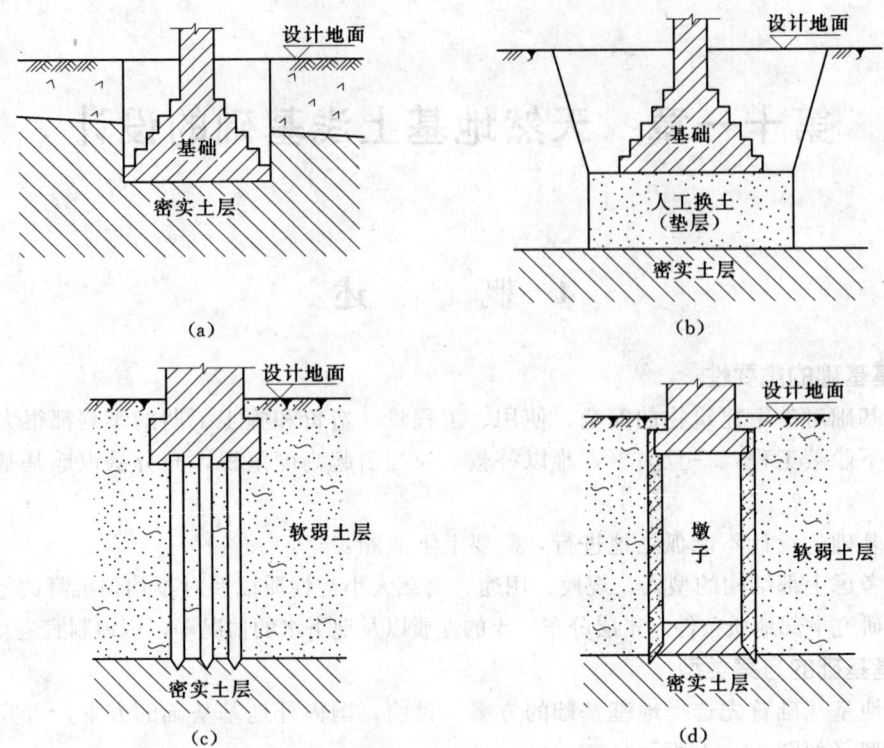

图 11-1 地基基础的类型
(a) 天然地基上浅基础；(b) 人工地基；(c) 桩基础；(d) 深基础

(5) 重要建筑物验算地基变形。
(6) 基础结构和构造设计。
(7) 绘制基础施工图。

### 1.4 设计所需资料
(1) 场地的地形图。
(2) 工程地质勘察报告。
(3) 建筑物平面图，荷载，特殊结构物布置与标高。
(4) 建筑材料供应情况与施工力量。

# 2 浅基础的类型

## 2.1 浅基础的结构类型
### 2.1.1 单独基础
通常柱基、高炉、烟囱、水塔基础都是单独基础，如图 11-2 所示。有时墙下采用单独基础，基础顶面架一根钢筋混凝土过梁，再在梁上砌砖墙，如图 11-3 所示。
### 2.1.2 条形基础
一般墙基采用连续长条形基础，如图 11-4 所示。当荷载较大，地基承载力较低时，

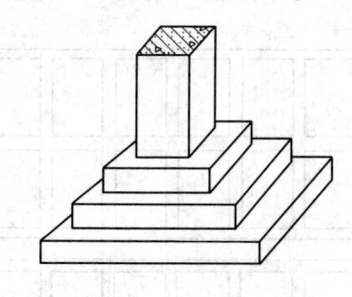

图 11-2 柱下单独基础

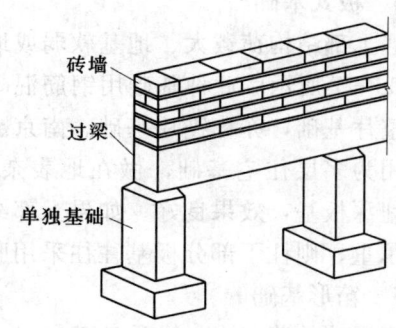

图 11-3 墙下单独基础
（有钢筋混凝土过梁）

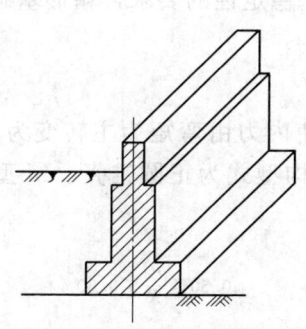

图 11-4 墙下条形基础

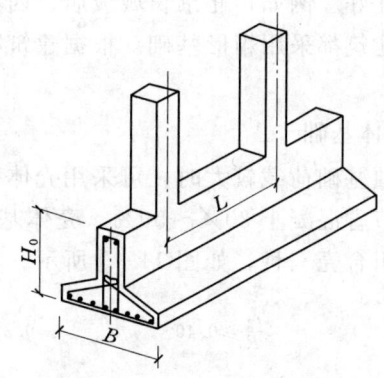

图 11-5 柱下条形基础

排柱基础也采用条形基础，如图 11-5 所示。

### 2.1.3 十字交叉基础

当荷载较大，采用条形基础不满足地基承载力要求时，可采用十字交叉基础（双向条形基础），如图 11-6 所示。例如，上海宝钢外宾招待所即采用此种型式。

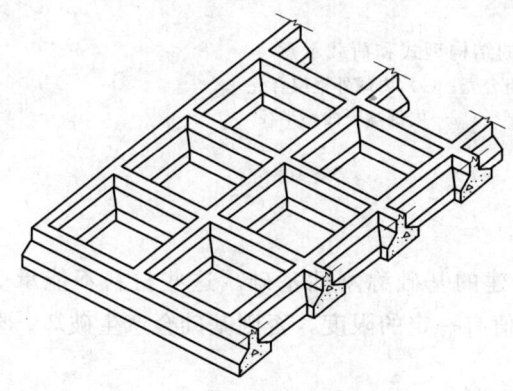

图 11-6 十字交叉基础

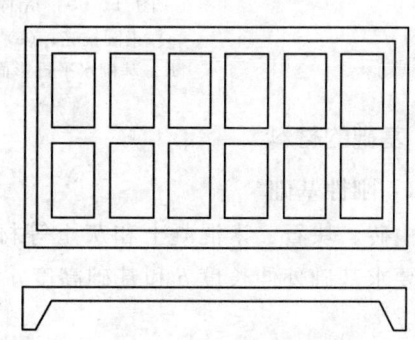

图 11-7 板式基础

### 2.1.4 板式基础

遇上部结构荷载大、地基软弱或地下防渗需要时,可采用板式基础,俗称满堂基础,如图 11-7 所示。此种基础用钢筋混凝土做成连续整片基础,亦称筏片基础。南京、苏州大量采用为多层住宅基础,做在地表杂填土上,称无埋深板基,效果良好。如果上部结构采用柱子承重,则柱下部分板基往往采用肋梁。

### 2.1.5 箱形基础

高层建筑荷载大,设计地下室时大量采用箱形基础,如图 11-8 所示。此种基础由钢筋混凝土底板、顶板、纵横墙组成整体,刚度大,整体性好。例如,北京长城饭店、西苑饭

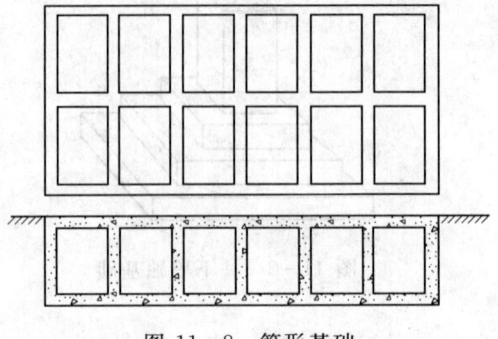

图 11-8 箱形基础

店等高层建筑都采用箱形基础。根据建筑物总高与地基稳定性的要求,箱形基础可采用多层结构。

### 2.1.6 壳体基础

当单独基础荷载较大时,可采用壳体基础形式,使内力由弯矩为主转变为轴力为主,通常可以节省混凝土 30%～50%。壳体基础常用的结构型式为正圆锥壳、M 型组合壳和内球外锥组合壳三种,如图 11-9 所示。

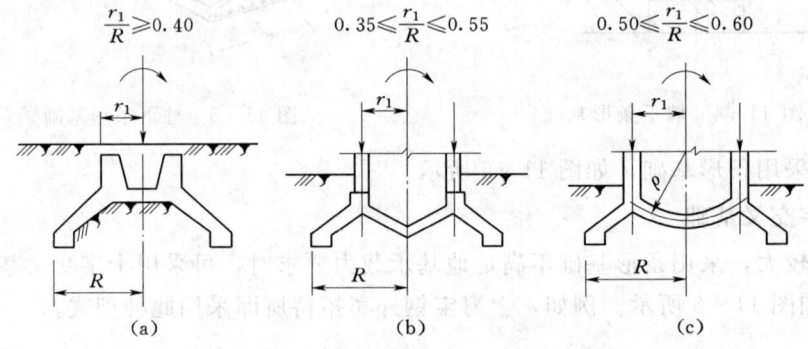

图 11-9 壳体基础的结构型式和荷载示意
(a) 正圆锥壳;(b) M 型组合壳;(c) 内球外锥组合壳
$R$—基础水平投影面最大半径;$\rho$—内倒球壳曲率半径

## 2.2 基础的材料

### 2.2.1 刚性基础

由砖、块石、素混凝土和灰土等材料修建的基础称刚性基础。这些材料不能承受拉力,要求基础外伸长度 $b$ 和基础高度 $h$ 的比值有一定的限度,否则基础会产生破坏。要求满足:

$$\frac{b}{h} \leqslant \left[\frac{b}{h}\right] = \tan\alpha \tag{11-1}$$

式中 $\left[\dfrac{b}{h}\right]$——刚性材料容许值，查表 11-1；

$\alpha$——基础的刚性角。

**表 11-1　　刚性基础的质量要求和基础台阶宽高比 $b/h$ 的容许值**

| 基础名称 | 质量要求 | | $b/h$ | | |
|---|---|---|---|---|---|
| | | | $\sigma\leqslant 100$ | $100<\sigma\leqslant 200$ | $200<\sigma\leqslant 300$ |
| 混凝土基础 | C10（100 号）混凝土 | | 1∶1.00 | 1∶1.00 | 1∶1.25 |
| | C7.5（75 号）混凝土 | | 1∶1.00 | 1∶1.25 | 1∶1.50 |
| 毛石混凝土基础 | C7.5～C10（75～100 号）混凝土 | | 1∶1.00 | 1∶1.25 | 1∶1.50 |
| 砖基础 | 砖不低于 75 号（MU7.5） | M5（50 号）砂浆 | 1∶1.50 | 1∶1.50 | 1∶1.50 |
| | | M2.5（25 号）砂浆 | 1∶1.50 | 1∶1.50 | |
| 毛石基础 | M2.5～5（25～50 号）砂浆 | | 1∶1.25 | 1∶1.50 | |
| | M1（10 号）砂浆 | | 1∶1.50 | | |
| 灰土基础 | 3∶7 或 2∶8 灰土（体积比）每层虚铺 22～25cm，夯至 15cm，夯筑后最小干土重度<br>粉　　土　15.5kN/m³<br>粉质黏土　15.0kN/m³<br>黏　　土　14.5kN/m³ | | 1∶1.25 | 1∶1.50 | |
| 三合土基础 | 1∶2∶4 到 1∶3∶6（白灰∶砂∶骨料体积比），每层约虚铺 20cm，夯至 15cm | | 1∶1.50 | 1∶2.00 | |

注　1.$\sigma$ 为基底平均压力，kPa。

2.阶梯形毛石基础的每阶伸出宽度不宜大于 200mm。

3.当基础由不同材料迭合组成时，应对接触部分作抗压验算。

为了施工方便，基础通常做成台阶形，各级台阶的内缘与刚性角 $\alpha$ 的斜线相交，如图 11-10（b）所示是安全的。假如台阶拐点位于斜线以内，如图 11-10（a）所示则不安全。

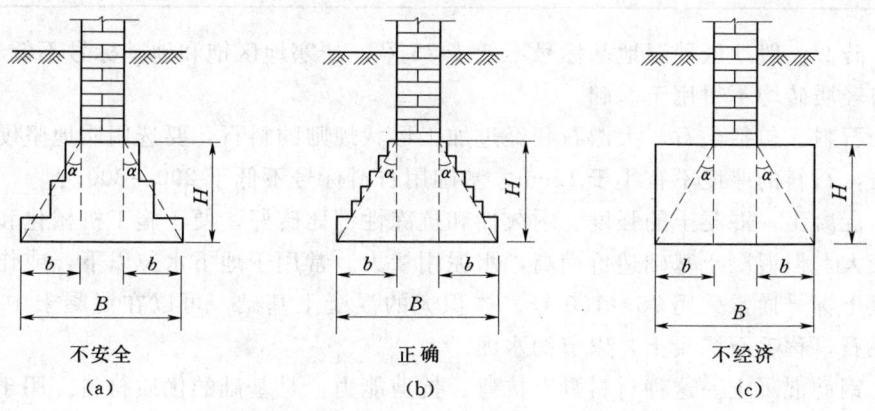

不安全　　　　　　　正确　　　　　　　不经济
(a)　　　　　　　　(b)　　　　　　　　(c)

图 11-10　刚性基础
(a) 不安全；(b) 正确；(c) 不经济

刚性基础的受力破坏简图如图 11-11 所示。

### 2.2.2 柔性基础

由钢筋混凝土修建的基础称柔性基础，如图 11-12 所示。在基础内配置足够的钢筋来承受拉应力，使基础在受弯曲时不致破坏。这种基础不受刚性角的限制，基础剖面可做成扁平形状，用较小的基础高度，把荷载传到较大的基础底面上去。重要建筑物或利用地基表土硬壳层设计宽基浅埋时，常采用钢筋混凝土基础。

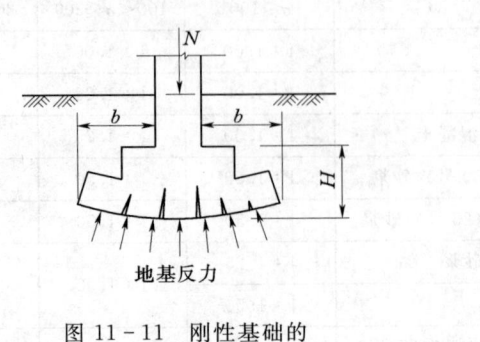

图 11-11　刚性基础的
受力破坏简图

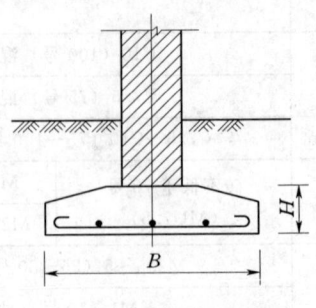

图 11-12　柔性基础
——钢筋混凝土基础

### 2.2.3 对基础材料的要求

基础埋于地下，常受潮、易侵蚀，必须保证基础的材料有足够的强度和耐久性。根据地基的潮湿程度和气候条件不同，基础用砖、石料及砂浆的最低标号见表 11-2。

表 11-2　　　　　　　　基础用砖、石料及砂浆最低标号

| 地基的潮湿程度 | 黏 土 砖 | | 石 料 | 白灰、水泥混合砂浆 | 水泥砂浆 |
| --- | --- | --- | --- | --- | --- |
| | 严寒地区 | 一般地区 | | | |
| 稍潮湿的 | 100 | 75 | 200 | 25 | 25 |
| 很潮湿的 | 150 | 100 | 200 | 50 | 50 |
| 含水饱和的 | 200 | 150 | 300 | — | 50 |

（1）砖。一般地区稍湿地基标号不低于 75 号，严寒地区饱和地基标号不低于 200 号。灰砂砖与轻质砖均不得用于基础。

（2）石料。包括毛石、大漂石和经过加工形状规则的料石，要选用质地坚硬，不易风化的岩石，石料的厚度不宜小于 15cm，基础用石料标号不低于 200～300 号。

（3）混凝土。混凝土的强度、耐久性和抗冻性都比砖好，便于施工机械化和预制，且刚性角较大。但混凝土基础造价稍高，水泥用量大。常用于地下水位以下，或作为基础垫层。混凝土标号通常采用 75～100 号。体积大的混凝土基础，可以在混凝土中掺入 20%～30% 毛石，称毛石混凝土，以节约水泥。

（4）钢筋混凝土。这种材料具有抗弯、抗剪能力，是基础的优质材料。用于上部结构荷载大、地基软弱或地下水位以下的地下室基础。所用混凝土标号不低于 150 号，壳体基础的混凝土标号不低于 200 号。

（5）灰土。早在 1000 多年以前，我国已采用灰土作为基础垫层，效果良好。中小工程可用灰土材料做基础，通常为三七灰土（体积比三分石灰，七分黏性土）拌均匀后，分

层夯实。所用石灰在使用前加水闷成粉末,并过 10～13mm 筛子。土料以粉质黏土为好,含水率接近最优含水率,使拌和后的灰土"捏紧成团,落地开花"。灰土的强度与夯实密度有关,要求施工夯实后干土重度不小于 14.5～15.5kN/m³。常用施工方法:每层虚铺灰土 22～25cm,夯实后为 15cm,称"一步灰土"。合格的灰土,容许承载力可达 250～300kPa。灰土的缺点是:在水中硬化慢、早期强度低、抗水性差、抗冻性也较差。因此,灰土作基础材料,一般只用于地下水位以上。

## 3 基础的埋置深度

基础的底面埋在设计地面±0.00m 下的深度,称为基础的埋置深度。在保证基础安全稳定、耐久使用的前提下,尽量浅埋,以节省投资,便于施工。

确定基础的埋置深度,主要考虑以下三方面因素。

### 3.1 上部结构的用途、类型和荷载大小与性质

当建筑物有地下室、地下管沟和设备基础时,要求基础相应加深;如上部结构对不均匀沉降很敏感,则基础需落在坚实土层上。

通常一级建筑物、甲级工程、高层建筑的基础埋深大。三级建筑物、丙、丁级工程、低层房屋的基础埋深浅。

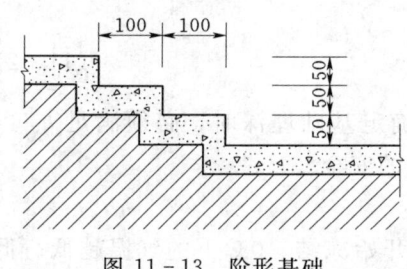

图 11-13 阶形基础

由于建筑物使用要求或土层性质变化,同一建筑物基础埋深不相同时,应将基础做成台阶形逐步过渡,台阶的高度与宽度之比为 1:2(如图 11-13 所示)。

新建基础靠近原有基础,其埋深一般要求不超过原有基础埋深;否则,两基础之间的净距离应大于两基础底面高差的 1～2 倍(如图 11-14 所示),以免开挖新基坑时,影响原有基础的安全稳定性。若不满足这一条件,需采取分段施工、支撑或打护坡桩等相应措施。

### 3.2 工程地质与水文地质条件

根据工程地质勘察报告,分析建筑场地土层分布情况与工程性质,应当选择好土作为基础的持力层。地基土层往往由多层软硬不同的土组成,考虑上部结构荷载大小与各层土的承载力,进行技术、经济比较,确定理想的基础埋深。

例如,表层土较好,下层土软弱,则尽量浅埋,利用表层好土作为持力层。相反,表层软弱土,下层土坚实,则需要具体分析:当软弱土较薄,厚度小于 2m 时,应将软弱土挖除,将基础置于好土上;若上层软弱土较厚,达 2～4m 时,低层房屋可采取扩大基底面积,加强上部结构刚度,把基础做在软土上;对于重要建筑物,则应把基础置

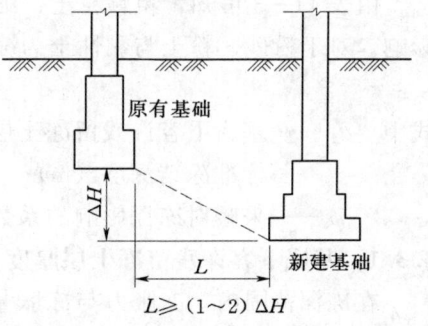

图 11-14 相邻房屋基础的埋置深度

于下层好土上；如上层软弱土很厚，厚度超过 5m，通常采用人工加固处理或用桩基。

基础埋深与地下水位的情况有密切关系，通常基础尽量做在地下水位以上，便于施工。如不得已，基础做在地下水位以下，施工时必须进行基槽排水。

当地基为黏性土、下层卵石中含有承压水时，应注意开挖基槽，保留槽底安全厚度 $h_0$，避免承压水冲破槽底，破坏地基。

图 11-15 表示基槽在黏土层中开挖深 $D$，黏土剩余厚度为 $h_0$。黏土层下为卵石层，具有承压水，承压水位高出卵石层顶面 $h$。

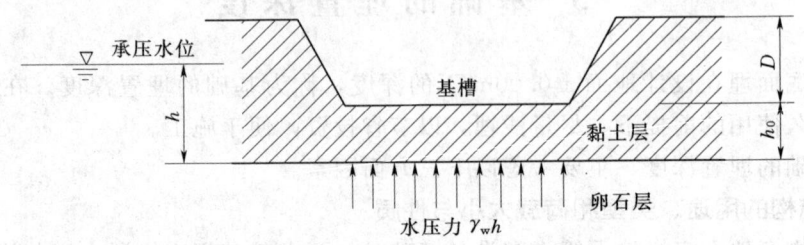

图 11-15 承压水对槽底土层的浮托作用

此时，黏土层底部单位面积上受到承压水的浮托力为 $\gamma_w h$；黏土层层底单位面积上的土压力为 $\gamma h_0$。若黏土层底面土压力小于浮托力，即：

$$\gamma h_0 < \gamma_w h$$

或

$$h_0 < \frac{\gamma_w h}{\gamma} \tag{11-2}$$

则槽底的黏土层可能被承压水拱起而破坏。因此，在确定基础埋深时，必须满足 $h_0 > \gamma_w h/\gamma$；否则，应当采取人工降低地下水位，以保证槽底的安全。

## 3.3 冻结深度

北方地区冬季气温降低至 0℃以下时，地表土中水开始冻结。0℃下的气温越低。低温持续时间越长，土层冻结深度就越大。当上部土层冻结后，由于毛细作用，促使下面的水分上升而冻结。土层冻结，体积膨胀；解冻时，土的强度降低，产生沉降。为避免地基土产生冻胀与融沉，北方地区基础埋深 $D$ 需要考虑冻深因素。

根据土的种类、天然含水率的大小与地下水位情况，地基土分为不冻胀、弱冻胀、冻胀和强冻胀四类，详见表 11-3。

由表 11-3 可知，粗颗粒土：细砂、中砂、粗砂与砾砂等，为不冻胀土，不考虑冻深影响。对于粉砂、粉土与黏性土为冻胀性土，可按式（11-3）计算基础最小埋深 $D_{min}$：

$$D_{min} = z_0 \psi_t - d_{fr} \tag{11-3}$$

式中 $d_{fr}$——基底下容许残留冻土层厚度（m）；

$z_0$——标准冻结深度（m）；

$\psi_t$——采暖对冻深影响的系数。

### 3.3.1 基底下容许残留冻土层厚度 $d_{fr}$

在冻深范围内，冻胀力与冻胀量随深度增加而减小，靠地表的上部冻土称有效冻胀区。基础埋深超过有效冻胀区的深度，虽然基底下还残留一定数量的冻土层厚度，但其冻

表 11-3　　　　　　　　　　　地基土冻胀性分类

| 土的名称 | 土的天然含水率 $w$（%） | 冻结期间地下水位低于冻深的最小距离（m） | 冻胀类别 |
|---|---|---|---|
| 岩石、碎石土、砾砂、粗砂、中砂、细砂 | 不考虑 | 不考虑 | 不冻胀 |
| 粉砂 | $w<14$ | $>1.5$ | 不冻胀 |
| | | $\leqslant 1.5$ | 弱冻胀 |
| | $14\leqslant w<19$ | $>1.5$ | 弱冻胀 |
| | | $\leqslant 1.5$ | 冻胀 |
| | $w\geqslant 19$ | $>1.5$ | 冻胀 |
| | | $\leqslant 1.5$ | 强冻胀 |
| 粉土 | $w\leqslant 19$ | $>2.0$ | 不冻胀 |
| | | $\leqslant 2.0$ | 弱冻胀 |
| | $19<w\leqslant 22$ | $>2.0$ | 弱冻胀 |
| | | $\leqslant 2.0$ | 冻胀 |
| | $22<w\leqslant 26$ | $>2.0$ | 冻胀 |
| | | $\leqslant 2.0$ | 强冻胀 |
| | $w>26$ | 不考虑 | 强冻胀 |
| 黏性土 | $w\leqslant w_p+2$ | $>2.0$ | 不冻胀 |
| | | $\leqslant 2.0$ | 弱冻胀 |
| | $w_p+2<w\leqslant w_p+5$ | $>2.0$ | 弱冻胀 |
| | | $\leqslant 2.0$ | 冻胀 |
| | $w_p+5<w\leqslant w_p+9$ | $>2.0$ | 冻胀 |
| | | $\leqslant 2.0$ | 强冻胀 |
| | $w>w_p+9$ | 不考虑 | 强冻胀 |

胀力与冻胀量很小，不影响建筑物安全使用，这一厚度称为基底下容许残留冻土层厚度 $d_{\mathrm{fr}}$，其数值如下：

弱冻胀土　　　　　　　$d_{\mathrm{fr}}=0.17z_0\psi_{\mathrm{t}}+0.26$

冻胀土　　　　　　　　$d_{\mathrm{fr}}=0.15z_0\psi_{\mathrm{t}}$

强冻胀土　　　　　　　$d_{\mathrm{fr}}=0$

当冻深范围内地基由不同冻胀性土层组成时，基础最小埋深可按下层土确定，但不得浅于下层土的顶面。

当有充分科学根据时，$d_{\mathrm{fr}}$ 值也可根据当地经验确定。

### 3.3.2　标准冻结深度 $z_0$

多年实测最大冻结深度的平均值，称为标准冻结深度；我国一些城市的数值如下：

　　　　北京　　0.8～1.0m　　　　天津　　0.5～0.7m
　　　　西安　　0.6m　　　　　　　济南　　0.5m
　　　　太原　　1.0m　　　　　　　大连　　0.8m
　　　　沈阳　　1.2m　　　　　　　哈尔滨　2.0m
　　　　满洲里　2.5m

其他地区的标准冻结深度，可查 GB 5007—2002 中"中国季节冻土标准冻深线图"。

### 3.3.3 采暖对冻深的影响系数 $\psi_t$

采暖使冻深减小，$\psi_t$ 可查表 11-4。外墙角端指离外墙角 4m 长度范围。当室内月平均温度小于 10℃时，取 $\psi_t = 1.00$；不采暖建筑物，取 $\psi_t = 1.10$。

表 11-4　　　　　　　　　　采暖对冻深的影响系数 $\psi_t$

| 室内地面比室外地面高出 (mm) | 外墙中段 | 外墙角端 |
| --- | --- | --- |
| ≤300 | 0.70 | 0.85 |
| ≥750 | 1.00 | 1.00 |

应当指出，按式（11-3）计算的基础最小埋深是偏于安全的。根据辽宁盘锦地区对冻深的系统观测，得到一个规律：冻胀力与冻胀量在地表 1/3 冻深范围内，约占 2/3 数值；在冻深中部与下部 2/3 范围内，冻胀力与冻胀量只占约 1/3 数值。当地建造了 48 幢各类建筑物包括办公楼、住宅与旅店，基础埋深大多数为 0.6～0.7m，当地标准冻结深度为 1.1m，按式（11-3）计算 $D_{min}$ 为 1.21m。虽然当地实际基础埋深 $D < D_{min}$（计算），由于采取设置地梁（25cm×40cm 钢筋混凝土，配 6Φ12 钢筋），加强上部结构整体性，利用上部结构的自重平衡残留的冻胀力与冻胀量，效果良好。

# 4 地基承载力的确定

## 4.1 基本概念

### 4.1.1 定义

各类地基承受上部荷重的能力都有一定的限度，如超过这一限度，则可能因地基变形过大使建筑物开裂，或地基发生强度破坏而滑动。当地基在同时满足变形和强度两个条件下，单位面积所能承受最大荷载，称为地基承载力，以 $f_0$ 表示，单位 kPa。

### 4.1.2 影响因素

不同条件的地基承载力差别很大，如密实卵石 $f_0$ 可达 800～1000kPa；天然含水率 $w = 75\%$ 的淤泥 $f_0$ 只有 40kPa；两者 $f_0$ 相差 20 倍以上。影响 $f_0$ 值大小的因素如下：

（1）土的成因与堆积年代。通常冲洪积土的承载力比坡洪积土的大，风积土的承载力最小。同类土，堆积年代越久，承载力越高。

（2）土的物理力学性质。这是影响土的承载力最重要的直接因素。例如，无黏性土粒径越大，孔隙比越小即密度大，则承载力越大；黏性土含水率越大，孔隙比越大即密度小，塑性指数小，则土的承载力小。

（3）地下水。当地下水上升，地基土受地下水的浮托作用，$\gamma \to \gamma'$，天然含水率增高，则土的承载力降低。尤其对湿陷性黄土，遇水湿陷，膨胀土遇水膨胀、失水收缩，对承载力有很大影响。

（4）建筑物的性质与基础尺寸。通常建筑物体型简单，整体刚度大，对不均匀沉降适应性好，则承载力可取高值；基础宽度大，埋置深度深，土的承载力相应高。

### 4.1.3 确定承载力的方法

(1) 实测数理统计法,列入 GB 5027—2002。对一般工程,此法最简便,应用最广(详见第八章)。

(2) 理论公式计算法。GB 5027—2002 中查不到的数据,可用此法(见第八章)。

(3) 原位测试与现场载荷试验法。遇地质条件复杂,土质很不均匀,或为重大工程,采用现场载荷试验法,能得到比较精确可靠的承载力数值(详见第八章)。

(4) 当地经验参用法。对简单场地,当地经验丰富,中小型工程,可用此法。

## 4.2 地基承载力的标准值 $f_k$

$$f_k = f_0 \psi_f \tag{11-4}$$

式中 $f_k$——地基承载力标准值(kPa);
$f_0$——地基承载力基本值,由表 8-5、表 8-6、表 8-14、表 8-15 查得;
$\psi_f$——回归修正系数。

在表 8-12、表 8-13、表 8-7、表 8-8 中,$\psi_f = 1$,其余:

$$\psi_f = 1 - \left(\frac{2.884}{\sqrt{n}} + \frac{7.918}{n^2}\right)\delta \tag{11-5}$$

$$\delta = \frac{\sigma}{\mu} \tag{11-6}$$

$$\mu = \frac{\sum_{i=1}^{n} \mu_i}{n} \tag{11-7}$$

$$\sigma = \sqrt{\left(\sum_{i=1}^{n} \mu_i^2 - n\mu^2\right)/n - 1} \tag{11-8}$$

式中 $\delta$——变异系数;
$\mu$——据以查表的某一土性指标试验平均值;
$\sigma$——地基承载力标准差;
$n$——据以查表的土性指标参加统计的样本数。

对于用两个指标的地基承载力表,采用综合变异系数 $\delta$:

$$\delta = \delta_1 + \xi \delta_2 \tag{11-9}$$

式中 $\delta_1$——第一指标的变异系数;
$\delta_2$——第二指标的变异系数;
$\xi$——第二指标的折算系数,见有关承载力表的注。

## 4.3 地基承载力设计值

当实际工程的基础宽度 $B > 3$m,埋深 $D > 0.5$m 时,承载力数值比表中所列数值提高,应进行修正。修正后的值称为地基承载力设计值,世界各国根据各自经验采用不同的修正公式。我国现行的修正公式见式(8-55)。

# 5 基础尺寸的设计

根据已知基础的类型、埋深 $D$、地基承载力 $f_0$ 和上部结构垂直荷载 $N$、力矩 $M$、水

平力 $T$，设计基础尺寸长、宽、高。

## 5.1 作用在基础上的荷载

作用在基础上的荷载，可分四种情况，如图 11-16 所示。

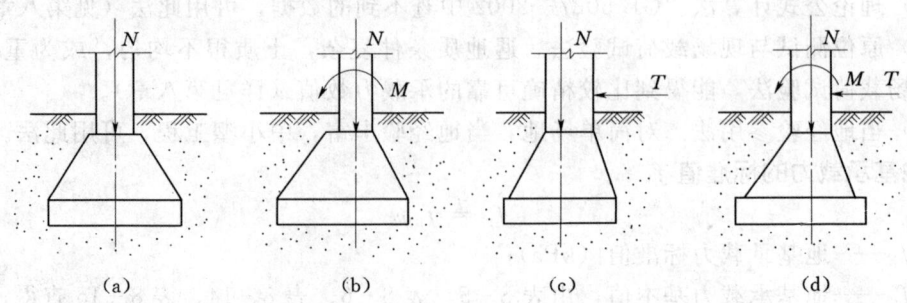

图 11-16 基础受力情况

垂直荷载包括上部结构自重、屋面荷载、楼面荷载和基础自重等。

水平荷载包括土压力、水压力与风压力等。

荷载计算应按传力系统，由屋面荷载开始，自上而下，累计至设计地面。需注意计算段的选取；对于没有门窗的墙，可取 1m 长计算；有门窗的墙，取一开间长为计算段。初算一般多层住宅，每层按 $N \approx 30\text{kN/m}$ 计算。

在轴向力 $N$ 作用下，基础将发生沉降；在力矩 $M$ 作用下，还将发生倾斜，在水平力 $T$ 作用下，还需进行基础滑动和倾覆稳定性验算。

根据荷载作用不同组合，对基础产生中心荷载与偏心荷载两种情况，分别进行设计计算。

## 5.2 中心荷载作用下的基础

### 5.2.1 基础底面积 $A$

根据基础底面处力的平衡：

$$N + G \leqslant fA \tag{11-10}$$

即

$$N \leqslant fA - G = fA - \bar{\gamma}DA = (f - \bar{\gamma}D)A \tag{11-11}$$

$$A \geqslant \frac{N}{f - \bar{\gamma}D} \tag{11-12}$$

式中 $\bar{\gamma}$——基础及其台阶上土重的平均重度，采用 $20\text{kN/m}^3$。

（1）单独基础。底面 $A = L \times B$，取整数。通常采用正方形基础，即 $A = B^2$。如必须采用矩形基础，则取 $L/B$ 为第三章应力系数表中所列比值，使应力与沉降计算方便。

（2）条形基础。基础长度 $L$ 取 1.0m 计算，则 $A = B$。

### 5.2.2 基础高度 $h$

基础顶面保护层 $D_0$ 通常采用 10~15cm，则基础高度 $h = D - D_0$，见图 11-17。若基础用砖、石、素混凝土，应注意使刚性角 $\alpha$ 满足式（11-1）要求。

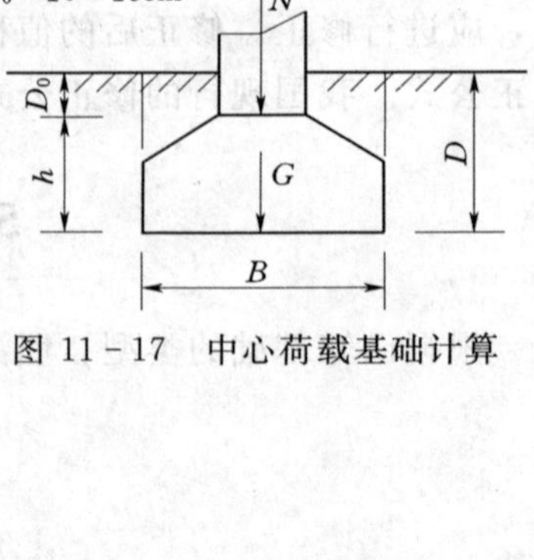

图 11-17 中心荷载基础计算

## 5.3 偏心荷载作用下的基础

通常采用逐次渐近试算法进行计算。

(1) 先按中心荷载式 (11-12)，计算基础底面积 $A_1$。

(2) 考虑偏心影响，加大基底面积 10%～40%，采用偏心荷载作用下基底面积：

$$A = (1.1 \sim 1.4) A_1 \qquad (11-13)$$

(3) 计算基底边缘最大和最小应力：

$$\begin{matrix} P_{max} \\ P_{min} \end{matrix} = \frac{N+G}{A} \pm \frac{M}{W} \qquad (11-14)$$

式中 $M$——作用在基础底面的力矩（kN·m）；

$W$——基础底面的截面系数（m³），矩形基础 $W = LB^2/6$。

(4) 要求基底应力满足：

$$\frac{1}{2}(P_{max} + P_{min}) \leqslant f \qquad (11-15)$$

$$P_{max} \leqslant 1.2f \qquad (11-16)$$

$$P_{max} \leqslant (3 \sim 4) P_{min} \qquad (11-17)$$

如满足式 (11-15)～式 (11-17)，则式 (11-13) 确定的基底面积 $A$ 合适；否则，应修改 $A$ 值，重新计算 $P_{max}$ 和 $P_{min}$，直至满足式 (11-15)～式 (11-17) 为止。

偏心荷载作用下基础底面积直接计算法已由北京建筑工程学院研究出来，编者参加了该院召开的《偏心受压基础底面尺寸直接解法》鉴定会，在大量计算时，可以节省时间。

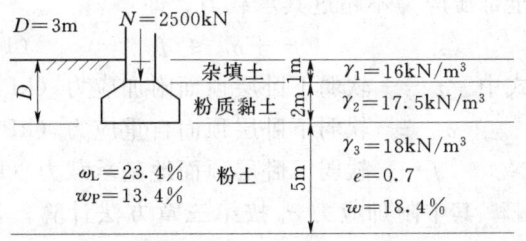

图 11-18 例题 11-1

**【例题 11-1】** 已知某厂房柱基承受上部荷载 $N=2500$ kN，埋深 $D=3$ m，地基土情况如图 11-18 所示。计算基础底面积。

**解** (1) 计算承载力，持力层为粉土：

$$\left.\begin{matrix} I_P = w_L - w_P = 23.4 - 13.4 = 10 \\ e = 0.7 \\ w = 18.4\% \end{matrix}\right\} \text{查表 8-14 得 } f_0 = 230 \text{kPa}$$

(2) 承载力深度修正：

$$f = f_k + \eta_d \gamma_0 (D - 0.5)$$

式中，系数 $\eta_d$ 由表 8-17 查得 $\eta_d = 2.2$，由式 (8-55) 得 $f_k = \psi f_0$，粉土取 $\psi = 0.85$，则：

$$f_k = 0.85 \times 230 \text{kPa} = 195.5 \text{kPa}$$

$$\bar{\gamma}_0 = \frac{16 \times 1 + 17.5 \times 2}{1 + 2} = 17 (\text{kN/m}^3)$$

$$f = 195.5 + 2.2 \times 17 \times (3.0 - 0.5) = 289 \text{ (kPa)}$$

(3) 基底面积初算：

$$A_0 \geqslant \frac{N}{f - \bar{\gamma}_0 D} = \frac{2500}{289 - 17 \times 3} = \frac{2500}{238} = 10.50 \text{ (m}^2\text{)} \approx 3.3^2 \text{(m}^2\text{)}$$

采用正方形基础，边长取 3.3m。

(4) 承载力宽度修正：
$$f = f_0 + \eta_b \gamma (B-3)$$
式中，系数 $\eta_b$ 查表 8-17 得 $\eta_b = 0.5$，则：
$$\gamma = 18 \text{ kN/m}^3$$
$$f = 289 + 0.5 \times 18 \times (3.3-3) = 291.7 \text{ (kPa)}$$

(5) 基底面积：
$$A \geq \frac{N}{f - \overline{\gamma}D} = \frac{2500}{291.7 - 51} = \frac{2500}{240.7} = 10.39(\text{m}^2) \approx 3.22^2(\text{m}^2)$$

实际所采用基底面积 $A = 3.3 \times 3.3 = 10.89(\text{m}^2) > 10.39(\text{m}^2)$，设计合理。

# 6 地基的验算

上节确定的基础尺寸是根据持力层的承载力计算得来，当持力层厚度不很大，下面有一层软弱土时，还需进行下列验算。

## 6.1 软弱下卧层强度验算

图 11-19 表示基础埋深 $D$，基底以下深 $z$ 处存在软弱下卧层。要求作用在软弱下卧层顶面的全部压应力不超过其承载力，即：

$$\sigma_z + \sigma_{cz} \leq f \qquad (11-18)$$

式中 $\sigma_z$——软弱下卧层顶面附加应力（kPa）；
$\sigma_{cz}$——软弱下卧层顶面自重应力（kPa）；
$f$——软弱下卧层顶面地基承载力（kPa）。

其中附加应力 $\sigma_z$ 按第三章方法计算；当上层土与下卧软土压缩模量比 $\alpha \geq 3$ 时（见表 11-5）简化如下：

基底处附加应力 $\sigma_0$，按 $\theta$ 角向下扩散，至深度 $z$ 处为 $\sigma_z$。基底处与深度 $z$ 处两个平面，其附加应力总和相同。

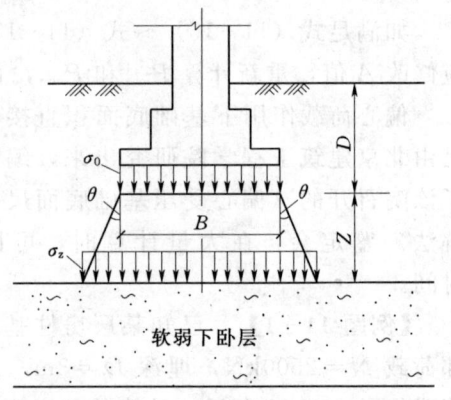

图 11-19 软弱下卧层强度验算

表 11-5 地基附加压力扩散角 $\theta$

| $\alpha = E_{s1}/E_{s2}$ | $z = 0.25B$ | $z \geq 0.50B$ |
|---|---|---|
| 3 | 6° | 23° |
| 5 | 10° | 25° |
| 10 | 20° | 30° |

条形基础 $\sigma_0 B = \sigma_z (B + 2z\tan\theta)$，即：
$$\sigma_z = \frac{\sigma_0 B}{B + 2z\tan\theta} \qquad (11-19)$$

矩形基础沿两个方向扩散：
$$\sigma_z = \frac{\sigma_0 LB}{(L + 2z\tan\theta)(B + 2z\tan\theta)}$$
$$(11-20)$$

如计算结果满足式（11-18），表明软弱土层埋藏深，对建筑物安全使用无影响。若不满足式（11-18），则需修改基础尺寸 $L$、$B$ 和 $D$，或进行人工处理加固，详见第九章。

## 6.2 地基的变形验算

### 6.2.1 目的

对于一般常用工程，地基土不很软弱又比较均匀，按地基承载力设计，可以同时满足地基强度与变形要求，以保证工程安全。但对下列建筑物，虽然满足地基承载力的要求，但地基变形仍然可能过大，为建筑物所不容许，需要进行变形验算：①重要的有纪念性的建筑物；②对不均匀沉降敏感或使用上有特殊要求的建筑物；③地基为淤泥、新填土等软弱层较厚或分布厚薄不均匀的建筑物；④相邻建筑物过近的建筑物。

### 6.2.2 建筑物的安全等级

根据地基损坏造成建筑物破坏后果（危及人的生命、造成经济损失、造成社会影响及修复的可能性）的严重性，将建筑物分为三级（见表 11-6）。

表 11-6　　　　　　　　　　建　筑　物　安　全　等　级

| 安全等级 | 破坏后果 | 建　筑　类　型 |
|---|---|---|
| 一级 | 很严重 | 重要的工业与民用建筑物，20 层以上的高层建筑，体型复杂的 14 层以上的高层建筑，对地基变形有特殊要求的重要工业建筑物，单桩荷载在 4000kN 以上的建筑物 |
| 二级 | 严　重 | 一般的工业与民用建筑物 |
| 三级 | 不严重 | 次要的建筑物 |

### 6.2.3 变形计算的范围

所有建筑物地基均应进行地基承载力计算。一级建筑物和表 11-7 所列范围以外的二级建筑物尚应进行地基变形计算。

表 11-7　　　　　　　　二级建筑物可不作地基变形计算的范围

| 地基主要受力层的情况 | | | $60 \leq f_k$ <80 | $80 \leq f_k$ <100 | $100 \leq f_k$ <130 | $130 \leq f_k$ <160 | $160 \leq f_k$ <200 | $200 \leq f_k$ <300 |
|---|---|---|---|---|---|---|---|---|
| 地基主要受力层的情况 | 地基承载力标准值 $f_k$ (kPa) | | $60 \leq f_k$ <80 | $80 \leq f_k$ <100 | $100 \leq f_k$ <130 | $130 \leq f_k$ <160 | $160 \leq f_k$ <200 | $200 \leq f_k$ <300 |
| 地基主要受力层的情况 | 各土层坡度（%） | | ≤5 | ≤5 | ≤10 | ≤10 | ≤10 | — |
| 建筑类型 | 砌体承重结构、框架结构（层数） | | ≤5 | ≤5 | ≤6 | ≤6 | ≤7 | — |
| 建筑类型 | 单层排架结构（6m 柱距） | 单跨 吊车起重量(t)／厂房跨度(m) | 5～10／≤18 | 10～15／≤18 | 15～20／≤24 | 20～30／≤30 | 30～50／≤30 | 50～100／≤30 |
| 建筑类型 | 单层排架结构（6m 柱距） | 多跨 吊车起重量(t)／厂房跨度(m) | 3～5／≤12 | 5～10／≤18 | 10～15／≤24 | 15～20／≤30 | 20～30／≤30 | 30～75／≤30 |
| 建筑类型 | 烟囱 | 高度(m) | ≤30 | ≤40 | ≤50 | ≤75 | ≤100 | — |
| 建筑类型 | 水塔 | 高度(m) | ≤15 | ≤20 | ≤30 | ≤30 | ≤30 | — |
| 建筑类型 | 水塔 | 容积(m³) | ≤50 | 50～100 | 100～200 | 200～300 | 300～500 | 500～1000 |

注　1. 地基主要受力层系指条形基础底面下深度为 3B（B 为基础底面宽度），单独基础下为 1B，且厚度均不小于 5m 的范围（二层以下的民用建筑除外）。
　　2. 地基主要受力层中如有承载力 f 小于 130kPa 的土层时，表中砌体承重结构的设计，应符合 GB 5007—2002 第七章的有关要求。
　　3. 表中砌体承重结构和框架结构均指民用建筑。对于工业建筑可按厂房高度，荷重情况折合成与其相当的民用建筑层数。
　　4. 表中吊车起重量、烟囱高度和水塔容积的数值系指最大容许值，设计时，应按地基承载力的高低值相应选用。
　　5. 当地基承载力大于 300kPa 时，可不作变形验算。
　　6. 对于本表所列范围以外的房屋和建筑物，如有成熟经验时，可不作变形验算。

变形计算内容：①沉降量；②沉降差；③倾斜；④局部倾斜。不同结构计算变形值，要求控制的容许变形值，详见第四章。若不满足要求，需修改基础尺寸或采取相应措施。

## 6.3 稳定计算

下列建筑物应进行稳定计算：

（1）一级建筑物中经常受水平力（风荷载和地震荷载）作用的高层建筑物。

（2）位于斜坡或坡顶上的建筑物。

（3）挡土墙。

# 7 地基基础与上部结构共同工作的概念

国内外大量研究表明：以往设计计算中往往把上部结构、基础和地基分开考虑，因而不满足竖直变形协调条件。实际上，在接触点，地基、基础与上部结构三者的变形必须协调一致，这就是共同工作的基本概念。

## 7.1 地基变形与上部结构的相互影响

一般工程中对上部结构的分析，以基础为不动支座，可使计算简化，根据已知外荷，用结构力学方法进行内力分析。这与实际情况不符，因为实际上地基存在着变形，基础并非不动支座。尤其对超静定结构和刚度大的结构来说，很少的不均匀沉降，就会引起上部结构中较大的附加应力，一旦这种附加应力超过结构本身的强度储备，就会发生裂缝破坏。在软土地基上的墙体，受荷后与地基共同工作，地基的不均匀沉降受墙体抗弯刚度的限制而有所调整，一般的砖墙，往往由于主拉应力过大而开裂。高层建筑箱形基础的沉降和上部结构的内力随着施工的进度而变化。当建筑物高度 $H$ 与长度 $L$ 之比小于 0.25 时，地基的变形纵横两向均为中间大，两端小，成下凹曲形，此时上部结构的刚度没有充分发挥作用。当 $\frac{H}{L}$ 增大时，地基变形的差异反而减小。这是由于上部结构的刚度增大，自动地将上部均匀荷载和自重向沉降小的部位传递，形成类似"拱"的作用的结果。这种作用，使地基变形的曲率反而减小，甚至可趋近于零。

## 7.2 上部结构的刚度对基础受力状况的影响

建筑物上部结构的刚度对基础受力状况影响很大。以 基础梁为例，完全柔性的上部

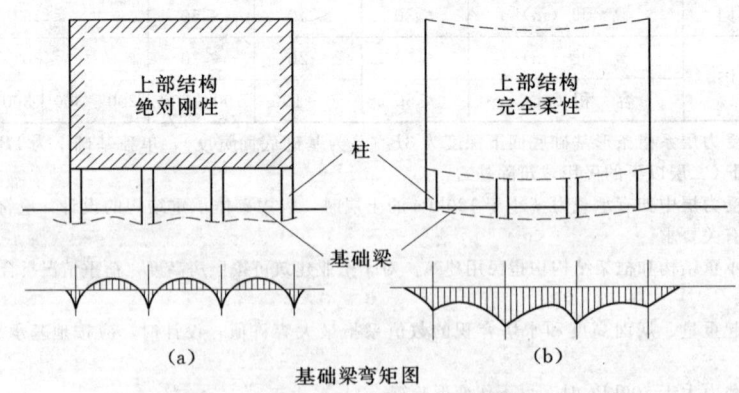

图 11-20 上部结构的刚度对基础受力的影响

结构，如图 11-20（b）所示，对基础梁的挠曲完全没有制约作用，也就是上部结构不参与共同工作。与此相反，绝对刚性的上部结构，如图 11-20（a）所示，由于各个柱子只能同时均匀下沉，当基础梁挠曲时，在柱位处相当于不动支座。因此，在地基反力作用下，基础梁好像是一根倒置的连续梁。上部结构完全柔性和绝对刚性这两种极端情况，形成的基础的挠曲形式和弯矩图也截然不同。实际工程中，大多数建筑物的刚度介于完全柔性和绝对刚性之间。因建筑物刚度难以定量计算，设计工作中只能定性判断。例如，单层排架的静定结构接近于完全柔性，高层住宅接近绝对刚性，而高炉、烟囱、水塔等整体结构可认为是绝对刚性的。

箱形基础的弯曲程度和应力与上部结构的刚度有明显的关系。初步研究表明：第一阶段，当楼身不高，$\dfrac{H}{L} \leqslant 0.25$，上部结构刚度较小时，箱基底板（与顶板中部）的钢筋拉应力随楼身升高而增大，最后达到最大值；第二阶段，当楼身继续升高，$\dfrac{H}{L} > 0.25$，上部结

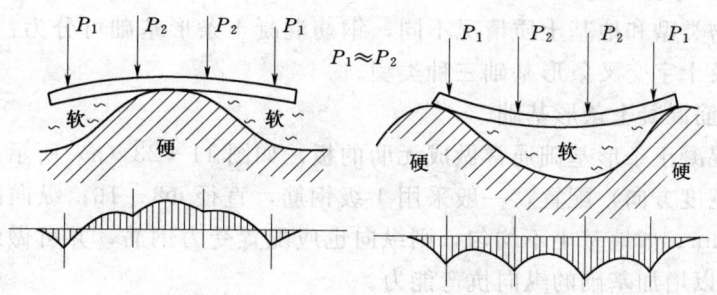

图 11-21　地基压缩性不均匀对基础梁受力的影响

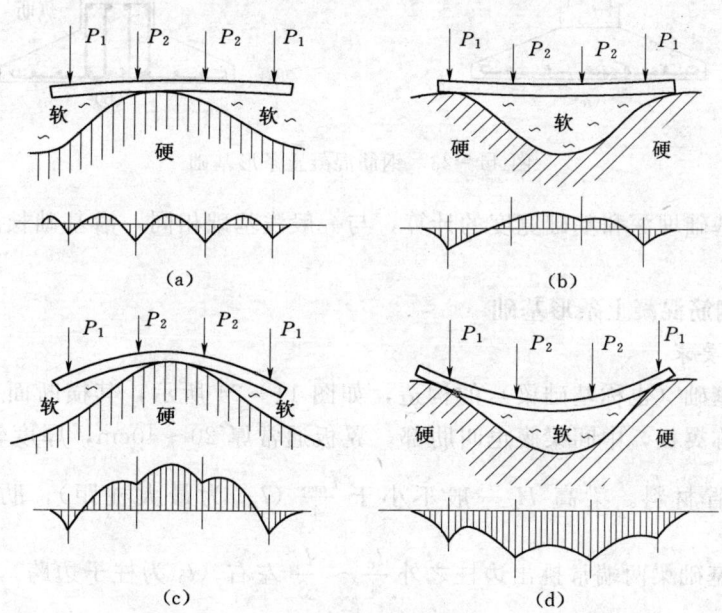

图 11-22　荷载分布对基础梁受力状况的影响
(a) $P_1 \ll P_2$；(b) $P_1 \gg P_2$；(c) $P_1 \gg P_2$；(d) $P_1 \ll P_2$

构刚度增大,箱基底板钢筋拉应力逐渐减小,在建筑物完工或接近完工时达到最小值。

### 7.3 地基条件与荷载分布对基础受力状况的影响

基础受力状况除上部结构刚度的影响外,还与地基条件、荷载分布和基础本身刚度等因素有关。在均匀地基上,柱下基础梁的挠曲与弯矩图的形状,已示意在图11-20(b)中。但地基明显不均匀时,基础梁的受力状况就不同。例如地基中部软两边硬,则加剧基础梁的挠曲程度,如图11-21(b)所示。若相反,地基中部硬两边软,如图11-21(a)所示,则可能使梁的正向挠曲变为反向挠曲。

上部荷载大小分布对基础梁受力的影响也很大。不难看出,如图11-22所示,图(a)、图(b)是有利情况,图(c)、图(d)为不利情况。

## 8 钢筋混凝土梁板式基础的简化计算

### 8.1 钢筋混凝土条形基础

根据建筑物类型和地基土质情况不同,钢筋混凝土条形基础可分为:墙下条形基础、柱下条形基础及十字交叉条形基础三种类型。

#### 8.1.1 墙下钢筋混凝土条形基础

墙下钢筋混凝土条形基础通常做成无肋的板,如图11-23(a)所示。基础受力钢筋沿横向(基础宽度方向)配置,一般采用1级钢筋,直径Φ8~16;纵向配置分布筋,一般用Φ6@250mm。如地基土不均匀,则纵向也应配置受力钢筋,并可做纵肋,如图11-23(b)所示,以增加基础的纵向抗弯能力。

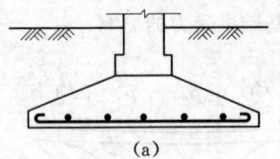
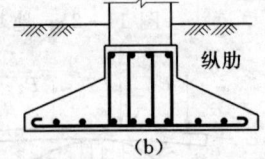

图11-23 钢筋混凝土条形基础

墙下条形基础埋深和基础宽度的计算,与一般浅基础相同,沿基础长度方向取1m长来计算。

#### 8.1.2 柱下钢筋混凝土条形基础

##### 8.1.2.1 构造要求

柱下条形基础(也称基础梁)的构造,如图11-24所示,其横断面一般呈倒T形,底部挑出部分称翼板,中间梁腹也叫肋部。翼板通常厚20~40cm,厚度较大时,可做成斜坡状,以节省材料。梁高$H$一般不小于$\frac{l_{max}}{4}$($l_{max}$为最大柱距),肋部宽$b$一般为$\left(\frac{1}{4} \sim \frac{1}{2}\right)B$。基础梁两端常挑出边柱之外$\frac{l_0}{4} \sim \frac{l_0}{3}$左右($l_0$为柱子边跨),以使基底反力较为均匀。

肋梁的纵向受力筋一般为双筋,上下配筋率都不应小于0.2%,箍筋直径不小于Φ8。

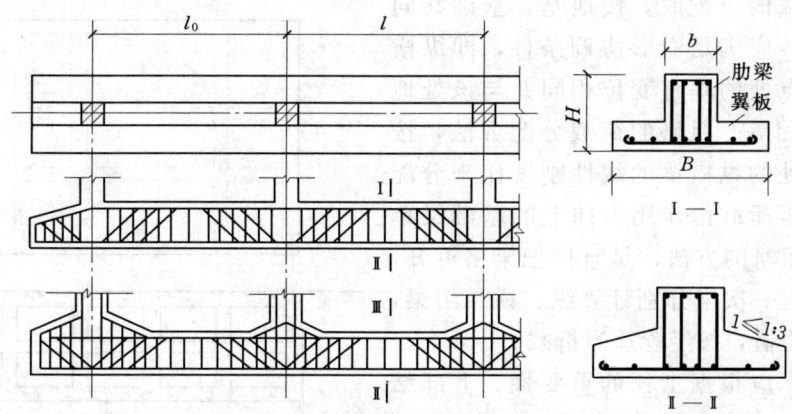

图 11-24 柱下条形基础的构造

翼板受力筋由计算确定，直径不小于 Φ10；分布筋直径 Φ8～10，间距 200～300mm。

#### 8.1.2.2 简化计算方法

（1）柱下条形基础的埋深和基础宽度的确定与一般浅基础相同。条形基础的长度 $L$ 通常由构造要求来确定。条形基础底面压力分布用简化计算方法时，假设基底压力按直线变化，可用下列偏心受压公式（如图 11-25 所示）计算：

$$p_{\min}^{\max} = \frac{\sum P}{BL} \pm \frac{6\sum M}{BL^2} \tag{11-21}$$

式中 $\sum P$ ——上部建筑物作用在基础梁上的各垂直荷载之总和；

$\sum M$ ——各外荷对基础梁中点的力矩代数和；

$B$ ——基础梁的宽度；

$L$ ——基础梁的长度。

（2）肋部内力分析，常用以下两种简化方法：

静定分析法——按式（11-23）计算基底净反力分布（$\sum P$ 中不包括自重及覆土重），可按静力平衡条件计算任意截面上的弯矩和切力。上部结构柔性时用此法。

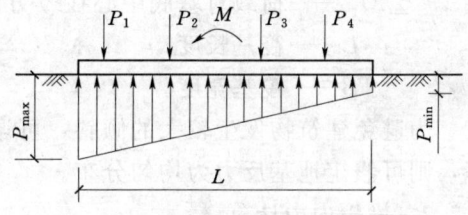

倒梁法——以柱子作为基础梁的支座，地基净反力和柱位处集中压力以外的其余外荷载作为基础梁上的荷载，按连续梁计算内力。这

图 11-25 基础梁底面压力简化计算图

样计算的支座反力与柱压力一般不符，应作局部调整。当上部结构刚度大时可用此法。

（3）翼板内力分析按固定于肋部的悬臂板考虑。

#### 8.1.2.3 十字交叉钢筋混凝土条形基础

当荷载大、地基软弱不均时，为减少不均匀沉降，可采用十字交叉条形基础，这也是多层建筑物的抗震措施之一。这种基础是由纵、横两组条形基础构成的整体的十字交叉的格排形状的基础，是一种空间结构。简化计算中，将各交叉节点处的柱荷载分配给纵、横二组基础梁分别承担，然后将梁系拆成单根梁分别进行计算。

在柱荷载的分配时，按地基、基础共同工作的要求，应满足变形协调条件，即纵横梁在同一节点处的垂直变位相同并与该处地基的沉降量相等。粗略的荷载分配方法，按交汇于结点处的纵横梁的线性刚度比来分配柱压力；力矩荷载由作用方向上的基础梁单独承担。更粗略的方法，是直接把梁格拆开，将柱荷载重复一次来分别计算纵、横二组梁，然后将其内力值，按经验适当折减。

实践中，应根据工程的重要性、上部结构情况及地基条件进行分析，选用合适的计算方法。

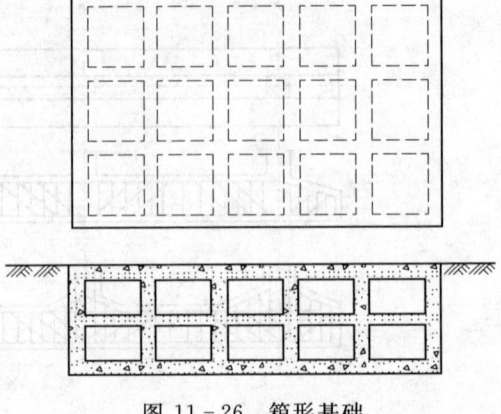

图 11-26　箱形基础

### 8.2　片筏基础

当地基土软弱不均、荷载很大、条形基础不满足技术要求时，可在建筑物下面采用整片钢筋混凝土基础，简称片筏基础。这种基础分平板式和梁板式两类。平板式片筏基础，可近似地当做倒无梁楼盖算，地基反力假定为均匀分布。梁板式片筏基础的简化计算如下。

#### 8.2.1　地基反力计算

当上部结构的刚度较大，地基为较均匀的高压缩性土层，可假定地基反力在两个方向上都按直线分布，并根据静力平衡条件加以确定。对于矩形平面的筏基，可用下列偏心受压公式计算：

$$p_{\min}^{\max} = \frac{\sum N}{LB} \pm \frac{6\sum M_x}{BL^2} \pm \frac{6\sum M_y}{LB^2} \tag{11-22}$$

式中　$\sum N$——所有荷载的合力；

　　　$\sum M_x$——荷载对基底中心在 $x$ 方向上的偏心合力矩；

　　　$\sum M_y$——荷载对基底中心在 $y$ 方向上的偏心合力矩；

　　　$L$——筏基长度；

　　　$B$——筏基宽度。

为避免建筑物发生较大的倾斜，可调整底板各边的外挑长度，使基础接近中心受荷状态，则可假定地基反力为均匀分布。

#### 8.2.2　梁板内力计算

(1) 柱网尺寸接近方形，且在柱网单元内不布置次肋。应按井式楼盖计算，底板按多跨连续双向板计算；纵向肋及横向肋都可按多跨连续梁计算。

(2) 柱网尺寸呈矩形，柱网单元中布置了次肋且次肋间距较小。此时可按平面肋形楼盖考虑。筏基底板按单向多跨连续板计算。次肋作为次梁，按多跨连续梁计算。纵向肋作为主梁也按多跨连续梁计算。

片筏基础四角及四边边区格上，地基反力较大，应加强配筋以免产生裂缝。

### 8.3　箱形基础

高层建筑需要地下室或荷载很大、地基十分软弱、片筏基础仍不能满足要求时，可用箱形基础。箱基是由钢筋混凝土底板、顶板和纵横交错的隔墙组成的一个空间整体结构，如图 11-26 所示。箱基整体刚度很大，可使建筑物的不均匀沉降大量减小。

箱基构造上要求平面形状简单，通常为矩形，基底的形心与主要荷载的合力尽量重合，通常底板厚 30~60cm，顶板厚 20~40cm，外墙厚 30~40cm，内隔墙厚 20~30cm。隔墙应顺柱列设置。顶、底板之间的净高一般为 3~4m，以适合作为地下室的要求。顶、底板的配筋率不宜超过 0.8%，由计算确定。隔墙的钢筋按经验配置，采用双层钢筋网，通常采用：内墙 Φ10@200，外墙 Φ10~12@150~200mm，纵向钢筋应伸入顶、底板内，以形成整体。

箱基计算方法，常用以下两种：

（1）把箱基当作绝对刚性板，不考虑上部结构的共同工作，用弹性理论确定地基反力和基础内力。计算箱基顶板和底板时，包括整体受弯及局部弯曲共同产生内力。

（2）把箱基作为建筑物的一个地下楼层，不考虑箱基整体受弯作用，只按局部弯曲来计算底板内力。地基反力假定为均匀分布，底板按倒楼盖计算。隔墙看作支座，顶板按支承在隔墙上的一般平面楼盖计算。计算结果，这种方法的底板薄、配筋少。高层建筑的箱形基础用第二种方法较合理。

当箱基埋置于地下水位以下时，要重视施工阶段中抗浮稳定性。一般采用井点抽水法，使地下水位维持在基底以下进行施工。在箱基封完底让地下水位回升前，上部结构应有足够重，保证抗浮稳定系数不小于 1.2。此外，底板及外墙要采取可靠的防渗措施。

# 9* 地基基础设计方案比较与有关措施

## 9.1 地基基础设计方案比较

通常较重要的工程，或地基有软弱层、分布不均匀等情况，地基基础设计必须作出两个以上的方案，进行技术经济比较。对每一方案的地基变形、强度、基础结构、形式、材料、造价、施工方法、工期等方面，列表分析，全面比较，得出一个最优方案。

## 9.2 减轻不均匀沉降危害的措施

倘若某一设计方案，各项指标都不错，只是不均匀沉降太大，则可采取下列相应的措施，加以解决：

### 9.2.1 不均匀沉降产生原因与解决办法

一般地说，地基产生均匀沉降，对建筑物本身影响不大，可以用预留沉降标高加以解决。但对地基不均匀沉降，应当引起注意，国内外大量工程事故说明，当不均匀沉降超过建筑物承受的限度时，即产生开裂破坏，严重倾斜，影响建筑物使用，危及安全。

分析产生不均匀沉降的原因，由沉降计算公式 $S = \sigma_z h / E_s$ 可知：

（1）附加应力 $\sigma_z$ 相差悬殊，上部荷载突变，高低层交界处产生不均匀沉降。例如，天津人民会堂北边二层楼与六层科学会堂相邻处，严重开裂。

（2）地基土的压缩模量 $E_s$ 相差悬殊，土层水平方向软硬突变处产生不均匀沉降。例如，南京分析仪器厂板基断裂。

（3）地基压缩层厚度 $h$ 相差悬殊，软弱土层厚薄变化大。例如，苏州虎丘塔，因不均匀沉降，使塔身严重倾斜与开裂。

裂缝形态：当建筑物中部沉降大，两端沉降小，形如⌣，则墙体发生正向挠曲，产生正"八"字裂缝。反之，建筑物沉降中部小，两端大，呈⌢形，则墙体发生反向挠曲，产生倒"八"字裂缝。通常裂缝由墙体薄弱处开展，常见于墙两端窗户边角延伸。

减轻不均匀沉降危害的办法分三类：①采用桩基或深基，详见第十二章；②人工地基加固处理，详见第九章；③采取建筑、结构与施工措施。

### 9.2.2 建筑措施

#### 9.2.2.1 建筑物的体型力求简单

建筑物的体型系指建筑物的平面与立面形状而言。平面形状复杂的建筑物，如工字形、T字形、L字形、E字形等，在纵横单元交叉处，基础密集，地基中应力重叠，沉降量增加。同时，此类建筑物整体性差，刚度不对称，容易遭受地基不均匀沉降的危害而产生开裂。因此，遇不良地基，在满足使用的前提下，要求：

(1) 平面形状简单，如用"一"字形建筑物。
(2) 立面上建筑物紧接高差不超过一层。
(3) 控制长高比在2.5~3.0以内。
(4) 内外纵墙避免中断、转折，缩小横墙间距，以增强整体刚度。

#### 9.2.2.2 设置沉降缝

当地基极不均匀、建筑物平面形状复杂、高差悬殊等情况时，在建筑物的特定部位设置沉降缝，可以有效地减少地基不均匀沉降引起的危害。沉降缝是从檐口到基础把建筑物断开，将建筑物分成若干个长高比较小、整体刚度较好、自成沉降体系的独立单元。根据经验，在建筑物下列部位宜设置沉降缝：

(1) 平面形状复杂的建筑物转折部位。
(2) 建筑物高度或荷载突变处。
(3) 建筑结构类型不同处。
(4) 长高比过大的建筑物的适当部位。
(5) 地基土软硬交界处。
(6) 地基基础处理方法不同处。
(7) 局部地下室的边缘。
(8) 分期建造房屋的分界面。

沉降缝要求有一定的宽度，以防缝两侧单元内倾造成挤压破坏。一般沉降缝宽度：二层、三层房屋为5~8cm；四层、五层房屋为8~12cm；六层以上不小于12cm。

#### 9.2.2.3 控制相邻建筑物的间隔距离

由于建筑物产生的附加压力扩散作用，使相邻建筑物引起附加不均匀沉降，常造成建筑物的倾斜或裂缝。

为减少相邻建筑物的影响，应使建筑物之间相隔一定的距离。根据"影响建筑物"的荷载大小、受荷面积和"被影响建筑物"的刚度以及地基的压缩性等条件，归纳为"影响建筑物的沉降量"和"被影响建筑物的长高比"两个综合指标。

#### 9.2.2.4 调整建筑物某些标高

在高压缩性地基上,由于基础的大量沉降引起建筑物各有关部分标高发生很大变化,影响建筑物的正常使用。可以采取下列预防措施:

(1) 根据预估沉降量,适当提高室内地坪和地下设施的标高。

(2) 建筑物各部分(或设备之间)有联系时,可将沉降较大者提高。

(3) 在建筑物与设备之间应留有足够的净空。

(4) 当管道穿过建筑物时,应预留足够尺寸的孔洞或采用柔性管道接头。

### 9.2.3 结构措施

#### 9.2.3.1 减轻建筑物自重

建筑物地基所受的荷载中,建筑物自重(包括基础自重及其覆盖土重)所占比例很大,民用建筑约占 60%~70%,工业建筑约占 40%~50%。在软弱地基上设计建筑物时,应采取措施减轻自重。主要措施有:

(1) 减少墙体重量。混凝土墙板、空心砌块、多孔砖都可减轻墙体重量,今后应大力发展轻质高强墙体材料。

(2) 选用轻型结构。采用预应力钢筋混凝土结构、轻钢结构和各种轻型空间结构可大量减轻重量。工业厂房屋盖改用预制轻型屋面板,如适于用石棉瓦、瓦楞铁屋面更好。

(3) 减少基础和覆土重量。可采用空心基础、薄壳基础、无埋式薄板基础以及用架空地板代替厚填土以减轻对地基的荷载。

#### 9.2.3.2 增强建筑物刚度和强度

(1) 控制建筑物的长高比。长高比 $L/H$ 是决定砖石结构房屋空间刚度的一个主要因素。$L/H$ 越小,建筑物刚度越好,对地基不均匀沉降的调整能力也越大。实践表明当 $L/H<2.5$ 或最大沉降量 $S_{max}<12cm$ 的建筑物,均不出现裂缝。$L/H>3.0$ 且 $S_{max}>12cm$ 者,建筑物极易出现裂缝。

(2) 设置圈梁。在墙体内设置钢筋混凝土圈梁,可增强建筑物的整体性,提高砖石砌体的抗剪、抗拉能力,这是防止裂缝出现和阻止裂缝发展的有效措施。对三层以下建筑物,在墙的上部顶层门窗处和基础大放脚处各设置一道圈梁。对多层建筑物每隔一层增加一道圈梁。圈梁一般配置在外墙内,要求平面上闭合。圈梁宽度等于墙厚,高度不小于12cm,混凝土标号不低于 150 号,纵向钢筋不少于 $4\Phi 8$,箍筋间距不大于 30cm。

(3) 合理布置纵横墙。当地基发生不均匀沉降时,砖石承重结构的墙身是主要的受力构件。纵墙应尽量避免转折或中断,防止刚度削弱而损坏。建筑物横墙能起到加强整体刚度的作用,间距不宜过大并注意与外墙妥为连接。

(4) 加强基础的刚度和强度。基础在建筑物的最底部,对建筑物整体刚度影响很大。软弱地基可视不同情况,采用钢筋混凝土十字交叉条形基础、片筏基础甚至箱形基础。

#### 9.2.3.3 减小或调整基底的附加压力

(1) 设置地下室(或半地下室),挖除地下室空间的土重可以抵消部分建筑物重量。

(2) 改变基础底面尺寸,使不同荷载的基础沉降量接近。

#### 9.2.3.4 采用对不均匀沉降不敏感的结构

在单层厂房、仓库和某些公共建筑物可采用排架、三铰拱等结构,不会因支座的移动产生很大的附加应力,避免不均匀沉降的危害。

### 9.2.4 施工措施

(1) 保持原状结构。细的黏性土如淤泥和淤泥质土具有一定的结构强度,施工时尽可能保持地基土的原状结构。在开挖基槽时,暂不挖到基底标高,保留20cm左右的原土,等基础施工时再挖除。如槽底已扰动,可先铺一层中粗砂,再铺碎砖、片石、块石进行处理。

(2) 适当安排施工顺序。建筑物各部分存在荷载差异时,先盖重、高部分,后盖轻、低部分。在重、高建筑物附近的锅炉房、连接廊等附属建筑物尽可能慢一点施工,这样可以调整部分沉降差异。

## 9.3 补偿性基础设计

当在深厚软土地基上建造较重的建筑物时,由于地基土压缩性大、强度低、灵敏度高及具有流变性等,上述一般建筑、结构与施工措施不能解决问题时,可采用补偿性基础设计。

### 9.3.1 基本概念

由沉降计算公式 $S = \psi_s \sum_{i=1}^{n} \frac{p_0}{E_{si}} (Z_i \overline{\alpha}_i - Z_{i-1} \overline{\alpha}_{i-1})$ 可知,当基础底面处的附加应力 $p_0 = \sigma - \sigma_{cz} = 0$,则沉降量 $S = 0$。

设想在软土地基中,采用空心的箱形基础,使基坑开挖移去的土重恰好与新加建筑物的荷重相等,即附加应力为零,理论上此软土地基不会发生沉降。

实际工程比较复杂,开挖基坑时卸去自重应力 $\sigma_{cz}$,基坑产生回弹,建造基础与上部结构为卸荷后再加荷的过程,地基中的应力状态发生变化,均需进行专门研究。

上述利用卸除大量土的自重应力抵消建筑物荷重的设计,称为补偿性设计。这种空心基础称补偿性基础或浮基础。

### 9.3.2 应考虑的几个问题

#### 9.3.2.1 地基土的压缩特性

研究软土的压缩特性,应先判别土体是正常固结土还是超固结土,压缩曲线见图11-27。

正常固结土要求基底实际平均压力不超过原有的自重压力,即:

$$p - p_{wd} \leqslant p_{cd} \quad (11-23)$$

式中 $p$——基底平均压力;
$p_{wd}$——基底浮力;
$p_{cd}$——基底自重压力。

超固结软土基底实际平均压力要求满足:

$$p - p_{wd} \leqslant p_{cd} + \frac{1}{K_s}(p_{cp} - p_{cd}) \quad (11-24)$$

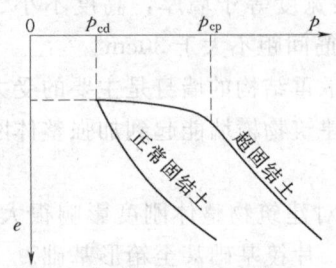

图11-27 软土压缩曲线

式中 $p_{cp}$——超固结土压缩曲线转折处压力(或原有土的自重应力);
$K_s$——安全系数,通常取1.5~2.0。

当基底实际平均压力等于 $p_{cd}$ 时,这种基础称全补偿性基础;小于 $p_{cd}$ 时为超补偿性基础；大于 $p_{cd}$ 时为欠补偿性基础。如果地基土压缩性不很高，可利用土具有的抗剪强度，设计成欠补偿性基础，或称部分补偿性基础设计。

#### 9.3.2.2 基坑底部土体的稳定性

补偿性基础埋深一般较大，开挖基坑时必须打板桩维持坑壁稳定，同时应避免由于坑底平面上内外压力反差，使基坑底部软土因剪切破坏而向坑内挤出而隆起。如果基坑边旁有建筑物或其他荷载时，这种情况更易发生，势必危及这些建筑物的安全。地基土经剪切破坏后，强度降低，压缩性增大，对工程不利。

#### 9.3.2.3 坑底回弹和再压沉降

基坑开挖解除坑底土的部分自重应力，使土体膨胀，基坑回弹。当建造基础和上部结构时，土体受荷再度压缩产生沉降，参阅图 4-2。因再压缩曲线有滞后环，在基础和上部结构重量等于挖去的土重时所产生的再压沉降量大于原来的回弹量。由此可见，补偿基础仍有一定的沉降发生。为了减少挖土引起的自重应力的解除，可在基坑内进行深井抽水，大幅度降低地下水位以增加土中的自重压力。或采用地下连续墙办法修建箱基隔墙，再逐个开挖基槽浇筑钢筋混凝土底板，形成空格后立即充水加压。

应力解除随深度递减，可用计算附加压力分布的公式估计，而荷载应取负值。确定应力解除随深度分布曲线后，可用分层总和法计算回弹和再压沉降量，前者要用土的弹性模量 $E$，后者应取再压缩曲线的变形模量来代替一般的变形模量。

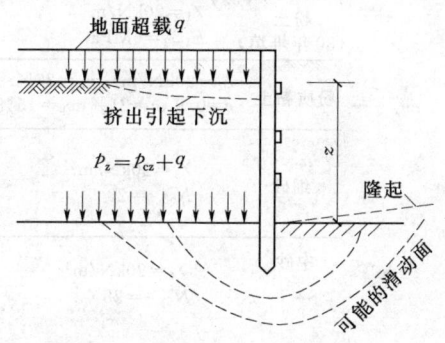

图 11-28 坑底土体的剪切破坏

#### 9.3.2.4 侧向压缩和坑外下沉

在开挖基坑解除垂直自重压力的同时，水平的侧向压力也相应解除，因而板桩下部内移，同时坑外地面下沉。此外，人工降低地下水位会增大坑外土体内的垂直和侧向自重应力，加剧坑外下沉和板桩内移（如图 11-28 所示）。这样不仅可能破坏坑壁围护系统，且使基坑缩小，影响施工，威胁邻近建筑物的安全。

解决板桩内移和坑外下沉的办法可以采用加大板桩的抗弯刚度，加强支撑。如能采用分块修箱基充水加压的办法则更为理想。

## 复习思考题

1. 地基基础设计有哪些要求和内容？
2. 什么是地基承载力？有哪几种确定方法，各适用于何种条件？
3. 确定基础埋深要考虑哪些因素？
4. 浅基础有哪些构造类型和特点？
5. 基础尺寸如何确定？中心荷载与偏心荷载作用下基础计算有什么不同？
6. 什么叫刚性基础和柔性基础，它们的材料有何不同？计算上有什么共同点和不同点？

7. 为什么要验算软弱下卧层的强度？其具体要求是什么？
8. 试阐明地基基础和上部结构共同工作的概念。地基变形对上部结构有何影响？
9. 减轻不均匀沉降危害有哪些建筑、结构与施工措施？
10. 说明全补偿、过补偿与欠补偿性基础的概念，在补偿性基础设计施工中应注意什么问题？

# 习 题

1. 某厂房吊车梁柱基底面为正方形，边长 3.0m，埋深 2.0m。持力层为粉土，孔隙比 $e=0.85$，$w=15\%$，基底以上为杂填土，平均重度 $\gamma=18.5kN/m^3$。确定地基承载力。（答案：225.5kPa）

2. 已知某工程甲、乙两处地基土的性质如图 11-29 所示。试比较当基础宽 2.0m，埋深 $D=0.0m$，1.0m，2.0m，4.0m 时，甲、乙两地基的承载力。（答案：148kPa，135kPa；205kPa，155kPa；278kPa，245kPa；608kPa，369kPa。甲比乙都大）

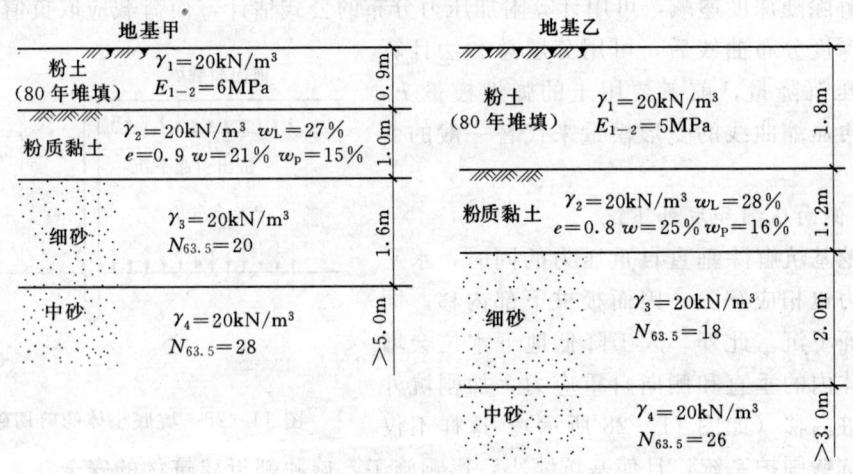

图 11-29 地基土的性质

3. 某建筑基础底宽 1.0m，埋深 1.5m，地基为黏土，$w=31\%$，$\gamma=19kN/m^3$，$G_s=2.77$，$w_L=51.6\%$，$w_P=26.8\%$，$N_{10}=28$。确定地基承载力。（答案：242.5kPa）

4. 一高层建筑箱形基础宽 8.5m，长 23m，埋深 4m。地基土第一层为素填土，厚 1.8m，$\gamma=17.8kN/m^3$；第二层为粉土，厚 10.2m，地下水位深 2.8m，水上 $\gamma=18.9kN/m^3$，水下 $\gamma_m=19.4kN/m^3$，$w=28\%$，$w_L=30\%$，$w_P=23\%$。确定地基承载力。（答案：315kPa）

5. 某工厂厂房墙基，上部荷重 $N=180kN/m$，埋深 1.1m，地基为粉质黏土，$\gamma=20kN/m^3$，$e=0.85$，$I_P=12.5$，$I_L=0.75$。地面以下砖台墙厚 38cm，基础用砖砌体，试确定所需基础宽度，并绘出基础剖面图。（答案：1.0m）

6. 厂房柱基上部荷重为 $N=2400kN$，$M=850kN\cdot m$，$Q=60kN$，基础埋深 1.9m，

如图 11 - 30 所示。地基持力层为粉质黏土，$\gamma=18.5\text{kN/m}^3$，$e=0.9$，$I_L=0.25$，基底以上土的平均重度 $\gamma_0=18\text{kN/m}^3$。设计基础底面尺寸。（答案：长 4.0m，宽 3.8m）

7. 某住宅承重砖墙，底层厚度 37cm，作用于基础顶面的荷载 $N=172\text{kN/m}$，基础埋深 1.6m，地基为淤泥质黏土，$w=38\%$，$\gamma=19\text{kN/m}^3$。设计基础尺寸。（答案：$B=2.0\text{m}$，$h=1.5\text{m}$）

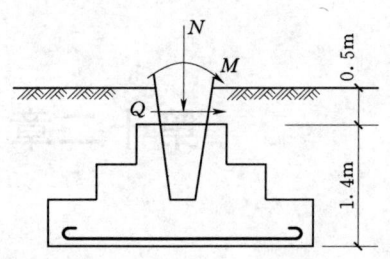

图 11 - 30　厂房柱基图

8. 某工程地基为黏性土，$\gamma=16.6\text{kN/m}^3$，$w=22.5\%$，$w_L=28.5\%$，$w_P=16.5\%$，$e=1.0$。上部荷重 $N=900\text{kN}$，基础宽 2.0m，埋深 1.0m，求基础长度。（答案：2.5m）

9. 已知一混合结构底层承重墙厚 24cm，墙基顶面荷载 $N=188\text{kN/m}$。地基表层为耕植土，厚度 0.6m，$\gamma=17\text{kN/m}^3$；第二层为粉土，厚 2.0m，$f_0=160\text{kPa}$，$\gamma_m=18.6\text{kN/m}^3$；第三层为淤泥质黏土 $f_0=90\text{kPa}$，$\gamma_m=16.5\text{kN/m}^3$，厚 1.5m；地下水位深 0.8m。确定基础埋深、尺寸和构造类型。（答案：$D=0.8\text{m}$，$B=1.24\text{m}$，条形基础底部用 100 号混凝土板，厚 25cm，基上砌砖厚 45cm）

10. 某四层宿舍，外墙底层厚 24cm，作用于基础顶部荷重 $N=117\text{kN/m}$，地基表层为多年填土，厚 3.4m，$f_0=100\text{kPa}$，$\gamma=17\text{kN/m}^3$，地下水位埋深 1.8m；第二层淤泥质粉土，厚 3.2m，$f_0=60\text{kPa}$，$\gamma_m=18\text{kN/m}^3$；第三层为软塑黏土，$f_0=180\text{kPa}$，$\gamma_m=18.5\text{kN/m}^3$。试设计基础。（答案：宜浅埋，$D=0.5\text{m}$，$B=1.3\text{m}$，采用钢筋混凝土条形基础，受力筋选用 3 号钢筋 Φ10@150，纵向分布钢筋 Φ6@300）

# 第十二章 桩基础及其他深基础

## 1 概　　述

　　一般工业与民用建筑物尽量采用天然浅基。遇天然土层软弱时，可以用人工加固的各种方法（详见第九章），采用人工地基的浅基础。当土层软弱、建筑物对变形与稳定的要求较高或建筑物有特殊要求及技术、经济等各种原因，无法或不宜采用人工地基时，就得采用深基础。

　　常见的深基础有：桩基础、墩基础、沉井基础、沉箱基础、地下连续墙以及高层建筑深基础护坡工程等，其中以桩基础应用最广。

　　深基础与浅基础有以下的区别：

　　（1）深基础由深层较好的土来承受上部结构的荷重以外，还有深基础周壁的摩阻力共同承受上部的荷重。深基础的承载力高。

　　（2）深基础需要用特殊的方法进行施工。例如，预制桩需要有打桩机；沉井需要现场浇筑沉井的设备、井点降水、沉降观测及纠偏等设备；沉箱需要有专门的密闭气闸、工作室和压缩空气与通风等一整套设备等。

　　（3）深基础的造价较高。

　　（4）深基础的工期较长。

　　（5）深基础的技术较复杂，需要专职技术人员负责施工及质量检查，发现问题及时处理。

## 2　桩及桩基础的分类

### 2.1　桩按受力情况分类
#### 2.1.1　端承桩
　　这种桩穿过软弱土层，打入深层坚实土中。上部结构荷重由桩尖阻力承受。如图 12-1（a）所示。
#### 2.1.2　摩擦桩
　　当软弱土层很厚，桩只需打入一定的深度，上部结构荷重由桩侧摩擦力和桩尖阻力共同承受。如图 12-1（b）所示。

### 2.2　桩按所用材料分类
#### 2.2.1　木桩
　　适用于常年在地下水位以下的地基。所用木材须坚韧耐久，如杉木、松木和橡木等。

桩长一般为 4～10m，直径约 10～26cm。使用时应将木桩打入最低水位以下 0.5m。在干湿交替的环境或地下水位以上部分，木桩极易腐烂，海水中也易腐蚀。木桩桩顶应平正并加铁箍，以保护桩顶不被打坏。桩尖削成棱锥形，桩尖长为直径的 1～2 倍。木桩的优点是储运方便，打桩设备简单，较经济；但承载力较低，目前只用于盛产木材的地区和某些小型的工程中。

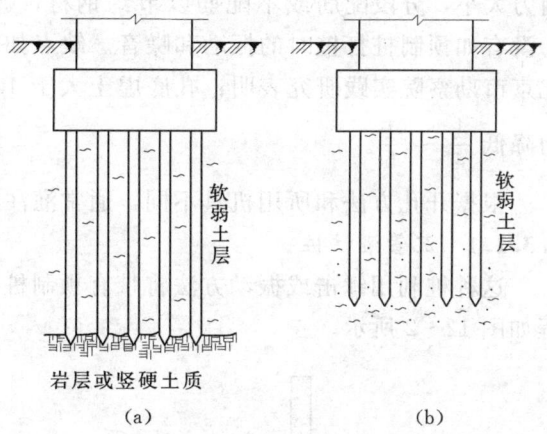

图 12-1 桩基础
(a) 端承桩；(b) 摩擦桩

### 2.2.2 混凝土桩

在现场开孔至所需深度，随即在孔内浇灌混凝土，经捣实后就成为混凝土桩。混凝土桩的直径一般 30～50cm，长度不超过 25m。河南、山东、河北一带用打井的工具锅锥钻孔、水下浇注混凝土的方法制作混凝土桩，直径可达 40～140cm，称为井柱桩。混凝土桩的混凝土标号不宜低于 C15（150 号）、水下灌注混凝土不宜低于 C20（200 号）。

混凝土桩的优点是设备简单、操作方便、经济、省钢材。缺点为可能产生"缩颈"、断桩、局部夹土和混凝土离析等质量事故，应采取必要的措施，以保证质量。

### 2.2.3 钢筋混凝土桩

一般用预制桩，做成实心的方形、圆形或十字形截面；当桩的直径较大时也可做成空心的圆柱形截面。方形截面边长为 25～55cm。如南京市中心近年建造的 37 层金陵饭店采用外径 550mm 的管柱钢筋混凝土桩。桩长可根据持力层位置和桩架高度而定。短桩为整体一根桩，长桩可以接桩。接桩方法有螺栓连接和硫磺胶泥浆锚法等。

钢筋混凝土桩所用混凝土标号不宜低于 300 号，主筋根据断面大小用 4～8 根，直径为 12～25mm，配筋率为 1%～3%。箍筋直径为 6～8mm，间距不大于 200mm。注意在桩顶和桩尖处钢筋应加强。

钢筋混凝土桩的优点是承载能力大，不受地下水位的限制；缺点为自重大，需笨重的打桩设备，预制钢筋混凝土桩长短不合适时剪接麻烦。

### 2.2.4 钢桩

用各种型钢作为桩，称为钢桩。常用的钢桩有钢管桩、宽翼工字形钢桩等。钢管桩的直径为 250～1200mm，长度根据设计而定。例如，上海宝钢一号高炉基础采用钢管桩，直径 914.6mm，壁厚 16mm，长 61m 等几种规格的开口钢管桩。

钢桩的优点是承载力高，适用于大型、重型的设备基础；缺点为价格高、费钢材、易锈蚀，使用不广。目前我国最长的钢管桩达 88m。

## 2.3 桩按施工方法分类

### 2.3.1 灌注桩

在现场开孔、灌注成型，材料用混凝土或钢筋混凝土。灌注桩具有以下优点：①灌注桩不需预先制作和运输，适用于当地没有混凝土预制厂和交通不便的地区；②可根据桩身内力大小，分段配筋或不配筋以节约钢材；③可做成大直径的灌注桩提高桩的承载力；④没有如预制桩打桩时的振动和噪音。缺点如前所述易造成缩颈等质量事故，应予注意。北京市勘察院实践研究表明：孔底虚土大于40cm，即为摩擦桩，比摩擦支承桩极限承载力降低 $\frac{1}{4} \sim \frac{1}{5}$。

根据开孔方法和所用机具不同，通常灌注桩可分为以下几种。

#### 2.3.1.1 沉管灌注桩

这种桩利用锤击或振动方法将带有预制桩尖或活瓣管尖的钢管沉入土中成孔，施工过程如图12-2所示。

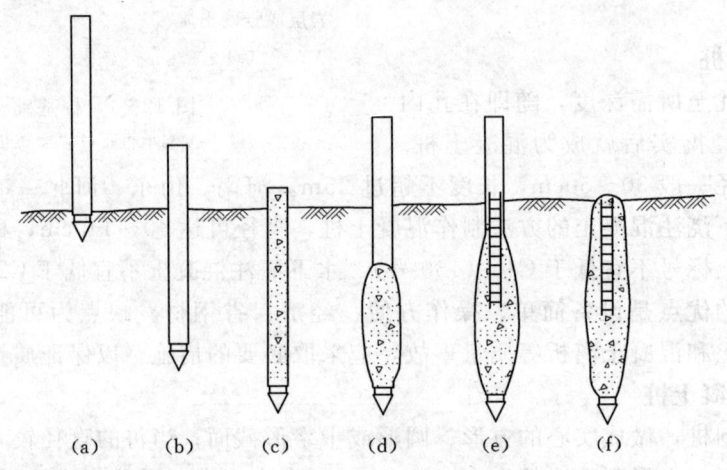

图 12-2 沉管灌注桩施工过程
(a) 就位；(b) 沉管；(c) 灌注混凝土；(d) 拔管振动；
(e) 下钢筋网；(f) 灌注成型

桩距不宜小于3～3.5倍桩径。拔管时应满灌慢拔，随拔随振以防管内混凝土被吸住上拉而缩颈。在饱和软黏土中，由于沉管的挤压作用产生的孔隙水压力也可能使混凝土桩缩颈，特别在软土与表层"硬壳"交界处最易产生缩颈。

当桩管长度不够或采取措施后仍产生缩颈时，可用复打法，打该桩灌注混凝土后，立即在原位重新沉管再灌注混凝土，复打深度根据需要而定。

#### 2.3.1.2 钻孔灌注桩

用机钻取出桩位处的土，没有锤打的噪音和振动。钻机的种类很多，择要简介如下：

（1）长螺旋钻孔灌注桩。北京市使用的长螺旋钻机，钻头直径300mm、400mm，钻孔深度10m、12m。利用电动机带动螺旋钻杆和钻头，被切土块随钻孔旋转沿着螺旋叶片上升，自动推出地面。这种方法适用于地下水位以上的黏性土、砂土及填土。

（2）大直径钻孔灌注桩。直径在600～800mm以上，可用下钢套管或用泥浆固壁等方法，防止坍孔。

（3）潜水电钻成孔桩。这种钻机的动力部分即电动机及传动变速部分经密封后，装上钻头，可在水下工作。直径为600mm、800mm，深度可达50m，用泥浆护壁，适用于黏性土及砂土，轻便而灵活。

#### 2.3.1.3 冲孔灌注桩

这种桩用冲击钻头成孔，孔径与冲击能量有关，为450～1200mm不等。冲击成孔克服障碍能力最强，例如，珠江边某高层建筑采用此法顺利地穿过旧河岸的多层石板和上层的铁渣。冲击成孔时一般用泥浆护壁。

#### 2.3.1.4 钻孔压浆成桩

先用长螺旋钻至设计深度，打开在钻头下特制的喷嘴阀门，使高压（30MPa）水泥浆从孔底喷出，把长螺旋钻头带土由孔底顶出至无塌孔危险的高程。起钻后旋转钢筋笼，投放粗骨料，然后再向孔中二次补浆，直至浆液达到孔口为止。

### 2.3.2 扩底桩

这种桩在桩身钻孔到达桩尖持力层后，用人工或机械将桩底扩大，可以用较少的混凝土量，使单桩承载力成倍提高。

例如，黑龙江省采用的机扩短桩，孔身直径为350mm，孔底直径可达1000～1200mm，最大孔深5m，在地下水位以上施工。广东省的扩孔灌注桩，孔身直径420mm，桩底扩孔直径720mm，最大深度17m，可在地下水位以下施工。

随着四化建设的需要，扩底桩相应地发展，如图12-3所示。例如，北京中央彩色电视中心主楼的部分基础采用大直径钻孔扩底桩，桩身直径800mm，用机械成孔，人工扩底最大直径2400mm；桩长6.5m左右，桩端持力层为卵石层。钢筋笼主筋采用Ⅰ级圆钢12Φ16，箍筋用Φ8，混凝土为250号，单桩承载力$R=5000$kN。两台钻机，每台班完成10根桩。又如，新建北京图书馆部分基础采用直径1m，深12.5m，桩长8.5m扩底桩，采用人工成孔，人工扩底施工：二人一组每天挖1m深立即用混凝土衬砌，安全而经济，单桩承载力$R=5000$kN。北京市城建机械施工公司研制成功机械扩孔钻头，桩径1m，扩底直径2.6m。在北京京信大厦32层综合办公楼基础中应用机械扩孔钻头，完成长10.5m的198根扩底桩，试桩结果$R\geqslant 5000$kN。1987年5月编者参加机械扩孔钻头技术鉴定会，下到扩孔底部，检查孔壁规整，比人工扩孔质量高，效果良好。

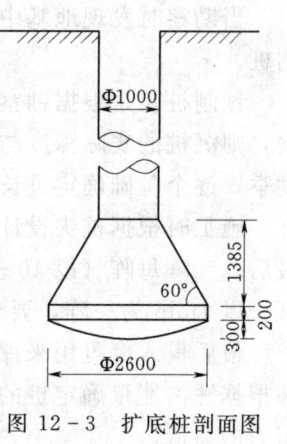

图12-3 扩底桩剖面图
（单位：mm）

### 2.3.3 预制桩

预制桩是指预先制成桩，利用打桩设备打入地基的各种桩，包括钢筋混凝土预制桩、钢桩和木桩。其中钢筋混凝土预制桩又可分为工厂预制和就地预制两种。

预制桩一般是标准化大量生产。在地面良好条件下制作，质量高。在运输、吊装、打桩过程中应注意避免损坏桩体。下面介绍沉桩的几种方法和沉桩的深度问题。

#### 2.3.3.1 沉桩方法

（1）锤击法。主要设备包括桩架、桩锤、动力设备、起吊设备等。常用的桩锤有落锤、单动汽锤、双动汽锤和柴油锤。国内使用的单动汽锤有15kN、35kN、70kN和100kN等规格。为使桩较快地打入土中，防止把桩顶打碎，宜用重锤轻击，根据不同桩的种类和重量、不同的桩锤和土质选用适当的锤重，参照表12-1。锤击法使用最广。

（2）振动法。主要设备是振动器，内装成对的同步反向旋转的偏心块，偏心块旋转时产生垂直振动力，使桩沉入土中。此法对自重不大的钢桩效果更好，特别适用于砂土地基。

表 12-1　　　　　　　　　桩锤重与桩重的比值

| 桩的分类 | 桩锤类型 | | | |
|---|---|---|---|---|
| | 单动汽锤 | 双动汽锤 | 柴油锤 | 落锤 |
| 钢筋混凝土预制桩 | 0.4~1.4 | 0.6~1.8 | 1.0~1.5 | 0.35~1.5 |
| 钢桩 | 0.7~2.0 | 1.5~2.5 | 2.0~2.5 | 1.0~2.0 |
| 木桩 | 2.0~3.0 | 1.5~2.5 | 2.5~3.5 | 2.0~4.0 |

（3）静力压桩法。用静力压桩机将桩压入土中，无噪音和振动，最宜用于均质软黏土地基。例如，上海市基础工程公司利用一台重 400kN 的压桩机及附加压重 400kN，下沉方形断面边长 30cm，桩长 23.5m 的钢筋混凝土预制桩，相当于 70kN 单动汽锤，34m 塔式桩架打桩机的功能。

#### 2.3.3.2　沉桩的实际深度

当勘察时发现地基中存在块石、未风化岩脉、废金属、矿渣、大树木时，不宜采用预制桩。

预制桩长是根据勘察资料和结构要求确定的。如果土质均匀、下卧坚实土层层面平缓，则沉桩的实际深度与预制桩长接近；否则，两者长度常不相同。为避免浪费，应仔细勘察，逐个基础确定桩长，预制成几种不同长度，并留后备桩。

施工时根据桩尖设计标高和最后贯入度两个方面来控制沉桩的深度。最后贯入度是指最后二三阵每阵（以 10 击作一阵）的平均沉入量。一般采用 1~3cm 为控制标准。振动沉桩以 1min 为一阵，要求最后两阵平均贯入度为 1~5cm/min。

最后贯入度可用来评价场地土层的均匀性、一定程度上反映桩贯入时动阻力的大小，并根据锤击能量确定桩的承载力。当锤击能量一定时，沉桩的总锤击数也可用来评价贯入阻力的高低。

遇预制的桩长略为不足时，可用钢（或木材）制的送桩器继续下沉至要求的深度后，取出送桩器。如相差较大，则应接桩。

### 2.3.4　嵌岩桩

当地表下不深处有基岩时，可用嵌岩桩。以大直径嵌岩桩要求桩的周边实际嵌入岩体深度大于 0.5m；桩底 $3d$ 范围内无软弱夹层、断裂带、洞隙分布；桩尖应力扩散范围内，无岩体临空面。

# 3　桩的承载力

## 3.1　单桩的承载力
### 3.1.1　现场静载荷试验

单桩的承载力宜通过现场静载荷试验确定。在同一条件下，试桩数量不宜少于总桩数的 1%，并不少于 3 根。这种方法最为可靠。因此，大的工程一般都在现场做压桩试验。

北京市勘察院研究表明：同类地层桩长相同时 25cm×25cm 预制桩的极限承载力约为 Φ42cm 灌注桩的 150%。现场静载荷试验装置如图 12-4 所示，试桩的压力由千斤顶施加，千斤顶靠压重平台上的钢锭支承，试桩的沉降量由百分表和精密水准仪测量。试验结果绘制 $p—s$ 曲线，如图 12-5 所示。

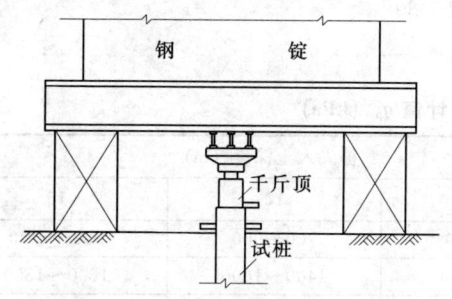

图 12-4　压桩试验装置　　　　图 12-5　单桩 $p—s$ 曲线几种类型

当预制桩入砂土 7d 后，入黏性土大于 15d，入饱和软黏土 25d 后，灌注桩桩身混凝土强度达到设计标号时，可进行试桩。试验要点：

(1) 荷载分级施加。第一级加载为静力计算 $R$ 的 1/5，以后每级 0.1$R$。

(2) 测读桩沉降量时间：每级加荷后隔 5min、10min、15min、15min、15min 读一次，以后每隔 30min 读一次。

(3) 稳定标准：每级荷载施加后，桩的沉降量每小时小于 0.1mm。

(4) 出现下列情况之一时，终止加荷：

1) 当 $p—s$ 曲线上有可判定极限承载力的陡降段，且桩顶总沉降>40mm。

2) 桩顶总沉降量达到 40mm 后，再继续加二级荷载仍无陡降段。

(5) 确定单桩垂直承载力设计值 $R$。

1) 当陡降段明显时，取相应于陡降段起点的荷载为极限荷载。

2) 当某级荷载 $p_i$ 作用下，$\dfrac{\Delta s_i}{\Delta p_i} \geqslant 0.1$mm/kN，则取 $p_{i-1}$ 为极限荷载。

3) 当符合 (4) 中 2) 时，取 $s=40$mm 相应的 $p$ 为极限荷载。

以上得出的极限荷载平均值，要求其极差不超过平均值的 30%，取此平均值的一半为单桩承载力设计值 $R$。

图 12-5 表示几种曲型的 $p—s$ 曲线。其中曲线 I 相当于桩尖阻力很小的情况，曲线有垂直向切线，破坏荷载 $p_{aI}$ 明显。曲线 II 相当于均匀土层的情形，没有明显的破坏荷载。曲线 III 表示桩端进入硬土层，破坏荷载 $p_{aIII}$ 明显，属于整体剪切破坏。曲线 IV 常见于支承在岩层上的桩。

$p—s$ 曲线的初始段 $\overline{oa}$ 通常接近于直线，然后曲线的斜率随荷载增加而改变。如果曲线最后一段又接近于直线，则把后一直线的起点称为第二拐点，如曲线 I、III 的 $c$ 点。

### 3.1.2　按静力学公式计算

根据桩的工作原理，桩的承载力是来自桩尖处土对桩的支承作用和桩四周土对桩的摩擦作用之和，因此可用式 (12-1) 计算单桩垂直承载力设计值 $R$ (kN)：

$$R = q_p A_p + u_p \sum q_s l_i \tag{12-1}$$

式中 $q_p$——桩端土承载力（kPa），可查表 12-2；

$A_p$——桩身横截面面积（m²）；

$u_p$——桩身周边长度（m）；

$q_s$——桩周土的摩擦力（kPa），可查表 12-3；

$l_i$——按土层划分的各段桩长（m）。

表 12-2　　　　　　　　预制桩桩端土承载力设计值 $q_p$（kPa）

| 土 的 名 称 | 土 的 状 态 | 桩尖入土深度（m） | | |
|---|---|---|---|---|
| | | 5 | 10 | 15 |
| 黏性土 | $0.5 < I_L \leqslant 0.75$ | 400~600 | 700~900 | 900~1100 |
| | $0.25 < I_L \leqslant 0.5$ | 800~1000 | 1400~1600 | 1600~1800 |
| | $0.0 < I_L \leqslant 0.25$ | 1500~1700 | 2100~2300 | 2500~2700 |
| 粉 土 | $e < 0.7$ | 1100~1600 | 1300~1800 | 1500~2000 |
| 粉 砂 | 中密、密实 | 800~1000 | 1400~1600 | 1600~1800 |
| 细 砂 | | 1100~1300 | 1800~2000 | 2100~2300 |
| 中 砂 | | 1700~1900 | 2600~2800 | 3100~3300 |
| 粗 砂 | | 2700~3000 | 4000~4300 | 4600~4900 |
| 砾 砂 | 中密、密实 | 3000~5000 | | |
| 角砾、圆砾 | | 3500~5500 | | |
| 碎石、卵石 | | 4000~6000 | | |
| 软质岩石 | 微风化 | 5000~7500 | | |
| 硬质岩石 | | 7500~10000 | | |

注　1. 表中数值仅用作初步设计时估算。

　　2. 入土深度超过 15m 时按 15m 考虑。

　　3. 桩尖进入持力层的深度为 1~3d，根据桩径及地质条件确定。

表 12-3　　　　　　　　预制桩桩周土摩擦力设计值 $q_s$（kPa）

| 土 的 名 称 | 土 的 状 态 | $q_s$ | 土 的 名 称 | 土 的 状 态 | $q_s$ |
|---|---|---|---|---|---|
| 填 土 | | 9~13 | 粉 土 | $e < 0.9$ | 10~20 |
| 淤 泥 | | 5~8 | | $e = 0.7~0.9$ | 20~30 |
| 淤泥质土 | | 9~13 | | $e < 0.7$ | 30~40 |
| 黏性土 | $I_L > 1$ | 10~17 | 粉细砂 | 稍密 | 10~20 |
| | $0.75 < I_L \leqslant 1$ | 17~24 | | 中密 | 20~30 |
| | $0.5 < I_L \leqslant 0.75$ | 24~31 | | 密实 | 30~40 |
| | $0.25 < I_L \leqslant 0.5$ | 31~38 | 中 砂 | 中密 | 25~35 |
| | $0.0 < I_L \leqslant 0.25$ | 38~43 | | 密实 | 35~45 |
| | $I_L \leqslant 0$ | 43~48 | 粗 砂 | 中密 | 35~45 |
| 红黏土 | $0.75 < I_L \leqslant 1$ | 6~15 | | 密实 | 45~55 |
| | $0.25 < I_L \leqslant 0.75$ | 15~35 | 砾 砂 | 中密、密实 | 55~65 |

注　1. 表中数值仅用作初步设计时估算。

　　2. 尚未完成固结的填土和以生活垃圾为主的杂填土可不计其摩擦力。

嵌岩桩单桩承载力，除深孔载荷试验确定外，也可用式（12-2）计算：

$$R = f_r \psi_p A_p \tag{12-2}$$

式中　$f_r$——岩石饱和单轴抗压强度（kPa）；

　　　$\psi_p$——系数，微风化岩石为 0.20~0.33，中等风化岩石为 0.17~0.25，硬质岩石着重考虑岩体中结构面间距、产状及其组合，软质岩石着重考虑其水稳性。

### 3.1.3　单桩水平抗推力

单桩的水平抗推力取决于桩的截面、刚度、入土深度、土质条件、桩顶容许水平位移和桩顶嵌固情况等因素。一般通过试桩确定。

### 3.1.4　单桩抗拔力

高层建筑物，如高压输电塔，在风力作用下，桩需要承受抗拔力，由桩侧摩阻力承担。抗拔力按式（12-3）计算：

$$[T] = \frac{1}{K_s} \lambda \sum q_s F + 0.9W \tag{12-3}$$

式中　$[T]$——单桩抗拔力（kN）；

　　　$K_s$——安全系数，一般为 2~3；

　　　$\lambda$——抗拔与抗压极限摩阻力比例系数，为 0.4~0.6；

　　　$q_s$——桩周土的摩擦力（kPa），可查表 12-3；

　　　$F$——按土层划分的各段桩的表面面积（m²）；

　　　$W$——桩身有效自重，扣除水的浮力（kN）。

航务、供电部门经验公式为：

$$[T] \approx 0.7 \sum q_s F \tag{12-4}$$

拔桩试验结果，由 $T$—$S$ 曲线，取容许拔升量 $[S]$ 对应的 $T$ 为所求抗拔力。

### 3.1.5　桩身材料强度或抗裂度验算

桩身材料强度或抗裂度验算，不考虑桩的纵向弯曲的影响。对于预制桩尚应进行运输、起吊等过程中的强度或抗裂度验算。如桩身周围土层有固结作用，尚应考虑桩侧负摩阻力。

## 3.2　桩的负摩阻力

### 3.2.1　负摩阻力的概念

在固结稳定的土层中，桩受荷向下位移，土对桩周表面产生向上的摩阻力，称为正摩阻力。有时与上述情况相反，发生土层相对桩截面向下的位移，因而土对桩产生方向向下的摩阻力，就是负摩阻力。产生负摩阻力的条件有：①欠固结的软黏土或新填土的自重固结；②大面积地面堆载使桩周土层沉降；③正常固结软黏土地区地下水位全面下降，使土的有效应力增加引起大面积土层沉降。

工程中遇到的负摩阻力问题，通常是在桩已承受外荷的情况下出现。此时，桩截面的位移、土层的固结沉降互相影响并和时间有关。在桩截面位移和土层竖向位移相等之点，称为中性点。实测资料表明：①中性点的位置，当桩周主要为产生固结的土层时，大都在桩长的 70%~75%（靠下方）处，如桩支承在基岩上，则中性点接近基岩面；②中性点处桩所受的下拉力最大；③负摩阻力的极限值近似地等于土的不排水剪强度；④负摩阻力与作用在桩侧面上的有效压力成正比。

### 3.2.2 负摩阻力的计算

(1) 根据土的竖向有效压力计算：

$$\tau_n = \bar{\sigma}_v K_0 \tan \bar{\phi} = \beta \bar{\sigma}_v \quad (12-5)$$

$$\beta = K_0 \tan \bar{\phi} \approx 0.2 \sim 0.35$$

式中 $\tau_n$——负摩阻力 (kPa)；

$\bar{\sigma}_v$——竖向有效压力 (kPa)；

$K_0$——静止土压力系数；

$\bar{\phi}$——有效内摩擦角 (°)。

(2) 按负摩阻力等于土的不排水剪强度计算：

$$\tau_n = \frac{1}{2} q_u \quad (12-6)$$

式中 $q_u$——无侧限抗压强度 (kPa)。

由此，可按式 (12-7) 计算桩所受的下拉荷载：

$$Q_{ns} = u_p \sum_{i=1}^{n} \tau_{ni} h_i \quad (12-7)$$

式中 $Q_{ns}$——桩所受的下拉荷载 (kN)；

$\tau_{ni}$——第 $i$ 层土的平均负摩阻力 (kPa)；

$h_i$——产生沉降的第 $i$ 层土的厚度 (m)；

$u_p$——桩的周长 (m)。

按式 (12-7) 计算至中性点为止。

试验研究表明：实际的负摩阻力远小于其极限值，在桩端可能继续沉降的情况下，负摩阻力可能减少甚至消失，因而我国沿海软土地区过去并未考虑负摩阻力问题，也很少发现由于负摩阻力引起的事故。国外有人认为，当桩穿过 15m 以上厚软土层，且地面下沉速率超过 2cm/a 时，或下端支承在岩层、砂砾石等硬层上的桩应计算负摩阻力的作用。设计时可把下拉荷载当作作用在桩上的外荷，按式 (12-8) 验算单桩承载力：

$$Q + Q_{ns} \leqslant \frac{1}{0.75} R \quad (12-8)$$

式中 $Q$——作用于桩顶面的外荷 (kN)；

$Q_{ns}$——负摩阻力产生的下拉荷载 (kN)；

$R$——单桩轴向承载力设计值 (kN)。

## 3.3 群桩承载力

桩基由若干根桩组成，上部用桩台连成一个整体成为群桩。群桩的承载力和桩的直径、间距及地基土的性质等因素有关。

(1) 当群桩为端承桩或桩数少于 9 根的摩擦桩且桩的中心距 $S \geqslant 3d$（$d$ 为桩的直径），或条形基础下的桩不超过两排者，此时可视为各个桩独立作用，互不影响，群桩的承载力等于各个单桩承载力的总和。

(2) 如摩擦桩的中心距 $S < 6d$ 且桩数超过 9 根（含 9 根）的桩基，可视作一假想的实

体深基础来计算。此时由于各桩之间距离较近,桩间的土受到挤紧,桩台、桩与桩间土形成一个整体下沉,称为群桩作用。在这种情况下,桩尖以下土中的附加应力受邻近桩的影响而增大,因此,群桩的沉降量要比单桩沉降量大。

应当指出,表 12-2 与表 12-3 所列数值是根据现场静载荷试验资料编制而成。由于地基土情况复杂,土的指标选择、桩底桩侧承载力划分等问题,使单桩承载力的计算值与实际值有较大出入,因此提倡编制地区性规范,天津市经验表明,这样可使单桩承载力提高 10%,且与实际更符合,效果良好。

欧洲人很重视原位测试方法,例如,法国编制了应用旁压仪数据论证桩基础的规定。国外从 20 世纪 70 年代后期,由海洋工程开始,现已近于常规施工工艺,采用桩基高压灌浆处理,可提高承载力达 3 倍。

关于桩基础的安全系数,目的是保证工程的安全。安全系数过大,造成浪费。南京金陵饭店桩基经过静载荷试验,安全系数采用 1.9,工程建成情况良好,值得借鉴。作者认为:桩基工程按规定进行一定数量的静载荷试验,施工中进行现场动力检测控制,工程质量好,桩基的安全系数可采用 1.3~1.5。桩承台的承载力尚未计入,作为额外的安全贮备。

# 4 桩 基 设 计

桩基设计一般按下列步骤及顺序进行:
(1) 根据地质剖面和土的特性,选择桩的工作类型为端承桩或摩擦桩。
(2) 根据当地具体条件,选择桩的材料。
(3) 根据勘察资料土层性质与厚度,确定桩的长度并决定单桩垂直承载力。
(4) 确定桩的数量和平面布置形式。
1) 当中心受压时,桩数 $n$ 为:

$$n = \frac{N+G}{Q} \tag{12-9}$$

式中  $N$——作用在桩基上的垂直荷载设计值(kN);
  $G$——桩基承台自重和承台上的土重(kN);
  $Q$——单桩轴向垂直力(kN)。

当偏心受压时:

$$n = \mu \frac{N+G}{Q} \tag{12-10}$$

式中  $\mu$——系数,一般取 1.1~1.2。

由式(12-9)与式(12-10)初步确定桩数后,进行桩的平面布置,再经单桩受力验算,作必要的修改。

2) 桩的平面布置。通常桩的间距宜取 (3~4)$d$,平面布置根据基础的大小,采用一字形、梅花形或行列式。桩离基础边缘的净距不小于 $\frac{1}{2}d$。

(5) 桩基础验算：

1) 单桩受力验算。中心受压时：

$$Q = \frac{N+G}{n} \leqslant R \tag{12-11}$$

偏心受压时，除满足式（12-11）外，还应满足：

$$Q_{max} \leqslant 1.2R \tag{12-12}$$

$$Q_i = \frac{N+G}{n} + \frac{M_x y_i}{\sum y_i^2} + \frac{M_y x_i}{\sum x_i^2} \tag{12-13}$$

式中　$Q$——单桩 $i$ 所承受的外力（kN）；

$M_x$、$M_y$——作用于桩群上的外力对通过桩群重心的 $X$、$Y$ 轴的力矩（kN·m）；

$x_i$、$y_i$——桩 $i$ 至通过桩群重心的 $X$、$Y$ 轴线的距离（m）。

桩基水平抗推力为各单桩的水平抗推力的总和，同时可考虑桩基承台边侧的被动土压力作用。当水平推力较大时，宜设置斜桩。

2) 群桩地基承载力验算，把群桩视作深基础，方法同前浅基承载力验算。

3) 必要时进行桩基沉降计算，方法同第四章。

(6) 桩承台的设计。桩承台的作用是把桩连接成一整体，并把建筑物的荷载传到桩上。常用的桩承台多埋在地面以下，称为低桩承台。它与基础一样，底面应埋置在地基土的冻结深度和水流的冲刷深度以下。桩承台的材料一般用混凝土或钢筋混凝土，平面尺寸决定于桩的平面布置。桩承台的厚度保证桩头嵌入并防止桩的集中荷载引起冲切破坏，一般不小于300mm，承台宽度不宜小于600mm。承台内力可按常用的简化计算方法。

桩基承台配筋按计算确定，矩形承台不宜少于Φ8@200，并应双向配置。承台钢筋保护层厚度不宜小于50mm；混凝土标号不宜低于150号。

【例题 12-1】　已知某工程桩基顶面荷载 $N=2900$kN，弯矩 $M=400$kN·m，剪力 $Q=50$kN，桩承台底面埋深 $D=2$m。地基表层为松散杂填土，厚 2.0m；其下为灰色的黏土，厚 8.5m；再下为褐色粉质黏土层，厚 4.0m，土的性质如表 12-4 所示，桩的静载荷试验曲线如图 12-6 所示，地下水位深 2.0m，试设计桩基础。

表 12-4　　　　　　某地基土的物理力学性质指标

| 土层名称 | $w$ (%) | $\gamma$ (kN/m³) | $e$ | $w_L$ (%) | $w_P$ (%) | $I_P$ | $I_L$ | $S_r$ (%) | $c$ (kPa) | $\varphi$ (°) | $E_s$ (MPa) | $f_k$ (kPa) |
|---|---|---|---|---|---|---|---|---|---|---|---|---|
| 杂 填 土 | | 16.0 | | | | | | | | | | |
| 灰色黏土 | 38.2 | 18.9 | 1.0 | 38.2 | 18.4 | 19.8 | 1.0 | 95.6 | 12 | 20 | 4.64 | 110 |
| 褐色粉质黏土 | 26.7 | 19.6 | 0.75 | 32.7 | 17.7 | 15.0 | 0.6 | 96.5 | 18 | 20 | 7.0 | 220 |

解　(1) 根据地质资料，确定第三层褐色粉质黏土为桩尖持力层，采用预制钢筋混凝土方桩。截面30cm×30cm，长10m，桩尖进入持力层1.5m。

(2) 桩身材料：混凝土300号，钢筋采用Ⅰ级钢筋4Φ16。

(3) 单桩垂直承载力计算：

1) 用现场静载荷试验图 12-6 中 $p$—$s$ 曲线，取明显第二拐点为极限荷载 $p_u$：

$$p_u = 600\text{kN}$$

$$R = \frac{p_u}{2} = 300\text{kN}$$

2) 按静力学公式计算，由式（12-1）：

$$R = q_p A_p + u_p \sum q_s l_i$$

桩尖土的容许承载力 $q_p$，根据褐色粉质黏土 $I_L = 0.6$，桩入土深度 12m，查表 12-2，用插入法可得 $q_p = 922\text{kPa}$。

桩周土的容许摩擦力 $q_s$，查表 11-3。其中：灰色黏土 $I_L = 1.0$，软塑，$q_s$ 取 17kPa；褐色粉质黏土 $I_L = 0.6$，可塑，$q_s$ 取 28.2kPa。

$$R = 922 \times 0.3^2 + 4 \times 0.3 \times (17 \times 8.5 + 28.2 \times 1.5) = 307 \text{ (kN)}$$

比较以上两种方法结果，取低值 $R = 300\text{kN}$。

（4）确定桩的数量和布置：设桩承台平面尺寸为 2m×3m，承台和土自重 $G = 2 \times 2 \times 3 \times 20 = 240\text{(kN)}$。

桩数 $n = 1.1 \dfrac{N+G}{R} = 1.1 \dfrac{2900+240}{300} = 11.5$，取 $n = 12$ 根。

桩距 $S = (3 \sim 4)d = (0.9 \sim 1.2)\text{m}$，取 $S = 1.0\text{m}$。

最后确定承台尺寸为 2.6m×3.6m，桩的排列如图 12-7 所示。

（5）单桩受力验算：

$$Q = \frac{N+G}{n} = \frac{2900 + 2.6 \times 3.6 \times 2 \times 20}{12} = 272 \text{ (kN)} < R = 300\text{kN}$$

$$Q_{\min}^{\max} = \frac{N+G}{n} \pm \frac{M_y}{\sum y^2} = 272 \pm \frac{(400 + 50 \times 1.5) \times 1.5}{6(0.5^2 + 1.5^2)} = 272 \pm 47.5$$

$$= \begin{matrix} 319.5\text{(kN)} < 1.2 Q_a = 360\text{kN} \\ 224.5\text{(kN)} > 0 \end{matrix} \quad \text{满足要求}$$

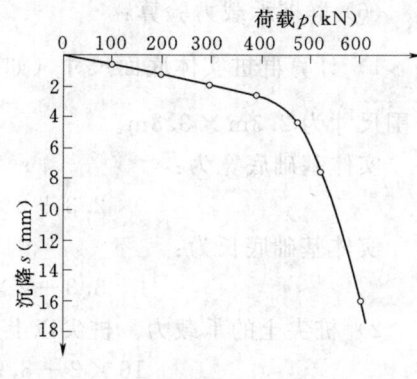

图 12-6 例题 12-1 图

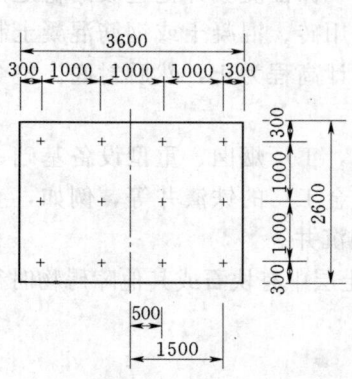

图 12-7 桩的排列（单位：mm）

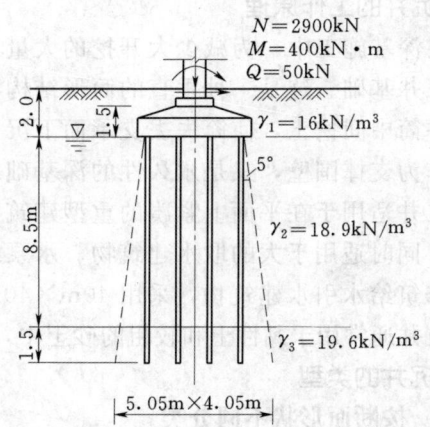

图 12-8 群桩承载力计算

(6) 群桩承载力验算：

1) 计算群桩实体底面尺寸（如图 12-8），扩散角 $\alpha = \frac{\varphi}{4} = 5°$，$\tan 5° = 0.0875$，边桩外围尺寸为 $2.3 \text{m} \times 3.3 \text{m}$。

实体基础底宽为：
$$2.3 + 2 \times 10 \times 0.0875 = 4.05 \text{ (m)}$$

实体基础底长为：
$$3.3 + 2 \times 10 \times 0.0875 = 5.05 \text{ (m)}$$

2) 桩尖土的承载力。桩尖以上土的平均重度：
$$\gamma_0 = \frac{16 \times 2 + 8.9 \times 8.5 + 9.6 \times 1.5}{12} = 10 \text{ (kN/m}^3\text{)}$$

实体基底土的承载力：
$$\begin{aligned}
f &= f_k + \eta_b \gamma (B - 3) + \eta_d \gamma_0 (D - 0.5) \\
&= 220 + 0.3 \times 9.6 \times (4.05 - 3) + 1.5 \times 10 \times (12 - 0.5) \\
&= 220 + 3 + 172.5 \\
&= 395.5 \text{ (kPa)}
\end{aligned}$$

3) 桩尖下地基承载力验算。实体基础自重：
$$G = 4.05 \times 5.05 \times (2 \times 20 + 10 \times 10) = 2860 \text{ (kN)}$$

中心受压时：
$$P_0 = \frac{N + G}{F} = \frac{2900 + 2860}{4.05 \times 5.05} = 282 \text{(kPa)} < f$$

偏心受压时：
$$P_{\max} = \frac{N + G}{F} + \frac{M}{W} = \frac{2900 + 2860}{4.05 \times 5.05} + \frac{400 + 50 \times 1.5}{\frac{4.05 \times 5.05^2}{6}} = 309.5 \text{(kPa)} < 1.2f \quad 可以$$

# 5 沉 井 基 础

## 5.1 沉井的工作原理

在深基施工中，为减少大开挖的大量土方工程，保证陡坡开挖边坡的稳定性，人们创造了沉井基础。这是一种垂直的筒形结构物，通常用砖、混凝土或钢筋混凝土制成。施工时从井筒中间挖土，使筒失去支承而下沉，直到设计高程为止，然后封底。整个井筒在施工时作为支撑围壁，又是永久性的深基础。

沉井适用于在平面上紧凑的重型建筑物，例如，工厂烟囱、重型设备基础、桥墩等建筑物。同时适用于大的取水建筑物、水泵站以及冶金工厂的铁渣井等，例如，上海宝钢在江边修筑给水引水建筑物，采用 $40\text{m} \times 40\text{m}$ 的大型沉井。

沉井通常用于黏性土和较粗的砂土中，缺点是土层中有块石或其他障碍物时很难施工。

## 5.2 沉井的类型
### 5.2.1 按断面形状不同分类

(1) 单孔沉井。沉井只有一个井孔，平面形状有圆形、正方形、椭圆形和矩形等。沉井承受四周的土压力和水压力，从受力条件来看，圆形沉井较好，井壁可薄一些；方形或矩形沉井在水平压力作用下会产生较大的弯矩。但从运用上看，方形与矩形较好。为减少下沉时方形和矩形沉井转角处的应力集中，常将四角做成圆角。北京一些工厂的水泵站为单孔圆沉井。

(2) 单排孔沉井。沉井具有一排井孔，平面形状有矩形、长圆形等，沉井井孔之间有隔墙隔开，这样即增加了沉井的刚度，又便于挖土和下沉，适用于长度较大的情况。

(3) 多排孔沉井。整个沉井被许多纵横隔墙隔成多排井孔，使沉井成为刚度很大的空间结构。这种沉井适用于平面尺寸大而重的建筑物，在施工中可以控制各个井孔挖土的进度，保证沉井均匀下沉。

### 5.2.2 按竖直剖面形状不同分类

(1) 柱形沉井。沉井受周围土的约束，沿垂直方向下沉，为了减少外壁土的摩擦力，避免沉井上部被土夹住，下部悬空过长而开裂，有时采用井壁有一定的向外的坡度或阶梯形沉井。

(2) 阶梯形沉井。深度越大土压力和水压力也越大，为合理使用材料，可将沉井井壁做成阶梯形，下部厚，上部薄。

### 5.2.3 按材料不同分类

(1) 砖石沉井。适用深度较浅的小型沉井。
(2) 混凝土沉井。一般做成圆形，刃脚配筋。
(3) 钢筋混凝土沉井。可做成各种形式、尺寸，应用最为广泛。

## 5.3 沉井的结构

沉井是由刃脚、井筒、内隔墙、封底、顶盖等部分组成。

### 5.3.1 刃脚

刃脚在井筒的最下端，形如刀刃，在下沉时起切入土中的作用，有利于沉井的下沉。刃脚下部的水平面叫踏面，宽度一般不小于 15cm。当土质坚硬时，刃脚踏面用钢板或角钢保护。刃脚内侧的倾斜面的倾角为 $40°\sim 60°$。

### 5.3.2 井筒

为沉井的外壁，这是沉井的主要部分。井筒在下沉过程中是挡土的围壁，须有足够的强度承受四周的土压力，同时井筒又需有足够的重量以克服筒外壁与土的摩阻力和刃脚底部土的阻力，使沉井能在自重作用下节节下沉。沉井井孔的最小尺寸，必须使挖土机械和潜水员能在井内工作，一般不小于 0.9m。

### 5.3.3 内隔墙

在单排孔或多排孔沉井中的内隔墙，主要作用在于减少井壁受到弯曲时的净跨度，增加沉井的刚度。同时，隔墙把整个沉井分成许多小间，施工时便于取土控制沉降和纠偏。内隔墙的底面比刃脚踏面高 0.5m，以免妨碍沉井下沉。

### 5.3.4 封底

当沉井下沉至设计高程后，用混凝土封底，以防止地下水渗入井内。刃脚上方井筒内壁有凹槽，可使封底后浇筑钢筋混凝土底板能和井筒更好地连接。

### 5.3.5 顶盖

如沉井作为水泵站等地下结构物的空心沉井时,在其顶部需浇筑钢筋混凝土顶盖。

## 5.4 沉井的施工

### 5.4.1 准备工作

首先要整平场地,将沉井定位后再开挖基坑,铺设 0.5m 左右砂垫层,并在其上安置垫木。在垫木上制作刃脚和第一节沉井,如图 12-9 所示。当沉井混凝土强度达到 70% 时,才可拆除垫木,挖土下沉。

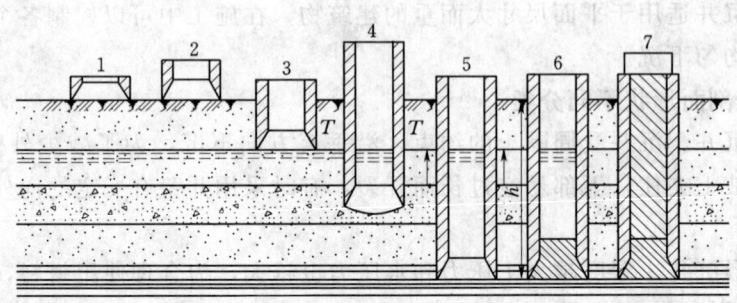

图 12-9 沉井施工顺序示意图

拆除垫木必须按规定顺序以免井筒受力不均而开裂。矩形沉井拆垫木正确的顺序为:①先拆内隔墙垫木;②拆短边下垫木;③长边垫木先两边后中间抽去;④以定位垫木为中心,对称地拆除其余垫木;⑤最后拆除定位垫木。应当注意,在拆除垫木时应在刃脚下填塞砂土,不要悬空,使沉井重量逐渐转移到砂垫层上。

### 5.4.2 下沉方法

通常沉井在天然地面下沉,如在水面下下沉还需事先填筑砂岛或搭支架,使沉井在砂岛或支架上下沉。在地面以下下沉时又可分为以下两种方法:

(1) 排水下沉。用高压水枪(一般压力为 2.5～3.0MPa)先把井内泥土冲散,稀释成泥浆,然后用水力吸泥机吸出井外。这种方法适用于土层稳定不会产生大量流砂的情况。

(2) 不排水下沉。使井内水位始终保持高于井外水位 1～2m,用机械抓斗水下出土;当土层不稳定,地下水涌水量很大时可用此法,以防井内排水产生流砂。

### 5.4.3 接长井筒

当第一节沉井下沉至地面以上还剩 1m 左右时,应停止挖土继续下沉,先进行井筒接长工作,通常井筒最大浇筑高度不超过 5m。

### 5.4.4 沉井封底

当沉井下沉到设计要求高程后,将底面挖平,准备封底。最好采用干封底,成本低、工期快、质量好。在底板上预留集水井,不停地抽水,在干的地基上浇筑混凝土底板,待底板达到设计强度后,再将集水井封死。如排水遇到流砂,则可用水下灌注混凝土进行封底。

### 5.4.5 沉井下沉常遇到的几个问题

(1) 突然下沉。在软土地基的沉井施工中,常发生突然下沉现象,例如,某工程一次突沉达 3m 之多。突沉的原因是井筒外壁土的摩阻力很小，当刃脚下土挖除后沉井失去支承而剧烈下沉。这样，容易使沉井产生较大的倾斜或超沉，应予避免。可采用均匀挖土、增大踏面宽度或加设底梁等措施来解决。

（2）沉井偏斜。这是沉井下沉过程中经常发生的问题，应注意防止与及时纠正。为此，需加强测量，一发现偏斜立即采取各种措施，例如，在下沉较少的一边加紧挖土或在顶部加重。上海某研究所一个 40m 深的钢筋混凝土沉井，在下沉至 30 多米时发生了较大的倾斜，施工单位在下沉少的一边井内用高压水枪冲土，井外挖土几米以减少土的阻力后仍无效，最后采用粗钢缆套在下沉多的一边沉井的顶部往下沉少的方向扳拉方法，终于使沉井逐渐恢复垂直位置，花了几星期时间。

（3）沉井下沉过慢或不下沉。先摸清其原因，采取相应的工程措施，对症下药，进行处理。如因井管外侧摩阻力太大，则可采用在外侧水冲、加压重和抽水等方法；如遇大石块等障碍物，可用小型爆破或潜水员水下清理。

## 5.5 沉井的设计与计算

### 5.5.1 沉井高度

沉井底面标高根据上部荷载、土层的分布和承载力确定。沉井顶面要求埋入地面下 0.2m 或在地下水位以上 0.5m。顶面与底面两标高之差，即为沉井高度。

### 5.5.2 沉井平面形状和尺寸

沉井平面形状根据上部建筑物的平面形状和要求确定。当建筑物面积不大时通常采用一个沉井；当建筑物面积很大时，可用几个沉井排成一列。

沉井顶面尺寸，每边至少要留 20cm 襟边以适应沉井下沉过程中可能发生的少量偏斜。

井壁的厚度一般为 0.5~1.0m。对一些泵房等小沉井，井壁厚度可用 0.3~0.4m。内隔墙厚度通常为 0.5m 左右。在沉井长宽或直径确定后，应根据使用和施工要求进行验算后最后确定井壁的厚度。

### 5.5.3 地基承载力验算

沉井作为深基础时，应验算地基承载力，满足下列条件：

$$N + G \leqslant fF + R_f \tag{12-14}$$

式中　$N$——沉井顶面上部荷重（kN）；
　　　$G$——沉井的自重（kN）；
　　　$f$——沉井底部地基承载力（kPa）；
　　　$F$——沉井底部的支承面积（m$^2$）；
　　　$R_f$——沉井外侧四周的总摩阻力（kN）。

$R_f$ 计算时，假定地表下 5m 按三角形分布，5m 以下为常数，按式（12-15）计算：

$$R_f = U(h - 2.5) \frac{1}{n} \sum_{i=1}^{n} f_i h_i \tag{12-15}$$

式中　$U$——沉井的周长（m）；
　　　$h$——沉井的入土深度（m）；
　　　$f_i$——各土层对井壁的单位容许摩阻力（kPa），按实际资料或参考表 12-5 选用；
　　　$h_i$——各土层厚度（m）。

表 12-5　　　　　　　　　土对井壁的摩擦力 $f_s$ (kPa)

| 土 的 种 类 | $f_s$ | 土 的 种 类 | $f_s$ |
|---|---|---|---|
| 砂 土 | 12~25 | 软塑、可塑状态的黏性土、粉土 | 12~25 |
| 砂卵石 | 18~30 | 硬塑黏性土、粉土 | 25~50 |
| 砂砾石 | 15~20 | 泥浆套 | 3~5 |
| 流塑状态的黏性土、粉土 | 10~12 | | |

注　1. 本表适用于深度不超 30m 的沉井。
　　2. 泥浆套为灌注在井壁外侧的触变泥浆，是一种助沉材料。

### 5.5.4　沉井自重验算

为保证沉井施工时能顺利下沉，必须使沉井自重满足下列要求：

$$G \geqslant (1.15 \sim 1.25) R_f \tag{12-16}$$

# 6　沉　箱　基　础

## 6.1　沉箱工作原理

沉箱形似有顶盖的沉井，在地下水位下施工时，用压缩空气通入沉箱室（即工作室）内部，排开地下水，使工人可在沉箱室内干土上进行挖土施工，并通过升降筒和气闸，把弃土外运。在沉箱自重和上面砌体重量作用下，沉箱逐步下沉，至设计标高后，用混凝土填实工作室，即为沉箱基础，如图 12-10 所示。

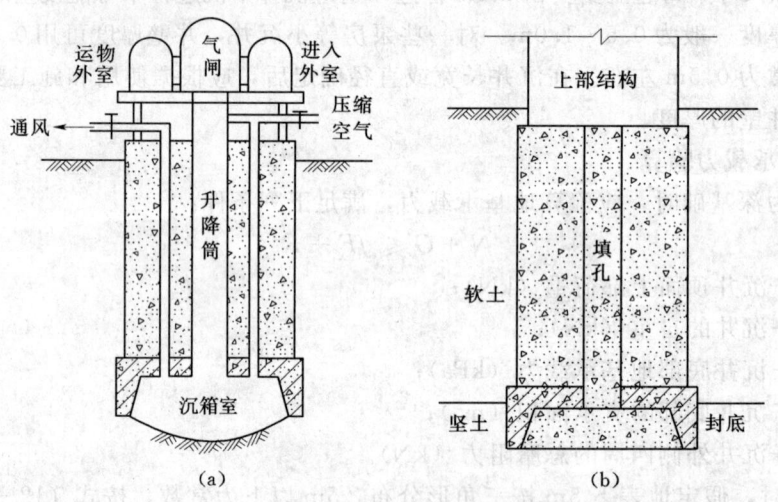

图 12-10　沉箱基础
(a) 下沉过程；(b) 沉箱完工

这种方法是从 13 世纪时的潜水中发展而来，到 19 世纪中叶改进为压气沉箱，应用于德国莱茵河上的一座桥梁的桥墩工程施工中。我国于几十年前，在钱塘江大桥施工中采用了压气沉箱，获得成功。1958 年完成的富拉尔基重型机器厂沉箱工程，长 37.8m，宽 21.3m，高 29.5m，深入地下 26.5m，以快速完成施工著称于全国。

## 6.2 沉箱的优缺点和适用条件
### 6.2.1 优点

(1) 由于工人能够在沉箱室内施工操作，因此，在任何土层条件和土内存在障碍物，沉井和桩基无法克服时，可采用此法。

(2) 沉箱下沉深度可达地下水位以下 35~40m。

(3) 沉箱内开挖工作可以严格控制，气压可以调节，容易保持沉箱竖直下沉。

(4) 严格遵守技术要求，防止周围土涌入沉箱室或破坏土的天然结构，可保证附近建筑物的安全。

(5) 由于沉箱室空间较大，必要时还可以在沉箱底部进行钻探、取样或载荷试验，以进一步勘察地基实际情况。

### 6.2.2 缺点

(1) 工人在高压空气中工作对健康不利，因此，必须严格遵守保安规定，只容许年轻健康的人参加工作，并限制工作时间和进闸、出闸时间。

(2) 需要有压缩空气、通风系统、气闸、变压室、工作室等许多复杂的专门设备和专门技术人员。

(3) 费用贵、成本高。

### 6.2.3 沉箱适用条件

特别重型设备基础，地质条件不良，土层中有大漂石等障碍物，地下水位下有较厚的粉细砂层等情况，用沉井无法施工时，可用沉箱。例如，北京 403 厂地基为砂卵石层夹有不少大孤石，采用沉箱就解决了困难。此外，在江河岸边大型引水结构物，为了节省工程量和资金，防止对邻近建筑物的影响，也可采用沉箱。例如，上海闸北电厂大型水泵房位于黄浦江江边，采用压气沉箱，比大开挖在江中填筑围堰节省费用数万元，缩短工期一半以上，而且施工期间遇到 10 次大潮汛，7 级台风 11 次，雷阵大雨 6 次，围堰受风浪袭击安全无保证，沉箱安然无恙。如采用大沉井，需分 30 个小格，每格净空 3m。用水力机械吸泥容易扰动土，对附近大烟囱的安全有影响，且土层中有一层树枝、沉排块石层厚 0.62m，潜水工作量大，困难费时。排水下沉易发生流砂，且沉井自重很大，下沉不易控制垂直，纠偏困难。经过全面技术经济比较，沉箱比大开挖围堰法和沉井都优越。工程建成效果良好。

## 6.3 主要构造和设备

(1) 沉箱室。这是没有底的特殊箱子，用金属或钢筋混凝土制成。工程结束后作为深基础的底部。

(2) 工作间。沉箱室内部的空间，在压气排水后，工人就在里面挖土施工，高度通常为 2.1~2.3m。

(3) 沉箱的上部砌体。在木围的保护下，造在沉箱顶盖上，为将来建筑物基础的主体。

(4) 通道。在上部砌体中间预留一个连续的孔，平面尺寸约 1.3m×2.0m。

(5) 金属井管。由金属节筒紧密结合构成，由通道与沉箱顶盖牢固地相连接。工人可从井管铁梯上下，挖出的土也由井管外运。

(6) 气闸。这是一种特殊装置，供人员、材料、设备进出，同时保证工作间的工作气压稳定不变。气闸分甲、乙、丙三室，各有密封门和加压减压装置。

(7) 输气管。从压缩空气机出来的空气，经空气滤清器，由输气管输入工作间和气闸。

(8) 虹吸管。在必要时使工作间能与大气相通，如欲排除过多的积水，强迫沉箱下沉或沉箱通过厚黏土层工作室内无地下水欲人工通风时，可使用虹吸管，这种机会不多。

当沉箱到达设计高程后，须检验地基、封底、用混凝土填实工作间和通道成为一个实体的深基础。例如，作为大型水泵房则封底后保留空间，作为地下构筑物使用。

关于沉箱的计算，作为深基础应验算地基承载力和沉箱自重验算，与沉井相似，此处从略。

# 7* 地下连续墙

## 7.1 地下连续墙简介

地下连续墙是近代发展起来的一种新的基础型式，它的施工方法为：修导墙，用机械在导墙下分段挖槽，就地吊放钢筋后浇灌混凝土，连成一堵地下的连续墙，成为永久性的工程。这种形式不必降水、挡土、支模、加撑，把施工护坡与永久性基础融为一体。

这种基础型式可以大大节约明槽开挖的土方量，缩短工期，降低造价。尤其是在城市建设中，当遇到密集建筑时，为防止基础开挖施工对邻近建筑物安全的影响，地下连续墙更显示出它的优越性。

地下连续墙起初在法国、意大利等国应用，后来在墨西哥得到发展，广泛应用于大坝地基防渗、竖井开挖、工业厂房、设备基础、城市地铁交通工程、高层建筑基础和地下工程中，已建成100万 $m^2$ 的工程。墨西哥城地处一个四面环山的盆地，古代是一个大湖，后由火山灰沉积和湖水蒸发而成陆地。因此，地层中有厚约30m的超高压缩性软黏土，孔隙比高达7～12，天然含水率高达150%～600%。他们在这样软弱的地基中，采用地下连续墙修建两条半地下铁道，全长41.5km，前后只用了一年零四个月便建成通车。后来又在墨西哥第一国家城市银行大楼基础工程中采用地下连续墙和462根满堂摩擦桩，该工程地上22层、地下4层，基坑面积 $42.8 \times 39.74 = 1701 m^2$，基础和上部结构总重475MN，基础工程工期为5个月。

早在1958年，我国由清华大学水利系设计的密云大型水库的白河主坝中应用了地下连续墙，作为大坝地基的防渗墙。白河主坝高66m，坝顶长958m，地基为砂卵石，平均厚35m，透水严重。如用大开挖做截水墙，工程浩大，工期太长。当时试验研究用YKC冲击钻打槽形孔，墙厚0.8m，泥浆护壁、就地浇灌混凝土的办法，获得成功，水库蓄水40多年来运用良好。近年来，地下连续墙已开始在工业建筑中应用。例如，上钢一厂一号高炉由于废渣未很好处理，污染环境，该厂决定在一号高炉东边一块空地修建一个沉渣池来解决污染问题。这块空地东边是变电所的油库，南边是一条铁路，西边是高炉，北面为水泵房，都是生产设备，必须确保安全。明槽施工必然影响四周邻近工程稳定性，考虑用锚杆板桩，没有地方锚拉，别的施工方法也都不行，最后由上海基础工程公司用修建地下连续墙的办法完成了该项工程。

## 7.2 地下连续墙的设计与施工

(1) 导墙。为保证挖槽竖直、导向并防止挖土机械碰坏槽壁，必须做导墙。导墙深度1.5m，人工开挖导沟，现浇对称两个T形断面，安一层钢筋网。混凝土强度为标号C15。

(2) 挖槽。槽宽即地下连续墙厚，一般为45～60cm，施工时沿长度分段开槽孔。挖土机械国外用液压抓斗为多，如英国的履带吊车液压抓斗机，斗容0.25立方码（约合0.19$m^3$），液压压力2500磅/平方英寸（约合18MPa），适用深度8～15m。我国上海市特种基础工程研究所自行设计试制成功多头钻机可以开出平正的槽形孔，提高质量，加快进度，在上钢一厂等工程中应用效果良好。

(3) 泥浆。起护壁作用，防止孔壁坍塌。应采用高塑性的膨润土。泥浆由循环泵搅拌、浇灌。在槽段浇灌混凝土过程中，仅丢弃混凝土面以上30cm左右的泥浆，其余部分如指标合格可重复使用。

(4) 分段与接头。连续墙标准槽段长6m，最大不超过8m。接头可用圆形或凸形接头管，使相邻槽段紧密相接，还可放置垂直塑料止水带，防止涌漏。

(5) 钢筋笼。在地面预制钢筋笼，完工后用起重机整段吊起，安放到已挖好的槽孔中去，为保证地下连续墙中有足够的混凝土保护层，在钢筋笼外侧安装预制水泥砂浆滚轮。

(6) 浇灌混凝土。安装混凝土导管，用卷扬机吊起混凝土罐把混凝土卸入导管，一次连续浇灌一段地下连续墙。待地下连续墙混凝土达到设计强度后，即可进行电渗井点降水，安装支撑进行基坑开挖。

(7) 工效。地下连续墙是一种机械化的快速施工方法，工效高，成本低，国际上采用综合指标，每一工日完成地下连续墙（包括做导墙、挖槽、制作与吊放钢筋笼、浇灌混凝土全过程）数量来计算。上钢一厂的地下连续墙施工的工程长60m，宽18m，深12.5m。全队48人，只用4个多月时间，工效达到国际一般标准。

地下连续墙在我国工业与民用建筑中应用越来越广泛。例如，北京王府井饭店，采用连续墙与锚杆结合，设支撑于墙外，变压力为拉力，比传统的横撑有很大改进。上海特种基础研究所的办公大楼，采用逆作法施工，保留了连续墙的优点，以楼板代替支撑，省去了锚杆，并以±0开始往上、往下同步施工，大大加快了施工速度。上海宝钢热轧厂铁皮坑地下连续墙，在国内属最大的地下连续墙工程：墙体厚度最大为1.2m，墙体深度最深为49.9m，成槽宽度最宽为9.72m，钢筋笼重量最大为850kN，铁皮坑地下连续墙直径28.73m，外接正32边形。实践证明，地下连续墙把施工护坡与永久结构相结合，可加快施工进度，节约投资，效益显著，前途广阔。

# 8[*] 高层建筑深基础

随着高层建筑的兴建，深基础也得到发展。为适应时代的要求，中国建筑业联合会深基础工程协会于1987年6月在北京召开成立大会，并于1988年3月在深圳举行"大直径桩、墩学术讨论会"，全国勘察、设计、施工、科研、高校150人出席，本书编者应邀参加了这两次大会，交流经验，协调工作。

高层建筑深基础主要特点：①荷重大；②埋藏深；③造价高；④工期长。由此带来很多复杂的技术问题需要解决。目前高层建筑深基形式主要有两大类。

## 8.1 大直径桩与墩

由于上部荷重大，一般桩的承载力无法承受，必须采用大直径桩与墩。例如，上海宝钢一号高炉，高达120m，总荷重50万kN，采用直径914.6mm，长61m的大直径钢管桩144根，桩承台面积36m×36m，钢筋混凝土厚达9m。广州某工程采用大直径混凝土墩，直径3.2m，深30m，一桩一墩，承载力达7万kN。为节省混凝土量与造价，将上下一般粗的大直径墩，发展为全长细、底部粗的扩底桩（见本章第2节），用较少的混凝土量获得较大的承载力，技术可靠，经济效益显著，是目前最优的形式。

由于单桩（墩）承载力很大，很难用静载荷试验来确定承载力。由于桩径大，不会产生缩颈等问题，质量可以保证。编者认为这类大直径桩与墩的安全系数不必用小直径桩相同的数值2.0，可以减小，例如，采用1.5就够了。

## 8.2 箱形基础

根据高层建筑稳定性的要求，为减少建筑物的整体倾斜，防止倾覆及移滑，《高层建筑箱形基础设计与施工规程》规定：在地震区箱形基础埋深不宜小于建筑物高度的1/10。高层建筑由10多层发展到50层，箱基埋深由4m发展到23.5m。主要问题是基槽边坡的稳定性。目前采用的护坡方法有下列几种。

### 8.2.1 敞挖放坡

当高层建筑高度在20层左右，两层箱形基础，基坑开挖深7～8m，附近相邻建筑有一定距离，可以采用敞挖放坡。例如北京燕京饭店地上22层，地下两层箱形基础，基坑开挖7.8～8.3m。地基土分四层：表层杂填土、第二层粉质黏土，第三层粉细砂，第四层卵石。场地四周有空地，采用1：0.3边坡敞挖施工。

### 8.2.2 灌注桩护坡

当场地窄小不容许敞挖放坡时，20层左右以下的高层建筑，可采用灌注桩护坡。例如，北京医院新建病房楼地下3层，地上为13层建筑，总高50.6m，北部为原有病房楼，东为马路，场地窄小，采用混凝土护坡桩Φ800mm，桩中心距1.5m。因位于市区且有住院病人，不允许打钢板桩噪音污染，灌注桩可以满足施工及环境的要求。北京水利部办公楼等工程都采用灌注桩护坡方法。必要时，加锚杆，保证垂直边坡的稳定性。北京市城区基础工程公司将护坡桩与永久建筑外墙合一获得成功，已完成青年宫、新世纪饭店等工程。

### 8.2.3 钢板桩护坡

当高层建筑地上为30～50层，基槽开挖深度超过10m，可采用钢板桩护坡。例如，京城大厦，地上50层，地下4层，基槽开挖深23.5m。地基土层分五层：表层杂填土，厚1.1～3.6m；第二层粉质黏土与粉土，深3～23m；第三层卵石，厚5.5～7.5m；第四层黏性土厚20m；第五层中砂，厚7m。基础落在第三层卵石上。场地北邻马路，南邻亮马河，东、西附近都有建筑物，采用钢板桩护坡。最初由日本设计锁接钢板桩，长27m，并用钢支撑，五道锚杆。经北京市建筑总公司刘育毅副总工程师计算，节省为三道锚杆，经抗拔试验合格，采用锚杆的位置与倾斜度如图12-11所示。节省投资38万元。

锚杆机除采用德国的两台外,北京市机械施工公司自制一台。锚杆施工步骤:

(1) 挖土至所需的深度,第一道锚杆为 6m。

(2) 锚杆机定位,按设计打斜孔至设计长。

(3) 斜孔中放入钢角线。

(4) 压力灌浆,由里往外,至滑动圆弧止,由摩擦力抗拔,经试验,第一道锚杆 750kN 没问题,设计要求为 600kN。

(5) 锚杆头顶加横梁连成整体。

(6) 锚杆加预应力。

京城大厦高层基槽面积 76.8m×57.6m,四周钢板桩加锚杆已完工,效果良好,为我国深基础工程积累了宝贵经验。

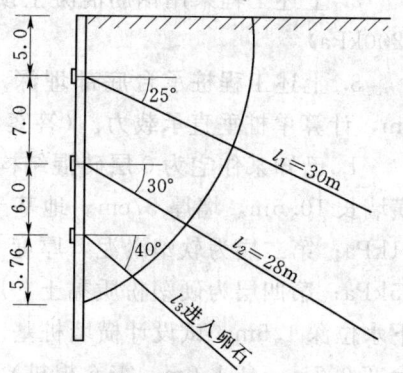

图 12-11 锚杆布置

### 8.3 地下连续墙

如上所述,地下连续墙施工期间是护坡工程,施工结束后是永久建筑的基础,两者相结合。比之灌注桩、钢板桩只起施工期护坡、施工结束即无用的情况要优越。

地下连续墙需要解决各槽段之间钢筋连接的整体性问题和防水问题。其余不赘述。

## 复 习 思 考 题

1. 什么情况下采用深基础?深基础有哪些类型?深基础与浅基础有何区别?
2. 桩可分为哪些种类?端承桩与摩擦桩受力情况有什么不同?
3. 预制桩与灌注桩各有什么优缺点和适用的条件?
4. 单桩垂直承载力如何确定?哪种方法更符合实际?
5. 什么是桩的负摩擦阻力?它的产生条件是什么?如何进行计算?
6. 群桩承载力如何计算,与单桩垂直承载力有什么内在联系?
7. 桩基设计有哪些步骤?桩基础要进行哪些验算?如何具体进行?
8. 沉井基础的特点和适用条件如何?通常沉井施工中会遇到什么问题,怎样解决?
9. 沉箱基础有何特点?在什么情况下采用沉箱基础?试比较沉箱基础与沉井基础的共同点和不同点。
10. 地下连续墙的优点是什么?地下连续墙施工有几个步骤,为什么要做导墙?分段长些是否可以?接头有什么要求?
11. 高层建筑深基础有哪几种类型?有什么技术问题需要解决?

## 习 题

1. 某工程地基土第一层土厚 2m,天然含水率 $w=30.6\%$,$w_L=35\%$,$w_P=18\%$;第二层土厚 7m,$e=0.95$,$w_L=25.0\%$,$w_P=16.5\%$;第三层为中砂厚 5m,$e=0.70$。求预制桩桩周各层土的摩擦力 $q_s$。(答案:约 24kPa,10kPa,33kPa)

2. 上述工程采用钢筋混凝土预制桩，桩长 10m，问桩端土承载力 $q_p$ 为多大？（答案：2200kPa）

3. 上述工程桩承台底部埋深 1m，钢筋混凝土预制桩截面采用 30cm×30cm，桩长 9m，计算单桩垂直承载力。（答案：350kN）

4. 已知某住宅为 6 层砖混结构，横墙承重，作用在横墙墙脚底面荷载为 165.9kN/m。横墙长 10.5m，墙厚 37cm。地基土表层为中密杂填土，厚 2.2m，桩周土的摩擦力 $q_{s1}$＝11kPa；第二层为软塑淤泥，厚度 2.4m，$q_{s2}$＝8kPa；第三层为可塑粉土，厚 2.6m，$q_{s3}$＝25kPa；第四层为硬塑粉质黏土，厚 5.0m，$q_{s4}$＝40kPa，桩端土承载力 $q_p$＝1800kPa；地下水位深 1.5m。试设计横墙桩基。（答案：采用 30cm×30cm 截面预制桩，长 7m，桩承台宽 0.7m，高 1.0m。需 6 根桩）

5. 某工程钢筋混凝土桩的截面为 350mm×400mm，作用于桩基顶面荷载 $N$＝2000kN，$M_y$＝300kN·m。地基土表层为杂填土，厚 1.5m；第二层为软塑黏土，厚 9.0m，$q_{s2}$＝17kPa；第三层为可塑粉质黏土，厚 5.0m，$q_{s3}$＝35kPa 桩端土承载力 $q_p$＝870kPa。试设计桩基。（答案：选用 30cm×30cm 截面预制桩长 10m，8 根）

6. 某工程基础长 16m，宽 3.8m，基底荷载 190kPa。地基表层软土呈流动状态，厚 3.7m；第二层为流塑黏土，厚 1.8m；第三层为流动状态的灰色黏土，厚 1.0m；第四层为软塑粉质黏土，厚度 3.6m；第五层为密实粉土，厚度 6.0m。试设计桩基。（答案：采用 40cm×40cm 截面钢筋混凝土预制桩，长 10m，承台埋深 1m，需 21 根桩；或用 Φ80cm、长 12m 灌注桩 8 根）

7. 某工程柱基，单柱荷载 4800kN；地基土层表土为稍密杂填土，厚 1.8m；第二层粉土，中密，厚 2.0m；第三层粉质黏土，可塑，厚 1.2m；第四层粉细砂，中密，厚 3.5m；第五层中粗砂，中密，厚 0.9m；第六层卵石，密实，厚 8.5m。设计桩基。（答案：采用 Φ1000mm，长 10m，扩底桩，扩底 Φ＝2600mm）

## 附录1 地质年代表

| 代（界） | 纪（系） | | 距今年数（百万年） | 地壳构造运动 | 地史时期主要现象 |
|---|---|---|---|---|---|
| 新生代 Kz | 第四纪（Q） | 全新世（Qh 或 $Q_4$） | 0.012~ | 喜马拉雅构造阶段（新阿尔卑斯） | 近代各种类型的堆积 |
| | | 更新世（Qp） | 1 或 2~ | | 冰川广布，黄土生成 |
| | 晚第三纪（N） | 上新世（$N_2$） | 12~ | | 第三纪山系形成，地势分异显著 |
| | | 中新世（$N_1$） | 25~ | | |
| | 早第三纪（E） | 渐新世（$E_3$） | 40~ | | 哺乳类分化 |
| | | 始新世（$E_2$） | 60~ | | 被子植物繁盛，哺乳类大发展 |
| | | 古新世（$E_1$） | 70~ | | |
| 中生代 Mz | 白垩纪（K） | | 135~ | 燕山构造阶段（旧阿尔卑斯） | 广大海侵，晚期造山运动强烈，岩浆活动，生物界显著变革 |
| | 侏罗纪（J） | | 180~ | | 爬行类极盛，第二次森林广布，煤田生成 |
| | 三叠纪（T） | | 225~ | | 陆地增大，爬行类发育，哺乳类开始 |
| 古生代 Pz | 晚古生代 $Pz_2$ | 二叠纪（P） | 270~ | 海西构造阶段（华力西） | 陆地增大，造山作用强烈，生物界显著变革 |
| | | 石炭纪（C） | 350~ | | 早期珊瑚发育，爬行类昆虫发生，北半球煤田生成，南半球末期冰川广布 |
| | | 泥盆纪（D） | 400~ | | 陆相沉积及陆生植物发育，鱼类极盛，两栖类发育 |
| | 早古生代 $Pz_1$ | 志留纪（S） | 440~ | 加里东构造阶段 | 地势及气候分异，末期造山运动强烈 |
| | | 奥陶纪（O） | 500~ | | 地势较平，海水广布，无脊椎动物极盛 |
| | | 寒武纪（∈） | 600~ | | 浅海广布，生物初步大量发展 |
| 元古代 Pt | 晚元古代 $Pt_2$ | 震旦纪（Z） | | | 早期地形不平，冰川广布，晚期海侵加广 |
| | | 青白口纪 | | | |
| | | 蓟县纪 | | | |
| | | 长城纪 | 950~ | | |
| | 早元古代 $Pt_1$ | | 1800~ | | 早期沉积巨厚，晚期造山作用变质强烈，岩浆岩活动 |
| 太古代 Ar | | | 2700~ | | 早期基性喷发，继以造山作用，变质强烈，花岗岩侵入 |
| 地球形成，地壳局部分异，大陆开始形成 | | | 6000 | | |

注　第四纪更新世地质时代再细分为：晚更新世 $Q_3$、中更新世 $Q_2$、早更新世 $Q_1$。

## 附录2  主要计量单位换算关系

| 序号 | 量 | 公制 | 国际制（DI）单位 | 换算关系 |
|---|---|---|---|---|
| 1 | 力、集中荷载 | kg（公斤）<br>t（吨） | N（牛）<br>kN（千牛）<br>MN（兆牛） | $1N=10^{-3}kN=10^{-6}MN$<br>$1kg=9.807N$<br>$1t=9.807\times10^3 N=9.807kN=9.807\times10^{-3}MN$ |
| 2 | 分布荷载 | kg/cm<br>t/m | N/m<br>kN/m<br>MN/m | $1t/m=10kg/cm$<br>$1t/m=9.807kN/m=9.807\times10^{-3}MN/m$ |
| 3 | 应力、压力、抗剪强度、黏聚力、地基承载力、弹性模量、压缩模量 | kg/cm²<br>t/m² | N/m²<br>kPa<br>MN/m² | $1kg/cm^2=10t/m^2$<br>$1kg/cm^2=9.807\times10^4 N/m^2=9.807\times10kPa$<br>$\quad=9.807\times10^{-2}MN/m^2$<br>$1t/m^2=9.807\times10^3 N/m^2=9.807kPa$<br>$\quad=9.807\times10^{-3}MN/m^2$ |
| 4 | 容重，重度 | g/cm³<br>t/m³ | N/m³<br>kN/m³<br>MN/m³ | $1g/cm^3=1t/m^3$<br>$1t/m^3=9.807\times10^3 N/m^3=9.807kN/m^3$<br>$\quad=9.807\times10^{-3}MN/m^3$ |
| 5 | 基床系数（$k_z$）、地基抗力系数（$k_x$）、地基刚度系数 | t/m³ | N/m³<br>kN/m³<br>MN/m³ | $1g/cm^3=1t/m^3$<br>$1t/m^3=9.807\times10^3 N/m^3=9.807kN/m^3$<br>$\quad=9.807\times10^{-3}MN/m^3$ |
| 6 | 地基土水平抗力系数的比例常数（$m$） | t/m⁴ | N/m⁴<br>kN/m⁴<br>MN/m⁴ | $1t/m^4=9.807\times10^3 N/m^4=9.807kN/m^4$<br>$\quad=9.807\times10^{-3}MN/m^4$ |
| 7 | 力矩 | kg·cm<br>t·m | N·m<br>kN·m<br>MN·m | $1t\cdot m=10^5 kg\cdot m$<br>$1t\cdot m=9.807\times10^3 N\cdot m=9.807kN\cdot m$<br>$\quad=9.807\times10^{-3}MN\cdot m$ |
| 8 | 压缩系数 | cm²/kg | m²/N<br>m²/kN<br>m²/MN | $1cm^2/kg=10^{-1}m^2/t$<br>$1cm^2/kg=1.020\times10^{-5}m^2/N$<br>$\quad=1.020\times10^{-2}m^2/kN$<br>$\quad=1.020\times10 m^2/MN$ |
| 9 | 速度、渗透系数、速率 | cm/sec<br>m/sec | m/s | $1cm/sec=10^{-2}m/s=6.00\times10^{-1}m/min$ |
| 10 | 固结系数、膨胀系数 | cm²/sec | m²/s | $1cm^2/sec=10^{-4}m^2/s=3.154\times10^7 cm^2/a$<br>$\quad=3.154\times10^3 m^2/a$ |
| 11 | 流量 | cm³/sec<br>m³/sec | m³/s | $1cm^3/sec=10^{-6}m^3/s$ |
| 12 | 加速度 | cm/sec²<br>m/sec² | m/s² | $1cm/sec^2=10^{-2}m/s^2$ |

# 参 考 文 献

1. Cheng Liu and Jack B. evett. Soils and foundatiens (Secend editien). Prentice-hall, Inc, Englewood cliffs N. J. 07632 (C) 1987
2. J. H. Atkinson P. L. Bransby. The mechanics of Seils (An introduction to critical state soil mechanics). Published by Megraw-hill book company (UK) Limited british library Cataloguing in publication data (C) 1978
3. P. K. Banerjee and R. Butterfield. Developments in soil mechanics and foundation engineering-1 (model Studien). Applied Science publishers bondon and New york (C) 1983
4. R. F. Craig. soil mechanics (Second edition). Published by Van nostrand reinhold company Ltd. Molly millars lane, wokingham, Berkshire, England Talo. C685 1978
5. R. N. Chowdhury. Slope analysis. (developments ingeotechnical engineering vol 22). Elsevier scientific publishing company umsterdem-oxford-New york 1978
6. Wal-fah chen. Limit analysis and soil plasticity. (developments in geotechnical engineering 7). Elsevier scientific pubulishing company Amsterdam oxford New york 1975
7. [苏] A. A. 穆斯塔伐耶夫. 湿陷性黄土地基与基础的计算. 张中兴译. 北京：水利电力出版社，1984
8. W. F. 凡英佩. 地基土加固技术及其新进展. 徐攸在，刘晓奇译. 北京：中国建筑工业出版社，1992
9. [美] 吴天行. 土力学. 冯国栋等译. 成都：成都科技大学出版社，1982
10. 陈希哲. 土力学地基基础（第4版）. 北京：清华大学出版社，2004
11. 冯国栋. 土力学. 北京：水利电力出版社，1989
12. 钱家欢. 土力学. 南京：河海大学出版社，1988
13. 天津大学，土力学与地基. 北京：人民交通出版社，1985
14. 杨位洸. 地基及基础（第三版）. 北京：中国建筑工业出版社，1998
15. 周汉荣. 土力学地基与基础（第二版）. 武汉：武汉工业大学出版社，1996
16. 周萍. 土力学. 北京：水利电力出版社，1990
17. 杨英华. 土力学（第二版）. 北京：地质出版社，1990
18. 李镜培，赵春风. 土力学. 北京：高等教育出版社，2004
19. 张伯平，党进谦. 土力学. 西安：西安地图出版社，2001
20. 谢定义. 土动力学. 西安：西安交通大学出版社，1988
21. 黄文熙. 水工建设中的结构力学与岩土力学问题. 见：黄文熙论文集. 北京：水利电力出版社，1984
22. 刘祖典. 黄土力学与工程. 西安：陕西科学技术出版社，1997
23. 关文章. 湿陷性黄土工程性能新篇. 西安：西安交通大学出版社，1992
24. 周景星，王洪瑾，虞石民等. 基础工程. 北京：清华大学出版社，2005
25. 林在贯，石振华. 岩土工程手册. 北京：中国建筑工业出版社，1994
26. 卢肇钧等. 地基处理新技术. 北京：中国建筑工业出版社，1988
27. 张登良. 加固土原理. 北京：人民交通出版社，1990
28. 叶书麟. 地基处理. 北京：中国建筑工业出版社，1988
29. 王永炎、林在贯. 中国黄土的结构特征及物理力学性. 北京：科学出版社，1990

30 李光明. 喜马拉雅山的崛起和黄土高原的形成. 哈尔滨：黑龙江科学技术出版社，1988
31 张宗祜，张之一，王芸生. 中国黄土. 北京：地质出版社，1989
32 王翊亭、井文润、何强. 环境学导论. 北京：清华大学出版社，1983
33 中华人民共和国国家标准. 土工试验方法标准（GB/T 50123—1999）. 北京：中国建筑工业出版社，1999
34 中华人民共和国行业标准. 土工试验规程（SL 237—1999）. 北京：中国水利水电出版社，2000
35 中华人民共和国国家标准. 岩土工程基本术语标准（GB/T 50279—98）. 北京：中国计划出版社，1998
36 中华人民人和国国家标准. 岩土工程勘察规范（GB 50021—2001）. 北京：中国建筑工业出版社，2002
37 中华人民共和国国家标准. 建筑地基基础设计规范（GB 5007—2002）. 北京：中国建筑工业出版社，2002
38 中华人民共和国行业标准. 软土地区工程地质堪察规范（JGJ 83—91）. 北京：中国建筑工业出版社，1992
39 中华人民共和国国家标准. 湿陷性黄土地区建筑规范（GB 50025—2004）. 北京：中国建筑工业出版社，2004
40 中国建筑工业出版社. 岩土工程师常用规范选（上、下册）. 北京：中国建筑出版社，1998